LA AMÉRICA INDÍGENA EN SU LITERATURA:
LOS LIBROS DEL CUARTO MUNDO

Traducción de
TERESA ORTEGA GUERRERO
y MÓNICA UTRILLA

GORDON BROTHERSTON

La América indígena en su literatura: los libros del Cuarto Mundo

Palabras liminares de
MIGUEL LEÓN-PORTILLA

FONDO DE CULTURA ECONÓMICA
MÉXICO

Primera edición en inglés,   1992
Primera edición en español, 1997

Título original:
Book of the Fourth World: Reading the Native Americas
*   Through Their Literature*
© 1992, Cambridge University Press
Publicado por Press Syndicate of the University of Cambridge
40 West 20th Street, Nueva York; NY 10011 EUA
ISBN 0-521-30760-0 empastado

D. R. © 1997, Fondo de Cultura Económica
Carretera Picacho-Ajusco, 227; 14200 México, D. F.

ISBN 968-16-4902-8

Impreso en México

Para
ANA GALLEGOS

PALABRAS LIMINARES

Este libro, que se sustenta en una gran riqueza de testimonios, se presenta a la vez como realización atrevida y aun quizás, a los ojos de algunos, temeraria. Su riqueza testimonial proviene de diversos documentos y obras impresas. Ellos nos acercan a la palabra de mujeres y hombres que, a través de milenios, han vivido en el continente americano. Se finca también en otras formas de lenguaje, como las imágenes pintadas o esculpidas, portadoras a veces de signos glíficos, e incluso toma en cuenta, entre otras cosas, a los *quipus* del mundo andino, esos conjuntos de cordeles de distintos colores en los que se hacían nudos con arreglo a determinadas convenciones.

Pero si grande, enciclopédica, por no decir asombrosa, es la riqueza documental en que apoya Gordon Brotherston su aportación, lo atrevido de ésta se halla en las tesis que postula. Antes de describirlas, para propiciar su valoración por quienes lean este libro, hablaré un poco acerca del autor.

Él ha sido asiduo estudioso de las literaturas en español y portugués, docente de las mismas por muchos años en la Universidad de Essex en Inglaterra y en otras de los Estados Unidos. Añadiré también que, desde hace bastante tiempo, es un "converso" entregado a la investigación en torno a las que han llamado "voces de la primera América". En estos quehaceres, que constituyen hoy el centro de su interés, lo conocí desde principios de los años setenta cuando nos envió un trabajo relacionado con Nezahualcóyotl para su publicación en *Estudios de Cultura Náhuatl*. Desde entonces, no sólo ha continuado sus aportaciones acerca de la expresión en náhuatl y en otras lenguas mesoamericanas, sino que, ampliando su interés, ha dirigido también su atención a las creaciones de no pocos pueblos del norte y sur del continente americano.

Justamente este libro y las tesis de que es portador vienen a ser significativo corolario de sus trabajos anteriores. Una primera tesis la expresan ya el título y subtítulo adoptados. Por una parte, Gordon nos dice que éste es el *Libro del Cuarto Mundo*. Por otra, añade su objetivo: "la lectura de las Américas indígenas a través de sus literaturas". El "Cuarto Mundo" aparece como distinto y apartado de los otros tres, esos que, como otras tantas partes de la Tierra, se ven representados en los llamados "mapas en T" de la antigüedad. En ellos sólo se delinean Asia, África y Europa. Esas tres partes de la Tierra,

9

que también se han conocido más tarde como integrantes del "Viejo Mundo", fueron el esquema en el que "América vino a ocupar luego el cuarto y último lugar, la *quarta orbis pars* de la cartografía poscolombina".

La referencia al "Cuarto Mundo", adquiere enseguida la plenitud de connotaciones que le atribuye Gordon Brotherston cuando habla de "los grandes textos de las naciones del Cuarto Mundo que, desde determinados centros y campos de procedencia, establecen patrones y líneas de coherencia, paradigmas de territorio y antiguos caminos sobre los mares y las tierras del norte y sur de América". Esta afirmación, como veremos, implica la existencia de un gran modelo y estilo subyacentes en la concepción de los propios orígenes, la memoria política, la génesis en suma, de los pueblos amerindios.

En el Prólogo, las cuatro partes y el Epílogo que confieren estructura al libro, se desarrolla paso a paso su tesis central. Ésta se enuncia y matiza en varios lugares. Gordon nos dice así que, más allá del florecer de tantas lenguas diferentes, y no obstante "haberse forjado en consonancia con las variantes geográficas y temporales, el relato acerca de los orígenes en el Cuarto Mundo se apoya en creencias mantenidas en común". Para mostrar esto, se encamina en la Primera Parte a la búsqueda de lo que llama "el texto". Con claridad presenta sus testimonios, distribuyéndolos de acuerdo con las principales áreas del continente. Ellas son la Circuncaribe y Mesoamérica; asimismo la que designa como Gran México (Greater Mexico), que comprende el norte del México actual y el suroeste de los Estados Unidos; se refiere luego a la que llama Isla Tortuga, valiéndose del concepto con que, entre otros, los algonquinos e iroqueses designaban "al gran escenario del Misisipi y, más allá de los Apalaches, la costa atlántica". Pasando luego al sur del continente, concede amplia atención a Tahuantinsuyu; es decir, el mundo andino y regiones aledañas.

El estudio de los géneros de testimonios de estas distintas áreas lleva a Gordon a formular otras tesis complementarias. Unas se refieren a las formas de expresión, desde la oralidad hasta los glifos mayas, pasando por los *tlacuilolli* y los *amoxtli*, pinturas, caracteres y libros del centro y sur de México, hasta abarcar los *quipus* andinos. Y no excluye otras formas de expresión, como las pinturas de arena y la gama de elementos deícticos o de señalamiento en ceremonias y fiestas, acompañadas de música, danzas y atavíos, incluyendo por supuesto las máscaras.

Lo allegado en esa primera parte abre el camino para las dos siguientes, que versan sobre la "memoria política" y la conciencia del "génesis" de los pueblos amerindios. Subyace aquí otra de las tesis de Gordon, la que sostiene que, en última instancia, hay dos géneros fundamentales en la literatura aborigen del Cuarto Mundo. Uno abarca los relatos que hablan de las experiencias ocurridas a través de los siglos y que incluyen la memoria de los linajes, las migraciones, fundaciones de ciudades y señoríos... El otro es transmisor de cuanto comprende la idea de "génesis": los orígenes remotos, los dioses y las edades cósmicas, la aparición de los vivientes, en particular las varias clases de seres humanos, sus transformaciones y destinos, el surgir de los héroes, los comportamientos rituales, las fiestas y los sacrificios.

Lo que, según noté al principio, se presenta como atrevida realización, temeraria quizás para algunos, busca su sustentación y sentido más plenos a través de la presentación y valoración crítica de un impresionante conjunto de testimonios de muchos pueblos, espacios y tiempos diferentes, incluyendo algunos de muy reciente creación. Brotherston se nos muestra aquí cual personaje inspirado por los innumerables dioses del Cuarto Mundo para acometer la titánica empresa de "leer" el génesis y la historia de un continente a través de su literatura vernácula, expresada en lenguas y voces muy variadas pero, a su parecer, rara vez o nunca discordantes.

Con buen tino, tras ocuparse del que llama "jardín del planeta", al final de la Tercera Parte, en que deja ver cómo el encuentro con los hombres y pensamiento del Viejo Mundo dejó una impronta en el repensar de las literaturas vernáculas, dedica la última parte del libro al tema de "El proceso de traducción". Aquí, el camino que sigue es el inverso. Antes ha tratado de leer los textos vernáculos para captar el ser de la América aborigen y profunda. Ahora le interesa ver cómo en el encuentro se dio también el proceso de trasladar o poner en lenguas indígenas textos de la cultura europea o asimilados por ésta. Lo que ocurrió entonces, en el proceso de indoamericanización de dichos textos, es lo que a Gordon le interesa mostrar. Y en verdad lo logra al ocuparse de la traducción de las fábulas de Esopo al náhuatl y de los cuentos de *Las mil y una noches* al maya, o de la leyenda de Fausto al quechua de los incas y, finalmente, de los relatos de la *Cenicienta* en mapuche de Chile y en zuñi de Nuevo México.

La entrada y asimilación de esas producciones literarias en el contexto cultural amerindio es, en opinión de nuestro autor, prueba de la gran vitalidad de este último. Recordaré sólo algunos de los ejemplos que aduce. En el Esopo en náhuatl, la zorra se convierte en coyote, y el gallo en pavo o guajolote. Además, la retórica de las fábulas adquiere matices y tonos muy distintos en consonancia con el arte de la antigua palabra en náhuatl. Así, los lamentos de las liebres perseguidas por los cazadores recuerdan en la versión indígena la expresión de algunos *icnocuicatl,* cantos de privación incluidos en la colección de *Cantares mexicanos.*

Importa subrayar además que, en toda la obra, las fuentes testimoniales aducidas no se limitan a las de procedencia antigua —prehispánica o colonial—, sino que también incluyen no pocas de tiempos recientes. Quiere así Brotherston mostrar la perdurable continuidad en la expresión literaria del Cuarto Mundo. Ésta, lo afirma una y otra vez, perdura hasta hoy.

En el Epílogo del libro, el autor vuelve sobre esta tesis, estrechamente relacionada con las otras que ha postulado. Habla allí de lo que llama "El palimpsesto americano". Su exposición comienza con estas palabras: "Distintas en su origen, lengua y forma de escritura, las literaturas del Cuarto Mundo piden ser interpretadas como capítulos de un solo libro, el cual —además de pautas de mitos intemporales— contiene diagramas físicos de la historia y la cosmogonía".

Ahora bien, ese libro unitario, cuyo contenido considera identificable hasta el presente en las voces y lenguas de pueblos innumerables, posee también otra significación. De ella habla Gordon al afirmar: "este libro adquiere unidad funcional como el palimpsesto [manuscrito antiguo que conserva huellas de una escritura que se intentó borrar] de las literaturas angloamericana y latinoamericana". Dicho de otro modo, la tesis apunta a una influencia subyacente de lo indígena en las creaciones de no pocos escritores del Nuevo Mundo, en especial a partir del romanticismo hasta el presente. Cita como ejemplos a Miguel Ángel Asturias, José María Arguedas, Augusto Roa Bastos, Ernesto Cardenal, Mário de Andrade, Rómulo Gallegos, Mario Vargas Llosa, Hugo Niño, Italo Calvino y Abel Posse, a los que podría yo añadir, entre otros, a Octavio Paz, Juan Rulfo y Carlos Fuentes.

El antiguo "libro del Cuarto Mundo", o si se prefiere el sustrato de las tradiciones nativas, adquiere así una, para muchos imprevisible, "funcionalidad" en cuanto fuentes de inspiración o matriz oculta en la que se nutre, de forma a veces sutil, no poco de lo que hoy se gesta. Corresponderá al avisado lector ponderar si esto refuerza o no la tesis central de esta obra, la que reiteradamente postula que, más allá de todas sus diferencias, las literaturas amerindias son capítulos de un solo libro.

Una referencia circunstancial —que sitúa la temática abordada en un presente muy cercano, el del tan traído y llevado quinto centenario del descubrimiento de América (1992)— pone de realce la actualidad de cuanto Gordon ha tratado en estas páginas. En Quito, nos dice, se reunieron en 1990 representantes de 120 naciones indias para deliberar sobre su historia en común, su situación presente y su futuro. Punto focal de su atención fue el de sus vivencias a lo largo de 500 años de resistencia. Ello implicó acudir al viejo libro del Cuarto Mundo, el de los muchos capítulos distintos pero de una unidad funcional a la luz del presente. Esa suma de tradiciones se torna así en antorcha que hace ver un pasado compartido por todos y anticipa lo que puede ser un futuro, también común, de transformaciones y esperanzas.

La obra de Gordon Brotherston —atrevida en su propósito de reconstruir el "libro del Cuarto Mundo"— es, por encima de todo, provocadora. Muestra con testimonios irrefutables la existencia de un riquísimo legado en la palabra, la imagen y los símbolos de la América profunda. Cada una de sus partes, y dentro de ellas sus secciones o capítulos, se nos presentan cual compendios y apuntamientos de lo mucho, muchísimo, que hay por investigar. Las fuentes aducidas pertenecen al impresionante *corpus* de las literaturas amerindias, expresadas en formas tan variadas en náhuatl, maya, quiché, cherokee, algonquino, iroqués, aimará, tupí, guaraní y otras muchas lenguas.

Otro mérito del libro es hacernos ver que en las literaturas amerindias, como en una sinfonía maravillosa de temas que se contrastan y entreveran, está la clave para seguir, en una nueva lectura, el hilo de la historia del continente americano, desde muchos siglos antes del encuentro hasta al presente. En él, con voces vigorosas, se sigue escuchando la palabra indígena, que mantiene viva la memoria en atalaya hacia el futuro, de aquellos cantos, relatos, discursos, imágenes portadoras de incontables metáforas y símbolos, nuevamente enriquecidos, que integran el que puede llamarse repositorio primordial de las mujeres y los hombres que han nacido en la tierra del maíz.

MIGUEL LEÓN-PORTILLA
Investigador emérito de la UNAM
y miembro de El Colegio Nacional

Ciudad Universitaria, noviembre de 1995

PREFACIO

Los orígenes de este libro, que ahora aparece en español ampliamente revisado y aumentado, se remontan a mediados de la década de los sesenta, cuando el interés por la literatura indígena de América se volvió común en Latinoamérica, los Estados Unidos y Canadá. Tal como lo confirmaron revistas como *Alcheringa*, de Jerome Rothenberg y Dennis Tedlock, ésa fue la época pionera de la traducción literaria, del "reproceso", como se le llamó, de los textos en lenguas americanas.* El contacto directo con los textos indígenas de este tipo motivó, a su vez, la curiosidad acerca de su lenguaje verbal y visual, las continuidades que establecen en el tiempo y la memoria que perpetúan. Además, cabe decir que los autores occidentales, de Michel de Montaigne a Miguel Ángel Asturias, los han utilizado como palimpsestos; y, a la inversa, las tradiciones que representan han incorporado textos occidentales desde que los aztecas hicieron su versión de las fábulas de Esopo. Algunos resultados de estas investigaciones se publicaron en varios artículos

---

* Siempre que fue posible, se respetó la ortografía de los nombres y términos tal como aparecen en las fuentes manuscritas, aun cuando se intentó dar cierta uniformidad en aras de la consistencia; por ejemplo, en todo el texto se emplea la forma antigua "Tahuantinsuyu"; se usa *cua-* en vez de *qua-*, y se prefiere la i latina a la *e* inglesa (así, diremos *tipi* y no *tepee*). Se han utilizado también los títulos tradicionales de las obras indígenas, y éstos se listan en la primera sección de la Bibliografía. La datación de los años anteriores a Cristo se hizo siguiendo la cuenta de los astrónomos, la cual incluye un año cero, no de acuerdo con la de los historiadores, que no lo considera.

Por lo general, no se han marcado los acentos en las palabras indígenas, especialmente cuando hacerlo reflejaría una pronunciación más bien europea u occidental (por ejemplo, Tenochtitlán). Por razones de conveniencia, los "nombres-número" mesoamericanos se emplean con un dígito cuando designan días o años (por ejemplo, 1 Caña) y se escriben con letra cuando se refieren a otros conceptos (por ejemplo, la persona Ocho Venado o la era del mundo llamada Cuatro Viento).

De no indicarse lo contrario, las traducciones al español de textos indígenas se basan en las siguientes fuentes: Arguedas, 1966 (*Runa yndio*); Arzápalo, 1987 (*Ritual de los bacabes*); Barrera Vásquez y Rendón, 1963 (Libro de Chilam Balam); Cid Pérez y Martí, 1964 (*Apu Ollantay*); Civrieux, 1992 (*Watunna*; Medatia); Garibay, 1964-1968 (*Cantares mexicanos*); Lara, 1969 (Himnos de Zithuwa); León-Portilla, 1986 (Totecuyoane); Mediz Bolio, 1973 (Libro de Chilam Balam de Chumayel); Meneses, 1951 (*Usca Paucar*); Recinos, 1953 (*Popol vuh*); Velázquez, 1945 (Anales de Cuauhtitlan; *Leyenda de los Soles*).

15

durante los años setenta y en *Image of the New World: The American Continent Portrayed in Native Texts,* en 1979.

Al reunir y analizar más de un centenar de textos indígenas, *Image of the New World* hizo surgir más preguntas de las que resolvió. Entre los principales temas que afloraron estaban el de la escritura y cómo definirla, las formas de incorporar y organizar el espacio, los calendarios entendidos como el cálculo del tributo en especie o en trabajo, la peculiar forma de pastoreo de los Andes, y los lazos entre la producción de alimentos y las doctrinas cosmogónicas. Durante la década de 1980, cuando para designar a la América nativa empezó a generalizarse la expresión "Cuarto Mundo", estos problemas, en su mayoría técnicos, hicieron que despertara cada vez más la conciencia del significado global de ese mundo. El libro que aquí presentamos sobre dicho mundo no pretende hacer justicia plena a ninguno de estos temas en especial. Lo que sí hace, al menos, es correlacionarlos en los términos que sugieren en primera y última instancia los testimonios de los propios indígenas de América, en un tiempo y un espacio que están implicados y se afirman en sus propios textos. Defiende una coherencia nativa que se ve socavada sin cesar por la política y la filosofía occidentales, y en el terreno del discurso poscolonialista concuerda con los conceptos de "desposeimiento intelectual" desarrollados por Gareth Griffiths, Christopher Tiffin, Julia Emberley, Ella Shohat, Robert Stam y otros.

Si llegara a considerarse que el presente estudio logró su objetivo, el mérito corresponderá primero a los indígenas americanos que me han mostrado el camino sutilmente mediante una frase, una historia o una respuesta académica, entre ellos Cuthbert Simon, Simón Ortiz, Roger Echo-Hawk, Roberto Cruz, Salvador Palomino, Luis Reyes García, Pedro Bello, Llanca Nahuel, los ojibwa que llegaron a Londres para defender Treaty Nine, y muchos otros cuyos nombres nunca supe. También me resultaron valiosísimas las discusiones en que participé durante años en distintos foros, entre ellos el grupo de maestría de Essex, en cuyas reuniones en el Museum of Mankind (Londres) fungió como amable anfitriona Elizabeth Carmichael; el Taller Indio-Americano de principios de los años ochenta (Christian Feest, Nelcya Delanoe); las Jornadas Andinas organizadas por Olivia Harris (Tristan Platt, Rosaleen Howard); el grupo de arqueoastronomía "Oxford" (Tony Aveni, William Breen Murray, Anna Sofaer); varios simposios sobre cultura latinoamericana organizados por William Rowe en Londres, así como el encantador y sustancioso seminario de Johanna Broda en la Escuela Nacional de Antropología e Historia de la ciudad de México. Otros acontecimientos que también dejaron huella en mí son los congresos internacionales de americanistas celebrados en Manchester (1982) y Amsterdam (1988), el muy memorable Congreso Mundial de Arqueología de Southampton (1986), y el II Coloquio Mauricio Swadesh, celebrado en la ciudad de México (1990), lo mismo que otras reuniones menores como "El Renacimiento Cultural Mexicano" (Warwick, Alistair Hennessey), "Cosmología Amerindia" (Edimburgo, Emily Lyle) y "Autenticidad Textual" (Berlín, Peter Masson).

En general, me siento en gran deuda con amigos y colegas por sus consejos, estímulos y correcciones; entre ellos destacan Miguel León-Portilla, Raymond DeMallie, Munro Edmonson, John Bierhorst, Norman Hammond, David Kelley, David Piper, Linda Newson, Antonio Olinto, Warwick Bray, Linda Zee, Carlos Amaya, Robert Pring-Mill, Stanley Diamond, Gayatri Spivak, Felicity Nock, la hermana Mary Menezes, Denis Williams, Eduardo Merlo, Ramón Arzápalo, Constanza Vega, Ed Dorn, Alice Notley, Jean Franco, Frank Lipp, Peter Gerhard, Ann Fink, Christopher Peebles, Anabel Torres, Ruth Moya, Juan de los Santos, Michael Dürr, Günter Vollmer, Thomas Barthel, Hanns Prem, Gesa Mackentun, Jacqueline Durand-Forest, Peter Worsley, Tony Shelton, Elizabeth Baquedano, Francisco Rivas, Roberto Ventura, Nigel Leask y otros ya fallecidos: Gerdt Kutscher, Günter Zimmermann, sir Eric Thompson, William Fellowes, Alfredo Barrera Vásquez y Jesús Lara. De manera especial, en la Essex University recibí más de lo que aquí puedo expresar, gracias a la amistad y a la constante disposición a escuchar y compartir que mostraron Peter Hulme, Francis Barker, Dawn Ades, Val Fraser, Philip Stokes, Tim Laughton y Colin Taylor.

En cuanto a la ayuda práctica y las copias de documentos que aún no se han publicado, estoy en deuda con el personal del Museo Británico y del Museum of Mankind (Londres), el Iberoamerikanisches Institut y el Dahlem Museum (Berlín), la Bibliothèque Nationale (París), la Bodleian Library (Oxford), el Ulster Museum (Belfast, en particular con Winifred Glover), la Glasgow University Library, y el Archivo General de la Nación (México). Jorge Eduardo Navarrete, Ignacio Durán, Margo Glantz, Daniel Dultzin, Raúl Ortiz y Ortiz, Elena Uribe y otros colegas antiguos y presentes adscritos a la embajada mexicana en Londres se han mostrado permanentemente generosos, lo mismo que Richard Watkins, Jonathan Greenwood y el personal del Consejo Británico de la ciudad de México.

La ayuda financiera para la investigación de campo y los viajes por toda América provino de varias fuentes, a las que les estoy sumamente agradecido: Essex University Research Endowment Fund, British Academy, Nuffield Foundation, Alexander von Humboldt Stiftung, American Philosophical Society Penrose Fund y British Council. Una beca de la Fundación John S.

Guggenheim, 1993-1994, ayudó sustancialmente a la preparación de esta edición en lengua española, sobre todo para las revisiones de los capítulos I, III, VI y el Epílogo. La inclusión de láminas en color fue posible gracias a una donación de la Universidad de Indiana; Tony Young hizo algunos de los dibujos en blanco y negro, y Barry Woodcock tomó algunas de las fotografías. Jaime y Alfonso me brindaron todo tipo de apoyo. Por su ayuda en esta edición revisada en español, agradezco a Diana Luz Sánchez y Juan José Utrilla, quienes siempre trabajaron con una sensibilidad y una paciencia admirables.

Abajo y al final de la Bibliografía aparece una lista de las fuentes que se citan y reproducen. Por último, agradezco a mi esposa Ana su participación, por lo que, en parte, el libro es realmente de ella.

Wivenhoe-Tepoztlán, 28 de octubre de 1995

PRÓLOGO

AMÉRICA COMO EL CUARTO MUNDO

¿Cuántos mundos definen este planeta? ¿Dónde están el corazón y las fronteras de cada uno de ellos? De acuerdo con el mapamundi inventado por los babilonios y luego adoptado por los romanos y la Europa medieval, no había más que tres. Dentro del océano que rodeaba todo, Asia, el primero y más grande, ocupaba el semicírculo superior y oriental; por debajo, hacia el oeste, se ubicaban el segundo y el tercer mundos: Europa y África. Numéricamente, dentro de este esquema del Viejo Mundo, América vino a ocupar luego el cuarto y último lugar, como la *quarta orbis pars* de la cartografía poscolombina.

Esta división posee la ventaja de concederle al Cuarto Mundo una identidad análoga a la de los otros tres. Pero tiene también la desventaja de que tal serie numérica, ideada en el tiempo, va en principio en contra de la noción de la antigüedad del "Nuevo Mundo".

América, al ser etiquetada como Nuevo Mundo, entró en una historia de depredación que no tiene paralelo en el orbe. En efecto, pese a la variación de las fronteras y a los desplazamientos masivos de lenguas y costumbres, los tres mundos del mapamundi babilonio aún son reconocibles en la actualidad e incluso han encontrado nuevas formas de autoafirmarse. De allí la retórica del África negra, y de una Europa que ha hecho de 1992 el momento para recuperar su autodefinición épica hacia el este y el sur, aquella que definen *La Ilíada, El cantar de los Nibelungos* y el *Poema de mío Cid*. Pero, ¿qué pasa con América?

Como resultado de la invasión de ultramar, América ha sufrido de manera única. En el curso de unos cuantos siglos, sus habitantes originales, que llevaban milenios establecidos allí y se contaban por muchos millones, han pasado a ser considerados un factor marginal, cuando no totalmente prescindible, en el destino del continente. No hay una sola nación-Estado en América donde el lenguaje dominante u oficial sea efectivamente una lengua indígena. Son escasos los sistemas educativos que, de manera consistente, relacionan a los pueblos indígenas sobrevivientes con las raíces profundas de América en la medida en que lo permiten la literatura y la arqueología. Más escasa aún es la historiografía que busca desenterrar sus premisas en forma local, en lugar de corroborar ciegamente las versiones importadas de la historia del planeta. En resumen, América es el único de los cuatro mundos que ha sufrido un desposeimiento cabal.[1]

Tal vez se dirá que la historia no puede deshacerse. El ataque inicial de los europeos sobre América, por más criminal que se considere, ocurrió en efecto y, de cualquier forma, se vio seguido por otra realidad más compleja, la que constituyen actualmente las diferentes repúblicas de América Latina, los Estados Unidos y Canadá.

Una respuesta sería: claro, pero la historia aún no termina y se convertirá en lo que nosotros queramos hacer de ella. En un nivel burdo y militar, todavía se invaden territorios indígenas, sobre todo en la Amazonia. Además, los indígenas aún constituyen mayoría entre las masas populares de algunas naciones-Estado de América Latina, y luchan para que se respeten sus territorios. Y, debido en gran parte a los cambios revolucionarios promovidos en mayor o menor medida en los Andes, México, Cuba, Chile y Nicaragua, los indígenas americanos han encontrado algunas soluciones a sus problemas mediante las leyes y la ideología.[2] Al mismo tiempo, desde el interior de la ciudadela del ahora llamado capitalismo del Primer Mundo, algunas voces se preguntan si la extinción de los pueblos indígenas, cuyo exterminio se inició con Colón, no significaría una irrevocable pérdida de identidad y el fin de todos nosotros. Es verdad que en la arqueología, y según las normas que respeta actualmente la ciencia occidental, la identidad profunda de América se está revelando de manera gradual en términos de lengua, rasgos fisiológicos (como el grupo sanguíneo), técnicas de curación, tejido, metalurgia, cerámica, momificación, matemáticas y, sobre todo, la agricultura, que hizo de este continente el jardín del planeta y la fuente de nuestros mejores alimentos. Además, gracias a métodos de datación más avanzados, ahora podemos rastrear mejor la memoria de los grandes emplazamientos del Cuarto Mundo, el esplendor urbano de Chan Chan, Tikal y Teotihuacan, que en su tiempo fue quizá la mayor ciudad del mundo.

En efecto, los horizontes americanos han retrocedido tanto en el tiempo que amenazan la prioridad una vez incuestionable del Viejo Mundo,[3] dando al traste con ese tradicional prejuicio del difusionismo que Lévi-Strauss expuso mordazmente desde los años cincuenta.

El ejemplo de América muestra de modo muy convincente que la historia acumulativa no es privilegio exclusivo de una civilización o un periodo de la historia. Este inmenso continente sin duda vio llegar a hombres en pequeños grupos nómadas que atravesaron el estrecho de Bering a lo largo del último periodo glaciar, hacia una fecha que el conocimiento arqueológico moderno fija alrededor del vigésimo milenio antes de Cristo. Durante ese periodo, estos hombres lograron una de las más sorprendentes demostraciones de la historia acumulativa. Exploraron cuidadosamente los recursos de un nuevo ambiente natural. Además de domesticar varias especies animales, cultivaron las más diversas formas vegetales para obtener alimentos, remedios y venenos. Y —lo que nunca se había logrado en ninguna parte— adaptaron esas sustancias venenosas, como las plantas de mandioca, a la función de alimentos básicos; utilizaron otras plantas como estimulantes o anestésicos; recolectaron algunos venenos o narcóticos según los efectos que producían en ciertas especies animales; por último, perfeccionaron al más alto grado industrias como las del tejido, la cerámica y el trabajo en metales preciosos. Con objeto de apreciar estas inmensas realizaciones, basta medir la contribución de América frente a las civilizaciones del Viejo Mundo. En primer lugar, tiene papas, caucho, tabaco y coca (la base de la anestesia moderna), plantas que, por diversas razones, constituyen cuatro pilares de la cultura occidental; posee maíz y cacahuates, que transformaron por completo la economía africana antes de generalizarse en la dieta alimentaria europea; luego están el cacao, la vainilla, los tomates, las piñas, los pimientos (chile), varios tipos de frijoles, algodón y calabaza. Por último, el cero, base de la aritmética (e, indirectamente, de la matemática moderna), era conocido y utilizado por los mayas al menos medio milenio antes de que lo descubrieran los sabios de la India, de quienes lo recibió Europa por intermedio de los árabes. Tal vez por esta razón su calendario era entonces más exacto que el del Viejo Mundo. Mucho se ha escrito acerca de si el régimen político de los incas era socialista o totalitario. Sea como fuere, cae dentro de las fórmulas más modernas y se hallaba varios siglos adelante de fenómenos europeos del mismo tipo. El reciente interés renovado en el curare debería recordarnos, si fuera necesario, que el conocimiento científico de los indígenas americanos de tantas sustancias vegetales desconocidas en el resto del mundo aún puede brindar a éste importantes contribuciones.

Estos datos "científicos", aunque indispensables para ubicar a América en una perspectiva histórica, necesitan integrarse a las inquietudes políticas y ambientales urgentes, que han surgido con un nuevo ímpetu en relación con la supervivencia misma de los pueblos indígenas americanos. Por su parte, Lévi-Strauss abordó en *Mythologiques* (1964-1971) el estudio de la América indígena tan sólo en el reino intemporal del estructuralismo, lavándose las manos por así decirlo, del destino real de los sujetos humanos. A la inversa, muchos de los que encabezan la lucha por la resistencia en la Amazonia o en Guatemala no invocan la historia antigua de esos pueblos ni siquiera como medio de defender su derecho a la tierra.

El modo que parece óptimo para representar al Cuarto Mundo en todos estos sentidos es su "libro"; es decir, los textos mediante los cuales, a través del tiempo, sus pueblos se han representado a sí mismos, casi siempre a pesar y en contra de las narraciones que sobre ellos ofrece la ciencia occidental. Dicho enfoque no carece de precedentes, entre otros ejemplos, en *Moronguetá: um Decameron indigena* (1967), de Nunes Pereira, y la adhesión de Hugo Niño a la misma profesión de fe amazónica (1976); *Los nacimientos* (1982, la primera parte de la trilogía *Memoria del fuego),* de Eduardo Galeano; la presentación de las pinturas huicholas que hizo Juan Negrín (1985); *Maps and Dreams* (1986), de Hugh Brody, o el espléndido análisis de Ángel Rama sobre la "transculturación" en América Latina (1982). Todos argumentan precisamente contra la división entre arqueología y antropología por un lado, y política por el otro; es decir, la destitución del "cuarto mundo dentro del primer mundo". Al depurar las modernas definiciones económicas del Cuarto Mundo, entendido como el que se sitúa más abajo y más en los márgenes que el Tercero, Brody anuncia: "Siento la necesidad personal de alzar la voz en favor de los indios […], es más, de todos los pueblos de lo que el gran dirigente indio George Manuel llamó el Cuarto Mundo".[4]

Sin quitarle nada de su carga política, el enfoque del Cuarto Mundo que aquí haremos se centra más en las propiedades de sus textos, porque respetar el modelo del Cuarto Mundo otorga a las obras escritas por autores indígenas americanos y autorizadas por ellos un sentido de comunidad del que hasta ahora han carecido. Después de todo, si la función primaria de los textos clásicos es construir un espacio político y anclar la continuidad histórica, resulta más fácil concentrarse en los del Cuarto Mundo partiendo de la base de que ese mundo existe. Lo anterior es todavía más cierto cuando estos clásicos se consideran un instrumento para consagrar creencias, por ejemplo, en nuestros orígenes como seres humanos o en nuestra deuda para con la tierra, ya que entonces pueden contrarrestar todo el peso autoritario y prescriptivo del dogma bíblico del Viejo Mundo (como lo entendieron cabalmente los aztecas en su respuesta a los franciscanos en 1524) o el fácil universalismo de la ciencia occidental.

El concepto de texto o literatura del Cuarto Mundo se ha visto especialmente fragmentado al imponérsele las concepciones importadas del medio literario. Por principio de cuentas, los estériles pronunciamientos occidentales sobre lo que constituye o no la escritura y la categórica división binaria que separa lo oral de lo escrito han resultado particularmente inadecuados para aplicarse a la riqueza de los medios literarios de la América indígena: por ejemplo, los rollos de corteza algonquinos, las cuerdas anudadas *(quipu)* de los incas, las pinturas secas de los navajo *(ikaa)* o las páginas enciclopédicas de los libros-biombo *(amoxtli)* mesoamericanos. Como resultado de lo anterior, se han ignorado categorías enteras de representación, junto con maneras de configurar el tiempo y el espacio que justifican la colocación y enumeración de cada detalle. Al usar estos lenguajes, el visual y el verbal, podría decirse que el texto puede construir el mundo tal como se construye a sí mismo, de manera que su autodefinición u ontología corrobore la auto-determinación política. Estas cuestiones de gramatología, por técnicas que sean, conllevan una fuerte carga ideológica y han ahogado a su paso la voz del Cuarto Mundo; por lo tanto, deben aclararse desde el principio. Esto es lo que pretenden hacer los capítulos de la primera parte, "Texto", al oponer las nociones de Lévi-Strauss y Derrida sobre el lenguaje y ampliar el único análisis teórico que hasta ahora se ha publicado sobre los libros mesoameri-canos: *Tlacuilolli* (1961), de Nowotny.

En julio de 1990, representantes de pueblos de todo el Cuarto Mundo se reunieron en Quito para recapitular sus experiencias de los últimos cinco siglos.[5] Debido a su gran número —unos 120—, es imposible nombrarlos individualmente; pero lograron acuerdos sobre ocho puntos, antecedidos por una declaración que principia así: "[Nosotros] nunca hemos abandona-do nuestra lucha constante contra las condiciones de opresión, discrimi-nación y explotación que nos fueron impuestas a raíz de la invasión europea de nuestros territorios ancestrales". Esta conferencia continental sobre los "500 años de resistencia india" surge como respuesta al triunfalismo de "1992", que se observó incluso en los Estados americanos del Tercer Mun-do, cuyas "estructuras jurídicas nacionales [...] son el resultado de la [...] neocolonización" (artículo 8). Los participantes conjuntaron la memoria po-lítica, subordinando todas las diferencias locales a la amenaza que se inició con Colón y que desde entonces no ha dejado de aumentar. De hecho, su unidad es más profunda que una alianza política y se fundamenta en nocio-nes que no son sólo las de expoliación indígena, sino también las de la su-pervivencia de la humanidad. Los artículos 3 y 6 se refieren a la fe común en la tierra como matriz, así como a la vida y la filosofía que tratan explícita-mente de conservar los recursos naturales, a diferencia del capitalismo internacional que hasta la fecha ha sido el causante de tantos abusos.

Esta declaración, que sirve como guía para los capítulos que se agruparon en la segunda y tercera partes ("La memoria política" y "Génesis"), implica una historiografía de la América indígena que (hay que admitirlo) no ha excluido la conquista y la opresión internas, así como afanes divisionistas que se evidencian en un tipo de ortografía o en el nombre de una ciudad. No obstante, por encima de todo esto, reconoce en la invasión europea y occidental una amenaza mayor y un tipo de destrucción más peligroso. Este aspecto sencillo pero decisivo deja al descubierto la maniobra que ha servido para sustentar a varias generaciones de recopilaciones de literatura popular e incluso de investigaciones académicas sobre la civilización americana; estos estudios, escritos desde el exterior y en interés de terceras personas, han reforzado la división entre los indios diabólicos y malos, y los desvalidos y buenos: por un lado, los bárbaros caribes, aztecas y sioux; por el otro, los arawakos, los mayas y los pawnee, negándoles a todos estrategia y memoria. A partir de allí empezamos a recuperar la historia "no escrita" de la resistencia americana que se inicia con la lealtad de Cuauhtémoc en Tenochtitlan (1520), de Tecun Uman en el Quiché (1524) y de Manco Cápac en Tahuantinsuyu (1540), e incluye más tarde la defensa de Ohio que hizo Pontiac en 1761 y la campaña realmente internacional de su sucesor algonquino Tecumseh, en 1812; las campañas de los sioux o lakota Tatanka Iyotaka (Toro Sentado) y Tasunka Witko (Caballo Loco); la "rebelión" de Canek de 1761 en Yucatán que, continuando la lucha itzá del siglo anterior, anunció la Guerra de Castas que se inició en 1847; el gran levantamiento andino (1780-1781) de los Comuneros, Túpac Catari y Túpac Amaru II, quien, así llamado en honor a su antepasado directo Túpac Amaru I (asesinado en Cuzco en 1572), inspiró a los "tupamaros" de las guerras de Independencia y a la guerrilla urbana de este siglo; y, en México, el "alboroto" o la revuelta del maíz de 1692, que en realidad era una campaña bien planeada para "recuperar el reino" del eclipse (el mayor eclipse solar que había habido en siglos dio la señal). Recordando la derrota de Cortés en 1520, los adeptos del antiguo culto al pulque y las mujeres defensoras de esta causa crearon el grito que dos siglos después recuperó Zapata durante la Revolución mexicana: "¿No es nuestra esta tierra?"[6]

De este modo, la reunión de Quito establece el importante principio de continuidad entre lo que ocurrió antes y después de 1492, de historias conocidas cuyos inicios son muy anteriores a Colón, y se afirman frente a los insistentes intentos de Occidente por cercenar y dividir. En el Cuarto Mundo, más que de "pobreza de la historia", se trata de un empobrecimiento deliberado por parte de los académicos. En el discurso de los Estados Unidos, esta reducción ha sido tan severa que ha dado origen a la distinción categórica entre indios históricos y prehistóricos, misma que ahora se ha exportado disimuladamente a América Latina para justificar el genocidio intelectual y físico.[7]

La tenacidad y resistencia de los indígenas americanos ante ese ataque ("los daños que nos causaron") han superado todos los obstáculos, armas de tecnología extranjera y, principalmente, las enfermedades contagiosas que acabaron con la población y los gobernantes de todos y cada uno de los señoríos que sucumbieron ante Europa. Este hecho reclama un pensamiento que sea a la vez practicable y renovable. Como indica la Declaración de Quito, el origen se halla en la cosmogonía, en los relatos antiguos pero a la vez modernos sobre cómo se formó la tierra y cómo se sigue formando, y la manera en que nosotros como especie llegamos a habitarla. Esta historia americana, basada en el acto agrícola, se ha repetido en innumerables formas desde el siglo XVI hasta el XX mediante relatos magistrales como *Ayvu rapyta, Watunna, Runa yndio niscap Machoncuna* (o *Manuscrito de Huarochirí*), *Leyenda de los Soles, Dine Bahane* y el más inagotable y completo de todos, el *Popol vuh*, biblia del continente y obra maestra de la literatura mundial.

De origen preuropeo, esta tradición literaria se ha inscrito desde el principio en los lenguajes verbales y visuales del Cuarto Mundo. Actualizada a través de los siglos, sigue siendo una fuente de inspiración para la sociedad indígena americana de nuestros días, un motivo de salud y supervivencia. En particular, al absorber las realidades de la vida poscolombina, ha logrado traducir los textos importados "En el lenguaje de América" (Cuarta Parte) es decir, adaptarlos a las prioridades locales. Esta capacidad de renovación, lo opuesto de lo que Malinowski entendió por "aculturación", empieza al fin, cinco siglos después, a recibir cierto reconocimiento por parte de los organismos gubernamentales e internacionales. Y también ha comenzado a modificar visiblemente las políticas educativas, de modo que la tendencia generalizada a la integración empieza a verse desplazada por una nueva conciencia del lenguaje y la memoria del Cuarto Mundo.[8]

PRIMERA PARTE

TEXTO

teysokku kwaple narmakkar nait e kar-
takine

En efecto, todo estaba escrito en su cua-
derno

Informe Olowitinappi

ie henikekoni iesaai abina henohenorite
bikino komuitate kai ari atidiekino ra-
fuema

Luego, al pie del cielo, Rafuema pensó
mucho en la historia que aquí se cuenta

Rigasedyue

çan ca tlacuilolpan nemia moyollo
amoxpetlatl ypan toncuicaya

En este espacio pintado vive tu corazón
en este libro tejido tú cantas

Cantares mexicanos

uooh cibin u nuc than

La escritura habrá de darnos la respuesta

Ritual de los bacabes

Nota: Sherzer y Urban, 1986, p. 188 (verso 285); K. T. Preuss, 1921, p. 166; Bierhorst, 1985, p. 220;
Arzápalo, 1987, p. 153. En toda la obra, las fuentes que se ofrecen son las del texto indígena; las traducciones al español se basan casi siempre en las fuentes secundarias citadas.

I. PROCEDENCIA

¿Qué hay detrás del nombre de un lugar? En opinión del dirigente aimará Takir Mamani, "llamar a nuestras ciudades, pueblos y continentes con algún nombre extranjero significa sujetarnos al deseo de nuestros invasores y sus descendientes".[1] Por su parte, Simón Ortiz prefiere recordar su pueblo natal no como McCartys sino como Deetseyamah, "puerta norte" de Acoma, Nuevo México. En realidad, aunque en los mapas actuales de América Latina, los Estados Unidos y Canadá abunda la nomenclatura europea, también es abundante la de su sustrato. Esos nombres indígenas se han filtrado, desde luego, a través de las lenguas de los invasores españoles, franceses, portugueses e ingleses, y en ocasiones indican desplazamiento más que origen, como Potosí, traspuesto de las minas de los Andes a las de México; Wyoming, un topónimo algonquino de la costa atlántica, que en 1868 bautizó un territorio de las montañas Rocosas; o Copacabana, el santuario aimará del lago Titicaca, que ahora también identifica la playa de Rio de Janeiro. En forma similar, el nombre indígena a menudo es el único recuerdo que nos queda de la gente que fue exterminada o desplazada por completo de su territorio. Esta información cartográfica, de fácil acceso y poco utilizada, posee valor como medio para orientarnos en primera instancia. A través de sus sílabas indígenas, los grupos de poblaciones dejan entrever los grandes reinos del pasado, y los topónimos revelan por lo general las formas de cultura distorsionadas y desmembradas por la invasión, pero aún vivas en el pensamiento, la lengua y las tradiciones aborígenes (mapa I.1).

A su vez, este ejercicio se convierte en un medio para acercarse a los textos indígenas, pues los datos que sobreviven en los mapas actuales a menudo nos brindan claves para entender la geografía diversa que registran y defienden. Esto es válido sobre todo para los grandes textos de las naciones del Cuarto Mundo que, desde determinados centros y campos de procedencia, establecen patrones y líneas de coherencia, paradigmas de territorio y antiguos caminos sobre los mares y las tierras del norte y sur de América.

Iluminado de coral, el mar americano que surcaron por primera vez los europeos fue el Caribe, que toma su nombre de los caribes; este mar es el

MAPA I.1. *Asentamientos indígenas en América.*

Mediterráneo de América, emporio y centro de migraciones durante miles de años; y reúne, en efecto, a las tres culturas principales que compartieron sus costas: caribes, mayas y chibchas y, a través de ellos, tierras más alejadas de la masa continental. El arco oriental del Caribe, al que llegaron Colón y sus compañeros de viaje por el Atlántico, estaba dominado por los caribes y arawakos, cuya historia común se había originado en las selvas tropicales de las tierras bajas del trópico sudamericano. Junto con los taínos, estos tres pueblos no sólo dieron nombre al mar que en un tiempo cruzaron sus grandes canoas (también esta palabra es suya), sino también a varios lugares del archipiélago que se encuentran al este, y a otros de la masa continental, al sur: Tobago, Haití, Cuba, Jamaica, Aruba, Maracaibo, Caracas y Guyana. Tras resistir militarmente durante más de tres siglos, los caribes isleños sucumbieron al capitalismo azucarero, aunque hoy en día en Dominica y otros sitios los sobrevivientes están recuperando su historia.[2] En la masa continental ellos y los arawakos han conservado sus plazas fuertes, protegidos por la selva tropical y por los rápidos de los ríos que fluyen hacia el norte. Un ejemplo de ello son los makiritare, o sotocaribes, que viven cerca de las fuentes del Orinoco, en el extremo occidental de la cordillera de Pacaraima, que corre desde Roraima hasta Marahuaka; su gran relato *Watunna* pasa revista a los pueblos del mar Caribe (Dama) y de las tierras continentales que van desde el estuario del Orinoco hasta las fronteras de Venezuela con Guyana, Brasil y Colombia. Esta tradición tiene una gran coherencia, ejemplificada en *Watunna* y en su obra complementaria, Medatia, así como en Tauron panton, de los pemon, y en Makunaima, de los taulipang y arekuna, y relata los principios cósmicos del territorio caribe de tierras altas, identificando en Colón la causa de la locura homicida que se conoce como *kanaima*.

Más allá del extremo occidental de Cuba y adentrándose en el golfo de México, el Caribe baña otro arco costero al que Colón identificó como la "tierra de los mayas" cuando interceptó una gran canoa mercante que procedía de la costa hondureña en 1502. Los mayas aún siguen allí en nuestros días, en la zona de tierras bajas que comprende el estuario del Motagua, Petén, Belice y la península de Yucatán, así como en las regiones montañosas que tienen su centro en el Motagua superior y en el Quiché montañoso del sur de Guatemala. En la extensa literatura de los mayas, sobre todo en los Libros de Chilam Balam, de las tierras bajas, y en el *Popol vuh* de las tierras altas, el Caribe aparece como fuente oriental de vida y luz amenazada por los invasores europeos.[3] Los Libros de Chilam Balam también registran los nombres de más de un centenar de ciudades yucatecas que siguen siendo mayas, entre ellos los de aquellas donde se originaron ejemplos sobrevivientes de estos textos, como Chumayel, Tizimín, Mani, Oxcutzcab y Kaua. Desde el punto de vista cultural, los mayas pertenecen a Mesoamérica, región que se define precisamente por la riqueza de su literatura, sus escritos y calendarios, la cual también incluye al náhuatl, la lengua de los aztecas, así como al otomanguano y al mixe-zoque, lenguas más antiguas cuya historia se remonta a los principios del desarrollo urbano, en la época anterior al primer milenio antes de Cristo. La notable unidad de la vida en Mesoamérica se refleja, de manera incidental, en el hecho de que el cargamento de la canoa inventariado por Colón —maíz y otros alimentos, prendas de algodón, hachas de cobre y granos de cacao— parece una página extraída de los libros de tributo de Moctezuma en Tenochtitlan, la capital azteca situada en el extremo occidental de Mesoamérica.

El tercer segmento de arco del Caribe, que abarca desde Maracaibo hasta Nicaragua, depende del golfo de Darién y del istmo de Panamá, el "lugar de pescadores" que sirvió de puerta de acceso al Pacífico y a los imperios del Perú mucho antes de que llegaran Balboa y Pizarro. Perteneció inicialmente a los orfebres chibchas, de cuya lengua se hablaban variedades en todo el territorio que después sería Nueva Granada y la Gran Colombia. Esta cultura, la cual creó un exquisito léxico sobre el oro en Tairona y Sinu, en la actualidad tiene descendientes entre los hablantes de chibcha que ocupan la costa o sus alrededores, como son los kogi, que viven en las laderas del nevado de Santa Marta; los cuna de Ustupo, Mulatupo y otras ciudades-isla (*tup*) de Panamá; y los talamanqueños de Costa Rica, así como los paez, que viven en la fuente misma de los ríos Magdalena y Cauca, en la gran divisoria de aguas señalada por las tumbas de Tierradentro y las estelas de San Agustín. El principal relato de los cuna, Tatkan ikala, se inicia con la creación y las hazañas de héroes épicos (*neles*) dados a luz en bandejas de oro, como las que se producían en grandes cantidades en Panamá y se exportaban hasta la ciudad maya de Chichén Itzá, en el norte de Yucatán. Posteriormente narra cómo los españoles, ávidos de oro, torturaban a Iguab, y habla de los "pájaros marinos" franceses que comían con voracidad y ensuciaban sus propios nidos. Se dice que los fuertes construidos en el siglo XVI, como el de Cartagena, amenazan las almas de los antepasados cuna.[4] Los cuna han invocado esta historia como un elemento importante en sus relaciones con el gobierno panameño, especialmente en 1925 cuando, durante el mandato de Nele Kantule, se declararon república independiente.

Iniciada en 1502, la exploración río arriba, tan violenta que borró del mapa al "reino perdido" de Dabeiba, repercutió en la densa red de ciudades

del valle de Bacata (Bogotá), y terminó repentinamente la construcción del
palacio de Chacha en Ramiriqui, quedando sus pilares como mudos testigos
horizontales del cambio. La gran concentración de ciudades chibchas en la
cuenca de Bacata, feudo de la deidad Chibchachun, aún se evidencia de
nombre, y hay elaborados trabajos en oro que representan la ceremonia
de la balsa de El Dorado, el núcleo de esa leyenda, en la que se hacían
ofrendas al lago Guatavita. Desde las llanuras orientales y las selvas tropicales de *Watunna,* fuente de excelentes maderas duras, una calzada se extendía hasta Sogamoso, el santuario de Bochica, que era como la Roma de estas
ciudades. Los derechos hereditarios de los Comuneros, por ejemplo a las
minas de sal de Zipaquira, fueron importantes en la rebelión de 1781; sin
embargo, la lengua había desaparecido desde hacía tiempo, llevándose consigo los recuerdos y la memoria. Esta pérdida resulta de lo más grave debido
al lugar que ocupaba Bacata dentro del territorio chibcha y al carácter central de ese territorio en el Cuarto Mundo, ya que servía como mediador entre la zona de selva amazónica y el Pacífico, entre los imperios inca y azteca,
y entre los vecinos caribes y mayas a lo largo del litoral caribeño.

En su carácter de Mediterráneo del Cuarto Mundo, el Caribe ha reunido
a las dos grandes mitades del continente en una amalgama tropical característica de sus costas y sus tierras interiores. De igual modo, *Watunna,* el
Popol vuh, los Libros de Chilam Balam, Tatkan ikala y otros textos nos recuerdan que éste es el lugar de las hamacas de algodón, donde los sueños se
mecen bajo techos de palma; el huerto tropical —milpa de maíz, conuco de
mandioca de las tierras bajas (amarga en Guyana y dulce en Panamá o
Yucatán)— que es respetado como espacio sagrado; venenos que aturden a
los peces, arman los dardos de las cerbatanas y curan infecciones; savia del
árbol de caucho que hizo posible el juego de pelota y su filosofía correspondiente; cristales de cuarzo utilizados por el adivino como semen del rayo;
las misteriosas estelas del "doble ego" (con una cabeza felina o de serpiente
sobrepuesta a la de un humano) que se miran una a otra a pesar de los muchos kilómetros que separan a Nicaragua de Tierradentro; la poderosa Tormenta, adorada en forma de efigie (*zemi*) en Jamaica y bajo el nombre de
Huracan (de donde se deriva "huracán") en el Quiché; el caimán prehistórico y el jaguar con su piel tachonada de estrellas; el grupo de 13 danzan-
tes-pájaro que en el solsticio conmemoran las lunas del año en los festivales
de los caribes en Essequibo y Surinam y de los chibchas en Sogamoso, y que
aparece como el grupo de los Trece Quecholli, o "voladores", en las páginas
de los libros mesoamericanos; el mono, medio hermano con cola, y el humano, que se define numéricamente entre los caribes, los mayas y los chibchas,

por igual, como el verdadero poseedor de 20 dedos ágiles para contar los trabajos y los días.[5]

Territorio habitado desde hace milenios, Mesoamérica se extiende desde Nicaragua, en el este, hasta Michoacán en el oeste, y tiene en común la economía, la agricultura, la planeación urbana, la lengua, los calendarios y el uso de libros de papel y piel doblados en forma de biombo —los *amoxtli*—. Por derecho propio y por ser los palimpsestos de los textos alfabéticos escritos en las principales lenguas de la región —náhuatl y maya de las tierras bajas y altas—, estos libros doblados como acordeón trazan un mapa de Mesoamérica cuyos contornos prefiguraron los de la Nueva España y de las colonias de Centroamérica (mapa I.2).[6]

Gracias en parte a la hegemonía azteca y a las ambiciones de sus enemigos, los aliados tlaxcaltecas de Cortés, el náhuatl fue la lengua mesoamericana que más se hablaba a principios del siglo XVI, y con él se designa a las tres principales naciones-Estado que aún se encuentran ahí: Nicaragua (*Nican nahua*, "donde están los nahuas"), Guatemala (*Cuauhtemallan*, "lugar de la madera", equivalente en significado al término maya *Qui-che*) y México. También designa a algunos pueblos que no son de habla náhuatl, como los otomanguanos mazatecos (gente del venado), popolocas (destructores), mixtecos (gente de las nubes), zapotecas y otomíes, y los mayas chontales (que hablan otra lengua), al igual que ciertas provincias como Cozcatlan (lugar del collar, posteriormente El Salvador), Chiapas (Chiapan, río-*chia*), Oaxaca (Huaxyacan, promontorio del guaje) y Michoacán (lugar de peces), así como miles de topónimos que dotan a toda la región de las características terminaciones *-tlan* (diente o simplemente lugar), *-tepec* (pirámide o montaña), *-apan* (río), *-tenanco* (fuerte), *-milco* (santuario en el campo) *-calco* (santuario del hogar) e-*ixtlahuaca* (llano).

Independientemente de su diversidad geográfica y lingüística, la principal piedra de toque de Mesoamérica fue su manera de definir y medir el tiempo, sobre todo el año solar con sus 18 Fiestas de 20 días, y el embarazo humano con sus nueve lunas o 260 noches. Estos ciclos, reconocidos como fundamentales en toda la zona, modificaron de manera sensible los ritmos impuestos por el calendario cristiano y aun en nuestros días se "sienten" y calculan en la vida cotidiana, junto con vestigios de espíritus antiguos como el glorioso o *huehuentzin*, que se observa en el carnaval desde Tlaxcala hasta Nicaragua.[7] Combinados y utilizados en diferentes formas según la región y

MAPA I.2. *Mesoamérica.*

la época, estos elementos se integraron en los dos principales tipos de escritura mesoamericana: los jeroglíficos de las tierras bajas mayas y la escritura icónica utilizada fuera de esa zona.

Los mayas de las tierras altas nos brindan una visión panorámica de Mesoamérica, de la que ocupan el territorio medio, pues han establecido sus derechos sobre éste en "títulos" del siglo XVI que se remontan muy lejos en el tiempo y el espacio, destacando los Anales de los cakchiqueles de Sololá y el *Popol vuh,* que de manera explícita afirma ser una transcripción de un original en escritura indígena. Un importante complemento de estas fuentes mayas es el Lienzo de Tlaxcala, que registra en escritura icónica las campañas de conquista emprendidas a lo largo de Mesoamérica de 1519 en adelante (figura I.1).[8] Con base en lo anterior, Mesoamérica se divide en primera instancia en tres partes, determinadas respectivamente por los pobladores que se dice que llegaron del este o lugar donde sale el sol. En medio convergen los principales grupos de las tierras altas mayas: quiché, cakchiquel y zutuhil, que tienen una historia común puesto que siguen compartiendo las riberas del cristalino y oval lago Atitlan (también llamado Nahachel o Chiaa); (figura I.1c) y el culto a Maximón. Al norte de aquí, entre los ríos Motagua y Usumacinta, se sitúan Petén y el territorio de los mayas de las tierras bajas, tachonados de ciudades antiguas como Palenque, Yaxchilán, Tikal, Quiriguá y Copán. Los monumentos de estas ciudades, registrados en la escritura jeroglífica de los mayas de las tierras bajas, fechan con toda precisión el periodo Clásico de Mesoamérica (300-900 d.C.) y trazan su geografía densamente urbana y su red de *zac-be* (caminos pavimentados); asimismo quedan como antecedente de los tres o cuatro libros de jeroglíficos del periodo Posclásico que han sobrevivido y, a su vez —en escritura alfabética—, de los Libros de Chilam Balam, de Chumayel, Tizimín, Mani y otras ciudades de Yucatán. También nutrieron lo que se ha dado en llamar el Libro de Chan Kin de los lacandones.[9]

Desde su capital Cumaracaah (Utatlan), cerca de la actual ciudad Quiché de Santa Cruz, los quichés dominaron el norte, aunque sólo hasta el límite con la zona de jeroglíficos de las tierras bajas; designaron como puestos de avanzada a ciudades como Carchah y Rabinal, lugar de origen del *Rabinal Achi,* tragedia en cuatro actos acerca de un caballero quiché que fue hecho prisionero.[10] Por su parte, los cakchiqueles se extendieron hacia el sur en dirección de las exuberantes tierras bajas del Pacífico, sede de algunas ciudades antiguas como Cozumalhuapa, la ciudad "arco iris" (figura I.1e), que en su geografía formaba parte de la región inferior, conocida generalmente como Xibalbá, la contraparte del "lugar donde está Dios", o norte. Desde su

FIGURA I.1. *Lugares situados entre Nicaragua y California:* a) *Cholula;* b) *Tonatiuh Ihue-cotzian (California);* c) *Tecpan Atitlan (Guatemala);* d) *Cozcatlan (El Salvador);* e) *Co-samaloapan;* f) *Atlpopocayan (Masaya, Nicaragua). (Códice de Tlaxcala, escenas 36, 100, 105, 121, 134 y 139.)*

posición media, los Anales de los cakchiqueles y el *Popol vuh* se refieren sobre todo a los territorios que se encuentran a ambos lados: al este y al oeste. En el *Popol vuh* se dice que los orientales son aquellos que "permanecieron a la salida del sol", los "guardianes de los peces" *(chahkar)* y la "gente del caucho" *(oliman,* como olmeca, del náhuatl *ollin:* "caucho, movimiento o temblor de tierra"); entre los asentamientos orientales representados en el Lienzo sobresale Masaya, un volcán con llamas activas que es un centro local de culto[11] (figura I.1f). Hacia el oeste y "lo que ahora se llama México" se localizan los hablantes del náhuatl, entre los que se incluyen los aztecas o mexicas, que fundaron Tenochtitlan cerca de la frontera occidental de Mesoamérica, y los yaquis que, en su calidad de "viajeros", la traspasaron. Desde su fortaleza occidental, los mexicas relacionaron su nombre con la luna nueva *(meztli),* el emblema real del Estado fronterizo occidental de Metztitlan en el Lienzo y que posteriormente se convirtió en divisa heráldica de la mexicanísima Virgen de Guadalupe.

Esta lógica del eje este-oeste, confirmada en los textos quiché y cakchiquel mediante referencias explícitas al nacimiento tanto del Sol como de

Venus, a menudo ha sido ignorada en nuestras investigaciones pese a que los primeros europeos que llegaron a América la percibieron muy bien al colocar los mares de estas latitudes (Atlántico y Pacífico) al norte y al sur, arriba y abajo, como en el esquema binario de los cakchiqueles. Más aún, la alineación este-oeste equivale a una afirmación en el tiempo que nos lleva desde el surgimiento de la cultura madre olmeca hasta los mayas del periodo Clásico y el Imperio mexica de la época del *Popol vuh.*

Mesoamérica occidental, lugar de procedencia de los casi 400 textos en escritura icónica que sobrevivieron y de monumentos con inscripciones que anteceden con mucho a los de las ciudades mayas del periodo Clásico, posee una geografía política sumamente compleja. Por medio de sus fuentes podríamos armar las piezas de una historia de imperios sucesivos que se inició en las tierras bajas olmecas con anterioridad al primer milenio antes de Cristo y culminó en la capital azteca, Tenochtitlan, donde Cortés y Malintzin fueron recibidos como invitados en 1519. Entre los momentos más importantes de esa historia figuran los de Papaloapan, el señorío popoloca situado en los tramos superiores de ese río de la "mariposa" *(papalo-),* famoso por la antigüedad de su agricultura, cerámica y métodos de riego; las ciudades de Oaxaca, con su abundancia de fechas, que después se disputarían los zapotecas y los mixtecos; y algunas extensiones de la cultura olmeca hacia el occidente, como Chalcatzingo; Cacaxtla, cuyos murales destacan el armazón que utilizaban los comerciantes para cargar *(cacaxtli);* y Cholula, con su amplia pirámide de adobe a la que en el Lienzo de Tlaxcala se identifica con la Serpiente Emplumada (figura I.1a), deidad cuyo culto se concentraba allí y garantizaba el poder de conferir autoridad a los gobernantes de toda Mesoamérica. En sus inmediaciones, en la misma cuenca de México o cerca de ella, Tenochtitlan contaba con Teotihuacan, socio de las ciudades mayas de Tikal y Copán y tal vez la ciudad más grande del mundo en su tiempo, metrópoli cuyas pirámides escalonadas de la Luna y el Sol se retratan con todo detalle en textos posteriores (figura I.2); Tula, que se sitúa cerca de la parte más alta del valle del Mezquital; y Texcoco, el aliado de la ribera oriental del lago principal de la cuenca y lugar de origen del rey poeta Nezahualcóyotl.

Al continuar esta historia, los aztecas le dieron nuevas formas y destacaron aspectos novedosos, adaptando a la vez el antiguo paradigma del centro rodeado de cuatro cuadrantes a la realidad económica de su imperio tributario. Estos cuadrantes se definen claramente en la portada del Códice Mendoza, obra escrita para explicar a la Corona española el funcionamiento del Imperio azteca, su llegada al poder, el tributo en especie que recibía y los deberes de sus ciudadanos (el tributo en especie también se detalla en un do-

FIGURA I.2. *Topónimos mesoamericanos:* a-c) *Teotihuacan, con las pirámides del Sol y de la Luna (Rollo de Huamantla; Mapa Xólotl 1: Mapa de Tlatelolco);* d-e) *Papalo[tlan], lugar de la mariposa (Lienzo de Tlapiltepec; Anales de Quiotepec);* f-i) *Cuicatlan, lugar del cantor (Mendoza, f. 43; Anales de Tepexic, p. 8; Anales de Tilantongo, p. 74; Monte Albán según Marcus 1980, 55).*

cumento indígena más antiguo y escrito sobre papel amate que se conoce con el nombre de Matrícula de Tributos). Si bien esta geografía tiene un carácter sumamente ritual, corresponde a paisajes y climas reales e incluso es la base de algunas fronteras estatales del México moderno;[12] y para nuestros propósitos constituirá un medio útil de situar y agrupar los textos.

En el centro de todo figura Tenochtitlan (mapa I.3), el lugar de la piedra (*tetl*) y del cacto (*noch-tli*), que se hallaba situada estratégicamente en el sistema de tres lagos de la cuenca y se conectaba con la ribera occidental mediante calzadas. Densamente poblada con ciudades como Coyoacan,

Churubusco (Huitzilopochco) y Xochimilco —que hoy constituyen suburbios de la megalópolis en que se ha convertido la ciudad de México—, la zona central de tributos llegaba al sur hasta las montañas de Cuauhnahuac (Cuernavaca) y Oaxtepec, actualmente en el estado de Morelos, y al norte pasaba por Cuautitlan hasta el valle del Mezquital. En el Mapa de Tlatelolco, la ciudad gemela de Tenochtitlan —que también está orientada hacia el oeste—, y en los Mapas Xólotl de Texcoco —situado sobre la ribera oriental y emplazado hacia el este—,[13] se encuentran vistas espléndidas de los tres lagos y sus alrededores. El legado de esta zona metropolitana, demasiado vasto para resumirlo aquí, incluye anales e historias, así como narraciones cósmicas de corte más poético, conocidas como *teoamoxtli,* que después de Cortés fueron transcritas en muchos casos al náhuatl y al español.[14]

A partir de este núcleo central, el Códice Mendoza nos transporta a las provincias, empezando con el cuadrante occidental, que está en la parte superior de la portada del mapa. El "oeste salvaje", abundante en maderas y poblado en gran parte por hablantes de otomí, se adentraba hasta la frontera con Michoacán y abastecía a la capital de impresionantes tablones de madera. El cuadrante sur, con su capital provincial en la ciudad-juego de pelota, Tlachco (Taxco), corresponde en gran parte al actual estado de Guerrero; entre los bienes que tributaba figuran conchas de espóndilos de color carmín procedentes de Acapulco y otras playas del Pacífico. Este cuadrante todavía cuenta con una fuerte presencia de la lengua náhuatl, y nos cuenta la historia de sus relaciones con los mixtecos y los aztecas en un notable par de *amoxtli* en piel de venado de Tlapa-Tlachinollan, y en los "lienzos" de algodón de Chiepetlan y otros pueblos cercanos.[15] En el lado opuesto se hallaba el cuadrante norte, dedicado al cultivo del algodón y bañado por el otro océano; también era fortaleza del náhuatl y poseía abundantes inscripciones antiguas y algunos lienzos, anales y mapas posteriores (de Tochpan, Xicotepec, Itzcuintepec y Metlatoyuca). Siendo el único cuadrante que no se hallaba contiguo a la capital y que por lo tanto era muy difícil de controlar debido a la presencia intermedia de Tlaxcala, el norte se convirtió en la cabeza de puente de Cortés y en la sede de la verdadera cruz (Veracruz).

El este, con mucho la principal fuente de tributos, se extendía desde Chalco, situado junto al lago de ese nombre en el interior de la cuenca, hasta el remoto enclave de Xoconochco en la frontera del Quiché (actualmente la de México con Guatemala), lugar de origen de las exóticas pieles de jaguar, de las plumas de quetzal y de *amoxtli* quemados por los cristianos hasta fechas tan tardías como los años 1691-1692. A lo largo del camino, los viajeros atravesaban la llanura de Cholula, custodiada por sus cuatro vol-

NORTE

Xoconochco E7
Chalchicueyecan
Cempoala
Cuauhtochco N1
Cuetlaxtlan N2
R. Papaloapan
Tochtepec
Teotitlan F6
Cuicatlan
Huitzo
Mitla
Oaxaca
Xaltepec
Mictlan
Teozacualco
Tututepec
MIXTECA

Tochpan N5
Tecollotlan
Xiuhcoac M7
Atlan N6
Tajin
Pahuatlan N3
Metlatoyuca
Yoalichan
Tollantzinco
Huamantla
Tepeaca E2
Cacaxtla
Cholula
TLAXCALA
Texcoco
Tenochtitlan
Chalcatzinco
Huaxtepec 5
Tepexic
TZONCOLIUHCAN
Teotitlan
ESTE
E3
Coixtlahuaca
Nexapa
Tlaxiaco E5
Tilantongo
Chalcatongo
Tlaquiltenango
Xochicalco
Xocotitlan O7
Toluca Q4
Malinalco O6
Cuauhnahuac 4
COATLAN
Tlachco S1
S2
S5
S6
S7
S4
Chiepetlan
Tlapa
SUR
Acapulco
Cihuatlan S3

METZTITLAN
R. Mezquital
N8
Atotonilco O1
Acoxpan
Tula O2
O3
OESTE
MICHOACÁN

Tepepulco
Teotihuacan
Chiconautla
Tepetlaoztoc
Chiautla
Texcoco
Citlaltepec
Tzompanco
Tepotzotlan
Xoloc
6 Cuauhtitlan
Cuauhtlapan
Tepoxaco
Calacoayan
Tenayuca
Petlacalcatl 1
Azcapotzalco
Tlacopan
Chapultepec
Coyoacan
Huitzilopochco
Xochimilco
Colhuacan
Cuitlahuac 2
Acolhuacan 3
Tlatelolco
Tenochtitlan
Chalco E1
Amecameca
Totolapan
Tepoztlan
Amatlan
Chichinautzin
Cuauhnahuac
Yauhtepec
Huaxtepec 5

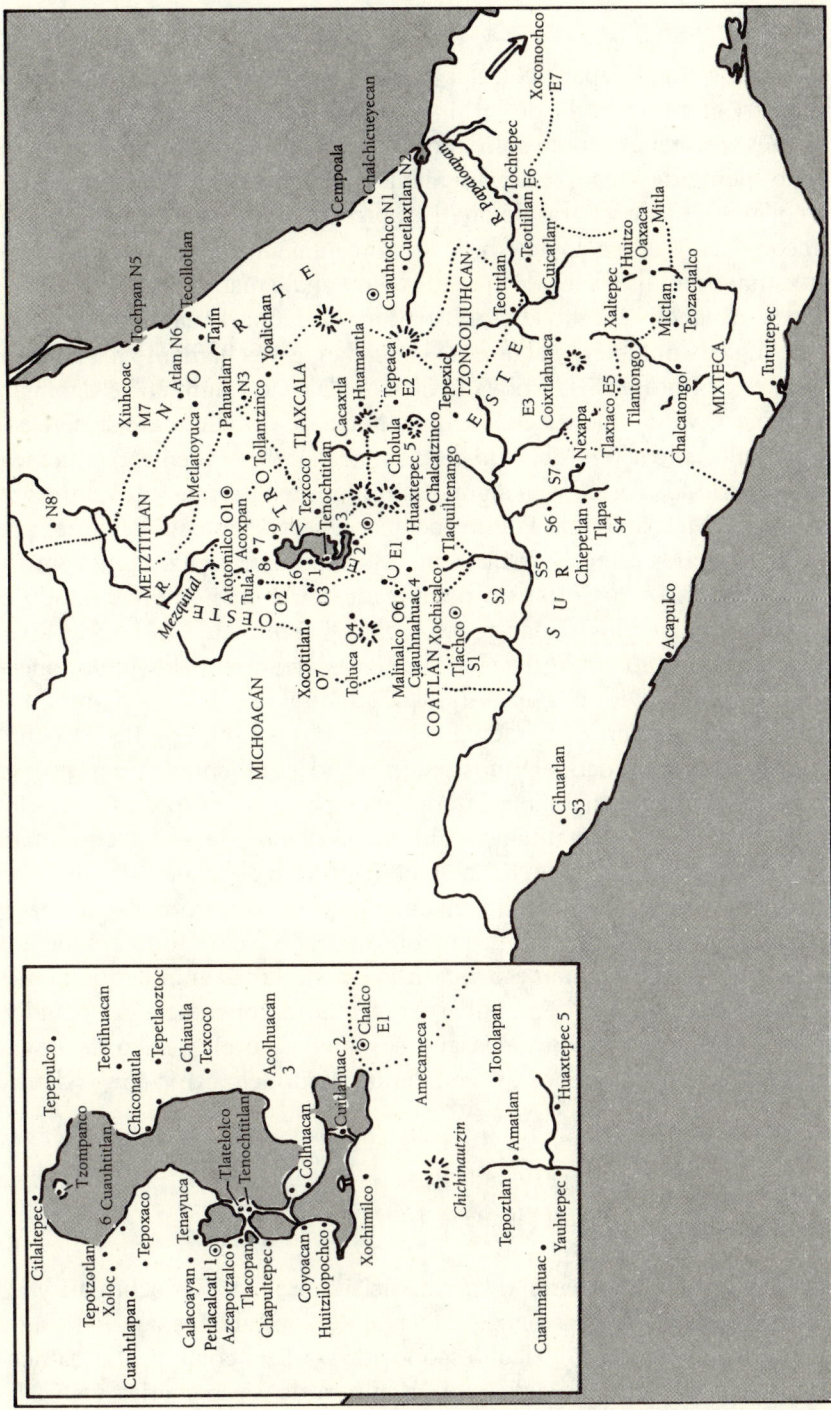

MAPA I.3. *Tenochtitlan y sus alrededores.*

canes nevados; Papaloapan, con sus centros de Coixtlahuaca, Cuicatlan y
Teotlillan; el extremo norte de la Mixteca y Oaxaca; y Tochtepec, señuelo
para Cortés tras haber estado sólo unos días en Tenochtitlan por su renombre como fuente de cacao, caucho y mantas (*tilmatli*) exquisitamente elabo-
radas, collares de jade y tiaras de oro. De aproximadamente 30 textos indígenas precortesianos sobre papel y piel, un porcentaje importante es originario
de esta zona oriental: anales de ciudades del Papaloapan, como Cuicatlan y
Quiotepec, *teoamoxtli,* como el glorioso Mapa de Coixtlahuaca con su quincunce de lugares notables, y el *amoxtli* Cuicatlan, estrechamente relacionado
con el anterior (figura I.3).[16] El valle de Coixtlahuaca también se distingue
por su rico acervo de nueve lienzos. En el Mapa de Coixtlahuaca se concede
un sitio privilegiado a Tepexic, ciudadela situada al noroccidente, que floreció
a fines del periodo Clásico y en algún tiempo poseyó los más altos muros de
albañilería de Mesoamérica. Políticamente conservó tanto poder que, aun
bajo la férula de los aztecas, su dirigente Moctezuma Mazatzin tenía autoridad para negociar con Cortés en octubre de 1520 en nombre de todo el
Papaloapan, incluyendo Tehuacan, Cozcatlan y Teotitlan.[17] Aún sigue siendo un foco de devoción indígena y en sus anales, de inestimable importancia,
se conserva la cuenta de años más larga que se conoce en el Cuarto Mundo.

Dentro de Mesoamérica occidental, el territorio del imperio de Tenochtitlan nunca fue una unidad: algunos señoríos independientes se interponían
entre los cuadrantes y mantenían tradiciones políticas propias. Entre ellos
podemos mencionar a Metztitlan, Tochimilco, Tilantongo —el trono dinástico de la Mixteca y foco de un considerable número de anales— y Teotitlan
(heredero de Xochicalco, Coatlan finalmente se incorporó con Cuernavaca).[18] El norte se mantenía completamente apartado, sobre todo debido a la
presencia de Tlaxcala, que en ese entonces era algo más grande que el moderno estado homónimo.[19] Sin embargo, recibía su coherencia del paradigma de los cuadrantes, cuya huella aún se percibe en el México de hoy, y
que, al igual que el quincunce de Coixtlahuaca, modeló otros reinos dentro
de Mesoamérica y más allá de ella.[20]

GRAN MÉXICO E ISLA TORTUGA

Además de detallar la geografía interior del imperio de Tenochtitlan y las
campañas orientales de Nicaragua, el Lienzo de Tlaxcala nos conduce hasta
la frontera occidental, el "México desconocido".[21] Esta zona, profundamente influida a lo largo de los siglos por la cultura de Mesoamérica y en oca-

a

b

c

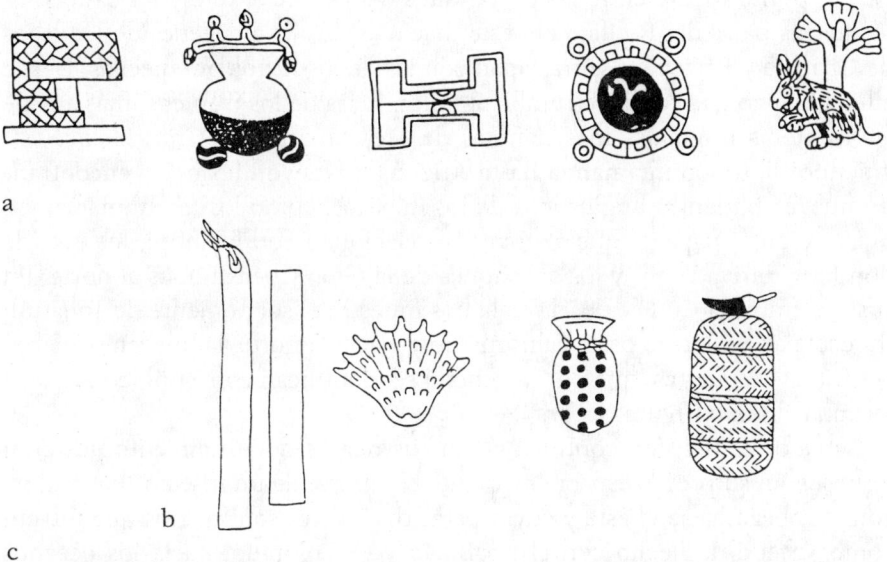

Gobernadores		Cabeceras		Pueblos										
Petlacálcatl	+ 123	centro	9	13	10	26	16	26	7	10	7	9	=	124
Atotonilco	+ 46	oeste	7	6	7	13	12	6	2	1			=	47
Tlachco	+ 69	sur	7	10	14	12	14	8	6	6			=	70
Chalco	+ 82	este	7	6	22	11	11	3	22	8			=	83
Cuauhtochco	+ 45	norte	8	7	6	7	11	7	2	5	1		=	46
	365		29											246

FIGURA I.3. *El imperio tributario de Tenochtitlan según el Códice Mendoza:* a) *gobernadores del centro y de las provincias (Petlacálcatl; Atotonilco; Tlachco; Chalco; Cuauhtochco;* b) *productos típicos de las provincias (tablas de madera del oeste; conchas marinas del sur; cochinilla del este; chiles del norte;* c) *esquema numérico de sujetos que respetan las noches de la luna (9, 29) y los días del año (365).*

siones incorporada políticamente a ella, incluye estados mexicanos modernos como Michoacán, cuyas antiguas ciudades y pirámides (*yácata*) tachonan los mapas de los purépechas o tarascos; Zacatecas, sede de la enorme colina fortificada de Chicomoztoc ("Siete Cuevas"), reclamada como lugar de origen tribal por los resistentes grupos de habla otomí y otros pobladores de los desiertos del norte a los que en conjunto se conoce como chichimecas o gente del perro;[22] y Jalisco, Colima y Nayarit, donde los hablantes de náhuatl antecedieron a los españoles en arrojar a sus parientes lingüísticos, los huicholes y coras, hacia la sierra. Al pintar el mundo reclamado por los antepasados, los huicholes toman como centro la mesa de

Nayar, punto medio entre las tierras altas del peyote al este y las exuberantes tierras bajas del Pacífico al oeste; hacia el sur, las imágenes de los lagos de Chapala y Pátzcuaro se traslapan con las de los textos purépechas. Desde allí, el Lienzo nos conduce rumbo al norte, fuera de los trópicos, más allá de las fronteras originales más remotas de Mesoamérica, al Gran México, siguiendo "la toponimia nahua hasta Arizona y Nuevo México" y encontrando nuevos parientes lingüísticos de los mexicas, como los tarahumaras, yaquis[23] y pima-pápago, que a su vez se relacionan con los hopi, los ute (de donde se deriva Utah) y los shoshones de la Gran Cuenca, más al norte. En sus extremos, el Códice de Tlaxcala nos muestra el sol poniente de Tonatiuh Ihuecotzian, el lejano oeste californiano y, hacia el norte, la imagen de Cibola y sus siete puertas, que por lo general se identifican con Zuñi, con lo cual termina el texto (figuras I.1b y I.4).

Cerca de la división continental, en sus relatos de Surgimiento, los zuñi representan su propio espacio mediante la imagen de un insecto "patinador" con la cabeza hacia el este y cuyas patas diagonales son los ríos que fluyen, como sucede de hecho con el río Bravo y el Colorado, hacia los océanos Atlántico y Pacífico, claramente identificados ahora en estas latitudes con el este y el oeste. Los zuñi habitan cerca de la parte media de ese milenario complejo de canchas de juego de pelota, *kivas* o templos subterráneos, edificios de seis pisos, sistemas de riego, caminos para el tributo y otros elementos de arquitectura urbana que los arqueólogos identifican actualmente con el término navajo de Anasazi (mapa I.4).[24] Como los relatos de los hopi y otros indios pueblo de esta zona, los de los zuñi refieren los intercambios recíprocos con Mesoamérica y el "Mar de Coral" mucho antes de que llegaran los españoles, intercambios que explican el uso del náhuatl en algunos nombres de lugar y en términos rituales en los textos hopi que son invocados en el culto moderno de México y del emperador Moctezuma (y, en el caso chicano, en la primera tierra natal de los aztecas, Aztlan).[25] Extendiéndose por el occidente y el norte de México, y rodeada por las arenas sin maíz de Tamaulipas y Texas que casi engulleron a Cabeza de Vaca, la cultura anasazi muestra una continuidad con Mesoamérica no sólo en los aspectos materiales sino también en las formas de expresión. Los anales de los *amoxtli* mesoamericanos se evocan en las cuentas de años pima, que a su vez prolongan una vieja historia de asentamientos en las antiguas ciudades hohokan, como Civanoqi (Casa Grande); los mapas de los *teoamoxtli* tienen sorprendentes equivalencias con los diseños huicholes que se han creado recientemente en forma de pinturas con estambre y con el *corpus* anasazi de murales y pinturas secas.

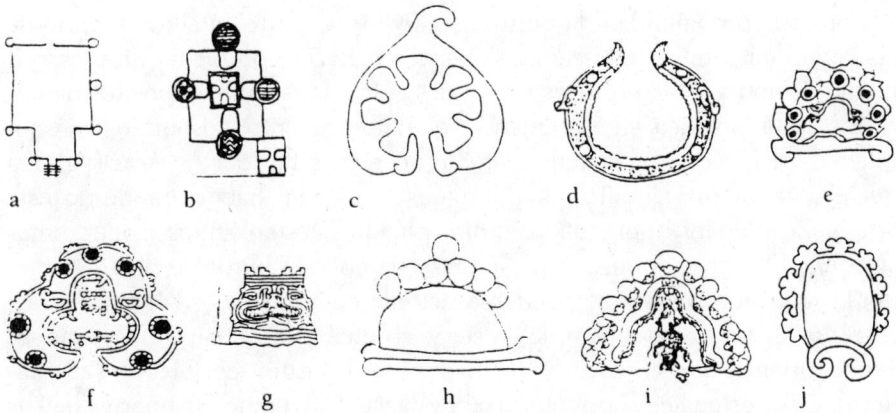

FIGURA I.4. *Lugares de Siete:* a) *montañas en la pintura seca navajo Hajinei (Surgimiento);* b) *puertas en Cibola o Zuñi (Códice de Tlaxcala, escena 156);* c) *Siete Cuevas de Chicomoztoc (Anales de Cuauhtinchan, f. 16);* d) *tumba con ojos y los otros orificios de la cabeza (Laud, p. 21; véase lám. 6b); Chicomoztoc en los Lienzos de Coixtlahuaca 1, Tlapiltepec, Tequixtepec 1, los Rollos de Miltepec y Seden, y el Lienzo de Tequixtepec 2.*

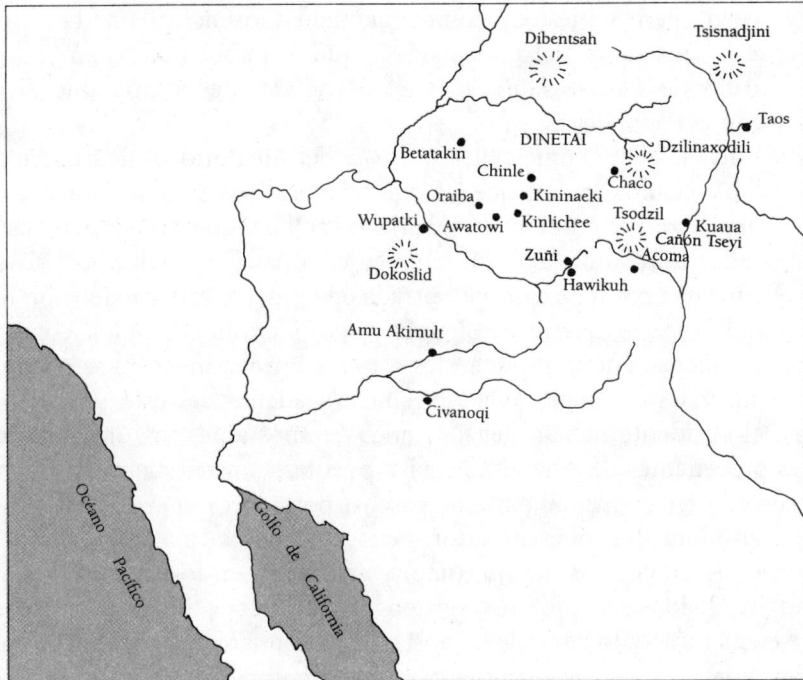

MAPA I.4. *Anasazi.*

Con toda probabilidad, la pintura seca[26] formó parte en algún tiempo de las ceremonias mesoamericanas; consiste en hacer complejos dibujos por medio de arena, polen u otros materiales coloreados, con propósitos de curación; esta práctica sigue teniendo gran fuerza entre los indios navajo, quienes, al igual que los atapascos, llegados más tarde a Anasazi (palabra que en su idioma significa "los antiguos"), afirman haber aprendido este arte literario de los hopi y de los indios pueblo ya establecidos y, yendo más atrás en el tiempo, de maestros escribas que poseían libros de piel de venado. Las pinturas secas, que pueden funcionar como mapas, sitúan a Anasazi entre los océanos del este y del oeste y, al igual que el mapa tributario de Tenochtitlan y que el insecto "patinador" de los zuñi, establecen sus cuadrantes, de los cuales el oriental se abre hacia el sol como las puertas de sus *hogans* (chozas); también esas pinturas señalan materialmente las cuatro montañas que en el modelo tradicional del quincunce protegen Dzilinaxodili y la antigua tierra natal llamada Dinetai y fijan su centro en la división continental, cerca de las antiguas ciudades amuralladas del cañón Chaco. Estos notables textos señalan incluso topónimos y asentamientos como Kininaeki, el lugar de franjas amarillas y blancas, la Casa del Amanecer en el cañón de Chelly (Tseyi). Pero sobre todo complementan en forma brillante la historia navajo de la creación y del poblamiento, que se publicó en fecha reciente con el título de *Dine bahane,* la cual es netamente comparable en su alcance con el *Popol vuh* maya.

Siguiendo las rutas comerciales a través del territorio de los pima que marcan ellos mismos, vemos que las pinturas secas se extendieron hasta California en el extremo continental que da al Pacífico, donde Asdzaan Nadleehe la "mujer cambiante" navajo, tenía su casa natal. La población de esta costa, y aun sus nombres, casi fue borrada en el mapa. En su extensión hasta a la costa noroeste, que posee algunos rasgos marítimos propios, como los cantos de ballenas que interpretan los seris, la Europa invasora se encontró consigo misma en el siglo XVIII: España procedente del este y Rusia del oeste. Del occidente habían llegado miles de años antes los últimos inmigrantes procedentes de Asia, es decir los pueblos característicos del noroeste. Éstos son en su mayor parte atapascos, portadores vivos de la antigua cultura cazadora de América, autores de sus propios "mapas y sueños" y parientes na-dene de los navajo (dine) y apaches y, en forma más local, de los tlingit y haida, entre los siete grupos principales o "pueblos del cedro" que se encuentran a lo largo de la "costa de las coníferas" desde Alaska hasta Oregon. Por ser "la sociedad no agrícola más compleja del mundo",[27] que contaba en abundancia con salmón y cedro rojo, y comerciaba en grandes

FIGURA I.5. *Figuras de postes totémicos:* a) *oso mordiendo un escudo ceremonial de cobre (kwakiutl);* b) *sacerdote ruso ortodoxo (haida, Kasaan; según Barbeau, 1950: 406).*

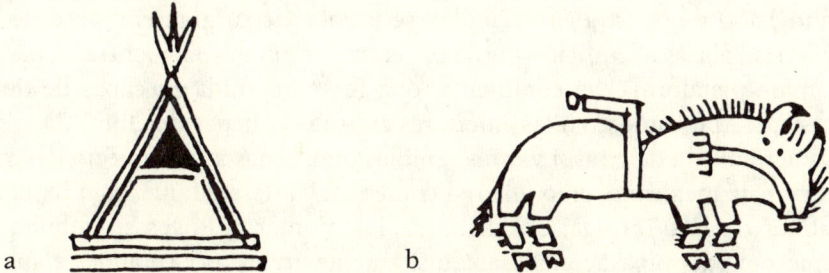

FIGURA I.6. *Imágenes anasazi de las Grandes Llanuras:* a) *tipi y* b) *búfalo en la pintura seca navajo Ayane (gente del búfalo).*

canoas o por medio de ceremonias de potlatch que se celebraron hasta 1951, los habitantes de la costa —entre los que se incluyen los tsimshian, kwakiutl y salish— construyeron sólidas casas y ciudades de madera como Ketchikan, Tongass, Sitka, Kasaan y Ninstints, y marcaron su territorio formado por islas y caletas con sus famosos postes totémicos que, junto con un *corpus* más antiguo de petroglifos, vinculan la morada y la prioridad de las dinastías familiares con una historia que va desde la creación hasta la labor misionera de los sacerdotes ortodoxos rusos (figura I.5).

En cuanto a la frontera nororiental de Anasazi, que es también la del Gran México, se señala en las pinturas secas por medio de *tipis* del pueblo del búfalo, cuyo territorio era considerado extranjero y peligroso por los antepasados (figura I.6), y también por el aventurero Coronado, quien en 1540 viajó desde México hasta Anasazi y de allí hasta Kansas. En la geografía nativa, al cruzar esta frontera entramos en otra parte de América del Norte: aquella que se llamó a sí misma Isla Tortuga. Ésta se halla muy bien definida en el Mapa Chickasaw de 1721 (lámina 16a), el cual muestra toda su extensión, desde las Rocosas hasta la costa atlántica, y desde el golfo de México rumbo al norte hasta los Grandes Lagos, concentrándose en las varias arterias fluviales que convergen en el Misisipi. Este texto, copiado de un original en piel de venado, señala los asentamientos que habían surgido en el escenario de Isla Tortuga durante los anteriores dos mil o más años, detallando los caminos y senderos que existían entre ellos. Hacia la época en que se realizó el mapa, muchos de esos asentamientos aún se hallaban inmersos en la cultura misisipiana, a la que debían su arquitectura, su agricultura y sus costumbres.

El centro vital de esta cultura, la metrópoli de Cahokia, aparece nombrado en el mapa: dominó la confluencia del Misisipi-Misuri, tal como su sucesora San Luis lo hace actualmente, y alcanzó la cima de su poder hacia el año 1300 de nuestra era. Cahokia se jactaba de su gran conjunto de terraplenes, plazas y edificios públicos, entre los que se encuentra la mayor pirámide-plataforma del continente, que fue construida en capas de tierra sucesivas. Apoyándose en las anteriores culturas Urbanas de Ohio, Cahokia, cuya agricultura de girasol y otras semillas tempranas se enriqueció después con el maíz mexicano, creó una red comercial y artesanal que llegó hasta los confines de Isla Tortuga: obsidiana de las montañas Rocosas, catlinita de Minnesota para pipas, conchas exquisitamente grabadas y cerámica elaborada procedentes del golfo de México, y cobre de los Grandes Lagos. Esta cultura Urbana misisipi exaltaba su agricultura mediante motivos anatómicos que evocan los de México; creó *vases communicants* de cerámica y propagó el juego de pelota llamado *chunkey*.

Esta cultura fue heredada directamente por las "tribus civilizadas" del bajo Misisipi y por los señoríos del próspero sur, entre ellos los chickasaw y los vecinos a los que éstos incluyeron en sus mapas —como los natchez, los choctaw, que encontraron y encuentran su centro en la pirámide de Nanih Waiya, y los muskogee (o creek propiamente dichos)—, y los seminole, cuyos montículos se extendían a las "diez mil islas" en la península de Florida, quienes soportaron el peso de la invasión emprendida por De Soto en 1542 (nuevamente con ayuda de los tlaxcaltecas). La lengua muskogee en sus varias formas (chickasaw, choctaw, seminole), base de un lenguaje comercial que dotó al inglés de un considerable vocabulario, dio nombre a Alabama, Mobile, Tuscaloosa y los montes Apalaches, así como al territorio de refugio de Oklahoma (de la "gente roja"), donde quedó plasmada en libros que contienen las constituciones y leyes de estos pueblos. La historia de la migración muskogee, tal como se transcribió a partir de una piel pintada y

contada por Chekilli (1735), reconstruye un viaje realizado desde el oeste
por medio de una ruta que también se muestra en detalle en el Mapa Chickasaw; es decir, a lo largo de Red River, donde los caddo emplazaron sus ciudades pirámide y establecieron el enlace con los comanches y otros pueblos
situados todavía más al oeste y en esa fecha ampliamente desconocidos para
los blancos que los invadían desde el este. Hacia el lado este se situaban los
cherokee de lengua iroquesa, que según el Mapa eran sus principales socios
comerciales en esa etapa. Al reclamar su derecho sobre la serie de cuatro
montañas guardianas en el extremo sudoccidental de los Apalaches que forman la otra orilla de Isla Tortuga (mapa I.5), los cherokee colocaron sus
fogatas rituales y sus casas de siete lados encima de pirámides estilo Misisipi
en Hiwassee, Setsi, Nikwasi y otros lugares venerados. Aferrándose a este
paisaje que aún lleva sus nombres (Tennessee, Echota, Tellico, Citico), los
cherokee llegaron incluso a imprimir periódicos en el silabario que inventaron para su lengua.[28] En el extremo nororiental de los Apalaches, sus pri-
mos —es decir, las naciones seneca, cayuga, onondaga, oneida y mohawk
de la Liga Iroquesa— representaban su unión en sus cinturones *wampum,*
con diseños que podían incluso representar territorios, como en el ejemplo
Canandaigua.[29] El Mapa Chickasaw muestra a los seneca en su función de
"guardianes de la puerta" del camino que llevaba al sudoeste hacia el Ohio.
Mediante la alianza consagrada en su Ritual de Condolencia, controlaron
durante mucho tiempo el acceso a los lagos y ríos que designaron con los
nombres de Ontario, Hurón, Erie, Ohio, Scioto y Niágara. Las etapas más
antiguas de esta historia apalache se conservan en obras como los manuscritos de Ayunini (El Nadador), algunos de ellos escritos en el silabario cherokee, y en *Sketches of… the Six Nations,* de David Cusick.

Entre ellos mismos y Cahokia, los chickasaw colocan a los quapaw y arkansa que, como hablantes siouanos, tenían parientes entre los catawba de
la costa atlántica al este, y entre los otros sioux que nombraron los territorios situados al oeste Kansas (el Quivira de Coronado), Iowa, Minnesota,
Dakota. Todos estos siouanos consignaban habitualmente sus mapas e historias en pieles pintadas. El Mapa catawba contemporáneo al de los chickasaw
de hecho tiene puntos en común con éste, pues define una frontera común
al este del territorio de los cherokee, aunque reconoce el contacto europeo
por medio de Charleston y no a través de Saint Augustine. En un mapa sumamente estilizado del siglo XVII, los quapaw definieron la parte del Misisipi
que habitaban: un enclave estratégico como encontraron La Salle y sus
seguidores.[30] En los Llanos, donde la economía se transformó debido a la
presencia del caballo, las siete tribus sioux —como sus vecinos del norte y

MAPA I.5. *Apalachia.*

el sur, los siksika y los kiowa— utilizaban pieles, tanto de búfalo como de
venado, para consignar hazañas guerreras, censos y sobre todo historias calendáricas conocidas como *waniyetu yawapi* (cuentas de inviernos),[31] que
por los topónimos que emplean y por su procedencia permiten reconstruir
el mapa de la parte occidental de Isla Tortuga, que se extiende entre Anasazi
y Canadá. La tradición de las pinturas en piel, que presenta una analogía
clara con la de los *amoxtli* típicos de Mesoamérica y evocados en Anasazi, se
extendió más tarde a toda Isla Tortuga.

El nombre con que conocemos a Cahokia pertenece a la restante gran
familia lingüística de Isla Tortuga: la de los algonquinos. Este pueblo, que

hacia la época de la llegada de los europeos se hallaba tan extendido que a
su lengua se le llamaba "la lengua de América",[32] se desplegaba a lo largo de
una gran franja al norte, desde el Atlántico hasta las montañas Rocosas, y
dividía su territorio en tres partes en las que actualmente abundan los nombres algonquinos: la costa atlántica (Massachusetts, Connecticut, Manhattan
y Chesapeake); el valle del Ohio y los Grandes Lagos (Ottawa, Michigan,
Miami, Illinois, Chicago —la meta occidental en el juego lacrosse de los
dioses menomini—), y el oeste (Wisconsin y el gran río Misisipi-Misuri, a lo
largo de cuyas riberas superiores los siksika, los arapaho y los cheyenne llegaron hasta las montañas Rocosas).[33] Sus límites al sur, tierra de los shawnee "sureños", están claramente marcados en el Mapa Chickasaw, a lo largo
de los senderos que llevan de Peoria, Cahokia y Kaskaskia, una zona que a
su vez se describe en el mapa de piel de venado de Illinois y otros mapas
algonquinos. Por su parte, y en tanto que pueblo original del norte (anishinabe), los algonquinos cree y ojibwa aún ocupan su tierra natal, éstos en la
múltiple vertiente que alimenta el Misisipi, los Grandes Lagos y el océano
Ártico, y que hasta la fecha defienden contra los intentos por alterar su
hidrografía. Este foco cultural quedó consagrado en el notable *corpus* de rollos, cerca de un centenar en total fabricados con corteza de abedul del norte,
que pertenece a la sociedad Midewiwin de los ojibwa.[34] Siguiendo una pauta característica, los rollos del Origen y de la Migración identifican cuatro
momentos de un viaje ancestral desde el Atlántico y el este, que culmina en
el "Gran Templo" (Midewegun) del Lago Superior y, completando la travesía
por vía terrestre, en los lagos Red y Leech (figura I.7). Por intermediación
de los otawa, lenape y shawnee, los textos Mide llegaron a validar las campañas de Pontiac en Ohio en 1761 y, en consecuencia, la gran defensa que
hizo Tecumseh de todo el este en 1812. Tras haber derrotado a De Soto, los
pueblos de Isla Tortuga —muskogee, caddo, iroquiano, siouano y algonquino— resistieron la embestida procedente del este durante 300 años, y sólo
al final fueron desplazados hacia el oeste en los infamantes "traslados" insti-
tuidos por los Estados Unidos.

La resistencia militar, registrada vivamente en las historias indígenas, culminó sólo hacia fines del siglo XIX, pues para entonces la ametralladora
estadunidense había incrementado considerablemente la tasa de exterminio.
Desde las ciudades y territorios que ocuparon durante siglos, los sioux, algonquinos e iroqueses fueron expulsados hasta las Rocosas, donde intercambiaron
canciones como muestras de valor y de apoyo mutuo y revivieron la antigua
fe en la diplomacia de pipa de la paz que reverenciaban. A partir de esta "Danza del Espíritu"[35] surgió una nueva conciencia panindia de América.

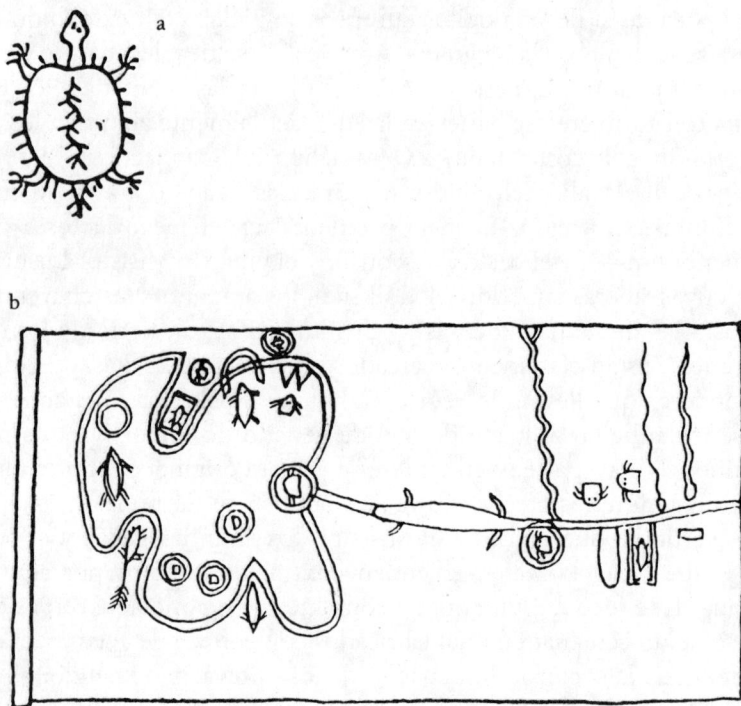

FIGURA I.7. *Imágenes Mide:* a) *la tortuga (Mallery, 1893: 252);* b) *Mapa Mide del parteaguas sagrado. El lago Leech, al que se llega desde el este (derecha), se muestra aquí con sus promontorios e islas. (Eshkwaykeezhik, Rollo de Migración [sección final]; según Dewdney, 1975.)*

TAHUANTINSUYU

El Imperio inca, contraparte sudamericana de Tenochtitlan, fue sin duda el mayor reino que encontraron los europeos en el Cuarto Mundo, y es también el que mayor efecto ha tenido sobre el pensamiento político mundial. Tahuantinsuyu —que significa "cuatro distritos" en quechua, o runasimi, la lengua inca hablada en la actualidad por 10 millones de andinos— se extendía a lo largo de los Andes desde la frontera con los reinos chibchas en el norte hasta Tucumán y Talca en lo que hoy es Argentina y Chile en el sur. Los nombres en quechua, reconocibles por componentes típicos como *pampa* (llanura), *mayu* (río) y *cocha* (lago), abundan en toda la zona, y destacan sobre todo entre los picos nevados de la cordillera.

La anatomía de Tahuantinsuyu se ha analizado en varios textos indígenas en quechua y español provocados por la invasión de Pizarro, y aun se presupone en los relatos y canciones quechuas, en donde se representa como un gran cuerpo del cual la frente está en Quito (Ecuador), el ombligo en Cuzco (Perú) —significado de este nombre en quechua— y el sexo en Titicaca (Bolivia). El relato antiguo más sistemático que existe es el que hizo el autor indígena Guamán Poma ("Águila Puma") en una carta de 1 179 páginas enviada a Felipe III de España y que llevó por título *Nueva corónica y buen gobierno;* el "buen gobierno" es la práctica inca, que él deseaba restaurar y reforzar en el virreinato del Perú, cuya devastación por obra de los herederos de Pizarro le tocó presenciar. Como el Códice Mendoza de Tenochtitlan, y por razones políticas similares, el texto de Guamán Poma ofrece un recuento exhaustivo del imperio; se complementa con el documento antiguo en quechua más importante que ha sobrevivido: el manuscrito del siglo XVI llamado *Runa yndio,* procedente de Huarochirí, que describe la geografía de Tahuantinsuyu en términos de sus huacas, es decir, pirámides y montañas y otros elementos del paisaje a los que se venera como santuarios.[36] La obra de Guamán Poma, cuya mitad consiste en ilustraciones de página, contiene un notable mapamundi de dos páginas (pp. 983-984; figura I.8) que resume su argumentación en términos geográficos. En él vemos físicamente cómo Tahuantinsuyu se extiende hasta incluir la mayor parte de la Sudamérica española, a lo largo de las líneas de las conquistas incas; de este modo, combina de manera formal el modelo ritualizado de los cuatro *suyus* con una cartografía occidental que incluye las zonas situadas más allá de éstos.

En el centro de su mapa, Guamán Poma coloca a Cuzco, el valle de las tierras altas elegido por los incas como sede de la capital de Tahuantinsuyu (mapa I.6). Esta disposición anuncia una preferencia que es tanto particular, ya que degrada a Lima —la capital costera europea— como general, al promover la ubicación en el centro de la meseta que sí fue respetada por los invasores en los casos de Tenochtitlan/México y Bacata/Bogotá. Desde la posición elegida para ella, Cuzco conectaba hábilmente los tres distintos tipos de terreno que se conocían en Tahuantinsuyu, que aparecen como tres franjas en el mapa: el desierto costero; la cordillera, doblada "como un quello [camisa] almedonado", en palabras de Guamán, principal zona de actividad y expansión de los incas, y la cuenca atlántica de los Andes, que se adentra en las vastas selvas tropicales de las tierras bajas. Este triple terreno se adivina desde época muy temprana en la estela Caimán del montañoso Chavín,[37] donde las conchas de espóndilo procedentes del Pacífico, por un lado, se combinan por el otro con las plantas que crecen a partir de la bestia de la

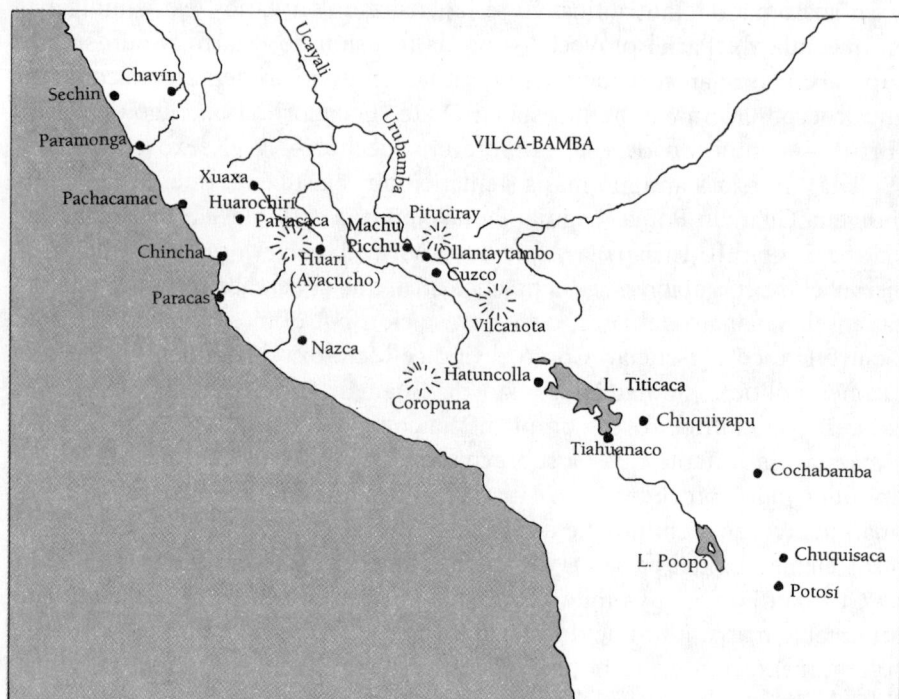

MAPA I.6. *Cuzco y sus alrededores.*

tierra o caimán del Amazonas (figura XII.1). La reciprocidad particular entre la costa y las tierras altas se evidencia en el texto de Huarochirí —situado entre las dos— en un diálogo entre dos zorros, uno de "arriba" y otro de "abajo".

Cuzco, como centro político de Tahuantinsuyu, figura en el mapa como el lugar donde convergen las fronteras de sus "cuatro distritos": Chincha al oeste, Anti (de donde se deriva la palabra Andes) al norte, Colla al este y Conde al sur. Tal como Tenochtitlan, desde el centro de sus cuadrantes tributarios Cuzco vigilaba y tasaba a sus *suyus* por los bienes que le proveían y como epítetos de estilo en general. Al hacer esto ponía especial atención en el eje oeste-este de Chincha y Colla, que históricamente había generado anteriores *tahuantinsuyus,* o estados divididos en cuadrantes propios, que fueron ampliados por los incas y luego por sus sucesores españoles.

Chincha, nombrada así por una ciudad costera situada en dirección oeste de Cuzco, consideraba a la montaña *huaca* de Pariacaca, situada cerca de Huarochirí, su principal santuario, y ésta es también el tema principal del

texto *Runa yndio.* Este pico sagrado, que tiene una contraparte costeña en
la pirámide de Pachacamac, también se ubica al oeste de Huamanga, o
Ayacucho, zona en torno a la cual se centraba la cultura huari. Siendo él
mismo originario de allí, Guamán Poma se refiere a la reina (*coya*) de las
dinastías locales más antiguas y más augustas que las de Cuzco, y subraya
sus propios nexos con ellas; en forma similar, *Runa yndio* nos recuerda esa
preminencia local al revelarnos cuán recientemente impuso Cuzco sus prácticas y sugerirnos que fue en la zona de Ayacucho donde se estableció el
primer *tahuantinsuyu.* Luego, a medida que se extendió hacia el oeste, Chincha pudo amalgamar la inmensa riqueza de tierras altas y de reinos costeros
renombrados en la arqueología, valiéndose en particular del brillante legado
de Moche,[38] contemporáneo de Teotihuacan e insuperable en la metalurgia
(se practicaba incluso el electrochapeado) y la cerámica, que brindan una
vívida enciclopedia de su mundo. Desde su valle costero, sede de las vastas
huacas o pirámides de adobe y ladrillo del Sol y la Luna, el reino de Moche
llegaba hasta Chile para conseguir lapislázuli, hasta el ecuador para obtener
espóndilos, y atravesaba la selva tropical en busca de las serpientes, los
monos y los loros que son tan notables en la iconografía de su cerámica. En
estas vasijas se representa el paisaje de Moche, formado por dunas costeras
de arena, y también a los mensajeros, o *chasqui,* que lo atraviesan llevando
consigo frijoles con incisiones que luego son leídos por los funcionarios de
su sistema de comunicaciones (lámina 1c). En estas y otras cosas, Moche
prefiguró a sus sucesores imperiales en estas regiones, como Chimú, o Chimor, que gobernó desde los nueve laberintos de adobe de la capital Chan
Chan y a su vez influyó profundamente sobre los incas. Esta parte superior
de Chinchasuyu es también la sede de Pañamarca con sus murales, Sechin con sus antiguos bajorrelieves; Chavín, en la parte más alta del Amazonas, con su primordial estela Caimán; Chachapoyas,[39] con sus amplias fortificaciones ovales —siempre "rebelde", según Guamán Poma—, y Manta,
sobre la costa ecuatorial, que comunicaba con Mesoamérica y recibió a Pizarro
cuando llegó de Panamá. La costa ecuatorial, abastecedora de espóndilos, pintados por los artistas de Moche y Chavín y saboreados por Pariacaca, *huaca*
de todo este *suyu,* ha reclamado como suyas algunas de las piezas de cerámica más antiguas del continente (4000 a.C.) y despide las corrientes que
supuestamente llevaron al Kon Tiki en dirección oeste; por encima de ella
se yergue la asombrosa avenida de volcanes nevados cuyos nombres en
quechua se leen como un poema: Carihuairazo, Chimborazo, Illiniza y Co-
tacachi al oeste, y Ayapungo, Sancay, Cotopaxi, Antisana y Cayambe al este.
Seducido por ésta, la parte más septentrional de Chinchasuyu, Huáscar

FIGURA I.8. *Tahuantinsuyu. Cuzco se muestra en el centro de los cuatro suyus. (Guamán Poma, Nueva corónica, pp. 983-984.)*

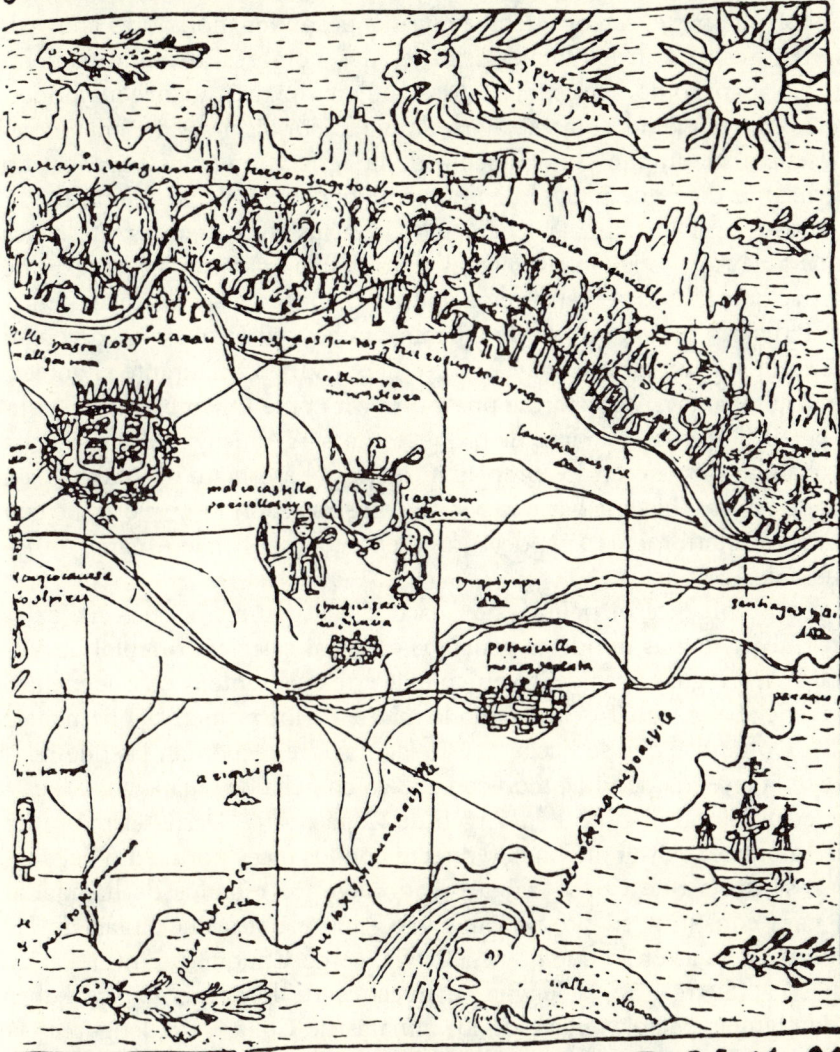

FIGURA I.8. (*continuación*)

situó allí, en Tomebamba, su capital tras la muerte de Huayna Cápac, preci- pitando así la guerra civil contra su medio hermano Atahualpa en Cuzco y anticipando remotamente la noción del Ecuador.

Lugar al que sólo se llegaba atravesando ríos turbulentos infestados de caimanes y serpientes, Anti se erigía como un *suyu* a la vez admirado y te- mido. Por una parte, se consideraba que sus desnudos moradores eran sal- vajes y no respetaban los tabúes sexuales: los hombres, tocando su zam- poña, bailaban como travestidos, y las mujeres jugueteaban con monos. Además, eran tan fieros como el jaguar emulado por los incas; no eran idóla- tras y tenían un amplio conocimiento de la agricultura y los venenos. En *Runa yndio* se dice que precisamente por motivos de defensa contra el sal- vaje Antisuyu se instaura la federación de *suyus* o cuadrantes. La *huaca* guardiana de Anti es Huanayaco en el texto de Huarochirí, y en el texto de Guamán Poma, basado en el sistema de Cuzco, vienen a ser los picos geme- los de Pituciray, justo al norte de Ollantaytambo y el Urubamba, que a su vez se equipara con el Sauaciray[40] (véase figura VIII.4c). Durante el gobier- no de Apu Ollantay, Anti aparece una y otra vez como un emblema del peli- gro y la rebelión en el ciclo inca de piezas teatrales. A Antisuyu, Machu Picchu y Vilcabamba recurrieron los propios incas tras el asesinato de Atahualpa a manos de Pizarro (historia narrada por Titu Cusi, su sobrino, y que acabó con el asesinato ulterior, en 1572, del último emperador, Túpac Amaru, un jo- venzuelo de 15 años).

En cuanto predecesor político de Cuzco, Collasuyu recibía especial defe- rencia en ceremonias donde se veneraba a la real carretera oriental de Vil- canota, la *huaca* guardiana de la vertiente de este cuadrante, y en que incluso se reverenciaba al lago Titicaca como la matriz de los primeros gobernantes incas. Las ofrendas que se hacían a este lago madre recuerdan las que rela- cionaban la leyenda de El Dorado con el lago chibcha de Guatavita, y local- mente estimularon el culto a la Virgen de Copacabana. Desde el punto de vista económico, existía un vínculo directo con los incas por medio del pas- toreo —se decía que Cuzco había robado algunos rebaños de llamas de Colla para constituir su propio capital— y los metales que fluían de las provincias situadas en lo que hoy es Bolivia, como Chuquiayapu (La Paz) y Chuquisaca (Sucre). En la lengua, el quechua de los incas parece haber tomado algunas palabras clave de los aimarás de Colla, cuya lengua es la única del Tahuantinsuyu que hasta hoy en día ha sobrevivido a la propa- gación de ese sucesor imperial; la escritura de los incas también parte del mismo legado: el recurso de las cuerdas anudadas conocidas como *quipu* tiene claros antecedentes en Tiahuanaco. En 1781, la estrecha relación entre el centro y este *suyu* se reforzó cuando al gran levantamiento de Túpac Amaru II en Cuzco le hizo eco el de Túpac Catari en Collasuyu; tras la derrota, ambos dirigentes fueron desmembrados por caballos que tiraban en cuatro direcciones, en una tentativa de desmembramiento del propio ideal del *tahuantinsuyu*.

Completando el grupo de cuatro *suyus* y dedicado al monte *huaca* de Coropuna, Condesuyu siempre se veía contenido por su océano y su desierto. Con un fuerte arraigo del culto pescador de Mamacocha, de este cuadrante provenían el algodón y los tejidos más finos: los textiles de Paracas, adornados con plumas de loros del Amazonas, datan del siglo VIII a.C. Su clima ultraseco, compartido por los pueblos ahora extintos que en su lengua nombraron a Antofagasta (ciudad de la sal), ha preservado las momias más antiguas que se conocen en el mundo. También inspiró una ciencia de la irrigación, que en el caso de Quilmes, más al sur, hizo posible una prolongada resistencia a los incas y españoles. En Arica, la ruta hacia los fértiles valles de la costa se señala por medio de grandes geoglifos —piedras sobre arena—, que representan las caravanas de llamas que bajaban del altiplano.

Por último, en el centro de sus cuatro distritos, Cuzco tenía como *huaca* metropolitana a Pacari Tampu, la Casa de Tres Puertas del Amanecer, donde el Sol, la Luna y Venus iluminan al Inca, a su reina y a sus hijos (véase figura VIII.4a). Adornada con el Coricancha sagrado a Viracocha y otros grandes templos y palacios cuyos cimientos continúan resistiendo los temblores y la destrucción posterior, la ciudad suministró el modelo para el imperio, porque el esquema de sus barrios y su área metropolitana anticiparon lo que serían los cuatro *suyus*. Un sistema de carreteras, tan bien pavimentadas que hasta la fecha son útiles, servía para librar abismos mediante puentes colgantes y llegaba hasta Cuzco desde el extremo de cada *suyu;* a lo largo de estas carreteras había redes de *tampu* (puestos de vigilancia), que mantenían a los ejércitos conquistadores y a los grupos de *chasqui* (corredores) que transportaban bienes o información a base de *quipus,* los libros incas de cuerdas anudadas. De las líneas conocidas como *ceques,* cuatro aparecen como coordenadas en el mapa de Guamán Poma; se extendían a manera de radios desde la ciudad, creando una estructura de aritmogramas celestiales del tipo que también se encuentra en el mapa de ciudades tributarias de Tenochtitlan. Se sabe que esta pauta para consignar datos se registraba en los *quipus;* por lo tanto, estas líneas y sus *huacas* correspondientes, que aún son visibles en el paisaje, pueden interpretarse como las cuerdas y los nudos de un *quipu* gigante que irradia desde la capital.[41] El *quipu,* codificado y descifrado por una burocracia de *amautas* o escribas, se convirtió en el palimpsesto de *la Nueva corónica* y muchos otros textos andinos en quechua y español. El *quipu* merece atención aparte como forma escrita que desafía las nociones occidentales aceptadas de lo que es la escritura.[42]

MÁS ALLÁ DE TAHUANTINSUYU

Al gozar del dominio político en Sudamérica, Tahuantinsuyu influyó sobre las demás culturas principales del subcontinente: la de los chibchas y los mapuches en las extensiones norte y sur de los Andes, respectivamente, y la de la selva tropical hacia el este. El territorio que pertenece a los araucanos, como los llama Guamán, o mapu-che ("gente de la tierra"), como se llaman ellos mismos, se sitúa más allá del extremo meridional de Collasuyu y fue atacado en numerosas ocasiones por los incas. De acuerdo con los relatos recabados durante las últimas décadas, el mundo mapuche se encabalgó tradicionalmente en la vertiente que divide en la actualidad a Argentina de Chile (en su testimonio del siglo XIX llamado *Kuifike,* Pascual Coña mira hacia Santiago y Buenos Aires por igual), y desde hace mucho tiempo ha coincidido con la zona que se designa con nombres mapuches en el mapa actual desde el Pacífico hasta el Atlántico; en él destacan nombres como "ciudad" *(cara),* "montaña" *(huinkul),* "santuario" o *huaca (chelcura),* "llanura" o "pampa" *(leflun)* y "agua" *(co),* y los de muchos tipos de árboles y plantas, cada uno con su propia hoja e historia, y de fauna que va desde el choike (avestruz) hasta el coipu, el luan *(huanaco)* y cientos de aves.

De acuerdo con el Relato de Huinkulche,[43] la cordillera nevada Pire Mahuida representa a la "madre" y matriz de este mundo. Su pico Threng-threng, gigante en un tiempo, les brindó refugio de la gran inundación y por ello se conservó como el lugar del surgimiento mapuche. El texto de Huinkulche coincide con otros relatos de la creación al identificar este lugar con el macizo rico en fósiles desde el cual se extienden lagos de cinco dedos, como si hubieran sido marcados en la cordillera por una mano gigante: Lacar, la fabulosa necrópolis de los antepasados y las criaturas de las épocas pretéritas; Lolog; Huechu-Paimun, el corazón del hundido Threng-threng; Tromen, y Quillen, "también un Threng-threng". Imponiéndose por encima de los lagos se yergue el volcán Lanin, apuntalado por sus cuatro montañas menores, o pies, los Melihuinkul; protege el taller oculto de la creación y protegerá el tesoro ancestral hasta que se acabe el mundo. Los pasajes legendarios que se extienden desde las cuevas que están debajo de Lanin funcionan también como el nudo entre los dos lados de la cordillera, la pampa seca de Argentina al este, más allá de Neuquen, y los frondosos bosques de Chile al oeste. El lago Lacar, que es continuación de Huahum, un paso andino notablemente bajo, comunica en forma similar las dos laderas andinas.

Las casas (*ruka*) de la comunidad mapuche tradicional, al igual que los escalones y la cara grabados en el *rehue* o árbol sagrado, que constituye el centro de dicha comunidad, siempre miran hacia el este. En los siglos XVIII y XIX, cabalgando hábilmente por la pampa desde Neuquen, los puelches, o mapuches orientales, llegaron hasta las puertas mismas de Buenos Aires y conocieron su apogeo bajo el gobierno de Calfucura.[44] Sólo la ametralladora, al incrementar la tasa de exterminio por minuto, como sucedió con los sioux, les arrancó tratados que redujeron sus tierras a esas fronteras geométricas que revelan elocuentemente la manía exterminadora de los blancos. Se dice que algunos emisarios del Melihuinkul, desplazándose en la misma dirección oriental en tiempos mucho más remotos, ayudaron a civilizar a los habitantes de la pampa, los leflunche, cuyos moradores patagones fueron exterminados criminalmente en la década de 1920.

Al otro horizonte del diario curso del sol se le conoce en todas partes como el gran océano, Fucha Lafken, en particular la isla Mocha, costa afuera. Aquí, en la puesta del sol, o Conhue Antu, los espíritus de los muertos son transportados en el dorso de los antepasados femeninos que se han convertido en ballenas. Mocha se distingue también como la tierra del primer árbol, que en un tiempo conectó a los mundos superior e inferior y del cual surgieron todas las variedades de árboles que se veneran a todo lo largo del occidente del continente en topónimos como Radal, Temuco, Lumaco y Maiten.[45] El océano, vasta contraparte de tierras bajas del lago Lacar en la historia del Threng-threng y origen de los aterradores tripalafken, o maremotos, es objeto de ofrendas y penitencias; también es el hogar del sireno Shumpall, quien roba a su novia de la costa.

Así como los mapuches del este y el oeste invocan el día solar, sus compañeros del norte y del sur juntan las dos mitades del año en una imagen recíproca de la geografía Mide. El Relato de Shaihueke recuerda el verano de los tiempos de los incas del norte, cuando todo era calidez, oro, palacios, llamas, maíz. Las marcas de ese contacto pueden verse en asuntos como la aritmética (las palabras *ciento* y *mil* son quechuas), el uso de *quipus* para contar los días y los lugares, el concepto de riqueza según el número de llamas que se poseían, el mes de 30 días y la leva militar. Se dice también que los incas tuvieron un palacio y un centro de tributos en el lago Paimun, aunque al oeste de la cordillera la frontera tradicional estaba más al norte, sobre el río Maule. Sea como fuere, una visión mucho menos sonriente de esta región se nos brinda en la historia de "Cristo Colón", a quien se identifica como el instigador de la codicia y la crueldad sin precedentes. Defendiendo siempre una frontera del norte que sólo cayó en la época de los tratados concesionarios con los gobiernos de Argentina y Chile en la década de 1880, se dice que los mapuches fueron devueltos a un invierno ancestral, a una oscuridad del sur parecida a un eclipse crónico, aunque blanco por la nieve y la "escarcha" de los *huinkas* (invasores), donde todos estaban a merced del mar que cubre los antiguos valles y caminos. Encontrar un camino para regresar de allí es engancharse a la historia misma, el puente colgante (*cuicui*) en el tiempo y el espacio. En la parte épica de esta historia, la Patagonia y el sur figuran como el último refugio de Ollal, quien enseñó a su pueblo, los huiliches, a hacer barcas de cuero y a encender fuego (dentro de ellas), y llevó algunas artes de la selva tropical como el de la anestesia, la mezcla de tabaco, la identificación de propiedades anticarcinógenas en el canelo y el maqui (los árboles sagrados de la ceremonia de Nguillatun), así como a atontar a los peces con venenos en ríos como el Callecalle (Valdivia).

Con su organización federal de Aillirehue (la comunidad de nueve miembros) y sus agrupamientos de cabeceras locales (*lonco*), el territorio mapuche, o Ftah Mapu, no tenía una sola capital concéntrica. No obstante, en modelos como el Melihuinkul de Lanin pueden observarse o deducirse esquemas territoriales más grandes; los lagos "grande" y "pequeño", fucha y pichi lafken, del Pacífico abajo y el Lacar arriba, y las rutas de los vientos, marcadas con claridad, que soplan al norte y al sur (*picun, huilli*) entre los corredores de la cordillera, constantes del mar occidental y cálidos y violentos como el puelche que se vuelca desde la pampa oriental. Aún en nuestros días las cuatro direcciones del mundo mapuche se reconocen en las ofrendas que se hacen en los ritos del Nguillatun, y en el modelo cuatripartito de su tambor (*kultrun*). Por su parte, los pueblos del extremo sur —selknam, haush, yamana y alacalufe— también se organizaban según un sistema de cuadrantes que abarcaba Tierra del Fuego y los archipiélagos vecinos.

En el mapa de Tahuantinsuyu que elaboró Guamán Poma, Ftah Mapu extiende hacia el sur el curso andino de Collasuyu, tal como, diagonalmente opuesto, el reino chibcha extiende Chinchasuyu hacia el norte. Ambos son mundos conocidos. No así, en cambio, las tierras bajas de selva que constituyen el resto de Sudamérica, pues en el mapa de Guamán Poma Antisuyu se extiende hacia la fantasía (esta frontera fue reforzada curiosamente con el Tratado de Tordesillas, que en 1494 dividió los territorios españoles y portugueses en América y anticipó la frontera occidental de Brasil). Más allá de la espesa cortina de árboles que protege a la fauna formada por serpientes gigantes, monos, jaguares y "salvajes desnudos", imponentes montañas se hunden en un océano de peces y estrellas. La verdadera selva tropical, el último gran dominio de América en resistir la invasión, sobrevivió precisamente debido a la elaborada solidaridad humana con su entorno verde, idea que se debió a los antepasados ribereños de los arawakos y los tupí por lo menos en fecha tan temprana como el tercer milenio antes de nuestra era, y que ahora, cinco mil años después, está amenazada por los incendios genocidas. Aunque rico en arquitectura —los sambaquí o pirámides de tierra que bordean el Amazonas— este inmenso territorio tropical no conserva anales de imperios y es famoso por la pluralidad de lenguas que allí se hablan: caribe, arawako, tucano, shuar, pano, ge-bororo y tupí-guaraní. Su forma es la de sus sistemas fluviales: el Orinoco, el Amazonas y el Paraná, los primeros dos ligados por el improbable Casiquiare, y los segundos por el mar interior que se produce en el pantanal en la estación de lluvias.

Los principales esquemas del paisaje y las comunicaciones en esta región han surgido de textos editados y traducidos en el presente siglo, de los cuales se hizo una notable síntesis en *Moronguetá,* el "decamerón indígena", de Nunes Pereira.[46] Un *leit motiv* son los ríos y las conversaciones que sostienen entre sí, las tierras altas en donde nacen y que separan a sus cursos bajos, sus numerosos tributarios, cascadas que emiten un reflejo primitivo de arco iris y vida iridiscente, profundos remolinos y rápidos *(cachoeiras)* habitados por novias sirenas y sus temibles padres, tramos que llevan a estuarios, y comercios y contactos distantes con seres no indios de increíbles formas, pieles y lenguas así como la probabilidad siempre latente de las inundaciones que sólo dejan en pie las palmeras más altas y recuerdan los nacimientos de los ríos que alguna vez desviaron los cursos arcaicos. Así, a lo largo de la sierra de Pacaraima, que separa al Orinoco del Amazonas, *Watunna* describe el viaje ancestral de los cultivadores que precedieron a los primeros sotocaribes, desde el pico oriental de la "montaña del alimento", Roraima, hasta el "árbol caído", Marahuaka, del cual surgieron los primeros ríos; éste es el curso este-oeste que siguió Koch-Grünberg en *Vom Roroima [sic] zum Orinoco* (1924) y que trazan "Makunaima" y otros relatos de Mayuluaipi publicados en ese estudio pionero, junto con mapas indígenas y canciones intensamente nostálgicas por el paraíso de Roraima. De manera más general, *Watunna* incluye un territorio que se extiende desde Caracas y el mar Caribe (Dama, donde empezamos nuestro recorrido) hasta la isla Maraca en el Amazonas, y desde Rupununi y Essequibo en Guyana hasta las estribaciones andinas de Colombia, con los piaroa y los matuto, el pueblo-mariposa del río Vaupés. *Watunna* y otros textos caribes y arawakos de esta zona distinguen al Orinoco y el Amazonas como las grandes cuencas del norte y del sur, y brindan especial atención al Casiquiare, nexo entre los dos, único en la hidrografía mundial. Los rápidos y otros puntos importantes situados a lo largo de estos ríos-arterias, desde el Essequibo hasta el Vaupés, e incluso el antiguo paso por ellos de los galeones de Aguirre, se marcan mediante inscripciones en las rocas, que los caribes atribuyen a Makunaima y que se conocen generalmente con el término caribe *timehri*. Tales marcas correlacionan el primer surgimiento —en Wainambi o Panure, el remolino originario, situado en la parte baja del Vaupés— con el viaje río arriba por el Papuri, el Piraparana y otros ríos asociados en toda una sucesión de relatos[47] desana, barasana y otros tucanos que culminan en *Antes o mundo nao existia* (1980), de Umusin Panlon. Gracias a la mediación de K. T. Preuss, contemporáneo de Koch-Grünberg, cuyo viaje también lo llevó a contemplar las estatuas del doble ego en San Agustín, el mundo infinito de las fuentes amazónicas se dio a conocer a través del relato del chamán witoto Rigasedyue (K. T. Preuss, 1921); en la historia de Canimani, un sucesor describe vívidamente el nacimiento del Amazonas y sus tributarios (en especial el Canimani o Putumayo) como ramas literales del gran árbol que, al igual que Marahuaka, dio origen a los ríos cuando fue cortado. (La lengua witoto está emparentada de manera lejana con el idioma caribe.) Por su parte, algunos grupos arawakos, como los machiguengas y campas en el Ucayali, así como los shipibo y otros vecinos de habla pano, relacionan el actual descenso de los colonizadores andinos con las campañas incas libradas hace cuatro siglos en nombre de Pachacamac y Viracocha;[48] en el tributario Napo, a medida que la antigua frontera sigue desplazándose río abajo, el idioma quechua absorbe las historias de tierras bajas, como la del macho luna incestuoso y las intrépidas mujeres de las selvas tropicales que le valieron al Amazonas su nombre griego.

Hacia el sur, los nombres de cascadas, ríos y hasta de países —Iguazú, Izozog, Paraná, Paraguay, Uruguay— pertenecen a la lengua tupí-guaraní, que alguna vez fue la *lingua geral* del Brasil y que es todavía más hablada que el español en Paraguay: a través de su clásico *Ayvu rapyta,* y de estudios publicados en 1944 por un antropólogo que se convirtió en guaraní (Kurt Onkel/Nimuendajú), la selva tropical se afirma como el centro de la tierra, desde cuyos árboles fluye el lenguaje (*wyra neery*). Complementando la memoria arawaka de Pachacamac, las más occidentales de estas tradiciones guaraníes recuerdan a Tahuantinsuyu, específicamente a través de las campañas de Túpac Yupanqui en el Chaco (palabra quechua que significa "coto de caza"); río abajo del Paraná, otras tradiciones se concentran en la guerra secular que se libró contra los jesuitas, y contra los *bandeirantes* traficantes de esclavos. A lo largo de la costa y hacia adentro del sistema amazónico, bordeando las mesetas ge-shavante, que hoy en día albergan a la capital de Brasil, los urubu, wayapi, tenetehara, mundurucu y otros parientes tupí de los guaraníes siguen recitando las historias de la creación que fueron intuidas por primera vez por los franceses y portugueses en el siglo XVI. Históricamente, la búsqueda de la "primera tierra" *(yvy tenonde)* por parte de estos pueblos, los ha llevado al este, hacia la costa, o bien hacia el oeste, río arriba del Amazonas, por el cual llegaron hasta la ciudad de Chachapoyas en 1549.[49] Desde 1964, en el Xingu superior ha surgido un nuevo punto focal para todos los habitantes de la selva tropical de esas y muchas otras naciones que siguen defendiendo su instalación milenaria en el cosmos amazónico.[50]

A través de este viaje preliminar por el Cuarto Mundo hemos sobrevolado sus paisajes, las costas del mar Caribe, las convergencias de grandes sistemas de ríos, la vértebra occidental de las Rocosas y los Andes con su collar de lagos sagrados —Lacar, Titicaca, Guatavita y Atitlan—, y la costa del Pacífico con su sabiduría sobre las ballenas, sus postes ceremoniales, sus delicias de mariscos y espóndilos y sus viajeros con rumbo al oeste. También hemos visto cómo, antes de Colón, el lugar ocupado por Mesoamérica en la parte norte del continente se asemejó al que ocupó Tahuantinsuyu en el sur. A lo largo de ese camino, el Cuarto Mundo surge como un universo bien delimitado desde antes de la llegada de los europeos. En cada isomorfa de roca y agua podemos detectar un palimpsesto precolombino: nombres de ciudades que evocan los asentamientos indígenas anteriores o actuales, caminos y fronteras que siguen la manera antigua. Percatarnos de esas evidencias nos ayuda a contemplar los reinos que viven físicamente y en la memoria, y a compensar el borramiento y la balcanización que ha sufrido la geografía indígena americana.

Aun estos rastros topográficos nos dan las primeras señales de la coherencia profunda que examinaremos en detalle en los próximos capítulos. Por ejemplo, el nueve y el siete —cifras de la noche y la luna— son respetados de manera amplia como principios de organización social; el primero, en el Aillirehue mapuche, en Chan Chan y en Chiconautla; el segundo, en las "siete cuevas" del legendario Chicomoztoc que dio origen a las tribus, y en los clanes, ciudades y tumbas de los sioux, cherokee, zuñi y paez. El tributo se recogía idealmente de cuatro cuadrantes, y el grupo de montañas que protegen el centro, o lugar de surgimiento, corresponde a un quincunce en casos tan distantes como el del Melihuinkulche mapuche, las *huacas* que rodeaban el Pacari Tampu de Cuzco, el Mapa de Coixtlahuaca y el Dzilina-xodili navajo.

Y lo más importante: nuestra principal fuente en todo esto han sido textos literarios clásicos y declaraciones de fe en lenguas indígenas —como *Watunna,* el *Popol vuh, Dine bahane, Runa yndio* y *Ayvu rapyta,* que constituyen guías de primer orden para su propia procedencia—, y relatos escritos, como el Códice Mendoza, en escritura autóctona. Estas obras han servido para definir y defender el territorio, aun ante la ley cuando ha sido necesario, y sobre todo como respuestas a la invasión que se inició con Colón. El recuento que aquí ofrecemos no es ni podría ser jamás una investigación de todos y cada uno de los centros indígenas; más bien, apoyándose en conjuntos de textos a la vez distintos y comparables entre sí en cuanto testimonios indígenas, define una serie de campos de interés así como las múltiples zonas comunes entre ellos, desde la Patagonia hasta el Midewegun de los Grandes Lagos.

II. EL LENGUAJE Y SUS MODALIDADES

En "La efectividad de los símbolos", uno de los ensayos de su *Antropología estructural,*[1] Lévi-Strauss muestra cómo el Mu ikala, una épica terapéutica de los cuna panameños, representa la "vía" *(ikala)* para enfrentar a las fuerzas oscuras y peligrosas de Mu durante un parto difícil. En su análisis señala los múltiples significados de la palabra "vía", como procedimiento psíquico y camino uterino real, y diagnostica con precisión la lucha entre el móvil chamán y el retentivo Mu. Lévi-Strauss es particularmente hábil para dejar al descubierto las maniobras y los ritmos del texto considerado como retórica cantada, y también nos permite sentir su poder de convencimiento y la "efectividad" de sus símbolos.

Remontándonos a la fuente que utiliza Lévi-Strauss, encontramos un texto en caracteres alfabéticos en lengua cuna (con una traducción al inglés), que fue transcrito a partir de un texto de 956 caracteres en escritura cuna (lámina 1d). Sin embargo, Lévi-Strauss en ningún lado menciona siquiera la existencia de la escritura cuna, cuyos caracteres se habían creado especialmente para registrar los *ikala* y otros tipos de literatura canónica, cada uno de los cuales corresponde a una línea o una frase del discurso. De hecho, ordenados en líneas bustrófedon, algunos de estos caracteres registran visual y gráficamente sólo aquellas cualidades del texto que a Lévi-Strauss, al referirse únicamente a la canción, le interesa sustentar con más fuerza. Por ejemplo, el ritmo lento de los preliminares se hace evidente de manera física en los pesados párrafos de cuatro cuadros de las primeras líneas, mientras que la emoción del conflicto con las bestias de Mu puede verse realmente en la rápida repetición y en las posturas de las imágenes animales. También los detalles de ciertos caracteres escritos explican algunos factores, como los ángulos de los acercamientos del chamán, la cobertura total de las redes de hierro utilizadas para sellar el útero e impedir una nueva entrada, y la dirección en la coreografía y la geografía desde la cual se invoca al poder curativo (o sea, el "este", lámina 1d). Además, los bruscos avances del bustrófedon de la lectura misma están diseñados para adaptarse a los cambios en la posición del chamán, ya que al inicio de las líneas sucesivas ve hacia un lado y luego hacia el otro, tejiendo así su red terapéutica.

Este comentario de Lévi-Strauss a una obra de la literatura cuna plantea toda una serie de preguntas sobre la naturaleza del lenguaje —verbal, visual, táctil, etc.— que tienen consecuencias inmediatas para cualquier acercamiento válido a los textos del Cuarto Mundo. Por su parte, Lévi-Strauss llevó a los extremos sus preferencias por el lenguaje verbal sobre el visual cuando preparó su gran obra sobre América: el tratado en cuatro volúmenes *Mythologiques* (1964-1971), que reúne textos de las partes norte y sur del continente. En esta obra de gran envergadura, Lévi-Strauss procura construir un marco válido para la mitología de toda la América indígena. Saliendo de la selva tropical, la zona de su propio trabajo antropológico, extiende sus comparaciones hacia el norte, el istmo, y de allí a Isla Tortuga y a la costa noroeste (que es también el principal escenario de *La voie des masques,* 1975-1979). De esta manera, elabora el paralelo más audaz en el espacio más amplio, dando orden y claridad a lo que antes de él había sido un embrollo con escasos puntos de referencia. En sus propios términos, y basándose en "unidades míticas" formadas por resúmenes de todo tipo de fuentes "orales", *Mythologiques* reivindica la homogeneidad de la experiencia americana, que Lévi-Strauss sostiene en todas partes, sobre bases indiscutiblemente más materiales e históricas, por ejemplo en el encomio del Nuevo Mundo antes citado.

Al definir las fuentes utilizadas en *Mythologiques*, Lévi-Strauss recurre sobre todo al concepto de sociedades primitivas y sin escritura, cuyas tradiciones "se prestan para la investigación experimental que requiere una relativa estabilidad en su objeto". Los "mitos" a través de los cuales construye América le interesan precisamente porque se derivan de gente sin problemas y no echada a perder por la práctica de la escritura; este punto se esclareció cuando cambió el título de su serie de conferencias en la École Pratique des Hautes Études, de "Religions des peuples non-civilisés" [Religiones de los pueblos no civilizados] a "Religions comparées des peuples sans écriture" [Religiones comparadas de los pueblos sin escritura]. La cuestión no podía estar más clara: no hay mejor factor de desestabilización que la letra, la cual promueve la caída del estado de gracia. Desde el punto de vista filosófico prolonga así una aversión muy antigua a la idea de la escritura, que puede rastrearse hasta Platón y que encontró en francés una reveladora expresión en los comentarios que hizo Montaigne sobre los mismos habitantes de la selva tropical estudiados por Lévi-Strauss, los moradores de un mundo "tan nuevo e infantil que aún tendría que aprender el abecé".

Esta política suya ha significado en la práctica que, al estudiar el Cuarto Mundo, Lévi-Strauss no sólo se ha concentrado en la selva tropical sino que ha evadido por completo las "altas culturas" de Tahuantinsuyu y Mesoamérica, cuyas sociedades se articulaban por medios equivalentes a la escritura: *quipus* y *amoxtli*. Tan sólo en este punto se le ha cuestionado con argumentos antropológicos: Zuidema, por ejemplo, ha señalado una impresionante serie de paralelos socioestructurales entre algunos textos incas como los Himnos Zithuwa y el *Runa yndio* por una parte, y por otra los textos realizados por los ge, bororo y otros pueblos de la selva tropical en los que se había basado en su mayor parte el trabajo de campo del propio Lévi-Strauss.[2] De igual modo se ha censurado el efecto despolitizador que produce necesariamente su método, ya que saca a los sujetos de su tiempo y su entorno y los despoja de manera explícita de referentes materiales. Al subrayar cuán importante ha sido la escritura para la idea política que tienen de sí mismos los cuna, quienes relacionan sus primeras experiencias de la invasión europea con la fundación de su república en 1925, Kramer concluye tajantemente: "La suposición de que los pueblos tribales son 'culturas sin escritura' es uno de los errores más persistentes de la etnología" (1970: 12).

Como entusiasta del discurso puro, y del tema general "¿Qué es la escritura?", Lévi-Strauss ha encontrado a su crítico más incisivo en Jacques Derrida, quien se sintió provocado por el primer volumen de *Mythologiques* y sus antecedentes para producir la notable *De la Grammatologie* en 1967. Acerca de las sociedades rousseaunianas, y "sin escritura", dice Derrida: "El ideal que subyace en lo más profundo de esta filosofía de la escritura es entonces la imagen de una comunidad inmediatamente presente a sí misma, sin diferencias, una comunidad de discurso donde todos los miembros están al alcance del oído del otro [...] la escritura se define aquí como la condición de la inautenticidad social". Para Derrida, la "escritura" está de hecho presente en todas partes: en los gestos y el discurso mismo, en las huellas y los senderos del paisaje; oralidad y escritura no constituyen, pues, un binomio mutuamente excluyente, y mucho menos se oponen desde el punto de vista moral. El binomio de Lévi-Strauss se ve desmentido además por el hecho de que los grados de fonetismo varían según las escrituras y que incluso los alfabetos nunca pueden registrar por completo el sonido, mientras que hasta la pictografía aparentemente más rudimentaria siempre implicará un tipo de lenguaje. A la posición de Lévi-Strauss se la ha tachado de "fonologismo", que "es indudablemente la exclusión o degradación de la escritura", caracterizada por "un profundo etnocentrismo" que en realidad privilegia el modelo de la escritura fonética, "un modelo que hace más fácil y legítima la exclusión de la grafía". Según esta lectura, la caracterización que hace Lévi-Strauss del Nuevo Mundo como un "otro" preferible se revierte y resulta ser explotadora a su manera, un capítulo más en la larga historia de un imperialismo en y para el cual la escritura alfabética ha sido en la práctica uno de los principales agentes del dogma y la represión.

El gran acierto de Derrida estriba en que destaca la idea de la escritura y su poder, pues "la reflexión sobre la esencia de las matemáticas, la filosofía, la política, la economía, la religión, la tecnología, el derecho, etc., se relaciona de modo más íntimo con la información sobre la historia de la escritura y la reflexión que la rodea". Además, con el término propio de *gramatología*, Derrida nos permite conceptualizar mejor la escritura en las diversas modalidades que puede adoptar: técnicamente en la página, en otros medios visuales y táctiles, y en la formación de líneas y la codificación dentro del lenguaje puramente "verbal". Sin embargo, en la práctica no tiene mucho que decir acerca del Cuarto Mundo o de los medios americanos ignorados o malinterpretados (según él) por Lévi-Strauss. Sin importar cuáles sean las razones para ello (y con seguridad tienen que ver con su fascinación por *le peuple écrit*, los judíos del Viejo Mundo elegidos por Dios), la claridad de sus argumentos nos alienta a esbozar las implicaciones de su gramatología general para el Cuarto Mundo.

En primer lugar, en los textos que aparentemente son "sólo orales", el propio fraseo de la respiración humana afecta el importante concepto de línea (literalmente *gramma* en griego), como ha mostrado Sherzer, por ejemplo, también en el caso de la tradición cuna mencionada a la que pertenece el Mu ikala.[3] El modelo de formación de las líneas, que lleva implícita una lógica espacial y numérica, funciona como el principal criterio de Dell Hymes y otros investigadores empeñados en "recuperar" otros textos de Anasazi e Isla Tortuga de las amorfas transcripciones en prosa hechas hasta hace un siglo para la Bureau of American Ethnology; las transcripciones del discurso zuñi realizadas por Tedlock introducen incluso refinamientos tipográficos. Más aún, de acuerdo con Derrida, el proceso de codificación, que es sinónimo de escritura y lenguaje visual, puede operar dentro del discurso; es decir, como una codificación en formas resistentes al tiempo, condensadas y poéticas, situadas en el polo opuesto de las "normas" lingüísticas de Saussure y que se prestan con gran facilidad a la analogía con el sistema del lenguaje visual. Ejemplos de este tipo de lenguaje se encuentran a lo largo de todas las tierras bajas sudamericanas donde inició sus investigaciones Lévi-Strauss. Un caso revelador es el de *Watunna*, cuyo editor, el antropólogo francés Civrieux, ofrece en su texto un complejo espécimen de lenguaje

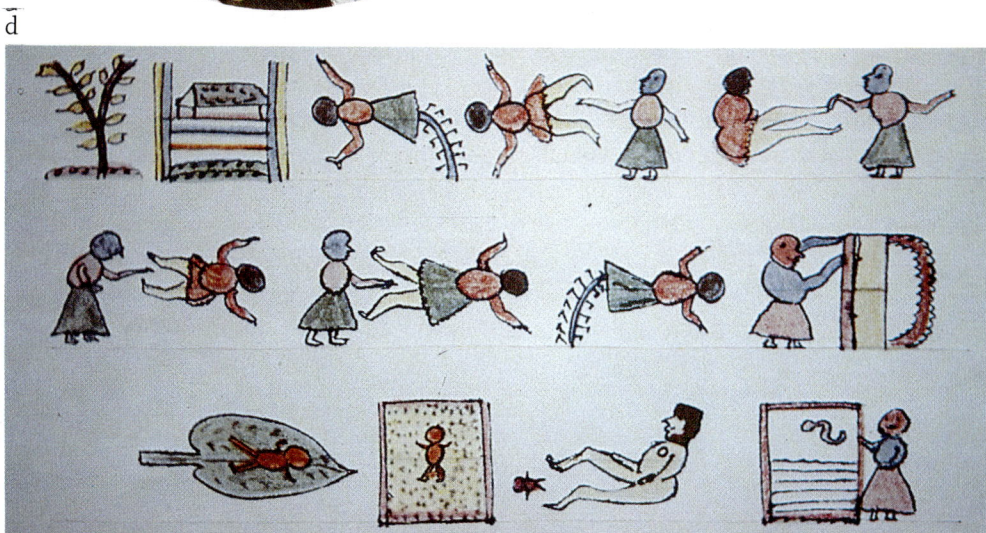

LÁMINA 1. *Texto:* a) icono de venado; entre los Veinte Signos, Venado (VII) es dibujado sobre una piel de venado, representado en piel de venado del *amoxtli* (Borgia, p. 53); b) Quetzalcóatl Nueve Viento, zurdo, enseña las artes de la retórica y de la escritura al principio de la Era (Anales de Tepexic, p. 5); c) un mensajero-pájaro representado en una orejera de oro y concha (Moche, Perú); d) el momento de parir (Mu ikala).

oral capaz precisamente de este orden único de autoinscripción (1980: 16-17):

> Los *ademi* que se oyen en los *Wanwanno* difieren de los que canta la gente fuera del recinto sagrado. Las transposiciones populares de dichos *ademi* se ven afectadas por interpretaciones subjetivas, alteraciones o variantes que les impone el humor, el grado de conocimiento y la memoria de cada intérprete. Por esas razones, difieren radicalmente de los textos orales sagrados exactos, rígidos, cuya fidelidad verbal debe ser rigurosa. Los textos atribuidos a los *sadasbe* antiguos, se respetan escrupulosamente para que puedan cumplir su papel y su eficacia de oración; no pueden ser alterados por caprichos, ni tampoco cantados fuera del círculo ritual. La expresión de los mitos también queda inalterable dentro del círculo hermético del *Wanwanno,* pero fuera de él, se vuelve libre y puede adquirir diferentes formas: No existe impedimento alguno para que los *ademi,* cuando se convierten en cuentos populares, salgan libremente del círculo sagrado y sigan cumpliendo, para los profanos, su papel de divulgación ética. Lo que sale de adentro puede volver a su sitio, al círculo, sin ningún perjuicio. Cada quien, incluso las mujeres y los niños, queda libre de oír y de relatar a su manera. Así existen versiones populares que reflejan los aspectos anecdóticos de los *ademi,* aun cuando la lengua vulgar no permite preservar exactamente la esencia simbólica de los mismos. La lengua secreta, por el contrario, posee la facultad de multiplicar una serie de juegos de palabras de fonéticas sugestivas, razón por la cual se debe estar consciente de que el *Watunna* esotérico no representa más que un reflejo popular del *Watunna* mágico y ritual: éste sólo puede ser oído por los iniciados, o sea los hombres adultos de la tribu.

Pasando al lenguaje visual en el Cuarto Mundo, Derrida revela cómo Lévi-Strauss suprimió en realidad las pruebas de éste a fin de sustentar su fonologismo. Empieza con la multicitada historia amazónica sobre un indio nambikwara que llega a explotar a sus compañeros simplemente como resultado de haber pasado por una "lección de escritura" y aparentar que conoce el alfabeto. Comparando las diferentes versiones de Lévi-Strauss sobre lo que pasó, Derrida revela toda una gama de ambigüedades en el autor, como narrador y como participante, y muestra cómo en *Tristes tropiques* olvidó las notas que había dedicado en *La vie familiale et sociale des Indiens Nambikwara* (1948) a los diseños gráficos realizados mediante incisiones en sus jícaras y otros objetos por estos pueblos de habla pano. A estos diseños, conocidos con el término de *ierkariukedjutu,* se les atribuye una función de escritura y, por tanto, son un antecedente importante de la práctica alfabética "repentina y desastrosamente" aprendida por uno de ellos.

Como han demostrado otros investigadores, las tradiciones literarias americanas, entre ellas la del propio *Watunna,* normalmente dan muestras de una total conciencia de los problemas de la escritura y se han resistido de manera explícita al empobrecimiento producido por la escritura fonética y alfabética.[4] Derrida evita comentar una inconsistencia aún más notoria en *Mythologiques,* un pasaje donde la escritura está relacionada con las ideas de la percepción humana (vol. 1, p. 331). Aquí nos enteramos de que la serpiente iridiscente Muyusu, que es también el arco iris, llevó la escritura a la tribu de los mundurucu, de habla tupí ("désireux d'enseigner l'écriture aux hommes, [il] les attira en imitant la voix de toutes sortes d'animaux"). Lo anterior está planteado con tal verosimilitud que nadie podría culparse por olvidar que supuestamente los mundurucu —al igual que sus vecinos los nambikwara— eran por completo inocentes de la escritura. Se podría replicar que esos dos tipos de escritura difieren radicalmente; pero el propio Lévi-Strauss sólo habla de la escritura como tal, y en todo caso la conciencia de la escritura que va implícita es en principio la misma. Tenemos aquí un nuevo ejemplo de cómo pruebas particulares fueron neutralizadas por el estructuralista Lévi-Strauss con objeto de no alterar el modelo general de una América oral.

Estas convenciones gráficas de los nambikwara y los tupí, difundidas por toda la selva tropical, encuentran con facilidad analogías en los *timehri* de los caribes y, de manera más remota, en la iconografía cuna y chibcha. Como ejemplos del lenguaje visual, se dice tradicionalmente que estos signos de la selva tropical fueron recogidos o adquiridos hace mucho tiempo, junto con las canciones y los relatos, y otros ejemplos correspondientes de lenguaje oral, de acuerdo con un modelo gramatológico dual que es inherente al medio totalizador del rito y la actuación (modelo que Derrida también deja sin desarrollar). En América del Norte existe la misma reciprocidad entre los cantos y las pinturas secas de los navajo, por ejemplo, o entre las canciones y los rollos inscritos con incisiones Mide, los cuales se distribuyen en estrofas tetrámeras equivalentes por su número a las etapas de la iniciación y a los grados del conocimiento. Estos signos, sistemáticos a su manera, pueden afectar de manera palpable nuestra interpretación de los textos verbales correspondientes. Esto es sin duda lo que sucede en el caso del Mu ikala, con el que empezamos. Helbig, por ejemplo, ha recurrido al original en escritura indígena al ampliar la lectura psicológica y fisiológica de este texto; él invoca precisamente las pictografías respectivas (el semicírculo "de la tierra medio redondeada", casas con caminos de entrada, etc.) cuando afirma que el cuerpo guardado por Mu se refiere también a un lugar exterior de la tierra y el mar, tal como el camino del chamán sigue rumbos terrestres en el tiempo y el espacio en el ataque a los "fuertes", que históricamente recuerdan los de los españoles.[5] En otras palabras, respetar la escritura cuna nos ayuda a entender cómo el *ikala* invoca el espacio tanto interior como exterior y, por lo tanto, la experiencia individual y colectiva en el tiempo de una zona particular del mundo cuya costa norte es el mar Caribe. Por último, en esas culturas evitadas por Lévi-Strauss precisamente por estar tan saturadas de escritura en la época precolombina, y por Derrida debido a su aparente falta de interés en la civilización del Nuevo Mundo, la función del lenguaje no verbal de los *amoxtli* de Mesoamérica y los *quipus* de Tahuantinsuyu es tan compleja que merece un análisis especial. El olvido por parte de Derrida de los *quipus*, históricamente transcritos al alfabeto por los *amautas* quechuas, es más sorprendente porque, como medio, ejemplifican estupendamente su argumento de la equivalencia funcional de la escritura en la sociedad por encima y más allá de ese u otro medio.

A partir de lo anterior podemos confirmar que el Cuarto Mundo tiene su propia gramatología compleja. Descifrarla significa entrar en la historia tanto de sus relaciones internas como del encuentro desde hace 500 años con Occidente. También significa cobrar conciencia de cuál ha sido la suerte del Cuarto Mundo en las historias supuestamente universales de los esfuerzos humanos por escribir, caracterizadas en su mayor parte por el craso evolucionismo que ve en el alfabeto greco-semítico —como en la rueda— un momento culminante de la civilización humana en el cual América por desgracia no participó. (Los totonacas utilizaban ruedas en los juguetes de sus hijos y, como hemos visto, el empobrecimiento implícito en el alfabeto fonético fue bien comprendido por el Cuarto Mundo.) De allí que las apariciones de América sean sólo breves y fragmentarias en *A Study of Writing* (1963), de I. J. Gelb, o en *The Alphabet: A Key to the History of Mankind* (1968), de David Diringer; por cierto, en este último, la cita de un texto jeroglífico maya está de cabeza.

Al abordar la literatura del Cuarto Mundo en su gran diversidad de orígenes y formas, no sólo debemos plantear la cuestión de la gramatología sino también la del texto. El concepto de *texto,* tradicional en la crítica literaria y recientemente revivido en la lingüística, no es más (ni menos) que una modalidad particular o enmarcada del lenguaje. En efecto, como ejemplo privilegiado del discurso y espacio en que ocurre el significado, un texto puede enmarcarse y definirse a sí mismo, ya sea que conste de palabras o de algún sistema de signos visuales. En consecuencia, puede proponer analogías entre los medios, sobre todo entre el verbal y el visual, que anulen las diferencias entre ellos, convirtiéndose así en un artefacto o entidad que será específica y conscientemente literario. Las palabras "respiradas" invocadas dentro de un marco textual y posiblemente centrado en un título explícito se convierten de este modo en la analogía exacta de los signos pintados, y sus respectivas fuentes adquieren la misma identidad autoral. Es verdad que Derrida y otros teóricos han querido hacer caso omiso de todas estas antiguas preferencias literarias al equiparar *graphie* con "trazos" en cualquier proceso de percepción; pero lo hacen ignorando los (para nosotros) imprescindibles conceptos de marco y analogía entre los medios, que sustentan "el texto mismo", su ontología anunciada.

En *Watunna* encontramos, pues, referencias internas sobre cómo se originó este relato a partir de canciones y signos secretos llevados por los antepasados caribes; y ese motivo está difundido ampliamente en todas partes; por ejemplo, en el relato navajo Naato bikaji Hataal ("canto del flechador"), donde los dos héroes gemelos reciben la serie de cantos y pinturas secas que lo forman de otros ocupantes más antiguos de su territorio Anasazi; o en el Tatkan ikala, que narra cómo los *neles,* o maestros, que figuran en este relato épico inventaron la escritura cuna. A su vez, los textos visuales en cuestión por lo general brindarán un marco circundante a otras formas de representación más particulares. De este modo, la escritura cuna incorpora detalles de los *molas,* o paños bordados, utilizados por el chamán (y que ahora se producen comercialmente como imágenes por derecho propio); dentro del marco de las pinturas de estambre huicholas se incluyen objetos ceremoniales como las jícaras con incisiones, de las que se derivan históricamente los elaborados y redondos *nierika,* espejos de mosaico, y diseños semejantes a escudos de estambre colorido. A fines de 1879, la cuenta de inviernos (*waniyetu yawapi*) de Wapoctanxi muestra la imagen de una pluma,[6] para indicar la escuela de misioneros que amenazaba con usurpar los métodos previos de representar la cronología dakota.

En Mesoamérica, tierra de los *amoxtli*, este juego normalmente se realiza no sólo con el acto de escribir —como en la imagen dual de Quetzalcóatl enseñando la escritura y el canto (lámina 1b) o la lengua-pluma de los escribas mayas (figura II.15)— sino con la superficie en que se escribe, sea de papel o piel. Los *teoamoxtli*, o libros cósmicos, se especializan en imágenes de una piel de venado dibujada sobre la piel en que están hechas (lámina 1a); éste es un tropo literario que también se presenta a miles de kilómetros al norte, en el venado dibujado sobre el manto de piel de venado de Powhatan, y en las pieles de venado pintadas Quapaw, Chickasaw e Illinois (lámina 16b), que señalan como marco esa misma piel de venado dibujada simétricamente dentro del margen físico. Invocando la analogía "text-il", particularmente aplicable a las cuerdas del *quipu,* el poeta azteca identifica los hilos de su canción con las fibras de la página de papel del *amoxtli,* y una inscripción maya en Copán logra tejer de modo brillante sus jeroglíficos en piedra.[7] La estela-estera resultante, o *pop,* es el emblema de la autoridad política que, refiriéndose a su palimpsesto, utiliza el *Popol vuh* para nombrarse a sí mismo.

En estos ejemplos vemos el texto como una composición enmarcada, con su propia integridad, un ejemplo "autor-izado" de discurso, que posee su propia estructura interna, es decir, su formato y orden de lectura, y su propia capacidad de reflexionar sobre sí mismo al tiempo que forma parte de un sistema literario más amplio. En el nivel más elemental, respetar el texto en este sentido significa interrogarse acerca de su procedencia. Como a menudo han señalado los críticos, las unidades "míticas" que sirven de base a Lévi-Strauss para construir sus *Mythologiques* no son más que resúmenes y extractos traducidos inconsútilmente al francés y tomados de una gran variedad de originales. En ese proceso se homogenizan fuentes de muy diversos tipos, desde el dictado directo en alguna lengua autóctona hasta el informe remoto transmitido por misioneros europeos hace siglos; además, perdemos todo sentido de los motivos y la práctica del autor al difundir un texto, ya que en la mayoría de las tradiciones, y en el código de la pintura seca, existen fuertes tabúes que impiden la reproducción total de un original para usos o propósitos profanos. Las formas en que se transmitieron los textos del Cuarto Mundo para producir versiones accesibles y legibles para nosotros —que en sí constituyen otra historia— pueden a menudo afectar seriamente la manera como los interpretamos. De modo semejante, la procedencia puede resultar un factor clave para valorar la condición o importancia de un texto, que en efecto puede ser una guía de primer orden para la geografía indígena de la región americana de la que procede. Entre las varias docenas de cuentas de inviernos que han sobrevivido, se pueden distinguir no más de diez "cuentas maestras" que definen escuelas, cada una con su perspectiva histórica y su orientación propias.[8] En la selva tropical, *Watunna,* exposición autorizada y central de la creación para los caribes del Orinoco, logró su forma final tras una serie de entrevistas entre Civrieux y los propios indígenas soto; de igual modo Umusin Panlon permitió que su hijo y Bertha Ribeiro tradujeran y publicaran la cosmogonía tucano precisamente porque sentían que ésta había sido denigrada y desvirtuada en las versiones publicadas antes.

Así pues, sólo reconociendo el texto indígena como una entidad en sí mismo podemos abordar adecuadamente la cuestión de su estructura y de la secuencia interna de sus episodios. Los investigadores que trabajan, por ejemplo, con los textos en caribe, barasana, guaraní y otros de la selva tropical, y también con los de los mapuches, han subrayado la necesidad de identificar los ciclos sucesivos de mitos y lo que se ha dado en llamar su "secuencia-matriz" dentro de un abanico de versiones y variantes. Reconocer esta dimensión en la narrativa siksika habría ayudado a Grinnell a reconciliar las "contradicciones" en la historia ancestral, que en realidad son diferentes fases temporales de ésta.[9] De acuerdo con lo anterior, los textos tanto escritos como hablados emplean, por ejemplo, la sutil técnica de acoplar un pasaje con otro que está muy separado del primero en el relato, de manera que sus significados respectivos se refuerzan recíprocamente a través de una serie de definiciones positivas y negativas. Entre los casos de este tipo figuran la narración en escritura icónica de la vida de Ocho Venado, en especial sus dos campañas marítimas, una exitosa y fracasada la otra; la historia del *Popol vuh* del descenso a Xibalbá, primero del padre y mucho despúes de los hijos; o también la narración del *Dine bahane* de cómo la Gente Sagrada y luego los humanos surgieron del maíz en ceremonias sobre piel de venado que son paralelas pero remotas una respecto de otra en el tiempo.

Está claro que sólo apreciando un texto en toda su extensión e integridad podemos esperar encontrarle un sentido a esas sutilezas literarias o empezar a respetar su significado en el tiempo diacrónico (ese concepto tan contrario a Lévi-Strauss y su método). La cuestión de la estructura se vuelve decisiva ya que a algunos clásicos se les ha negado su integridad; en los casos del *Rabinal Achi,* el Lienzo de Tlaxcala e incluso el *Popol vuh,* a los europeos se les ha dado el crédito de haber reunido los "fragmentos", confiriéndoles una coherencia de la que carecerían de otro modo.[10] De hecho, la primera y la segunda partes del *Popol vuh* se complementan finamente una a la otra como cosmogonía e historia, y los episodios de la primera se acomodan con la astucia .de un rompecabezas chino, haciendo que el lector más perceptivo adquiera conciencia de cómo el texto se crea a sí mismo en analogía con la creación del mundo que describe o narra.

Una vez más, sólo considerando los textos como entidades podemos relacionarlos entre sí dentro de un *corpus* literario y ubicarlos específicamente dentro de una taxonomía de géneros. Porque en la mayoría de las tradiciones indígenas se utilizan series complejas de términos para referirse a los diferentes tipos y órdenes de composición, cada uno de los cuales, una vez anunciado, contiene sus propias expectativas (y, por tanto, sus posibilidades de parodia). En efecto, el género resulta de lo más decisivo como concepto a falta de cualquier culto de autor y del texto como "propiedad" individual. Como "canto" y "vía", el *ikala* de los cuna encuentra un estrecho paralelo en el *hataal* navajo, una categoría básica para la organización de canciones y pinturas secas. Como ha demostrado Kramer, el Mu ikala de los cuna representa el primero de tres tipos principales de epopeya, dedicados respectivamente a la terapia, la iniciación y el reino de los muertos; esos diferentes tipos de épicas en realidad están incluidos en el texto, más amplio, del Tatkan ikala, que abarca desde el inicio del mundo hasta la invasión europea. De nuevo, gracias a los recientes censos compilados por Selwyn Dewdney, los textos Mide pueden clasificarse de igual modo en géneros, desde los grandiosos mapas cósmicos hasta los rollos de migración e iniciación con sus características estrofas de 4 + 4 imágenes.[11] En cuanto a las principales lenguas de Mesoamérica y Tahuantinsuyu (náhuatl, maya, quechua), son ricas en textos alfabéticos que datan del siglo XVI hasta nuestros días y que, en mayor o menor medida, respetan normas y géneros derivados de los sistemas de escritura indígena; casos notables son los *amoxtli* llamados *xiuhtlapoualli,* que constinúan en forma de anales en náhuatl, y el *kahlay katunob* (cuenta de los *katunes),* primero jeroglífica y luego alfabética, de las tierras bajas mayas.

Mas allá de este valor dentro de su propio sistema literario, un texto determinado puede invitar también a la comparación con textos de otros sistemas semejantes por su alcance o por su modo narrativo. Así, los anales de toda América del Norte basados técnicamente en la cuenta serial de los años y copiosamente representados en escritura icónica, exigen ser comparados (véase cuadro IV.1). Por su parte, Paul Radin ha establecido los principales lineamientos de la epopeya americana. El reto del cautivo, importante en la retórica de la selva tropical y llamado *carbet* por los franceses, constituye el núcleo de la obra quiché *Rabinal Achi* y es el trasfondo del drama inca *Apu Ollantay.* Las capitales imperiales de Tahuantinsuyu y Mesoamérica se caracterizan por sus elaborados himnos de culto. Como el Mu ikala, las curas formulaicas en maya, náhuatl, otomí, caribe y cherokee combinan los espacios interno y externo al diagnosticar la enfermedad del cuerpo en la historia de las edades del mundo y nuevamente, como en el texto cuna (como lo confirma de manera específica el Informe Olowitinappi), recurren a formas de escritura indígena como prescripciones y recetas. Las adivinanzas, cuya existencia en el Cuarto Mundo antes de la llegada de los europeos fue negada de modo terminante por Boas, forman parte de un diálogo desde los arapaho hasta los mapuches y constituyen un capítulo significativo en los Libros de Chilam Balam mayas; tienen sus raíces en las formas chamánicas de oír las palabras y, lo que es más importante, de ver su significado a través de los ojos, por ejemplo, de un jaguar o una serpiente.[12]

Un importante efecto de este ejercicio es que permite destacar aquellos textos que, en determinada tradición, hacen las veces de clásicos o de puntos de referencia centrales para la producción literaria. Así ha ocurrido con las grandes cosmogonías de América, ampliamente ignoradas como tales desde fuera; pero que desde su interior han sostenido a generaciones enteras de formas de vida y pensamiento, marcando las coordenadas espacio-temporales y generando la energía política. Las que han llegado hasta nosotros o que están disponibles representan sólo la parte más pequeña de un total posible, pero en conjunto ofrecen una versión autorizada del Cuarto Mundo, sobre todo el magnífico *Popol vuh,* que en todos sentidos merece el calificativo de "la biblia de América".

El *Popol vuh* señala como su antecedente un texto del mismo nombre que pertenece al *corpus* mesoamericano en escritura indígena, cuyos ejemplos sobrevivientes constituyen el recurso más valioso de todos. En esos textos precortesianos aún es legible un testimonio del Cuarto Mundo, y aunque imperfectamente comprendida, su escritura ofrece una lectura más directa que cualquier otra versión en lenguaje visual o verbal que se haya transcrito, traducido o editado. En espléndidos facsímiles ahora pueden reproducirse al menos los principios que normaron las bibliotecas a las que alguna vez pertenecieron sus originales, ofreciéndonos un invaluable acceso a las tradiciones intelectuales del Cuarto Mundo, especialmente en cuestiones de cronología y génesis.

Los primeros misioneros cristianos quemaron bibliotecas enteras de estos textos mesoamericanos precisamente debido a que percibieron el peligro que significaban para la versión bíblica de la historia planetaria (figura II.1), y enviaron unos cuantos ejemplares a Europa con la vana esperanza de que su código se resquebrajara. Por la misma razón quemaron bibliotecas de *quipus* en Tahuantinsuyu, otro signo del poder efectivo de estos textos hechos a base de cuerdas. Más tarde, en la parte norte de Isla Tortuga confiscaron "bibliotecas paganas" de rollos Mide. En efecto, en toda América el proselitismo cristiano basado únicamente en sus Sagradas Escrituras provocó sorpresa y aun consternación en todos los lugares donde se anunció, y constituyó el núcleo de los debates con los conversos potenciales. Se dice que era típico de estos últimos responder que el concepto de las Escrituras no les era completamente nuevo, porque ya tenían sus propios textos autorizados. Éste fue el argumento que expusieron los aztecas a los franciscanos en 1524, los tupí a los capuchinos en 1612 y los algonquinos a los puritanos en 1642. El discurso de los aztecas en particular, "Totecuyoane", vale la pena citarse como una apología del continente:

> De las nubes, de las nieblas,
> del océano salís.
> A vosotros os hace ojos suyos, os hace oídos suyos,
> os hace labios suyos el Dueño del cerca y del junto.
> Así que aquí vemos en forma humana,
> aquí como a un humano hablamos,
> al Dador de la vida,
> la Noche, el Viento,
> a quien representáis.
> Por esto recogemos, tomamos,
> su aliento, su palabra, del señor nuestro,
> del Dueño del cerca y del junto,
> el que habéis venido a traer,
> del que en el mundo, en la tierra, es señor.
> Os envió por razón de nosotros,
> lo que nos extraña,
> venisteis a traer
> su libro, su pintura,
> la palabra celestial, la palabra divina.
> ....
> Dijisteis
> que no conocíamos
> al Dueño del cerca y del junto,
> del cielo, y de la tierra.
> Dijisteis
> que no son verdaderos dioses los nuestros.
> Esto sí es nuevo,
> lo que habláis,
> nos ofende
> nos inquieta.
> Porque nuestros progenitores,
> los que vinieron a ser, a vivir en la tierra,
> no hablaban así.[13]

"TLACUILOLLI"

Al lenguaje visual más ingenioso del Cuarto Mundo, la escritura icónica mesoamericana, se le designa con el término náhuatl *tlacuilolli*,[14] que significa "lo

FIGURA II.1. *Quema de libros.* (*Códice de Tlaxcala, escena 13* ["in nican quin tlahtiqui tlatlatecollo teopixque"].)

que produce el pintor-escriba (*tlacuilo*) con una pluma-pincel". Entre todos los tipos de escritura del mundo, ésta es quizá la que más ha desafiado las definiciones y análisis. Aunque no es fonética, puede registrar conceptos-sonidos, y así sucede en el náhuatl, mixteco y otras lenguas mesoamericanas. Sumamente flexible en su formato, puede amoldarse al relato en forma de crónica, a un icono, un mapa o una tabla matemática. En efecto, integrando en una afirmación holística lo que para nosotros son los conceptos separados de letra, pintura y aritmética, va en contra de las nociones occidentales de escritura: así unos frutos redondos pueden servir para contar unidades de tiempo (figura II.2); el signo para representar un lugar denota también una fecha en la Era; y un pájaro sirve para caracterizar y fechar el espacio a través del cual vuela.

FIGURA II.2. *Frutos redondos en un árbol como unidades calendáricas (Vaticano, p. 17). Los diez (ocho en las ramas, dos en el tronco) se añaden con las dos unidades que flotan libremente y producen un intervalo de 12 días.*

En formatos y concentraciones variados, el *tlacuilolli* puede encontrarse en distintos tipos de textos. El lienzo de algodón mostraba territorios en gran escala; las hojas de papel *amate* servían para llevar la contabilidad del tributo, distrito por distrito, o funcionaban como pruebas en los casos que se sometían a la corte imperial. Con largas tiras o rollos de papel o piel se calculaba la longitud de las historias de migración, especialmente en el caso de los chichimecas. No obstante, el formato privilegiado era el *amoxtli* o libro-biombo foliado, hecho generalmente de piel. Gracias al incendiarismo cristiano y a los estragos del tiempo, las bibliotecas de este tipo de libros, abundantes en una época, ahora comprenden no más de 30 textos, que por esa sola razón merecen la designación de clásicos. Provenientes de un radio de 300 kilómetros a la redonda de Tepexic, fueron sacados de sus lugares de elaboración y uso originales y ahora se identifican mediante los nombres extranjeros de quienes los conservaron (Bodley, Laud, Selden, Aubin, Borgia, Cospi, Féjérváry) o de las ciudades e instituciones que llegaron a albergarlos (Viena, Vaticano). Elaborados con diferentes materiales (papel, piel), cortados en diversos tamaños de páginas y escritos en distintos estilos regionales, estos textos precortesianos constituyen sin embargo un *corpus* claramente definido y por esa razón representan una guía invaluable y un punto de referencia en cualquier análisis que se haga sobre el *tlacuilolli*.

De acuerdo con el principio de lectura que observan, estos libros pueden clasificarse en anales (*xiuhtlapoualli*), que avanzan por años, o en libros cósmicos (*teoamoxtli*), que combinan intrincadamente las series de Números y Signos propios del ciclo anual y del *tonalámatl* del embarazo humano. Originarios de los siglos XIII a XVI d.C., siguen siendo un antecedente de las obras compuestas en escritura indígena tras la invasión, que se vieron más o menos afectadas por las normas europeas, y de muchas otras transcritas al alfabeto, aunque con enormes pérdidas semánticas. Materialmente se complementan con murales sobre yeso y con el *corpus* de inscripciones en piedra y madera, en especial los bajorrelieves de Tenochtitlan, que también estuvieron coloreados alguna vez.

Las raíces mesoamericanas del *tlacuilolli* pueden rastrearse al menos en fecha tan remota como el primer milenio a.C.; algunos rasgos de esa escritura se ejemplifican de manera estupenda en los tallados olmecas en roca de Chalcatzingo, en los elaborados diseños de Izapa y en la delgada estela calendárica de Monte Albán.[15] Y pese a la desaparición de los escribas profesionales aún sigue viva la tradición. En rituales que se ejecutan en la actualidad encontramos configuraciones que pueden explicar y ser explicadas por las de los *amoxtli*. Por ejemplo, los otomíes de Pahuatlan utilizan figuras de papel *amate* que recuerdan directamente la lógica del *tonalámatl* (Historia de la curación de antigua), y en la zona de Tlapa se construyen altares con pautas que evocan las del Féjérváry.[16]

Parte de una tradición que abarca desde el primer milenio a.C. hasta nuestros días, el *tlacuilolli* se extiende también en el espacio. Muchos de sus diagnósticos, detalles y convenciones específicas se repiten en una amplia variedad de medios y contextos, incluso más allá de los límites de Mesoamérica. En efecto, resulta instructivo comprobar que su léxico de imágenes corresponde al vocabulario visual de lugares muy apartados. Por un lado, la comparación amplia deja al descubierto la significación que se oculta tras las más recónditas y ahora arcanas afirmaciones visuales de los libros precortesianos; por otro, con estos libros como constante o pauta, imágenes remotas que de otro modo nos parecerían fragmentarias sugieren tramas olvidadas de la coherencia del Cuarto Mundo.

Hay plantas de maíz cuyas mazorcas portan la cara de un joven; peces nadadores que parecen corazones humanos que a su vez parecen flores (*yo-*

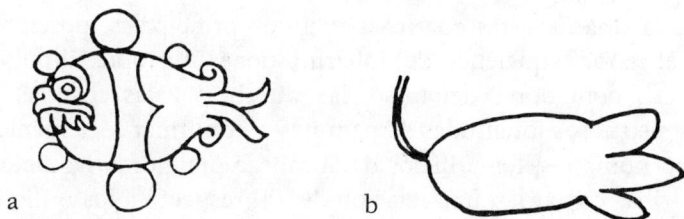

FIGURA II.3. *Imágenes dobles del corazón* (yólotl): a) *pez* (Magliabechiano, f. 3v); b) *flor* (yolloxóchitl) (Libellus, f. 53v).

llo-xóchitl); un caimán felino cuya cola crece hasta formar un árbol con diferentes frutos; juncos que se duplican en la cabeza y el pico de un pájaro: estos retruécanos sobre las formas de la vida animal y vegetal (lámina 2b, figuras II.3-II.5; véase también la figura VI.1d) nos llevan a lo más profundo de la filosofía americana de la genética y la evolución de las plantas, que se manifiesta en la iconografía más antigua que se conoce en las estelas de Chavín e Izapa. La Estela Caimán de Chavín anticipa no sólo el crecimiento de plantas a partir del cuerpo de un reptil (mandioca, cacahuate, calabaza, chile; figura XII.1), sino el lugar de este cuerpo entre su cola de pez y el pájaro que está sobre su cabeza: en sus uniones están las caras y los ojos que tipifican las figuras de tierra de la escultura azteca. En la cerámica, el mismo tropo de la planta domesticada que surge a partir de un cuerpo de reptil se presenta muy lejos, al norte, en Cahokia; en este caso, en una calabaza, cuya guía es también la cola de una serpiente, que es también la tierra labrada por una mujer; al sur, una pintura chimú de un corredor-frijol muestra brotes de la semilla que se convierten en los brazos y las piernas de un mensajero (figura II.4). Rápido e ingenioso, este juego de imágenes/conceptos múltiple no sólo nos habla de una historia agrícola, sino también explora la idea de la transformación misma, proceso que aparece codificado en el Féjérváry (p. 1: planta, insecto, vertebrado; véase figura XII.2). Privilegia también cierto antiesencialismo, que equipara la visión de frente con los perfiles dobles (figura II.6), un juego visual que se observa en todo el continente, sobre todo en la estatua de Coatlicue, la gran diosa de la tierra de Tenochtitlan.[17]

Dentro de este discurso de formas vitales se concede un lugar especial a la anatomía humana y sus partes componentes. Deconstruidas en su forma más literal en las escenas de la victoria anunciadas en Sechin, éstas se presentan con órganos y miembros (la cabeza significa en todas partes un trofeo capital) y, al igual que el conjunto básico de torso, cabeza, brazo y pierna, se destinan a los rincones de un edificio o a los cuadrantes del imperio.

Además, cada una de estas cuatro estructuras principales, poseída y tipificada por el señor esquelético del infierno, tiene su propio impulso y numeración. Los contadores del torso, las vértebras y las costillas pueden
adquirir monstruosas longitudes serpentinas o confirmar localmente su valor y tiempo humanos; los orificios de la cabeza prefiguran las siete cuevas
del origen tribal y guardan una relación de 7:9 respecto a los orificios de la
piel de todo el cuerpo. Los dígitos de la mano y el pie originan la numeración de modo más directo al servir de base a las categorías de la base 20,
pues el complemento de todo el cuerpo humano se prefería en la aritmética
de Mesoamérica y el Caribe; de la base 10, que es también una unidad lingüística al mismo nivel en Mesoamérica; y de la base 5, una barra en Papaloapan, Oaxaca y los textos de las tierras bajas mayas y también una unidad
lingüística muy extendida. En tanto que dígitos reales o las huellas que éstos
producen, las manos y los pies sirven particularmente para destacar la variación respecto de la norma: en exceso, como los seis dedos que aparecen en
la cerámica de Cahokia y Panamá y en los bajorrelieves de Sechin, o en escasez, como en las series de huellas de tres y cuatro dedos que aparecen en
el Borgia, que son una declaración aritmética y a la vez recuerdan los antecedentes reptíleos de la humanidad debido a que tenían menos dedos.[18] Una
numeración igualmente ajustable opera con respecto al orificio principal de
la cabeza, la boca, cuyos dientes afirman en todas partes la suma binaria y
los poderes del número 2: el emblema de los dientes en la mandíbula abierta de Xochicalco señala las series de sujetos tributarios, iguales al total de
dientes, dispuestos alrededor de la pirámide principal (16 + 16). Sin embargo, el ejemplo más sorprendente de numeración dental es la negación delibe-
rada del sistema binario al que simboliza mediante la representación frontal
de series de números impares que giran en torno a una "imposible" unidad
central. La máscara espíritu con sus misteriosos dientes impares, verdadero
paradigma americano, ha sido cosida a las momias en Paracas, grabada en
importantes piezas de urnas de cerámica desde el río Amazonas hasta el
Arkansas, tallada en piedra en las estatuas circuncaribeñas del doble ego y
en cedro en el poste totémico tlingit de la Osa Madre, pintada en murales
zapotecas en Huitzo y en vasijas mayas del Clásico, representada en las pinturas de estambre huicholas y vaciada en oro por los quitocara de Ecuador,
por los chibchas y los mixtecos (lámina 3). En los *amoxtli* esos dientes son
un atributo común del dios de la lluvia que, en tanto ser superior, se asemeja particularmente en este sentido al dios montaña chimú Ai Apec.[19]

En suma, este paradigma particular del cuerpo, como el léxico general de
las formas de vida al que pertenece, habla poderosamente en favor de la

FIGURA II.4. *Corredor-frijol. Vasija chimú (según Kutscher, 1954, lámina 29).*

FIGURA II.5. *Árbol-caimán. Un pájaro se posa en el árbol que crece a partir del caimán, cuya cabeza se encuentra en la parte de abajo. (Izapa, Estela 25, según V. G. Smith, 1988, figura 56c.)*

a

b

FIGURA II.6. *Números: a) la serie vigesimal (pantli 20; tzontli 400; xiquipilli 8000); b) dos Águilas de perfil (2x5) que igualan a un búho de frente (10). (Anales de Tilantongo p. 16: Historia de la curación de antigua).*

coherencia de la cultura americana. Inequívoco en todos los ejemplos citados, y en otros que podrían citarse, aparece a lo largo de vastas zonas de tiempo y espacio, registrado en tipos de materiales muy diferentes. Limitándonos a América del Norte, los *amoxtli* tienen cientos de analogías aún más precisas en culturas que también reconocen la piel de venado (o de búfalo) como la superficie primera de y para la representación. Aquí encontramos no sólo el autorreflejo de ese hecho sobre la página en cuestión, sino vocabularios enteros dedicados al lenguaje de los gestos o de los signos, a la medición de los periodos de tiempo y sus múltiplos, al establecimiento de cifras clave para la vida ritual y la denominación de la gente por tribu o por medio de máscaras o almas individuales, por ejemplo en escenas de batallas o censos (figura I.5; véase también la figura II.1), y sobre todo de lugares, en topónimos que tipifican características del paisaje y la arquitectura[20] (figura II.8; véanse también las figuras I.1-I.4).

Por su parte, los navajo y los huicholes, tenazmente resistentes a las intrusiones en los modos de vida que crearon en el Gran México y Anasazi, utilizan en sus pinturas formas de representación claramente análogas a las páginas de los *amoxtli* y que además han sido objeto de comentarios detallados por parte de los escribas-pintores. Al igual que los *amoxtli*, las series huicholas de la Creación pintadas por Tutukila y Yucauye Cucame destacan tipos de mensaje y discurso que se distinguen por un repertorio de volutas para el habla e incluso por la imagen de la escritura en la página; números implantados en elementos como el vestido y el paisaje, ingeniosas metamorfosis de formas animales y vegetales, sueños intercalados, la jícara tallada del cielo y de la lluvia (*xucuri; cf.* náhuatl *xicalli),* templos ("casas de dios" en ambas lenguas) que contienen espejos de mosaico y otros objetos de uso personal y la conquista como una flecha disparada sobre un topónimo. En efecto, la afinidad del lenguaje se extiende al corazón traspasado por la flecha, que denota la captura de la fuerza vital (*iyari; cf.* náhuatl *iyolli)* y por ello un "concepto"[21] literal (figura II.9). Las pinturas secas de los navajo, que son composiciones espaciales cuidadosamente medidas dentro de un marco que imita el piso del *hogan,* han sido interpretadas por varios escribas (Hasteen Klah, Ayoanilnezi) y a veces corresponden estrechamente a los mapas-página de los *teoamoxtli,* como el quincunce de Coixtlahuaca y los cuadrantes del Féjérváry. Al mismo tiempo, como las pinturas de estambre huicholas, ofrecen claves para entender la cosmogonía codificada y explican de manera abierta algunos paradigmas mexicanos, como el del rayo que desciende en forma de serpiente desde las nubes de truenos, que también se observa en los *amoxtli;* o la función de montañas sagradas como el Popocatépetl y el

a

LÁMINA 2. *Los Señores de la Noche:* a) *como guardianes de los años, alrededor de Oxomoco y Cipactonal (Borbónico, p. 21); b) Piltzintecutli, tercer Señor, montado en un jaguar que tiene características de caimán y cuya cola florece como árbol (Laud, p. 33).*

b

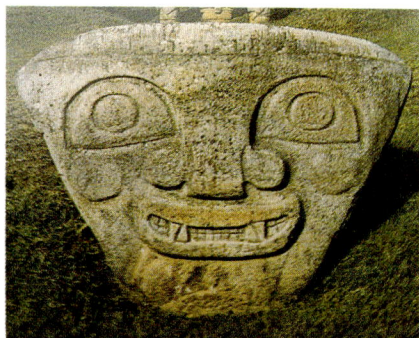

LÁMINA 3. *Dientes impares:* a) *Madre Osa tlingit (poste totémico);* b) *urna caddo (río Arkansas);* c) *pendiente de oro mixteco (nótense los pulmones con años Viento y Casa);* d) *urna (río Napa, afluente del Amazonas);* e) *piedra labrada (San Agustín).*

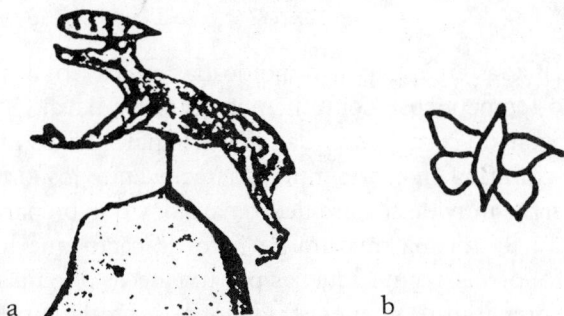

FIGURA II.7. *Nombres personales:* a) *Mato Wamni-yomni, u "Oso Torbellino", dónde el último elemento se muestra como el capullo de transformación (Oglala Roster; Mallery, 1893: 604); b) Xicoténcatl, o Abeja Melífera (Lienzo de Tlaxcala).*

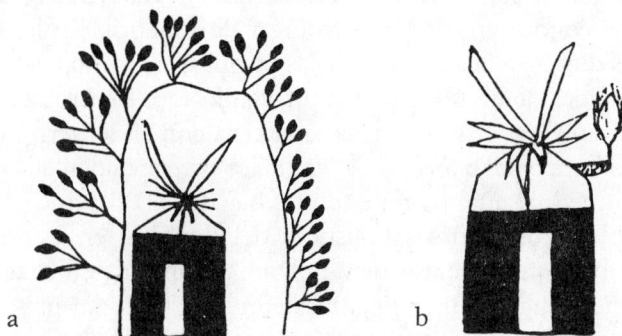

FIGURA II.8. *Emplazamiento de la Danza del Sol kiowa (Kado):* a) *Ado-byuni, o Círculo de la Madera;* b) *Ahin-doha, o Barranco del Cedro. (Cuenta de Años Settan, 1858, 1859.)*

FIGURA II.9. *Corazones atravesados por flechas:* a) *Cospi, p. 2;* b) *pintura de Yucauye Cucame, "Kauyamarie y el Segundo Mundo".*

Matlalcueye, perfiladas en la página o moldeadas en los rituales con materiales comestibles o terapéuticos. Como hemos visto, los navajo identifican los libros de piel de venado como los verdaderos originales de las pinturas secas, tradición que se confirma en el arte mural anasazi y entre los kiowa, cuya historia migratoria sigue muy de cerca la de los navajo, y que prepararon sus pieles de venado con la misma mixtura de jugo de cacto que los mesoamericanos. En efecto, precisamente aquellas pinturas secas que más se asemejan a los *amoxtli* se preparan de manera tradicional sobre la superficie de una piel de venado, siendo conocidas como "imágenes del sol" (johonaei ikaa).[22]

Dentro de este marco, el *tlacuilolli* surge como una forma altamente especializada de prácticas de representación más generales. Esto es válido en primer lugar para la página-marco en sí; después de todo, la paginación de los *amoxtli* no se conoce en ningún otro lugar de América. En los clásicos del *tlacuilolli*, las dimensiones mismas de las páginas, así como los totales y subtotales de páginas de un texto tienen un significado. Dentro del marco de la página, el dibujo visto desde arriba se alterna con el de perfil: los cambios en el registro horizontal o ángulo de 90 grados corresponden a los cambios de categoría u orden, lo cual permite (o más bien exige) el principio de las lecturas múltiples. Los recursos holísticos del *tlacuilolli* en este sentido son tales que ni los requerimientos de un plano, un libro de cuentas o una tabla de calcular necesitan ser incompatibles con la vista de un paisaje de perfil. Muchos de estos procedimientos, complejos en los textos clásicos, se aprecian mejor ante todo el abundante *corpus* de documentos poscortesianos producidos para las cortes virreinales de la Nueva España, donde, en los casos de argumentos limitados y definidos, las glosas y copias alfabéticas explican el significado del original en lengua indígena. Un espléndido ejemplo de este tipo de texto surgió a la luz en Belfast: escrito en papel *amate* y fechable en 1556, se refiere a una demanda interpuesta por los pueblos de Xóloc, Cuauhtlapan y Tepoxaco en contra de Tepotzotlan, la cabecera situada justo al norte de Tenochtitlan, y promovida por los españoles (figura II.10).[23]

En el Códice de Tepotzotlan, 10 columnas detallan los bienes pagados a los representantes de esa ciudad por los *tlaxilacalli*, o barrios, de Xóloc (cuatro), Cuauhtlapan (cuatro) y Tepoxaco (dos). En el registro horizontal, estas columnas distinguen entre la comida diaria y las transacciones menos frecuentes; y, mediante el ángulo de 90 grados, entre los productos (guajolotes, huevos, sal, tortillas, leña, vasijas, etc.) y el trabajo femenino y masculino. Las cantidades de los productos se muestran mediante los signos usuales e incluyen la posibilidad de estar incompletas (por ejemplo, 10 como la mitad de una bandera [*pantli*, o 20]; los infijos denotan la calidad y el tipo de artícu-

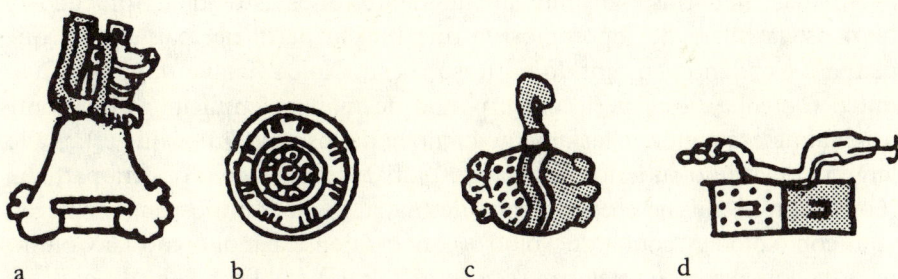

FIGURA II.10. *Signos de lugar en el Códice de Tepotzotlan:* a) *Xoloc;* b) *Tianquizçolco;* c) *Tepoxaco;* d) *Coamilco. (Números 1, 6, 9 y 10, respectivamente, en el horizonte de los diez topónimos.)*

lo y a su vez muestran una numeración subsidiaria (por ejemplo, leños en un atado).

Formando una hilera en la parte superior de las 10 columnas, los signos de lugar aprovechan los recursos del *tlacuilolli*, evidentes por primera vez en esta modalidad en inscripciones talladas en Monte Albán 1 500 o 2 000 años antes (véase figura I.3h). Al indicar el tipo de terreno y de suelo, establecen una lógica propia, no sólo como las series de los barrios de Xoloc, Cuauhtlapan y Tepoxaco (4 + 4 + 2) sino como una serie donde alternan lo natural y lo fabricado por el hombre, entretejiendo por así decirlo el concepto de un frente unido (5 + 5): mientras que los números nones representan la colina, la roca y el río, los pares representan la casa, el altar y el mercado. Más aún, dos de los topónimos pares y fabricados aparecen vistos desde arriba —el "mercado viejo" Tianquizçolco (6) y los campos perfectamente formados de Coamilco (10)— y muestran una compleja lógica interna que refleja la estructura misma de la página y del texto. En Tianquizçolco, el cálculo de 5 × 5 puesto como infijo en el círculo del mercado recuerda la frecuencia del viejo ciclo del mercado de cinco días y los cinco registros horizontales de la página misma, el primero y más superior de los cuales está ocupado por los topónimos (por añadidura, la cuenta sigma de 5 [es decir, 1 + 2 + 3 + 4 + 5] se enuncia en los puntos que indican porosidad en los suelos de los nombres de lugares, como en Tepoxaco). En Coamilco, el décimo y último topónimo, las proporciones de los dos campos se expresan mediante 10 puntos dispuestos a 90 grados de manera que determinen su área según la convención indígena. Cuidadosamente medidas, las proporciones y superficie de estos dos campos resultan ser el modelo exacto de las dos mitades verticalmente divididas del texto total.[24]

Además, mientras transmite sucintamente todos estos datos prácticos y teóricos, la hilera de topónimos va trazando el perfil del paisaje real que ocupan. Corriendo en sentido norte-sur desde Xóloc (izquierda) hasta Coamilco (derecha), este perfil corresponde de manera implícita al horizonte oriental de esa región, exactamente como el de los topónimos que están a lo largo del extremo superior del Mapa Xólotl 1 de Texcoco. Por otra parte, al representar el paisaje en esta forma de mapa, los topónimos que empiezan aquí con Xóloc y "colina de Xólotl" (conocida en español como La Columna, esta colina es aún una clara seña en el paisaje) codifican la historia de ese dirigente chichimeca que al establecer el orden político de toda esta zona en el siglo XI prefirió Xóloc, Cuauhtlapan y Tepoxaco a Tepotzotlan, el objeto de queja del texto. En todos estos detalles y dentro de este marco, la extrema complejidad de esta página como enunciado legal y literario se ve confirmada más adelante por definición negativa cuando se la compara con la "copia" en papel europeo que existe en el Archivo General de la Nación de México, cuyo formato se reduce simplemente al del libro de cuentas europeo.[25] Esta pérdida radical es válida en general para todos los textos autóctonos europeizados, que fragmentan la escritura icónica en diferentes formas de relatos, por ejemplo, de derechos adquiridos, en contabilidad aritmética, o mapas bidimensionales. En contraste, el original en escritura icónica insinúa la historia, salda cuentas y teoriza y traza la geografía, todo dentro de un diseño holístico y reflexivo, en la mejor tradición del *tlacuilolli* y los *amoxtli*.

En los *amoxtli* precortesianos, estas posibilidades del *tlacuilolli* son aún más perceptibles gracias a una caligrafía más fina de la línea y el punto, al léxico del color, y al recurso de los datos implantados y las lecturas múltiples. En efecto, el distintivo mismo de estos textos es el sistema de Signos y Números generado por el *tonalámatl* y el ciclo anual; éstos pueden estar colocados en un diseño de perfil o visto desde arriba, añadiendo una dimensión adicional a la lectura del mismo. La complejidad del enunciado que surge como resultado de ello, especialmente en trabajos de cierta extensión, como los Anales de Tepexic (52 páginas) o el *teoamoxtli* Borgia (76 páginas), excede a tal punto los límites del lenguaje verbal que hace de la transcripción una tarea interminable. El requisito básico para cualquier aproximación es cierta familiaridad previa con el *tonalámatl* (cuadro II.1) y con el ciclo anual y su resonancia semántica. Difundir e invocar exclusivamente este conocimiento parece haber sido una de las funciones del género de los *teoamoxtli*, que por esa sola razón merecen ser considerados por derecho propio.

"Teoamoxtli"

En su *Sumaria relación,* el historiador texcocano Ixtlilxóchitl describe cómo en el siglo VII d.C. el tolteca Huematzin fue el autor de un texto conocido como *teoamoxtli,* un libro divino o cósmico. Se decía que éste contenía

> todas las historias que tenían los tultecas desde la creación del mundo hasta aquel tiempo […], todas sus persecuciones y buenos sucesos, reyes y señores, gobernantes, leyes, buen gobierno de sus pasados, sentencias antiguas y buenos y malos ejemplos, templos, ídolos, sacrificios, ritos y ceremonias que ellos usaban; astrología, filosofía, arquitectura y demás artes, un resumen de todas las cosas de ciencia y sabiduría.[26]

Esta dimensión enciclopédica se equipara a la de los nueve textos precortesianos que comúnmente se designan como "rituales", para los cuales un término adecuado es pues el de *teoamoxtli.* Éstos son el Borbónico y el Tonalámatl Aubin de la cuenca de México y de Tlaxcala; el Borgia y los textos estrechamente relacionados con él llamados Cospi y Vaticano, probablemente de Cholula; así como tres obras que se distinguen por los topónimos del área de Papaloapan, Laud, Cuicatlan y el Mapa de Coixtlahuaca, además del Féjérváry, íntimamente ligado a éstas. Desde el punto de vista formal, más que narrar sucesos año por año, como los *xiuhtlapoualli,* o género de los anales, estos *teoamoxtli* reúnen una gran riqueza de información en capítulos temáticos sumamente condensados (cuadro II. 2).

En secuencia continua, lineal o en bustrófedon, los anales normalmente se manejan por años, que son nombrados por el *tonalámatl* sobre ciclos de 52 años producidos por los Trece Números y cuatro de sus Veinte Signos. En contraste, los capítulos en que se dividen los *teoamoxtli* hacen uso de todos los recursos del *tonalámatl,* con sus 13 × 20 días y 9 × 29 noches, o el año, con sus 18 Fiestas de 20 días y 11 fases del cielo, sistemas que regulaban todos los aspectos de la vida en la antigua Mesoamérica y que se relacionan respectivamente con el embarazo y las estaciones. Solos y combinados, estos signos determinan numéricamente el orden de la lectura de cada una de las páginas y capítulos de cada *teoamoxtli* sobreviviente, hecho que los inviste de una enorme importancia como clasificadores de la realidad, y que se ha subestimado aun en el caso del indispensable catálogo de Nowotny.[27] En algunos casos los signos se vuelven los temas de los capítulos de los *teoamoxtli* por derecho propio y de una manera que nos ayuda a ver cómo se relacionan uno con otro y con la sociedad que los

a) Los nueve Señores de la Noche o Yoalitecutin

1º	2º	3º	4º	5º
Xiuh-tecutli Señor del fuego Señor del año	Itztli o Tecpatl Obsidiana o Pedernal	Piltzin-tecutli Señor Real (el sol)	Cin-teotl Dios del Maíz	Mictlan-tecutli Señor de la Tierra Muerta

6º	7º	8º	9º
Chalchiuh-tlicue Falda de Jade	Tlazo-teotl Diosa de la Lujuria	Tepe-yollotli Corazón de la montaña	Tláloc Lluvia de truenos

b) Los Trece Voladores o Quecholli

1	2	3	4	5	6
Huitzilin Colibrí (blanco o azul)	Huitzilin Colibrí (verde)	Huactli Halcón	Zozoltin Codorniz	Cuauhtli Águila	Chicuatli Lechuza

7	8	9	10	11	12	13
Papalotl Mariposa	Cuauhtli Águila (rayada)	Huexolotl Guajolote	Tecolotl Búho	Alotl Guacamaya	Quetzal Quetzal	Toznene Loro

CUADRO II.1. (cont.)

c) Los Veinte Signos, o *tonalli*

I	II	III	IV	V	VI	VII
Cipactli Caimán o bestia de la tierra	Eecatl Viento	Calli Casa	Cuetzpalin Lagarto	Coatl Serpiente	Miquitzli Muerte	Mazatl Venado

VIII	IX	X	XI	XII	XIII	XIV
Tochtli Conejo	Atl Agua	Itzcuintli Perro	Ozomatli Mono	Malinali Hierba (Dientes)	Acatl Caña	Ocelotl Jaguar

XV	XVI	XVII	XVIII	XIX	XX
Cuauhtli Águila	Cozcacuauhtli Zopilote	Ollin Movimiento, Caucho o Temblor	Tecpatl Pedernal	Quiahuitl Lluvia	Xóchitl Flor

formuló a la vez que invitan nuevamente a la comparación más allá de Mesoamérica.

Fundamentales para el *tonalámatl,* los nueve Yoalitecutin o Señores de la Noche cuentan y presiden sus 260 noches desde la concepción hasta el nacimiento (véase cuadro II.1). Personificando el poder de la noche, éstos confieren destinos por tríadas: bueno, malo o indiferente, y sus identidades últimas coinciden con las nueve lunas del embarazo, de acuerdo con un antiguo paradigma de trimestres evidente en las figurillas olmecas de Chalcatzingo (donde, por ejemplo, el tercer trimestre se marca mediante la llamada línea gris).[28] Dispuestos en cuatro pares alrededor del primero de su número —Xiuhtecutli, el Señor del Fuego y de la nueva vida—, cuentan la historia de la gestación: la dura Obsidiana del posible aborto y el Hijo Precioso (Señor Real) del embrión visible (2, 3), el Dios del Maíz que engorda la carne y el Señor del Infierno que construye el esqueleto (4, 5), las femeninas Falda de Jade y Mujer Tejedora (Diosa de la Lujuria) que pueden determinar los nacimientos más tempranos posibles (6, 7) y el bebé que nace de pies del Corazón de la Montaña (*moquetztiuh tlacatl*) y las aguas amnióticas del Dios de la lluvia (8, 9). Sobresalientes en los antiguos calendarios de los

CUADRO II.2. Los *teoamoxtli*

A. Paginación

		ANVERSO		REVERSO
Borbónico[a] (Bb)	40ff >	pp. 1-40	][	…
Tonalámatl Aubin (Ta)	20ff <	pp. 1-20	][	…
Borgia[b] (Bg)	39ff <	pp. 1-38	][<	pp. 39-76
Vaticanus[c] (Vt)	49ff >	pp. 1-48	][<	pp. 49-96
Cospi (Cs)	20ff >	pp. 1-13…	][<	pp. 1-11…
Féjérváry (Fj)	23ff <	pp. 1-22	][<	pp. 23-44
Laud[d] (Ld)	24ff <	pp. 1-22	][<	pp. 23-46
Cuicatlan[d] (Cc)	21ff <	pp. 1-10…	][	…
Coixtlahuaca Map (Cx)	1f	p. 1	][	…

< > = dirección de lectura
a) Las páginas iniciales y finales faltan.
b) Páginas 29-46, un solo capítulo, constituyen la parte central del texto que en parte se lee desde arriba hacia abajo. Las cubiertas faltan.
c) La repetición de ciertos capítulos ("Veinte Signos", "Entierro") en ambos lados del libro biombo sugiere que se trata de dos textos, uno en cada lado.
d) Nowotny, junto con la mayoría de los comentaristas, sigue respetando la antigua paginación, que corresponde a una dirección de lectura invertida.
Todos los nueve son de piel, menos el Borbónico, que es de papel *amate*.

B. Temas de capítulos

	1 a	1 b	2 a	2 b	c	d	e	f	g	h	i	j	k	l	m	n	o	p	q	r	s	t	u	v	w	x	aa	bb	cc
Bb	*		*	*				*																					
Ta			*	*				*																					
Bg	*		*	*	*	*	*	*	*	*	*		*		*		*		*		*	*	*	*		*		*	*
Vt			*	*	*	*	*	*		*	*		*							*	*	*	*		*	*		*	*
Cs	*		*	*																	*							*	*
Fj	*	*	*					*					*	*		*	*	*	*	*		*	*				*	*	
Ld	*	*	*		*			*	*				*					*					*				*	*	
Cc			*					*				*						*					*				*		
Cx			*					*				*														*	*		

a

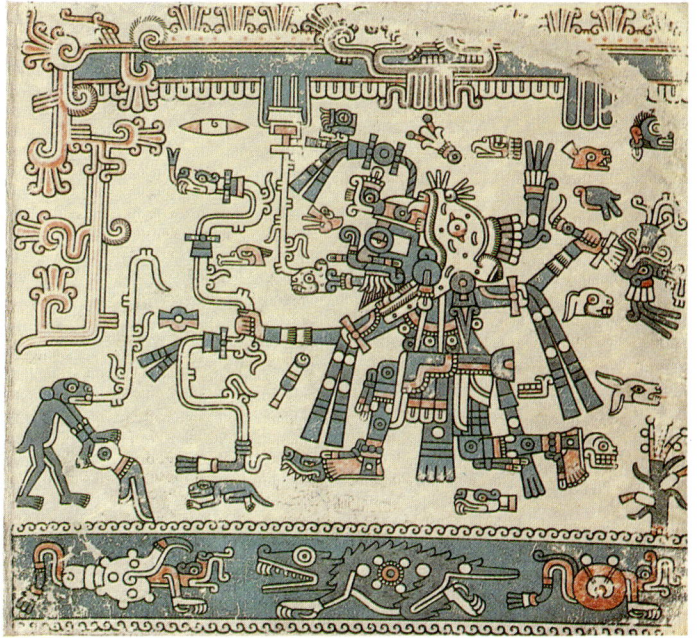

LÁMINA 4. *Iconos con los Veinte Signos:* a) *Tláloc (Laud, p. 45); b) Tezcatlipoca (Borgia, p.17).*

b

1	**Ciclos del año (20-22)**					
a	Fiestas	Bb 23-40	Bg 29-46	Fj 5-22	Ld 21-2	
b	Los Once	Cs 21-31	Fj 5-14	Ld 39-44		
2	***Tonalámatl* (1-19)**					
a	Señores de la Noche (9)	Bb 21-2	Bg 14	Vt 13-16	Fj 2-4	Ld 31-8 Cc 1-2
		[en Trecenas Bb Ta, Cuadrícula Cs, Mapa Fj]				
b	Quecholli (7)	Bg 71 Vt 13-16 Cs 12-13 [en Trecenas Bb Ta]				
c	Números con parejas (8)	Bg 58-60	Vt 33-42	Ld 9-14		
d	Veinte Signos (1)	Bg 9-13	Vt 28-32	Vt 87-94		
e	Trecenas (11a)	Bb 1-20 Ta 1-20		Bg 61-70	Vt 49-68	
f	Amazonas (16b-c)	Bg 47-8	Ld 15-18			
g	Nacimiento (2c)	Bg 15-17	Vt 33-42	Fj 23-9	Ld 1-8 Cc 3	
h	Entierro	Bg 25-6	Vt 12(3c)	Vt 71		
i	Ofrenda de copal (16f)	Bg 75-6				
j	Bebedores (3h)	Vt 72				
k	Peligros	Vt 24-7	Fj 41-2	Cc 9 Cx 1 [en Árboles de Tributo Bg]		
l	Jueces	Fj 33-4 [relacionado con augures Quecholli]				
m	Fuego nuevo (3g)	Ld 23-30 [en Árboles de Tributo Bg]				
n	Matrimonio (16i)	Bg 57	Fj 35-7			
o	Artes marciales (16l)	Fj 38-43				
p	Costumbres	Bg 18-21	(16h)	Fj 26-9 (16m)		
q	Compañeros (3d)	Vt 9-11	Fj 23-5	Cc 4-8	Ld 19-20	
r	Siembra	Bg 27-8	Vt 69	Fj 33-4		
s	Dioses de la lluvia (16k)	Vt 43-8				
t	Techos (3i)	Vt 9-11	Fj 30-2			
u	Viaje (3a)	Bg 55	Fj 30-2, 35-40 Ld 15-20			
v	Árboles de tributo	Bg 49-53	Vt 17-18 [en el Mapa Fj]			
w	Venus (18)	Bg 53-4	Vt 80-4	Cs 9-11		
x	Trabajadores (16c)	Bg 47-8	Vt 77-9	Cx 1		
aa	Mapa	Fj 1 (cuadrante) Ld 46 Cc10 Cx 1 (quincunce)				
bb	Icono	Tezcatlipoca Bg 17 Fj 44 Tláloc Ld 45 Piel de Venado Bg 53 Vt 96				
		Perro y Mono Vt 85-6 Serpientes Bg 73 Vt 75 Escorpiones Vt 95				
		Macho y Hembra Bg 74 Vt 74 Vida y Muerte Bg 56 Vt 76				
cc	Cuadrícula 52 columnas (16a) Bg 1-8		Vt 1-18	Cs 1-8		

NOTA: Los números entre paréntesis se refieren al "Katalog" de Nowotny (1961: 193-285) que especifica los capítulos de los *teoamoxtli* y que se basa en el criterio formal de principio de lectura (por Números, Signos, etc.). Se omiten cuando no son correctos según ese criterio, o cuando son imprecisos (en varios casos no se reconocen los Señores de la Noche ni los Quecholli). Los números de página de los *teoamoxtli* (v. g. Fj 26-9) pueden indicar un registro superior o inferior en la página. Con la excepción de dos o tres páginas enigmáticas, esta lista abarca todos los capítulos de los *teoamoxtli* que han sobrevivido.

mixes y los zapotecas del sur, los Señores de la Noche son reverenciados en cada uno de los *teoamoxtli* y, al igual que el medallón olmeca de mosaico proveniente de Las Bocas, con una antigüedad de tres mil años, conceden gran importancia a las noches y las lunas del *tonalámatl*.[29] Su fuerza aún se deja sentir no sólo en los calendarios indígenas, sino en costumbres como la de "arrullar al niño" durante nueve noches, que repiten simbólicamente la gestación de nueve lunas y el nacimiento de Cristo, es decir Huitzilopochtli, a mediados del invierno, y las nueve noches liminares de abstinencia antes del matrimonio que observan las parejas mixes en la actualidad. Más allá de Mesoamérica, encuentran numerosos paralelos en los rituales de nueve noches de Anasazi y en las nueve madres de la creación kogi, que muestran un lazo aún más fuerte con la noche y la matriz.

Mientras que los Yoalitecutin cuentan y asignan los destinos nocturnos del *tonalámatl,* sus días son asignados a la vez por los Trece Números y Veinte Signos. La serie de Trece, aunque ligada en todas partes con la luna sidérea, corresponde principalmente al tiempo diurno y puede representarse sencillamente por unidades aritméticas de puntos (1) o de puntos y barras (5). Como elemento en el nombre del día natal de una persona, estos números pueden parearse con lo que es efectivamente el prototipo del capítulo del matrimonio ("Números con Parejas" 2-26). Al mismo tiempo, esa serie se correlaciona a menudo con la de los 13 Héroes que ayudaron a crear el mundo mesoamericano y, sobre todo, con los Quecholli, o voladores. Parientes de los danzantes emplumados del solsticio chibcha y carib (p. 35, arriba) estos voladores reivindican la caracterización general de América como "el continente del ave". Desde el punto de vista conductual del ave, se definen mediante conceptos como hábitat, dieta, canto, tipo y tiempo de vuelo, plumaje, si es comestible o no y si es doméstica o no.

Algunos ejemplos muy tempranos de los tres miembros de esta serie que tienen plumas preciosas —Guacamaya (11), Quetzal (12) y Loro (13)— se presentan con un volador humano en Chalcatzingo, aparentemente en el paradigma aplicado más de un milenio después a Uno Caña de Tula, cuyo corazón de quetzal, entre la iridiscencia de la Guacamaya y del Loro, se convirtió en el planeta Venus. Éstos simbolizan por excelencia el plumaje tropical que era transportado muy lejos hacia el sur y el norte aun como divisa. El Águila de alto vuelo (5) es en todas partes el parangón de la virtud militar, tal como su doble el Búho (10) es el secuestrador de la noche con dotes adivinatorias que presagian las enfermedades. En el *tlacuilolli,* la relación numérica entre las dos aves se capta en el retruécano visual que equipara dos perfiles enfrentados de águilas con la cara completa del Búho (véase figura II.6). Con su sorprendente metabolismo, el Colibrí (1), el primero de la serie, se manifiesta como el "supremo" en la narrativa amazónica, la cerámica chimú y las líneas de Nazca; nombra a las primeras reinas del *Popol vuh* y a los emperadores Huitzilopochtli y Huáscar en México y Perú; es la "primera ave" de los rollos Mide,[30] y junto con la Mariposa (7) ejemplifica por excelencia el principio de la transformación mediante el vuelo, desplegada en estelas de Teotenango y Teotihuacan y analizada *in extenso* por Eva Hunt en relación con un poema tzotzil. Mensajeros alados de los augures, en los *teoamoxtli* los Trece intervienen especialmente en el propio acoplamiento y reproducción del sujeto, y pueden portar el signo del *tilmatli,* o paño, que según Luis Reyes denota "carga", es decir, su cargo como augures; en otra parte, cuatro de ellos hablan desde cuatro templos, Lechuza y Búho de los malos presagios (6, 10), más las aves comestibles Codorniz y Guajolote (4, 9; en náhuatl, "come" es *tla-qualli* y "bueno" es *qualli).* Domesticado originariamente en México, el guajolote es el compañero que, cuando se maltrata u olvida, recobra su propia voz o despliega el valor militar celebrado en las gorgueras misisipi (figura XIII.2), y en el nombre mismo del rival de Huáscar, el emperador inca Atahualpa. En el Borgia (p. 71), enmarcado por los Trece Quecholli en toda su magnificencia, Codorniz, el pájaro de sacrificio del Sol, enfoca el augurio del Cuatro Movimiento, el nombre de este Sol o Era.

Los Veinte Signos, determinados por los dígitos de las manos y los pies humanos que produjeron la cuenta vigesimal utilizada también por los chibchas y caribes, se erigen como la propiedad del escriba y recurren más directamente a la tradición escritural mesoamericana como tal. Si tienen entre ellos las máscaras o *personae* de los Señores de la Noche y Quecholli, denotan astucia y destino, así como las habilidades musicales y de otro tipo. Distribuidos a lo largo del cuerpo como los 20 caracoles megis del Midewiwin, indican nodos y momentos claves como signos en la piel de venado pintada sobre piel de venado y como atributo de las deidades en los iconos típicos de los *teoamoxtli.* Su serie completa define el poder completo (lámina 4). De aquí que articulen la figura del guerrero Tezcatlipoca en el Borgia: Venado (VIII) y Viento (II) colocados en sus extremidades sugieren la velocidad, y su único pie hace temblar a la bestia reptílea de la Tierra (I). En el icono de Tláloc, el dios de la lluvia, en el Laud (lámina 4a), el rugido del *ocelotl* o Jaguar y el cetro de la Serpiente sugieren sus truenos y rayos; en efecto, al explicar la esotérica fraseología "jaguar-serpiente" *(ocelo-coatl)* en el Himno Sagrado *(Inin cuic)* a Tláloc,[31] estos dos Signos también construyen aritméticamente a ese dios, puesto que la máscara de Lluvia (Signo XIX) es la suma del trueno del Jaguar (Signo XIV) y del rayo de la Serpiente (Signo V). En el *tonalámatl,* estos Signos se combinan con los Trece Números para contar 260 días y sus veinte "trecenas".

En cuanto a los capítulos del *teoamoxtli* dedicados a las estaciones en vez del *tonalámatl,* todos derivan sus temas de su "métrica" y se dedican a abundar ya sea en las 18 Fiestas de 20 días o en la serie nocturna correspondiente de 11 figuras zodiacales. Aunque los temas del tributo en especie, los objetos de culto y la coreografía especificados para las 18 Fiestas presentan marcadas variaciones locales, podemos detectar la recurrencia de símbolos clave como el huso y el hilo de Tonantzin y su escoba para Ochpaniztli (septiembre), la toca y la piel desollada de Xipe para Tlacaxipehualiztli (marzo), la bandera de Huitzilopochtli *(pantli)* para Panquetzaliztli (diciembre) y el caldero hirviente de Tláloc, que marca el inicio de las lluvias, para Etzaqualiztli (junio). Otras fiestas memorables son Quecholli (noviembre), cuando Cortés llegó por primera vez a Tenochtitlan y cuando las aves migratorias se dirigen a los lagos del altiplano; y Micailhuitl (agosto), la Fiesta de los muertos, cuando los aztecas decidieron rendirse y cuando a las almas viajeras les ofrece cuatro semillas de bienestar (maíz, frijol y dos tipos de calabaza) el compañero doméstico Guajolote. Aunque exclusivas de Mesoamérica, estas Fiestas tienen reminiscencias en tierras lejanas, tanto en lo relativo a algunos detalles —por ejemplo, las semillas consoladoras del Guajolote en Micailhuitl aparecen en ceremoniales navajo de hoy en día—, como estructuralmente, por su posición relativa a los equinoccios y solsticios.

A los Once del Zodiaco se les ha negado reconocimiento como serie, aunque están presentes, por ejemplo, en los murales de Bonampak y posiblemente forman parte de la Serie Lunar en fechas jeroglíficas del periodo Clásico. Portando hachas *(tepuztli),* conocedores del maguey y del pulque y adornados con una luna en cuarto creciente *(yaca meztli),* los Once se relacionan temáticamente con los pioneros constructores de casas del *Popol vuh,* quienes, embriagados con pulque, subieron al cielo nocturno para convertirse en las Pléyades y marcaron por primera vez el camino anual del Zodiaco. El maguey, que posee sus propios agentes fermentadores, madura pasados los 11 años (que es también el ciclo de las manchas solares), y 11 es el número de días de la epacta anual de la Luna, cuyas fases afectan la cantidad de líquido que contendrá la planta de maguey. En cuanto "lugar del hacha" rodeado por 11 colinas-altares, Tepoztlan es la tierra de Tepoztécatl, presidente de los 11 portadores de hachas de la cordillera del Chichinautzin-Popocatépetl, entre los que se incluyen la diosa del maguey y del pulque, Mayauel, y su consorte Patecatl, experto en hierbas. (La historia nahua proporciona los nombres de los antiguos olmecas que bebieron en la boca espumosa del cercano volcán Chichinautzin, Olimpo de Tamoanchan y Mesoamérica.) La naturaleza astronómica de los Once se ve confirmada más adelante porque, como sucede con el Zodiaco maya, presiden las fórmulas relativas a los ciclos sinódico y sidéreo del Sol, la Luna y la estrella avispa Venus, disposición que se ejemplifica por antonomasia en los murales de Cempoala, donde éstos, los tres cuerpos celestes más brillantes, se correlacionan numéricamente y donde el Sol es dividido en los conjuntos de 11, distintivos del Zodiaco. Tanto en el Cospi como en el Féjérváry, bajo la presidencia de las 11 figuras del Zodiaco, estas fórmulas se calculan a su vez en unidades cuya base numérica óptima es el 11. El 11 también prefigura los totales de las conquistas y guarniciones que se listan en el Mendoza (ff. 18v-19) y en las crónicas de Texcoco, e inscritas en el altar gigante redondo que se exhibe actualmente en México-Tenochtitlan; corresponde también al total de peñascos a los que se denomina guardianes de Tepoztlan. La cifra sigue teniendo significado en las prácticas rituales de hoy en día entre los tlapanecas y mixes, por ejemplo, quienes diseñan altares cuyo esquema recuerda directamente el de las páginas zodiacales del Féjérváry.[32]

Aunque apenas reconocido por los eruditos, como cifra celeste y nocturna el 11 circula mucho más allá de Mesoamérica. Al relatar en *Dine bahane* de qué modo se formaron las primeras 11 constelaciones, como 4 + 7 (es decir, el centro y seis direcciones), los navajo colocan 11 radios en su pintura seca Sotsoiji ("Gran Estrella o Venus"), que también combina aritméticamente las fases de este planeta con las del Sol y de la Luna (lámina 5a); los huicholes relatan y describen la metamorfosis de las abejas embriagadas en 11 estrellas-flores; los kogi tienen un Zodiaco de 11 estaciones que regresan al punto de partida entre las Pléyades (Uha) y Escorpión (Ahu); y los mapuches cuentan con un ciclo meteorológico de 5 1/2 + 5 1/2 años. Once es también el número de discursos y pieles de venado marcadas que se ofrecen a los Espíritus de la Noche en el Wagigo o Fiesta del Invierno de los winnebago, una de sus principales ceremonias, y el mismo total determina los rayos en estrellas de cobre, de dos mil años de edad, enterradas en pirámides de Chillicothe (Ohio). En resumen, los once parecen ser inseparables de lo que Lévi-Strauss consideró su principal mito (M1): el origen de las Pléyades, la primera señal del Zodiaco.

Pese a tener claros paralelos a lo largo de todo el Cuarto Mundo, las series de los Números y los Signos del *tonalámatl* (9/13/20) y del año (18/11) se elaboraban al mismo tiempo de acuerdo con normas exclusivamente mesoamericanas, como las medidas del tiempo tributario, y como ingredientes principales del *tlacuilolli* y los libros precortesianos. Conceptualmente, las estaciones del año vienen a ser para el tributo en especie lo que el *tonalámatl* para el trabajo. Definido por las estaciones del sol y el cielo nocturno, el año se relaciona con las cantidades y tipos de artículos "ofrecidos" o que deben pagarse a lo largo de sus 18 Fiestas, y con las periodicidades de los planetas —menos obvias— contempladas por los 11 bebedores de pulque. El *tonalámatl,* que es la medida de las nueve lunas que separan la concepción del nacimiento, se relaciona más bien con la gestación, el cuerpo y la destreza humanos, y por extensión con la construcción de la sociedad, sus costumbres y apelativos. Como tal, la oposición entre las dos categorías de valor y servicio se confirma de manera clara en el *teoamoxtli* Féjérváry, cuyos lados se dedican respectivamente a uno y luego al otro; además, en éste y en el mapa de portada que comparten, el Féjérváry anticipa con exactitud el Códice Mendoza, que se ocupa primero de la conquista y la recolección de tributo en especie y luego del nacimiento, el crecimiento y los deberes de los ciudadanos de Tenochtitlan.

Los capítulos del *tonalámatl* dedicados al trabajo, cuyos prototipos se remontan a las inscripciones olmecas y zapotecas,[33] reciben la mayor atención en los textos que han sobrevivido. Desarrollan claros conceptos temáticos a partir de las mismas series de Signos de acuerdo con las cuales se leen, celebrando sus poderes intrínsecos o entretejiéndolos en pautas de experiencia humana. De éstos, los que mejor se articulan y los más elocuentes son los que siguen:

Siembra: el maíz antropomórfico se pone en la tierra caimán, y su producto se define según las cosechas del periodo de cuatro años (lámina 6a).

Viaje: los *pochtecas* y otros portadores de bienes e información, con su mochila de *tameme* y su armazón *(cacaxtli),* vara y abanico, avanzan por las huellas de pisadas sobre la tierra o por la ruta acuática de la canoa, o emulan al Sol, la Luna y los planetas a lo largo del camino zodiacal.

Venus: apareciendo heliacalmente (justo antes del Sol) en el este, cinco veces durante ocho años y 99 lunas, el planeta arroja sus flechas hacia las víctimas respectivas: monarcas, ojos de agua, etcétera.

Entierro: los objetos que necesita el alma en el viaje más allá de la muerte se disponen alrededor de momias bien arregladas (lámina 6b).

Peligros: el murciélago, el caimán, el águila y el jaguar emboscan los caminos del supuesto conquistador.

Artes Marciales: posturas e implementos de los guerreros simbolizados por el marsupial tlacuache.

Fuego nuevo: el ciclo calendárico, que normalmente es de 52 años, se inicia cuando la flama es engendrada por el taladro del fuego y llevada a los cuadrantes.

FIGURA II.11. *La serpiente como indicador sexual. (Borgia, p. 59 [24 en el capítulo "Números con parejas"].)*

Árboles de Tributo: los cuadrantes del tributo que rodean la capital se caracterizan mediante los árboles, la vegetación y las aves que medran en ellos.
Bebedores: ostentando el privilegio de los aristócratas y los ancianos, los ocupantes de tronos y del poder reciben jícaras del espumoso pulque o cacao.

La gama de estos temas, que en determinado capítulo podrían aparecer solos o en combinación, incluye asuntos tales como Jueces, Compañeros, Matrimonio, Amazonas, los cinco Trabajadores masculinos y femeninos, y Techos. Especialmente brillantes e instructivos son los capítulos-tema como "Nacimiento" y "Costumbres", que cuentan con subseries completas de actos y sucesos (véase cuadro II.2; láminas 7 y 8; figuras II.11-II.13).
El capítulo "Nacimiento" cubre la larga historia de la gestación, que corresponde a la lógica misma del *tonalámatl,* destacando temáticamente dos hechos y estados pareados. Tras la impregnación o creación, representada mediante el punzón de hueso que traspasa un ojo o célula, el niño es cargado literalmente sobre la palma de una mano; tras la separación del cordón umbilical, que llega al suelo desde el cielo (*temo* es bajar y nacer), el bebé, tan sediento como un pez o en vano, succiona el pecho y su pezón ideal-

a   b

c   d

FIGURA II.12. *Los cuatro actos y sucesos del capítulo "Nacimiento": a) impregnación (ojo atravesado); b) "portación" del niño; c) corte del cordón umbilical; d) amamantamiento.* (Féjérváry, pp. 23-29.)

mente negro. El capítulo inicial del Laud (pp.1-8) presenta dos versiones de la secuencia, una mala y otra buena. La secuencia mala está dominada por Mictlantecutli, cuyo poder, necesario para la formación de buenos huesos y

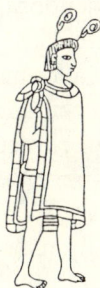

FIGURA II.13. *Costumbres: a, n) embriaguez; b, k) robo; c, m) chisme; d, o) lujuria; e, j) tameme; f) tala de bosque; g, l) juego de pelota; h, i) plantar.* (Féjérváry pp. 26-29, a-h); Mendoza, ff. 70-71, i-o).

sangre, en exceso puede ser nocivo: el hueso "impregnador" no logra abrirse paso hasta la célula oscura (*cuauhcalli*) en la que se sienta el niño nonato, semejante a un búho, y el feto es un simple aborto, armado del pasaporte de papel de los no nacidos (*tetehuitl*, "que es señal de que se despide ya de este mundo"); el corte del cordón umbilical enroscado es contemplado por un pájaro gris de mal agüero, y la supuesta madre que debería amamantarlo está tan seca como una rama. En la secuencia buena, el poder de Mictlante-cutli se ve atemperado por el de la Mujer Tejedora, que sostiene la hebra de la vida (respectivamente los números 5 y 7 de los Señores de la Noche; a estos dos se les invoca en el Códice Florentino, en el capítulo sobre el naci-miento). Aquí la mujer logra de inmediato portar al niño, y su vientre redondo es besado por el colibrí dorado, que reduce los dolores del parto; el cordón umbilical no está enroscado, y la placenta es enterrada adecuadamente, el amamantamiento no excluye la excitación sexual (un pene con la punta en-rojecida) por parte del esposo, y a la madre y al niño se les llevan como ofrendas leña y comida, como debe hacerse. En estos detalles, hay una alu-sión a las prácticas natales que aún se observan en la Mesoamérica rural; por ejemplo, la elección de la comida para la madre según sea "caliente" o "fría", la estera de mimbre que evita que toque el suelo y el entierro adecua-do de la placenta en las fauces del caimán. Esta última idea, junto con la de la concepción como un taladramiento o tallado de la cara de la nueva vida, es constante en el lenguaje de las curas chamánicas que, al sostener la salud del cuerpo, aluden íntimamente a su gestación y a la historia de las edades del mundo.[34] En el Féjérváry, este capítulo abre el lado dos del *teoamoxtli* (libro-biombo), que está dedicado a los capítulos de "trabajo" del *tonalámatl,* del mismo modo que abre la sección final de su derivado el Códice Mendoza, de-dicada a los ciudadanos de Tenochtitlan; ambos relacionan los ritos del naci-miento con el periodo de 80 días. Cuidadosamente definidas, las imágenes de estos hechos y estados pareados —engendrar y portar, separar y amaman-tar— son reconocibles también en relatos *xiuhtlapoualli,* como en el recuen-to que hacen los Anales de Tepexic, de la gestación terrestre de Nueve Viento y su bajada del cielo;[35] también codifican prácticas y creencias que se extien-den a Sudamérica, por ejemplo el nacimiento, en *Watunna,* del monstruoso Odosha debido a una placenta mal enterrada.

Una vez nacido y amamantado, el sujeto se enfrenta al servicio, al contrato y al rango precisamente en el discurso del trabajo que define al *tonalámatl* en primer lugar y cuyas imágenes y fraseología náhuatl se han preservado ampliamente en los textos del Códice Florentino y el Huehuehtlatolli, del siglo XVI. Los temas en cuestión son legibles en los capítulos subsecuentes

del Féjérváry y en la sección correspondiente del Mendoza, que abiertamente trata del nacimiento, el matrimonio, el tributo en trabajo, el rango guerrero y los cultos *pochtecas* entre la ciudadanía de Tenochtitlan ("de la tumba
del vientre al vientre de la tumba", como lo expresó Purchas).[36] El paralelo
específico entre el Féjérváry y el Mendoza se extiende a sus respectivos
mapas de portada y nos ayuda a interpretar el notable capítulo de "Costumbres" sobre el trabajo en general, que es común a ambos textos y a otros
teoamoxtli como Borgia y Laud. Es legible sobre todo gracias a la versión que
de él da el Mendoza (ff. 70-71), la cual, desprovista del *tonalámatl,* tiene
glosas en español que siguen el mismo camino al explicar la ingeniosa lógica y metáforas del original en escritura icónica.

Generalizando la cuestión del trabajo y la capacitación, este capítulo de
"Costumbres" se basa esencialmente en un contraste entre la ciudadanía útil
que trae la carga del tameme *(huacal)* y el azadón *(huictli o coa)* del trabaja-
dor público, y sus contrapartes inútiles que holgazanean, pierden sus camisas en los juegos de pelota *(tlachtli)* y de tablero *(patolli),* roban, chismorrean,
beben pulque y fornican. Con su correa para la cabeza, el *huacal* del *tameme*
o cargador simboliza todas las formas de transporte y viaje; la *coa*, o vara para
sembrar, junto con su herramienta gemela, el hacha de leñador, denota la
agricultura sedentaria (de ahí la expresión binaria náhuatl *ti milla chiazque/ti
cuahcuahuizque:* "prepararemos la milpa/podaremos los árboles"). En el
lado negativo, el robo significa levantar la tapa del "cofrecito del tesoro" *(petlacalli);* el chisme, doble en la lengua y las orejas que escuchan, es el *maquizcoatl,* que significa tanto "chisme" como "venenosa serpiente coralillo de
cabeza doble"; el borracho bebe con la sed de un venado, y el pene semejante a la serpiente fornica "bajo la manta" *(tilmatitlan).*[37] En la versión del
Borgia (pp. 18-21), estos conceptos de deber cívico y mala conducta se establecen primero a través de cuatro formas arquitectónicas básicas: el templo,
la pirámide, el acueducto y el juego de pelota, junto con los cultos respectivos a cada una y las cuatro condiciones sociales definidas por la mochila,
el azadón, el hacha y la olla de pulque. Cada una de ellas está presidida por
modelos de oficios privilegiados, representativos de los Trece Héroes, de modo
que, por ejemplo, el Sol protege el templo contra el robo, la Falda de Jade
simboliza la lujuria (serpiente fálica en su jarro de agua)[38] (véase figura II.11),
Tezcatlipoca cede al juego de pelota pero también porta su carga de *pochteca*
o *tameme,* Tláloc empuña la *coa* tal como Tlahuizcalpantecutli (Señor de la
Casa del Amanecer) empuña el hacha, y los Señores del Infierno se regoci-
jan en el desperdicio ocasionado por el pulque. Las escenas de bosques tala-
dos y milpas florecientes son especialmente gráficas.

Mendoza		*Féjérváry*	

Introducción

ff.		pp.	
1	Mapa de portada en cuadrantes	1	Mapa de portada en cuadrantes
2-16	Conquistas durante nueve reinados imperiales	2-4	Los Nueve Señores de la Noche como conquistadores

Tributo en especie y ciclos del año

17-18	Serie de once guarniciones en la cuenca de México y otra fuera de ella	5-14	Once figuras armadas
19-55	Cantidades de tributo provenientes de 9 + 29 distritos, de acuerdo con las Fiestas del año	15-22	Fiestas del año y cantidades de tributos.

Tributo en trabajo y *tonalámatl*

	[cambio de formato y estilo]		[reverso del *teoamoxtli*]
57-22	Temas incluidos: nacimiento (en referencia al periodo de 80 días), *pochteca*, rangos de jueces, matrimonio, artes marciales, costumbres de la ciudadanía	23-44	Capítulos incluidos: Nacimiento (en referencia al periodo de 80 días), Viaje (*pochteca*), Jueces, Matrimonio, Artes marciales, Costumbres

CUADRO II.3 *Mendoza* y *Féjérváry: semejanza de estructura y detalles. (Cf. láminas 4b, 5c; cuadro II.2: figuras II.12, II.13.)*

Como el Borgia, pero concentrándose sólo en unos cuantos Signos multivalentes (Serpiente, V; Jaguar, XIV; Venado, VII; Lagarto, IV), el Féjérváry también propone una estructura interna de 4 + 4 momentos o imágenes, mitades de capítulos que aquí se reflejan una en otra en términos de bueno y malo. En la primera mitad,

a) el bebedor, sediento como un venado, del espumoso pulque es amonestado por Tláloc;

b) el ladrón perezoso, como el jaguar, roba comida del templo;

c) el chisme, siseante y con dos lenguas, se convierte en una serpiente de dos cabezas que, con la ofrenda de fuego que se le hace, incendia el templo que habita, y

d) la compañera del adúltero, en su acueducto torcido, muestra su complicidad cargando una serpiente fálica en su cántaro de agua.

Luego, gracias al trabajo,

e) la serpiente de dos cabezas se convierte en dos serpientes, una de las cuales lame dócilmente la mano del *tameme* que suda sangre bajo su carga;

f) el jaguar es devuelto al bosque, y se empeña en defenderlo del hacha del leñador;

g) poca emoción es la que se siente en la cancha del juego de pelota pues, de los jugadores, a uno le falta la mano derecha (el zurdo no es "arrogante"; véase p. 399 abajo) y el otro es un lagarto; y

h) mediante el azadón, la serpiente fálica (*coa-tl*) se convierte en el trabajo comunitario (*coa-*) que produce el maíz.

Finalmente, al organizar de este modo la experiencia con propósitos de control social y "adivinación", los *teoamoxtli* recurren no obstante a la experiencia histórica específica, tal como indicó Ixtlilxóchitl. El Borbónico alude repetidamente a los orígenes aztecas en el pasado cercano y más distante, y la misma estructura tripartita del Borgia corresponde a la de la historia tolteco-chichimeca del área de Cholula, mientras que Nowotny (1961) ya había detectado coincidencias específicas en algunos detalles. En el Féjérváry, el subtexto histórico se comprende mejor gracias a su total semejanza estructural con el Mendoza, que al establecer el recuento completo de la conquista y el tributo en especie por una parte, y la historia cotidiana del trabajo por la otra, se sirve de la experiencia particular de Tenochtitlan (cuadro 11.3).

En suma, estos libros, al articular la política y el cosmos, resumen las asombrosas capacidades de la escritura icónica; explican la serie de Signos que sustentaban calendáricamente la memoria política, y trazan las pautas de la experiencia humana. De expresión consumada, aún esperan un desciframiento más profundo.

JEROGLÍFICOS MAYAS

Las inscripciones autofechadas de los jeroglíficos mayas comienzan a aparecer en las tierras bajas mayas hacia fines del tercer siglo de nuestra era. En adelante, esta escritura aparece inscrita, moldeada y pintada, con y sin color, en piedra, madera, hueso, concha, jade, ónix, alabastro, obsidiana, papel, cerámica, yeso, arcilla y muros de piedra; y está colocada en paneles tan anchos como los lados de los edificios, angostas estelas de varios metros de altura, zoomorfos bulbosos y páginas dispuestas en capítulos. Dentro y más allá de la zona de las tierras bajas, en la tradición más amplia y antigua de los olmecas, mixe-zoques y zapotecas, algunas de sus características se anuncian mediante la tendencia a acomodar las ideas informativas en columnas que se leen de arriba hacia abajo y de izquierda a derecha. Sin embargo, su aparición como tal es inconfundible gracias a sus particularidades. La principal entre éstas es un perfecto patrón de cuadrados dentro de los cuales se colocan los jeroglíficos y que supone que se leerán en columnas dobles de izquierda a derecha y de arriba hacia abajo. En principio, este formato cuadrado se respeta independientemente de la superficie en que esté inscrito el texto o si es plano o no. En segundo término, los elementos glíficos dentro de cada espacio, clasificados por los especialistas como signos principales y afijos, a su vez siguen su propio orden de lectura regular. No hay duda de que la mayoría de estos elementos registran los sonidos del habla maya de las tierras bajas (figura II.14).[39]

Como mostró el investigador soviético Knorozov en la década de 1950, el texto jeroglífico típico funciona a base de sílabas; es decir, grupos de consonantes más vocales; éstas son predominantemente pareadas, de modo que la vocal de la segunda consonante armoniza con la de la primera y a la vez es redundante, en concordancia con el hecho de que la mayoría de los verbos-nombres mayas son monosílabos formados por consonante-vocal-consonante. Algunos enunciados legibles en los monumentos del periodo Clásico utilizan la tercera persona y se ocupan de las vidas y ambiciones de la realeza. Cuentan los nombres y hazañas de las ciudades, dinastías e individuos, el nacimiento y "asiento" de los gobernantes (este último tiene un antecedente olmeca), el éxito en la guerra y en el juego de pelota. A través de estos textos, los edificios se denominan y fechan a sí mismos, y los escultores y escribas añaden sus firmas (u tzib).[40]

Aunque sistemática, esta escritura dejó sus reglas de escritura silábica abiertas a una gran inventiva y un gran juego.[41] Y aunque fonética, siguió siendo mixta en el sentido de retener los elementos icónicos para complementar o reforzar el significado, especialmente al nombrar a gente o lugares o al invocar las series de Números y Signos del tonalámatl y el año. Por todo ello, la escritura jeroglífica maya llegó a regodearse en su apego al habla, y el glifo específicamente maya (uoh) se invocó de modo constante como símbolo aun en los cantos terapéuticos de los chamanes. En esta autoimagen hay un contraste ejemplar con la tradición icónica. Los poemas recitados en la corte azteca hacen continuos juegos con los tonos del cantante, que repiten los colores del escriba, tal como las imágenes de los libros contrapuntean los actos de hablar y escribir. En los textos mayas, la lengua es la pluma. En concordancia con lo anterior, y a diferencia de la escritura icónica, que de manera gradual se mezcló con la representación occidental al cabo de los siglos, los jeroglíficos mayas, o continuaron siendo utilizados, como en Tayasal, hasta

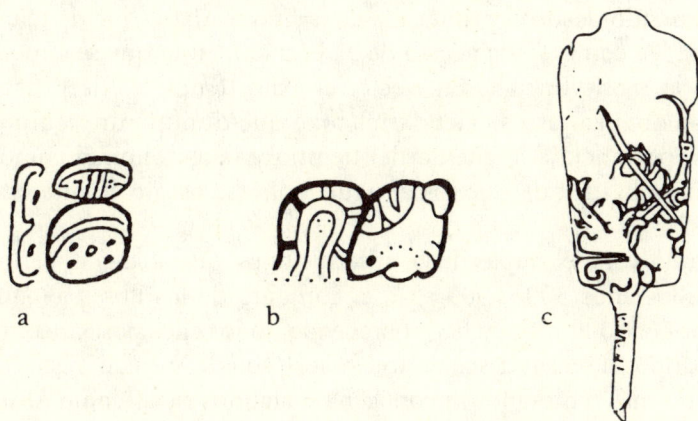

FIGURA II.14. *Jeroglíficos mayas:* a) u tzi-b[i] *"su escritura";* b) ho-ch[o] *(taladro de fuego);* c) *la lengua como pluma.*

el alba del siglo XVIII, o fueron transcritos al alfabeto importado y sustituidos por él, como en los Libros de Chilam Balam.

En la práctica, el fonetismo y el esquema cuadriculado distintivo del jeroglífico iban de la mano con un tipo mayor de estandarización: la integración del *tonalámatl,* los ciclos del año y otras series de Números y Signos en un sólo sistema unitario en el que el año-*tun* de 360 días sirvió como factor central. Todo está hecho rigurosamente para encajar en él: las Fiestas del año, que se sumaron a 365 días exactos y como resultado ya no correspondían con las estaciones; y los nueve Yoalitecutin del *tonalámatl,* que como resultado perdieron sus vínculos particulares con las noches del embarazo, convirtiéndose en un simple cuadragésimo de los 360 días del *tun.* En esta estandarización se halla implícita la ecuación entre trabajo y tributo en especie, que a su vez es indicadora de un alto grado de control político y económico en el escenario limitado de las tierras bajas mayas. Desde el punto de vista matemático, implicaba la notación de valor posicional, principio congruente con la propia cuadrícula jeroglífica, y llevó a una exactitud sin rival en el planeta en la medición del tiempo tanto astronómico como histórico, de modo que los sucesos estaban detallados con precisión a lo largo de cientos de millones de años.[42]

En las inscripciones clásicas, la aguda capacidad de ubicar al sujeto en el tiempo se vuelve un ejercicio en sí mismo. Textos completos pueden dedicarse a sincronizar el año-*tun* con otros ciclos relativos al Sol, la Luna, el cielo, el tributo y la política, y simultáneamente medir el periodo que ha-

bía transcurrido desde el primer día de la Era, 4 Ahau (que de manera tradicional se lee como 10 de agosto de 3113 a.C.), en lo que se conoce como
textos de la "Serie Inicial". En efecto, el éxito temprano de Ernst Förstemann para analizar estos calendarios hizo que durante un tiempo se diera gran importancia a la cuenta del tiempo y la astronomía como tales y
predominara la idea de que los antiguos mayas casi no se interesaban en
nada más.

Comparado con el *corpus* de las inscripciones, que abarca el periodo Clásico entre los años 300 y 900 a.C., el conjunto de los libros jeroglíficos es
pobre. Los cuatro libros que han sobrevivido, todos ellos posclásicos (Dresde,
París, Madrid y el recién descubierto Grolier), son de Yucatán; restos de ejemplos mucho más tempranos se conocen en algunos sitios como Altun-ha en
Belice, y Ceren en El Salvador, este último sepultado bajo varios metros de
ceniza volcánica.[43] Aunque es obvio que forman parte de la misma tradición
mesoamericana de los *amoxtli*, difieren de sus contrapartes en escritura icónica. Para empezar, son más uniformes físicamente. Aunque los libros icónicos tienen por lo general un formato parecido a un cuadrado, más ancho
que alto, varían de manera considerable en cuanto a material (papel o piel),
tamaño absoluto, dirección de la lectura (de derecha a izquierda, de izquierda a derecha, de abajo hacia arriba, de arriba hacia abajo), estilo y uso del
color. En contraste, todos los libros mayas están hechos en papel amate, son
más altos que anchos, y siguen el orden de lectura estándar de la escritura
jeroglífica.

En las páginas jeroglíficas muchos temas de capítulos nos resultan familiares por los libros icónicos —matrimonio, mercancías transportadas en
canoas pesadamente cargadas, las cinco salidas o años heliacales de Venus—,
y otros son análogos: la caza de venado con trampas y venenos, la elaboración de vasijas, la apicultura. La dimensión histórica del género de los
anales se genera aquí en la cuenta de *tunes,* y de *katunes* (20 *tunes*) a lo largo
de ciclos de 13, sistema cíclico que desplaza en forma considerable a la Serie
Inicial de inscripciones clásicas. Sin embargo, en concordancia con la estandarización del periodo Clásico, todo se reduce técnicamente, capítulo por
capítulo, a múltiplos de 13 y 20 días.

Y lo más importante: lo que aparece como un diseño holístico en los libros icónicos, en el caso de las normas jeroglíficas, está separado en escritura fonética complementada por aritmética y por pinturas. El capítulo de
"Venus", común a ambas tradiciones, ilustra a la perfección cuánto llegan a
diferir a este respecto. La versión maya, precedida por tablas matemáticas
muy complejas basadas en la fecha de la Era, consta de vívidas pinturas de

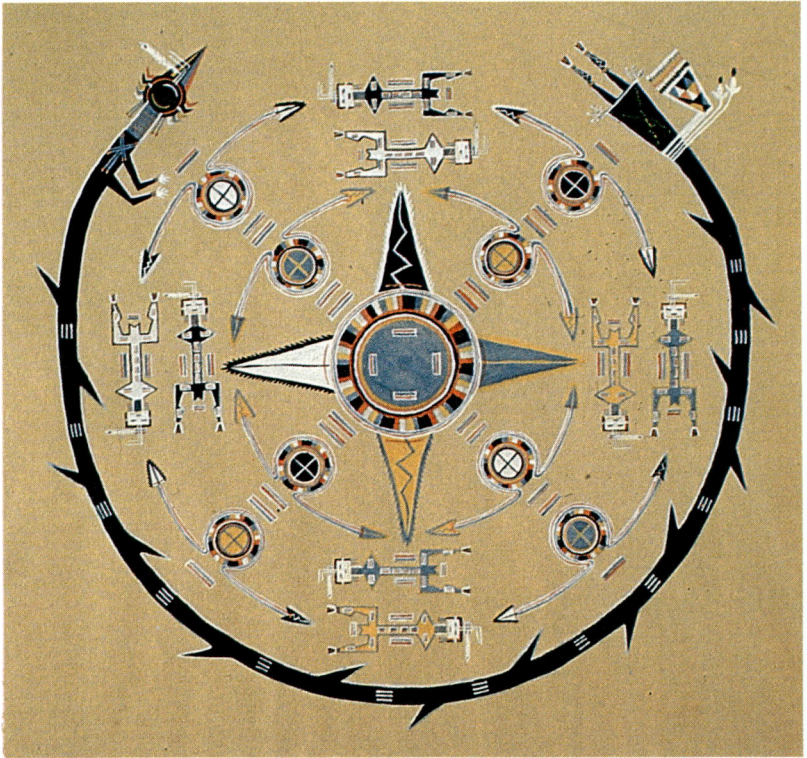

a

LÁMINA 5. Once: a) *Venus, definido por un círculo que tiene once grupos de colores, en medio de ocho soles pequeños cada uno con cinco grupos de colores, sumas indicativas del octaeteris de Venus y el sol (pintura seca, Sotsoiji Hataal); b) primera de la serie de once figuras con grupos numéricos de once (Féjérváry, p. 5).*

b

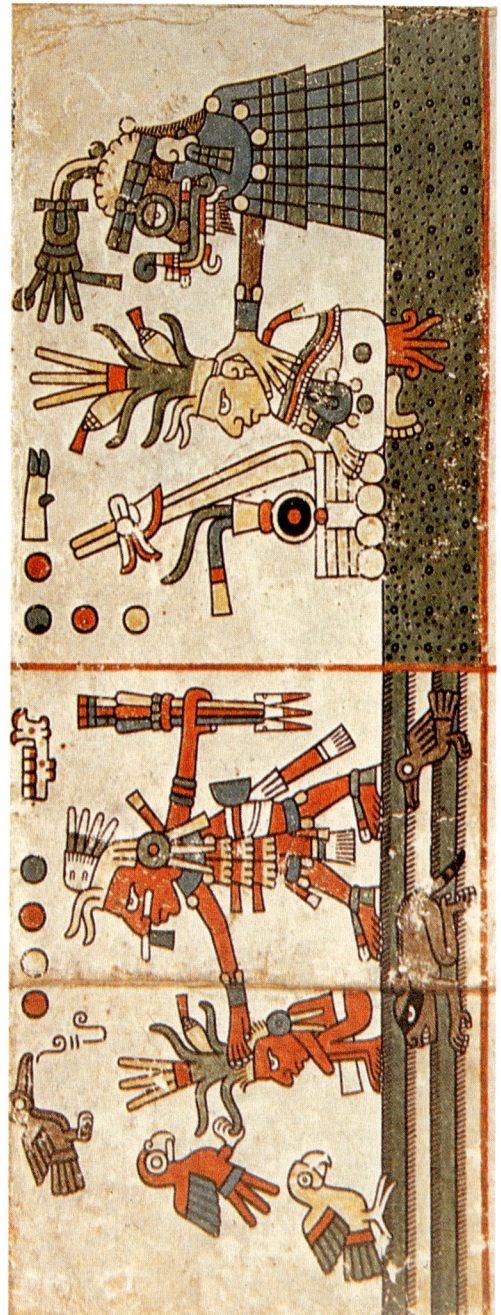

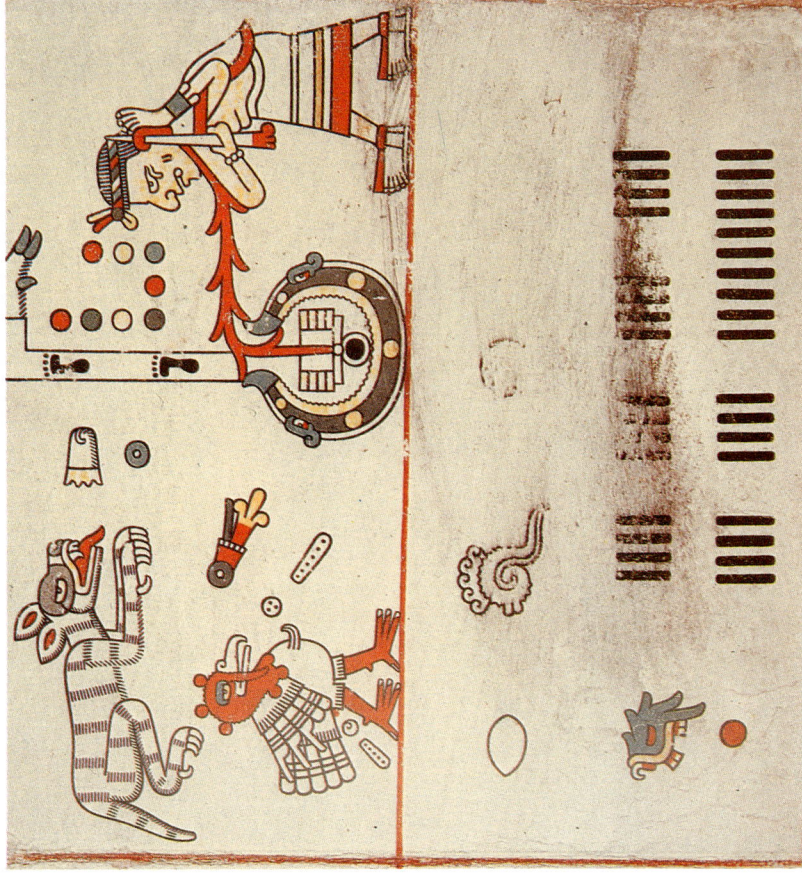

LÁMINA 6. "Siembra" y "Entierro":
a) las fortunas del maíz recién plantado,
con sus respectivos guardianes, tiempo, animales y Signos de la Serie XVII
II VII XII (Féjérváry, pp. 33-34);
b) penitencia de sangre en siete cuevas,
huellas de pie del alma que parte y
que es identificada con el nombre de
Ocho Venado; perro y guajolote como
acompañantes domesticados: éste deja
caer de debajo de sus alas las semillas de
maíz, frijol y calabazas (Laud, p. 21).

b

LÁMINA 7. "Nacimiento": secuencias mala

(arriba) y buena (abajo) (Laud, pp. 1-8).

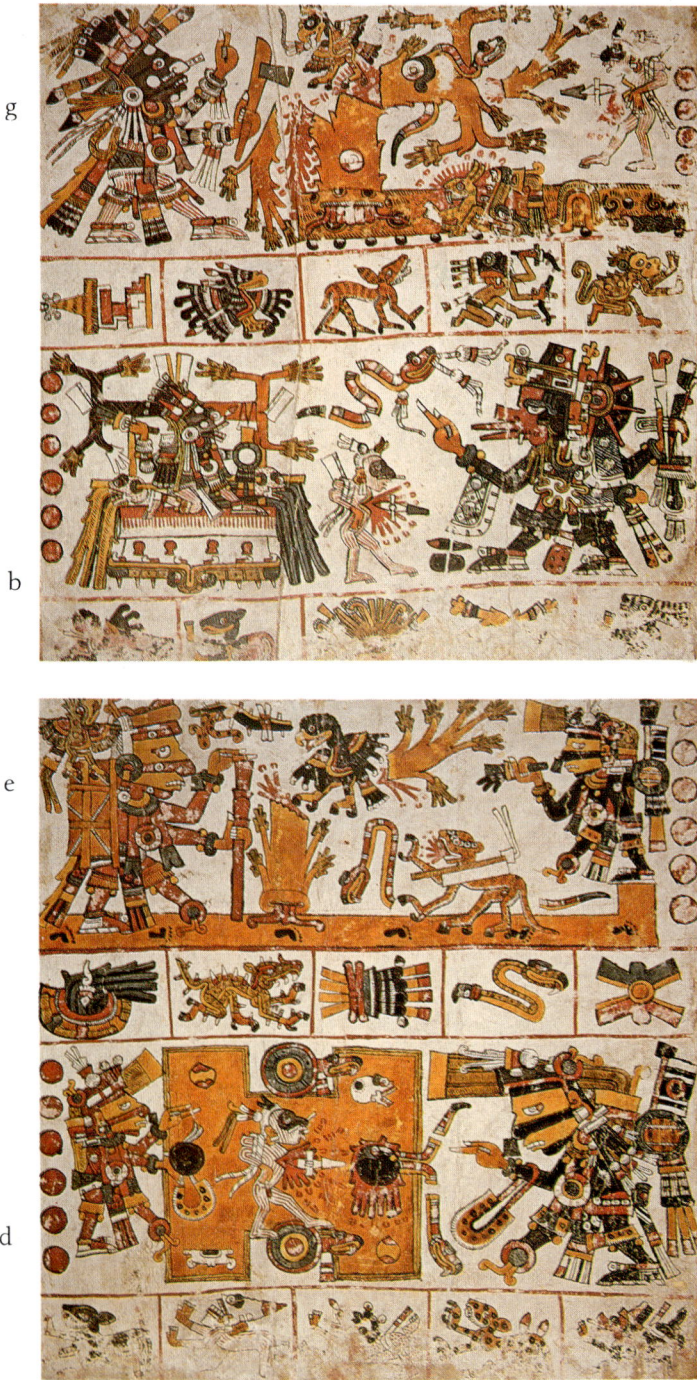

LÁMINA 8. *"Costumbres"*: a) *robo*; b) *chisme*; c) *lujuria*; d) *juego de pelota*;

h

a

f

c

e) *tameme*; f) *plantar con coa*; g) *tala del bosque*; h) *embriaguez (Borgia, pp. 18-21)*.

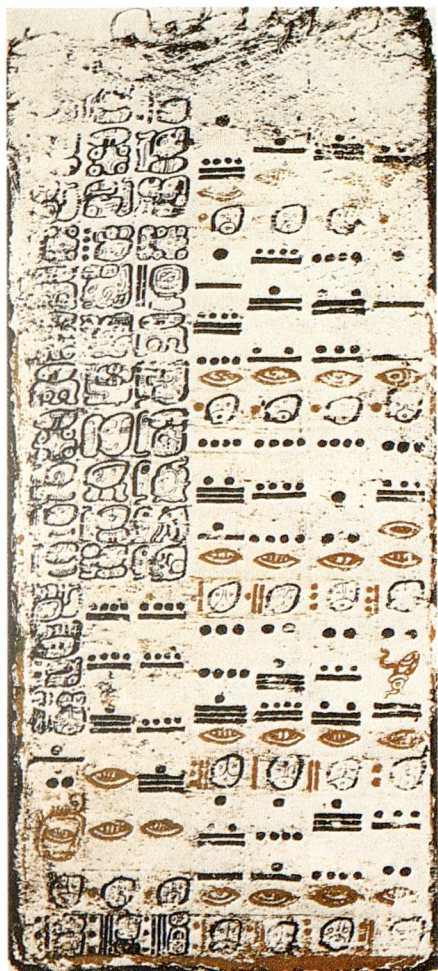

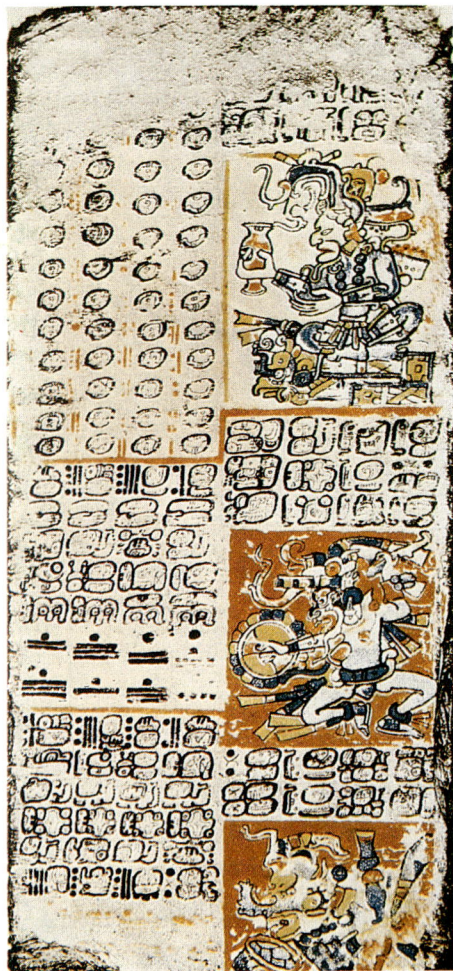

LÁMINA 9. *"Venus": fechas en la Serie Inicial (izquierda) y el primero de los cinco años venusinos del octaeteris, que demuestra el aspecto feroz del planeta al salir heliacalmente (Dresde, pp. 24, 26).*

las salidas heliacales de Venus como guerrero armado, en las que los jeroglíficos sirven como encabezamientos que describen la acción y colocan al planeta de manera sucesiva hacia el este, el cenit (conjunción superior), el oeste, y el nadir (conjunción inferior; lámina 9). En otras palabras, en la típica página de un libro maya hay escritura jeroglífica; hay aritmética, no sólo complementaria, sino pura y abstracta, con su valor posicional vigesimal y claras especificaciones de sus periodos astronómicos, como son el ciclo de Venus y los eclipses lunar y solar; y hay pinturas, es decir, ilustraciones iguales a las de un texto alfabético.[44]

Pese a algunos cambios léxicos, la escritura jeroglífica con que se encontraron los españoles era básicamente la misma que elaboraron los mayas del periodo Clásico cerca de mil años antes, cuando se inició esta rama de la escritura tan peculiar de los mayas de las tierras bajas. Como medio de continuidad, llegó a considerarse que la escritura jeroglífica encarnaba las características de la propia civilización maya, sobre todo en su fonética que plasmaba de modo directo el habla maya y sus insuperables cálculos del tiempo. ¿Cómo debemos tomar entonces las referencias descalificadoras de Jack Goody a los mayas en su obra *Literacy in Traditional Societies,* en donde, por ejemplo, leemos que "No está claro si alguna vez hubo alguien letrado en esa lengua"?[45]

EL CASO DEL "QUIPU"

"Con pedazos de cuerda, los incas crearon una forma de registro que obliga a reconsiderar la escritura tal como generalmente entendemos ese término." Ésa es la opinión de los Ascher, autores del primer censo de los *quipus* que sobrevivieron hasta nuestros días y, a la vez, agudos analistas lógicos de su "código". Citar a estas autoridades resulta necesario toda vez que aún sobrevive el prejuicio de que estos pedazos de cuerda no tenían más función que la mnemotécnica, como sostiene, por ejemplo, Bronowski en *The Ascent of Man.* Incluso un andinista tan grande como Murra se ha referido a los incas como una sociedad "preletrada".[46]

Desde luego, no hay nada extraño en el uso de cuerdas anudadas para contabilizar, digamos, objetos materiales, frases de oraciones o unidades de tiempo, y en este sentido los *quipus* se han utilizado ampliamente en el Cuarto Mundo, sobre todo en su mitad sur, entre los caribes, los mapuches y los andinos en general.[47] No obstante, aun dentro de estas funciones las cosas cambian cuando introducimos las variables semánticas que definen al *quipu* propiamente dicho; es decir, tipo de nudo y posición en la cuerda, color de la cuerda y posición en la cuerda principal, y código o programa de la cuerda principal. La posición del nudo, diagnosticada inicialmente gracias a la práctica inca de la "doble entrada",[48] implica la notación por el valor posicional sobre la base decimal y en este sentido recuerda la cuadrícula de la escritura jeroglífica maya. Su función principal parece haber sido contabilizar los rebaños de llamas, por lo que forma parte integral del pastoreo económicamente complejo de Tahuantinsuyu.

En principio, ese recurso cubre con facilidad las exigencias de las matemáticas, el calendario, la liturgia, la narrativa e incluso la delimitación del espacio. Es innegable que servía para esto en la práctica, bajo la forma del *quipu* inca, tomando en cuenta los testimonios directos e indirectos y el hecho de que el enorme imperio de Tahuantinsuyu estaba puntualmente regulado y descrito por este medio. A través del *quipu* se enviaban mensajes de y hacia la capital (figura II.15) especificando fecha y lugar (una característica también del *quipu* mapuche) y se tenía un control continuo de hechos tan particulares como las faltas individuales al trabajo, el nacimiento de una llama o el último hato de leña. El historiador indígena Pachacuti Yamqui se refiere a Cuzco como el archivo donde se reúnen los "capítulos" del *quipu*. Aunque para convertirse en letrado en el sistema inca de los *quipus* se necesitaban cuatro años de formación en la universidad (*yacha huasi*) en Cuzco, había mensajes "impresos" de consumo más general en diseños gráficos, que por lo general se han encontrado junto con los *quipus* en los entierros;[49] al escriba responsable de la transcripción entre los diferentes medios se le conocía como *quillcacamayoc*.

Tras la invasión española, los *quipus*, como los libros mesoamericanos, fueron proscritos y quemados precisamente como "soguillas" que preservaban el recuerdo del ritual y el dogma paganos.[50] Al mismo tiempo, el *quipu* volvió a utilizarse en varias de sus formas originales para registrar los miles de pesos que se gastaban en el mantenimiento de los monasterios, las sutilezas de la práctica legal y del servicio de la *mita* en las minas, los abastecimientos públicos y privados para el corregidor, la liturgia y "todo el calendario romano con sus Santos y festivales" (Murúa, 1962-1964, 2: 59). Que con los *quipus* se podían registrar, y en consecuencia transcribir, no sólo las matemáticas sino también el discurso, se comprueba en varias fuentes, siendo Garcilaso *el Inca* la más explícita. En sus *Comentarios reales* (libro 2, cap. 27), este autor cuenta cómo obtuvo un himno compuesto por un *amauta*, diseñado para fomentar la creencia en Viracocha y su poder sobre el relámpago y el trueno: "La fábula y los versos, dice el Padre Valera que halló en los nudos y cuentas de unos anales que estavan en hilos de diversas [*sic*] colores: y que la tradición de los versos y de la fábula se la dixeron los indios contadores, que tenían cargo de los nudos y cuentas historiales, y que, admirado de que los amautas huviessen alcanzado tanto, escrivio los versos y los tomó de memoria para dar cuenta dellos" (1966: 88). El original en quechua, junto con la traducción al latín y al español dicen lo siguiente:

Súmac ñusta	Pulchra Nimpha	Hermosa doncella,
Toralláiquin	Frater tuus	Aquese tu hermando,
Puiñuyquita	Urnam tuam	El tu cantarillo
Paquir cayan	Nunc infringit	Lo está quebrantando.
Hina mantara	Cuius ictus	Y de aquesta causa
Cunuñunun	Tonat fulget	Truena y relampaguea,
Illapántac	Fulminatque	También caen rayos.
Camri ñusta	Sed tu nympha	Tú, real doncella.
Unuiquita	Tuam limpham	Tus muy lindas aguas
Para munqui	Fundens pluis	Nos darás lloviendo;
Mai ñimpiri	Interdunque	También a las veces
Chichi munqui	Grandinem, seu	Granizar nos has,
Riti munqui	Nivem mittis	Nevarás asimesmo.
Pacharúrac	Mundi factor	El Hacedor del Mundo,
Pachacámac	Pacha cámac	El Dios que le anima,
Viracocha	Viracocha	El gran Viracocha,
Cai hinápac	Ad hoc munus	Para aqueste oficio
Churasunqui	Te sufficit	Ya te colocaron
Camasunqui	Ac praefecit	Y te dieron alma.

Tomando en cuenta esta evidente capacidad, es más fácil aceptar el *quipu* como un medio literario que se transcribió ampliamente a la fonética del quechua y que se convirtió en la fuente de categorías particulares, e incluso géneros, de textos análogos por su forma a los anales y *teoamoxtli* de Mesoamérica. Por ejemplo, comentando el asesinato de Atahualpa por Pizarro en Caxamarca en 1533, Garcilaso afirma haber tomado el hecho de los anales en *quipu* de ese lugar. Los sucesos anuales de los reinados incas, como el advenimiento al trono y las conquistas, se atribuyen de manera amplia a la misma fuente del *quipu*, y la presencia de *quipus* en entierros, junto con las imágenes enmarcadas y codificadas de los muertos, sugieren que también podían servir para contar las biografías de personas menos importantes. Que estos anales en *quipu* podían en principio remontarse a épocas anteriores a los incas, organizadas por Guamán Poma y otros de acuerdo con las cuatro eras previas del mundo, lo afirma Murúa (véase "El ascenso andino",

a   b

FIGURA II.15. Hatun chasqui, *o mensajero inca:* a) *con trompeta de concha y mensaje en quipu;* b) *con corneta de posta y carta. (Guamán Poma,* Nueva corónica, *pp. 350, 811.)*

capítulo x), quien apunta que el sistema de edades del mundo que se representaba en oro en el Coricancha de Cuzco estaba calculado en los *quipus* hasta el año 1554 d.C. A su vez, estas crónicas incas se elaboraron en el ciclo de dramas reales que, en el caso del *Apu Ollantay,* invoca explícitamente a los *quipus.*

Además de anales, puede demostrarse que el *quipu* está en el trasfondo de textos relacionados con ciclos ceremoniales, en especial el año solar, los 12 meses o *raymi* del calendario —que, girando en torno al Inti Capac Raymi (diciembre, el solsticio de verano) y subdivididos en mitades de mes, requerían cada uno su tributo, penitencia e himnos de culto—. El himno a Viracocha registrado por Garcilaso pertenece al tipo que se ejecutaba en el festival Zithuwa en Coya Raymi (el equinoccio de primavera, septiembre); Guamán Poma detalla el gran establecimiento de cuentas que se hacía mediante *quipus* en el mes de Aimoray (mayo). Como el *Runa yndio,* Guamán Poma también destaca la importancia en estos asuntos de la estructura del *tahuantin-*

suyu como tal, visible además en las *huacas* y las reinas que caracterizan a cada uno de los cuatro *suyus* y en el *suyuyoc,* escriba de *quipus* que vigilaba los cuatro cuadrantes.

Las posibilidades del *quipu* como medio literario se resumen admirablemente en la *Nueva corónica* de Guamán Poma, que constituye la primera parte de su extensa carta a Felipe III de España. Esta obra, considerada como un recuento completo del imperio, basada en registros en escritura autóctona y ofrecida como consejo a la autoridad española, tiene un fuerte paralelo funcional con el Códice Mendoza. Formalmente, consta de un relato en escritura alfabética en español con algo de quechua, que se intercala con series de dibujos a plana completa y enmarcados por una línea. Estas ilustraciones de página, aunque sin duda influidas por motivos y técnicas provenientes de Europa, traslucen la presencia de elementos indígenas y una lógica que evoca los "impresos" del *quipu;* de hecho algunos investigadores han ido tan lejos en este sentido, que consideran la *Corónica* como obra de un *quillcacamayoc.*[51] De igual modo, aunque Guamán Poma debía mucho al sistema alfabético importado, y en particular a las crónicas españolas, se basó directamente en el *quipu.* De hecho, al analizar sus fuentes al final de la primera parte, Guamán Poma menciona de manera específica al *quipu* y se retrata rodeado por los antiguos lectores de *quipu* de todas partes de Tahuantinsuyu, quienes le "declaran" el recuento que a su vez él transmite al lector, asegurándose de su correcta forma y estructura. Las autoridades cristianas, dice, eran sólo una fuente secundaria.

En el texto, los puntos a favor de esta aseveración proceden sobre todo de los conjuntos de dibujos, corroborados por el uso que hace el autor del término "primer capítulo" y su índice (tabla), que corresponden a los diez capítulos principales de la *Corónica.* El plan de los capítulos, que se inicia con el prólogo cristiano y se redondea con el autorretrato del autor, tiene más o menos el siguiente aspecto (con el número de ilustraciones):

1. Las edades del mundo americano (4)
2. Incas (12, más 2 escenas cristianas), reinas (12), capitanes (15), y damas (4); leyes
3. Censo, por género, utilidad y edad (10 + 10)
4. Meses del año (12)
5. *Huacas* y hechicería (2 + 4; 4)
6. Ritos funerales (1 + 4)
7. Aclla Huasi (convento real; 1)
8. Castigos (5)

9. Fiestas (2 + 4)

10. Gobierno y administración (4; 12 + 1)

No sólo invoca el total de estos capítulos la base decimal del *quipu,* sino también sus divisiones internas corresponden a cifras que, se sabe, caracterizaron a ese medio. Esto es obvio en el capítulo del "Censo", donde las poblaciones masculina y femenina de Tahuantinsuyu están divididas en sendas series de 10 categorías que respetan los conceptos tanto de utilidad como de edad. Las respectivas subseries de dibujos de Guamán Poma muestran tareas apropiadas a estas categorías, como la profesión militar o la función de tejer, además de indicadores de edad, como el bebé de cuna y la vieja encorvada, enmarcándolos dentro de un concepto de la totalidad de la vida humana (de nuevo en paralelo con el Mendoza). Otro caso muy claro es el capítulo del "Calendario", que detalla las ceremonias características de los 12 meses de 30 días del año inca. Se sabe que llevar la cuenta del servicio en estas ceremonias, así como del tributo en especie durante estos meses y sus correspondientes medios meses de 15 días, era una de las principales funciones del *quipu.* De modo que, nuevamente, es razonable suponer una conexión directa entre la taxonomía del *quipu* y la división en capítulos que hace Guamán Poma. La cifra 12 del calendario también rige sobre el total de los emperadores prehispánicos a los que incluye Guamán Poma en su segundo capítulo; esa secuencia muestra además una subserie decimal de los primeros 10 emperadores, cuyos reinados (a diferencia de los últimos dos, Túpac Yupanqui y Huayna Cápac) exceden la longevidad humana normal y vinculan esotéricamente las edades del mundo con la historia moderna. Por su parte, los *auqui,* o capitanes, suman 15, el total de los días del medio mes inca; y todos los capítulos restantes y algunas partes de otros siguen los paradigmas *suyuyoc* de las cuatro provincias que rodean a Cuzco. De hecho, ninguna de las series de dibujos en ninguno de los capítulos deja de adecuarse de un modo u otro a las cifras que, según sabe, se utilizaron en el *quipu* y en la administración de Tahuantinsuyu. Por añadidura, en alusión tanto al *quipu* como a los libros mesoamericanos, el número total de páginas es igual al de los días del año (Guamán Poma aparece como autor en la página bisiesta final, la 366).

El propio Guamán Poma tiene la última palabra sobre el tema: alabando la claridad y concisión de sus fuentes en *quipu* (pp. 260, 359), señala la dificultad para transcribirlas en la *Corónica:* "pues que en los cordeles supo tanto que me hiciera a fuerza en letra".

III. CONFIGURACIONES DEL ESPACIO

MAPAS

Inanimados y atemporales, los mapas cuadriculados del Renacimiento se mueven en un espacio bidimensional, y su orientación y escala se determinan geométricamente por medio de puntos y coordenadas abstractos.[1] Como en Europa, antes de Colón las representaciones de este tipo eran poco conocidas en el Cuarto Mundo, pues la elaboración de mapas tenía aquí prioridades que estaban más de acuerdo con las de los mapamundis medievales. Los mapas del Cuarto Mundo al tiempo que son relatos históricos, representan procesos y formaciones e introducen la política en la cosmogonía. Para lograrlo formalmente hacen uso sutil de la escala, de cambios entre la vista de frente y desde arriba, y de sistemas de signos que especifican con mayor detalle el significado de las montañas, los ríos, la vegetación, los caminos, las ciudades y las casas (cuyos techos, por ejemplo, pueden indicar el tipo o cultura de sus habitantes, y cuyo color puede indicar los grados de hostilidad).[2] Como nos mostró el Códice de Tepotzotlan, los signos de lugar son un elemento clave del *tlacuilolli*, elemento susceptible de múltiples lecturas y tan resistente que ha sobrevivido hasta hoy.

Dibujados en gran variedad de superficies —papel, piel, tejidos de algodón, corteza de abedul, arena, concha—, los mapas americanos son más comunes en la mitad norte del continente. Sin embargo, el principio de la reproducción es general. De México a Tahuantinsuyu se hacían tallas en miniatura de edificios, ciudades y paisajes completos, modelos (maquetas) que se representan en la *Corónica* de Guamán Poma; y a la inversa, los muros y puertas de la antigua Chillicothe, en Ohio, tienen la forma de una casa. En el discurso político se establecen constantemente analogías espaciales entre la casa y la ciudad y entre la ciudad y el imperio.[3]

En el nivel más sencillo, un mapa puede limitarse al trazo de un terreno, indicando su forma y su superficie, así como su tipo de suelo, posición e historia. En Mesoamérica, estos conceptos se distinguen sutilmente por medio de signos que tienen su terminología correspondiente en náhuatl, los cuales también se filtran a los Libros de Tierras "Techialoyan" elaborados para defender los intereses locales durante el periodo colonial. Las zonas de terreno más amplias, junto con sus ríos y caminos, quedan cubiertas en el lienzo de algodón del tipo ilustrado, por ejemplo, en el Códice Florentino que, al igual que sus contrapartes de Isla Tortuga, podía utilizarse con propósitos militares y de reconocimiento.[4]

La validación política en mayor escala es lo que se busca en los mapas de itinerarios y de asentamientos, a menudo mediante la alusión al tiempo más profundo de la cosmogonía. Así, al reconstruir el viaje ancestral al oeste desde el Atlántico hasta los Grandes Lagos, los rollos de corteza Midewiwin destacan cuatro fases, que evocan conscientemente los cuatro momentos o edades del propio surgimiento humano. En los rollos de piel y papel de los chichimecas se dibujan huellas de pisadas que llevan al sudeste, desde la tierra tribal de las Siete Cuevas, a Mesoamérica propiamente dicha (Cholula, Tlaxcala, Coixtlahuaca, la cuenca de México, Cuextlan), y este viaje se interpreta al mismo tiempo como un cambio de cultura. Los dominios a los que finalmente se llega o por los que se atraviesa en el camino pueden extenderse hacia sus horizontes o sus extremos, casi siempre en mapas territoriales independientes, aunque a veces también dentro del mismo texto, como en los sorprendentes mapas chichimecas de Cholula (Cuauhtinchan) y Coixtlahuaca (Tlapiltepec).

Ubicada en su marco, la geografía en este tipo de mapa de itinerario puede adquirir mayor importancia cuando se moldea según las pautas rituales. En otros rollos Mide se invocan las cuatro fases del viaje de migración como grados de aprendizaje, como templos cuyos muros encierran el espacio ceremonial y al mismo tiempo recuerdan los amplios paisajes sagrados de los Grandes Lagos. En los *teoamoxtli* de Mesoamérica, los momentos significativos del viaje chichimeca contado en los Anales de Cuauhtinchan se evocan bajo la forma de templos propios a las Fiestas del año; en este sentido Nowotny señaló los que aparecen pintados en la sección central de 18 páginas del *amoxtli* Borgia.[5]

En Mesoamérica estos mismos *teoamoxtli*, específicamente el Féjérváry y el grupo Papaloapan, también ofrecen mapas territoriales donde el centro y la periferia se configuran en formas particulares, estableciendo un paralelo entre dichas zonas y las divisiones del *tonalámatl* de 260 unidades. De este modo encontramos las mitades que hacen eco a los horizontes oriental y occidental (Laud, p. 46); los cuadrantes del cuadrifolio que se extienden principalmente hacia el este y el oeste, separados por corrientes o brazos diagonales (4×65; Féjérváry, p. 1; lámina 13); y los quintos del quincunce, donde el centro domina a los pares de lugares secundarios situados al norte y al sur (5×52; Mapa de Coixtlahuaca; lámina 11).[6] Estos mapas utilizan ampliamente los recursos del *tlacuilolli* y muestran toda la precisión gráfica dentro del marco de la página que observamos en el Códice de Tepotzotlan. En proyecciones vistas desde arriba, sirven para delimitar áreas de importancia en proporciones exactas. Cabe decir que en ningún caso se deja nada al azar o aislado: todo se apega a un sistema inteligible y memorable, al grado de que varios de estos mapas permanecieron sin ser reconocidos como tales durante mucho tiempo.

Si bien cada uno de estos mapas *tonalámatl* posee sus propios contenidos en cuanto página que se ocupa del ritual mesoamericano, sus estructuras constituidas por mitades, cuartos o quintos tienen paralelos asombrosos a lo largo de todo el continente, en el mapamundi de Guamán Poma, las pieles pintadas y los cinturones *wampum* de Isla Tortuga, y sobre todo en las pinturas secas de Anasazi. Explícitos en su lógica precortesiana, ofrecen un punto de referencia central para las comparaciones dentro y más allá de Mesoamérica que se proponen desentrañar los significados que encierran sus respectivas pautas de utilización del espacio. De este modo nos alertan sobre ciertas convenciones y preferencias visuales, como la tendencia a ver la tierra no como una superficie plana sino como la compañera del cielo, cuyos horizontes oriental y occidental marcan el inicio y el fin de los viajes celestes visibles, solares, lunares y planetarios. Las noches, los días y los años de estos viajes podían incluso convertirse en cifras con base en las cuales operaban los sistemas de tributo, regulando el número y el esquema de los tributarios asignados a los centros imperiales en Tahuantinsuyu y Mesoamérica por igual. Las fases de la luna sidérea son seguramente un factor en el mapa de líneas-ceque que irradiaban desde Cuzco, mientras que el total de 29 noches de la luna sinódica determinaba el número de ciudades tributarias situadas en los cuadrantes alrededor de Tenochtitlan (figura I.3).

De la misma manera, pueden ingeniárselas para representar en la superficie plana del mapa las dimensiones adicionales de arriba y abajo. Este desdoblamiento de la superficie bidimensional, ampliamente repetido en el ritual americano y mostrado de manera gráfica en el *ikala* de los cuna (figura III.1), recurre al norte y al sur como "lados" del camino planetario este-oeste, como los momentos superior e inferior a lo largo del mismo sendero en el modelo tridimensional; es decir, cenit y nadir.[7] Fenomenológicamente, esto coincide con el movimiento aparente de los viajeros celestes en las latitudes tropicales: el paso en bloque del horizonte oriental al occidental noche y día mientras los polos permanecen invisibles o cerca de la tierra a cada lado. Una doble lectura de este tipo es la que se ofrece en gran variedad de textos mesoamericanos: al transcribir los glifos de dirección de la tabla de Venus del

CUADRO III.1. *El conjunto de cuatro sujetos (Papaloapan superior)*

I	II	III	IV	bis

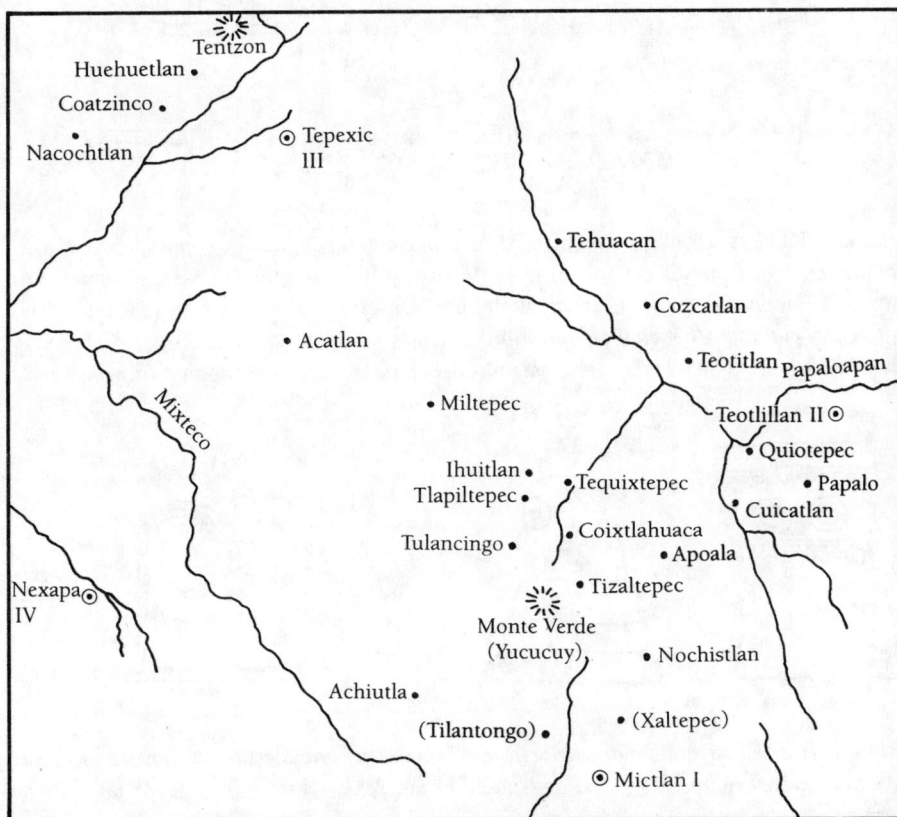

PUEBLOS: I Mictlan II Teotlillan III Tepexic IV Nexapa IV(bis) (?)
FUENTES: *a)* Mapa de Coixtlahuaca *b)* Rollo Selden *c)* Lienzo de Tlapiltepec *d)* Lienzo de Tequixtepec *e)* *teoamoxtli* de Cuicatlan (p. 10) *f)* Fragmento Gómez de Orozco *g)* Laud (p. 46) *h)* Anales de Tepexic (pp. 39, 36, 32, 36) *i)* Mendoza (ff. 43, 46, 42).

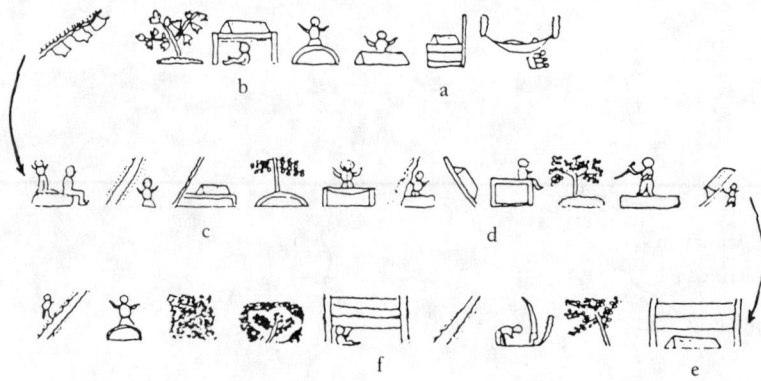

FIGURA III.1. *Las seis casas o momentos del espacio-tiempo (neka) del mundo cuna:* a) *el amanecer;* b) *la puesta del sol;* c) *el norte (mu-pili "mar grande");* d) *"el opuesto de norte";* e) *arriba;* f) *abajo. (Serkan ikala, fin.) Obsérvese al paciente en la hamaca, las diferentes plantas —ortiga y algunos tipos de chiles (encarnaciones de los "nele", héroes y ayudantes épicos)— y las molas o páginas del chamán que acompañan a la ortiga en la puesta del sol.*

FIGURA III.2. *Cuadrantes norte y oeste de Tepexic:* a) *Napatecutli, o dios de la lluvia (Anales de Tepexic, p. 43; Mapa de Cuauhtinchan 2);* b) *Nacochtla, o lugar de la oreja atravesada (Anales de Tepexic, p. 48; Mendoza, p. 42).*

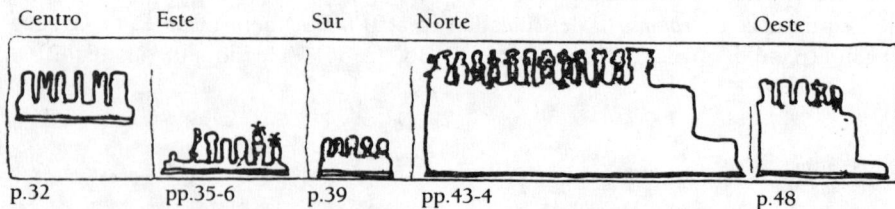

FIGURA III.3. *Perfil de lugares de Tepexic y sus alrededores. El centro y los cuadrantes están representados como bloques de pueblos (Anales de Tepexic). Obsérvese el total de seis en el centro (véase lámina 16a) y 29 (es decir, 7 + 5 + 12 + 5) en los cuadrantes.*

Dresde, los Libros de Chilam Balam equiparan el norte (*xaman*) con el cenit, y el sur (*nohol*) con el nadir. Los Anales de Tepexic disponen los cuadrantes tributarios en la página de tal modo que Tláloc, el dios de la lluvia de las montañas altas (Napatecutli), se eleva "hacia arriba" en el norte, y el cráneo del inframundo de Mictlantongo se hunde "hacia abajo" en el sur (figura III.2; véase también cuadro III.1). El Féjérváry (p. 1) concuerda con esta disposición, por medio de los Señores de la Noche, Tláloc y Mictlantecutli, así como a través de emblemas que, respectivamente, reflejan el cielo y abren las fauces del infierno; entre los horizontes del este y el oeste, el Laud (p. 46) opone a Mictlantecutli, abajo, el águila de alto vuelo, arriba.

Esta convención reaparece en el mapamundi de Guamán Poma dado que las estrellas brillan en el océano del norte, más allá de Antisuyu. En la arquitectura maya del Clásico, la convención se expresa mediante edificaciones en el espacio ceremonial de sitios como Copán (Templo 11), Palenque e Izamal, donde la altura de la pirámide situada en el lado norte de la gran plaza señala explícitamente hacia el cenit del circuito del sol.[8]

En resumen, siguiendo sus propios principios, los mapas del Cuarto Mundo definen el espacio y establecen las posiciones relativas de lugares que en algunos casos aún son identificables en el paisaje de hoy en día. Creados como enunciados políticos para defender la tierra y el hogar, se valen de un concepto de geografía más profundo, que no excluye los movimientos cósmicos del cielo, la historia e incluso la terapia. Así, respondiendo a una necesidad humana muy extendida, los mapas de Anasazi sirven en primer lugar para curar, al afirmar la tierra por medio de arena traída físicamente de las montañas guardianas y al estimular por medio del polen de las flores de los horizontes.

Lo que sigue es una exploración detallada de los mapas quincunce y de cuadrantes, paradigmas que existen en todo el continente y que están bien representados en Mesoamérica.

EL QUINCUNCE

El quincunce, que es un centro enmarcado por dos pares de lugares situados arriba y abajo, se encuentra a lo largo de todo el Cuarto Mundo y alcanzó su mayor desarrollo como modelo geopolítico en el Mapa de Coixtlahuaca. Los elementos que más suelen destacarse en este modelo son las montañas y los ríos, que pueden verse en este Mapa de Coixtlahuaca, así como en otros ejemplos clásicos, como la pintura seca navajo Hajinei ("surgimiento"), la pintura de la Creación Huichol que se centra en la mesa de Nayar, los pares de montañas sagradas de Tahuantinsuyu, *huacas,* que rodean la Casa del Amanecer de Cuzco en la *Corónica* de Guamán Poma, y los bastiones melihuinkul situados en el núcleo geográfico de los mapuches. Ejemplos importantes del quincunce en los Apalaches son los picos guardianes de los cherokees, en cuyos interiores celebraban sus fogatas los osos, y los dibujos mediante los cuales las Cinco Naciones de los iroqueses y las cinco "Tribus Civilizadas" eligieron representar su territorio. En el caso iroqués, el cinturón (*wampum*) de Canandaigua muestra cómo los onondaga dominan el centro, mientras que los cayuga y los oneida, "menores", se extienden hacia el norte con sus lagos tributarios, y los seneca y mohawk, "mayores", se encuentran en la fuente de sus respectivos ríos, que corren en dirección al sur (Ohio, Hudson). El Mapa Chickasaw, que representa a las "Tribus Civilizadas", coloca a Muskogee en el centro de un quincunce de cinco círculos, situado casi simétricamente entre la costa del golfo al sur (choctaw, seminole —sustituidos aquí por los "ingleses"—) y la cuenca del Ohio al norte (chickasaw, cherokees).

Centrado en la tierra original llamada Dinetai, el quincunce navajo de Hajinei sitúa en su centro al Lugar del Surgimiento, a Spruce Hill o a la Montaña que se Mueve Dzilinaxodili, correspondiendo estas últimas dos a los picos Gobernador y Huérfano, situados en la fuente misma del río San Juan. Arriba y abajo de este centro y del camino solar este-oeste que lo atraviesa se encuentran las montañas guardianas, Dibentsah y Tsisnadjini, Tsodzil y Dokoslid. Aunque esquematizada, esta disposición respeta la geografía de la zona, de manera que estos lugares pueden localizarse en un mapa de coordenadas en posiciones que no contradicen el esquema ritual del norte arriba y el sur abajo y que incluso señalan antiguos nexos comerciales. En el pico azabache de Dibentsah (Hesperus), situado al noroeste, viven rebaños de ovejas de monte, mientras que el casquillo blanco de Tsisnadjini, al nordeste, es evocado en el nombre español de Sierra Blanca que se le impuso más tarde. Al sudeste, la montaña turquesa de Tsodzil (monte Taylor) se encuentra en el camino a la antigua mina de ese mineral, pasando apenas el río Bravo; al sudoeste, la montaña de conchas abulones llamada Dokoslid (pico Humphrey) protege la ruta del río Colorado al Pacífico, lugar de origen de ese tipo de conchas. Además este quincunce, profundamente arraigado en la cosmogonía de Anasazi, sigue teniendo una fuerte carga política al mantener vivo entre los navajo el concepto de la tierra de origen en sentido amplio, que en su mayor parte se encuentra ahora fuera de su reservación. Al desplazarse hacia el oeste, hacia donde termina el Surgimiento, Asdzaan

Nadleehe (Mujer cambiante, madre de Nayenezgani) re-creó este paisaje de su tierra precisamente a través de esta pintura, su modelo. Históricamente se deriva de representaciones más antiguas de los picos del horizonte de Anasazi, en especial los murales hopi de Homolovi.

El Mapa de Coixtlahuaca, el más complejo de los quincunces del Cuarto Mundo, modelado de acuerdo con los quintos del *tonalámatl,* se origina en la ciudad de ese nombre, situada en la parte superior del Papaloapan. Dentro de la misma zona de la cuenca del Papaloapan superior, los cuicatecas de Papalo construyen hasta hoy su cosmos por medio de su propio "quincunce de montañas" (como lo ha llamado Eva Hunt; figura III.5), y lo mismo hacen los mixes, un poco más al este. Situando a las montañas arriba, y abajo a los ríos que corren hacia el sur, el mapa nombra la serie de cuatro bastiones que definieron esta zona en tiempos precortesianos. A saber: Tepexic, la vasta fortaleza situada al noroeste; la ciudad del "eclipse" de Teotlillan, el gran centro cuicateca ahora fragmentado entre Teutila y San Andrés Teotlilpan, al nordeste; Nexapa, el "río de cenizas", al sudoeste; y al sudeste Mictlan, la ciudad de los muertos, un santuario también importante en las historias mixtecas. Situados a distancias comparables de Coixtlahuaca, estos lugares reaparecen, adaptados a los puntos de vista locales, en los quincunces de los cercanos poblados de Tlapiltepec (Lienzo) y Tlahuixtlahuaca (Rollo Selden), así como en el Lienzo de Tequixtepec, los *teoamoxtli* de Cuicatlan (Díaz) y Teotlillan (Laud), y en los Anales de Tepexic y de la Mixteca (cuadro III.1).

En el Mapa de Coixtlahuaca su ciudad de procedencia se situaba en el centro en otro tiempo, pero el topónimo en cuestión ahora está casi totalmente borrado (lámina 11). Puede reconstruirse gracias a las huellas que aún quedan y con ayuda de una copia que se hizo antes de que ocurriera el daño. Muestra a la serpiente *(coa-),* adornada con ojos de estrella *(-ix)* y estirada como en una llanura *(tla-huaca):* exactamente la imagen que se da en el Mendoza. Además, mediante sus fauces y otros detalles, la serpiente adquiere el aspecto de caimán emplumado que caracteriza a Coixtlahuaca en los lienzos producidos después por esta misma ciudad. La gran importancia estratégica de que gozaba Coixtlahuaca en el centro del Papaloapan se reconoce ampliamente en textos de la llanura de Cholula al norte y la Mixteca al sur; su antiguo poder se evidencia también *in situ* en las enormes plataformas y otros residuos arquitectónicos que aún subsisten. Los lienzos de las ciudades vecinas, así como el Rollo Selden y otras historias ligadas con los Anales de Tepexic, entretejen su serpiente en una composición heráldica que sugiere una federación del valle de Coixtlahuaca, poderosa en el Papaloapan superior durante el reinado del señor Cuatro Jaguar (siglo XI).[9]

7 x 3 x 5 = 105 + 11 = 116   7 x 3 x 4 = 84 + 4 = 88
7 x 3   = 21   7 x 3   = 21
                    ───   ───
                    137   +   109 = 246

116 = un ciclo sinódico de Mercurio; 88 = un
ciclo sidéreo de Mercurio; 137 = cinco lunas
sidéreas; 109 = cuatro lunas sidéreas; 246 =
cinco lunas sidéreas.

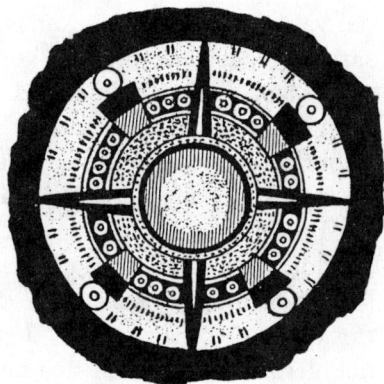

FIGURA III.4. *Datos astronómicos:* a) *puntos en papel de maguey (Mapa de Coixtlahuaca, bajo Tepexic; véase lámina 11);* b) *sol con marcadores de 11 + 11 insertados (mural de la Estructura 8 ["El Pimiento"], Cempoala).*

Desde su gran círculo central, Coixtlahuaca domina dos pares de ciudades arriba y abajo, registros que corresponden a las regiones norte y sur comandadas por la ciudad desde su posición cercana a la división continental. Al noroeste se encuentran representadas las montañas de Tepexic, con su risco y su grieta característicos y con un diseño a cuadros negro intercalado que designa al asentamiento gemelo de Tlil-tepexic; como en los Anales de Tepexic, también vemos el sufijo de los "viejos" de Huehuetlan, y el maguey de la cordillera de Tentzon (también aquí una página que muestra datos astronómicos; figura III.5). Al nordeste, el glifo del sol eclipsado de Teotlillan está colocado dentro de un campo rojo sangre, unas hileras de cuchillos de pedernal, las imágenes de las estrellas diurnas y la figura de Venus como el planeta "que aguijonea"; otro sol aparece en un papel secundario, junto con un rastro de pisadas. Los cuchillos son recordatorios del *tzitzimine* que, en forma de estrellas monstruosamente reveladas en el día, descienden a excoriar durante el eclipse solar, el cual es causado por los aguijones de Venus.[10] En tanto, el sol con pies podría indicar a Teotitlan del Camino, situada en la vieja ruta tributaria-comercial que pasaba por el valle del Papaloapan. Abajo, al sudeste (parte inferior derecha), vemos los huesos de los muertos *(mic)* que denotan al inframundo, Mictlan, que aparece como tributario de Coixtlahuaca en el Mendoza (f. 43). Luego, completando la

LÁMINA 10. *"Matriz del mundo"*: *el centro de la jícara contiene el hongo sagrado más otras plantas (cebolla, jitomate, chile, guaje, nopal); a los lados, Tatewari (fuego, izquierda) y Taweviekame (sol; derecha); en las esquinas cuatro aves surgen de la espuma del mar (pintura huichol en estambre, de Yucauye Cucame).*

LÁMINA 11. *Quincunce 1: Coixtlahuaca (centro), Tepexic y Teotlillan (norte, arriba), Nexapa y Mictlan (sur, abajo); estos lugares ocupan quintas partes del tonalámatl (5 × 52=260), que empiezan respectivamente con 5 IV, 5 XVI, 5 VIII, 5 XX y 5 XII (Mapa de Coixtlahuaca).*

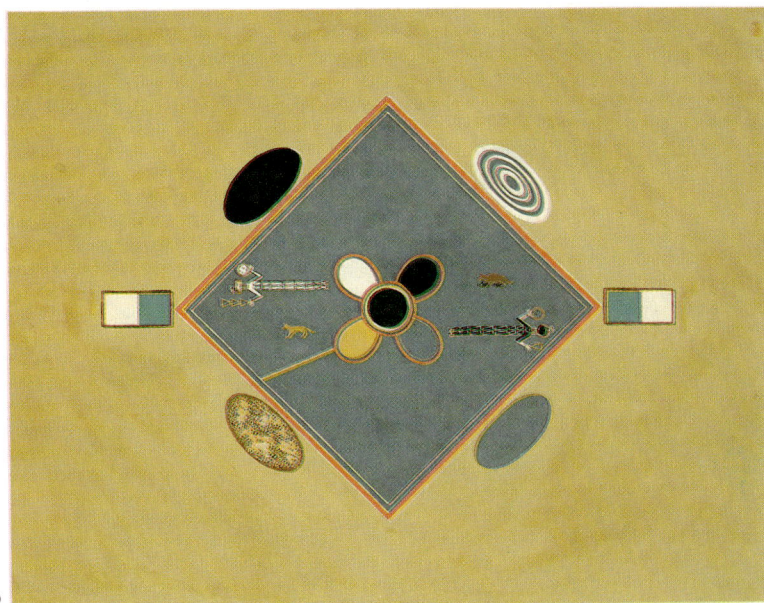

LÁMINA 12. *Quincunces 2 y 3: a) Tenochtitlan, isla en su lago, asediado por Tecpatepec y Xochimilco (norte y este, arriba) y Tlacopan y Coyoacan (sur, abajo) (Lienzo de Tlaxcala); b) lugar del Surgimiento con el emblema de las edades del mundo en el centro y las cuatro montañas guardianes alrededor, Dibentsah y Tsisnadjini (norte, arriba), Dokoslid y Tsodzil (sur, abajo) (Hajinei, pintura seca navajo).*

a

LÁMINA 13. *Cuadrantes 1 y 2: a) árboles, aves y parejas en campos diagonales, los Signos de año Caña y Conejo (este, arriba), Pedernal que ocupan cuartas partes del* tonalámatl *y con jeroglifos que*

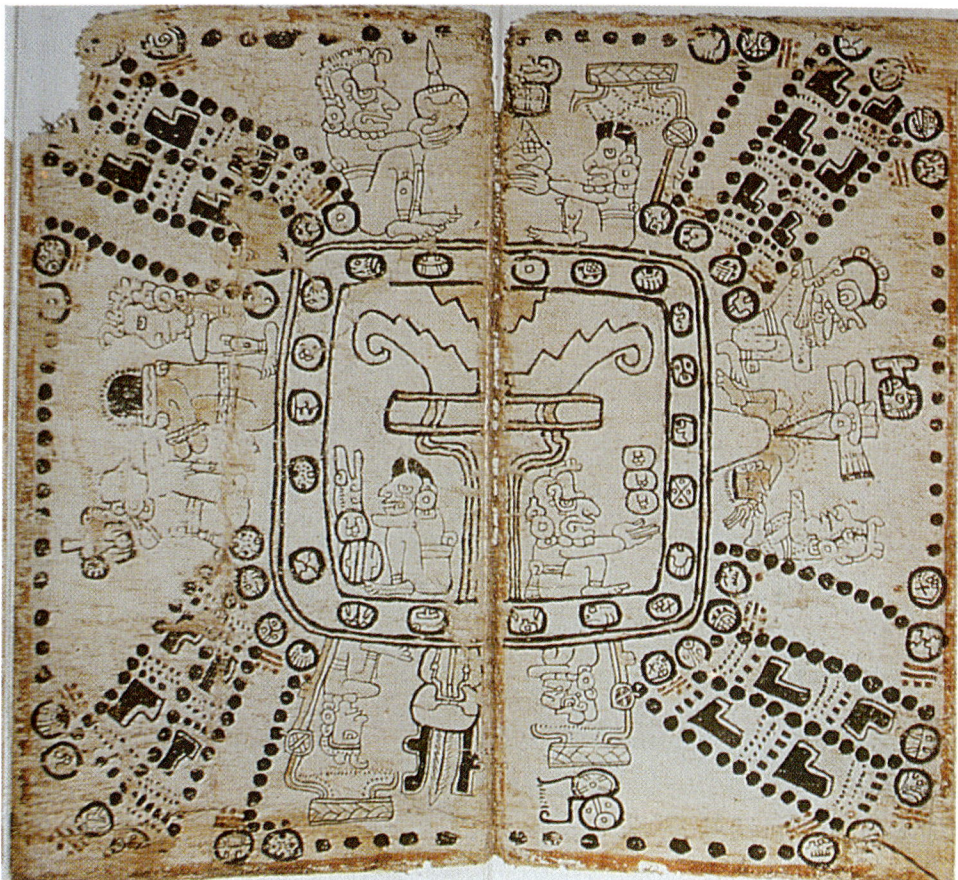

b

que ocupan cuartas partes del tonalámatl (4 × 65=260); en las
y Casa (oeste, abajo) (Féjérváry, p. 1); b) parejas en campos
indican dirección (oeste, arriba; este, abajo) (Madrid, pp. 75-76).

LÁMINA 14. *Cuadrantes 3 y 4· a) las cuatro provincias tributarias de Tenochtitlan, doza, f. 2); b) cuatro campos con parejas (este, arriba) divididos por plantas en*

b

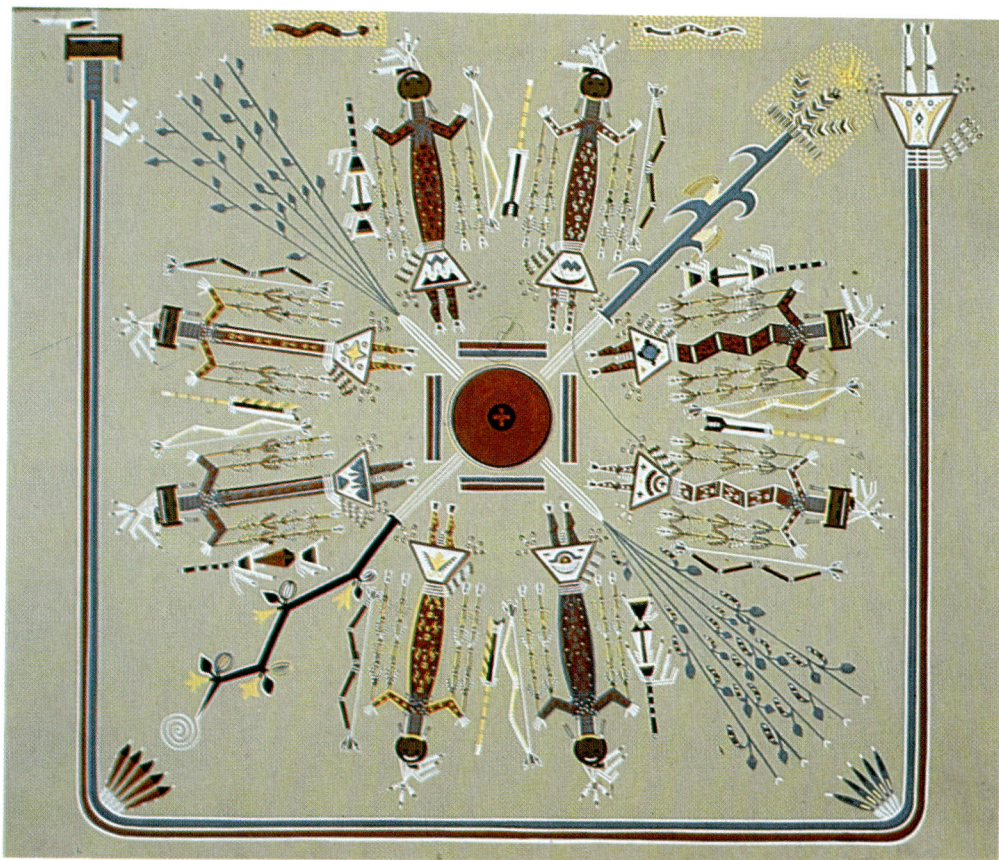

con plantas y los Signos de año Casa (oeste, arriba) y Caña (este, abajo) (Men-
las diagonales (pintura seca navajo, Montaña Roja, del Naato bikaji Hataal).

Rabón - 1600 metros

N

Rayo - 3000 metros

Cheve - 3400 metros

Papalo ⊚

Negro - 3200 metros

Mono - 1800 metros

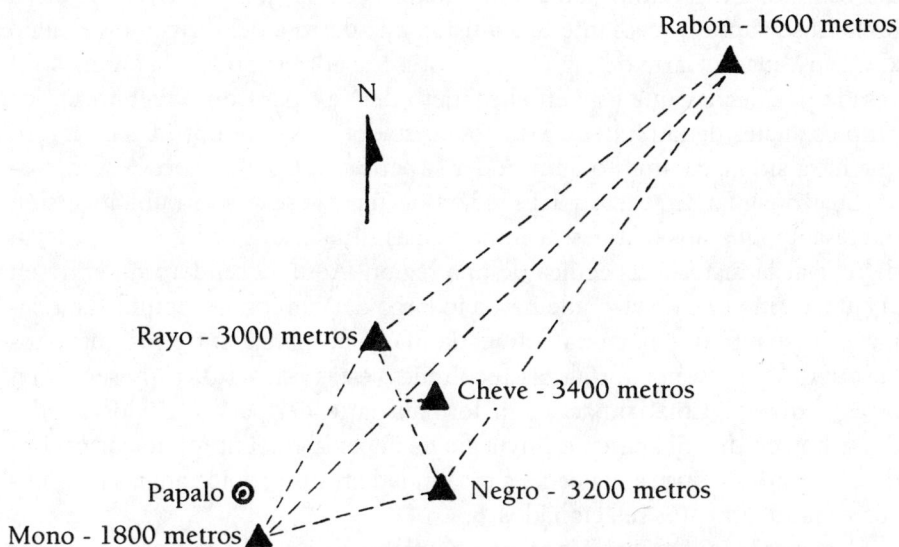

FIGURA III.5. *El quincunce de Papalo. (Según Hunt, 1977, 98.)*

· serie, hacia el sudoeste (parte inferior izquierda), se halla Nexapa, las cenizas de cuyo nombre son producidas por un volcán que surge del interior del agua.

Dentro de su quincunce Coixtlahuaca descansa, pues, en un sistema de cuatro bastiones situados en las partes superior e inferior de su paisaje, en un diseño sumamente ritualizado que no obstante es un mapa, ya que alinea apropiadamente las montañas, los ríos y las ciudades de la región superior del Papaloapan. Como mapa, invoca igualmente el tiempo inherente a esos lugares en dos niveles principales. Al incluir escenas de conquista alude a hechos regionales ocurridos en los siglos anteriores a Cortés; este tipo de historia política y militar es parecido al tema de los quincunces en el Mapa Chickasaw, el Lienzo de Tlaxcala y otros textos. En un nivel de lectura distinto, invoca el tiempo más profundo de la cosmogonía, que produjo las propias montañas y ríos en los que se situó después la historia humana, recurriendo al esquema cuartomundista de las edades o "Soles" según los cuales este mundo surge de las creaciones anteriores.

La historia de la conquista militar es evidente en el sendero de "galones militares" que salen de Coixtlahuaca (y que se ven también en el Lienzo de Tlapiltepec y en el Rollo Selden), así como en detalles, como los templos con techos en llamas y atravesados por flechas, que pueden verse a lo largo del camino. El dominio sobre las ciudades "de abajo" en la región de la Mixteca se subraya mediante una alusión a la derrota del dirigente del siglo XI Ocho Venado Garra de Jaguar, cuyo nombre corresponde a la colina atravesada por flechas que está en el sendero de Nexapa. Como reconocen los propios anales de la Mixteca, este conquistador mixteco, por más poderoso que haya sido, se enfrentó a un poder superior en Coixtlahuaca y su dinastía Cuatro Jaguar. En el caso del sendero de Tepexic se observa una inversión interesante, que nos demuestra cómo mapas ritualizados como éste no dejan de reflejar la historia específica de una región. Aquí, el sendero no entra en la ciudad sino sale de ella; además, a lo largo del camino, los templos en llamas son sustituidos por una contienda más bien pareja entre los guerreros Jaguar y Águila y por fortalezas incólumes: estas estructuras, presentes en otros textos de Coixtlahuaca, aún forman parte del paisaje de los alrededores hoy en día. El aparente privilegio de Tepexic en el noroeste corresponde a la jerarquía que se concedía a esa ciudad en sus propios anales magníficos y en documentos relacionados.

El mensaje militar del Mapa de Coixtlahuaca en su conjunto se ilustra mediante la presencia de conquistadores rituales: en cada quinta parte del dibujo se halla un par de Ciuateteo y Tonaleque, los trabajadores femenino y masculino que ocupan la quinta posición en la serie de Trece Héroes. Los cinco pares enarbolan impresionantes escudos redondos, mientras que el par del centro lanza su cabeza hacia atrás en la arrogante postura de *aquetza*.[11] Que el quincunce y sus quintos podían por sí mismos tener un lazo temático con la conquista lo sugiere una notable escena del Lienzo de Tlaxcala que muestra a Tenochtitlan bajo sitio en el verano de 1521 (Toxcatl a Miccailhuitl), la cual incorpora a los españoles en la lógica indígena, tal como el quincunce de Chickasaw incorpora a los ingleses.

Tras una ardua serie de 11 batallas, en este momento culminante del Lienzo de Tlaxcala cambiamos a una vista desde arriba basada en el quincunce (lámina 12a). Rodeada por su lago y defendida por cuatro canoas de guerra, la Gran Pirámide de la capital azteca se ve amenazada estratégicamente desde cuatro rincones por ciudades que ya se encuentran en posesión de los aliados tlaxcalteca-españoles tras las campañas de los meses anteriores. Cuidando los accesos del norte y del este, Tecpatepec y Xochimilco se hallan uno frente a otro, arriba, tal como sucede con Coyoacan y Tlacopan, abajo, sobre las calzadas que comunicaban a Tenochtitlan con la tierra firme hacia el sur y el oeste. Las batallas que se habían librado en estos cuatro lugares se muestran mediante la usual flecha de conquista y los miembros cercenados de los derrotados —cabezas, troncos, brazos y piernas—. Los tlaxcaltecas y españoles victoriosos aparecen en cantidades que reflejan su actuación histórica de abril a junio de 1521 (proporcionalmente más de aquéllos en Coyoacan, por ejemplo), a la vez que se suman a 15, el "sigma" de 5. Lo que es más, estos 15 anticipan desde las esquinas el encuentro con Tenochtitlan en el centro, marcando ya a los 15 ocupantes de las canoas aztecas de guerra. En otras palabras, sin duda histórico, el texto tlaxcalteca se ocupa no sólo del quincunce como tal, sino también de una compleja artimética a base de cincos. Sin embargo, lo hace invirtiendo el flujo del poder, pues aquí éste proviene de afuera, no de adentro. De este modo, defiende mejor el argumento según el cual el apoyo en que había descansado Tenochtitlan en su quincunce de ciudades ahora se le negaba militarmente, dejando al centro abierto a la derrota. En el quincunce iroqués de Canandaigua, donde las cinco figuras dominantes están hechas físicamente con cinco series de cuentas de *wampum,* encontramos la misma lógica de cincos, ahora más allá de Mesoamérica.

Yendo más atrás en el tiempo, el quincunce de este mismo Mapa de Coixtlahuaca invoca la historia de las edades del mundo. En este nivel, sus ríos, montañas y soles significan a la manera de los paisajes presentes en los quincunces del "surgimiento" mencionados antes: las montañas guardianas de Anasazi y de los navajo,[12] la mesa de Nayar y el lecho de roca tallado con el *nierika* de la creación huichola, y las *huacas* fundamentales de Tahuantinsuyu. La comparación con el quincunce del Hajinei o Surgimiento navajo es en especial instructiva puesto que esa pintura seca ha sido glosada e interpretada por los propios escribas indígenas. Las montañas que protegen el sitio del Surgimiento, colocadas aquí en los cuatro rincones de Anasazi, conmemoran la historia de la creación misma. Con su forma interna de minerales o rocas sedimentarias (cierto tipo de concha, turquesa, azabache), cada una de ellas corresponde a un estrato o etapa del proceso. Al diluvio se hace alusión en una imagen de la escalera por la que trepó la gente para no ahogarse. El centro geopolítico es, así, el presente en el que son inherentes estas cuatro etapas previas, es decir, exactamente el arreglo implícito en otros ejemplos de quincunce cósmico del Cuarto Mundo.

El sistema de soles o edades del mundo, compartido por culturas de todo el Cuarto Mundo, se analizará *in extenso* en la Tercera Parte ("Génesis") de la presente obra. Por el momento sólo apuntaremos la particular correspondencia visual entre la representación de estas edades en la pintura seca Hajinei y en la celebrada Piedra del Sol de Tenochtitlan. En el centro, esta última muestra la cara del Señor de la Tierra y el Signo *tonalámatl* de nuestra era, Ollin, que incorpora con ingenio los Signos de las cuatro edades previas implícitas en él y las catástrofes con que terminaron: el Agua del diluvio, el Jaguar del eclipse solar, la Lluvia de ceniza volcánica y el Viento del huracán. Teniendo en mente el inequívoco paralelo navajo, podemos hacer la comparación entre el quincunce de la Piedra del Sol con sus cinco edades del mundo y el del Mapa de Coixtlahuaca, con su división según las cinco partes del *tonalámatl*; así se hace patente una correspondencia total de estructuras y detalles. Abajo a la derecha, el río de Mictlan, donde nada el pez-corazón, sube por las escaleras de la pirámide, recordando el diluvio que terminó con la edad del Agua, cuando los organismos vertebrados se revirtieron al pez que nada en ella, el *tlacamichin* de la versión del Códice Ríos. Arriba a la derecha, las estrellas diurnas e hileras de cuchillos de pedernal que oprimen al sol de Teotlillan invocan el eclipse solar de la edad del Jaguar, cuando los *tzitzimine* y el jaguar descendieron con sus cuchillos asesinos (el mismo cuchillo se representa en la Piedra del Sol). Abajo a la izquierda, las cenizas expulsadas durante la erupción del volcán en el río Nexapa son justo lo que se precipitó por la lluvia-fuego durante la edad de la Lluvia, y a un lado se levanta uno de los saurios asociados con esa edad en el *Popol vuh*. Arriba a la izquierda, como afijos al borde de los riscos de Tepexic, las volutas del viento que aúlla insinúan el huracán de la edad del Viento (las mismas volutas se representan en la Piedra del Sol). Por último, en el centro, las buenas tierras planas de Coixtlahuaca, la llanura de la serpiente y del trabajo comunitario, se equiparan con la faz del Señor de la Tierra, Tlaltecutli. Esta comparación no sólo es perfecta, sino que recurre a detalles del Mapa de Coixtlahuaca, como el pez-corazón en Mictlan y el viento en Tepexic, que de otro modo serían superfluos o inexplicables. Así configurado, el mapa logra sopesar el poder de Coixtlahuaca en términos no sólo políticos, sino también cósmicos.

En suma, así como la comparación con el Lienzo de Tlaxcala agudiza el mensaje político-militar del Mapa de Coixtlahuaca, la comparación con los textos cosmogónicos conocidos como la Piedra del Sol y la pintura seca Hajinei dejan ver sus profundidades geológicas. A través del paradigma del propio quincunce y sus fundamentos topográficos, nos desplazamos de la superficie imperial hacia el interior de la tierra, una pretensión más vasta en el tiempo y el espacio.

CUADRANTES

En los cuadrantes del mapa de portada del Féjérváry, que es quizá la página prehispánica más famosa del Cuarto Mundo, las dimensiones del espacio total se organizan por medio de un paradigma bien establecido (lámina 13a). En su forma esquemática más simple (cuatro lóbulos o cuadrantes que se desdoblan hacia afuera), el cuadrifolio se presenta en todo el Cuarto Mundo: se le encuentra en los murales de Teotihuacan, en los paneles de jeroglíficos mayas y en las pieles de la "Estrella matutina" de los siksika. Corresponde a un término náhuatl fundamental que significa imperio, Nacxit Xóchitl, la tetrarquía, flor de cuatro pétalos. Sus diagonales internas que se extienden a los horizontes oriental y occidental han sido comparadas por los astrónomos con el modelo anual de las posiciones de la salida y la puesta del sol, y pueden leerse como las cuatro vías que se conmemoran en la Fiesta del solsticio de invierno (Borbónico, p. 34); como patas de insecto, las diagonales sostienen al centro entre estos horizontes, como el insecto "patinador" zuñi o la araña del disco de concha del Misisipi, que además lleva en su dorso el fuego que constituye el centro de la página del Féjérváry (el fuego determina el centro de la "red" o "telaraña" social). Aquí, la prioridad del eje este-oeste se demuestra en el hecho de que los cuadrantes correspondientes arriba y abajo están unidos a la zona central, mientras que los que se hallan a ambos lados no lo están.[13] Temáticamente más cercano a la biología que a la geología, a las plantas más que al lecho rocoso, el cuadrifolio conjunta árboles de tributo, pájaros comiendo, arco iris y horizontes coloreados, y casa lo femenino con lo masculino.

Una seña distintiva del diseño del Féjérváry es el flujo de vida y valores a través de sus diagonales, y la prioridad del eje este-oeste, que determina los días y las noches del Sol, la Luna, Venus y otros viajeros épicos por el Zodiaco. Tiene una contraparte directa en la tradición de los jeroglíficos mayas, en un mapa del Madrid: como mapas rituales, ambos textos correlacionan los cuadrantes tributarios con los cuartos de 65 días del *tonalámatl*; la geografía correspondiente se especifica claramente en el Madrid, en la serie de cuatro glifos de dirección, quedando hasta arriba el oeste (lámina 13b). Textualmente, el Féjérváry posee otras analogías con la página de portada del Mendoza, el libro de tributos dedicado a la política y la economía, y, más allá de Mesoamérica, con las pinturas secas de Anasazi, que, allí también, se ocupan de la cosmogonía. El paralelo que existe entre el Féjérváry y el mapa de la pintura seca Dzillichi (Montaña Roja) del Naato bikaji Hataal ("canto del flechador") navajo[14] es sorprendente. En el mapamundi de Guamán Poma de Tahuantinsuyu (de hecho de toda Sudamérica, desde Chile hasta Panamá, véase figura I.8) vemos una ingeniosa amalgama del quincunce y de los cuadrantes, junto con la imposición de una cuadrícula de estilo europeo. En el centro se halla Cuzco, ciudad cuyas calles y manzanas constituyeron un modelo para el imperio. A través del quincunce se relaciona con sus montañas *huacas* protectoras, el norte arriba y el sur abajo; y a través de las diagonales radiantes de los cuadrantes, con sus cuatro *suyus* tributarios, estando Colla y Chincha alargados horizontalmente hacia el este y el oeste del Sol y la Luna.

Tan sólo porque su materia de estudio ha sido tan bien entendida, la portada del Mendoza constituye un buen punto de partida (lámina 14). Situando al oeste en la parte superior, como el mapa del Madrid, esta página se centra en una imponente imagen de Tenochtitlan como el lugar donde un águila se posa en un nopal (*te-noch-*). Alrededor, se esparcen cuadrantes rodeados de juncos y cañas, separados por cuatro corrientes turquesa y ocupados por el consejo de nueve principales que apoyaron al protoemperador cuyo nombre prefigura el de la ciudad: Tenoch. En el nivel más local las corrientes evocan los canales construidos para drenar el pantanoso suelo de Tenochtitlan; en una escala más amplia, sugieren el flujo proveniente de las cuatro provincias del imperio tributario. Mediante el mismo cambio espacial, la hilera de cráneos (*tzompantli*) que se muestra en el lado opuesto a Tenoch podría denotar los rasgos arquitectónicos "norteños" del recinto del Templo Mayor o la ciudad de Tzompanco (Zumpango), situada al norte de Tenochtitlan en la ribera más septentrional de este lago. Anticipando su resonancia ritual, nueve figuras también inauguran los cuadrantes en el Lienzo de Tochpan I y el Mapa de Itzcuintepec.

Abajo están los primeros hechos en la historia del imperio, las conquistas de Colhuacan y Tenayuca, ciudades que habían dominado los lados sudoriental y noroccidental del lago; luego, invadidas por Tenochtitlan, pueden verse de perfil como si estuvieran situadas en el paisaje al sur y al norte de la capital. Hacia el extremo de la página figuran las fechas de los años del reinado de Tenoch, cuando se fundó Tenochtitlan y se encendió por primera vez su fuego nuevo, hecho al que aquí se le asigna la fecha 2 Caña (1351). Se inicia con un año Casa del oeste (2 Casa, 1325), termina con un año Caña del este (13 Caña, 1375), y avanza a lo largo de las páginas subsiguientes por los reinados de los nueve emperadores aztecas, desde el primer año del reinado de Acamapichtli, 1 Pedernal (1376), hasta el último de Moctezuma II. Dos de los cuatro Signos del año, el primero y el último de la secuencia: Casa y Caña, reaparecen como motivo pareado en los cuadrantes occidental y oriental, cuyo predominio sobre el norte y el sur también se muestra por su alargamiento. Arriba, al oeste, en forma de choza rústica, la Casa recuerda la tierra mexica situada al occidente en Aztlan. Abajo, al oriente, un escudo con unas flechas de caña simboliza la guerra que libraron los aztecas principalmente en esa dirección tras haber fundado Tenochtitlan. Esta disposición sigue la norma ritual según la cual, del par de horizontes sobre los cuales pasan el Sol, la Luna y los planetas, el occidente es la casa donde descansan los cuerpos y el este, donde arrojan flechas —cañas— como rayos heliacales.

Los cuatro campos del cuadrifolio del Mendoza, que están encerrados por la secuencia de los años 1325-1375, anticipan las listas del tributo en especie a que se sometieron las ciudades conquistadas por el imperio. En estas hojas (ff. 19-55), después de las nueve cabeceras metropolitanas vienen las de las provincias: Atotonilco y el occidente con siete, Tlachco y el sur con siete, Chalco y el camino oriental a Xoconochco con siete y, por último, Cuauhtochco y el norte con ocho. Esto da como resultado la cifra lunar 29, que también se encuentra como cifra total de sujetos tributarios en los cuadrantes de los Anales de Tilantongo y de Tepexic y del Códice Tepetlan. El haber privilegiado al oeste, situado en la parte superior en el cuadrifolio del Mendoza y primero entre los cuadrantes, corresponde históricamente a la percepción que la propia Tenochtitlan tenía de sí misma como el bastión de la frontera occidental mesoamericana y la ciudad de los mexicas, inmigrantes procedentes del oeste que trocaron su nombre por el de la luna nueva (*metztli*) (convertida más tarde en emblema de la Virgen de Guadalupe).

El Mapa de la Cuenca elaborado en 1550 en Tlatelolco, la ciudad gemela de Tenochtitlan, al igual que el Lienzo de Tochpan I,[15] concuerda con el Mendoza al situar arriba el occidente; este alineamiento geográfico se ve confirmado por otros indicadores, tales como la ubicación de la norteña Tzompanco en el cuadrante situado a la derecha y la ubicación relativa de Colhuacan y Tenayuca.

Como portada del Mendoza, este mapa anticipa a través de sus cuadrantes y sus años el tributo en especie al que está dedicada la primera parte del texto, y mediante las figuras humanas anticipa el tributo en trabajo al que se dedica la parte final (ff. 56-71). A su vez, y como serie, estas figuras proponen su propia lógica de símbolos y números. Por ejemplo, con su fino *tilmatli* o capa, su *icpalli*, o trono de mimbre, sus sandalias y la pintura de piel oscura evidente en su cara, el emperador Tenoch difiere de los nueve principales, o jueces, que lo acompañan; y la jerarquía relativa de éstos puede a su vez estimarse por el número de capas subsidiarias que constituyen sus tronos menores de esteras de caña (también para indicar la gravedad de un sismo se utilizaba un léxico gráfico de capas).[16] Los signos de sus nombres, en conjunto, sugieren una analogía con una doble anatomía humana, cinco a la izquierda y cuatro a la derecha: las banderas del jaguar y del águila arriba; cabeza, tronco y pierna en medio; y la sandalia y la cabeza cortada del pájaro, abajo. En el argumento total del libro, estos elementos apuntan hacia la sección final que trata de la vida y el trabajo de los ciudadanos de sexo masculino y femenino de Tenochtitlan, su nacimiento y crecimiento, su designación como caballeros jaguar o águila, jueces o *pochteca,* y sus rangos y empleos generalmente dentro de la autoridad del emperador. En los *teoamoxtli* éstos son temas que se relacionan con el *tonalámatl* (ausente aquí tal vez por consideraciones políticas), así como el tributo en especie se relaciona con los ciclos del año.

El Mendoza es claramente un texto poscortesiano y está escrito en papel europeo. Sin embargo, al presentar su caso ante la Corona española hace buen uso de las capacidades formales del *tlacuilolli:* el mapa de cuadrantes integra la alusión histórica (Tenoch) y la cuenta de años, vistas de perfil (Colhuacan, Tenayuca), cambios de nivel o escala (Tzompanco, corrientes como canales locales o entradas imperiales), y un juego constante entre el diseño de perfil (patriarcas, juncos y cañas) y la vista desde arriba (la tierra en la que éstos se hallan establecidos). Precisamente porque no puede haber duda acerca de las dimensiones geopolíticas irreductibles de esta portada de un libro de tributos, su disposición abiertamente ritual del espacio y el tiempo resulta de enorme interés. La armonía patente de su cuadrifolio confirma el incipiente poder de Tenochtitlan.

En la portada del Féjérváry encontramos el mismo diseño total que en el Mendoza y el mismo juego recíproco entre la vista desde arriba y de perfil. Hacia el emblema de la ciudad o zona central, que aquí es una plaza situada entre una pirámide escalonada y la plataforma de un templo, fluyen cuatro corrientes diagonales, de sangre y no de agua, las cuales separan a los cuadrantes que sostienen el crecimiento de las plantas —aquí, árboles en lugar de juncos y cañas—, y ocupados por nueve figuras —que aquí son los Señores de la Noche y no los jueces patriarcales de Tenoch—. Dentro del conjunto de cuadrantes existe la misma preferencia este-oeste, el eje temporal, aunque aquí el este, el sol naciente sobre los escalones de la pirámide, está situado arriba, y el oeste abajo, donde la luna nueva cuelga de la plataforma del templo.

El elemento dominante en los cuadrantes es la serie de cuatro árboles, el equivalente en la flora de los juncos y cañas del Mendoza. Estos árboles, situados uno en cada cuadrante y cada uno de una variedad diferente, aparecen coronados por representantes de los Trece Quecholli: Quetzal (este), Loro (sur), Colibrí (oeste) y Halcón (norte). La relación directa de esta imaginería de los árboles con el tributo se confirma en otros *teoamoxtli,* como el Borgia y el Laud, que poseen sus propias secuencias de Señores de la Noche ayudantes, de Quecholli que se posan y de "ofrendas" de tributo. El mismo motivo se presenta en jeroglíficos mayas en el Dresde. Algunos textos alfabéticos en náhuatl y maya decodifican explícitamente a los pájaros como recolectores y abastecedores de los productos provinciales. El Tudela ejemplifica la variedad en la geografía e incluso en los tipos humanos por medio de los árboles tributarios de los cuadrantes, de una manera que refuerza nuestra lectura anterior del Mendoza.[17]

Además, en el Féjérváry los Quecholli muestran una correspondencia numérica exacta con los totales de ciudades enlistadas como sujetos tributarios en el Mendoza. Cada una de ellas posee su valor numérico invariable, de modo que las cuatro pueden leerse simultáneamente en forma aritmética: Quetzal, 12, al este; Halcón, 3, al norte; Colibrí, 1, al oeste; Loro, 13, al sur. El total es, evidentemente, 29, la misma cifra lunar que encontramos antes en el Mendoza como la suma de las cabeceras asignadas a los cuatro cuadrantes provinciales situados alrededor de Tenochtitlan. A través del lenguaje visual simbólico de los Quecholli, el mapa del Féjérváry se adhiere, así, al modelo propio del tributo: posados en sus árboles, los Quecholli simbolizan las aportaciones de cada uno de sus cuadrantes, de acuerdo con el tema desarrollado en el capítulo "Árboles de Tributo" de los *teoamoxtli,* donde exhiben de nuevo su valor numérico inherente (Borgia, pp. 49-53; Laud, pp. 31-38). El hecho de que tanto el Féjérváry como el Mendoza respeten esa cifra confirma aquí que la lógica astronómica-ritual se aplica a un texto incuestionablemente dedicado al tributo y al sistema económico de una ciudad conocida, Tenochtitlan (Mendoza); mientras que, a la inversa, deja al descubierto el sustrato material de lo que de otro modo podría considerarse un *teoamoxtli* simplemente mántico (Féjérváry).

Siguiendo esta línea de comparación llegamos a la cuestión de las fechas anuales, que en el Mendoza constituyen un marco externo que corre desde 2 Casa (1325) hasta 13 Caña (1375); es decir, el reinado de Tenoch, igual a un ciclo completo de 52 años menos un año. En el Féjérváry hay cuatro Signos anuales, dos en cada horizonte, claramente marcados; pero a primera vista les faltan los Números calificadores que les permitirían designar fechas. Sin embargo, a consecuencia de ser portados en el dorso de otra serie de Quecholli adquieren Números, respectivamente Loro (13) Conejo y Quetzal (12) Caña al este, Guacamaya (11) Pedernal y Águila (5) Casa al oeste, y así forman fechas de años que implican un periodo de dos ciclos de 52 años con intervalos de 25 + 25 + 33 + 21 años. De qué manera estas fechas podrían correlacionarse con el calendario cristiano sigue siendo una cuestión sin resolver, puesto que desconocemos su profundidad en el tiempo y carecemos de la fórmula 1 Caña = 1519 de nuestra era, con la que termina la secuencia del Mendoza. El principal punto aquí es que esas fechas puedan existir siquiera en el mapa del Féjérváry, aunque es sabido que tales fechas sí aparecen en otros textos rituales, por ejemplo en los capítulos "Fiestas" (Borbónico, pp. 23-40) y "Árboles de Tributo" (Borgia, pp. 49-53) brindan una contraparte a las fechas en el mapa del Mendoza y añaden historia material a la geografía material ya descifrada. En resumen, son un testimonio más de cómo los *teoamoxtli* pueden estar implicados en el asunto básicamente histórico que es la recolección de tributo.

En los cuadrantes del Féjérváry cada uno de los árboles aparece flanqueado por un par de Señores de la Noche en una disposición por la cual el primero de ellos, Xiuhtecutli, Señor del Fuego, aparece sólo en la plaza central (es decir, $1 + 4 \times 2$; entre otras disposiciones de estos nueve se incluye la de tener tres en un cuadrante y pares en los demás; es decir, $3 + 3 \times 2$, como en el Laud y en el Mendoza —los principales de Tenoch—). Aquí, en el Féjérváry los nueve salen en espiral del centro, trazando la gestación a lo largo del sendero retrógrado de las fases de la luna y convirtiendo las cuatro direcciones en seis al duplicar la lectura del norte y el sur. Al este y al oeste aparecen hombres y mujeres con calzado, mientras que al sur (que es también el nadir del maíz y de los huesos) y al norte (también el cenit de la montaña y la lluvia de truenos) se observan hombres descalzos. Entre estos pares de figuras, el tema de la gestación se desarrolla en dos series de emblemas colocados en las diagonales: uno se refiere a la anatomía humana, la cabeza, la mano, la pierna, y el tronco que, cortados, dan origen a las corrientes de sangre; la otra, a un modelo más complejo de crecimiento que culmina en la planta de maíz, la sustancia análoga y humana de acuerdo con el *Popol vuh*.

De este modo, como portada, el mapa del Féjérváry introduce un texto cuya estructura y lógica totales anticipan de manera sorprendente la del Mendoza, mientras que su anverso y su reverso están dedicados, respectivamente, a la conquista y organización del tributo anual en especie y luego al tributo en trabajo del *tonalámatl*. Como vimos en la figura II.14, hay incluso coincidencias exactas de detalle, por ejemplo, en las 11 figuras armadas o guarniciones que protegen el imperio, en la atención a los *pochtecas* que llevaban las mercancías, y en los temas del nacimiento, matrimonio, artes marciales y costumbres, en los cuales el Mendoza sirve como clave para los enigmáticos *teoamoxtli*.

Un corolario para todo lo que subyace bajo la superficie política del mapa del Féjérváry, su subtexto evolucionista, puede encontrarse en las pinturas secas, en especial entre las cinco del Naato bikaji Hataal ("canto del flechador") ganadas a las serpientes por los Gemelos navajo. La última de éstas recapitula la expedición de los Gemelos entre la gente de la tierra y sirve en particular para restaurar en el Hombre Sagrado los sentidos que perdió cuando fue engañado por el Coyote Rojo, un rival que pugnaba por la hija de Klish tso (Serpiente Grande). Para efectuar la cura, primero atraviesa cuatro aros (tsibaas) que despellejan su cuerpo de la piel de coyote; luego aparecen representantes de los lugares donde se le dieron pinturas al Hombre Sagrado: la Roca que alcanza el Cielo, la Montaña Enrollada y la Montaña Rayada y sucesivamente van restaurándole el habla, el oído y la vista. Esto permite que la cuarta y última pintura procedente de la Montaña Roja y propiedad suya restaure por completo sus sentidos y su salud y establezca la premisa para los seres humanos que hereden la época presente (lámina 14b). En *Dine bahane* esta historia tiene un paralelo en la del Coyote y su amante Osa y en la serie de cuatro aniquilamientos que se infligen de manera mutua antes de que pueda surgir la sensibilidad verdaderamente humana.

La pintura que registra y se relaciona con todo esto, un mapa cuadrifolio, intercala las plantas de las cuatro diagonales con pares de figuras en los cuadrantes, y se centra en el fuego, las varas de leña cruzadas que denotan al hogar de la Montaña Roja, en un esquema exactamente paralelo al del mapa del Féjérváry. En efecto, las plantas de maíz y calabaza ocupan posiciones idénticas en ambos textos: el sudeste y el noroeste, y los pares de figuras hacen corresponder el este-oeste y norte-sur al rodear el fuego, representado en el Féjérváry por el primero de los Señores de la Noche, el Señor del Fuego (Xiuhtecuhtli). En la pintura seca su naturaleza lunar se sugiere mediante marcas de la luna creciente en el cuerpo y el vestido. Hasta en los números totales de las hojas de las plantas intercaladas hay evocaciones precisas de las fechas calendáricas del Féjérváry.[18] La ventaja que tenemos con respecto a las pinturas secas es que generaciones de escribas navajo las han comentado y han explicado sus significados como imágenes tanto de territorio como de génesis, así como su función precisa en la curación y la terapia. Al afinarse nuestra percepción general del mensaje profundo del Féjérváry en estos términos, la historia de Anasazi puede ayudarnos también a interpretar la curiosa serie de emblemas que adornan la cabeza del Señor del Fuego, quien domina la plaza central. Encima del ojo figura un pequeño pájaro; el segundo elemento, una canasta con incienso de copal, está arriba del cerebelo; el tercero es la suave piel de la oreja de un jaguar; y el cuarto, arriba de la oreja, una mano esquemática: en suma, una clara indicación de la vista, el olfato, el tacto y el oído (figura III.6). Justamente estos sentidos humanos, adquiridos por el Hombre Sagrado en la Montaña Roja, se muestran de modo

FIGURA III.6. *Cuatro emblemas de los sentidos.* (*Cabeza de Xiuhtecutli, Féjérváry, p. 1; véase lámina 13a.*)

semejante en las pinturas secas, por ejemplo, como cuatro rayas en la mejilla de Nayenezgani.[19]

En el Cuarto Mundo, las pinturas secas de Anasazi y los libros mesoamericanos, entre otros textos, crean su propia representación del espacio y logran combinar niveles cercanos y profundos del tiempo y de la experiencia. En el caso del quincunce y los mapas en cuadrantes, las sucesivas coincidencias de detalles y de diseño sólo pueden atribuirse a un origen común, pese a la distancia que separa a los textos en el espacio y el tiempo.

IV. CONFIGURACIONES DEL TIEMPO

CUENTAS DE AÑOS

¿Quién entró en la historia de quién? Ésta es una pregunta planteada con apremio por los autores de los Libros de Chilam Balam, por Chimalpahin y por toda una escuela de historiadores nahuas, por Guamán Poma y, en realidad, por cronistas y analistas de toda América. El medio más eficaz para resistir a la suma imperial a través de la cual "se descubre" el Cuarto Mundo y sencillamente se añade a los otros tres consiste en reconocer su historiografía local, ver de qué manera sus crónicas se relacionan entre sí, y ponderar su longitud y los ritmos y las fases de tiempo que proponen.

De los registros que nos son inteligibles, el de los jeroglíficos mayas es el más célebre. Como exige mayores conocimientos cronométricos de los que poseía el Occidente en aquel tiempo, es un sistema sin rival por su precisión y alcance, que establece minuciosamente las fechas de una civilización durante más de mil años. Comparable al hoy ilegible *quipu* inca sobre bases matemáticas, representa un desarrollo especial de la ciencia calendárica de Mesoamérica; su año estandarizado de 360 días puede compararse a este respecto con el aún más esquemático año cakchiquel de 400 días.[1] En particular, el calendario jeroglífico maya, al alcanzar su perfección matemática, rompió su conexión inmediata con el año estacional, que sirve como unidad básica de la cronología en casi todo el resto del Cuarto Mundo.

En realidad, los anales americanos que se han conservado brotaron casi enteramente en la parte septentrional del continente (cuadro IV.1). Esta diferencia con el sur se debe en parte al medio. Mientras que la pieles pintadas y superficies de páginas de todo lo que fue el antiguo México e Isla Tortuga en la práctica se han prestado fácilmente a la lectura y a la transcripción alfabética entre historiadores indígenas o llegados del exterior, tal no ha sido el caso del *quipu* y de otros sistemas de registro de América del Sur. Como resultado, aparte de las transcripciones parciales hechas por Guamán Poma y otros, los archivos de Tahuantinsuyu siguen siendo un libro cerrado; el caso de los reinos chibchas es similar. Al mismo tiempo, los mapuches y las sociedades de la selva tropical han mostrado tradicionalmente extrema cautela en la producción y propiedad de anales, alegando el

ISLA TORTUGA   MESOAMÉRICA

ISLA TORTUGA		MESOAMÉRICA	
Algonquino		Cuenca y alrededores	
Siksika	Pluma Búfalo	Tula	
		Huichapan	
Siouano		Cuauhtitlan	
Mandan/Hidatsa	Mariposa	Tepechpan	
Santee	(Tasunka Witko)	Chiautla	Códice en cruz
Teton/Lakota		Texcoco	Xólotl, Mapas de
Hunkpapa/Sihasapa	Sunka Luzahan	Tenochtitlan	Aztlan,
Oohenupa/Itazipco	Boide		Anales/Mapa de;
Miniconjou	Sunka Isnala; Mato Sapa		Mexicanus;
Oglala	Mato Opi		Ríos; Azcatitlan;
Sicangu	Wapoctanxi; Cetan Glihaya		Aubin
Yanktonai/Nakota	Tate; Trueno Azul	Tlatelolco	
		Cuauhnahuac	Moctezuma
Kiowa	Anko; Settan; Poolaw	Cholula	
		Cuauhtinchan	Anales, Mapas 1-5
ANASAZI		Tlaxcala	
Navajo	*Dine Bahane*	Cuextlan	
Pima/Pápago		Xicotepec	
Kamatuk Wutca	Kaema A; Vauvige	Tochpan	Mapas 1-3
Amu Akimult	Tcotub Nak	Itzcuintepec	Rollo, Mapa, Anales
San Javier de Bac	Santos	Metlatoyuca	Lienzo
		Papaloapan	
		Coixtlahuaca, Ihuitlan,	
		Tlapiltepec, Tulancingo,	Lienzos
		Tequixtepec, Tizaltepec	
		Miltepec (?)	Rollo Baranda
		Tlahuixtlahuaca (?)	Rollo Selden
		Cuicatlan	Porfirio Díaz
		Quiotepec	Fernández Leal
		Tlachinollan	
		Tlapa	Azoyú 1 & 2
		Mixteca	
		Coxcaltepec	Muro
		Acatlan (?)	Egerton
		Nochistlan	Becker 2
		Tepexic	Vindobonensis
		Tilantongo	Bodley
		Teozacoalco	Zouche-Nuttall
		Xaltepec	Selden
		Tututepec	Colombino-Becker
		Guatemala	
		Quiché	*Popol vuh*

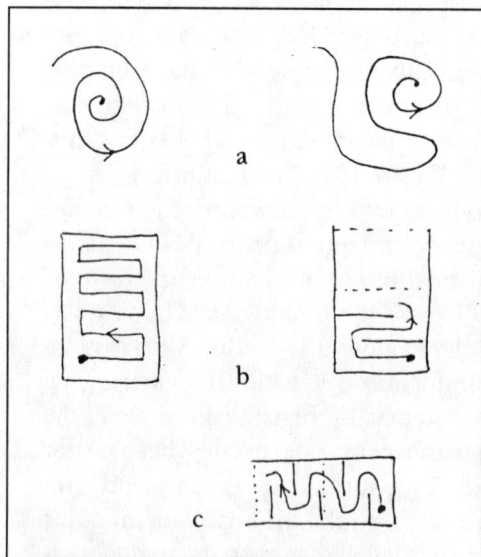

a) espiral: Sunka Isnala; Mapa de Aztlan
b) bustrófedon vertical: Boide; Anales de Xaltepec
c) bustrófedon horizontal: Anales de Tilantongo

uso opresivo que puede darse a este género en interés de clases y de imperios.

Por toda América del Norte hay notables constantes acerca de cómo se representa el paso del tiempo, año por año. El formato en bustrófedon, que es norma en Mesoamérica, se ve reflejado claramente entre los sioux, en los *waniyetu yawapi* (cuentas de inviernos) de Boide, Mato Opi y otros, a la vez que la espiral del Mapa de Aztlan mexica reaparece en los *yawapi* de Sunka Isnala y Trueno Azul. Igualmente por toda esta área se recurre al bastón inscrito como emblema y memoria del paso de los años. También hay, como veremos, coincidencias en las cifras que determinan grupos o periodos de años significativos y, por medio de éstas, en la práctica de moverse entre años y otras dimensiones de tiempo.

Sin embargo, surge luego una distinción entre los anales de Mesoamérica y los de más allá. Mientras que el *xiuhtlapoualli* nombra los años de acuerdo con un sistema calendárico que existe por derecho propio, éste no es el caso de los anales de otros lugares. Como el *corpus* correspondiente (grande y subcatalogado) de inscripciones icónicas, los libros *xiuhtlapoualli* nombran los años de acuerdo con la Rueda de 52 años *(xiuhmolpilli);* este total es producido por las dos partes del nombre del año: su número en la serie de los Trece Números, y su Signo, parte de un conjunto de cuatro "portadores" tomado de los Veinte Signos. Regionalmente y a lo largo del tiempo, variaron los conjuntos de portadores, la Serie III (Casa, Conejo, Caña, Pedernal: los Signos III, VIII, XIII y XVIII) era la más común.[2] La Serie III, que era la norma de Tenochtitlan, Cuauhtinchan, Tepexic y Tilantongo, se utilizó hasta en Nicaragua. La Serie II, Viento, Venado, Diente, *Ollin,* ocurre en el temprano Monte Albán, Tlapa, Cuicatlan, Quiotepec y Quiché; también se conocía una Serie IV. Además, no sólo podía variar la serie de portadores, sino también el Número calificativo, de modo que el año de la llegada de Cortés, 1519, fue 1 Caña en Tenochtitlan, 13 Caña en Tilantongo y probablemente 4 Caña en Coixtlahuaca y Tepexic. Sin embargo, éstas fueron simples variaciones dentro de un solo sistema, que ofrece además sus propias correlaciones internas: a este respecto es célebre el ejemplo del pendiente mixteco de oro que muestra respectivamente un año llamado 10 (o 12) Viento y 11 Casa como un par de pulmones respirando al mismo ritmo (lámina 3c). Estas correlaciones, sumamente técnicas, nos ayudan a definir la rivalidad política que había en y entre la cuenca de México, el llano de Cholula, el Papaloapan, la Mixteca y otras arenas de la Mesoamérica occidental.

Una vez nombrados, estos años se distinguen de otros Números-más-Signos del *tonalámatl* por un marcador especial (figura IV.1). En casi todos

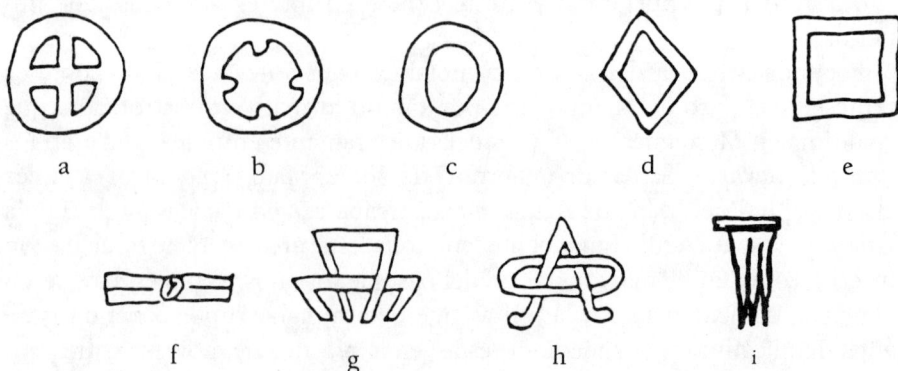

FIGURA IV.1. *Marcadores del año:* a) *Monte Albán;* b) *Lienzo de Metlatoyuca (Censo, 199; Brotherston, 1982, 85);* c) *Anales de Tepechpan (Censo, 317), Féjérváry;* d) *Códice de Tepetlaoztoc (Censo, 181);* e) *Anales de Aztlan, Códice Mendoza;* f) *Lienzo de Tulancingo, Rollo de Miltepec, Inscripción de Mixcóatl (Rickards, 1910, 152),* g) *Xochicalco;* h) *Rollo Selden, Anales de Tepexic;* i) *Lienzo de Chiepetlan (Galarza, 1972).*

los *xiuhtlapoualli* de las tierras altas, desde Tenochtitlan y sus alrededores, esto consiste en una caja cuadrada, circular o en forma de diamante, de color turquesa o rojo (en náhuatl, *xiuh* significa "año", "turquesa" y "fuego"). Otros dibujos incluyen un nudo; nubes de tormenta y deidades de lluvias anuales; el círculo con la división interna para mostrar los equinoccios y solsticios del año; y el rayo solar en forma de A, que es común en los principales cuerpos de los anales de Coixtlahuaca y la Mixteca. Un dibujo en forma de trapecio, común a Teotihuacan y Xochicalco, fue relacionado por algunos estudiosos con los relojes capaces de medir el complejo curso del sol tropical.[3] La convención variaba más aún sobre si anotar o no el paso de cada año (los años en cajas suelen hacerlo) o las divisiones dentro del año, como las Fiestas de 20 días, o hasta la hora del día. Una vez más, el formato textual podía diferir, siendo lineal o bustrófedon, así como la dirección de lectura (de izquierda a derecha, de derecha a izquierda, de arriba abajo, de abajo arriba) y el enfoque (biografía individual o historia municipal). El género en sí abarca todas estas posibilidades.

El potencial del género puede destacarse comparando dos textos clásicos entre cerca de una veintena de ellos: uno de la cuenca de México y el otro de la Mixteca. Los Anales de Aztlan, principal relato de la emigración mexica al valle de México, ocupan un lado del *amoxtli* de papel *amate* que recibió el nombre de Boturini, y corren por 21 páginas, desde 1 Pedernal hasta 6 Caña,

1168-1355 d.C., según la correlación de Tenochtitlan. Es un texto clave, que habla de los mexica que fundaron Tenochtitlan en 2 Casa (1325), el comienzo de los reinos imperiales en el Mendoza. Leyendo de izquierda a derecha, empezamos en la patria isleña de Aztlan, de donde, atendiendo a Huitzilopochtli, el dios de la guerra, que les habla desde una caverna en Colhuacan en 1 Pedernal, los inmigrantes iniciaron una larga marcha señalada por las huellas de sus pies a través de un paisaje abierto (figura IV.2). Esto los llevó al árbol derribado de Tamoanchan, donde se separaron según sus futuras vocaciones de poblados de agricultores o de cazadores,[4] y luego hasta Coatepec. Sólo entonces (p. 6) se nos dan nuevas fechas: encerradas en las cajas cuadradas, están dispuestas en cinco hileras bustrófedon (se leen desde abajo, de izquierda a derecha y de derecha a izquierda) que llenan la página y terminan en el fuego nuevo de 2 Caña (1195). Después se reanudan las huellas de pies, las cuales nos llevan hasta Tula, primero de una serie de lugares que conduciría hasta otro Colhuacan, el del valle de México. Allí, las nuevas series de años están dispuestas en columnas y no en hileras; pero aún se siguen leyendo en bustrófedon; característicamente, constituyen el margen izquierdo de la página donde los acontecimientos se ven relacionados por las huellas de los pies.

La biografía del conquistador mixteco Ocho Venado, que ocupa doble número de páginas que los Anales de Aztlan, está en el reverso del *amoxtli* Zouche-Nuttall, y corre desde 6 Pedernal (992 d.C.), la fecha del primer matrimonio de su padre en Tilantongo, cuya correlación se utiliza hasta 12 Conejo (1050), víspera de su propio matrimonio. Desde el principio nos damos cuenta de una narrativa sumamente distinta. El color ilumina personas y lugares, a los cuales se infunde un rico *lexis* de ademanes, atuendos y formas arquitectónicas y naturales, todo ello dispuesto de manera intrincada dentro de un bustrófedon regularmente canalizado que comienza en la columna inferior de la primera página y corre de derecha a izquierda. Sólo en ocasiones muy especiales, como en los célebres ataques navales de Ocho Venado, esta corriente de lectura se abre en un área de página más grande. Luego, los años, en lugar de formar unidad por unidad unos bloques que se ·definan por sí solos, quedan inmersos en el flujo de los acontecimientos, indicados por el rayo solar y nombrados sólo cuando es necesario; además, se anotan los días dentro de los años, los cuales se intercambian fácilmente con los nombres del día de los personajes. Una vez más, la textura más fina de la página, de piel y no de papel *amate,* permite trazar una línea tan precisa que sugiera un desequilibrio en el taladro (supuestamente triunfal) de Ocho Venado, al hacer fuego nuevo en 9 Caña (1047). Además, amplifican-

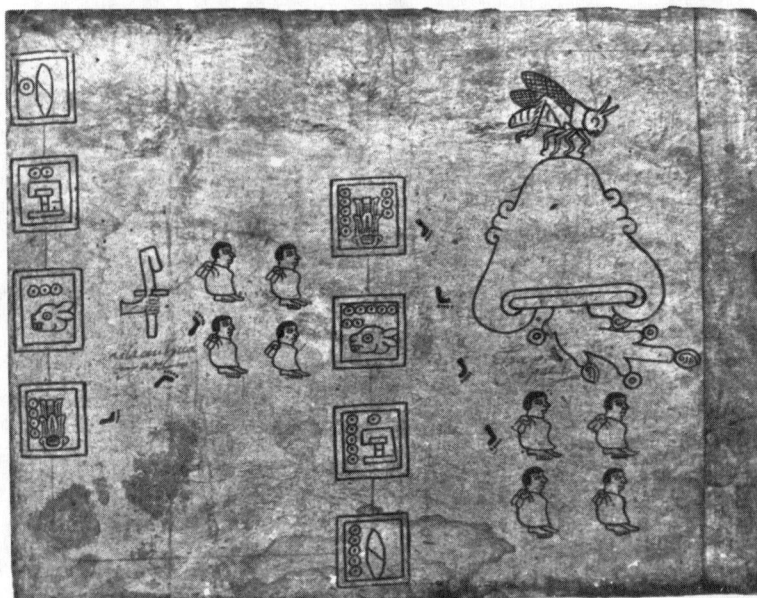

FIGURA IV.2. *Anales de Aztlan (p. 18): huellas de los pies de migrantes a lo largo de los años 1 Pedernal-4 Caña (1324-1327) y 5 Pedernal-8 Caña (1328-1331), y llegada a Chapultepec (cerro del chapulín) con su fuente de agua.*

do mucho el efecto que logran los Anales de Aztlan colocando el topónimo de Colhuacan al principio y al fin del texto, el apareamiento de acontecimientos subraya recíprocamente su significado: por ejemplo, los dos ataques navales, uno de ellos nocturno, triunfal, el otro, diurno, fracasado (pp. 32, 40); el primer y el segundo matrimonios del padre al principio, y los actos sacrificiales celebrados por Ocho Venado, primero con su medio hermano mayor, cuando su oreja enrojecida recibe un mensaje del cielo, y luego con su hermano menor, cuando se manifiesta su trastorno mental (pp. 3, 28).

En suma, los dos anales difieren todo lo que se puede en cuanto a marcadores de año, correlación, dirección de lectura, color, estilo y hasta el material de que están hechos, y hacen usos totalmente distintos de los recursos de *tlacuilolli*. No obstante, son idénticos por virtud de ser *xiuhtlapoualli*, o de pertenecer a un género que es homogéneo y siempre incluye la misma unidad anual y principio narrativo. Compatibles con los anales europeos, los *xiuhtlapoualli* florecieron durante muchos decenios después de Cortés en escritura indígena y en diversos grados de transcripción alfabética. Como narrativas anuales contribuyeron de manera directa a las grandes historias alfabéticas de la Nueva España producidas por Chimalpahin, Tezozómoc, Castillo, Ixtlilxóchitl y otros escritores de la tradición náhuatl.

En los anales de Isla Tortuga, el paso de un año no se marca por medio de un sistema de signos calendáricos sino sencillamente por la imagen de un acontecimiento que ocurrió durante él. Esta convención queda ejemplificada ampliamente en las cuentas de inviernos de los dakota (*waniyetu yawapi*);[5] éstos caracterizan los años por acontecimientos como batallas, epidemias y ceremonias importantes, para las cuales se encuentran y dibujan pictografías apropiadas en piel o papel. Los hechos que representan los años, escogidos por juntas locales, varían en general, aunque las cuentas tienden a agruparse políticamente de acuerdo con la elaborada estructura séptuple de hogueras conciliares de los dakota, por ejemplo teton o yanktonai y, más estrechamente, las divisiones entre siete dentro de esas hogueras, como oglala o sicangu. El estilo de las pictografías utilizadas puede variar de acuerdo con el autor individual; pero se adhieren a las normas de la pictografía de los Llanos. Escrituralmente, constituyen como el antecedente de las cuentas y glosas sobre cuentas puestas en escritura silábica y alfabética en dakota o inglés. Por lo general pueden establecerse correlaciones entre ellas y con el calendario cristiano por medio de ciertos hechos "universales", principalmente astronómicos, como eclipses y lluvias de estrellas (meteoros). Su fecha inicial más antigua es anterior a 1700; algunos aún se mantienen al día.

Las varias docenas de *waniyetu* dakota constituyen el grueso de este género, pero también se conocen ejemplos de otros *waniyetu* siouanos, como los mandan, así como de otros grupos políticos y lingüísticos como los algonquinos siksika, al noroeste. En cuanto a Isla Tortuga oriental, no se conserva ningún original legible, aunque abundan pruebas de lo que en un tiempo debió de ser una tradición vigorosa. Un uso primordial del cinturón de *wampum* de diplomacia consistía en enumerar los años, de acuerdo con historias iroquesas y algonquinas basadas en ese medio. Los pamunkey algonquinos en Virginia durante el siglo XVII, como los sioux en Dakota durante el siglo XIX, registraban el paso de los años colocando pictografías en pieles, y la cuenta particular mostrada a John Lederer (1681) había anotado la llegada de navíos europeos siglo y medio antes en la imagen de un cisne blanco que arrojaba llamas por el pico.[6] Este testimonio, aunque en gran parte indirecto, significa que la convención de los anales existía, sin duda, en el este.

Ciertas cuentas surgidas del área situada entre Isla Tortuga y Mesoamérica representan una práctica intermedia entre los *waniyetu* y los *xiuhtlapoualli*.

FIGURA IV.3. *Cuenta anual y lunar de Anko.*

En el límite sudoccidental de los Llanos entre los kiowa, y en Anasazi —*Dine bahane* incluye una secuencia de anales—, las unidades de tiempo como tales podían ser registradas independientemente de las imágenes de acontecimientos, que pueden estar unidas o no a ellos. Muy claro es el caso de los kiowa,[7] pues las unidades de los años en cuestión son condicionadas por pictografías para las mitades de invierno y de verano del año. Una cuenta, la de Anko, registra además una secuencia de 37 lunas que corre sobre tres años entre las ceremonias de la Danza del Sol de 1889 y 1892, correlacionando las respectivas unidades lunares y anuales (figura IV.3). (Un interés similar en la luna, tanto sinódica como sideral, aparece en pieles y mantos pintados por sus vecinos los apaches del mismo periodo.)

Más reveladoras aún son las cuentas de los pima, cuyo año empieza con las lluvias de verano. Como en las cuentas de los sioux y kiowas, éstos emplean pictografías, y algunos de los hechos registrados son en realidad idénticos a los de las fuentes más septentrionales, como las lluvias de meteoros de

1833. (Este acontecimiento astronómico señala el principio de las dos principales cuentas de los pima, la de Kaema A y la de Tcokut Nak, y se destaca en las cuentas de los kiowa Dohasan y Settan, y la Mariposa de los mandan.) Sin embargo, las pictografías pima son en extremo esquemáticas. En primer lugar, están inscritas en el medio conciso del bastón, típicamente del cacto saguaro. Bastones calendáricos pintados e incisos con dibujos abstractos transmiten concisamente considerables periodos de tiempo entre los pima y los pueblos de California, como los sandiegueños. Y la práctica como tal también fue conocida en los Llanos y en los Apalaches meridionales. Un ejemplo frecuentemente citado, visto por Clark entre los sioux santee, cubría un periodo de mil años, mismo periodo que abarca otro ejemplo, de seis pies de longitud, mencionado por Tasunka Witko (Caballo Loco) en 1887. La función principal de los bastones calendáricos de los Llanos en relación con las pictografías, como entre los pima, se puede notar en las etapas iniciales de la cuenta sicangu de Wapoctanxi (Sombrero Marrón), quien muestra una colección de ellas, observando: "Desde tiempos inmemoriales, conservan una gran colección de bastones, cada uno casi tan grueso y tan largo como un lápiz, con el propósito de contar y llevar el registro de los números, y hacen muescas en bastones más grandes con el mismo propósito".[8]

En otras palabras, esta práctica de los pima, como la de los kiowa, nos alerta ante principios de numeración subyacentes en la simple caracterización de los años, al estilo de los calendarios de Mesoamérica. Recíprocamente, el Mapa de Aztlan, que reproduce la historia de la migración desde Aztlan, registra el paso de los años en círculos sin nombre, así como otros textos de la tradición mexica y chichimeca; con el mismo propósito, otros textos utilizan sólo marcadores de los años, sin el sistema de Números más Signos anuales. Además, el término mismo que designa la Rueda de 52 años, *xiuhmolpilli*, atado de años, evoca remotamente los atados de años-bastones, del tipo esculpido en piedra por los aztecas.

En su fácil legibilidad, la tradición de los anales del norte establece por lo general un instructivo punto de comparación para los *xiuhtlapoualli* de la propia Mesoamérica, revelando rasgos de estos últimos que a veces habían quedado poco claros para los estudiosos por la mera complejidad del sistema calendárico de allí. En esta perspectiva podemos tener un sentido más claro de la unidad anual *per se* y de su naturaleza estacional; las nieves de los anales de los *waniyetu* corresponden fenomenológicamente a las lluvias de monzón que aparecen en algunos de los marcadores de años del *xiuhtlapoualli*. Sean relojes o círculos divididos en cuadrantes, estos últimos también señalan los momentos equinocciales y solsticiales del año, los "goznes" medidos por el pasillo (soberbiamente realizado) que desciende al templo subterráneo de Xochicalco, al igual que por las ingeniosas espirales grabadas en los portales del cañón Chaco y la alineación de postes Woodhenge con la gran pirámide en Cahokia.[9]

El sistema de 18 Fiestas anuales de 20 días, más cinco (o seis) días "inútiles" o epagomenales, aunque exclusivo de Mesoamérica, seguía y sigue funcionando de acuerdo con esta pauta más general de las estaciones en que los equinoccios corresponden a las Fiestas de Tlacaxipehualiztli y Ochpaniztli (figura IV.4), y los solsticios a las de Etzalcualiztli y Panquetzaliztli. Aunque las cuatro Fiestas podrían presentarse como puntos tributarios, por ejemplo en los Anales de Tlapa 2 y en el Mendoza (para los metales), la pareja equinoccial marca la división primaria de los años como los términos para el tributo básico semestral de tejidos e, incidentalmente, para todo el tributo debido desde el distante Xoconochco; en realidad, las mitades estructurales del ciclo de 18 Fiestas —es decir, cada una como el equinoccio más cuatro Fiestas dobles— confirma este énfasis. En el caso especial de los mayas de las tierras bajas, donde el efecto estandarizador del año *tun* separaba las Fiestas de las estaciones, existen pruebas de que el deslizamiento entre las dos, centrado en los equinoccios, se convirtió en sí mismo en foco de atención, por ejemplo en las fechas "determinantes" de Teeple.[10] Al norte de los trópicos, donde estas mitades de año se vuelven más identificables con el invierno frío y el verano cálido, exactamente la misma preferencia gobierna las ceremonias del año nuevo, en marzo, del Midewiwin y las cuentas de inviernos, que oponen el verano de la Danza del Sol al invierno de la negrura.

Al reconocer un término común en el año estacional en la narrativa y la administración, los anales por toda América del Norte recurren por igual a agrupar los años en periodos más largos. Es cierto que en Mesoamérica tales periodos son determinados sobre todo por la aritmética vigesimal del tributo —*pantli* (bandera) para 20, *tzontli* (pelo) para 400, etc.— y por la propia Rueda de 52 años. Sin embargo, dentro de esto y más allá, se dejan sentir otros ritmos mucho más difundidos geográficamente. Sobresalen periodos de cuatro y de siete años. Coincidiendo con el periodo del día bisiesto y conmemorado en Mesoamérica en la serie de Signos portadores, el periodo de cuatro años ("nauhxiuhtica", para citar el *Inin cuic*)[11] determinó los periodos de aprendizaje de los Gemelos navajo, la membresía en las sociedades tribales de los siksika, y, casi entre todas las naciones de América del Norte, el viaje al inframundo azotado por los vientos.

Sinónima de la secuencia de los guardianes nocturnos del año mesoameri-

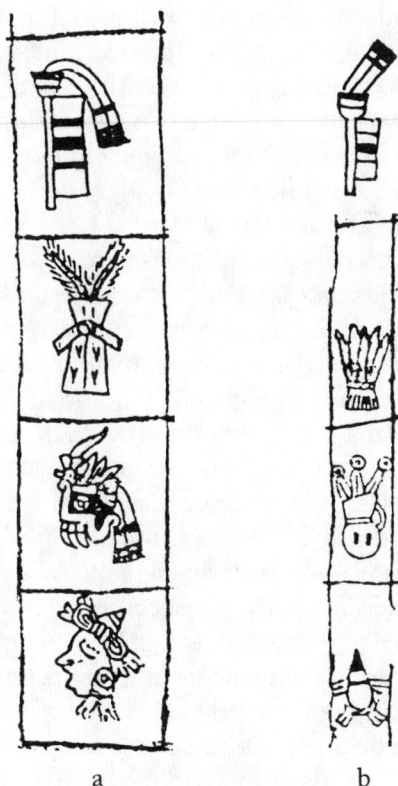

FIGURA IV.4. *Fiestas trimestrales del año: Tlacaxipehualiztli-Etzalqualiztli-Ochpaniztli-Panquetzaliztli (marzo-junio-septiembre-diciembre). a) Anales de Tlapa 2, reverso; b) Fragmento de Tlaquiltenango (Censo, 343).*

cano (véase Borbónico, pp. 21-22), la cifra siete se relaciona de modo más claro con el crecimiento del cuerpo, ejemplarmente en las vidas de 70 años detalladas en los *waniyetu,* y presentadas como típicas de los súbditos de Tenochtitlan en el Mendoza. La vida de 70 años, que encuentra un eco muy distante hacia el sur en el calendario chibcha, queda numéricamente sostenida en la tradición de los bastones calendáricos, donde terminar uno y comenzar otro significa haber completado los 70 años. En la cuenta pima-pápago de Santos, este acontecimiento ocurre en 1911, y se le prevé al completarse los ciclos de 40 y de 50 años en 1881 y 1891, mientras que la cuenta de Kaema A corre hasta completar un poco más de 70 años. La tradición sobrevive en las cuentas hechas en la actualidad por Vauvige en Gila Crossing, que después de un principio cósmico ofrecen glifos para cada una de las décadas. En los

Llanos, el mismo periodo de 70 años es atribuido a los bastones calendáricos por Wapoctanxi, en cuya cuenta el tiempo se mide en "lotes" de 70 años
antes y después de 1700 (930-1700, 1701-1910). Setenta años también funcionan como el periodo ideal en la cuenta de inviernos espiral de Sunka Isnala (Perro Solitario) y de otros textos miniconjou y hunkpapa, mientras que en
el caso de las cuentas en bustrófedon de Boide y de Mato Opi la cifra siete
determina el total de líneas por página.

Con sus calendarios más elaborados, y respetando la base decimal dentro
de la vigesimal, los anales mesoamericanos establecen las distinciones más
sutiles entre estas cifras al formar un argumento general. Encontramos un
ejemplo claro en la pareja de *amoxtli* de los Anales de Tlapa 1 y 2, cada uno
de los cuales cubre más o menos el mismo periodo de la historia de Tlachinollan. Los Anales de Tlapa 1, que subrayan la genealogía, tratada más extensamente en el reverso, agrupa siete años por página, el periodo ritual de los
guardianes del año de las parteras, apropiado para los conceptos de nacimiento y linaje; los Anales de Tlapa 2, que tratan sobre todo de conquistas y
tributos, agrupan los años 4 + 4 por página, la pauta tetrádica que se repite
en el reverso en las Fiestas trimestrales del cobro del tributo.

Reconocer la existencia de estas cifras y múltiplos de año significa averi-
guar cómo se representan visualmente en el texto, cuestión difícil en que el
waniyetu más legible podrá servirnos de guía una vez más. Allí, el tiempo de
una vida es presentado de manera típica como una espiral o un círculo *tipi,*
al cual Halcón Alto da la glosa inconfundible de "70 años".[12] Hehaka Sapa
(Alce Negro) equiparó los años de esta Era con los pelos de la pata de un
búfalo, en que el periodo de cuatro años correspondía a los horizontes. Por
su parte, los rollos Mide confirman al árbol como emblema de los mil años,
que también era el periodo de los bastones calendáricos en los Llanos, y en
las pinturas huicholas pueden leerse grupos de años en discos floreados.
En los textos en *tlacuilolli,* este orden de lenguaje visual se desarrolla de
acuerdo con las necesidades locales: de ahí los postes anuales que rodean
un campo en Tlacotepec, en el tiempo y el espacio (1519-1565), el árbol
milenario con rocas del Lienzo de Tlapiltepec, las Ruedas de llamas de las
ceremonias del Fuego Nuevo de 52 años que resumen los años de la ruta de
migración del Mapa de Aztlan, y las edades enterradas como las Siete Cavernas en la montaña de pedernal de Coetzala.[13] En realidad, estos ejemplos
pertenecen a un complejo repertorio de numeración interna o implantada
que todavía está por explorarse, el cual incluye la Rueda no sólo como llama, sino como humo, nube y la voluta colocada delante de la boca y el labio
o intercambiable con éstos, el ojo-estrella que mira desde el cielo. El perio-

do de cuatro años podía quedar denotado por una piedra o un pedernal, que nos recuerdan al cuarto de los Signos portadores de la Serie III (Pedernal; en los anales de Cuauhtinchan y de Cuauhtitlan, el signo de las "águilas cruzadas", que denota el lugar Cuauhquechollan, coincide con las derrotas que son colocadas exactamente 40 años aparte; el jade de Chalco se relaciona de manera similar con el periodo de 80 años[14] (figura IV.5).

Aún más sorprendente que el acuerdo en cifras que gobiernan los múltiplos significativos de años es la convención, también ubicua en América del Norte, por la cual éstos no sólo sirven para delimitar los periodos de años sino también para efectuar cambios entre años y otros niveles o dimensiones de tiempo. Este principio de cambio temporal, muy obvio en el caso de los Señores de la Noche del *tonalámatl,* quienes determinan la cuenta tanto de las nueve noches como la de las nueve lunas del embarazo, se deriva de técnicas chamánicas de psicotropía, que con alucinógenos o sin ellos modifican las normas y expectativas recibidas de la duración; no menos evidente es en el caso de los siete que gobiernan a la vez a los guardianes del año y las siete noches de los cuartos de la luna, cada uno de los cuales tiene su distinto símbolo Mide y winnebago, y es la norma catamenial de Isla Tortuga (cherokee, lenape). En verdad, este principio de pasar de las noches a los años está subyacente en todo el concepto de la cuenta de invierno, ya que el invierno en esas latitudes sí es la noche del año, la hibernación de bestias, personas y dioses, que se mueven en su sueño durante el solsticio de medianoche. Un relato lenape del viaje de su pueblo al este especifica "el campamento de cada noche" como "un alto de un año en un lugar", y Lafitau observó la misma "manera de contar" entre los iroqueses (*Les Iroquois et les Hurons ont une manière de compter, laquelle est du style de conseil, où les nuits supposent pour des années*) [los iroqueses y los hurones tienen una manera de contar, la cual es del estilo del consejo, en que las noches representan a los años].[15] Por su parte, la Cuenta de Anko, con gran ingenio visual, identifica 29 años de la vida de los kiowa (1863-1892) con las noches de la luna mientras anexa una cuenta subsidiaria de lunas a los años 1889-1892 (cuando se intercala una decimotercera luna).

Aún más prevaleciente es la fórmula que equipara *utas* con *octaeteris;* es decir, el periodo de 4 + 4 días o años, cuya definición primaria encontramos en los tres cuerpos más brillantes del cielo. El capítulo sobre Venus en los *teoamoxtli* y el códice jeroglífico de Dresde hacen muy explícita la analogía entre los 4 + 4 años (2 920 días), que coordinan el Sol con la Luna y Venus, y los 4 + 4 días que necesita Venus para descender y resurgir del inframundo (conjunción inferior). En la secuencia zodiacal del Féjérváry

a   b

Figura IV.5. *Lugar y múltiplos de año:* a) *Chálcatl, en el intervalo de 80 años (Anales de Cuauhtinchan, ff. 39-40);* b) *Cuauhquecholtécatl, en el intervalo de 40 años (Anales de Cuauhtinchan, ff, 39-40).*

(pp. 5-14), el mismo cambio entre *utas* y *octaeteris* es parte de una fórmula especialmente ingeniosa que especifica el minúsculo y real deslizamiento entre los ciclos de estos cuerpos en términos del principio del cambio temporal:

2 914	=	8 años solares	menos de 8 días en	365.24 días por año
	=	5 años de Venus	menos de 5 días en	583.92 días por año
	=	99 lunas	menos de 9 días en	29.53 días por luna

En realidad las secuencias tetrádicas del viaje de Venus, junto con el cambio temporal entre días y años, reaparece por doquier en América del Norte: en los funerales de los aztecas, sioux y algonquinos, los cuatro días de los dolientes después de un fallecimiento son experimentados como cuatro años por el difunto en su viaje al inframundo, así como cada grupo de cuatro días pasado en el camino de la vida por los héroes anasazi es igual a cuatro años para los seres normales. En el relato del jefe Chekilli, de los muskogee, los cuatro días (más cuatro) de la fiesta anual del maíz *pushkita* (de allí *busk* en inglés) aparecen ritualmente como años de un viaje ancestral.[16] Inscrita en la estructura misma de las estrofas de la escritura Mide, por ejemplo en el Rollo de Canciones de Kweweziashish, la pauta de 4 + 4 corresponde a días y años de grados, por el camino de la iniciación Mide. Además, los relatos Mide del viaje de Venus ejemplifican bien cómo se puede aplicar la doble pauta tetrádica a otras dimensiones de tiempo, por ejemplo, las fases menores del día del sol y su viaje por el cielo en etapas marcadas por "descansos". Lo mismo puede decirse del conjunto de cuatro años que se encuentra en los textos huicholes; sólo que aquí, en la serie de la Creación, el cambio ocurre en la otra dirección: hacia unos años que experiencialmente representan periodos de tiempo mucho mayores.

El cambio chamánico del tiempo, fácilmente reconocible por toda América del Norte, se lleva muy lejos en el calendario mesoamericano, con toda su plétora de conjuntos de Números y Signos. Por sí solos, los Trece Números nos llevan de las *trecenas,* o 13 días, del *tonálamatl,* importante tema de capítulo en los *teoamoxtli,* a los 13 años o cuartas partes de la Rueda de 52 años, dispuestos como los brazos de la esvástica en los Anales de Chiautla; en el sistema jeroglífico pasamos de modo similar a los trece *katunes* (20 *tunes,* 7 200 días) de la Rueda del Katún (aquí, progresión puramente matemática a causa de la naturaleza estandarizada del calendario *tun* y su despego de las unidades de tiempo determinadas de manera natural; es decir, con excepción del día solar).

Unir las tradiciones *waniyetu* y *xiuhtlapoualli* resulta mutuamente iluminador. Muestra los principios del funcionamiento real de los anales cuartomundistas y cómo forman su tiempo actual, sostenido como lo está en los periodos más largos de la Era y la comosgonía.

LA ERA

El testimonio más antiguo que se conserva sobre la datación de la Era en Mesoamérica puede encontrarse en inscripciones olmecas, que se colocan por la edad de Cristo, contando unidades de tiempo a partir del año 3113 a.C. (figura. IV.7). Después, los mayas de las tierras bajas utilizaron esta fecha básica en sus inscripciones jeroglíficas durante el periodo Clásico, y la identificaron con el día y el fin del *katún* "4 Ahau" (Signo XX), generalmente interpretado como el 10 (o el 12) de agosto de ese año; por tanto, una inscripción de la Serie Inicial registra 675 d.C., por ejemplo, como "Era Maya (= E. M.) 9.12.3"; es decir, 3 *tunes* (360 días), 12 *katunes* (20 *tunes*), y 9 *baktunes* (20 *katunes*) a partir de esa fecha básica. Por su estructura misma, este calendario *tun* de las tierras bajas genera una Era de trece *baktunes,* lo que movió a algunos estudiosos a anunciar una fecha final en 2012 d.C., E. M. 13.0.0., 5 200 (o 13 × 400) *tunes* a partir de 3113 a.C. De especial interés es el testimonio del Libro de Chilam Balam de Tizimín, el cual da informes sobre la reforma calendárica del siglo XVIII que condujo a una aproximación general entre el *tun* y el año solar de los cristianos. Aquí, la fecha final calculada es 2088 d.C.:[17] 5 200 años solares, no 5 200 *tunes,* a partir de 3113 a.C.

Este mismo periodo de 5 200 años se atribuye al actual Sol o Era en la tradición icónica, calculado como 13 *tzontli* (400) de años, o como 100 Ruedas de 52 años. Como 100 Ruedas aparece en la Piedra del Sol de Tenochtitlan, y fue transcrito a las historias nahuas de Cuauhtitlan y de Chalco (la fuente de Chimalpahin, y después de Boturini), mientras que el Manuscrito de las Pinturas habla de un medio Sol, medido aproximadamente como 50 Ruedas (2 600 años) en esa fuente[18] y en la *Leyenda de los Soles*. En el capítulo inicial del Códice Ríos, aparece como 13 unidades de turquesa peludas (con *tzontli* = 400) que son cuidadosamente interpretadas como de *quattrocenti anni* por el copista italiano (véase figura XII.4b). Al hacer coincidir en años el periodo jeroglífico de 5 200 *tunes*, los textos icónicos también se remiten a la misma fecha básica, señalada por Chimalpahin en fechas cercanas a 3000 a.C. (Séptima Relación), y declarada con precisión en la Piedra del Sol y en los Anales de Tepexic como el año 13 Caña (3113 a.C.). Dentro de este año, mientras el jeroglífico 4 Ahau (Signo XX) equipara el 10 de agosto, el nombre de este Sol simbolizado en muchas páginas icónicas y monumentos como 4 Ollin (Signo XVII), anuncia el equinoccio de primavera, el 21 de marzo, como momento estacional apropiado para el calendario anual.

En la parte superior de la Piedra del Sol se halla el nombre del año 13 Caña. Esto alude posiblemente a la fecha contemporánea azteca de 1479 d.C., pero también corresponde de modo nominal a 3113 a.C. en la correlación más augusta de Tepexic y Coixtlahuaca. La misma mirada retrospectiva aparece en los Anales de Cuauhtitlan, los cuales narran los acontecimientos de la cuenca de México hasta la época de Cortés, pasando, año tras año, desde la base chichimeca del siglo VII (la Rueda 72 de la Era, por lo general reconocida en textos de la cuenca de México y posiblemente cifrada en el nombre mismo de la diosa chichimeca Itzpapálotl: Mariposa de Obsidiana).[19] Durante las dos primeras Ruedas, culminando en el año 13 Caña, 751 d.C., el texto de Cuauhtitlan vuelve de manera súbita a los comienzos de la Era Cuatro Ollin, diciendo cómo nació de las anteriores edades del mundo en el año de ese mismo nombre, hace milenios. Y al hacerlo traduce a numerales romanos las Ruedas de nube-serpiente (*mimixcoa*) que, dispuestas en el dorso del dragón celestial que rodea la Piedra del Sol, asignan 5 200 años ($10 \times 10 \times 52$) a esta Era, la quinta en el esquema de los Soles y una quinta del ciclo precesional de 26 000 años (véase capítulo XII y figura X.2).

Unos relatos detallados de la Era, de sus mecanismos intrincados y de sus grandiosas perspectivas, aparecen en más de un texto de la tradición de los *xiuhtlapoualli*. Aquí tomamos tres como ejemplos: el Códice Mexicanus de Tenochtitlan y la biografía de Ocho Venado, los cuales emplean recursos

a

b

FIGURA IV.6. *Ruedas calendáricas: a)* Mexicanus, *p. 9; b)* Anales de Tilantongo, *p. 76.*

de ruedas intercaladas (figura IV.6), y los Anales de Tepexic, que nos llevan desde los comienzos de la Era en una ininterrumpida relación de años.

El Códice Mexicanus es un texto poscortesiano, cuyo capítulo inicial, de 11 páginas, es abiertamente calendárico al tratar de los días de los santos cristianos, las letras dominicales y el Zodiaco del Viejo Mundo, y al intentar reconciliar los calendarios mesoamericano y cristiano. El diseño de dos ruedas que hay en la página 9 yuxtapone años cristianos y mesoamericanos. Hay 28 de los primeros, o un ciclo solar, identificado por las 4 × 7 letras dominicales, a-g; de los últimos, hay los 52 de una Rueda, identificados por los trece Números y cuatro Signos de la Serie III. En la posición mostrada, el año b 1558 de la Rueda cristiana, 17 años antes del b 1575 (glosado como tal en números arábigos),[20] está tocando apenas el primero de los años Conejo de la Rueda mesoamericana, bajo la nariz del conejo: en la convención de Tenochtitlan, 1558 fue en realidad el año 1 Conejo, el último de la Rueda del fuego nuevo azteca iniciada antes de que se escribiera el Mexicanus. Por tanto, las ruedas no sólo están yuxtapuestas, sino que engranan y nos pueden llevar hacia atrás o hacia adelante en el tiempo, en una secuencia calendárica correcta. En el centro de la Rueda cristiana, San Pedro sostiene en la mano derecha una llave con tres puntas, y en la izquierda un libro abierto que muestra cuatro puntos en cada una de las dos páginas, cinco de los cuales le han sido revelados; sobre su cabeza, una cruz ocupa una división extraordinaria de la rueda del ciclo solar, que hace pasar de 28 a 29 el total de las divisiones que engranarían con los 52 años mesoamericanos si se hacen girar las ruedas en cualquier dirección.

En la posición dada, alterar o romper el ciclo cristiano de esta manera parece señalar el principal hecho calendárico que ocurrió justamente cuatro años (el periodo del día bisiesto) después de la última letra que se registra: e, o 1578; es decir, la Reforma Gregoriana de 1582, por lo demás aludida en el Mexicanus, que efectivamente causó una ruptura en la secuencia de las 28 letras dominicales. Al mismo tiempo, en el sistema mesoamericano, esta alteración señala ingeniosamente las razones de la reforma en cuestión; es decir, la imperfecta medición juliana del año estacional y, por tanto, la necesidad de los días bisiestos, en la medida en que éstos habían sido calculados ya de tiempo atrás en Mesoamérica de acuerdo con una fórmula superior, que incluía el número 29 y no el 28. Esta fórmula, que también se encuentra en el calendario *tun*, como lo mostró Teeple, específica que sobre 29 Ruedas, o sea 1 508 años, la diferencia entre el año métrico de 365 días (es decir, sin días bisiestos) y el año estacional un poco más largo (365.242 días) equivale a un año;[21] y éste es exactamente el total de los años producidos por la operación de las dos ruedas en cuestión, ya que 1 508 es el mínimo común múltiplo de 29 y 52. Esto, ya bastante complejo en sí, aún deja sin explicar las restantes fechas numéricas del dibujo, a saber, las tres puntas de la llave de San Pedro y los cinco puntos de su libro.

En el calendario cristiano, el ciclo solar de 28 años se ha empleado comúnmente para producir periodos mayores, sea en conjunción con, por ejemplo, el periodo metónico o de indicción, el cual produce el ciclo juliano que comienza en 4713 a.C., o por sí solo, para postular la fecha de la creación, según el obispo Ussher alrededor de 4004 a.C. Aquí en el Mexicanus, tomando en cuenta las claves numéricas de San Pedro, puede verse que el ciclo enmendado de 29 años produce la distancia que hay entre el principio de la primera Rueda de la Era mesoamericana en 1 Pedernal, 3112 a.C. (la correlación de Tepexic) y el fin de la última Rueda azteca en 1 Conejo, 1558 d.C. (correlación de Tenochtitlan), uniendo y confirmando así los dos desciframientos de fechas y ciclos hechos hasta ahora. Pues si se les da tres vueltas completas, en todas las combinaciones, como la imagen de la llave sugiere que debe hacerse, las ruedas producen 4524, o 3 × 1508 años, y la fecha 1412 d.C., a la cual entonces se pueden añadir cinco vueltas de la Rueda cristiana, o sea 145 años, el intervalo hacia el objetivo de 1558 d.C. En otras palabras, al unificar su calendario con el de los invasores cristianos, los autores de esta página, en Tenochtitlan, lograron apelar a la vez a un año significativo en sus propios anales locales (1 Conejo, 1558 d.C.)[22] y al esquema más general de la Era mesoamericana.

La vida de Ocho Venado nos ofrece una correlación similar, esta vez precortesiana. En las biografías dedicadas a él, se muestra que Ocho Venado ejerció el gran privilegio de encender personalmente, a los 36 años, el Fuego Nuevo de 9 Caña, el año mixteca que Alfonso Caso identificó con 1047 d.C. En los Anales de Tututepec, esto se registra como un glorioso momento culminante; aunque en la versión Zouche-Nuttall, que adopta por lo general una visión más prosaica de su tema, el taladro de Ocho Venado cae ligeramente fuera de lo vertical, no se hace resaltar menos la importancia calendárica del año como tal (pp. 35-36). Un emblema toponímico especial prevé el nombre del año 9 Caña; consiste en un sol en que se han introducido dos ruedas concéntricas, y es glosado con las palabras *nauh ollin,* es decir, el Sol, o la Era, cuyo nombre es Cuatro Ollin. Las divisiones del círculo externo, reveladas entre ocho rayos solares como proporción del total nocional de 80 (que Tichy ha mostrado que son los "grados" del círculo mesoamericano), registran los 52 años de la Rueda; el círculo interno es de jade, identificable de modo específico con el periodo de 80 años.[23] El producto de ambas sería 52 × 80, o sea 4160 años, que es exactamente la distancia que va de 3113 a.C a la fecha en cuestión, 1047 d.C. Esta fecha, que Ocho Venado se apropió, por decirlo así, tiene una resonancia particular en esta Era, pues señala la proporción de cuatro quintos a un quinto, que determina la Era misma dentro del Gran Año. Como lo muestra la versión de Tututepec en los 20 ojos-estrella que presencian el acontecimiento, también son

20 Ruedas, o una quinta parte de la Era, a partir de la fecha básica de la Rueda 60 observada en varias historias mixtecas y definida como tal en los Anales de Xaltepec (véase figura IV.8).[24]

En resumen, esta hipótesis acerca del fuego nuevo de 1047 d.C. y su significado dentro de la Era fue provocada por el detalle numérico del topónimo glosado *nauh ollin* en una biografía de Ocho Venado y por la riqueza de las imágenes solares que lo acompañan en otra. Se basa en el concepto de que los recursos calendáricos de las ruedas intercaladas, del tipo que aparece en el Mexicanus, también fueron precortesianos, y que la datación mixteca de Caso, refutada por algunos, es correcta. Se apoya además en la medida cabal de la Era que nos proporcionan los Anales de Tepexic.

Armados del facsímil del Códice Viena (1963), podemos gozar ahora de la sensación sin paralelo de interpretar los Anales de Tepexic, que están escritos en las 52 páginas del anverso, sobre una longitud física de cerca de 13 metros. Avanzando por la zigzagueante corriente bustrófedon, haciendo pausa en las áreas más grandes o "lagos" de tiempo, se nos lleva a través de miles de años, de una fecha a otra, de una Rueda a otra, página tras página y capítulo tras capítulo. Cada uno de los diez capítulos culmina en una ceremonia de fuego nuevo (cuadro IV.2), y al avanzar en el tiempo va disminuyendo su longitud: después de las maratónicas 22 páginas del capítulo 1, el capítulo 2 sólo ocupa 10 páginas, y los ocho restantes se encuentran agrupados en las 20 páginas finales del códice. Al mismo tiempo, notamos una preferencia por nombres particulares de unos años sobre otros, como 7 Caña y 1 Caña, los años vigésimo y cuadragésimo de la Rueda que comienza en 1 Pedernal, mientras que nombres particulares de año más día reaparecen exclusivamente a intervalos particulares, como para supervisar el avance del texto. Por tanto, el 2 Caña/2 Caña, que aparece por primera vez en la Rueda 27 sobre una montaña-estrella (véase figura XII.3), establece después un ritmo de nueve Ruedas en el texto, en las Ruedas 39, 48 y 57, que armoniza numéricamente con las apariciones de la deidad patrona de todo el relato, Quetzalcóatl Nueve Viento, noveno de los Trece Héroes. El símbolo del rostro del dios de la lluvia conocido como Napatecutli, "cuatro veces señor", aparece cuatro veces en el texto, sobre un periodo de exactamente 4 004 años. Al final, contemplando en retrospectiva la enorme distancia recorrida, podemos comprender que el intervalo promedio entre las 180 fechas de años registrados es de 25 años, y que el periodo entre el primero, 5 Pedernal, y el último, 8 Pedernal, equivale a 4 800 años. Este periodo, fácilmente legible en los calendarios mesoamericanos como 12 grupos de 400 años, también aparece en los 5 200 años de la Era en la proporción lunar-solar de 12 a 13, de Quetzal a Loro.

Desde el punto de vista técnico, el curso de estos magníficos anales sigue precisamente las convenciones y el formato utilizados en los anales mixtecas que Caso, por su parte, ha traducido en más de un milenio cristiano. Además, se verifica de modo inequívoco a sí mismo, poniendo de relieve los intervalos significativos así como por otros medios. Sin embargo, hasta hoy nadie ha decidido reconocer de manera pública que el texto cubre tan largo periodo, y algunos han rechazado de plano esta idea. Ante el periodo de tres mil años propuesto tan sólo en el primer capítulo (pp. 1-22), Nowotny desautorizó la mayor parte, apartando las páginas 5-16 como subsección (*Unterabschnitt*), por considerarla como simple resumen de partes anteriores y posteriores del texto (*Rekapitulation der ganzen Bilderfolge... vor und nach*). Según él, los nombres de años registrados en estas páginas son simplemente grupos simbólicos y sincrónicos, desprovistos de toda conexión lineal. Por motivos formales y de otra índole, no hay justificación para tratar así la narración: estas páginas continúan a la perfección la corriente general de la lectura, y no son separadas, por lo cual el empleo mismo del término *Unterabschnitt* (que implica un corte o una sección) es técnicamente incorrecto. Después de todo, si estas fechas no denotan un tiempo secuencial, ¿para que molestarse colocándolas en la corriente de la lectura secuencial, característica del *xiuhtlapoualli*? De hecho, tanto más importante resulta atenerse a la secuencia formal, pues, como nos lo ha mostrado el ejemplo de Cuauhtitlan, el *xiuhtlapoualli* suele invocar acontecimientos distantes, así como los textos de la Serie Inicial maya, que avanzan y retroceden en el tiempo, dentro de años y entre ellos, en la cuenta progresiva. Después, la desconfianza de Nowotny encontró un eco en Melgarejo, Furst, Jansen y otros, quienes consideraron que una interpretación directa de los anales produciría una "imposible" profundidad de tiempo, y quienes proponen que las fechas registradas son simplemente simbólicas, sin ninguna relación con la cronología lineal del género del *xiuhtlapoualli*.[25]

Los nombres mesoamericanos de portadores de años, derivados como lo son del *tonalámatl,* desde luego están imbuidos de simbolismo. Un caso obvio es el año azteca del fuego nuevo, el cual fue trasladado de 1 Conejo al año siguiente, 2 Caña, por causa de una asociación entre los años Conejo y la sequía. En los Anales de Tepexic, una lógica similar subyace en la evitación de 20 de los 52 nombres de años en la Rueda; y entre los 32 que se utilizan, existe una preferencia por los años Caña y Pedernal (cada uno de los cuales aporta nueve de 13 nombres posibles) sobre Casa y Conejo (cada uno de los cuales sólo ofrece siete). Además, todo este esquema, que se refleja en la paginación misma de los capítulos, apela a las cifras anatómicas de

Cuadro IV.2. *Años en la Era (Anales de Tepexic)*

	1 VII	1 VII	1 II	7 II	12 II	13 II	4 V	7 V	4 I	11 II		
(2)	1 VII	1 VII	1 II	7 II	12 II	13 II	4 V	7 V	4 I	11 II		
	(30 DE MARZO -3113)											
(3)	7 XIX	7 XV	5 XVIII		0.5	0.42	1.39	(4)	1.40	2.18	3.10	4.10
					—3108	3071	3022		3021	2991	2947	2895
(5)	2.19	3.19	}					5.21				}
	2990	2938						2832				
(6)					4.19	5.10		5.49	6.5	6.20	7.5	
					2886	2843		2804	2796	2781	2744	
(7)	8.18	8.20	8.35	8.40	9.18	9.35	9.37	9.43	10.17	10.20		
	2679	2677	2662	2657	2627	2610	2608	2602	2576	2573		
(8)	10.39	11.40	11.39	12.34	12.39	13.16	14.16	14.40	15.35	16.27	16.42	17.20
	2554	2503	2502	2455	2450	2421	2369	2345	2298	2254	2239	2209
(9)	18.25	19.10	19.41	20.16	20.32	20.44	21.36	22.20	22.25	23.20	23.40	24.40
	2152	2115	2084	2057	2041	2029	1985	1949	1944	1897	1877	1825
(10)	25.40	25.42	26.40	27.4	27.20	27.28	28.20	29.18	29.39	30.5	30.18	30.40
	1773	1771	1721	1705	1689	1681	1637	1587	1566	1548	1535	1513
(11)	32.11	32.20	32.27	33.4	33.27	33.33	34.27	35.10	35.20	36.10	36.47	37.47
	1438	1429	1422	1393	1370	1364	1318	1283	1273	1231	1194	1142
(12)	38.8	38.19	39.6	39.28	40.25	40.33	40.40	41.11	41.43	42.6	42.8	42.40
	1129	1118	1079	1057	1008	1000	993	970	938	923	921	889
(13)	43.20	44.20	44.39	45.8	45.34	46.8	46.20	46.43	47.34	47.40	48.8	48.17
	857	805	786	765	739	713	701	678	635	629	609	600
(14)	49.20	49.45	49.46	50.21	51.8	51.20	51.40	52.40	53.20	54.5	55.5	55.40
	545	520	519	492	453	441	421	369	337	300	248	213
(15)	57.18	57.28	57.35	58.20	58.21	59.21	59.39		60.39	(18)	61.39	62.21
	131	121	114	77	76	24	6	AD	46		98	132
(20)	63.10	63.39	64.20	64.39	(21)	65.39	66.19	(23)	66.35	66.39	66.44	
	173	202	235	254		306	338		354	358	363	
(26)	67.42	68.35	68.39	68.44	(28)	69.35	(29)	70.8	71.5	72.5	(30)	73.5
	413	458	462	467		510		535	584	636		688
(31)	74.39	(32)	75.18	(33)	75.34	(34)	75.39	(35)	76.16	76.33	(36)	76.49
	774		805		821		826		855	872		888
(37)	77.18	(38)	77.35	(39)	77.40	(40)	78.20	(41)	79.20	80.5	(42)	81.5
	909		926		931		963		1015	1052		1104
(43)	81.20	82.20	82.40	(48)	83.18	84.18	(49)	84.32	85.32	85.36	85.40	
	1119	1171	1191		1221	1273		1287	1339	1343	1347	
(50)	86.2	86.40	87.10	87.40	(51)	88.33	89.18	89.27	90.4			
	1361	1399	1421	1451		1496	1534	1543	1572			
(52)	90.27	90.47	91.39	92.21								
	1595	1615	1659	1692								

NOTAS: (2)-(52): números de páginas en los Anales de Tepexic; 1 VII-5 XVIII: secuencia inicial de días, pp. 2-3 (= 7 × 260 = 5 × 365 − 5 días); 0.5 etcétera: Rueda en la Era y año en la Rueda que tiene como primer año 1 Pedernal; −3113: equivalente a 3113 a.C.; los años de −3113 a −6 (pp. 2-15) son años a.C.

dientes (32), dígitos (20) y orificios (la proporción 9:7). Luego, así como el total de páginas es igual a los años de la Rueda, también el total de las fechas es igual a los días que hay entre los equinoccios de Tlacaxipehualiztli y Ochpaniztli (9 × 20), mientras que el máximo en cualquier página es el lunar-solar 12:13. Otros datos que tienen significado ritual incluyen el hecho de que, además de los 10 capítulos y los 10 fuegos nuevos, el texto tiene 10 personajes llamados Dos Perro (Signo X).

Los acontecimientos se representan repetidamente en los términos cíclicos del *teoamoxtli*, sobre todo los capítulos de "Nacimiento", "Costumbres", "Bebedores" y "Fuego nuevo". En realidad, cinco de los 10 capítulos y fuegos nuevos, que se distinguen por topónimos conjuntos, formados en bloques con una sola base, se apegan exactamente al paradigma del tributo sincrónico de la metrópoli rodeada por cuatro distritos, al este, sur, norte y oeste. En el centro, se privilegia el bloque metropolitano del propio Tepexic con una base levantada,[26] en contraste con los cuatro bloques provincianos de base más baja, donde, sin falta, el total de las cabeceras equivale al lunar 29 (véase figura III.3). Respetando hasta la numeración paradigmática de los cuadrantes tributarios como se encuentra en el Mendoza y en el Féjérváry, este detalle viene a confirmar al Tepexic metropolitano como enfoque y probable lugar de proveniencia del texto.

Tan ingeniosa es la construcción de los Anales de Tepexic, que podrían encontrarse otros ejemplos más de esas pautas del tiempo y la experiencia que apoyaran una interpretación sincrónica o simbólica del texto, y el correspondiente rechazo de una secuencia lineal ininterrumpida de principio a fin. Sin embargo, hacerlo sería socavar la definición misma del *xiuhtlapoualli*. Pese a sus propensiones rituales y cíclicas, hay que reconocer que este género, al menos a un nivel mínimo, registra las fechas sucesivas, pues si se abandona este principio, así sea en un solo caso, entonces se pone en entredicho todo el sistema cronológico-literario. En cambio, lo que tenemos es la formación del tiempo en pautas significativas e inteligibles, del tipo preferido con tanta insistencia en las décadas y los siglos cristianos: el *xiuhtlapoualli* tiende, de manera típica, a construir pautas con base en las fechas de los años que integran su fluir lineal, como en el caso de la secuencia de 2 Caña antes notada. Cierto que un efecto local de esto podría ser que la secuencia de los años pareciera funcionar por derecho propio, como si se hubiese independizado de todo relato concomitante; y éste es precisamente el caso, por ejemplo, en el Códice Osuna (secciones sobre Tenochtitlan y Tlatelolco), donde los discos de los años para el periodo 1556-1564 se encuentran en páginas sucesivas del texto; de este modo, cualquiera que sea el detalle de cualquier página, constituyen una serie de nueve, independiente y que se define por sí misma. Pero ello no altera en nada el hecho de que, como en los Anales de Tepexic, los años son secuenciales y se relacionan con un periodo particular. En el caso del texto de Tepexic, el principio de este periodo parece coincidir, según todas las pruebas de que disponemos, con el comienzo de la Era, 13 Caña en la correlación de esa ciudad.

Por tanto, desde el equinoccio de primavera de 3113 a.C., la cuenta del primer día nos lleva por siete *tonalámatl* hasta el primer año nombrado, 5 Pedernal, 3108 a.C., con su marcador categórico; y precisamente 4 800 años después, la fecha final, 8 Pedernal, se vuelve 1692 d.C. La fecha final proyectada, 1692, sirve para redondear la narración y darle una significación calendárica, convención encontrada en muchos textos icónicos y jeroglíficos; y en realidad, este mismo año aparece como el fin proyectado en anales del ámbito de Cholula (Acatzinco) y Tlaxcala. Además de conmemorar doce treceavas partes de la Era, ya anuncia la revolución de 1692 (el "alboroto y motín"), causada por el más grande eclipse solar visto en México durante siglos antes y después, así como la decisión de los escribas-sacerdotes de Quetzalcóatl-Uotan, en el Xoconochco, de entregar finalmente sus antiguos *amoxtli*.

En el extenso capítulo inicial, el nacimiento de Quetzalcóatl Nueve Viento y las migraciones que siguen deben colocarse en el marco de la Era de la historia tolteca, cuya base material se analiza más adelante. Además, resulta significativo que precisamente los textos que más comparten la perspectiva Papaloapan de Tepexic también comiencen de manera abierta su historia con la Era misma. Como el propio texto de Tepexic, el Rollo Selden coloca este principio en el cielo, el ámbito de Quetzalcóatl y de la pareja primordial, el Señor y la Señora Uno Venado, y cuenta el camino hacia abajo, hasta Chicomoztoc, por medio de hileras de ojos-estrella, del tipo que también inaugura el fragmento de Gómez de Orozco. En Chicomoztoc, el Lienzo de Tlapiltepec apila cuatro rocas, marcadas por un árbol milenario, para indicar el tiempo transcurrido desde que comenzó la Era (figura IV.7).[27] El nacimiento celeste de Quetzalcóatl y el descenso a Chicomoztoc vuelven a representarse en el Lienzo de Tequixtepec 2.

Se vuelve posible otra referencia cruzada, esta vez con los textos mixtecos, cuando llegamos al nacimiento del árbol en Apoala. El acontecimiento de Apoala, que data de los tiempos de Cristo, llega a aparecer como el término inaugural de varios anales de la genealogía mixteca (figura IV.8), junto con los personajes registrados allí, precisamente, por Tepexic: la pareja distintiva de la cabeza calva y la cabeza de huevo Diez Muerte, en colores gris y negro;

Siete Flor; Once Caimán; la señora Ocho Mono, de rostro azul, y, último en la lista, Ocho Viento, con su tocado de águila, a quien los Anales de Tilantongo dedican una breve biografía.[28]

El segundo capítulo, que abarca de 338 a 805 d.C., hace eco al periodo Clásico, definido originalmente por las inscripciones jeroglíficas, y luego termina en un fuego nuevo que nos deja firmemente en Tepexic. Así como en el Mapa de Coixtlahuaca, su montaña partida hace pareja con el tablero de Tlil-tepexic, su ciudad gemela, que hoy es sólo una ruina no excavada frente al sitio principal, más las imágenes de la cercana Huehuetlan, la ciudad de los ancianos, hombre y mujer, y el maguey indicativo de la cordillera de Tentzon, al noroeste. Insertado en esta toponimia conjunta hay un recuerdo de Chicomoztoc, la base secundaria chichimeca de la Rueda 72, del siglo VII, atestiguada de manera independiente en textos de Coixtlahuaca (lienzos que registran la sucesión de más de 30 generaciones), la cuenca de México (Anales de Cuauhtitlan), la llanura de Cholula (Mapa de Nepopoalco) y Cuextlan (Rollo de Itzcuintepec, Lienzo de Metlatoyuca). Como en otros fuegos nuevos, se lleva a Tepexic (a pie) piedra cortada para la construcción de edificios y grandes muros de ocho niveles, grabados minuciosamente por Dupaix en 1807, y que aún son notables a la vista. Una especialidad de la zona, el trabajo de otate presentado como tributo, después fue enviado a Tenochtitlan, según el Mendoza. El surgimiento de Tepexic como centro urbano durante el periodo Clásico ha sido confirmado por excavaciones muy recientes llevadas a cabo en el lugar.

Este segundo fuego nuevo, realizado por Quetzalcóatl Nueve Viento teniendo como oficiante a Dos Perro, viene a afirmar fundamentalmente el poderío político de Tepexic, aserto corroborado en textos de Coixtlahuaca, Tequixtepec, Cuicatlan y los otros poblados del Papaloapan en cuyo nombre, siglos después, Moctezuma Mazatzin[29] negoció con Cortés, y es un hecho que hoy lo convierte en una sede gubernamental para el estudio de las culturas "nahua, chocho y mixteca". Al sur, los anales mixtecos reconocen la importancia cardinal de Tepexic, como la potencia situada en su frontera norte en el momento en que sus dinastías locales se estaban estableciendo, dos siglos antes de Ocho Venado.

Respecto a los restantes fuegos nuevos del texto de Tepexic, pasamos majestuosamente por los cuadrantes que tuvo a su alrededor. El del este, con su tributo de cacao, llega al árbol de Apoala y al "sol" (eclipsado) de Teotlillan. En el sur mixteco, en 909 d.C., el fuego nuevo se le confía a la esquelética deidad matrona Nueve Diente y a Nueve Mono, mencionados en esta fecha en los Anales de Tilantongo (p. 23), y enumera a un bajo grupo de sólo cinco cabeceras, entre ellas el poblado-cráneo de Mictlantongo y dos lugares cerca de Tilantongo, después tomados por Ocho Venado: en total, una mísera fuente de tributos. La espectacular gama de los 12 topónimos del norte llega a lo más alto de la página, insinuando la vista real, al norte, desde Tepexic. Enmascarado como el dios de la lluvia, el primero de ellos es la montaña Napatecutli, que aquí hace la última de sus cuatro apariciones; en los mapas Xólotl y Cuauhtinchan, ocupa la misma posición clave en el rincón noroccidental del chichimeca-tlalli.[30] En el otro extremo del bloque se encuentra Zoltepec, la Montaña Codorniz, que también ocupa lugar prominente en las fuentes de la llanura de Cholula, y en el Rollo de Huamantla, de Tlaxcala, junto con otros lugares aquí presentes, como la nariz de Tepeaca, el jaguar de Ocelotepec, y el carbón de Tecolcuauhtlan, la estrella de Citlaltepec, y (para Burland) el rostro de jade de Tlaxcala. Este fuego nuevo norteño, en 1171 d.C., literalmente un punto culminante de los Anales de Tepexic, es presidido por el último de los Dos Perros y efectuado por Nueve Viento. En lo político, corresponde al avance hacia el norte en el siglo XII, que aparece en varios lienzos de la federación de Coixtlahuaca, que incluye en sus límites a Cuauhtinchan y Tepeaca en la llanura de Cholula, poblados cuyos anales aluden recíprocamente a estos acontecimientos, atribuyendo gran importancia al recuerdo ancestral de Tepexic.

Por último, el oeste, que también es un cuadrante limitado, incluye la población "orejera" de Nacochtlan (hoy, Necochtla) y a Coatzinco. Sin embargo, este último fuego nuevo se distingue de todos los anteriores por el hecho de que aún no se ha celebrado. Tendido en su bloque, el taladro indica la fecha probable de composición del texto, 5 Casa, 1273 d.C. A partir de allí, proyectándose hacia el cierre en 1692, el texto fija sus fechas en toponimos, cuatro por página sobre cuatro páginas según la pauta federal de dieciséis (que se encuentra asimismo en el Lienzo de Coixtlahuaca donde está incluido Tepexic, con un gobernante llamado, según la Era, "Nauh Ollin"; y en la pirámide de Quetzalcóatl en Xochicalco).

En suma, los Anales de Tepexic, siendo los más largos que existen en escritura indígena, aportan técnicamente un término común de referencia para los otros grupos de anales, con sus diversas correlaciones y fechas básicas que provienen de áreas circundantes de esa ciudad, desde Cuicatlan hasta el valle de México, y desde la Mixteca hasta Cholula y Tlaxcala. Al mismo tiempo, como texto *xiuhtlapoualli* exige que se le considere perfectamente conmensurable con los textos del calendario *tun* de las tierras bajas mayas, que narran de manera indiscutible acontecimientos de toda la duración de la Era que comienza en 3113 a.C. Con ello viene a aumentar el creciente

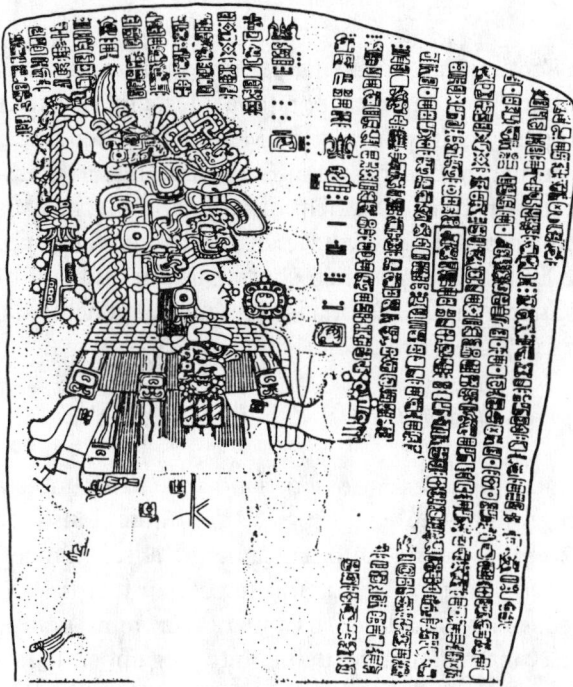

FIGURA IV.7. Fechas calculadas desde el principio de la
Era, 21 de mayo 143 y 13 de
julio 156 d.C (centro arriba).
Estela olmeca, La Mojarra.

FIGURA IV.8. Fechas calculadas desde el principio de la Era: a) por ojos-estrella
(= Ruedas), para llegar a Chicomoztoc (Rollo Selden); b) por piedras marcadas por
el árbol 'milenario', en Chicomoztoc (Lienzo de Tlapiltepec); c) por ojos-estrella
(= Ruedas), más barras y punto (21 + 45; Anales de Xaltepec, p.1).

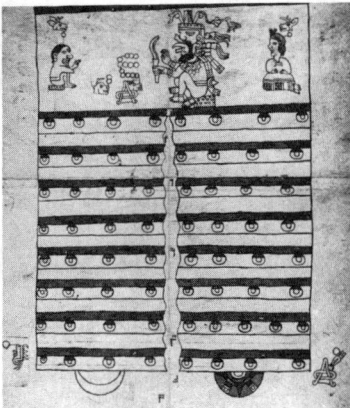

a

b

c

testimonio arqueológico de Teotihuacan, Cacaxtla, Tikal y otras partes de la sólida interdependencia política y económica por toda Mesoamérica, que fue el legado de la cultura olmeca, cultura madre de Mesoamérica, en cuyas inscripciones aparecen por primera vez fechas de la Era. Como historia, hasta se ofrece a llevarnos de vuelta a aquellos principios, asignando fechas a la historia legendaria de los toltecas y de la civilización mesoamericana; por último, ayuda a colocar esta Era, de la cual tienen contrapartidas Tahuantinsuyu y otras entidades políticas, en la historia cosmogónica general del Cuarto Mundo.

La correlación

En cierta medida, correlacionar los calendarios cristiano y cuartomundista es asunto técnico. También es filosófico e ideológico. Y es que el sistema cristiano para calcular el tiempo tiende automáticamente a ser tomado como el estándar y universal, de modo que, cuando se cotejan textos indígenas contra él, a menudo se les ha tomado en aislamiento sin reintegrarlos a sus propias tradiciones de cronología dentro del ámbito, digamos, de Isla Tortuga o Mesoamérica. En esta última, definida como es por su "patrimonio común" de Números y Signos constructores de tiempo, la mayor parte del trabajo sobre la datación jeroglífica se ha efectuado en la práctica con poca referencia a los *xiuhtlapoualli;* a su vez, éstos rara vez han sido tratados con pleno respeto como género que trasciende las diferencias locales de convención y estilo. Esta balcanización afecta de manera adversa las posibilidades de que algún texto pueda ser considerado histórico: fuera de contexto y carente de su propio marco cronológico, es más probable que parezca fantástico o francamente errado cuando se le coteja contra la norma cristiana.

Como en el caso de los mapas, el problema crítico es de ubicación, y en ello un factor inevitable ha sido la naturaleza del propio calendario cristiano. Partiendo de la base a.C./d.C., el avance de sus años es implacable y lineal, y simplemente vienen a añadirse esas unidades de tiempo cuya significación proporcional en la lista va haciéndose cada vez más pequeña. Por otra parte, un concepto trivial —los dedos— sostiene toda la recurrencia de sus décadas y siglos, medios milenios y milenios, y la superstición general, aun en la alta teoría intelectual, con respecto a su significación, como conceptos o unidades de apocalipsis. Además, este calendario en sí mismo ha puesto poca resistencia a la distinción categórica, tan trillada e imperialista cuando se aplica al Cuarto Mundo, entre la historia diacrónica y la estructura sincrónica. ¡Cuán diferente la situación donde el presente florece más pronto en el tiempo; es el momento arraigado por vía de cifras en sucesivos niveles temporales —años, vidas, edades— y es un nombre entre aquellos que recuerdan interminablemente las noches y los días de la matriz y que forman y colocan esta Era dentro de la historia de la civilización y de los Soles del mundo!

En Mesoamérica, los ciclos del *tonalámatl* y el año, que lo abarcan todo, se han convertido en tema polémico, ya que las fechas registradas, no sólo en los milenios de los Anales de Tepexic sino en otros lugares del *xiuhtlapoualli*, han sido sumariamente desdeñadas, consideradas no del todo como fechas, sino sólo como símbolos. Preñadas de significación por su propio derecho y levantando unas estructuras que se validan por sí solas, dícese que no tienen nada que hacer con el tiempo "real"; es decir, la experiencia directa en la tierra, de los seres humanos que a lo largo de periodos interminables y con enorme esfuerzo construyeron las ciudades y los panoramas de Mesoamérica y crearon su civilización. Uno de esos recientes relatos del *xiuhtlapoualli*, que abraza en forma abierta los principios sincrónicos del estructuralismo, ha sido sagazmente descifrado en términos de la conquista política en la frase "Lévi-Strauss en Tenochtitlan".[31] Decir que el sistema cronológico mesoamericano desafía toda traducción es una cosa: sus ciclos y su resonancia interna, sus proporciones y su contrapunto, mucho más ricos de lo que hasta hoy ha sido posible demostrar,[32] no encuentran en realidad equivalente en el aparato calendárico cristiano. Sin embargo, afirmar que no tiene conexión alguna con la historia material es otra cosa. Decir esto ciertamente suprime la incomodidad psíquica de tener que reconocer la profundidad del tiempo, la continuidad y la memoria política en el Cuarto Mundo, incomodidad que, de manera bastante reveladora, afligió no menos a Friedrich Engels[33] que al misionero cristiano o al conquistador. No obstante, lo hace al suprimir textos y al desterrar a sus autores y a sus descendientes de sus paisajes; además, confirma intelectualmente el criminal desposeimiento territorial que empezó con Colón.

SEGUNDA PARTE

LA MEMORIA POLÍTICA

ᏝᏪᏈᎢ ᎢᏴᏩᏁ ᏗᏍᏇᏅᏌᎥᏫᏏᏥ

elayeli iyuta skwalewistataniga

auch cuix ie teoantin
toconitlacozque in ueue tlamanitiliztli

Inca uanacauri maytam rinqui

en medio de la tierra me pusiste

Manuscrito Gatigwanasti

y ahora, ¿deberemos
quebrantar la tradición?

"Totecuyoane"

Inca Huanacauri, ¿a dónde vas?

Guamán Poma, *Nueva corónica*

Nota: Mooney, 1891, p. 375; M. León-Portilla, 1986, p. 152; Pietschmann, 1936, p. 451; *Uanacauri* es el nombre o título de la *huaca* de la Casa Inca de la Aurora, *Ibid.*, pp. 261-263.

V. PETÉN

La historiografía del Cuarto Mundo que se ofrece en este capítulo y en los posteriores se basa principalmente en fuentes indígenas; se recurre asimismo a sólo cuatro tradiciones entre muchas otras posibles. En cada uno de los casos, se identifica un conjunto de textos indígenas, el cual sirve como término constante de referencia. Por tanto, las memorias políticas que surgen son aquellas que los textos mismos construyen en los escenarios más importantes de Mesoamérica, Isla Tortuga y los Andes.

En el primer caso, se trata de un problema formal que consiste en reconocer en los textos indígenas las normas que gobiernan la representación y la localización del tiempo, las periodicidades y profundidades de éste. Con una coherencia interna mayor o menor, estos modelos textuales pueden cotejarse con datos de otras fuentes, sobre todo de la arqueología. De la comparación de estas referencias y de la información que entonces se obtiene surgen las ideas de perspectiva y continuidad. Los momentos sobresalientes imponen su sello al principio de una historia o en el gozne entre las épocas.

En estos términos, disfruta de una posición privilegiada el conjunto de textos jeroglíficos provenientes de las tierras bajas mayas y de Petén. A partir de que Förstemann y otros investigadores comenzaron a descifrar las fechas del calendario *tun* hace un siglo aproximadamente, no cabe en principio la menor duda acerca de su alcance: según la convención de la Serie Inicial, utilizada en las inscripciones clásicas y que se repite incluso en los Libros de Chilam Balam, se acostumbra fijar tales fechas contando las unidades de tiempo a partir de la base de la Era correspondiente al año 3113 a.C. En cambio, el calendario anual de Mesoamérica, menos centralizado, tiene aún que ser reconocido por los expertos como un sistema coherente y totalmente apto por derecho propio; la renuencia a reconocerlo obedece en parte a la naturaleza misma de la escritura icónica y a su capacidad de insertar unidades de tiempo en diseños o paisajes complejos. A ello se debe que se haya puesto especial cuidado en subrayar que los textos *xiuhtlapoualli* conservados en este tipo de escritura constituyen un género que tiene sus propias reglas y procedimientos, sus correlaciones internas y una profundidad en el tiempo conmensurable con la del calendario *tun* de los mayas.

Cuando vamos más allá de Mesoamérica y los sistemas calendáricos que caracterizan esa área geográfica, cobra importancia primordial la identificación de posibles enunciados cronológicos. En Isla Tortuga, cuyos calendarios están todavía por estudiarse detenidamente, el problema reside en la fragmentación; además, nunca se han editado de manera apropiada diversos textos que resultan indispensables, como, por ejemplo, la Cuenta de Inviernos de Halcón Alto. En Tahuantinsuyu, la dificultad surge en parte del hecho de que no podemos leer *quipus* y en parte de la manera en que el Imperio inca decidió definir y medir el pasado.

En la actualidad, el carbono 14 y otros métodos para estimar fechas han ampliado los horizontes de la América antigua; con ello se han establecido horizontes cada vez más tempranos para la agricultura y el asentamiento urbano, de modo que cabe esperar medir con mayor precisión los milenios de la Mesoamérica preclásica y las fases de la cultura Urbana de Isla Tortuga. En estas circunstancias, es necesario revisar constantemente la manera en que leemos los textos indígenas. Lo que alguna vez se consideró quizá como una proyección hacia el pasado imposible o de carácter mítico, podría coincidir ahora con los registros arqueológicos. En el caso de Petén, donde la historia dinástica y material del periodo Clásico se lee hoy día confiadamente a partir de las inscripciones jeroglíficas, se requiere cotejar los textos y la arqueología con horizontes de épocas anteriores. Al retroceder más allá de las correlaciones establecidas por Alfonso Caso, cabe sostener un argumento parecido para los textos del calendario anual mesoamericano.

Al adoptar este enfoque común, los cuatro estudios que aquí presentamos de "memoria política" en el Cuarto Mundo trazan senderos específicos. Cada uno de ellos, basado en un conjunto de textos indígenas, toma una dirección y destaca cuestiones propias. Sin ambigüedades calendáricas y registrada en textos que abarcan más de un milenio, la cronología de las tierras bajas mayas suscita la cuestión de la continuidad, el fomento o el rechazo consciente de lealtades específicas dentro del mundo de las tierras bajas de Petén y de Mesoamérica en general; esto último constituye un punto de primordial importancia, pues, entre otros factores, la perfección matemática del calendario maya de las tierras bajas del periodo Clásico ha alentado la opinión de que sus autores eran arquitectos excepcionales, de carácter casi divino, de "ciudades perdidas", superiores a los hablantes de maya que los sucedieron políticamente, por lo que se los separa de la matriz mesoamericana. En el caso de los *xiuhtlapoualli*, la cuestión más urgente se relaciona con los principios, especialmente en la medida en que están vinculados con la legendaria Tula, la "primera ciudad" de Mesoamérica y tierra de los toltecas, con quienes se dice que comenzó la civilización misma. Como teatro que en la práctica se ha escenificado en épocas sucesivas, la historia de Tula resulta inseparable de la historia de la Era misma. En los Andes, por otra parte, la historia oficial inca se muestra bastante inescrutable en lo referente al tema de sus principios. En efecto, parece que todo el tiempo político en Tahuantinsuyu se sitúa entre los reinos de los emperadores noveno y décimo a fines del siglo XV. Es entonces cuando cabe reconocer plenamente al Estado inca como tal y cuando el pastoreo andino surge como una fuerza ideológica importante.

Víctima de despojos brutales durante los cinco siglos pasados, Isla Tortuga constituye el ejemplo más dramático. En este caso, la mayoría de los estudiosos se han negado por completo a aplicar el término "historia" al periodo que transcurre antes del contacto con Europa. De ahí que los indígenas "históricos" de este territorio deban su existencia misma a los invasores que los desplazaron, a su capacidad de verse reflejados en el espejo de los blancos. Así, son despojados de la relación conceptual con sus ancestros "prehistóricos", pueblos que en efecto recordaban los dones del tabaco y el maíz, y construyeron pueblos y caminos mucho antes que los puritanos llamados "padres fundadores" llegaran a América.

Como líneas de investigación, estos capítulos no se proponen de ningún modo reconstruir los paisajes históricos de Petén, Tula, Isla Tortuga y Tahuantinsuyu, sin mencionar siquiera el de América en su conjunto. Se aplica lo anterior especialmente al caso de los Andes, donde gran parte de lo que se conserva está codificado en la lengua y la costumbre, en las memorias de Inkarri centradas en Cuzco, o en la creencia más extendida en el ideal del *tahuantinsuyu* como garantía contra el salvajismo. Sin embargo, dentro de esta estricta delimitación, puede considerarse que los distintos conjuntos de textos examinados presentan otra característica común como expresión de memoria política, de recuerdos literales de estados anteriores. Precisamente en esta calidad se convierten, cada uno a su manera, en mediadores entre los dos términos establecidos en la Declaración de Quito. Éstos constituyen, por una parte, el tiempo aún más profundo de la cosmogonía del Cuarto Mundo que dio primero forma al cielo y la tierra; por otra, la defensa continua del territorio indígena dentro de la ley y más allá de la misma.

CIUDADES DE PALABRAS

El término "Petén" (que en maya significa "tierra"), aplicable en primer lugar a la península de Yucatán, donde se le invoca en los Libros de Chilam Balam, cabe extenderlo a todo el territorio maya de las tierras bajas. Designa con precisión la zona donde la escritura jeroglífica, antecedente de los Libros de Chilam Balam, floreció en una época y que tuvo su centro geopolítico en el departamento del norte de Guatemala conocido en la actualidad con toda propiedad como Petén. El Petén del periodo Clásico sobresale por su coherencia en cuanto a cultura y escritura, al menos en el nivel de la clase superior. Se ha distinguido con toda claridad a los inmigrantes de esta área, sean náufragos caribeños proscritos o mexicanos invasores provenientes del oeste y del sur, con el término de extranjeros (dzulob), vocablo que se aplica asimismo a los europeos.

En todo el continente, Petén no tiene rival no sólo en lo que respecta a la extensión y la persistencia de la ocupación, sino también en la memoria y el registro que de ello se tiene. Al detallarse el asentamiento maya en ese lugar, el capítulo inicial del Libro de Chilam Balam de Chumayel rememora las miles de pirámides construidas por los antiguos mayas. El primer principio de continuidad se encuentra en el propio arquitecto maya, el que crea y da nombre al paisaje que permanece (p. 16):

Hele tin tz'ibtah uchci yutzcin nabal nucuch muullob tumen ch'iballob yetel he cen baal u mentah ahauuob [...] he ix u chun mul yutzcinnah ob e holhun baak u kaalal u mullil catac lahu y oxkal u much' cuentail mul y utzcinnah ob tu yuklah cabil peten bay ti kaknab tac tu chun cab u patah ix u kaba ob xan yetel u ch'eenil.

He aquí lo que escribí: Los grandes templos fueron levantados por los nobles antepasados y sus reyes hicieron cosas de gran fama. Durante trece katunes y seis años más estuvieron levantando las pirámides, los que las hacían en el antiguo tiempo. Desde el principio de las pirámides, hicieron quince veces cuatrocientas veintenas de ellas y cincuenta más, en su cuenta en conjunto. Las pirámides hechas llenaron toda la tierra del país, desde el mar hasta el tronco de esta tierra. Y dejaron sus nombres y los de los pozos.

El mismo capítulo ofrece establecer la fecha de esa actividad por medio del tun de 360 días del calendario de las tierras bajas, cuyo uso se ha rastreado hasta el momento en que ocurre el primer asentamiento; nombrar a más de un centenar de poblados en Yucatán, y fijar el comienzo del servicio (*patan*) en Chichén Itzá. Dentro de lo que se puede suponer como el marco de la Era, se dice que transcurrieron periodos de más de tres o cuatro *baktunes* antes de que se finalizara la construcción principal; es decir, de que finalizara el periodo Clásico en *baktún* 10 (hacia el año 900 d.C.). Con ello se fecha su inicio a principios del primer milenio, un momento del periodo llamado Formativo, cuando gran número de sitios mayas de las tierras bajas experimentaron un crecimiento considerable y cuando las ciudades olmecas vecinas en la costa del Golfo empezaron a organizar un imperio económico de gran alcance. De todo esto, hacia fines de *baktún* 8 surgió el esplendor del periodo maya Clásico, cuya arquitectura urbana muestra por doquier la palabra jeroglífica, textos en los que, en primer lugar, se establece firmemente la duración de dicho periodo del año 300 al 900 d.C., y, en segundo, se desarrolla la escritura que siglos más tarde transcribiría el autor de Chumayel.

Como resultado del desciframiento fonético reciente, ahora es posible hacer una lectura más completa de estos textos. Así, surge un cuadro vívido que a gran escala relata el principio y el final del periodo Clásico, puntualizado por el hiato del siglo VI, al cual gran número de expertos considera como un anticipo en términos económicos del colapso posterior, así como por las complejas relaciones de comercio y de otro tipo que unían a Petén con ciudades como Kaminaljuyú en las tierras altas de Guatemala y la gran Teotihuacan en la cuenca de México. Al ser leídas a través de sus propios textos, las ciudades supuestamente perdidas recuperan su categoría dentro de la apretada red urbana tejida con los glifos emblemáticos, red que en términos arqueológicos se torna visible en la fotografía tomada por la NASA, donde se muestran densidades poblacionales muy altas en toda esa área durante el periodo Clásico.

Con la distinción de poseer la estela de la Serie Inicial más antigua (E. M. 8.12.14; d.C. 292), de procedencia segura que se ha recuperado hasta la fecha, Tikal dominó el centro bajo dos dinastías principales, salvaguardando su poder mediante satélites, como Río Azul y Uaxactún. En las fronteras este y oeste se localizaban Copán y Palenque, cada una de las cuales se preciaba de poseer textos de gran extensión; el vínculo entre ambas se afianzó en esas posiciones en el siglo VII con el matrimonio del hijo del rey de Copán con la hija de Pacal, el célebre rey de Palenque quien, junto con su hijo Chan Bahlum, diseñó gran parte de la arquitectura que perdura en ese lugar hoy día. En Copán, un altar de cuatro lados que alguna vez se creyó que representaba una conferencia de astrónomos, conmemora una línea de 16 reyes que abarca 350 años, desde el reino de Mah Kina Yax Kuk Mu a principios del *baktún* 9 (año 435 d.C.) hasta Yax Pac, el monarca de ese tiempo (año 763 d.C.); la posición de los reyes se marca en la serie con una "S", símbolo que indica asimismo las fases planetarias. Con sus 1 250 glifos, la escalinata de Copán que lleva a la tumba de un escriba real presenta el texto jeroglífico en piedra más extenso que se conoce. En las estelas de Quiriguá, que al norte dominó la parte baja del río Motagua, leemos de la guerra con Copán y de la captura de Dieciocho Conejo de esa ciudad por Dos-Pierna Cielo en el año 763; estas estelas, hechas en arenisca, son las de mayor altura que se conocen y resultan notables porque, por una parte, celebran a los gobernantes de Quiriguá como individuos, y los relacionan con antecedentes cósmicos millones de años atrás; son también importantes por seguir rigurosamente el patrón calendárico puro de finales del *katún* y del *tun*. Un testimonio parecido acerca de conflictos aparece en Yaxchilán, Piedras Negras y Bonampak, ciudades que se agrupan a lo largo del Usumacinta, el otro río del Petén mesopotámico. Yaxchilán, cuya historia dinástica a lo largo de 10 generaciones podemos leerla inscrita en un conjunto de cuatro espléndidos dinteles, celebra especialmente el poder del Jaguar Escudo y el Jaguar Pájaro III a mediados del siglo VIII. A partir de análisis recientes de glifos sobre cerámica en esa región occidental, en lo que se ha denominado la "Primary Standard Sequence", se indica que hacia fines del periodo Clásico el culto al individuo había llevado a solicitar incluso la firma del pintor o escriba. Al igual que la escalinata con jeroglíficos del escriba real en Copán, este detalle muestra la estima en que se tenía a la escritura.[1]

Esta lectura histórico-material de los textos jeroglíficos ha sido corroborada por la arqueología de otras maneras. Cuando por primera vez se llegó a un acuerdo acerca de la duración del periodo Clásico, a partir de la correspondencia entre fechas jeroglíficas y años d.C., se dio por sentado en gran medida que su inicio coincidió con el de la cultura maya urbana en la forma general en que ésta surgió durante el periodo Formativo anterior. De ahí que los numerosos acontecimientos fechados en las inscripciones para estadios anteriores de la Era, del tercer al primer milenio a.C., fueran asignados automáticamente al reino del mito cuando no al de la astronomía. En la actualidad, con la excavación de enormes zonas arqueológicas del periodo Preclásico, como Calakmul y El Mirador, predecesor de Tikal, cabe considerar el urbanismo en gran escala como un antecedente del Clásico muchos años antes. El asentamiento en Tikal data de cuando menos 600 años a.C., y desde principios del primer milenio a.C. se realizaban entierros en Copán, con lo que se ilumina la compleja frontera oriental entre Mesoamérica y las culturas de América del Sur como la lenca. Según la fecha que se obtiene a partir del carbono 14, se estima que el asentamiento maya en la costa del Caribe tuvo lugar en el segundo milenio a.C.; esa fecha ofrece un contexto sólidamente material para los acontecimientos que se sitúan a principios de la Era,[2] hacia el año 3113 a.C., e indica una experiencia maya en particular dentro de lo que en otras circunstancias se conoce como el horizonte olmeca.

Los propios textos jeroglíficos, desafiando toda oposición nocional entre la escuela de desciframiento calendárico-astronómica y la histórica, ofrecen ambas posibilidades en su articulación del tiempo. Los casos sobresalientes están constituidos por los textos de Palenque y Bonampak, examinados por Lounsbury, que muestran la manera en que los gobernantes del periodo Clásico planearon el tiempo para que sus campañas militares coincidieran con las fases de Venus; en Bonampak los murales en cuestión se despliegan debajo del diseño de un zodiaco de 11 estaciones en el techo. En todo caso, al igual que en las estelas de fines del *katún* en Quiriguá, los mismos mecanismos del calendario no cesaron nunca de dar forma a la vida política.

En virtud de que tanto geográfica como fonéticamente resulta tan específico, el fenómeno de la escritura jeroglífica ha contribuido a que los mayas sean considerados *sui generis;* en las investigaciones recientes se observa una intensa concentración en esa escritura como la expresión de una visión particular del mundo. Y es fácil entenderlo dada la idiosincrasia de la vida cortesana en el periodo Clásico, sus carismas, sus gustos sexuales y las penitencias de la sangre real. No cabe ninguna duda de que el principio de sucesión real tenía aquí mayor alcance y se celebraba con detalles más abundantes que en cualquier otro lugar de Mesoamérica. Pese a ello, Petén no dejó nunca de funcionar como parte de Mesoamérica; por tanto, la tarea de desciframiento puede auxiliarse respetando los paradigmas comunes a la región en su conjunto. Si bien adoptan un énfasis propio, las inscripciones mayas compartían del todo la herencia del *tonalámatl* y los ciclos anuales que subyacen tanto en el *tun* como en los calendarios anuales de la región, y reconocen las mismas máscaras divinas e insignias: Mazorca, Cráneo, Lluvia anual y Espejo de Humo (Tezcatlipoca). Los arreglos de los glifos en las cuatro direcciones, como en el caso de las cuatro paredes de Río Azul, representan los cuadrantes y anticipan todo el modelo geográfico de cuadrantes que aparece en el *amoxtli* Madrid y se transcribió en el Libro de Chumayel, donde aparecen con detalle colores, árboles y pájaros. La arquitectura se modeló siguiendo los mismos paradigmas espaciales, con escalinatas empinadas de este a oeste que denotaban el paso del sol, y pirámides al norte que señalaban el cenit. Un excelente ejemplo de este vocabulario compartido se encuentra en el trío de templos en Palenque conocidos como Cruz, Sol y Cruz Foliada, los cuales, entre los tres, albergan un texto importante de tres partes (figura V.1).

El texto en cuestión consiste en tres paneles colocados en tres templos encima de pirámides que se localizan, en orden descendente de altura, al norte, este y oeste de una plaza en la ciudad. Cada uno de los paneles presenta el mismo formato: un cuadro flanqueado por columnas de jeroglíficos; la posición superior del panel de la Cruz al norte se refleja en el hecho de que tiene una columna adicional a la izquierda y a la derecha. Calendáricamente, las tres siguen un patrón en el cual las columnas de la izquierda registran acontecimientos de principios de la Era, mientras que las de la derecha ilustran la historia de un periodo más cercano al de la composición, en el año 692 d.C. Las tres parten de una fecha ejemplar de la Serie Inicial cuyos números son personajes magníficamente barrocos y cuyo complemento de detalles distingue no sólo la distancia en días y en *tunes* de la Era, sino también en momentos del *tonalámatl* y del ciclo de los nueve Señores de la Noche, el día en el año de 365 días, la edad de la luna y la serie del Zodiaco.

Se han señalado algunas claves para descifrar los paneles de Palenque desde que se incluyó su reproducción en la obra de John Stephens intitulada *Incidents of Travel in Central America, Chiapas and Yucatan* (1841). Maudslay[3] ofrece los títulos Cruz (norte), Cruz Foliada (este) y Sol (oeste), terminología que se ha conservado, lo cual no siempre constituye una ventaja para el análisis iconográfico. Eric Thompson prestó más atención a las fechas calendáricas y volvió a establecer la secuencia de lectura de los paneles; retuvo la prioridad del panel de la Cruz, pero intercambió el orden de los otros dos sobre la base de que la primera fecha en el tablero del Sol cae 14 días antes en el año 2358 a.C. que su equivalente en el panel de la Cruz Foliada.

En décadas recientes y a raíz de las lecturas dinásticas establecidas por Peter Mathews y Linda Schele,[4] tanto en ésta como en otras inscripciones en Palenque se ha dado una importancia abrumadora al papel textual de Pacal, el monarca del siglo VII, y de su sucesor, Chan Bahlum, a quien hoy se le concede el crédito de haber erigido los templos donde se encuentra la trilogía de paneles para conmemorar el ascenso de su padre. Más que sacerdotes anónimos oficiando, la pareja de figuras en cada panel, las cuales cargan el cetro de maniquí que ya en las primeras estelas de Tikal simboliza la autoridad real, han de leerse como Pacal, que murió en el año 683, y su hijo Chan Bahlum, quien lo sucedió al año siguiente. Que el primero existió más allá

FIGURA V.1. *Árbol, Maíz y Escudo. Trilogía de la Fundación de Palenque.* (Maudslay, 1889-1902, 4, láminas 75, 81, 88.)

de la tumba queda indicado en la trilogía con los trenzados y nudos típicos de la indumentaria fúnebre.

Resulta muy convincente esta nueva lectura dinástica de un texto que por largo tiempo ha gozado de popularidad entre los estudiosos de Mesoamérica. Con todo, no habrá de desviarnos de otros niveles de significación, para lo cual necesitamos de un marco de referencia más amplio que el de Debrett del periodo Clásico maya. Si seguimos el orden descendente de lectura de los paneles respetando el diseño visual y el texto verbal, vemos que el mensaje biográfico está organizado en un paradigma triple, característico no sólo del periodo Clásico maya, sino de toda Mesoamérica, pues el conjunto de los tres paneles ilustrados corresponde de manera más amplia al modelo social que identifica a la aristocracia y el sacerdocio con aquel estado que sirve de mediador entre los otros dos estados, los agricultores y los guerreros, además de estar por encima de ambos. Se detecta este modelo con gran claridad en toda Mesoamérica desde tiempos primitivos, consagrado en las figuras divinas locales. Constituye una estructura "ideal" del todo masculina la cual excluye sin duda a otros grupos y clases que, según se sabe, en la práctica ejercieron papeles sociales clave, como el de las parteras de Oxomoco o los comerciantes *pochteca*. Encontramos su expresión más clara un milenio más tarde en el "Totecuyoane", el discurso azteca dirigido a los franciscanos en 1524,[5] donde se da a los tres estados el papel de tres dones de los dioses, y a cada uno de ellos está dedicado una estrofa que comienza con las palabras "Ellos nos dieron" o "nos dan" (*yehuan-maca-*) y termina con la pregunta "¿Dónde?" (*in canin*).

Comencemos con los sacerdotes, quienes obtienen su poder de la negación de sí mismos y de la penitencia, una práctica chamanista que se remonta al paleolítico y a la oscuridad primera más antigua (*inoc yoayan*), la época en que se distinguió por primera vez a los humanos de los animales por su capacidad de adorar en principio al "corazón del cielo"; el incienso de copal se identificaba con el "cerebro del cielo".

> En verdad ellos nos dieron
> su norma de vida,
> tenían por verdaderos,
> servían,
> reverenciaban a los dioses.
> Ellos nos enseñaron,
> todas sus formas de culto,
> sus modos de reverenciar.
> Así, ante ellos acercamos tierra a la boca,

así nos sangramos,
pagamos nuestras deudas,
quemamos copal,
ofrecemos sacrificios.
Decían
que ellos, los dioses, son por quien se vive,
que ellos nos merecieron.
¿Cómo, dónde? Cuando aún era de noche.

Luego vienen los agricultores americanos que, después del éxito económico obtenido con la calabacita, la mandioca, los chiles y otros cultivos mi-
lenarios, se superaron a sí mismos con la invención del maíz, la semilla
principal de suma adaptabilidad a la altura y al tipo de suelo y cuyo valor
proteínico se incrementa en gran medida cuando se acompaña de frijoles. El
maíz y los frijoles con sus respectivas harinas, el amaranto y la chía, constituyen los productos agrícolas fundamentales de cosecha anual, según se muestra en el Mendoza; por otra parte, la semilla del maíz se convierte en la sustancia misma de la humanidad en el *Popol vuh*. El espacio-tiempo de esta
invención es Tlalocan, la morada pródiga del dios de la lluvia: en su papel
como el noveno de los Señores de la Noche, Tláloc, el dios de la lluvia, constituye asimismo el protector más propicio de la cosecha anual del maíz.

Y decían
que ellos nos dan
nuestro sustento, nuestro alimento,
todo cuanto se bebe, se come,
lo que es nuestra carne, el maíz, el frijol,
el amaranto, la chía.
Ellos son a quienes pedimos
el agua, la lluvia,
por las que se producen las cosas en la tierra.
Ellos mismos son ricos,
son felices,
poseen las cosas, son dueños de ellas,
de tal suerte que siempre, por siempre,
hay germinación, hay verdear
en su casa.
¿Dónde, cómo? En Tlalocan,
nunca hay allí hambre,
no hay enfermedad
ni pobreza.

En tercer lugar se presentan los cazadores-guerreros, los fundadores del imperio, cuyo primer impulso consiste en poseer el centro urbano y hacerlo próspero con bienes de lujo: ropa, incienso y joyas, los cuales también se listan en los libros de tributos en esta misma secuencia. En efecto, este tercer grupo inicia la historia política y la larga tradición de seis ciudades principales que comienza con Tula, la primera ciudad de Mesoamérica que recibe nombre:

> También ellos dan a la gente
> el valor, el mando,
> el hacer cautivos en la guerra, el adorno para los labios,
> aquello que se ata, los bragueros, las capas,
> las flores, el tabaco,
> los jades, las plumas finas,
> los metales preciosos.
> ¿Y cuándo, dónde, fueron invocados,
> fueron suplicados, fueron tenidos por dioses,
> fueron reverenciados?
> De esto hace ya mucho tiempo,
> fue allá en Tula,
> fue allá en Huapalcalco,
> fue allá en Xuchatlapan,
> fue allá en Tamohuanchan.
> Ya fue allá en Yohualichan.
> Fue allá en Teotihuacan.
> Porque ellos, por todas partes, en el mundo,
> les dieron el fundamento
> de su estera, de su sitial.
> Ellos dieron
> el señorío, el mando,
> la gloria, la fama.
> Y ahora, nosotros,
> ¿destruiremos
> la antigua regla de vida?,
> ¿la regla de vida de los chichimecas?,
> ¿la regla de vida de los toltecas?,
> ¿la regla de vida de los colhuacas?,
> ¿la regla de vida de los tepanecas?,
> Porque así en nuestro corazón entendemos
> a quién se debe la vida,
> a quién se debe el nacer,
> a quién se debe el crecer,

a quién se debe el desarrollarse.
Por esto los dioses son invocados,
son suplicados.

De interés en sí misma y afirmada por el tiempo verbal inicial de los respectivos discursos ("ellos dan"), la oposición de tipo entre el agricultor y el
cazador-guerrero se presenta en todas las sociedades indígenas de América
en donde hay ausencia de pastoreo. En Mesoamérica se encuentra en otras
fuentes, como el *Popol vuh* y el manuscrito de los *Cantares mexicanos,* que
distingue entre *xopancuicatl,* o "canción floreciente" del sembrador, y *yaocui-
catl,* o "canción de guerra" del guerrero. Del mismo modo, al describir la
migración azteca hacia la cuenca de México, los Anales de Aztlan recurren a
la misma división a fin de caracterizar la separación entre los agricultores
orientales de Huexotzinco con sus milpas y los cazadores occidentales de
Malinalco con sus flechas y redes (p. 4; figura V.2). En arquitectura, esa distinción se puso como emblema en los dos templos gemelos que se encuentran arriba de la pirámide principal de Tenochtitlan, uno dedicado a Tláloc,
dios de la lluvia, y el otro a Huitzilopochtli, dios de la guerra. En el caso del
modelo completo compuesto de tres partes y que coloca a los sacerdotes
nobles nacidos primero por encima de los agricultores y los guerreros, dicha
distinción también se manifiesta de manera amplia en los libros y la arquitectura. Como ejemplo clave del periodo Clásico se encuentra la trilogía de
las estelas de Xochicalco, que contiene alusiones a Quetzalcóatl sacerdote,
aquí también en el papel de padre de linaje; al dios de la lluvia; y a la conquista militar que funda el palacio del tributo, esclaviza a los cautivos e inicia las fechas anuales de la historia política.[6] En resumen, el paradigma
pone al guerrero frente al agricultor sedentario bajo la égida primera y principal de los sacerdotes, cuyos representantes fueron, después de todo, quienes pronunciaron el discurso de 1524.

En el texto de Palenque, no cabe duda de la importancia del primer panel
de los sacerdotes a juzgar por la ubicación superior que tiene, sinónimo con-
vencional de la colocación al norte, con columnas adicionales de jeroglíficos, las cuales en no menos de tres ocasiones invocan el nombre-fecha de
Nueve Viento, indicador por excelencia del sacerdote Quetzalcóatl, la Serpiente Emplumada, de quien tomaban su nombre los propios sacerdotes
aztecas. Además, ilustra más bien un árbol que una cruz, específicamente la
ceiba, o *yax che,* la que, en la tapa del sarcófago de Pacal, sale del ombligo
real como la fuente del linaje. Como hemos visto, en los primeros *amoxtli*
icónicos el linaje de Apoala nace también de un árbol, bajo la supervisión

FIGURA V.2. *Topónimos de agricultores y cazadores. De abajo hacia
arriba: huexotzinca, chalca, xochimilca, acolhua; malinalca, tlahuica,
tepaneca y matlatzinca (Anales de
Aztlan, p. 2).*

nada menos que de Quetzalcóatl, Nueve Viento. Esta lectura concuerda con
el hecho de que, en este caso, el maniquí está en la cuna como un bebé acostado que luego se sienta.

En cuanto a los otros dos paneles, que se encuentran uno frente al otro al
este y al oeste, han de leerse como símbolos de los agricultores y guerreros
de Palenque, complementándose uno al otro en sus respectivos horizontes
bajo el cenit del norte. La "cruz foliada" de los agricultores no es en realidad
una cruz, sino su logro genético consumado, la planta de maíz, con sus mazorcas y espiguillas que sugieren rostros y cabellos humanos y, por ende, la
doctrina del *Popol vuh* acerca de cómo se formó la gente de esa Era a partir
del maíz. La falda de jade de la figura que está oficiando a la izquierda, a la
cual se ha señalado como prueba del deseo de Pacal de poseer todas las cualidades masculinas y femeninas, encuentra un eco más profundo en la cultura
de Mesoamérica en el Tláloc con falda que custodia a la planta de maíz, también de aspecto humano, en el capítulo "Siembra" del Féjérváry.

El panel del Sol se encuentra diametralmente opuesto, hacia el oeste, diseñado desde una perspectiva arquitectónica con el objeto de relacionarse con el motivo del solsticio, también elaborado en el Templo de las Inscripciones, y el pozo de la tumba de Pacal debajo. No obstante, en su forma más obvia, la verdadera pieza central del panel incluye el escudo y las lanzas cruzadas del guerrero; debajo de ésta se encuentran en cuclillas los cautivos con el uniforme del Caballero Águila y del Caballero Jaguar; por otra parte, la cruz diagonal de las lanzas semeja de manera esquemática los cuadrantes del tributo. Hace poco se detectó en este panel la importancia de Júpiter en las fechas de Chan Bahlum,[7] lo cual apoya o no contradice esta lectura militar. Cobra entonces mayor importancia el hecho de que la colocación del altar de los guerreros al oeste corresponde perfectamente con la visión que Palenque tiene de sí mismo como el bastión occidental del reino maya.

Vistos desde esta perspectiva, los tres paneles de Palenque se ajustan en su iconografía y en su lógica básica al paradigma triple propuesto por los sacerdotes de Tenochtitlan, aunque tal lectura no pretendería nunca agotar la riqueza de detalles sobre la aristocracia y la astronomía que se encuentra en ellos.[8] Además de señalar una de las principales resonancias para el paradigma como tal en Mesoamérica, esta analogía sirve en forma local para equilibrar la lectura de esta trilogía de Palenque en particular y distinguirla en cuanto a su modalidad de la del Templo de las Inscripciones, donde tres paneles sin ilustración se concentran sobre todo en la biografía de Pacal, extendiéndola en el tiempo cósmico. Al estar más vinculado con la historia de esta época y con la práctica sociológica, aunque bajo los ojos ubicuos de sus gobernantes, cabe considerar con mayor propiedad que el conjunto de tres paneles sobre el nacimiento de alcurnia, el maíz y el escudo constituyen la Trilogía de la Fundación de la ciudad. Por último, en la medida en que puede traducirse la arquitectura a la secuencia lineal —este proceso en sí resulta obviamente innecesario para el argumento general—, se leen mejor estos tres paneles en el orden que les dio Maudslay originalmente, lo cual concuerda con el modelo de Tenochtitlan y respeta factores inherentes, como la altura descendente, la prioridad del este sobre el oeste, el equilibrio alternado entre las figuras oficiantes a la derecha y a la izquierda, así como la posición y el número en aumento de los maniquíes que sostienen (uno acostado, uno sentado, dos sentados).

Al prestar atención a Pacal y a Chan Bahlum, la Trilogía de la Fundación de Palenque se ocupa sin duda de la política de Petén a fines del siglo VII, de las ambiciones y estrategias de las familias gobernantes, que se detallan ahora en la nueva fase de desciframiento. Sin embargo, aquí, como en textos similares provenientes de otras ciudades mayas de las tierras bajas, los escribas de jeroglíficos se basaron en paradigmas pertenecientes no sólo a ellos, sino a toda Mesoamérica. Reconocerlo contribuye a restituir el periodo maya Clásico a la matriz no sólo de Mesoamérica, sino de toda la América indígena.

"U KAHLAY KATUNOB"

Después del colapso que marcó el fin del periodo Clásico y su conjunto espectacular de inscripciones, el medio principal para la escritura maya jeroglífica lo constituyeron los libros-biombo de papel autóctono. Los cuatro ejemplos que sobreviven y que en la actualidad se albergan en Dresde, París, Madrid y la ciudad de México (Grolier), se atribuyen por costumbre a Yucatán —el de París a la costa del Caribe y el de Madrid a Campeche—; se considera que datan de dos o tres siglos antes de la toma de Tihoo por parte de España. Al sur en Tayasal (cerca de Tikal), los itzáes leían aún libros de este tipo y continuaron haciéndolo hasta el final del siglo XVII, antes de entregarlos en la fecha *katún* 10 Ahau (12.4.0; 1697, una fecha *tun* comparable en la Era con el año 1692 del calendario anual).

En su calidad de almanaques de la vida diaria y de astronomía, estos libros han sido bien comprendidos en principio, aunque únicamente el Dresde ha sido analizado en detalle. Mientras que las actividades más humildes reguladas por el *tonalámatl* introducen temas que en apariencia se encuentran ausentes en las inscripciones (los glifos milpa-más-semilla, carne de venado, pierna de venado, iguana cocida y guajolote aparecen aquí por vez primera, por ejemplo), todo lo concerniente a la astronomía ofrece una línea directa de continuidad a partir del Clásico. Como casos bien establecidos están la tabla *octaeteris* en el Dresde, la cual propone las medidas exactas del ciclo sinódico de Venus (de 583.92 días) tomando como base las fechas de la Serie Inicial del siglo VII consagradas en las biografías de Pacal; y la tabla del eclipse lunar, también del Dresde que, al igual que el zodiaco en el París, describe las diferencias entre el tiempo sinódico y el tiempo sidéreo. Al ir más allá de la Era, el Códice Madrid ofrece un conjunto de cálculos cósmicos que abarcan millones de años, los cuales estaban inscritos antes en piedra en Quiriguá y Palenque.

En otras palabras, nos encontramos ante el mismo aparato intelectual, sólo que esta vez sin el jinete dinástico. Al igual que sus contrapartes en los *teoamoxtli* (Borgia, Vaticano, Cospi), las tablas de Venus del Dresde se concentran principalmente en el planeta mismo, en su movimiento entre el este y el cenit, el oeste y el nadir, así como en los diferentes aspectos de cada uno de los cinco amaneceres heliacales que realiza durante el *octaeteris*. En este ejemplo hay en realidad un alto grado de correspondencia entre los aspectos heliacales y los pronósticos detallados en el Dresde y en las fuentes mexicanas, tales como los *teoamoxtli* y el náhuatl de los Anales de Cuauhtitlan. El paralelo mexicano añade margen a lo que constituye una exclusión general de la historia dinástica maya en los textos jeroglíficos del periodo Posclásico, hasta el punto de indicar que se ha convertido ideológicamente en un tema indeseable. Además, el sistema de la Serie Inicial que se usa de manera típica para las fechas dinásticas en las inscripciones está en buena medida desplazado en los libros por el ciclo conocido con el nombre de *u kahlay katunob,* la cuenta *katún,* lo cual ciertamente tiene una carga ideológica desde una perspectiva más amplia en la historia maya.

Por lo general, en el periodo Posclásico la cuenta *katún* se convierte en el uso calendárico principal. En una secuencia determinada por las fechas finales, siempre el Signo vigésimo, Ahau (XX), combinado con los Trece Números en la secuencia 13, 11, 9, 7, 5, 3, 1, 12, 10, 8, 6, 4, 2, los *katunes* de esta cuenta forman un ciclo de 13, es decir, 260 o 13 × 20 *tunes* (alrededor de 256 años); esto constituye una característica notable de los libros de jeroglíficos, lo que da origen a los textos continuos más largos y forma literalmente el núcleo de la tradición del Chilam Balam. Ahora bien, aunque en las inscripciones nunca aparece esta cuenta con su autonomía posclásica o sin las trabas del aparato totalizador que representa el fechado de la Serie Inicial, se observa el interés por los finales del *katún*, a menudo en situaciones significativas desde una perspectiva política, donde se les da prominencia en la cuenta de la Serie Inicial. Uno de los primeros casos es la fecha 3 Ahau (8.16.0, 356 d.C.) en Uaxactún, asociada con un gobernante de apariencia mexicana; precisamente este vínculo reaparece en Tikal, en las estelas erigidas en honor de dos gobernantes, sucesores del conocido Cielo Tormentoso, en 2 Ahau (9.3.0, 495 d.C.), donde uno tiene genealogía maya y una fecha completa de la Serie Inicial y el otro no tiene nada de ello, sólo una terminación *katún* y la atribución poco usual de una esposa, quizá la hija de un gobernante maya. Tikal resulta aún más notable por el cambio en el gusto calendárico que ocurrió cerca del hiato, en 3 Ahau (9.9.0, 613 d.C.), lo cual significó la celebración de los fines del *katún* en recintos construidos especialmente para ello —interpretado por algunos como un gesto demagógico de parte de la vieja aristocracia— y logró gran distinción en el reinado de Ah Cacao, el primero de la dinastía Jaguar, quien conmemoraba el 8 Ahau de su reinado (9.13.0, 692 d.C.) como una cuenta *katún* completa desde el tiempo del 8 Ahau del reinado del Cielo Tormentoso (9.0.0, 436 d.C.).[9]

La idea que subyace a todo lo anterior es que la cuenta *katún* estaba políticamente menos identificada con los nobles mayas por herencia que la Serie Inicial, por lo que resultaba más accesible a los recién llegados, generalmente mercaderes poderosos y gente que tenía vínculos con los mexicanos. Hacia finales del periodo Posclásico, esta hipótesis encuentra un fuerte apoyo en la pintura mural del este de Yucatán, en Tulum y Santa Rita,[10] la cual tiene un claro estilo mexicano y favorece calendáricamente los ciclos del *katún* y del *tun*. El mural de Santa Rita encuentra una analogía exacta en el *amoxtli* París (que por esta razón se atribuye al este), no sólo por el estilo sino por las figuras individuales y en parejas que acompañan las secuencias de las fechas *tun* y *katún* y que se desarrollan a un lado del libro. En el Dresde, debido a que faltan varias páginas, la cuenta se interrumpe exactamente al comenzar (11 Ahau, p. 60); pero en los libros alfabéticos de Chilam Balam surge en plena flor y ofrece no sólo la mayor parte del contenido sino el principio más importante de organización literaria, de la cual cabe decir que es de índole federal en el sentido amplio del término.

A partir de todas estas pruebas, se considera que el principal cargo político que se atribuye a la cuenta *katún* no es tanto la oposición entre mayas y mexicanos en sí; sino, por el contrario, el hecho de que tal cuenta corresponde al gobierno federal y meritocrático más que al privilegio dinástico celebrado en las inscripciones de la Serie Inicial, así como el hecho de que representa un calendario y una economía menos totalizantes.[11] Ello no equivale a decir que las dinastías no seguían constituyendo un factor primordial en la política del periodo Posclásico en Yucatán. Después del reinado de Kak u Pakal (Escudo Fogoso) de Chichén Itzá en 880 (E. M. 10.2.11), las luchas legendarias entre los itzáes y los xiuh al este y oeste de la península sin duda marcaron el curso de la historia; y en 1697 los itzáes de Petén reconocían a Canek como noble. Pero lo hicieron de una manera formal, a través del sistema *katún*, mediante argumentos acerca de los antecedentes calendáricos, todo lo cual subraya nuevamente la significación del propio *u kahlay katunob*.

En mayor proporción, la cuenta *katún* servía para regular el poder político en Yucatán en el periodo Posclásico, y constituía el medio por el cual se rotaba ese poder entre los pueblos de la región. El Libro de Chumayel contiene una rueda que mostraba la liga de los 13 participantes en este sistema, entre los cuales se encontraban Chichén Itzá, Zaci, Mani y Tihoo. (Como "el lugar de 5", Tihoo es un pueblo "número" como Tikal [20], Uaxactún [8] y Uxmal [3].) Al igual que los *tunes* que lo constituían, el periodo *katún* se instalaba ceremonialmente con música y danzas, lo cual se ilustra en forma vívida en Santa Rita, y con discursos acerca de su carácter; ello equivale a lo que podríamos designar como historia especulativa que entremezcla pronósticos con el recuerdo de *katunes* de nombre idéntico en el pasado. Son estos ciclos de discursos los que quedaron registrados en el *amoxtli* París y en los Libros de Chilam Balam.

En 1697, en el fatídico *katún* 10 Ahau (12.4.0) que fue testigo cuando los itzáes entregaron sus libros jeroglíficos, el misionero Avendaño ofreció el siguiente comentario: "estos *katunes* son 13 en número; cada uno tiene su ídolo y su sacerdote por separado, con una profecía también por separado de los acontecimientos. Estos 13 *katunes* corresponden a las 13 partes en las cuales está dividido el reino de Yucatán".[12] La descripción anterior ayuda a comprender la estructura de la cuenta *katún* del París, aun cuando los glifos mismos permanecen ilegibles en buena medida. Debajo de la cuenta *tun* en el registro superior, detectamos tres bloques de párrafos colocados entre pares de figuras sentadas. Este arreglo concuerda con la descripción de Avendaño en la medida en que distingue primero el lugar y el gobernante del *katún*, después sus cualidades generales y por último los sucesos específicos.

Esta estructura general se confirma con las transcripciones alfabéticas de la cuenta *katún* encontrada en los Libros de Chilam Balam; el texto para el *katún* 13 Ahau, 1539, en el Libro de Oxcutzcab es un ejemplo:

Termina el 2 Ahau Katun para que se asiente el 13 Ahau Katun. En el sexto año tun del 9 Ahau termina el 13 Ahau, que acompañará al 11 Ahau en el conjunto de las Ahaues hasta la sexta unidad de tiempo, el sexto año del 9. Ésta es su palabra. Kinchil Cobá, Chachalaca-de-rostro-solar, es el asiento del 13 Ahau Katun, Maycú, Venado-tecolote, Mayapan, Estandarte-venado. Dice su palabra, muestra su rostro para decir su palabra este katun que tiene cara a Itzamná, Brujo-del-agua, a Itzamtzab, Las-cabrillas-del-brujo-del-agua.

Hambre tremenda trae su carga de jícamas silvestres será el pan; durante cinco años bajarán jícamas silvestres y frutos del árbol ramón, bajarán años de langosta, pan de langosta y agua de langosta; diez generaciones, trece generaciones de langosta tendrá su carga. Pero habrá respeto para su pan y su agua; sostendrán en sus manos el abanico, el ramillete, el ramillete de los celestiales, los Señores de la tierra. Yaxal Chac, Lluvia-verde, es el cargador de este katun en el cielo, en las estrellas; y llegará entonces Ixma Chucbeni, La-incompleta, la que comerá el Sol y comerá la Luna.

Muy pesada es la carga del katun. Batabes, Los-del-hacha, impotentes y perdidos, Ah Kines, Sacerdotes-del-culto-solar, impotentes y perdidos por causa de Ixma Chucbeni, La-incompleta. Perdición de los Halach Uiniques, Jefes; perdición del Ah Bobat, Profeta, y del Ah Naat, docto: embriaguez del Ah Bobat, Profeta, y del Ah Kin, Sacerdote-del-culto-solar, por causa de la Ix Dziban Yol Nicté, La-flor-de-corazón-pintado. Mucho desvarío de lascivia y adulterio comienza en los Batabes, Los-del-hacha, corrompidos cuando entre el reinado de Ah Bacocol, El-vertedor-de-vasijas-de-cuello-angosto, que quiere devoción y reverencia solamente para él, cuando desprecian a los Halach Uiniques, Jefes, en los pueblos, en el monte y el pedregal, los engendrados lascivos y perversos, despreciadores de sus mayores, los que olvidan a su creador, los hijos de Ah Bacocol, El-vertedor-de-vasijas-de-cuello-angosto. Mas no será completo el pan de este katun porque sus hombres estarán bajo Ah Bolon Yocte, El-nueve-pata-de-palo, los de la Estera de dos días, los del Trono de dos días, los sin madre, los sin padre, los engendrados de locos lascivos enredadores y embaucadores. Devorado será el rostro de su Sol y devorado será el rostro de su Luna; y hablará el Balam, Jaguar, hablará el Ceh, Venado, que recibirá el palo gimiendo y dará su paga al mundo con muertes repentinas arrebatadas y sin motivos. No será una solamente la carga de muertes repentinas y violentas cuando se cumpla la tremenda hambre. Esto es lo que guarda la carga del 13 Ahau Katun. [Barrera Vásquez y Rendón, 1963: 65-66.]

El primer párrafo se refiere al pueblo de Kinchil Coba, en el cual el *katún*, conmemorado por una estela, se "asienta" con su gobernante y su presidente o "rostro", la deidad Itzamná; y traza el elaborado entrelazamiento de la influencia del *katún* hacia atrás y hacia adelante en el tiempo, desde 2 Ahau antes de él hasta 11 e incluso 9 Ahau después de él. El segundo párrafo trata de su "comida" o sustancia general. El tercero, que incluye alusiones a sucesos y personajes específicos, vuelve a contar su cargo político en términos de las relaciones entre funcionarios: el Halach Uinic, la autoridad suprema u "hombre real"; Batab, sus agentes locales; Ah Kin, los sacerdotes; Nacom, los militares; Ah Bobat, los profetas o planificadores, y Ah Naat, los sabios consejeros.

El *katún* 13 Ahau, propio de la invasión española que culminó el año 1542, se caracterizó por las luchas internas. Un ciclo antes, en 1283, había seguido a la invasión itzá sobre el norte de Yucatán, y un ciclo después, ajustado a las reformas del calendario, anticipó la Guerra de Castas del siglo XIX, cuando los mayas expulsaron a los extranjeros de gran parte de su territorio. En términos retóricos, el discurso como tal logra su fuerza en virtud del juego de la repetición completa o a medias ("impotente y perdido", "impotente y perdido"; "Balam hablará", "Ceh hablará") y un desarrollo continuo de conceptos raíces como el del hambre que no será satisfecha con el pan del *katún*. Si bien está adaptado a los términos más abiertamente comunales de la cuenta *katún*, encontramos el juego constante entre cielo y tierra,

	1	2	3	4	5	6	7	8
U kahlay katunob		*		*	*	*	*	
U kahlay katunob 2		*				*		
Mapa-rueda de los katunes		*	*					
Crónica Matichu		*			*		*	
Ah Muzen Cab		*			*		*	
Ah Kin (prognosis)		*			*	*	*	
Zuyua Than		*						*
Cuceb (cuenta de los tunes)					*		*	
Veinte Signos				*	*			
Doña Teodor	*			*	*	*		

1 Chan Cah 2 Chumayel 3 Ixil 4 Kaua 5 Mani
6 Oxcutzcab 7 Tizimín 8 Tusik

FIGURA V.3. *Capítulos de los Libros de Chilam Balam.*

las fases de la vida humana y celeste, tan notable en las inscripciones del periodo Clásico.

En los Libros de Chilam Balam, se muestra que la cuenta *katún,* siempre tan importante, constituye el principio organizador para toda una gama de textos relacionados (figura V.3); las crónicas históricas como la Matichu, que se basaban en las cuentas *katún* transcurridas; las profecías personales para *katunes* futuros, como las del Chilam Balam mismo, y dos series de 20 acertijos en "Zuyuathan" (la lengua zuyua), con las cuales se examinaba a los candidatos a cargos bajo el sistema *katún.* Los acertijos tienen la forma de peticiones crípticas que el examinado debe saber cómo oír. Se incluye el juego silábico del tipo que caracteriza la escritura jeroglífica; en el *Ritual de los bacabes,* la lengua zuyua cura la enfermedad.[13] En éste defienden a "los hombres mayas" de los impostores y fuereños, a guisa de contraseña nacional. Al mismo tiempo adoptan como juego la idea del lenguaje visual en sí, siguiendo líneas que resultan evidentes en otras partes de Mesoamérica, como en el caso del capítulo sobre metáforas en el libro de retórica náhuatl (Códice Florentino, libro 6, capítulo 43). En efecto, el propio vocablo *zuyua* parece más náhuatl que maya y por estas razones responde al interés más general de Mesoamérica en cuanto a las imágenes de los acertijos de la lengua, sea fonética o no, jeroglífica o en *tlacuilolli.* Con la deslumbrante serie inaugural de siete acertijos en el Libro de Chumayel (pp. 29-

31), el Zuyuathan descubre incluso paralelismos distantes en Isla Tortuga y
en la selva tropical, en los diálogos chamánicos de iniciación y transferencia
de poder. Como en el caso de la Trilogía de la Fundación en Palenque, representa un paradigma más amplio adaptado a prácticas específicas en las
tierras bajas mayas, en este caso la cuenta de 20 años *tun*.

UNA HERENCIA CIFRADA

U kahlay cab tu kinil, lay tumen dziban lae, tumen ma kuchuc tu kin u meyah
lay hunob lae, picil thanob lae, utial katabal u chi Maya uinicob uay yohelob bix
zihanilob edzlic cab uay ti peten lae

La relación de la historia de esta tierra, porque está escrita, porque no ha pasado
el día en que se usan estos papeles, esta muchedumbre de palabras; para que se
preguntara a los antiguos hombres mayas si sabían cómo nacieron y cómo fundaron su tierra en esta región. [Libro de Chumayel, p. 43.]

Como marca distintiva de los Libros de Chilam Balam, aparecen capítulos
relacionados con la cuenta *katún* en todos los ejemplos importantes que
perduran, procedentes de Chumayel, Tizimín, Kaua, Tusik, Mani, Ixil y Oxcutzcab. Lo anterior fue resultado del hecho de que después de establecerse
contacto con Europa, el cual se inició varias décadas antes de que Francisco
de Montejo tomara Tihoo (Mérida) en 1542, los jeroglíficos se transcribieron
gradualmente al maya alfabético, en especial en el conjunto de los Libros de
Chilam Balam, los cuales se veían como la continuación directa de la literatura específicamente maya.[14] Ello se vuelve evidente por diversas razones,
como es el caso de las referencias internas textuales al *amoxtli* (u uich u uohil
"la cara del libro") del cual fueron copiados, y los paralelismos en la estructura y la fraseología de los capítulos del almanaque que pronostican días, o
en los discursos apropiados a *u kahlay katunob*. Los diseños parecidos a glifos que representan los rostros de los *katunes* en la cuenta se incluyen efectivamente en los textos de Mani y Chumayel.

En los Libros de Chilam Balam, las disertaciones sobre el *katún* ocupan
dos ciclos principales,[15] que cubren la mitad del milenio que va del siglo XIII
al siglo XVIII y que abarcan periodos posteriores y anteriores mediante adiciones y comparaciones entre los *katunes* de nombres parecidos en forma
reminiscente de la Rueda de 52 años del *xiuhtlapoualli*. Por su parte, la exigua
lista histórica de los *katunes* conocida como la Crónica Matichu llega hasta
el periodo Clásico (13 Ahau 9.4.0, 514 d.C.), aunque sin nombrar sus ciu-

dades espectaculares y sus gobernantes; mientras que en otras partes se nos lleva hasta el fin de la Era en el año 2087-2088 d.C. a través de las profecías individuales del *katún* y de los ajustes al calendario, con los cuales se diseñaron *katunes* de un nuevo estilo compatible con los años mexicanos y cristianos. Los libros de Chumayel, Tusik y Mani contienen las series de acertijos que se preguntaban a los candidatos postulantes a cargos bajo el sistema *katún*, mientras que el Cuceb, o "rueda del año", en los libros de Mani y Tizimín correlaciona el ciclo *tun* con 20 años de la Rueda de 52 años.

Además de estos libros sobre el *katún*, los Libros de Chilam Balam transcriben otros capítulos de la herencia jeroglífica, como aquellos que están dedicados a las ceremonias de Año Nuevo del ciclo de 52 años, los cuales formaban parte del aparato de la Serie Inicial en las inscripciones y los cuales, como la cuenta *katún*, lograron cierto grado de autonomía tras el colapso. Encontramos aquí la misma terminología de cuadrantes, con sus respectivos árboles y portadores anuales, como en la tradición icónica. Aparecen asimismo capítulos médicos que tienen analogías con el *Ritual de los bacabes,* manuscrito ampliamente conocido y que encuentra antecedentes en los almanaques jeroglíficos para curaciones.

Los Libros de Chilam Balam, si bien daban continuidad a estas tradiciones mayas y mesoamericanas, respondían desde el principio a las nuevas condiciones que trajo consigo la invasión española. Como en el caso de la literatura poscortesiana de la meseta de México, encontramos capítulos dedicados a correlacionar los calendarios propios y los importados, historiografía comparativa que examina en forma crítica la versión bíblica de los sucesos mundiales, así como numerosas adaptaciones y traducciones de textos del Viejo Mundo. En particular, la cuenta *katún* se presta a comentarios devastadores sobre la invasión española, en los cuales el valor y la frase mayas atraviesan la retórica importada de los libros cristianos. He aquí la versión del Libro de Chumayel del *katún* 11 Ahau (1539-1559):

Porque los "muy cristianos" llegaron aquí con el verdadero Dios; pero ese fue el principio de la miseria nuestra, el principio del tributo, el principio de la "limosna", la causa de que saliera la discordia oculta, el principio de las peleas con armas de fuego, el principio de los atropellos, el principio de los despojos de todo, el principio de la esclavitud por las deudas, el principio de las deudas pegadas a las espaldas, el principio de la continua reyerta, el principio del padecimiento. Fue el principio de la obra de los españoles y de los "padres", el principio de usarse los caciques, los maestros de escuela y los fiscales.

¡Que porque eran niños pequeños los muchachos de los pueblos, y mientras, se les martirizaba! ¡Infelices los pobrecitos! Los pobrecitos no protestaban contra el que a su sabor los esclavizaba, el Anticristo sobre la tierra, tigre de los pueblos, gato montés de los pueblos, chupador de la gente común. Pero llegará el día en que lleguen hasta Dios las lágrimas de sus ojos y baje la justicia de Dios de un golpe sobre el mundo.

¡Verdaderamente es la voluntad de Dios que regresen *Ah-Kantenal* e *Ix-Pucyo-lá,* para roerlos de la superficie de la tierra!

Un capítulo del Chilam Balam que adquiere especial significación al ser puesto en esta perspectiva es el que abre el Libro de Chumayel, el único libro del *corpus* que invoca las fechas de la Era para reflexionar ampliamente sobre la historia maya y para elaborar una filosofía maya del tiempo. Los primeros traductores, A. Mediz Bolio (1973 [1930]) y Ralph Roys (1933), reconocieron sus cualidades especiales. No obstante, trabajaron en una época en la que se ignoraban aún más que en la actualidad muchos aspectos de la literatura maya y cuando casi nadie se daba cuenta del alto grado de continuidad implícita, por ejemplo, en la cuenta *katún.* Aunque sus análisis del calendario resultan espléndidos, la versión más reciente de Munro Edmonson (1986) va en contra de esta continuidad al fragmentar el texto y poner juntas las piezas según una cronología de los siglos cristianos.

A lo largo de 21 páginas (presentadas en tres capítulos por Roys y en dos por Mediz Bolio), el capítulo inicial del Libro de Chumayel nos lleva desde la fundación de los cuadrantes del mundo, con sus árboles y sus pájaros, a través del establecimiento de Yucatán y la institución del calendario *katún* y el tributo en trabajo en Chichén Itzá, hasta la entrada de los españoles en Tihoo. Son impactantes las referencias explícitas, antes citadas, a la construcción de las pirámides realizada por los linajes del pasado, la cual duró más de tres *baktunes,* o 1 500 años, y culminó en una catástrofe comparada con la destrucción bíblica de Egipto. En las páginas finales (pp. 19-21), impulsados por el arribo de los españoles en el siglo XVI, los autores reflexionan sobre la larga experiencia histórica y evalúan las opciones políticas y militares de que disponen, en líneas que dicen:

Mat yoltahob u paktob dzulob	No quisieron juntarse con los extranjeros,
ma u kat cristianoilob	el cristianismo no fue su deseo,
ma yoltahob u bot patan	no quisieron pagar más tributo.
Ah uayom chichob	Los del signo pájaro,
5 ah uayom tunob, ah ziniltunob	los del signo piedra, piedra lisa,

ah uayom balamob-ox uayohob | los del signo jaguar —tres
                              | emblemas—.

can bak hab u xul u cuxtalob | cuatro veces cuatrocientos años
                             | fue el periodo de sus vidas,

catac holhun kal hab yan cataci | más quince veces veinte años
    u uxul cuxtalob | antes que terminaran sus vidas,
tumen yohelob u ppiz kinob | porque conocían el ritmo de los
    tubaob | días en su interior.
10 tuliz U tuliz hab | Entera la luna, entero el año,
tuliz kin tuliz akab | entero el día, entera la noche,
tuliz ik cu ximbal xan tuliz kik | entero el aliento al moverse,
    xan | entera la sangre también,
tu kuchul tu uayob tu poopoob | cuando llegaron a sus lechos, sus
    tu dzamob | esteras, sus tronos;
ppiz u canticob yutzil oraob | ritmo en su lectura de las horas
                             | buenas,
15 ppiz u caxanticob yutzil kin | ritmo en su búsqueda de días
                             | buenos,

la tu ppiz yilicob yocolob utzul | y ritmo en su observación de las
    ekob tu yahauli | estrellas buenas que entraban
                    | en auge,

tan u ppix ich ticob yocolob | cuando miraban a las estrellas
    yahaulil utzul ekob. | buenas empezar su auge,
Utz tun tulacal | Era bueno todo.

Catun u takbez yalob tu | Pues respetaban la razón sana;
    cuxolalob yan |
20 manan tun keban tu santo | no había pecado en la santa fe de
    okolalob yan u cuxtalob | sus vidas,
manan tun chapabal manan | no había enfermedad, no les dolían
    tun chibil bac tiob | los huesos
manan tun dzam chacuil | no tenían calentura, no tenían
    tiob minan tun | viruela,
    xpomkakil tiob |
minan tun elel tzemil | no les quemaba el pecho, no les
    tiob minan tun ya nakil | dolía el estómago,
    tiob. |
minan tun tzemtzem cimil | no tenían enfermedad pulmonar,
    tiob minan chibil pol | no tenían jaqueca.
    tiob. |
25 Tzolombil tun u bin uinicilob. | El curso de la humanidad estaba
                                 | claramente cifrado.

Ma bay tun u mentah dzulob ti
    uliob lae
zubtzilil tal zahob ca talob

ca cuxhi yol nicte cuxhi tun yol
    tu nicteob Nacxit Xuchit tu
    nicte u lakob
minan tun yutz kinob yetzahob
    toon

30 lay u chun cakin xec cakin
    ahaulil
lay ix u chun cimil toon xan

manan yutz kin ton xan minan
    cuxolal toon
tu xul ca zatmail ilil y zubtalil
    ethlahom tulacal

minan nohoch can minan yahau
    than minan ahau can

35 til lay u hel ahauoob ti uliob lae

tzuc ce ah kinil cu talel u
    mentabal ti telae dzulob
catun tu ppatahob yal u
    menehob uay Tancah lae
Lay tun kamicob u numyailob
    uchci u chibil lae dzulob lae
    he bin ah Itzaobe
oxtenhii bin uchci dzulob

40 lay tun tumen oxkal haab yan
    toon lukzicob ca patan
tumen uchci chibilob tumen
    uinicob ah Itzaob lae
ma toon ti mentei toon botic
    hele lae
Heuac consierto yanil yan u xul
    ca yanac hum olal ton y
    dzulob

No así lo que arreglaron los
    extranjeros al llegar aquí:
ellos enseñaron la falta de
    vergüenza y el terror,
la bajeza carnal de las flores de Nacxit
    Xuchit, las flores de sus socios;

no más se nos revelaron días
    buenos;
éste fue el comienzo de la silla de
    dos días, el reinado de dos días;
éste fue también el comienzo de
    nuestra muerte;
no más había días buenos para
    nosotros ni razón sana.
Al cabo de nuestra pérdida de
    visión y de vergüenza, todo se
    revelará.
No había sacerdote principal, ni
    señor de la palabra, ni señor
    sacerdote
con el cambio de poder, con la
    llegada de los extranjeros.
Los religiosos que instalaron aquí
    eran lascivos;
dejaron sus hijos en Mayapan.

Éstos a su vez recibieron su
    castigo de los extranjeros
    llamados itzá.
Tres veces llegaron los
    extranjeros,
tres veces veinte años hay que
    tener para no pagar impuestos.
El problema ha sido la agresión
    de los hombres itzá:
no lo hicimos, sí lo pagamos hoy.

Tal vez por el "concierto" que
    hay ahora esto acabe, y
    quedemos unánimes
    nosotros y los extranjeros.

Uamae bin yanac toon noh   Si no es así, sólo nos queda
   katun   la guerra.

La complejidad del pasaje anterior refleja sin duda la de la situación histórica en que se encontraban los propios mayas; sin embargo, se debe también al ingenio y la capacidad de alusión con que la describen, y a su ira ante
la traición de sus hermanos mayas (p. 14). No obstante, ha de distinguirse
entre dos partidos principales, el de los mayas y el de los extranjeros. En el
primero se incluye el autor mismo (quien a veces usa la primera persona
singular), sus contemporáneos (a quienes alude con el pronombre "nosotros") y sus antepasados en la tierra de Petén. Por otra parte, entre los extranjeros se encuentran los españoles cristianos, claro está, pero también se
incluye a los itzáes, quienes lucharon sin éxito contra los españoles, así como
los predecesores imprecisos de los itzáes, cuya lengua no era la maya cuando
llegaron a Yucatán, según la Crónica Matichu. Se dividen, entonces, en tres
grupos, los toltecas (?), los itzáes y los cristianos; y desde la perspectiva de
los mayas resulta tan clara la impresión de que hubo tres invasiones, que incluso se hace una broma al respecto (líneas 39-40). Roys ofrece la información adicional que se requiere para llegar al meollo del asunto: el tercer grupo,
el de los españoles, exentó a los ancianos que tenían "más de sesenta años"
del pago de impuestos o tributos.[16] En la aritmética vigesimal de los mayas,
ello equivale a decir: "La próxima vez, en la cuarta invasión, habremos de tener ochenta (cuatro veces veinte años) para quedar exentos."

Las alusiones de esta índole presuponen una conciencia histórica sumamente desarrollada. Es verdad que nos encontramos frente a un contraste
radical entre los mayas y las formas extranjeras en su aspecto negativo en la
línea 26, el punto de cambio en el pasaje. Pero no se condena a los extranjeros fuera de toda proporción o sólo por serlo; se trata a cada grupo por
separado, en orden cronológico. En el comentario "no lo hicimos, sí lo
pagamos hoy" (línea 42), hay un recordatorio irónico al hecho de que las
fuerzas militares, que no eran mayas, en Yucatán (los "capitanes" itzáes) fracasaron en la defensa propia y de sus vasallos ante la invasión de los españoles. Se emplea una palabra de origen español, *santo* (línea 20), para
contrastarse con la lascivia de los toltecas (línea 36). Y así por el estilo. Confiados en sus propias tradiciones, los mayas se vuelven a esta o aquella cultura según les parece conveniente.[17] Las cosas comienzan a ir mal con
Nacxit Xuchit: Al igual que en la profecía personal del Chilam Balam con la
que se cierra el libro, este nombre náhuatl (Nacxit Xóchitl) trae malas nuevas. En general se ha dado por sentado que representa la intrusión de las

tierras altas de México, la cual se profundizó cada vez más después del colapso y se institucionalizó cuando Tutul Xiuh se instaló en Uxmal en 4 Ahau, 987; con ello se inició lo que se ha descrito como el Nuevo Imperio en Yucatán. Es probable que esta lectura sea la más justa, ya que el nombre, difícil de identificar con un personaje en particular, se encuentra en los textos en náhuatl en calidad de título, mientras que por su etimología (flor de cuatro pies) indica tetrarquía, los cuadrantes del tributo. En este punto, de lo que se tiene mayor certidumbre es de la naturaleza y la fecha aproximada del cambio que representa. Se habla con insistencia de un deterioro que en el primer caso se diagnostica como calendárico: una pérdida de la soberanía en el tiempo de que alguna vez gozaron el calendario y la escritura mayas de las tierras bajas.

A lo largo del libro, aparecen frases completas cuya retórica resulta adecuada a los discursos de *katún*, especialmente en las dos cuentas *katún* más antiguas que se conservan en su totalidad; las frases reproducen otras tantas fórmulas jeroglíficas: "la pérdida de la visión y la vergüenza"; "el principio de la enfermedad"; "no había días buenos para nosotros", y cosas parecidas. La lascivia de Xuchit (líneas 28-29) y la enfermedad mortal que trae consigo (*cimil*) se rechazan en términos característicos del *katún*, 11 Ahau *nicte*, o "flor", mientras que el buen curso y la plenitud (*tuliz*) de la luna y de la sangre (líneas 10-12) hacen recordar el texto de un *katún* 13 Ahau (Chumayel, p. 100): *tu lobil kik tu hokol U; tuliz iuil U u chac cuchie tuliz kik*. Las quejas particulares que se deducen en forma negativa de las líneas 20-24 resultan menos interesantes desde el punto de vista médico, que como síntomas de enfermedad del cuerpo político en su conjunto, cuerpo de carácter federal, como las ciudades de la cuenta *katún*, y no sujeto a un solo poblado o capital. Se recurre a la misma asociación cercana y sin ambigüedades entre la política *katún* y la medicina hasta una época tan tardía como el siglo XIX, en el prefacio a la sección de medicina (pp. 30ff.) del Libro de Chilam Balam de Nah. Con una referencia explícita a la Guerra de Castas (*tu haabil katun*), dicho prefacio invoca asimismo el remedio previsto en el Libro de Chumayel en ausencia de un acuerdo: la expulsión del cuerpo extranjero. Además, de la misma manera en que la salud de la sociedad dependía no sólo de la política interna sino del cielo, y el curso del aliento y la sangre correspondía al movimiento astronómico, así los días buenos del pasado quedaban asegurados con la lectura calendárica correcta del reinado o auge (*ahaulil*) de las buenas estrellas. Lo que había sido sano y salvo sufría padecimientos y se eclipsaba; *chibil* servía para describir ambos significados en la retórica *katún*.

La imagen particular del eclipse evoca el logro sobresaliente del calendario maya *tun* de las tierras bajas, bien equipado para predecir este fenómeno gracias a su rigurosa insistencia en la fórmula "un día = una unidad", el uso de la notación de valor posicional que anticipa el modelo cuadriculado de la escritura jeroglífica, y la consecuente capacidad para calcular de decenas de miles a muchos millones de días, indicando siempre con precisión el día. De modo que cuando leemos que en el pasado "El curso de la humanidad estaba claramente cifrado" (línea 25), vemos que *tzolombil*, el término principal, está cargado de connotaciones. *Tzol* significa "poner en orden" o "contar" o "poner en claro", y describe exactamente los procesos mentales formulados en la lógica aritmética de la escritura jeroglífica. La traducción común de *tzolombil* ha sido "ordenadamente", lo cual no es incorrecto, pero no nos indica con claridad el principio que rige ese ordenamiento.

Al observar los hechos desde esta perspectiva, se ve afectada a su vez la lectura que hacemos de los vocablos *ppiz* y *tuliz,* los cuales tienen gran peso en la cuenta de los días en que "era bueno todo". Roys traduce *ppiz* como "medido" cuando en realidad el ritmo constituye una parte clave del significado; asimismo, verter *tuliz* como "todo" o "completo" recorre poco camino hacia la idea de "entera cosa sana, no quebrada ni partida ni comenzada" (como lo dice el diccionario de Viena). En la lógica numérica maya, lo completo se expresa mejor como plena unidad básica del día y sus sumas y múltiplos: lunar, menstrual, solar, planetario, moral, político y así sucesivamente. La proporción *(ratio)* se refiere a las cosas en el tiempo, medidas de momento en momento, de descanso en descanso (lecho, estera, trono, en la línea 13). Asimismo, cabe considerar a la astronomía y a la escritura maya que la expresaba como las responsables del concepto extraordinario de *cuxolalob* (línea 19): un conocimiento sano, íntegro o vivo, una ciencia que es racional pero animada.

En la edad de oro que precedió a la invasión extranjera, se habían estabilizado y "asentado" los pulsos y los ciclos de tiempo. Es decir, al uniformar las unidades de trabajo y el tributo en especie, el calendario jeroglífico *tun* sirve ideológicamente de garantía contra la agitación excesiva, la enfermedad, la fiebre y la indolencia. Mientras que los gobernantes antiguos "conocían el ritmo de los días en su interior" (línea 9), los extranjeros, guiados por Nacxit Xuchit, introdujeron una "silla de dos días" y un "reinado de dos días". Roys pensó que la frase *ca-kin "dos días"* significaba temporal o de corta vida, lo cual probablemente sea así. También podría referirse con más precisión al año bisiesto o sistema de día doble del calendario mexicano y por extensión al año bisiesto tristemente inexacto del calendario juliano. La determinación tan clara del valor moral que se ponía en la mecánica del calendario y la escritura jeroglíficos también resulta evidente en los textos curativos del *Ritual de los bacabes,* en los cuales se identifica de manera directa la salud del paciente con la ordenación apropiada del tiempo, específicamente según las fechas del *tun* y el *katún* que daban nombre a esta Era y las anteriores, y con la idea misma del jeroglífico maya *(uoh),* la "prescripción" última.[18]

Por último, los "grandes sacerdotes y oradores" que presidían los tiempos cuando "era bueno todo" se identifican únicamente por sus emblemas y su antigüedad. El orden de los párrafos que introdujo Roys vuelve a éstos idénticos a los contemporáneos del autor maya que no querían el cristianismo ni el "tributo" (líneas 1-3). Pero resultan mucho más necesarios como sujeto de las líneas 4-9, que de otro modo carecerían de uno. Los tres signos que portaban, el pájaro, la piedra y el jaguar, permanecen opacos, aunque recuerdan el modelo del triple emblema inscrito en las ciudades del periodo Clásico; y retrocediendo en el tiempo, hasta las fechas indicadas en el texto, éstas también coinciden de modo extraordinario con los tres glifos representados en el Monumento 13 de la ciudad olmeca de La Venta, cuya antigüedad se establece por lo general en el año 900 a.C.[19] Al ofrecer la fecha, el texto sigue la fórmula empleada antes en referencia a la construcción de la pirámide que realizaron las dinastías de los periodos Preclásico y Clásico; esto es, se nos brinda una suma de *baktunes* y *katunes,* en este caso un total de 1 900 años mayas, 400 más que antes. Una vez más, el colapso y el principio del Nuevo Imperio de Xuchit constituye el punto final indispensable, y volvemos a retroceder en el tiempo, esta vez hasta el comienzo mismo del primer milenio a.C.

Para establecer su propia perspectiva histórica dentro de Mesoamérica y del Cuarto Mundo, los mayas de las tierras bajas autores del Libro de Chumayel, y por extensión los autores de los otros Libros de Chilam Balam, tenían acceso al gran sistema literario de la cuenta *katún,* el cual tiene profundas raíces en la escritura jeroglífica del periodo Clásico. El capítulo inicial del libro de Chumayel retrocede aún más hasta las ideas de la arquitectura urbana y, sobre todo, de la claridad aritmética tipificada en las inscripciones calendáricas olmecas y proto-mayas del primer milenio a.C., a las cuales nos refiere el texto cronológicamente. Esta visión política y filosófica apoya la fe en la cultura maya con más efectividad que cualquier referencia explícita a las dinastías que emplearon el calendario jeroglífico, en particular con las fechas de la Serie Inicial, a fin de glorificarse a sí mismas y a su casta. Al asegurar la continuidad política,[20] estos libros mayas penetraron profundamente en la sociedad, en sus ritmos y en su curación. Al mismo tiempo, se abrieron al futuro: después de 20 líneas numeradas que corresponden a los *tunes* del *katún* y que se renuevan a sí mismos a la mitad, el Libro de Chumayel concluye con la pregunta "¿Quién el sabio, quién el sacerdote-sol que leerá la palabra de este libro?"

VI. TOLLAN

HABILIDAD TOLTECA

El término *tolteca,* que en principio significa sencillamente alguien llegado de Tollan o Tula, el lugar de los juncos (figura VI.1), llegó a designar por toda Mesoamérica al artesano, al artista, al intelectual. Según nos dicen ciertos textos indígenas, las realizaciones de los toltecas fueron enciclopédicas. Sobresalieron como arquitectos y albañiles; escribanos y pintores; carpinteros y escultores; lapidarios y expertos en trabajar el jade y la turquesa; mineros y trabajadores del oro, la plata, el cobre, el estaño y otros metales; fabricantes de mosaicos y de tapetes de pluma; alfareros; tejedores e hilanderos; músicos y compositores; médicos; expertos en astronomía, cronología y el calendario; y verdaderos intérpretes de los sueños. De alguien que fuese diestro y docto se decía "Es un auténtico tolteca", así como a la gente tonta y vestida de colores chillantes se le equiparaba con los rudos otomíes. En el *Popol vuh,* la lista misma de dioses creadores incluye al artesano Tultecat; el Códice Florentino y otros manuscritos nahuas reunidos por fray Bernardino de Sahagún hablan del concepto general de habilidad y arte como *toltecayotl:* la "toltequez".

De todos los toltecas, la figura más renombrada fue diversamente llamada Topiltzin ("nuestro señor") y Quetzalcóatl (la serpiente emplumada), pero también recibió otros nombres y epítetos. Fue él quien por primera vez trajo todos los dones sociales —en especial la escritura— a su pueblo y a toda Mesoamérica. Como su papel de jefe siempre fue equívoco e insegura su paternidad, fue desafiado por un archienemigo identificado con Tezcatlipoca, quien se burló de él y con engaños le hizo cometer incesto; sobre la ciudad cayó un mal que incluía la presencia de un cadáver putrefacto de increíble peso (tales detalles nos hacen recordar la historia de Edipo en Tebas). Por último, Quetzalcóatl se va de Tula o es expulsado de allí, en un viaje que le lleva al límite oriental de la tierra y del cielo, donde se prende fuego a sí mismo; según dicen otras versiones, se embarcó en una balsa de serpientes entrelazadas, y su fuerza vital retornó en el abundante maíz, o pereció en combate y sus cenizas fueron llevadas a Cholula.

Por su parte, la propia Tula fue más célebre que ninguna otra ciudad por

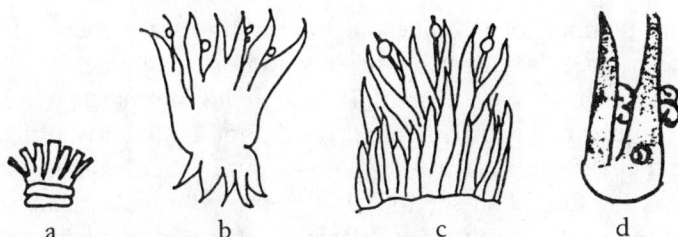

FigURA VI.1. *Tollan, Lugar de juncos* a) *Anales de Tepexic, p. 7;* b) *Ríos, p. 11;* c) *Anales de Cuauhtinchan, p. 1;* d) *Tudela, capítulo "Zodiaco".*

su arquitectura, su esplendor y su poder. Su nombre evoca las plantas acuáticas que desde los primeros tiempos han dado refugio, esteras, tronos y, en el notable caso del Titicaca, hasta botes y alimentos a los asentamientos ribereños y lacustres. Este lugar, primer asentamiento nombrado en una gran variedad de textos, puede denotar la idea de gente reunida, como juncos, o de "un grupo de artesanos o de funcionarios".[1] En realidad, Tula representa la idea misma de seres civilizados, hasta servir como modelo de toda riqueza urbana. Sus ciudadanos poseían abundantes productos agrícolas, una moneda común hecha de exquisito jade y oro, y maravillosas aves canoras:

Todo allí era riqueza: fino y rico lo que se comía, toda clase de sustentos. Dicen que las calabazas eran inmensamente gruesas, tales que todo su cerco era de cuatro brazas, algunas eran de forma esférica.

Y las mazorcas de maíz tan largas como el mango del metate, bien largas y se tenían que abarcar con los brazos. Las plantas del amaranto eran tan altas como palmas y crecían.

También allí se producía variada forma de algodón: rojo, amarillo, rosado, morado, verde claro, azul, verde oscuro, anaranjado, negruzco, purpurino, rojizo, bayo. Todo ese algodón nacía así teñido: nadie lo metía en tintes.

Vivían allí también toda clase de aves de bello plumaje: azulejos, quetzales, aves de negro y amarillo color, y las aves rojas preciosas de largo cuello. También toda clase de aves que tienen hermosos trinos, las de muy plácido canto.

Y todo género de piedras finas: jades. El oro no se estimaba: tanta cantidad de él había.

Tocante al cacao había el más fino y abundante, por todos los lugares había plantas de cacao.

Nunca los moradores de Tula sufrieron necesidad: siempre eran felices y prósperos. Nada en su casa hacía falta. Aquellas mazorquillas que quedaban atrofiadas y no crecían, solamente les servían para calentar los baños.

Al mismo tiempo, se nos muestra otra visión, más plebeya, de quienes llegaron de fuera a la ciudad, y se encontraron manteniendo desde una posición inferior todo este lujo. El *Tratado de las Supersticiones* (1629) incluye un conjuro chamánico náhuatl de la índole aún hoy utilizada para cazar. Llama al venado a ser capturado, así como la gente antes era llamada a las puertas de Tula, y su servidumbre hacía eco a la semejanza que hay entre *mazatl* (venado) y *mazehual* (plebeyo).[2] Aquí, el paralelo con el Viejo Mundo es con Babilonia, más que con Tebas; este paralelo en realidad se hace explícito en más de un texto indígena donde el destino de la primera población de Tula es comparado con el de los israelitas bíblicos. Luego, cuando el abuso de los señores de Tula se tornó insoportable, la ciudad se volvió, a su vez, tema de éxodo y de dispersión en un lamento tolteca que se encuentra en los *Cantares mexicanos* y en el *Popol vuh*.[3] Por el testimonio de los mapas sabemos que la toponimia como tal, junto con formas similares como "Tulapan" y el diminutivo "Tollanzinco", fue llevada por toda Mesoamérica y sirvió para nombrar no sólo ciudades menores, sino barrios de esas poblaciones, hasta las más pequeñas parcelas. También sirvió como epíteto para ciudades de otro nombre. El mejor ejemplo es el santuario de Quetzalcóatl en Cholula: Tollan-Chololan.

Para cuando los europeos llegaron a México, ya no se podía reconocer a ninguna ciudad o principalidad como aquella Tula eminente, aunque los aztecas y otros se arrobaban confiadamente la tradición tolteca. La ciudad misma era, definitivamente, cosa del pasado. Una imagen brillante de su arquitectura arruinada y de la permanencia de su significado (comparable y contemporánea a la meditación de Joachim du Bellay sobre Roma) aparece en el manuscrito de los *Cantares mexicanos,* el cual recaba las canciones-poema recitadas en la corte azteca. Desde su posición imperial, esta colección combina los estilos de las regiones con un conjunto de modos derivados de actividades sociales específicas: llorar a los muertos (de ahí la "canción del huérfano", *icno-cuicatl);* sembrar los campos (de ahí la "canción del retoño", *xopan-cuicatl,* así como la "canción de la flor" o *xochi-cuicatl,* o la poesía misma); y la guerra (a la que se debe el "canto de la batalla", *yao-cuicatl).* Concentrándose ante todo en las ruinas de Tula y en el pesar general por la pérdida de Topiltzin, y luego en su transformación en una resplandeciente mazorca, el poema en cuestión, "Tollanaya huapalcalli", se divide en dos partes, respectivamente en los modos del huérfano y del retoño.[4]

Las estrofas y refranes de la primera parte establecen un juego entre la ruina de la ciudad y la pérdida de Topiltzin, arquitecto de sus columnas y palacios, y escriba de sus inscripciones, y siguen su camino a la destrucción, pasando Cholula y Orizaba (Poyauhtécatl), hacia el este, hasta Xicalanco, Zacanco y Tlapallan:

En Tula se erguía el templo con vigas,
hoy sólo quedan en fila columnas en figura de serpientes:
¡Se fue, la dejó abandonada Nácxitl nuestro príncipe!
    Allí al son de trompetas son llorados nuestros príncipes.
5   ¡Ah, ya se fue: se va a perder allá en Tlapalan!
Allá por Cholula vamos a pasar,
junto al Poyauhtécatl, ya lo traspasamos,
vamos a Acallan.
    ¡Allí al son de trompetas son llorados nuestros príncipes!
10   Ah, ya se fue: se va a perder allá en Tlapala.
    Vengo de Nonohualco, yo Ihuiquecholli,
yo el príncipe Mamalli, me angustio.
    Se fue mi señor Ihuitimalli,
¡me dejó huérfano a mí, Matlacxóchitl!
15   Se rompe la pirámide: yo me pongo a llorar.
Se alzan las arenas: yo me pongo triste.
    Se fue mi señor Ihuitimalli,
¡me dejó huérfano a mí, Matlacxóchitl!
    Es en Tlapalan donde eres esperado,
20   es el lugar a que se te manda ir,
es allí el lugar de tu reposo, allí solamente.
    Ya te pones en movimiento, mi rey Ihuitimalli,
se te manda ir a Xicalanco y a Zacanco.
    ¿Cómo quedarán desolados tus patios y entradas?
25   ¿Cómo quedarán desolados tus palacios?
¡Ya los dejaste huérfanos aquí en Tula Nonohualco!
    Tú mismo los lloras, príncipe Timal.
    ¿Cómo quedarán desolados tus patios y entradas?
¿Cómo quedarán desolados tus palacios?
30   ¡Ya los dejaste huérfanos aquí en Tula Nonohualco!
    En madera, en piedra te dejaste pintado.
    Y allá en Tula vamos a gritar:
    Oh Nácxitl, príncipe nuestro,
jamás se extinguirá tu renombre,
35   ¡pero por él llorarán tus vasallos!
    ¡Sólo queda allí en pie la casa de turquesas,
la casa de serpientes que tú dejaste erguida!
    Y allá en Tula vamos a gritar:
    Oh Nácxitl, príncipe nuestro,
40   jamás se extinguirá tu renombre,
¡pero por él llorarán tus vasallos!

Cantares mexicanos, ff. 26v-27r

Luego, en la secuela, el poeta, que habla en primera persona, renace hecho de maíz, como los primeros hombres de esta Era. La habilidad divina
en la genética que históricamente hizo posible la producción de maíz y el
alimento de la gente se identifica como la del artista tolteca que, a la vez
cantor y escribano, es el autor del contrapunto entre la "flor proferida" y la
"canción pintada". Las "fibras reales" de su *amoxtli* son la estera tejida de
la autoridad; el texto textil que sin embargo es trascendido en la visión finamente expresada, el corazón completo. La conciencia de su poder da al
poeta la esperanza de supervivencia y de continuidad al ser trasplantado a
otros, como las flores del príncipe, del cacao y del peyote, que son los poetas
compañeros que lo rodean en la corte azteca, con percepciones intensificadas como la suya.

>   Nací yo la mazorca de tintes policromos:
>   matizada está la florida mazorca:
>   ¡ya vino a abrir sus granos en la presencia
> 45   del dios que hace el día!
>   En Tlalocan,
>   donde las preciosas flores acuáticas abren su corola,
>   yo soy la hechura del dios único,
>   soy su creación.
> 50   En la página pintada tu corazón vive,
>   cantas las fibras reales del libro,
>   haces bailar a los reyes,
>   tú tienes el mando en la ribera del agua.
>   El dios te creó, cual flor te profirió,
> 55   te pintó cual un canto:
>   Un artista tolteca escribió:
>   se acabaron los libros,
>   tu corazón llegó a ser completo.
>   Por el arte yo viviré aquí siempre.
> 60   ¿Quién me tomará? ¿quién irá conmigo?
>   Aquí estoy en pie, amigos míos.
>   Yo soy un cantor, desde el fondo del pecho
>   mis flores y mis cantos desgrano ante los hombres.
>   Una gran piedra tajo, grueso madero pinto:
> 65   en ellos pongo un canto.

>   *Cantares mexicanos*, ff. 27r-27v

En conjunto, el poema gira sobre la idea de Tula, ya una ciudad de fantasía, elaboradamente entretejida entre los dos modos líricos y los tiempos verbales. El santuario en un tiempo "se erguía"; las columnas de serpientes que sostenían sus vigas "quedan en fila", como flores levantadas a la lluvia. Se han ido las pinturas de arena, la pirámide se ha roto; las casas sagradas de Topiltzin "quedarán desoladas", pero permanecerán allí para siempre, como la palabra implantada. Abandonadas, "la madera, la piedra" de Tula, por decirlo así, hablan ahora orgánicamente por sí solas, y por obra de la memoria el corazón regresará.

Además de mostrarnos el refinamiento de la poesía náhuatl, el "Tollanaya huapalcalli" sugiere claramente los factores que hasta la fecha han dificultado tanto hacer una interpretación histórica de Tula, amalgama elusiva de la Babilonia, la Tebas y la Roma del Viejo Mundo. Pocos grandes textos mesoamericanos dejan de referirse a Tula en un pasaje u otro, y lo hacen textos de la más diversa procedencia: desde las tierras altas y bajas mayas en el este hasta la frontera de Michoacán al oeste. Asimismo, encontramos toda una variedad de géneros, desde poemas y conjuros sumamente alusivos hasta anales y crónicas que forman todo un mosaico de fechas y lugares. Descifrar "la escritura de Tula", para utilizar la frase del *Popol vuh* (*u tzibal Tulan,* verso 7315), puede decirse que es en realidad descifrar la idea que Mesoamérica tenía de sí misma, sobre todo como imagen en el tiempo.

Desde la época en que llegaron a Mesoamérica y empezaron a interesarse en su historia, los cronistas europeos tuvieron dificultades para sintetizar este complejo legado. Sin embargo, basándose en textos de la cuenca de México, reconocieron que la Tula más cercana e inmediata a los aztecas y sus vecinos era el poblado y sitio arqueológico de tal nombre, que existe en Hidalgo, al norte del Valle de México, cerca del desagüe del Mezquital. Esta ubicación fue confirmada para el mundo académico por Wigberto Jiménez Moreno y sus colegas, en un seminario celebrado en la ciudad de México en 1941. Los nombres dados a poblados y montañas alrededor de Tula y de su río se colocaron de manera convincente en un mapa; se mencionaron secuencias de cerámica y —lo más importante de todo— se identificaron *in situ* los rasgos arquitectónicos distintivos de la ciudad mencionada en los *Cantares mexicanos* y en otras fuentes, como sus célebres *coatlaquetzalli,* las columnas que soportaban las vigas, cuyos cuerpos son serpientes con las cabezas apoyadas en el suelo.

Sin embargo, la cuestión de Tula sigue viva. Algunos continúan sugiriendo otras ubicaciones, o se contentan sencillamente con remitir la ciudad al ámbito del mito; es decir, la excluyen básicamente del proceso de la historia material.

La Tula del Mezquital

Pocos dudan de que la Tula mencionada en textos de la cuenca de México
sea normalmente el poblado del Mezquital, además de sus extensiones inmediatas hacia el norte y el sur. Estos textos incluyen los Anales de Cuauhtitlan, ciudad situada a medio camino entre Tula y Tenochtitlan; los Mapas
Xólotl de Texcoco, al este del lago principal, y las historias alfabéticas transcritas a partir de ellos por Ixtlilxóchitl, historias de migraciones y otros documentos de Tenochtitlan, y un rollo de papel *amate* con anales de la ciudad
misma. Entre todos, forman una historia cuyos detalles pueden no coincidir,
pero cuya forma general es clara.

El lugar de honor corresponde a los Anales de Cuauhtitlan, ininterrumpido relato náhuatl que se extiende, año tras año, desde la aparición de los
chichimecas en el siglo VII hasta la llegada de Cortés; en el texto se toman
trabajos para reconciliar las anomalías en fechas y acontecimientos que surgieron de varios *xiuhtlapoualli* en escritura indígena, procedentes de Cuauhtitlan y de otros poblados, de los cuales fue transcrito. Algunos han duda-
do de ciertas fechas, sobre todo Nigel Davies[5] en su laboriosa reconstrucción
de los hechos ocurridos entre la caída de Tula y el surgimiento de Tenochtitlan. Sin embargo, en lo interno es notablemente coherente, y coincide a la
perfección con las fuentes primarias de otras escuelas, como los Anales de
Aztlan; las historias de Chimalpahin, historiador de Chalco, y los Anales
de Cuauhtinchan o "Historia tolteca-chichimeca". Sea como fuere, nadie ha
presentado todavía una secuencia mejor de fechas anuales; y aun si hubiera
que reconocer un error en el texto de Cuauhtitlan, no pasaría de una Rueda
o dos: demasiado poco para afectar nuestro argumento actual.

Los Anales de Cuauhtitlan comienzan con los chichimecas, quienes celebran su proeza como moradores del desierto que han avanzado por el sudeste hasta llegar a Mesoamérica propiamente dicha. Su diosa Itzpapálotl,
Mariposa de Obsidiana, devora a los 400 mixcoa (Serpientes de Nube): me-
táfora del calendario chichimeca basado en la Rueda 72 de la Era, y permite
empezar la cuenta del año propiamente dicho, de modo que en 1 Caña, 635
d.C., se dice que los chichimecas salieron de Chicomoztoc (las Siete Cuevas
de su origen tribal), ciudad de gran estilo de vida, cuyos restos majestuosos
están en Zacatecas.[6] Desde el año 1 Pedernal, 864, estos chichimecas, encabezados por Mixcóatl y otros reyes, se dispersaron por la cuenca de México
y más allá, por el oeste hacia Michoacán, por el este hacia Cuextlan y por el
sudeste hacia Tlaxcala y las estribaciones de Cholula. Mientras tanto, la

cuenta calendárica de los toltecas empieza en 726 d.C., con referencias explícitas que se remontan al sistema de edades del mundo y al lugar de esta Era en dicho sistema; lo anterior conduce a toda una línea de gobernantes que incluye a Uno Caña, quien recibió su nombre por el año de su nacimiento, 1 Caña (843), honrado con los epítetos de "Topiltzin", "Nuestro príncipe", "Quetzalcóatl", la Serpiente-Pluma o Serpiente Emplumada.

En las siguientes páginas se desarrolla la vida de Uno Caña. Cuando tenía nueve años, empezó a buscar los huesos de su padre y los llevó a la casa real; a los 28, fue hasta Tollantzinco y Cuextlan, donde construyó un puente de piedra y mortero; a los 30, fue invitado a ser rey de Tula; y luego, a los 40 (2 Caña, 885) fue un recluso y, según la versión "apócrifa" de Texcoco citada en el texto, falleció. Aquí se narran los últimos años de su vida en términos de la lucha arquetípica, pintada en el Borbónico y otros códices, entre él (en el papel de Quetzalcóatl) y su implacable adversario, el dios de la guerra, Tezcatlipoca. Él es derrotado y se arruina. Habiéndose emborrachado con el proverbial quinto trago de pulque, duerme con su hermana. Su abrumadora vergüenza le hace abandonar la ciudad y emprender la ardua peregrinación hasta Tlapallan y el mar del este aludido en el poema de los *Cantares mexicanos,* donde en el año 1 Caña (895), a una Rueda de 52 años del año 1 Caña de su nacimiento, se prendió fuego a sí mismo, convirtiéndose en el planeta Venus. De todo esto cambiamos súbitamente; volvemos a los anales y nos enteramos de cómo Diez Flor, Huemac y otros sucedieron a Uno Caña como reyes de Tula. Entre augurios y violencia caracterizados por el sacrificio humano (aborrecido por Uno Caña), la ciudad empieza a deteriorarse y se desploma finalmente en 1 Pedernal, 1064; poco después, Huemac se suicida y los toltecas se dispersan por completo, llegando esta vez a Cholula, Coixtlahuaca, Tehuacan, Cozcatlan, Nonoualco, Teotlillan y a lo largo del Papaloapan hasta Acallan. El periodo del poder tolteca, dividido en partes iguales por la muerte de Uno Caña, se afirma precisamente como 339 años, lo que en la Era cristiana significa de 731 a 1070.

Acerca de la vida de Uno Caña, los Anales de Cuauhtitlan son complementados por una pléyade de textos, sobre todo la *Leyenda de los Soles,* que, como los anales, forma parte físicamente del Códice Chimalpopoca, y el Manuscrito de las Pinturas. La *Leyenda,* más episódica, incluye un mapa de los orígenes de Uno Caña, ante el cual el texto se remonta al comienzo del primer milenio a.C. (955 a.C., o sea 2 513 años antes de la fecha de composición, 1558 d.C.), y trata de Teotihuacan en el contexto de la historia de la Era. En lo sucesivo, nos enteramos de Uno Caña Topiltzin, quien esta vez aparece como hijo de Mixcóatl (en otras partes, de Camaxtli) y Chimalman, mujer encontrada durante una campaña en Huitznáhuac, que en general se cree que denota al actual Morelos. Mixcóatl y Chimalman aparecen en el dibujo con la cuna de Uno Caña, representados así para sugerir los peñascos que recibieron sus nombres, y el río que pasa entre ellos. El Manuscrito de las Pinturas dice que el padre de Uno Caña se convirtió en roca, y que el lugar de su nacimiento es el río Michtlauhco. En realidad, todos estos nombres existen en Amatlan, el "lugar de los libros", cerca de Tepoztlan, que por este y por otros motivos ha reclamado enérgicamente el honor de ser el lugar en que fue concebido Uno Caña, si no de su nacimiento.[7]

El argumento recibe un gran apoyo en el capítulo "Pulque" del grupo de manuscritos Magliabechiano, los cuales internamente indican que provienen de Tepoztlan y la mitad oriental de Morelos ocupada por los xochimilcas y asignada a Huaxtepec en el Mendoza (en contraste con la mitad occidental de los tlahuicas, cuya cabecera era Cuernavaca).[8] Aquí, 11 adoratorios del zodiaco se difunden desde Tepoztlan y Yauhtepec hacia el este —Totolapan y las faldas del Popocatépetl (tradicionalmente corazón de la zona productora de maguey y de pulque, identificada por Kirchhoff con Tamoanchan)—. La lista incluye a Tula, posiblemente dependiente de Amatlan, y conduce a la imagen de Topiltzin Quetzalcóatl, para quien el pulque había tenido tan graves consecuencias. En una versión del texto, el glifo del lugar para Tula hace un juego visual entre sus juncos (tol-) y el pico abierto de un pájaro (totol-), lo que fonéticamente podría sugerir "aquí, nuestra Tula" (to-tol-), en oposición a la ciudad de Mezquital (véase figura VI.1d).

La Leyenda explica también que Uno Caña al principio acompañó a su padre en las campañas, y que sólo cuando este último fue asesinado por los tíos de Uno Caña empezó él a buscar sus huesos para darles la debida sepultura. Esta fuente, que omite el pulque y la historia de incesto y la lucha contra el belicoso Tezcatlipoca, explica el viaje hacia el este como un esfuerzo abiertamente militar de parte del propio Uno Caña, y añade el detalle importante de que, habiendo llegado a Acallan, atravesó el río hasta Tlapallan. Geográficamente, esto sólo puede referirse al Usumacinta que separa a Campeche y Yucatán de México; la empresa militar embona mejor con la versión que dan los Chilam Balam sobre los acontecimientos de esta fecha, y con el hecho de que los templos mayas de Chichén y Tulum reproducen las columnas de serpientes y otros rasgos de la arquitectura de la Tula del Mezquital. El término general dado al invasor en los libros de Chilam Balam, Nacxit Xuchit, recuerda claramente al Topiltzin Nácxitl de los Cantares mexicanos y encuentra un eco en la deferencia con que esta figura, en la misma etapa, es tratada por los autores mayas de las tierras altas en el Popol vuh y en los Anales de los cakchiqueles. Por último, la *Leyenda* nos dice que Uno Caña no falleció después de una perfecta Rueda de años, sino a la edad de 56; que en lugar de prenderse fuego a sí mismo, convirtiéndose en Venus, sencillamente murió de enfermedad y que, como resultado, quemaron su cuerpo. Tampoco se le rinde homenaje aquí con el nombre de Quetzalcóatl. De hecho, comparando la *Leyenda* con los Anales de Cuauhtitlan, podemos sentir los hechos escuetos de la vida del héroe, que después fueron ritualizados de acuerdo con antiguos paradigmas mesoamericanos.

Con el fin de Uno Caña y la caída de Tula, la narración se vuelve en objeto de rivalidad entre sus posibles sucesores. La visita obligatoria a las ruinas de Tula, como homenaje o afirmación, aparece en varios textos. Ahí están dispersas las piedras para que las veamos en el primero de los Mapas Xólotl: este texto toma su título del gobernante chichimeca del siglo XII así nombrado, ancestro de los acolhuas y los tepanecas, y héroe de los texcocanos, entre ellos el rey poeta Nezahualcóyotl (1402-1472). Al narrar su ulterior llegada a la escena, los aztecas colocaron a Tula en el camino que los trajo desde su legendaria patria, Aztlan; geográficamente, Tula anuncia ya la importantísima llegada de los aztecas a la cuenca. Los 20 años que pasaron allí, durante los cuales dice el Manuscrito de las Pinturas que desarraigaron a todos los habitantes que quedaban, están marcados claramente en los Anales de Aztlan (p. 12). También el episodio de Tula está registrado en el grupo de manuscritos Aubin,[9] y en un caso empieza allí la narración.

También está vinculado con este relato de la Tula del altiplano el grupo de documentos de Cholula y sus alrededores, en particular Cuauhtinchan con sus mapas y sus anales, o "Historia tolteca-chichimeca". Éstos tienen por tema común cómo los chichimecas de Cuauhtinchan viajaron desde Siete Cuevas (Chicomoztoc) hasta Cholula, antes de establecer localmente su poder político en los siglos XIII y XIV d.C. Colocando en el centro la gran pirámide y los templos de Cholula, el Mapa de Cuauhtinchan 2 sigue la ruta tomada desde Siete Cuevas, muy lejos al noroeste, y muestra con claridad a Tula como etapa en el camino. Al definir su propia arena política, Cuauhtinchan aclara los siguientes avances de los chichimecas hacia la zona fronteriza meridional, que incluye a Huehuetlan, Tepexic y Coixtlahuaca: fuente importante de documentos que a su vez pone de relieve la matriz tribal Siete Cuevas, así como al personaje chichimeca Dos Perro, que desempeña un papel tan importante en los Anales de Tepexic. En este contexto, se dice que Coixtlahuaca tuvo un gobernante "tolteca", Atonal, en 1446.[10]

Al centrarnos finalmente en la única historia en escritura indígena que ha quedado de la propia Tula del Mezquital, podemos confirmar sobre todo el hecho de que el lugar sí sufrió un desplome. Estos anales, que se extienden desde 1361 hasta Cortés, no aluden ni una sola vez a su grandeza anterior. Antes bien, contrapunteando su triste historia de tronos vacíos y gobernantes que seguían abandonando la ciudad, se concentra en las hazañas de la triple alianza de Tenochtitlan, Texcoco y Tlacopan, mostrando un interés particular en la lejana toma de Coixtlahuaca, y de Huehuetlan, aliada de Tepexic, que abrió el camino del tributo azteca hacia el este.

En todos estos textos de la cuenca de México y sus alrededores, el lugar identificado con la Tula del Mezquital siempre está contenido en la relación chichimeca más general de una invasión llegada desde más allá de la frontera noroccidental de Mesoamérica. A veces, el viaje de Uno Caña al este se presenta como resultado de su humillación a manos de Tezcatlipoca; otras veces, como un avance militar por derecho propio. En algunos casos, las ruinas son visitadas con toda reverencia por los recién llegados, deseosos de dar lustre a su árbol genealógico y a su cultura; en otros, se ataca a los habitantes que quedaban. Subsisten éste y otros enigmas; sin embargo, aquí significan menos que el marco de tiempo general de la ciudad. En ninguna otra parte encontramos una fecha de fundación anterior a la salida chichimeca, en el siglo VII, de Chicomoztoc, o un apogeo anterior al siglo IX, especificado por los Anales de Cuauhtitlan.

HUEY TOLLAN

Aunque la Tula del Mezquital ciertamente coincide con casi todas las referencias textuales mesoamericanas a una ciudad de tal nombre, también es verdad que no coincide con el resto. Como centro del altiplano que conoció su apogeo no antes del siglo IX, está mal situada en el tiempo y el espacio para poder ser la Tula invocada en estos otros casos; y, como ya lo han observado algunos, la calidad de sus artefactos y sus inscripciones difícilmente podría pasar como la del primer hogar del arte y la escritura mesoamericanos. Lo más revelador es que los textos mismos que tratan de la Tula del altiplano a veces se refieren a otra Tula, como su antecesora. Antes de tratar de las migraciones chichimecas desde Siete Cuevas, y el avance de los toltecas, de Tollantzinco a Tollan, la versión del Florentino de la historia mesoamericana (libro 10, capítulo 29 "Los mexicas") también narra cómo los abuelos Oxomoco y Cipactonal inventaron el *tonalámatl* y el año calendario de los toltecas. Se dice que esto ocurrió en Tamoanchan, y que fue anterior a la construcción de las pirámides del Sol y de la Luna en Teotihuacan. Antes

de dar su versión de la vida de Uno Caña, la *Leyenda de los Soles* narra las
hazañas heroicas efectuadas milenios antes en Tula, Tamoanchan y Teotihuacan, estableciendo un marcado contraste entre el Quetzalcóatl de esa
antigua ciudad y el Uno Caña de la más reciente. En el Ríos, como cuna del
maíz y hogar de Quetzalcóatl, aportador de la cultura, Tula interviene entre
la sucesión de las edades del mundo y la historia humana propiamente dicha, en cuyas últimas etapas aparece por vez primera la Tula del altiplano;
en el *Popol vuh,* Tula ocupa la misma posición pivotal, como primera ciudad
nombrada en que los pioneros de esta Era cambiaron la vida de la familia
(*chinamit*) por la de la ciudad (*tinamit*) (versos 5 080, 5 247). Los Anales de
Cuauhtinchan o Historia tolteca-chichimeca llaman a este otro lugar la "gran
Tula", Huey Tollan; los *Cantares mexicanos* la llaman la Tula del este, Tollan
Tlapallan.

En el curso de la historia mesoamericana, el prestigio mismo de esta temprana Tula hizo que su nombre y su topónimo de juncos fueran adoptados
por varios lugares, no sólo las Tulas del Mezquital, Tepoztlan y Tepexic, sino
los Tollantzincos de Coixtlahuaca y de Atotonilco, y los Tulapan de Tochpan
y Tabasco. En realidad, pasó a ser epíteto de grandeza urbana como tal en
los casos de Tenochtitlan, Cholula (Tollan-Cholollan), y aun en centros menores, como Tlapiltepec, que lucen orgullosos el emblema de juncos en su
lienzo. En la *Relación geográfica de Cholula,* de 1580, se dice explícitamente
que Tollan-Cholollan tomó su nombre de la augusta ciudad antigua, siguiendo la tradición que incluye Tollantzinco y a la Tula del Mezquital:

> Y los indios también dicen que los fundadores de esta ciudad llegaron de un
> lugar llamado Tollan acerca del cual, como está muy lejos y ha transcurrido
> mucho tiempo, no hay información; y que en camino hacia aquí fundaron la
> Tullan que está a doce leguas de la ciudad de México; y que terminaron en este
> sitio y también los llamaron Tullan.[11]

Aparte de estas discrepancias en el tiempo, otros factores, como el ambiente y la geografía, nos impiden ver a Tula, Hidalgo, como la única Tula a
que se refieren los textos indígenas. El Mezquital es conocido por sus altas y
yermas llanuras y por sus temperaturas extremosas —que sólo pueden soportar los resistentes y duraderos mezquites que dan nombre a la zona—,
así como por las heladas y la nieve que, según los propios Anales de Tula,
pueden llegar hasta la rodilla. Por contraste, la primera Tula abundaba en
riquezas vegetales, producía grandes cosechas de maíz y algodón, de cacao
y de hule, peculiares de las bajas tierras tropicales; asimismo, fue el habitat

de aves de espléndido plumaje y dulce canto. Por otro lado, la Tula del Mezquital se encuentra en el extremo occidental de Mesoamérica, y se concebía a sí misma como ciudad fronteriza y baluarte contra las invasiones de los chichimecas. Por referencia a esta frontera occidental, la posición general del sitio de las tierras bajas, cuando se indica, está al este: el opuesto binario en términos astronómicos mesoamericanos.

La dificultad se complica aún más por la cuestión de las fuentes. No pocos historiadores indígenas se quejaron de que, al tratar de hacer el relato completo de Tula y de toda la tradición tolteca, se encontraban en desventaja, ya que no había información por causa del tiempo y porque los textos pertinentes en escritura indígena fueron quemados en las hogueras del emperador mexica Itzcóatl y luego en las del fanático arzobispo Zumárraga. Peor aún, al tratar de colmar la brecha resultante en la historia mesoamericana, algunos de esos historiadores insertaron ciertos relatos de unos colonos llegados a las costas del Atlántico y del Pacífico, relatos que tienen un inconfundible tufillo colonial cristiano y que sugieren una renuencia a contradecir —heréticamente— el Génesis bíblico. A todo esto añádase que, al representar la mediación de la primera Tula entre las edades del mundo y la historia humana, los textos indígenas apelan, de manera característica, a aquellos aspectos del calendario y de la escritura que han demostrado ser los más difíciles de transcribir al alfabeto y la conciencia de Occidente. Tal es, sin duda, el caso del Códice Ríos, por ejemplo, donde en el juego entre las edades del mundo y los episodios de la vida de Quetzalcóatl y de Tula, se nos dice explícitamente que algunas imágenes fueron transcritas en forma inadecuada y que otras ni siquiera fueron transcritas. De manera similar, la resonancia cíclica de los nombres de los años del *xiuhmolpilli* es la que permite, en los Anales de Cuauhtitlan, el dramático regreso al principio de la Era desde el siglo VIII d.C. en que fue fundada la Tula del Mezquital. Gracias a alusiones al nombre de la era Cuatro Ollin y a su año 13 Caña, se logra el mismo tipo de efecto en la *Leyenda de los Soles,* en que Quetzalcóatl y Uno Caña se reflejan uno al otro de cada lado de la imagen central del nacimiento del último; similar a éste es el caso del texto español más dilapidado de las Pinturas.

Además de estas técnicas de reflejo, interpretación múltiple y regresos en el tiempo, también nos enfrentamos al hecho de que las sucesoras de Tula en Mesoamérica no se limitaron a adoptar su nombre, sino la idea de su historia; de este modo, por ejemplo, el relato del gobernante Quetzalcóatl se convirtió en paradigma, según el modelo que en el Viejo Mundo queda ejemplificado por las Tebas egipcia y griega.

En vista de estas dificultades y anomalías, muchos estudiosos han considerado atractivo confinar al ámbito del mito todas las referencias a Tula que no se puedan relacionar con facilidad con la ciudad del altiplano cercana al Mezquital. Se alega que las descripciones de la antigua Tula a menudo son hiperbólicas; que no conocemos un sitio arqueológico con el que se la pueda identificar, ni un lenguaje o una cultura específicos; que sus fechas, cuando son legibles, resultan irremisiblemente vagas, y que su gobernante Quetzalcóatl es sólo un arquetipo divino.

A primera vista, este enfoque parece confirmado por los relatos de Tula que aparecen en el Códice Florentino. Allí, Quetzalcóatl pertenece a la cultura náhuatl, por las sílabas mismas de su nombre; sin embargo, los toltecas son identificados en otro pasaje con los olmecas, la "gente de hule" de la costa del golfo, que sin duda hablaban un lenguaje totalmente distinto. Y la economía de Tula, dominio de Quetzalcóatl, parece ser en realidad la de una edad de oro supramundana, con su abundancia de alimentos y sus ricos tesoros. Una vez más, la insistente pauta cuádruple del dominio tolteca parecería militar, en principio, contra la necesidad de definir un punto particular en el mapa. Los Anales de los cakchiqueles hablan de Tula no como de un lugar sino como de cuatro, siguiendo la pauta ritual de este, oeste, norte y sur. En otras partes, el modelo cuádruple determina el múltiplo, no de ciudades sino de provincias sometidas a Tula, como en los relatos de Cuauhtinchan sobre estos súbditos, donde equivalen a los dígitos de dos manos y dos pies; mas, cuatro es el número de los templos con vigas construidos en Tula por Quetzalcóatl. A su vez, como arquetipo, pudo verse que este gobernante resultó precisamente del orden de creación de mitos que hemos observado al comparar la versión de la vida de Uno Caña dada por los Anales de Cuauhtitlan con la que se nos ofrece en la *Leyenda*. Es decir, Topiltzin, el héroe tolteca, es asimilado de manera gradual a una identidad arquetípica que no corresponde a ningún lugar específico. Se hacen coincidir exactamente los años de su vida, que en realidad fueron 56, con los de la Rueda de 52 años; el camino de su éxodo insinúa el de Venus entre los horizontes del oeste y del este hasta tal punto, se dijo que se eleva como el planeta mismo, y con posturas e intenciones ritualmente apropiadas (véase el capítulo XI, "Quetzalcóatl"). En cuanto a sus padres, la madre de Uno Caña, Chimalman, que era una mujer del lugar, encontrada durante las campañas de su padre cerca de Amatlan, lo concibe a la manera de la madre divina, por partenogénesis, tragando una pieza de jade mientras barría. Luego, tras la muerte del padre, lo que al principio era sólo el deseo de honrar a un compañero de armas se convierte en la búsqueda profundamente psíquica de los huesos paternos, que en la cosmogonía mesoamericana impelieron a Quetzalcóatl, divinamente concebido, hacia Mictlan, para recoger los huesos de los cuales estaba formada la gente de esta Era. De manera similar, las condiciones políticas de la ciudad se presentan en imágenes a través de un relato más antiguo y general: la corrupción se convierte en el cadáver putrefacto con el que en realidad soñó Uno Caña, dándole existencia y sustancia tan pesada que moverlo se convierte en una pesadilla. Y completando limpiamente este ciclo y este orden de explicaciones, al dejar Tula exilia sus aves mágicas y convierte su vegetación, de la fronda tropical de la fantasía, en los matorrales de mezquite que en realidad se encuentran hoy cerca de la Tula del Mezquital.

En suma, la dimensión "mitopoéyica" de Tula imbuye unos productos literarios sumamente elaborados, como el "Tollanaya huapalcalli", donde Quetzalcóatl y su ciudad son reflejados a través del tiempo y avanzan y retroceden en forma sincrónica por medio de los tiempos de los verbos, conceptos para un juego mental.

Sin embargo, esto no puede ser todo porque esta plétora de detalles contrastantes, aunque sin duda hiperbólica y alegórica en parte, indica un momento específico en el tiempo y el espacio para este otro hogar de los toltecas. Hay demasiada congruencia material para que se justificara desdeñar la primera Tula como enteramente mítica, es decir, ficticia. Según esta explicación, las tierras bajas del este no sólo son una proyección del Mezquital del oeste,[12] la imagen virtual de un espejo poético o un intelecto binario; existen sustancialmente y por derecho propio. Los pájaros y la riqueza vegetal y mineral atribuidos a Tula, por ejemplo en el pasaje sobre la "Edad de Oro" del Códice Florentino (antes citado), señalan en direcciones muy específicas histórica y geográficamente. Los productos atribuidos al lugar distan mucho de ser aleatorios o dispuestos al azar: caen precisamente en las dos categorías principales impuestas al tributo en especie en el sistema mesoamericano, cual nos lo recuerdan documentos como los códices Mendoza y Tizatlan. Tales categorías son, la primera, los alimentos cotidianos; la segunda, la de artículos más duraderos y suntuarios.

Por su parte, el alimento es a la vez producto y trofeo de la aventura de la genética de plantas que ha dado renombre a la América tropical, y que culminó en la creación del maíz, cuyo tamaño —punto crítico del relato— se menciona aquí dos veces. La doctrina según la cual la propia carne humana fue formada de maíz, permitiendo que comenzara la civilización de esta Era, es una constante en los textos mesoamericanos, desde la Trilogía de Palenque y el *Popol vuh* hasta el Féjérváry y los *Cantares mexicanos* de Tenochtitlan. En esta última fuente, el emblema del maíz se identifica plenamente con

Tula; otro tanto ocurre en el *Códice Ríos*, el cual muestra cómo el maíz llegó
a caracterizar esta Era y fue mejorado como producto gracias a los esfuerzos
de Quetzalcóatl y a su capacidad de controlar la fuerza de trabajo desde los
cuatro templos que edificó en Tula.

Los otros productos atribuidos a Tula en el *Códice Florentino* definen
el espacio, tanto por el medio en que crecieron —el algodón, el hule, el
cacao— como por las tradiciones de manufactura, objetos trabajados en
oro, jade y el plumaje de aves tropicales. Consultando las listas de tributos
del *Mendoza*, encontramos las plantas confinadas a las tierras bajas cálidas.
El grano de cacao, producto del cuadrante este de los *Anales de Tepexic*,
llevó el nexo y la moneda mucho más hacia el este, hasta los mercados de
Tikal, por ejemplo, y después su valor fue medido como fracción del peso
español. El algodón, material de la ropa de los civilizados toltecas en contraste con el cuero y las pieles de los chichimecas, se cultivaba en toda una
variedad de colores, lo que en realidad habría parecido una hipérbole si no
fuera porque un algodón de colores naturales aparece sobriamente en el
Mendoza, en las listas de tributos de las tierras bajas, y hoy se le vuelve a
cultivar con fines comerciales. Los productos fabricados de oro, jade y plumaje también aparecen enumerados todos ellos, aunque están principalmente confinados, como las bolas de hule procesado, al camino del tributo
del este, abierto para Tenochtitlan por la toma de Coixtlahuaca, hacia Tochtepec en el bajo Papaloapan, cuya riqueza en el *Mendoza* supera a la de todos
los demás distritos juntos. Al enterarse de la riqueza de Tochtepec pocos días
después de llegar a Tenochtitlan, Cortés decidió tomarla, como era su costumbre, aunque en este caso tuvo poco éxito militar. El mismo camino fue
tomado siglos antes por Quetzalcóatl Uno Caña o Topiltzin de la Tula del
altiplano, quien al término de sus días viajó por el este hacia Zacanco, Xicalanco, Acallan y Tlapallan. Como heredero tolteca, Topiltzin eligió este destino porque, en palabras del "Tollanaya", allí lo esperaban, porque "allí está ya
su casa". Revisando esa cuestión, Nigel Davies observó agudamente que "esos
informes refuerzan la sugerencia tentativa de que en esa costa [del golfo]
había existido una especie de colonia tolteca, que después pudo convertirse
en área que recibiera a fugitivos toltecas (como Topiltzin), aun cuando escasee
toda confirmación arqueológica".[13]

Corriente abajo desde Tehuacan, Coixtlahuaca, Apoala, Cuicatlan y Teotlillan, el distrito de Tochtepec yacía y yace en el borde de las tierras bajas
que se extienden hasta la costa de Veracruz y Tabasco. Precisamente esta
área es identificada en dos ocasiones con Tula y los toltecas en los *Anales de
Cuauhtinchan*. La primera de éstas es en el prólogo, en que se prepara el es-

cenario para la acción trascendental del relato principal, que, como lo hemos visto, abarca los dos mil kilómetros que se extienden entre Chicomoztoc, la Tula del altiplano, Cholula, Tzoncoliuhcan y el valle del Papaloapan. La segunda es cuando los tolteco-chichimecas están emigrando de Chicomoztoc a Cholula por el camino de la costa del golfo que lleva a Cuetlaxtlan, Tula, Teotitlan, Cozcatlan y Tehuacan. Es decir que esta Tula se encuentra en algún lugar del bajo Papaloapan o cerca de él. El prólogo confirma con todo detalle esta ubicación al presentar una lista diagramática de nombres de lugares transcritos de un mapa indígena, hoy perdido, de la primera gran metrópoli de Huey Tollan. Aquí, los 20 súbditos de Tula, en forma de posesivos personales, aparecen como sus "dedos de manos y pies" y se les distribuye en cuatro grupos, mano y pie a la derecha y a la izquierda de la página, cada uno de los cuales, aunque ritualmente dispuestos en esta forma, corresponde a provincias del este y del oeste del área de la metrópoli:

Pantecatli	Nonohualca
Ytzcuitzoncatli	Cuitlapiltzinca
Tlematepeua	Aztateca
Tlecuaztepeua	Tzanatepeua
Tezcatepeua	Tetetzincatli
Tecollotepeua	Teuhxilcatli
Tochpaneca	Zacanca
Cenpoualteca	Cuixcoca
Cuetlaxteca	Cuauhchichinolca
Cozcateca	Chiuhnauhteca

A la izquierda, las dos provincias occidentales son Pantepec y Tecolotlan y sus súbditos son puertos de la costa (Tochpan, Tecolotlan, Cempoala) o se encuentran sobre los ríos que corren hacia ella (Pantepec, Itzcuintepec, Tlemaco, Tezcatepec, Tlecuaztepec, todos ellos en el sistema de Pantepec-Tuxpan, además de Cuetlaxtlan, y Cozcatlan, del Papaloapan superior y uno de los primeros hogares del maíz en Mesoamérica). Todos ellos se pueden identificar con nombres de ciudades en mapas posteriores; en realidad, la frontera entre los grupos de Pantepec y de Tecolotlan puede verse como un antecedente remoto del enclave de Atlan definido en los Lienzos de Tochpan. Por contraste, los 10 súbditos de las provincias orientales han desaparecido en gran parte, aunque algunos de ellos son nombrados, si no ubicados, en otros textos, como el Zacanco del destino de Topiltzin en el oriente, y el Chiuhnautlan y el Nonohualco de la *Crónica Matichu*, en los

Libros de Chilam Balam, que narra cómo los colonos pasaron de Tabasco a Campeche y Yucatán. Obsérvese que las ciudades indígenas no sólo han desaparecido en las provincias del este, sino que tampoco han dejado códices en escritura indígena.

Absolutamente inequívoco en su analogía de manos y pies y en su simple disposición en la página, el modelo de las cuatro provincias de la Tula de las tierras bajas (cada una con cinco súbditos) no es respetado, por desgracia, en la principal edición de los Anales de Cuauhtinchan, la de Paul Kirchhoff, quien remodeló todo el conjunto como cinco provincias de cuatro súbditos cada una, pues Kirchhoff estaba convencido de que la Tula de que se trataba no era la Huey Tollan de las tierras bajas —cuyo nombre es pasado por alto—, sino Tula, Hidalgo, y éste fue el único modo en que se la pudo hacer embonar en la geografía.[14] Aun así, hubo que investigar todo el paisaje a nivel de cada parroquia antes de poder descubrir nombres de lugares que correspondieran. En suma, el modelo geográfico indígena de Huey Tollan quedó totalmente desmembrado.

La ubicación en las tierras bajas sugerida para Huey Tollan con base en los testimonios indígenas hasta aquí presentados queda corroborada por lo que se nos dice acerca de las migraciones que de ella partieron. Ya hemos observado el avance hacia el este, registrado en la Crónica Matichu de los mayas, el cual data de la época de Cristo en la cuenta de *katunes;* en Palenque, bastión occidental de la cultura maya, David Kelley ha descifrado la reverencia a Nueve Viento, el antiguo nombre de Quetzalcóatl, en inscripciones del siglo VII d.C.[15] Por su parte, el *Popol Vuh* de los mayas de las tierras altas registra el viaje de quienes llevaron de Tula (*u tzibal tulan*) la escritura.

Un desplazamiento equivalente hacia el oeste, a Tochpan y luego pasando Tollantzinco hasta la Tula del altiplano, es detallado por Ixtlilxóchitl cerca de 400 d.C., y se le sugiere en la *Relación geográfica de Cholula,* antes citada. Además, se alude a esta ruta en textos del camino, como el Lienzo de Tochpan y el Mapa de Itzcuintepec, que presentan al poblado Quetzalcoatlan, de Nueve Viento (hoy Ecatlan, en el norte de Puebla); y la *Relación geográfica* de la Cempoala del altiplano, que informa del pasaje de los toltecas y observa cómo los fundadores de esta población, cerca de Tollantzinco, llegaron originalmente de Cempoala, en la costa del golfo, uno de los súbditos de Huey Tollan. Reconocer la extensión de Huey Tollan hacia la costa del golfo, al oriente, es esencial para comprender cómo desde el siglo VII d.C., los cultos toltecas, ejemplificados en nombres de lugares como Quetzalcoatlan, fueron descubiertos y adoptados por inmigrantes chichimecas que iban desde las Siete Cuevas hacia sus nuevos hogares en Cuextlan, Coixtlahuaca,

Cholula y aun la Cuenca, a lo largo de caminos que omitieron enteramente la Tula del altiplano.

En el primero de los Mapas Xólotl, principal fuente informativa de las historias tolteco-chichimecas de Ixtlilxóchitl, se presenta a Tula, Hidalgo, como la última y más disminuida de toda una serie de ruinas toltecas que se extendía hacia la cuenca de México desde la costa del golfo, y que incluía la poderosa Cahuac (sitio enorme, que aún está aguardando a ser excavado), Tollantzinco y Teotihuacan. Especialmente reveladora resulta la observación de Ixtlilxóchitl de cómo, cuando finalmente llegaron al poblado fronterizo del noroeste de Tula, Hidalgo, la última de la larga línea tolteca, tuvieron que defenderse contra los chichimecas, ofreciéndoles unos rehenes reales. Como los mapas que comienzan el códice de la cercana Tepetlaoztoc, los Mapas Xólotl de Texcoco insinúan un remoto nexo geográfico con la antigua costa del golfo, de un tipo del que no dispondrían los aztecas y otros vecinos del oeste. Aun así, al defenderse ante los misioneros franciscanos, en "Totecuyoane", los sacerdotes aztecas invocan la misma ruta y el mismo nexo histórico (Yoalichan, Teotihuacan; véase p. 184).

Otra ruta salía hacia el sur desde Huey Tollan, y conducía a la postre a Cholula, como se muestra en el Códice Ríos, que también menciona las razones de la diáspora. Asimismo pueden detectarse lugares a lo largo del camino, como Tzatzitepec, la montaña que grita (en Tzoncoliuhcan), y las simplegadas o montañas aplastantes, en la versión paralela pero mucho más completa de esta experiencia que aparece en los Anales de Tepexic, los cuales nos llevan más hacia el sur al valle de Coixtlahuaca y la Mixteca. El Códice Ríos y el Códice Florentino (libro 3, capítulo 3) nos dicen cómo las deidades patronas de Tula emitían órdenes desde Tzatzitepec, pidiendo a la gente trabajar en los campos. Por su parte, como principal lugar de culto a Quetzalcóatl en los siglos anteriores a Cortés, Cholula estableció nexos especialmente sólidos con Huey Tollan: los Mapas de Cholula muestran su pirámide "tolteca" de adobe, al menos mil años más antigua que la Tula del altiplano, y aluden a su lugar en el esquema más general de las edades del mundo. A su vez, es precisamente esta conexión la que subyace en la versión de Cuauhtinchan de la Historia tolteca-chichimeca, que honra tanto a Huey Tollan como a Cholula.

Arqueológicamente, el área de Huey Tollan ha sido identificada, por medio de la gran densidad de monumentos y ciudades enteras, con la gente de hule, los olmecas. Como "cultura madre" de Mesoamérica, se sabe que los olmecas fueron pioneros del urbanismo a comienzos del primer milenio a.C., que mostraron un temprano interés en el calendario y en la escritura, que elaboraron la imagen de la serpiente emplumada y el cuádruple modelo cósmico, que edificaron templos con vigas y formaron canchas para el juego que se practicaba con la pelota de hule de su nombre (*olli*, olmeca): todos ellos atributos toltecas básicos. Y habían establecido una red política en Mesoamérica, comparable si no idéntica en extensión a lo que hemos sabido acerca de la de Huey Tollan. Siguiendo al Códice Florentino, Nigel Davies señala a los olmecas como los "verdaderos toltecas" y, por tanto, "hijos (*ipilhoa*) de Quetzalcóatl", en el marco mesoamericano general. Desde luego, no se trata de tener que identificar Huey Tollan de manera exclusiva o ni siquiera general con esa cultura dadas las diferencias, por ejemplo, entre el olmeca y los ulteriores tipos de escritura, y dado lo que hoy sabemos acerca del internacionalismo de las principales ciudades mesoamericanas; al contrario, se trata de decir que el nexo probablemente sea más que una coincidencia geográfica.

En tiempos muy recientes se han hecho los primeros desciframientos de extensos textos olmecas inscritos, en el preclásico, en estelas de sitios conocidos hoy por sus nombres españoles en el bajo Papaloapan o sus cercanías (por ejemplo, La Mojarra y Tres Zapotes). Éstos confirman que al menos la élite de los olmecas hablaba el zoque, lengua muy similar al totonaca hasta poco antes del primer éxodo hacia el oeste, del que nos informa Ixtlilxóchitl, y el maya hasta el primer éxodo hacia el este, uno o dos siglos antes, mencionado en la Crónica Matichu; los mayas procedieron a distinguir fonéticamente su habla en su propia escritura jeroglífica a partir de 292 d.C. Estos desciframientos no dejan la menor duda de que los olmecas consideraban su historia (ya antigua de mil años en la época en que escribieron los textos en cuestión) en la gran perspectiva de la Era que comenzó en 3113 a.C. y que cronológicamente forma parte del esquema aún más grandioso de las edades del mundo.[16]

Esta misma perspectiva fue adoptada entonces por los mayas, hacia el este, y es compartida por esos textos icónicos que, como el Códice Ríos y los Anales de Tepexic, colocan a Tula y a Quetzalcóatl, traedor de la cultura, al comienzo de la Era de 5 200 años. El texto de Tepexic, además de su gran extensión (véase p. 161), ofrecen la narración más antigua conocida, que nos servirá a este respecto de rasero para la Tula de las tierras bajas, así como los Anales de Cuauhtitlan lo son para el Mezquital, pues este texto no representa su secuencia de 4 800 años por simple alarde calendárico: nos narra el relato de un paisaje y un lugar particulares. El poblado de Tepexic, sumamente respetado por su nexo con los reyes toltecas, defendió así su versión particular de esa tradición dinástica. Es una narración íntegral con un paisaje real que trata de las vidas de ciudades y pueblos; y este hecho forma la otra parte de la validación de su ámbito, pues, como resultado, su narración se puede relacionar con otros textos históricos y con la arqueología de Mesoamérica.[17] Todo esto ya fue reconocido en el siglo XVIII por Robertson,[18] quien interpretó correctamente cada fuego nuevo como periodo de tributo. Después de todo, cuando se propuso por primera vez el año 3113 a.C. como fecha básica para el *corpus* jeroglífico maya, se supuso que se encontraba en un remoto pasado prehistórico o "mítico". Hoy se está estableciendo un registro material continuo para ese pasado, sobre todo en cuestiones de asentamiento, cerámica y agricultura del maíz.

Al narrar el nacimiento terrestre y celestial de Quetzalcóatl Nueve Viento, el relato de Tepexic muestra los cuatro templos que Quetzalcóatl construyó en Tula, al comienzo mismo de la Era, añadiendo detalles calendáricos a la general afirmación tolteca de que tal fue la primera ciudad de Mesoamérica. Aquí, en este momento inaugural, Quetzalcóatl enseña las artes, entre ellas la del *tlacuilo,* quien escribió el texto. Anticipándose por lo demás a la larga diáspora tolteca, casi perdida en la noche de los tiempos, Quetzalcóatl precipita entonces literalmente el relato en una geografía continua, elevando el cielo de tal modo que su agua corre al mar a uno y otro lados de la división continental. Allí, al norte de Apoala, partición original del texto (p. 3), se yergue en lo alto Napatecutli, el "cuatro veces señor", que hace la primera de sus cuatro apariciones; su cumbre, cuadrada, en forma de caja (también evidente en los mapas de Cuauhtinchan) fue recogida en su nombre español: Cofre de Perote. La gran mayoría de los topónimos iniciales (pp. 6-8) en realidad se relaciona con ríos, los cuales desaguan sus cursos, tributarios y pantanos en la costa del golfo, y los asentamientos situados cerca de ellos se pueden adivinar en algunos casos: por ejemplo, el caimán portador de pedernal, llamado Oxichan en el Mendoza; Cuetlaxtlan, el lugar de entrañas, y el par de islas situadas frente a Veracruz-Chalchicueyan por Melgarejo Vivanco. La preocupación por la hidrografía y la descripción de cursos de agua hechos por el hombre encuentra un eco particular en textos del Papaloapan superior, escenario de la primera irrigación de Mesoamérica. También vemos los hitos de la migración que aparece en el Códice Ríos, de Tula a Cholula (es decir, Tzatzitepec y las montañas aplastantes) en la misma zona general (figura VI.2). En el vasto ámbito de este temprano periodo, la narración en general se centra en el Papaloapan, tocando la Mixteca por el sur y lo que llegaría a ser sus propios cuadrantes tributarios por el norte (Napatecutli, Cuauhtinchan y los cuatro picos nevados) y el oeste (Nacochtlan, Coatzinco) (lámina 15; cuadro III.1; figuras III.2, III.3). En términos

PAISAJE Y PODER

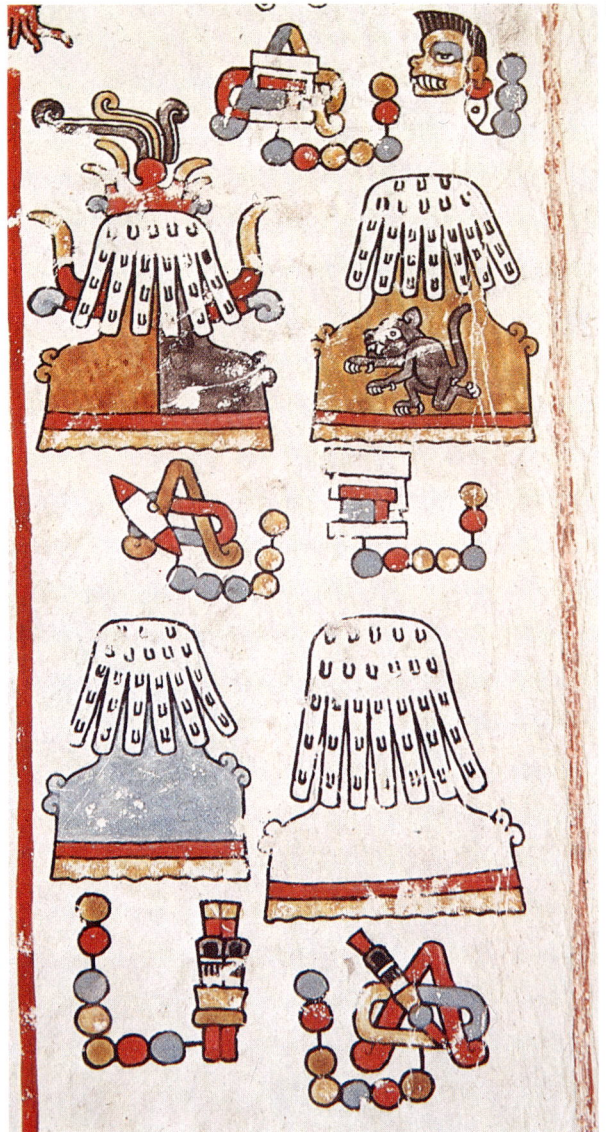

LÁMINA 15. *Paisaje y poder:* a) *los cuatro volcanes nevados*
(*la "falda azul" Malinche) abajo, Iztaccíhuatl y Popocatépetl*

b

que guardan el Llano de Cholula, Poyauhtecatl (el "blanco" Orizaba) y Matlalcueye
arriba; b) fuego nuevo son Dos Perro en Tepexic (Anales de Tepexic, pp. 14, 32).

FIGURA VI.2. *Huey Tollan y la diáspora: a) los cuatro templos de Quetzalcóatl; b) Tzatzi-tepec; c) simplegadas (Anales de Tepexic, pp. 5, 8, 9; Códice Ríos, pp. 9, 10, 12); d) Cholula, con su pirámide tolteca de adobe (Mapa de Cuauhtinchan 1; Mapa de Cholula 2; Relación geográfica de Cholula).*

generales, la concentración en el Papaloapan, corroborada por la toponimia en los textos de Cuicatlan y de Coixtlahuaca (figura IV.7) —que, además, invocan de manera típica una profundidad del tiempo de la Era— corresponde arqueológicamente al notable testimonio popoloca, sobre la cultura y la civilización en esta parte de Mesoamérica: específicamente, plantas cultivadas, alfarería (incluyendo la fina cerámica de color anaranjado, exportada a Teotihuacan) y riego.[19]

De esta rica toponimia se nos lleva de vuelta al parteaguas continental, esta vez a Apoala, de cuyo árbol también surgieron los más remotos antepasados de las dinastías coixtlahuaca y mixteca, como hemos visto. La prominencia del nombre-fecha Nueve Viento en este momento decisivo lo confirma como antigua y augusta designación de la figura de Quetzalcóatl de Mesoamérica. Este nombre-fecha, descubierto en ciertas inscripciones olmecas antiguas, tiene gran importancia en el periodo Clásico en Cholula, Xochicalco y Cacaxtla (como ojo-Nueve Serpiente), en varios textos de Palenque, así como en los anales mixtecos. Algunos de estos últimos difieren, empero, del texto de Tepexic, al mostrar que esta figura fue impuesta a familias mixtecas nacidas en el lugar, de acuerdo precisamente con el modelo citado en la descripción de Apoala que hizo el fraile Reyes, partición central de la cual se dispersaron los "legisladores" como Nueve Viento.[20] Después de nuevos detalles sobre estos antepasados, sus matrimonios, hijos y juguetes, este extenso primer capítulo del texto de Tepexic termina cuando Quetzalcóatl Nueve Viento se dedica a encender el primer fuego nuevo (338 d.C.).

El segundo capítulo enfoca más de cerca la aristocrática vida urbana: concesión de insignias, arte de la retórica, abasto de bienes suntuarios, simposios de bebedores de pulque, consumidores de hongos alucinógenos. Entre los principales vemos a uno que ha recibido el mismo nombre de la Era, Nauh Ollin, como el posterior monarca de Tepexic mostrado en el Lienzo de Coixtlahuaca. Como el de los Anales de Tilantongo, y congruente con la ocurrencia misma de las inscripciones jeroglíficas, el alcance de este segundo capítulo coincide con el del periodo Clásico, concepto más definido aún por su ausencia en la tradición chichimeca. A medio camino, por la época del hiato jeroglífico, momento marcado por la repetición única de una fecha 5 Pedernal, el giro de una rueda hace caer a un gobernante: entonces, su poder es restaurado en un brillante despliegue de imágenes solares. El interés que los de Tepexic y los mixtecos muestran en Quetzalcóatl específicamente como patrón dinástico coincide con su común atención cronológica a la idea misma del Clásico. Este periodo culmina aquí en el segundo fuego nuevo en Tepexic y en la descripción de sus cuadrantes tributarios.

Por último, en los detalles del segundo fuego nuevo ocurrido en Tepexic en 805 d.C., y del noveno, que en 1171 vio extender su poder hasta Cuauhtinchan, la llanura de Cholula y la sierra que corre al oeste desde Napatecutli, "piedra angular" chichimeca, hay claras señales de esa participación chichimeca en los asuntos toltecas, tan extensamente narrada en los Anales de Cuauhtinchan. El presidente de esos fuegos nuevos, Dos Perro, evoca al chichimeca canino por su nombre mismo (al igual que el Xólotl de la cuenca de México), y en 805 d.C. en el topónimo de Tepexic, siete orificios recuerdan su hogar tribal, Chicomoztoc (lámina 16). Ante todo, como en la "Historia tolteca-chichimeca" de Cuauhtinchan (y posiblemente en el *teoamoxtli* Borgia de Cholula), se nos presenta toda una fase de la historia chichimeca que media entre los comienzos toltecas y la política moderna.

En esta interpretación, los Anales de Tepexic dan cuerpo a la sugerencia hecha en el Códice Ríos de que en la tradición de escritura icónica de Mesoamérica, la historia de Tula es la de la Era de 5 200 años. Estos anales, al defender intereses de la política local, nos remontan a los comienzos de la Era, proponiendo secuencias de fechas y lugares reales para tal historia; ocupando un lugar central en la autoimagen de Mesoamérica en el tiempo, nos ayudan a dar una forma más general a sus principales periodos históricos y perspectivas. Único entre los textos que se han conservado, da sustancia material a la gran visión tolteca, a la que después apelarían ciudades como la Tula del Mezquital, y que dista mucho de haberse desvanecido de la conciencia mesoamericana.

VII. ISLA TORTUGA

Si el desposeimiento ha definido los siglos recientes de la historia de Isla Tortuga, entonces este hecho ha sido bien acomodado en el discurso oficial de los Estados Unidos. Consultando las investigaciones fomentadas por el Bureau of American Ethnology, pronto cobramos conciencia de una consagrada medición binaria que divide a los habitantes originales de la zona en dos tipos: prehistóricos e históricos. Los primeros se asentaron y crearon sus paisajes; sin embargo, sólo son conocibles por medio de mudos testimonios materiales del tipo que los arqueólogos suelen reunir. Los históricos sólo existen en la medida en que entran en contacto con el invasor blanco; en este sentido, son una pura extensión de la historiografía occidental.

Aunque esta distinción entre prehistórico e histórico puede haber tenido cierto uso práctico, sin duda lleva consigo una carga ideológica que es, a la vez, poderosa y adversa al interés de los indígenas de esta parte de América, pues necesariamente los priva de su propia historia. Los indígenas aparecen, por decirlo así, tan sólo para ser desposeídos, desarraigados de su memoria política. En su momento culminante, esta ideología fue aplicada incluso a Anasazi, esa extensión densa y continuamente poblada de Mesoamérica que se encuentra más allá de la frontera sudoccidental de Isla Tortuga. Como "Hohokan" y otras etiquetas de arqueología local, se permitió que el nombre mismo de Anasazi no denotara al "antiguo pueblo", a quien los actuales moradores de la zona, los pueblo y atapascos, reconocen como antepasados, sino, antes bien, a una civilización anterior, absolutamente separada. Como resultado, siendo al parecer unas misteriosas criaturas perdidas que bien habrían podido llegar del espacio exterior, los creadores del paisaje anasazi ya no se relacionan de hecho con quienes hoy viven en él.

En la actualidad la situación ha empezado a cambiar, gracias en parte a la consciente resistencia indígena contra este sistema impuesto. Historias escritas por los hopi, navajo y otros han formado el marco en el cual los recientes descubrimientos arqueológicos pueden embonar de manera más razonable. El *Dine bahane*, que comienza, como *Watunna* y el *Popol vuh*, en el tiempo cósmico, nos introduce precisamente en el territorio que los navajo aún ocupan y reclaman, dando nombre a las montañas guardianas que forman el quincunce de la pintura seca Hajinei (Surgimiento), detallando visitas de los asentamientos de los cañones de Chaco y de Tseyi: en total, una serie de vidas de 102 años y periodos menores, que empieza en el siglo XII. Confirmado plenamente la ocupación mucho más antigua del área por los pueblo, el Libro de los Hopi, registrado por Frank Waters (1963), también indica sus nexos reales con el México prehispánico.

Si hoy puede notarse un cambio similar de opiniones sobre Isla Tortuga, se debe a los intentos de los pocos y dispersos supervivientes de la zona por hacer que su arqueología sea reconocida como parte de su herencia. Esta arqueología, como tal, ha refinado de manera continua su relato de las dos fases principales de construcción de pirámides en Isla Tortuga, centradas respectivamente en los ríos Ohio y Misisipi. Bautizados con las fortuitas etiquetas de "Hopewell" y "Adena", los principios de la primera fase coinciden con la transición alrededor de 1000 a.C., de la cultura Arcaica a la "Woodland", la cual se difundió por el Ohio, llegando al Misisipi y al Misuri; por tanto, un enorme Monte-serpiente, devorador de huevos, en Ohio, encuentra su equivalente en Kansas.[1] Al término del primer milenio a.C., se construyó un complejo de estructuras sobre el Scioto y otros ríos que entran en el Ohio; estos asentamientos, centrados en Chillicothe y guardados al este y al oeste por los centinelas de Grave Creek y Miamisburg, se unían a Kentucky por líneas de calzadas, y produjeron exquisitos artefactos de mica, cobre y concha, además de tablillas de piedra con incisiones, y todo un variado y finísimo repertorio de pipas talladas. Basada en el cultivo de girasol y otras semillas, esta cultura Urbana de Ohio fue llevada adelante, en parte, por quienes empezaron a construir las pirámides-plataforma del Misisipi, a fines del primer milenio d.C.: encontramos allí los mismos adornos de cobre, las mismas pipas talladas y la misma atención al hombre-pájaro que representa a los "tronadores" de los más altos cielos. Al mismo tiempo aparecen elementos nuevos: una variedad mucho más rica de concha con incisiones, típicamente gorgueras redondas con escenas en miniatura; el culto del fuego sagrado en su templo, en lo alto de la pirámide; unos entierros más elaborados y, ante todo, una agricultura más variada, que incluía maíz y otros cultivos desconocidos llevados de México. Esta cultura alcanzó su clímax en el medio Misisipi, entre las confluencias con el Misuri y el Ohio, señalando al primero por una enorme pintura en roca de Piasa, o serpiente cornuda;[2] el segundo, por su propio conjunto de pirámides. Allí se encuentra la gran pirámide y ciudad de Cahokia, que corre de la ribera este a la oeste, y que hoy ha vuelto a la vida en su nuevo museo, ricamente dotado.

Vienen a complementar este conocimiento arqueológico ciertos cuerpos de textos indígenas, cuya autoridad hoy se está reconociendo más generalmente. El retorno del fuego sagrado cherokee desde Oklahoma hasta su patria, en el sur de Apalachia, ha ayudado a crear una perspectiva más apropiada para las propias historias de esa nación y sus conexiones particulares con la de los iroqueses, lingüísticamente emparentados, al norte. Las pieles pintadas de los siouanos, hoy más respetadas como documentos históricos y geográficos, o títulos de lo que en un tiempo fue una gran confederación, continúan la tradición de la iconografía indígena; junto con versiones escritas en el alfabeto, narran un relato coetáneo al de la cultura Urbana. Las cuentas de inviernos de los Llanos empiezan su relato año tras año en 1682 y, como los mapas Quapaw y Catawba de ese periodo, describen un mundo anterior a la matanza de los constructores de pirámides que habían sobrevivido, por ejemplo en Kadohadacho (Caddo), Natchez o Hiwassee. Como hemos observado, al mostrar poblados-pirámide como éstos, el Mapa Chickasaw representa a la Isla Tortuga preeuropea tanto con gran detalle como en grande escala. Comparados etapa por etapa con historias alfabéticas indígenas, los rollos de migración Mide, con sus figuras grabadas, incluyen en el mismo relato a los algonquinos del norte. En suma, respetar estas fuentes y su testimonio común nos ayudará a reparar el daño hecho por la división entre prehistórico e histórico, y coloca a Isla Tortuga en un mismo nivel epistemológico con Mesoamérica.

APALACHIA

Los cherokee se enfrentan al ataque de un enemigo superior que llega del sudeste. Rechazados, se retiran a sus baluartes del alto Tennessee, del otro lado de la división sur de los Apalaches. Cuando todo parece perdido, súbitamente les llega ayuda: de la pirámide en que se yergue su casa conciliar, salen unos poderosos aliados que tienen el aspecto y el habla de los propios cherokee, específicamente la división occidental de Overhill, corriente abajo, en Tennessee. Ponen en fuga al enemigo, restauran la paz y luego vuelven a desaparecer dentro de la pirámide. Eso dice uno de los relatos entregados a James Mooney a finales del siglo XIX por Ayunini, el Nadador, un cherokee que no hablaba inglés, y que evadió el traslado forzoso de su nación a Oklahoma en 1838.

Estos ayudantes, normalmente invisibles, pertenecen a una raza antigua. Puesto que colocan sus casas conciliares dentro de pirámides como Nikwasi, rara vez se muestran; más a menudo se los puede oír haciendo música con tambores y danzando en sus casas ocultas. Llamados Nunnehi, ilustran bien la relación de los cherokee con su paisaje apalachiano, sus montes y ríos y, ante todo, sus pirámides y otras construcciones de tierra.

Saliendo del corazón de la pirámide, los Nunnehi representan históricamente la sociedad de los constructores urbanos que antes habían ocupado territorio cherokee; proceden de más abajo de la ruta fluvial que condujo a Cahokia, la zona de Overhill donde, por ejemplo, continuó operando la pirámide de la isla Hiwassee, de acuerdo con las viejas reglas, al menos hasta 1700. Entre estos predecesores y ellos mismos, los cherokee no fijaron límites; por ello, conscientemente, se colocaron dentro de la tradición de los constructores.[3] Impulsando la cultura del Misisipi, mantuvieron la distinción entre el fuego sagrado y el profano; fumaron las pipas de la paz y de la guerra, jugaron al juego de pelota *chunkey* (que en un tiempo hizo nacer la luna) y recitaron su historia nacional en la ceremonia anual del fuego nuevo y el maíz verde (*pushkita*). La imagen central en otra de las narraciones de Ayunini, acerca de la primera llegada del fuego, es predicada exactamente en la concha del Misisipi, que muestra unos leños cruzados (fuego) sobre el dorso de una araña. Otra más explica la iconografía que se encuentra, por ejemplo, en la cerámica de Cahokia de la mujer que provee y muestra cómo multiplicar el maíz.

De hecho, además de adaptar estructuras más antiguas, los cherokee también construyeron pirámides a la manera misisipiana, colocando un entierro de siete capas en el centro, dando forma al pozo para el fuego sagrado que no deberá apagarse, y aplanando la plataforma para sus templos y casas conciliares. Además de Nikwasi, centro político hasta 1819 y hoy conocido como Franklin, esos centros incluían a Kituhwa, considerado el más antiguo de todos; Setsi y otros que hoy en parte se han hundido, como parte de la memoria cherokee, bajo las aguas de la presa de Tennessee. Al colmar así la brecha entre la América "prehistórica" y la posterior al contacto con los blancos, los cherokee fácilmente se comparan con otras sociedades sureñas, por ejemplo los yuchi, cuyas plazas urbanas, aun después de ser trasladados a Oklahoma, representan un modelo cósmico de la cultura Urbana; los natchez del sur del Misisipi, que conservaron la línea de sus señores o Grandes Soles (según fama, 45 o 50 en total) hasta bien entrado el siglo XVIII, y que antes de ser masacrados por los franceses se negaron a considerar siquiera un traslado, precisamente porque ellos habían ocupado tanto tiempo su territorio; los muskogee, quienes ocuparon la pirámide de Tukabatchee durante tres fases arqueológicas, de 1400 a 1837, o los choctaw, quienes aún hoy se aferran a Nanih Waiya, Monte del Surgimiento, en Misisipi, del que afirman haber salido.[4]

Además de pirámides, los Nunnehi habitan otros accidentes del paisaje cherokee, especialmente los picos "calvos" que definen el múltiple parteaguas de los ríos cherokee: Cheowa, Hiwassee, Tennessee, Tugaloo, Tomassee y Naduli (Nottely). En esta perspectiva, embonan en el esquema más general por el cual el territorio cherokee se abre a la cosmogonía misma, como en los casos de los navajo y de Mesoamérica. El buitre que bate sus alas sobre la tierra aún blanda dio forma, para empezar, a los valles de los Apalaches. Bajo el conjunto de los cuatro picos cherokee, los osos, aunque la evolución les asignara un rango subhumano, conservan sus propios fuegos conciliares y en invierno bailan a su alrededor, como los Nunnehi. Los nombres de los cuatro picos —Tsistuyi, Kuwahi, Uyaye y Gatekwa— consolidan las curas chamánicas o las canciones escritas en el silabario cherokee por Ayunini.[5] Kanata, cuidador de los animales, y esposo de Selu, la mujer de maíz, ocupa la Montaña Negra, y el gigante Tsulkula, raptor de una novia humana, ocupa Tsuneguhyi, a la cabeza misma del desagüe del Tennessee, e hizo las inscripciones que se encuentran en la roca a la que se dio su nombre. Para liberar de monstruos a la tierra, el héroe épico Agan-unitsi persigue a la serpiente gigante Uktena a lo largo de ubicaciones que se suman ritualmente a siete, desde las Smoky Mountains hasta Cohutta, en Georgia, prefigurando la línea que hoy separa a Tennessee de Carolina del Norte. Además, al acabar con Uktena, este héroe establece la fortaleza de piedra serpentina que aún hoy es visible en Cohutta y que, como otros de tales rasgos del paisaje, señala un límite ancestral cherokee. En otras palabras, en este nivel el cuento de los Nunnehi que surgieron de Nikwasi corresponde a una afirmación territorial generalizada, cuyos ecos sobreviven en relatos contados aún hoy en cherokee, en la distante Oklahoma.

Esta afirmación debe parecer tanto más notable si recordamos que, aunque en realidad los cherokee continuaron la cultura misisipiana en el sur de Apalachia, reconocieron plenamente que su territorio había estado ocupado mucho antes por otros; después de todo, la diferencia entre los Nunnehi y ellos se deriva precisamente del hecho de que los primeros, más antiguos, surgen del corazón mismo de la pirámide. Más aún, en su narración anual del fuego nuevo, cuentan de un viaje desde su antigua patria, situada antes en el extremo septentrional de Apalachia, donde se encontraban y aún se encuentran concentrados sus parientes los iroqueses. En aquella época anterior, también habían construido pirámides (aunque esa vez sin reconocer el papel de los Nunnehi). Los lenape sabían que habían edificado fuertes en la ribera meridional del lago Erie; Jefferson los vio rendir homenaje a un túmulo cerca de Monticello que después él excavó; y cuando los blancos abrieron Grave Creek Mound, sobre el alto Ohio, en 1840, fue un cherokee el que denunció la profanación de la herencia nacional.[6] Todas estas estructuras se originaron en la primera fase de la cultura Urbana, la de Ohio.

La historia que une a los Ani Yunwina (cherokee) con los Onwi Honwe (iroqueses) y a ambos con los constructores de pirámides aún está por escribirse.[7] La obvia afinidad lingüística tiene su paralelo en la literatura en los *Sketches of Ancient History* (1823), del iroqués Cusick, y en otros textos que ofrecen explicar los orígenes de la célebre Liga de las Cinco Naciones: onondaga, mohawk, seneca, oneida y cayuga. Empezando una vez más con principios cósmicos, la tierra misma surge gracias a la Tortuga, según el *Cherokee Phoenix* (el periódico bilingüe cherokee de finales del decenio de 1820), por una parte, y Cusick, por la otra. En ambas tradiciones, el maíz se entrega y encarna en una mujer llegada de los cielos, quien con sus hermanas, la calabaza y el frijol corresponde a las tres gracias.[8] El gigante que conserva a los animales de caza rapta a una novia humana; unas enormes serpientes representan el asedio militar y siguen siendo recuerdos en obras de tierra; y Ayunini y Cusick ofrecen especificaciones similares de la construcción de pirámides y templos. El relato seneca de cómo las Cinco Naciones enviaron una embajada a los cherokee en busca de cooperación política invoca los mismos actos rituales —el entierro de armas, la colgadura del cinturón de *wampum*— que antes habían conducido al establecimiento de la Liga Iroquesa, Okayondongheera o Kayanerenhkowa.

La perspectiva de Cusick en estos asuntos es de interés, pues él perteneció a los tuscarora, quienes llegaron a ser la sexta nación de los iroqueses en 1723, y hasta entonces habían vivido no lejos del territorio cherokee. Él coloca los acontecimientos como en un gran escenario y lleva al lector no sólo a través de Apalachia, sino de un extremo a otro de Isla Tortuga, mostrando cómo hablantes de iroqués emigraron y se dividieron. Nos enteramos de cómo un grupo se fue por el oeste hasta las Rocosas, atravesando el Misisipi por medio de un puente de enredadera (también motivo cherokee), mientras que otros se fueron al sur por varios caminos, hacia lo que se afirma que fue la parte más urbana y civilizada de Isla Tortuga. Aun así, el texto se aferra bien a la patria original y al territorio ulterior de las Cinco Naciones en el norte de Apalachia. En parte por medio de dibujos, Cusick muestra cómo grandes acontecimientos del vasto pasado se repiten en las máscaras y la coreografía del ritual de las Cinco Naciones: la cabeza voladora del huracán, por ejemplo, o los gigantes de piedra que se encuentran allá a lo lejos, en el salvaje oeste. Como en otras fuentes indígenas, el fundamento de la Liga misma queda simbolizado en la presentación de *wampum,* el prin-

234 LA MEMORIA POLÍTICA

cipio del orden ensartado, y el peinado para el cabello de serpientes de Atotarho; al mismo tiempo que se lleva a cabo el ritual Okayondongheera Yondennase, por medio del cual las naciones integrantes se consuelan unas a
otras, "huérfanas" en su duelo por los fundadores muertos, la majestuosa
retórica coincide sistemáticamente con pautas visuales y con glifos de nombres grabados en el bastón del jefe (figura VII.1).[9] Al registrar este pacto
histórico entre los cinco —mohawk y seneca al este y al oeste; onondaga, el
gran árbol central; oneida y cayuga, como los dos "menores", Cusick se anticipa a la ulterior incorporación de los tuscarora, colocándolos en el papel de
sexta familia y nación que se fue al sur.

Un rasgo notable de la narración de Cusick es su cronología. A partir del
año de la llegada de Colón —o sea, alrededor de 1500 d.C.— se remonta a
los dos milenios y medio anteriores, exactamente el "medio Sol" de la *Leyenda de los Soles* y de textos nahuas comparables. Es abiertamente esquemático; utilizando la aritmética decimal común a los calendarios iroqués y
cristiano, al principio procede por fracciones de milenios y de siglos; luego,
cuando aparece Atotarho I, en 500 d.C., procede por los reinados de gobernantes de tal nombre, 13 en total, con una extensión de medio siglo o de su
múltiplo para cada uno. El concepto de las Cinco Naciones se menciona
por primera vez en 0 d.C.; los otawa, shawnee y otras naciones algonquinas se introducen en Apalachia en el siglo VIII. Estas dos fechas encontrarán
poca aceptación general; además, un ataque por un oso legendario en 1250
no embona fácilmente en los relatos de la liga formada por los tuscarora en
el siglo anterior, cuando aún se encontraban en su hogar, en el centro de
Apalachia, o de los encuentros militares de las Cinco Naciones con los muskogee al sur y con los mohicanos al este, en el siglo siguiente. Sin embargo,
precisamente por causa de la perspectiva más vasta que hoy ofrece la arqueología, esta cronología, en principio, no necesariamente tiene que ser tan
improbable como en un tiempo lo pareciera, ni en realidad tampoco algunos de sus detalles concomitantes.

Cuando Cusick empieza a especificar fechas, hacia el fin del capítulo 2 de
su historia, estamos saliendo de la cosmogonía y la epopeya hacia un paisaje
aún cubierto de bestias feroces. Nos enteramos de cómo, en el primer milenio
a.C., "2 200 años antes de Colón", las "naciones del norte" que ocupaban el
lago Erie y Kanawage (el río San Lorenzo) formaron sus primeras confe-
deraciones, y de cómo "volvieron al sur y visitaron al gran Emperador que
residía en la Ciudad de Oro, capital de un vasto imperio". Después, la guerra los destruye a todos, dejando el camino abierto al surgimiento de los iroqueses en los primeros siglos después de Cristo. La identidad de esta Ciu-

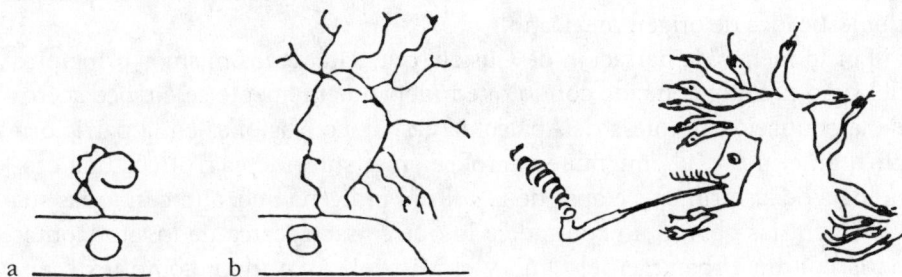

FIGURA VII.1. *Fundadores de la Liga Iroquesa:* a) *Hiawatha;* b) *Atotarho. (Glifos de la Lista en Fenton, 1950; Cusick, 1825.)*

dad de Oro sigue siendo oscura; pero resulta significativo que a Isla Tortuga se le atribuya cierto grado de civilización en tan temprana etapa. Además, las fechas dadas corresponden a las de los primeros constructores urbanos, quienes, como hemos visto, se centraron en el Ohio.

El capítulo 3, que comienza por la época de Cristo, trata de los iroqueses propiamente dichos, herederos de la primera civilización. Liberados del monte Oswego, van descendiendo por los ríos Mohawk y Hudson y llegan a las costas del Atlántico. Entonces, "algunos se fueron a las riberas de la gran agua hacia el sol del mediodía", mientras que "el grupo principal retornaba por donde había venido", y estableció la Kayanerenhkowa, la liga o Casa Larga de cinco familias o naciones. Ocurre entonces otra división, cuando los tuscarora, la sexta nación, se dirigen a la embocadura del río Neuse en Carolina del Norte. En el contexto, la primera división, que lingüísticamente precedió a la de los tuscarora, bien podría referirse a los cherokee y, por tanto, ser una referencia cruzada al relato de los propios cherokee sobre su migración desde el norte.

Entre los muchos acontecimientos que señalan los reinados de los Atotarhos, a partir de 500 d.C., sobresale uno en particular. En tiempo de Atotarho VII, en 900 d.C., una embajada de las Cinco Naciones llega al Misisipi, donde es principescamente recibida y agasajada: "Un duque de Twakanah había reunido a la gente de varios poblados, salió a ver que conocieran a los pueblos que los rodeaban, cantando, tocando sus tamborcillos; después de la danza se celebró la ceremonia, y la banda de guerreros fue invitada a la casa nacional" (este idioma tan idiosincrásico es el resultado de que Cusick tradujera del iroqués).[10] Éste es precisamente el momento en que la cultura del Misisipi comenzó a florecer en Cahokia. Su impacto, enorme en el caso de los cherokee en el sur de Apalachia (como hemos visto), también fue sentido por los iroqueses, incluso en su culto de las "tres hermanas": plantas domesticadas de origen mexicano.

Por lo menos, la narración de Cusick, que data de los mismos principios del siglo pasado, coincide con lo que independientemente se conoce acerca de la ocupación iroquesa de Apalachia: las Cinco Naciones en la patria original en el norte, el emigrante cherokee en el sur. Además, ofrece una cronología de las primeras etapas de la cultura indígena que, aun con todas sus idiosincrasias obvias, no contradice lo que se sabe acerca de los horizontes de la cultura Urbana, en el Ohio y el Misisipi. Ante todo, como texto encuentra una importante corroboración en otras historias indígenas de Isla Tortuga.

La pipa siouana y sus horizontes

Entre sus adversarios en el juego de pelota, sinónimo común de batalla, los cherokee contaban a los manahoac, hablantes de siouano, como los catawba que vivían cerca de ellos hacia la costa del Atlántico. Al ser expulsados de este territorio por los blancos, los tutelo, otros miembros de la misma división manakana de los siouanos, se fueron a vivir con las Cinco Naciones, como lo hicieron los tuscarora, y añadieron su propia coreografía y danzas a las de los onondaga (que Speck supuso que habían tenido la arquitectura de pirámides como ambiente original).[11] Sin moverse de su lugar, los catawba lograron hace poco tiempo que el gobierno les reconociera sus tierras ancestrales. Al mismo tiempo, más al oeste hacia las Rocosas, fueron siouanos los que reclamaron los Cerros Negros (Paha Sapa) y los alcances medios del Misuri. El relato que une estos extremos es, en general, de desplazamiento de este a oeste que, por su extensión misma, encuentra su gozne en el corazón de Isla Tortuga, en el Misisipi.

Extendida en los traslapantes mapas de piel de venado de los catawba y los chickasaw, la geografía de la historia siouana (de este a oeste) queda detallada con toda precisión en las narraciones de los omaha y los quapaw, los pueblos de "corriente arriba" y "corriente abajo" (de "U-maha" y "U-qapa" respectivamente), cuyos nombres mismos indican la separación en esa extensión clave cahokiana del Misisipi, entre las confluencias del Misuri y el Ohio. El relato dictado por un jefe de los poncas, división de los omaha, en la Navidad de 1928, nos dice cómo sus predecesores en un tiempo vivieron en el este antes de emprender la travesía por el Ohio hasta el Misisipi, donde ocuparon ambas riberas del río.[12] De ahí siguieron corriente arriba y más hacia el oeste, viendo y dejando un reguero de petroglifos. Habiendo llegado a los alcances medios del Misuri, donde formaron su pipa sagrada en Pipestone, en 1300 d.C. poco más o menos, establecieron sus fuertes de tierra (*nasa*) hacia la que llegaría a ser su frontera sudoccidental con los apaches y los comanches, y así como con Anasazi y la Gran Cuenca.

Por su parte, los quapaw, o pueblo de corriente abajo, también conocidos como arkansa, recordaron asimismo haber descendido por el Ohio y haber permanecido por una temporada en el trecho cahokiano del Misisipi. Su propio viaje desde este punto de separación fue en realidad mucho más breve que el de los omaha; cuando encontraron a su primer francés a finales del siglo XVII, entre Cahokia y la boca del río Arkansas, aún tenían la costumbre de retornar anualmente a Cahokia, que para entonces estaba ocupada por los algonquinos, quienes dieron a ese lugar su nombre actual. Una vez más, juzgando por sus propias tradiciones y por detalles del breve encuentro de De Soto con ellos en 1540, un desplazamiento de los quapaw más al sur había sido bloqueado por el considerable poder de los natchez, que al principio también fueron un obstáculo para los franceses. Más aún, es esta situación la que se encuentra registrada gráficamente en las tres pieles quapaw llevadas de regreso a Francia a comienzos del siglo XVIII.[13] Los textos más antiguos de su especie que se han conservado de Isla Tortuga, estas pieles pintadas, muestran las ceremonias de la pipa, que ocupaban un lugar central en la cultura Urbana; las danzas de la Sociedad del Búfalo, después encontradas en muy diversos lugares de los Llanos, y las hazañas de guerreros armados o de comerciantes, relacionadas todas ellas con el cielo y la astronomía. En el último caso, los círculos lunares y solares, adornados con recursos que corresponden numéricamente a las divisiones internas de la sociedad quapaw, median entre los guerreros por una parte y, por la otra, entre los danzantes, lugares representados por grupos de casas con domos, unidos por una línea con un posible fuerte en que dos personas están fumando pipas (lámina 16b). Por fortuna para nosotros, estos lugares están glosados alfabéticamente; las casas corresponden a poblados quapaw, colocados por los mapas franceses sobre los ríos Misisipi y Arkansas o entre ellos: la propia Quapaw, que también tiene un sauna; Toriman y Ackansas-Osotonoy. La otra estructura, de mayor tamaño, parece denotar a Cahokia, confirmando así no sólo el nexo político del día, sino su fundamento en la anterior historia siouana.

Ecos de este mismo relato persisten entre otros pueblos de las siete grandes divisiones de los siouanos que ocuparon el oeste, como los mandan, los wahpeton, quienes recuerdan haber vivido en un tiempo "al sur de Nueva

York", y otros dakota o "aliados", a los que habitualmente se refieren como los sioux propiamente dichos. A su vez, los dakota mismos formaron una confederación de siete lugares con hoguera conciliar (*Otceti cakowi*), determinado cada uno por el difundido término siouano que significa morada, *tonwan,* con calificativos como "mdewakan" (lago del espíritu), "wanqpe" (bosques), "ihank" (fin) y "ti-nta" (llanos); en cuanto a los teton o lakota, que a lo largo de la historia fueron amos de las llanuras, se dividieron ellos mismos en siete,[14] esta vez de acuerdo con una lógica del cuerpo y de la actividad humanos, como los sihasapa ("pies negros"), los sicangu ("muslos quemados") y los oglala ("dispersa lo propio"). La conciencia social, presupuesta por esta estructura social de siete, se hace explícita en las historias de estos sioux, especialmente los teton, que a la manera cuartomundista concentran de manera característica la cosmogonía en el tiempo y el espacio locales, pasando de grandes visiones del nacimiento del mundo a los anales o cuentas de inviernos de tiempos más recientes.

Ciertas historias de los teton del sur, los sicangu y los oglala, escritas o transcritas a partir de pictografías, articulan en realidad estos diferentes niveles de tiempo por medio de ciclos intermedios o medievales de vidas de 70 años, representadas como un círculo *tipi,* como el que puede verse en la piel quapaw. Por tanto, imbuyen críticamente toda idea general de la historia siouana y en Isla Tortuga. El primer acontecimiento decisivo de estas historias es la visita de la misteriosa Mujer Búfalo blanco, quien, con su don de la pipa y del maíz, hace posible la vida civilizada. Antes de ello, Makula (Garza Izquierda) (oglala) informa que no había organización social; mientras que, según la tradición visionaria[15] mejor conocida a través de las narraciones de Hehaka Sapa, Wapoctanxi nos informa cómo, en los ancestrales Paha Sapa (Cerros Negros), la visita anterior de la Mujer Águila le reveló la necesidad de respetar los cuatro elementos del mundo. Halcón Alto, hijo de Wapoctanxi, hace mayor hincapié en el desarrollo social como tal: cuchillos y azadas de conchas marinas, arcos hechos de madera corriente, trineos tirados por perros-coyote, taladros de fuego, de yuca y de olmo, y cueros tendidos sobre huecos en que se colocaran piedras calientes para hervir la carne.

Al otorgar la pipa, la Mujer Búfalo afirma su papel clave en los asuntos humanos, ofreciendo el humo a las cuatro direcciones y colores de las nubes: el azul del este, del cual provino; el incierto sur; el oeste, en que el caballo acabaría por transformar la cacería; y el norte, cuyo hálito haría que los búfalos bajaran hacia ellos. Como la pipa, también el maíz es cuádruple, pues llega en granos de cuatro colores: "maíz hembra", es literalmente su leche, producto agrícola del animal cazado, pues, como la mujer-maíz iroquesa, la Mujer Búfalo encarna esta planta, así como los serpentinos adornos de salvia que lleva entrelazados en los tobillos significan el crecimiento verde.

Inaugural en todo sentido, la aparición de la Mujer Búfalo inicia también la mesurada cuenta del tiempo por medio de las varas de años del analista. Una vez establecido su orden, entramos en los ciclos de vidas de 70 años, que conducen al comienzo de los anales propiamente dichos en el año 1700. (En ciertas cuentas de inviernos, este periodo es apocopado, haciendo que un análogo de la Mujer Búfalo represente el marcador del primer año, 1785, en el caso de la cuenta yanktonai de Trueno Azul. Wapoctanxi coloca más de estos ciclos de vida entre la Mujer Búfalo y el comienzo de los anales de los que coloca Makula, y Halcón Alto añade otros más. Sin embargo, están de acuerdo en los hechos principales, como la primera Danza del Sol, la primera visión del caballo, un enemigo oculto entre una manada de búfalos, la primera caza de búfalo realizada a caballo; todos ellos ofrecen una lista, análoga a la de los jefes iroqueses, de los "portadores" de la pipa entregada por la Mujer Búfalo. Y lo más notable es que tanto Wapoctanxi como Halcón Alto sitúan la aparición de la Mujer Búfalo cerca de 900 d.C. Esta precisa inauguración es corroborada —lo cual resulta interesante— por cuentas de inviernos, como las de los santee y de Tasunka Witko (Caballo loco) que, intrincadamente talladas en largos palos, cubren los mil años entre los siglos IX y XIX (véase p. 148).

Los investigadores no han dado mucho crédito a esta datación. Curtis, el editor del texto de Halcón Alto, lo deformó totalmente al reducirlo a su décima parte. En particular, causaron críticas esos caballos, aparecidos antes de Colón (a quien Halcón Alto muestra desembarcando); sin embargo, si leemos con atención a Makula, veremos que el caballo tiene la forma de una nube. Más bien, como aprendizajes, las vidas miden la tensión social entre plantar y cazar, en que el sueño del caballo, traído por la Mujer Búfalo, cada vez se vuelve más fuerte: sólo en el último ciclo (1631-1700), por fin el caballo es montado y aprovechado.

Dado lo que hoy sabemos de la cultura misisipiana que floreció a partir de 900 d.C., poco más o menos, estas historias sioux exigen que se les preste atención más seria. No sólo ofrecen una fecha perfectamente apropiada para el "don" del maíz superior de cuatro colores que, llevado desde México, se había diseminado por entonces a partir de Cahokia; también indican un lugar apropiado, en el centro que se encuentra entre el sur y el norte, "corriente abajo" y "corriente arriba", y a medio camino del océano del este a las montañas del oeste. (Por su parte, Halcón Alto vincula de manera inequívoca los comienzos del viaje ancestral de este a oeste con el océano

siouana. Siguiendo el modelo del *Popol vuh* y mesoamericano, estas historias empiezan por establecer un vasto marco dentro del cual pueda tener sentido la experiencia más local y reciente; este efecto literario tiene su equivalente social en los sucesivos niveles gobernados por la cifra siete. Estableciendo una primera base aún más vasta que la de los siouanos, y defendiéndola ideológicamente contra los invasores blancos, aquí Makula hace referencia a las siete hogueras conciliares que "incluyeron a todos los indios de América del Norte".

Por tanto, estos registros de visiones iniciales de la pipa y el maíz, elaborados de manera brillante en el relato oglala de Hehaka Sapa, sirven como piedras de toque de la experiencia ulterior, no sólo entre los dakota, sino entre sus vecinos del sur, por ejemplo los ponca, quienes tienen su propia versión del "don" del maíz del búfalo; los osage, con su cuádruple canto de origen, y los omaha, con su tradición Wahta. Algo similar podría argüirse de la ceremonia Hako de los pawnee (no siouanos), que posiblemente se basa en la cultura Urbana de Arkansas de sus parientes los caddoanos, y que permitió a Alice Fletcher, por su parte, comprender mejor la profundidad del tiempo y los ritmos de la historia de los Llanos.[17] En los anales sicangu, que siguen a los textos de Wapoctanxi y de Halcón Alto, y que existen separadamente en otras divisiones sioux, los acontecimientos caen en pautas que van más allá de la hostilidad y la ambición locales cuando se remiten a estos principios más grandes.

La Mujer Búfalo blanco, que es una de las gentes del cielo a quienes Hehaka Sapa describe diciendo que eran "como estrellas", se adelanta a otros seres que "caen del cielo", sobre todo en las lluvias de meteoros de 1833, al mismo tiempo que prefigura al búfalo albino que trae la buena suerte y que hace advertencias oportunas. La dirección (el oeste) que ella asigna a los dakota coincide con la gran arteria del Misuri, cuya conducta, cuando está helado o se desborda, se capta en imágenes anuales notablemente dramáticas. Su don del maíz afecta las relaciones sociales dentro de la tribu y más allá, en la dialéctica entre agricultores y cazadores, ahora a caballo, entre las sedentarias habitaciones de tierra (*ti tanka*) de los constructores urbanos y las tiendas móviles (*ti pi*: figura VII.2). Ofrecida en cuatro direcciones, la pipa prevé misiones de guerra y de diplomacia que afectan a bandos y naciones en los límites de Isla Tortuga. Los emblemas de estos pueblos, que en muchos casos ofrecen relatos recíprocos, aparecen desde el comienzo de las primeras cuentas (la cuenta yanktonai de John K. Bear, empieza en 1682), e incluyen emblemas de otros siouanos como los hidatsa, que en el cabello se pintan rayas de arcilla roja; los mandan en sus cabañas de tierra; los omaha;

FIGURA VII.2. Tipi *al lado de una habitación de tierra, 1793. Cuenta de inviernos
de Boide (Llama).*

los ponca, con su escarcho; los assiniboin y los winnebago de "alta voz"; los
algonquinos como los siksika, los cheyenne, los ojibwa, con sus empaliza-
das; los caddoanos, como los pawnee y arikara, cultivadores de maíz; y los
kiowa y ute, vecinos de Anasazi y de la Gran Cuenca. Y la asignación que
hace la Mujer Búfalo de esta parte de Isla Tortuga a indígenas americanos
sostiene su clara conciencia de la intrusión de extranjeros, distinguidos, asimismo en las cuentas de inviernos, por su nacionalidad, como el comerciante francés de 1684; el pelotón español de Villasur, derrotado en 1720, y misioneros de habla inglesa después de 1800. También quedan vívidamente
registrados los cambios concomitantes de tecnología, mercados y salubri-
dad: teteras (1780), sombrillas (1785), herraduras (1802), whiskey (1821),
monedas de dólar (1833), pluma escolar (1879) y toda una letanía de enfermedades (retortijones, viruela, tos ferina, fiebre puerperal; en 1845 brotó la
cuarta epidemia de sarampión).[18]

Estos varios hilos están estrechamente entrelazados en un acontecimiento
de 1823 al que se dio gran difusión: el primer gran ataque militar lanzado
por los Estados Unidos al oeste del Misisipi, en que algunas de las divisiones
dakota desempeñaron un papel, y que nos ofrece el primer suceso de una de
las cuentas hunkpapa de Cehupa. El blanco del ataque fueron los poblados
de los arikara, horticultores que, como los pawnee, están designados por una
mazorca; después de su derrota, grandes cantidades de maíz fueron robadas
de sus escondrijos o silos. Una inquietud por todo esto se muestra en las diferentes perspectivas que se dan en las cuentas de los teton del norte y del
sur y de los yanktonai (figura VIII.3). Las cuentas miniconjou de Sunka
Isnala y de The Swan muestran a un soldado estadunidense disparando directamente contra la cabaña de tierra de los arikara, rodeada por una empaliza-
da y por tanto culpan al general Leavenworth y a sus hombres de ser los
instigadores del ataque. Wapoctanxi, sicangu, divide la culpa, mostrando la
mazorca que denota a los arikara, amenazada a la vez por un fusil estaduni-

a   b   c   d   e

FIGURA VII.3. *El ataque a los arikara en el año 1823: versiones del hecho en las cuentas de inviernos sioux. a) "Hacen su primera aparición aquí soldados blancos." Un soldado de los Estados Unidos, con fusil, dispara contra el poblado arikara, rodeado por su empaliza-da. (Sunka Isnala, miniconjou.) b) "El general Leavenworth apareció por primera vez y los dakota ayudaron en el ataque contra los arikara." Un fusil norteamericano sobre una flecha sioux dispara contra la mazorca, emblema de los arikara. (Wapoctanxi, sicangu.) c) "Los dakota se unieron a los blancos en una expedición, Misisipi arriba, contra los rees." Una línea une físicamente a los aliados, con sus respectivas armas. (Escudo de Nube, oglala.) d) "Escondrijo de maíz seco." Se roban un maíz que había sido secado y almacena-do. (Trueno Azul [Howard, 1979], yanktonai.) e) "El año que la cosecha de maíz fue abundante, el Gran Espíritu bendijo a la tribu." Una planta de maíz crece, aislada. (Sunka Luzahan y Sunka Glihaya, hunkpapa.)*

dense y por una flecha sioux, mientras que el oglala Escudo de Nube mues-tra estas dos armas, sostenidas respectivamente por un hombre blanco (con sombrero) y por un sioux (cabello largo), en una figura heráldica reveladora de una alianza. Más complejo es el caso de los yankton y yanktonai, quienes aportaron en realidad nada menos que 500 de los 700 aliados dakota, pese a que sus cuentas tienden a pasar por alto el ataque militar como tal y a nombrar el invierno justamente por su "maíz". En la cuenta de Trueno Azul, simplemente vemos el escondrijo de maíz seco que ofrecía alimento en abundancia en ese invierno; pero no menciona que se le hubiera obtenido mediante saqueo. La cuenta hunkpapa de Sunka Glihaya va aún más lejos, atribuyendo el maíz a una "cosecha", favorecida por el Gran Espíritu; la cuenta de Sunka Lazahan hasta sugiere que el maíz en cuestión fue robado por blancos (no por dakota) de campos dakota (no de silos arikara). El pun-to de referencia común de estos anales debe presuponerse precisamente por las diferencias de opinión.

Por último, mediante la figura que comienza en primer lugar las cuentas de inviernos —dibujadas o grabadas en bastones—, también consecuencia de la visión constitutiva de la Mujer Búfalo, el campo cognitivo más extenso queda confirmado reflexivamente por la simple procedencia y cohesión de estos textos. Técnicamente, la práctica pudo estar conectada con México, como lo sugieren ciertas analogías pima y azteca. Después de todo, México era la fuente del maíz cahokiano. Aunque compartido por siouanos y por muchos de sus vecinos en Isla Tortuga, este culto de la cronología tiene cualidades decididamente propias: una perspectiva que alterna entre la Danza del Sol en el verano y la helada noche de invierno, que había iluminado una visión no menor de mil años por el tiempo en que sus partidarios llegaron a revivirla en la Danza del Espíritu de 1890.[19]

MIGRACIONES NORTEÑAS

Lingüísticamente, siouanos e iroqueses pertenecen a la misma división, así como, para el caso, los caddoanos, no así los algonquinos, como este pueblo mismo lo sugiere. El término aplicado por los ojibwa a sus vecinos del oeste, los dakota, "enemigos" o "serpientes" (*Naudawa-sewug*, y de ahí "sioux"), incluía igualmente a los iroqueses del este, pero no a los otros algonquinos, como los otawa. Recíprocamente, en los Llanos los ponca distinguían a los algonquinos de sus camaradas siouanos, refiriéndose a ellos como "no nosotros".[20] Al mismo tiempo, mientras las historias siouana e iroquesa afirman tener orígenes en la cultura Urbana, no ocurre lo mismo con las historias algonquinas. La patria recordada por los pueblos de esta familia lingüística se encuentra más bien en el helado norte, más allá de su ámbito. En latitudes más meridionales su experiencia ha sido, de manera típica, de migración incesante de un mar a otro, de este a oeste y de oeste a este. Para los shawnee, en un momento intermediarios entre el Atlántico y los cherokee (Ayunini, el Nadador, tenía sangre shawnee), y al siguiente momento emigrantes al "más remoto oeste", la jornada había tenido una importancia abiertamente cósmica; para los kikapú, sus antiguos amigos íntimos, ha significado una patria final en Coahuila, México.

Tan bien establecidos estaban en la costa del este que a través del francés y del inglés dieron nombre a gran parte de ella y del interior; en la época de la incursión europea de mediados del siglo XVII, los algonquinos afirmaron haberse asentado allí hacía no más de 350 años, aproximadamente.[21] No antes de principios del siglo XIV habían comenzado a abrirse paso hacia el este, partiendo de Ohio, a través de los Apalaches, entre los iroqueses y los cherokee, y habían reclamado las desembocaduras de los cuatro grandes ríos Potomac, Susquehanna, Lenapewhittuck (Delaware) y Mohicanwhittuck (Hudson). Según fuentes como la *Mohican Narrative* de Aupumut, allí cultivaron las tres hermanas —maíz, frijol y calabaza— de sus vecinos iroqueses y formaron la confederación Wapanachki o del Este, el "antiguo pacto de nuestros antepasados" las divisiones Unami (Tortuga), Unalachtgo (Guajolote) y Minsi (Lobo) de los lenape, además de los nanticoke y los kanawke, que siguieron hacia el sur, a Virginia, la entidad de Powhatan, y el retoño de los mohicanos, que avanzaron hacia Connecticut y Massachusetts.[22] Sobresaliendo entre los colonos de la costa, donde adquirieron el nombre de delaware, los lenape utilizaban cuentas de *wampum* para llevar el cálculo exacto de sus años transcurridos allí (370 en 1676), y fueron conocidos por haber sido los primeros en ver las naves de Cartier. Según el historiador Dooyentate, de los wyandot o hurones, su imagen de las naves —"grandes animales oscuros con vastas alas, que escupían fuego con la voz del trueno" (p. 3)— fue citada muy frecuentemente, y encuentra ecos en el glifo del año de los pamunkey y en los registros de los cherokee (véase p. 147).

Un hogar anterior de estos algonquinos fue el valle del Ohio, donde habían residido por "muchos cientos de años", y a donde habían llegado avanzando hacia el este, a través del Misisipi. La narración principal de esta época corresponde también a los lenape, quienes, aunque después se concentraron en la costa del Atlántico, nunca olvidaron su largo viaje hacia el este. Fueron ellos quienes distinguieron los tres principales territorios algonquinos que de allí resultaron: la costa, el valle del Ohio, y el oeste del Misisipi. Su particular apego a la etapa intermedia no sólo se manifiesta en sus propios relatos; sino que los cherokee, a pesar de reconocer su propia posición central, los llamaron abuelos, así como los wyandot, quienes también eran de habla iroquiana y habían sido sus fieles aliados en el norte. Al organizar su gran campaña del Ohio a comienzos del decenio de 1760, el otawa Pontiac apeló exclusivamente a la autoridad de los lenape: en realidad, a la de un tablero inscrito, que había sido entregado a un miembro de la nación por el "Amo de la Vida".[23] Por su parte, al ser expulsados enteramente de la costa, reclamaron de sus antiguos vecinos algonquinos, como los miami y los potawatomi, sus tierras del Ohio para vivir en ellas, y las recibieron.

Para establecerse en Ohio, los lenape, cruzando el Misisipi junto con sus aliados los wyandot, tuvieron que vencer a sus anteriores habitantes, "nación muy poderosa que tenía muchas grandes ciudades construidas sobre los grandes ríos que corren por sus tierras".[24] Éstos no pueden haber sido otros que los constructores urbanos, defendidos por impresionantes obras de tierra y fortificaciones. Según su propio relato, sólo después de un prolongado esfuerzo militar los lenape lograron afirmarse al este del Misisipi. Sin embargo, habiendo desplazado a esos anteriores habitantes, que huyeron corriente abajo del Misisipi, ellos adoptaron sus ciudades y pirámides, y fueron responsables de lo que arqueológicamente se conoce como actividad intrusa (como entierros) en estructuras más antiguas. En realidad, junto con los illini, los miami y otros vecinos, también dieron nombre a estos lugares en su lenguaje, desde Chillicothe, donde el héroe épico algonquino Manabozho fue retratado en concha, hasta Cahokia, con su serpiente-pájaro Piasa;[25] Cahokia también sería el lugar de la muerte de Pontiac. Más aún, a su regreso a Ohio desde la costa, ocuparon territorios definidos por pirámides a orillas del Scioto, el Muskingum, el White y otros ríos que desembocan en el Ohio, y los defendieron legalmente contra la intrusión de los Estados Unidos, como sedes antiguas según su tradición.

El paralelo literario de este relato, en el sentido de la latitud, es el de los anishinabe, los algonquinos "originales", quienes vivieron y siguen viviendo más al norte. Ahí, todo un grupo de naciones —mississauga, otawa, potawatomi, ojibwa— compartió no sólo un habla casi idéntica, sino también el recuerdo de sus comienzos en el norte, donde Isla Tortuga emerge específicamente de las aguas heladas y donde Nanabush, contemplando las divisiones de los hombres, se sienta en lo alto del Polo Norte (según el historiador mississauga Kahkewaquonaby, Peter Jones).[26] Yendo en contra de la emigración de los lenape, de este a oeste, el relato de su propia emigración nos cuenta cómo sus antepasados habían avanzado corriente arriba desde el océano y el estuario del San Lorenzo hasta Moneaung (Hochelaga o Montreal) y los Grandes Lagos, pasando (en el caso de los ojibwa) hasta su desagüe más occidental, el gran parteaguas continental que también separa al Misisipi del océano Ártico. Otros grupos algonquinos del norte ofrecen relatos similares, como los cree, sauk y fox. Al mismo tiempo los siksika y, específicamente, los algonquinos de los Llanos recuerdan su propio desplazamiento más hacia el oeste, desde el parteaguas de los ojibwa. En las canciones de la Danza del Espíritu de los arapaho y cheyenne, hay evocaciones precisas de "Isla Tortuga" (interpretada por Mooney como la isla Mackinaw en el lago Superior),[27] donde moraron en un tiempo; del surgimiento de la tierra como tortuga y del don que les hizo de la pipa.

En los rollos de corteza de abedul del Midewiwin, el culto que se centró precisamente en este parteaguas de los ojibwa, la gran emigración se registra de manera vívida en cuatro etapas principales y coincide con el sendero de la propia enseñanza Mide. Éstas corresponden, por una parte, a la cuádruple génesis de los rollos del origen (que, en forma similar, muestran la tortuga) y, por la otra, al camino de este a oeste, de cuatro grados, que aparece en los rollos de iniciación. Pese a su naturaleza sumamente ritual, los rollos de migración Mide tienen gran cantidad de detalles hidrográficos —rápidos, cascadas, promontorios, portazgos— sobre todo en la cuarta y última etapa del viaje al gran templo y atlas del mundo, el lago Superior (Midewegun) y el parteaguas.

Las fuentes informativas ojibwa, además de darnos una ruta, muestran cuánto tiempo hace que se emprendió la emigración, concurriendo en la afirmación de que llegaron a su meta no menos de tres siglos antes de 1790; es decir, precisamente en el gozne colombino empleado por Cusik en su historia. Una placa de cobre virgen, propiedad de Tugwauganay, tío abuelo del historiador Warren, registró el paso del tiempo desde entonces, por "ocho profundos surcos que denotaban el número de sus antepasados fallecidos".[28] Un sombrero con incisiones, al lado de la tercera generación, marca la primera aparición de un europeo en esa zona (alrededor de 1610). Luego, exactamente como en textos iroqueses y siouanos comparables, esta secuencia cronológica va precedida por otra que trata más bien de milenios. A Eshkwaykeezhik, sobrino del gran maestro de los rollos Powassan, se le dijo que los periodos que aparecían en los rollos del origen no se referían a "un día, una semana o un mes", sino a dos mil años (compárese con Wapoctanxi), "tal vez a cuatro mil años". Estos periodos coinciden gráficamente en su rollo con cuatro árboles, sugiriendo el tipo de numeración presentada en el relato de Cusick de cómo el árbol de los onondaga floreció entre 500 y 1500 d.C.

Entonces, ¿cómo se deben interrelacionar estas dos tradiciones ancestrales algonquinas con su *lexis* común de Tortuga y Manabozho, ya que corren en direcciones contrarias en el medio milenio (aproximadamente) que precedió a Cartier? En su relato del avance hacia el este, al Atlántico, Aupumut afirma que su punto de partida más allá del Misisipi había sido un lugar "oeste por norte"; la Tortuga, preeminente en el norte de Isla Tortuga, dio su nombre a la división de los lenape, portadores de la pipa, y dio a los arapaho su pipa. Sea como fuere, el testimonio lingüístico por sí mismo atribuye la forma más antigua del lenguaje a los "algonquinos de escudo" o anishinabe, quienes supuestamente fueron, tiempo atrás, habitantes de los bosques del norte.

Luego, desde su posición más septentrional, los anishinabe complementan los relatos lenape de la cultura Urbana en Ohio y Misisipi. Sus textos, los autorizados rollos Mide, registran un desplazamiento de este a oeste en el ámbito del norte; pero otros apuntan hacia el sur, al origen, si no de una

emigración, entonces de una cultura. Un escriba Mide, Everwind, identificó
el océano de origen no con las riberas yermas del Atlántico norte, sino con el
golfo de México, en el cual desemboca el Misisipi. Una confirmación material de este horizonte es la concha de moneta, que ocupa un lugar primordial en el ritual Mide: esta criatura no florece en el frío Atlántico que le
asignó Warren, sino en aguas tropicales, de donde llegó directamente a las
pirámides de Alabama. De manera similar, aunque la historia más reciente
de los siksika reconozca el camino de este a oeste, una tradición "muy antigua" vuelve a señalar unos orígenes en el sur, que tiene todo que ver con la
cultura y con "fijar el mundo tal como lo vemos hoy" por un héroe-patrón
llamado Anciano.[29]

Otro hilo indirecto de evidencia vincula el ritual ojibwa y el de sus vecinos siouanos en Wisconsin, los winnebago, y relaciona a éstos, a su vez, con
Oneota, retoño septentrional de Cahokia, que se encontraba en la ruta hacia
las minas de cobre, a orillas del lago Superior. La tortuga, el oso y otras figuras de los rollos Mide aparecen perfectamente delineados en las avenidas
de montículos zoomorfas que hay en Iowa, Wisconsin y territorio winnebago. La epopeya winnebago combina rasgos que señalan, por una parte, a la
insignia del juego de pelota de la cultura Urbana y, por otra, a los cambios
temporales y la coreografía del viaje en trance Mide. Se ha esgrimido un
argumento similar para los bastones calendáricos que en un tiempo poseyó
Tshizunhaukau, jefe winnebago, con sus símbolos de fase lunar y correlación lunar-solar.[30]

Muchos rasgos clave de la participación algonquina en la historia de Isla
Tortuga son enfocados agudamente por el Walum Olum, el texto lenape en
escritura indígena y alfabética publicado por Rafinesque en su *American Nations* (1836). De hecho, si su autenticidad fuese más segura,[31] esta obra no
sólo constituiría la "Ilíada Hoosier" soñada por Eli Lilly, sino uno de los
principales clásicos cuartomundistas. A la manera del Cuarto Mundo, se
abre paso desde el cosmos hasta la política, comenzando con el surgimiento
de la propia Isla Tortuga y la epopeya de Nanabush. La cuádruple pauta de
los glifos, aquí y en realidad por todo el texto, se apega a la de los rollos y
especialmente los tableros de canciones Mide como ya lo han observado
Brinton, Mooney y otros. Señalando a una patria original en el "helado norte",
las largas emigraciones ulteriores siguen el curso de oeste a este, que los lenape dijeron posteriormente a Beatty, Heckewelder y otros. Aquí, la narración incluye una secuencia de caciques o jefes, 40 más 40 en total, cuyos
nombres y hazañas se representan justamente por el tipo de glifo de nombre
y cabeza común a toda Isla Tortuga desde los días de la cultura Urbana, y

visto también en la célebre Lista de la Liga Iroquesa, los censos y listas da-kota y mississauga y otras firmas en tratados algonquinos. El glifo del nombre del escriba, Olumapi, hasta tipifica la característica estrofa cuádruple del texto, mientras que los de Taguachi y Huminiend ("Moledor de maíz"), que fueron al sur a buscar maíz, proponen un eslabón directo entre la agricultura lenape y la cahokiana.

Como ya lo han observado los estudiosos, el escrito del Walum Olum —estrofas cuádruples, nombres de caciques— y su historia, aunque acomodados en un solo texto por Rafinesque (como, digamos, lo fue el Kalevala por Lönnrot) no contradicen nada que haya sido descubierto de manera independiente acerca de los lenape y de Isla Tortuga, en algunos casos mucho después de la época de Rafinesque. Después de todo, los propios ancianos lenape lo han aceptado como versión de su propia historia. Es claro, empero, que este texto no ha sido bien recibido por otros, hecho que pudo deberse a su recuerdo político. Como algunos textos algonquinos indudablemente legítimos, al defender al Ohio como principal foco de Isla Tortuga, antigua y moderna, ha venido a alterar, una vez más, la doctrina oficial de los Estados Unidos de una prehistoria y una historia "estadunidense", tocando el nervio particularmente sensible del Ohio. Al expropiar esta región y burlar sus propios conceptos de legalidad, los Estados Unidos se convirtieron de un poder costero en un poder continental; y la defensa del Ohio fue uno de los principales objetivos de la campaña organizada por el otawa Pontiac en 1762-1763, en que mucho participaron los lenape; y de la cruzada de retaguardia, verdaderamente internacional, del shawnee Tecumseh en 1812, que también envolvió a los muskogee, herederos de la cultura Urbana del sur.

VIII. TAHUANTINSUYU

Por todo Tahuantinsuyu sólo existe un registro histórico conocido, el del Inca. Según la transcripción parcial que hay en la crónica de Guamán, empieza con las cuatro edades del mundo americano, aquí el *suyu* del tiempo; éstas conducen entonces directamente a la sucesión de emperadores incas —sus caracteres oficiales y sus conquistas, esposas y capitanes— desde el primero, Manco Cápac, hasta el duodécimo, Huáscar, medio hermano de Atahualpa y víctima de Pizarro. El *Runa yndio* y otros documentos de los *suyus* ofrecen sólo insinuaciones de tradiciones diversas o contradictorias. Además, en su singular propósito, este relato (basado en Cuzco) tiene poco que decirnos acerca de los diversos milenios que disfrutó la civilización en Tahuantinsuyu antes de los incas; en vano buscaremos más que una mención de predecesores inmediatos, como los chimúes, ya no digamos de otros más remotos como los que labraron piedra en Chavín y Sechin. Esta ausencia bien puede deberse al hecho de que los documentos en escritura indígena, el hoy ininteligible *quipu* analizado en el capítulo II, se transcribieron muy poco, situación que contrasta completamente con la de Mesoamérica. Al mismo tiempo, como la producción en el Estado inca en general, el pasado parece haber sido centralizado e incorporado en un solo sistema, como en ninguna otra parte del Cuarto Mundo.

En el texto de Guamán Poma, la sucesión imperial cruza un umbral en el reinado del noveno emperador, Pachacuti (1438-1471). Antes de él, los reinados y las conquistas incas se extienden hacia atrás en ciclos de tiempo decimales sobre un milenio y medio, subrayando aún más su preeminencia: hasta Cristo y San Bartolomé se encuentran intercalados entre el segundo y tercer incas. Empezando con Pachacuti, hay una cuenta de años de verdad que termina en la muerte de su bisnieto Huáscar y en la historia ulterior de resistencia desde Vilcabamba, también conocida por relatos de Titu Cusi Yupanqui y de otros,[1] hasta la ejecución de Túpac Amaru en Cuzco, en 1572. Asimismo, comenzando con Viracocha, predecesor de Pachacuti, el detalle geográfico de la conquista se vuelve mucho más preciso cuando se llega a Chincha y la costa, y cuando Collasuyu se extiende a Chile.

FIGURA VIII.1. a) *Pachacuti*; b) *Túpac Yupanqui*. (*Guamán Poma*, Nueva corónica,
pp. 108, 110.)

Históricamente, el cambio indicado por el reinado de Pachacuti[2] corresponde al hecho de que él y su hijo, Túpac Yupanqui (1471-1493), construyeron el *tahuantinsuyu* inca, rehaciendo Cuzco como capital apropiada (figura
VIII.1). Otros *tahuantinsuyus* ciertamente habían precedido a éste. Guamán
Poma toca el precedente de su propia ciudad en Chinchasuyu, Ayacucho/
Huamanaga, y Garcilaso observa el de Collasuyu, Tiahuanaco (I xviii); ambos
centros habían gobernado *tahuantinsuyus* en su época. Sin embargo, Cuzco
los eclipsó en organización y escala en el mundo andino. En particular, el
imperio inca se distinguió en todo el Cuarto Mundo por crear una burocracia experta en el *quipu* que, según Guamán Poma, era capaz de hacer
frente a todo detalle organizativo; también privilegió un discurso pastoral,
cuyos orígenes económicos eran inseparables de los del *quipu*: la cuenta de
los rebaños.

Los Andes, únicos en el antiguo Cuarto Mundo precisamente a causa de
su tradición pastoral, ofrecieron un habitat a cuatro tipos de camélidos: la
llama y la alpaca, el huanaco y la vicuña. Estos animales difieren un tanto en

tamaño, siendo el más grande la llama, en calidad y color de la lana; la vicuña es la más fina; y la alpaca, la más abundante; el huanaco es el que tiene mayor extensión, pues llega hasta la pampa argentina. Lo más importante es que sólo las dos primeras se han logrado domesticar bien (posiblemente la llama se deriva del huanaco).

Económicamente, la llama (el término es usado aquí para las dos especies domesticadas) sirvió como recurso múltiple para los predecesores de los incas,[3] ya que combinó características que América no ofrecía en otras partes, o sólo por separado, por ejemplo, por medio de otros mamíferos, como el gran búfalo comestible, la oveja de cuernos grandes, cuyo largo pelo era tejido en Anasazi; el venado de piel fina, y el perro remolcador del trineo, pues los andinos comían su carne, baja en colesterol, fresca o como *charqui;* llevan su piel como sandalias o la cortaban en tiras, para asegurar el arado de pie *(taclla),* o en botellas para transportar agua a través del desierto; convertían su grasa en sebo, dispersaban su excremento como abono o lo recogían para que sirviera de combustible; transformaban sus tendones en cuerdas que servían para la honda o el espantapájaros usados por el pastor y el soldado; convertían sus huesos en instrumentos para tejer; e hilaban y tejían su lana para hacer telas burdas *(auasca)* y finas *(cunbe),* y hacían con ella hilos y la cuerda principal del *quipu* (aunque los ejemplos sobrevivientes son generalmente de algodón). Además de aportar cada uno de estos recursos orgánicos, y a falta de todo análogo salvo el propio ser humano, la llama era muy utilizada para el transporte, y por medio de la recría aumentaba su valor. Guamán Poma coloca el principio de su domesticación en sus edades del mundo; arqueológicamente se remonta a cerca de 4000 a.C., en centros como el lago Titicaca, donde las llamas servían sobre todo como abastecedoras de lana y para el transporte (a la costa del Pacífico), y Ayacucho y Junín más al norte en Chinchasuyu, donde se les criaba principalmente por su carne. Sin embargo, la cerámica Moche de la época de Cristo nos ofrece algunas imágenes de las llamas cargadas de mercancías; una de ellas mira por encima del hombro.[4]

Según todos los relatos, Tiahuanaco en Collasuyu fue donde los incas se abastecieron cuando llegaron a establecer su propio centro de poder en Cuzco. Fueron los hablantes de aimará, o colla, quienes afirmaron que los incas se llevaron animales colla para formar sus propios rebaños.[5] Del lado inca, era más cuestión de deferencia a la llama típica del Collao durante la iniciación real y otras ceremonias. El hecho de que los incas, desde la época de Manco Cápac, reconocieran que su origen había sido en Titicaca es puesto en claro por Guamán Poma (pp. 84, 265); ellos prefirieron la llama blanca, que los propios collas habían llegado a reverenciar como antepasado tribal, y cubrían tales llamas, conocidas como *napas,* con camisas rojas y collares y aretes de oro. En el capítulo de su *Nueva corónica* que dedica a las fiestas típicas, respectivamente de los incas y de los cuatro *suyus* del imperio, Guamán Poma también muestra cómo las canciones pastorales de los colla y de Collasuyu se tenían en particular estima en la corte real de Cuzco, hasta el grado de ser cantadas en aimará, lengua de los colla (pp. 129, 319).

En el gozne de la historia inca, en tiempos de Pachacuti, conquistador y adquiriente de territorios, sobre todo a expensas de los colla, y en tiempos de Túpac Yupanqui, el gran consolidador, en cuya época las unidades de rebaños eran de muchos millones, llegó a su apoteosis lo pastoral. La imagen de la llama es imposible de detectar en las estelas de Kalisasaya, Tiahuanaco, donde el poder se celebra en motivos más antiguos de felinos depredadores y de ofidios;[6] pero con los incas empieza a imponerse, especialmente en artefactos de piedra, metal y tejidos. El territorio se vuelve de pastoreo y el inca es su pastor divino, a quien sólo los "proscritos" desobedecen.

PASTO CERCADO

Uno de los primeros usos que los incas dieron a la llama fue el militar. Movilizando tropas y filas de llamas, a la vez como transporte y como fuente alimentaria en pie, poco afectadas por las estaciones y la cosecha, los incas disponían de un ejército sin paralelo en América, cuyas campañas se relacionaban menos con el ritual que con la política de ganancias territoriales permanentes que, en su día, resultó casi irresistible. En su capítulo sobre las edades del mundo que precedieron a los incas (pp. 48-78), Guamán Poma da gran importancia al potencial militar que iba junto con la recría de la llama, característica de las dos edades posteriores: la Purun y la Auca (cuyo nombre significa "belicoso") (véase figura X.3). Luego, después de la conquista militar y como parte de la política inca de pacificación y colonización, la llama desempeñó un papel no menos importante. En el caso de las personas que ya poseían manadas, éstas y todos sus bienes reproductivos, en palabras de Murra, "pasaron a ser propiedad de la Corona inca, que luego devolvió una parte a los habitantes, y fijó linderos públicos"; también después de la conquista, "todas las llamas fueron definidas, al menos en teoría, como propiedad del Estado".[7] En la práctica, no se permitió que ningún otro grupo de interés conservara manadas que de alguna manera pudiesen rivalizar con las del Inca; las primeras eran distinguidas lingüísticamente de las últimas con los términos respectivos de *huaccha* (pobre) y *capac* (*poderoso*).

Para todos estos propósitos y otros más, los incas instituyeron un programa de recría, distinguiendo y contando los tipos y las edades de las bestias hasta en los menores detalles por medio del *quipu,* y efectuando un minucioso censo en el mes Aya Marcay (noviembre: Guamán Poma, p. 256). Asimismo, por medio de la carrera y de otras pruebas atléticas, apreciaban las bestias más fuertes y mejores. El *Runa yndio* nos dice, además (capítulo 10), que la proeza revelada por tales pruebas se relacionaba con el pene enfático que muestran las estatuillas de llamas, en oro y en plata, que se han conservado desde los tiempos incas. Por medio de la reproducción controlada, la llama llegó a adquirir otro orden de valor de permanencia más parecido al de los metales preciosos con los cuales se la equiparaba y en los cuales se la esculpió ceremonialmente, aunque por medio de la multiplicación y el aumento se volvió literalmente un capital, tal vez su papel más distintivo de todos en el plan del *tahuantinsuyu* inca.

De acuerdo con la política inca, se entregaban llamas como capital a los colonos en territorio conquistado, donde antes había habido pocas o ninguna; estos favorecidos, conocidos como *mitima,* fueron alentados además a emigrar a territorios recién conquistados quedando exentos del tributo laboral y de otras obligaciones para con el Estado. Mediante la concesión de llamas, los incas afirmaron su dominio en los valles de la costa, ocupando y completando Condesuyu como su cuadrante imperial; y entre Colla y Chinchasuyu, y varias veces extendidas, desplazaron poblaciones enteras haciéndolas recorrer miles de kilómetros: no menos de cuatro mil familias *mitima* fueron vistas en su viaje para ocupar las antiguas tierras de los canari en Ecuador y Chinchasuyu, estando ya Pizarro en Caxamarca. El pastoreo quedó especificado como la primera de las capacidades que se pedían a un *mitima*. Los jefes de pastores entre ellos y la mayor tradición procedían del Collao. A cambio de su generosidad oficial, los incas esperaban ganar de la multiplicación de los animales de sus protegidos, cobrando, por decirlo así, el interés del capital. También esperaban recibir ropajes tejidos de la lana de llama y de alpaca, reconocidos universalmente como "uno de los principales nexos y símbolos de la ciudadanía".[8] Hasta se puede ver que crearon una demanda en el mercado para los *mitima* y para los productores de llamas, generalmente en las estrictas leyes que instituyeron, las cuales, según Guamán Poma (pp. 272-273), obligaban a toda comunidad, por pequeña que fuera, a sacrificar de manera regular esos animales para consumir su sangre y carne.

Ante todo, por medio de los *mitima* —los que "dejaron" sus primeras casas tenían un interés (en ambos sentidos), en ser desplazados—, los incas lograron dar estabilidad a Tahuantinsuyu como territorio continuo dentro de su frontera, o pasto cercado. A este respecto, resulta muy significativo que de los cuatro *suyus,* el que más resistió a la conquista, el Antisuyu de la montaña y de los valles del alto Amazonas, era el menos adaptable al pastoreo de llamas.

En todos estos aspectos, por la época de la invasión europea no existía nada parecido a Tahuantinsuyu en ningún otro lugar de América; la diferencia era directamente atribuible al animal adquirido por los incas como andinos y herederos de Tiahuanaco, y explotado por ellos como arquitectos de su *tahuantinsuyu:* el camélido domesticado. Esta decisiva diferencia económica se relaciona a su vez, sin duda, con los distintos modos en que se desarrolló, en Mesoamérica y en Tahuantinsuyu, el modelo de cuadrantes tributarios. El primero sólo producía tributo en especie, el cual se cobraba a lo largo de los caminos que a menudo corrían por territorio neutral u hostil, dentro de los cuadrantes o entre ellos. En el último, pese a ser un terreno aún menos favorable, los cuatro distritos (*tahuantin-suyu*), eran territorialmente más compactos, sin tajadas rebeldes en las diagonales; la integración interna de la tierra, hasta el último *ayllu,* estaba más estandarizada; se hablaba sólo un idioma sobre áreas mucho más grandes, y era mucho más firme el grado de control metropolitano sobre todos los aspectos del tributo en especie o en trabajo. El imperio estaba enteramente consolidado, como el pasto dentro de su cerca. Hasta el cielo se volvió pastura, asignada a Yacana, la llama celestial que había en su centro.[9]

Estas características de Tahuantinsuyu sin duda eran identificadas por quienes vivían cerca de sus fronteras. Los amazónicos veían más diferencias entre ellos y los incas que entre éstos y los europeos, igualmente pastorales; y los chibchas identificaron a un *amauta,* quien visitó Sogamoso, refiriéndose a la llama que llevó consigo. Ante todo, los mapuches, quienes al sur registraron haber pagado tributo en llamas a los incas, y que regularmente atacaban el imperio para recuperarlas, tenían un persistente sueño de riquezas, valuadas sobre todo en llamas y en mujeres (la pastoral equiparación del décimo mandamiento semítico). En cierto cuento acerca de un anciano que deseaba tener una novia joven, hasta vemos que la riqueza en llamas invierte la moraleja tradicional de Sudamérica fuera de Tahuantinsuyu, por la cual el marido en potencia, trabajando y prestando servicio al padre de la muchacha, se gana a su pareja. Gracias a la influencia inca, en este caso mapuche el anciano simplemente compra la suya, pagando a su *quempu* (suegro) en metales y ropas y, ante todo, en porteadores vivos de carne y lana.[10]

PASTORES Y REBAÑOS

El pastoreo era tan fundamental para la empresa inca, que en Tahuantin-suyu las relaciones sociales que implicaba como actividad se transformaron ideológicamente para convertirse en modelo del Estado mismo; de hecho, podría decirse que aportó, para empezar, el concepto capacitador de Esta-do. Puede decirse esto de los dos modelos sociales dominantes del Estado inca: el que relaciona a los gobernados con el gobernante, y el que relaciona al gobernante con la autoridad; en ambos casos, encontramos abundantes testimonios en la fuentes indígenas ya citadas; además, tenemos los once himnos o plegarias registrados en el siglo XVI en quechua por Molina, que formaba la liturgia de Zithuwa, ceremonia de purificación y purgación que se celebraba en el mes Coya Raymi (septiembre).[11]

En primer lugar, los Himnos de Zithuwa comparan repetidas veces el rebaño con el pueblo, ambos como súbditos del Inca "que fundó Cuzco". En los mismos términos y en la misma frase, se pide que, a las órdenes del inca, tanto el pueblo como los animales (runa llama) gocen de paz y seguridad, aumenten y se multipliquen, y no caigan en manos enemigas ni en pecado.

> Oh, rocío del mundo,
> Sumo Hacedor Viracocha,
> rocío interior,
> soberano Dios,
> tú ordenas diciendo:
> "Haya dioses mayores y menores",
> Supremo Señor,
> haz que aquí los hombres
> se multipliquen
> venturosamente.
> Haz que viva en paz y en salvo,
> soberano Padre,
> con alimento y servicio,
> con maíz, con llamas,
> y con todo género
> de conocimientos.
> No me abandones,
> apártame
> de mis enemigos
> y del peligro

y de todo quebranto,
de ser maldito o ingrato
o repudiado.

Aquí, los paralelos con la liturgia semítica y la lógica de, por ejemplo, "El Señor es mi Pastor" (salmo 23), son tan marcados que podría sospecharse una influencia de las misiones cristianas españolas, de no ser por los muchos testimonios independientes sobre la naturaleza del Zithuwa. Lo que es más, aunque sin duda se trata de una pieza de retórica espiritual, la equiparación entre el rebaño y el pueblo demuestra tener una firme base material y económica en Tahuantinsuyu, pues la simple cuenta de los dos órdenes de unidades en cuestión, animales y humanos, quedó consignada mediante el sistema registrador utilizado inicialmente para la primera: el *quipu*. Esta primera pieza del equipo del pastor (Guamán Poma, p. 351) registraba las unidades de animales con un valor posicional decimal; mostraba los colores como variables semánticas que correspondían, en primer lugar, a las de la lana de las llamas; y tenía una estructura de cuerdas e hilados dependientes que hasta duplicaban la técnica de atar una serie de llamas a una cuerda principal.

La competencia del *quipu* como censo humano, en contraste con el simplemente animal en Tahuantinsuyu, puede juzgarse, entre otras cosas, por el hecho, registrado en la *Nueva corónica,* de que el censo de llamas del mes Aya Marcay (noviembre) también fue un censo humano; Guamán Poma hasta llega a hacer comparaciones implícitas entre la selección de machos y hembras de ambas especies con propósitos particulares: por ejemplo, tropas de varones para la guerra, y vírgenes elegidas para la producción de lana (p. 257). En otro capítulo (pp. 193-234), la *Nueva corónica* detalla las categorías de edad y utilidad, 10 para los machos y 10 para las hembras, según las cuales se efectuó el censo humano o "visita". El sistema de cuentas *quipu,* que en forma confiable y retrospectiva se extendía a lo largo de los años hasta los más nimios elementos de valor en el Estado, tenía como rasgo principal la anotación de ausencia y de no desempeño. El término quechua que significa esta falla de la conducta, *hucha,* fue anotado en el *quipu* como mayor (*hatun*) o menor (*huchuy,* p. 361). Por su parte, a propósito de las ceremonias que acompañaban la labor de riego, el *Runa yndio* (capítulo 31) observa sombríamente cómo en el *quipu* oficial se registraban las ausencias de bienes y de personal. Por estos medios y a través de un concomitante aparato de policía, cuya función inicialmente pastoral se hace patente por su título oficial (*llama michic; michic),* el Estado podía calcular con precisión las cantidades no sólo de artículos, sino también del tributo en trabajo que se había prestado.

Enfurecido por las violencias españolas a la ley y lamentando la caída de Tahuantinsuyu, en su época Guamán Poma apeló, reveladoramente, al concepto del *michic* como último medio de evitar el desastre y de restaurar el orden social. Al mismo tiempo, fundamentó la tradicional equiparación entre el pueblo y el rebaño de Tahuantinsuyu, al quejarse sucintamente a Felipe III de que en el Perú virreinal los indios soportaban la carga del pago de impuestos como animales domésticos, mientras los mestizos y otras medias castas, exentos de todo impuesto, podían permanecer libres y salvajes como las vicuñas (pp. 215, 890, 1153).

Del no desempeño y la no obediencia registradas por el *quipu* sólo había un paso a la retórica de desobediencia, delito y pecado y al correspondiente castigo en nombre del Estado. Uno de los capítulos de Guamán Poma se dedica precisamente a los órdenes y tipos de castigos oficiales (*Nueva corónica*, pp. 301-314); uno de ellos estaba reservado a quienes simplemente se mudaban sin autorización del lugar que se les había asignado en el reino. En otras palabras, los súbditos de Tahuantinsuyu, como sus rebaños, podían considerarse contenidos y cercados, elementos de la pastura de la gran *Pax Incaica,* y seguros, como tales, ante las amenazas de enemigos y ante las selvas bárbaras, que se hallaban fuera del cercado.

Cuando se trata de relaciones no tanto entre gobernantes y gobernados sino entre gobernante y autoridad, los Himnos de Zithuwa ponen de relieve aún más el modelo pastoral, pues aquí, en lo que aparece como un impulso verdaderamente monoteísta, la monarquía es apoyada por el supremo principio espiritual conocido como Viracocha y como el "creador" (*camac*) de la tierra, la gente, etc. A esta figura, invocada en casi todos los himnos, se le pide que guarde al Inca, así como el Inca guarda sus rebaños. Por todo Tahuantinsuyu puede demostrarse que los ritos de este supremo pastor fueron impuestos por encima de deidades locales y *huacas* (*Nueva corónica*, pp. 262-273). La irreverencia, por debajo de la imposición del Inca, aparece en el *Runa yndio,* que básicamente se mantiene leal a Pariacaca, el dios del trueno, y a otras *huacas* chamánicas de la región que habían quedado subordinadas a Viracocha; esta fuente informativa también nos revela cómo los sacerdotes importados y nombrados por el Inca abandonaron sus puestos al enterarse del avance de Pizarro (capítulo 18). Este último detalle también resulta significativo porque nos indica hasta qué punto la religión, o "la Iglesia", como a menudo se le llama, había quedado sometida y regulada por el Estado, mostrando que Viracocha o el divino pastor, universalmente impuesto, había sido en la práctica una proyección hacia atrás del poder secular de los propios incas. De manera similar, aunque formalmente distintos y guardados por pastores especiales, que quizás incluían a las *aclla* o vírgenes elegidas del sol (otra institución exclusivamente inca), los rebaños de la Iglesia dependían del Estado para que les asignara sus pasturas, así como el sacrificio ritual de la llama, impuesto por los incas, servía a los intereses de los *mitima* y del pastoreo del Estado.

Sobre el mismo tema de los sacerdotes nombrados por el Inca, el *Runa yndio* especifica de paso que su periodo de servicio era de 15 días, el *chicta quilla,* o medio mes oficial. Esto, a su vez, nos muestra cómo la apropiación de la autoridad divina coincidía en la práctica con la institución del calendario anual estatal, que podía abarcar en un solo sistema estandarizado los diversos ritmos de la agricultura, la cura y la miríada de otros rituales de la sociedad, así como las demandas del tributo material. Según el capítulo de Guamán Poma sobre este tema (pp. 236-260), entre las celebraciones solsticiales y equinocciales en honor del Inca divinamente sancionado y de su reina, este calendario remitía temáticamente a las tareas del año pastoral, con su censo de llamas en Aya Marcay (noviembre) y otro intermedio en Aimoray (mayo), y con sus sacrificios regulares de llamas y de alpacas durante todo el año, el de Pacha Pucuy (marzo) siendo tema de dibujo para ese mes.

Por estos diversos conjuntos de testimonios, Tahuantinsuyu parece haber sido tan distinto desde el punto de vista ideológico dentro de la América indígena cuanto lo era económicamente. La especie de súplica hecha en los Himnos de Zithuwa —a un solo dios, que puede garantizar el poder monárquico y guiar su curso como un pastor— va más allá de todo lo que pueda encontrarse en textos religiosos comparables de los indígenas americanos, sobre todo en *Inin cuic* de Tenochtitlan, que, asimismo, están enteramente desprovistos de equiparaciones entre rebaños humanos y animales que son fieles a su guardián. En estos versos de otra plegaria a Viracocha, aprender la obediencia al Estado y a la Iglesia se equipara de manera directa con la domesticación de animales:

purun wikuna	La vicuña del páramo
qaqa wiskacha	la vizcacha del peñasco
uywaman tukun	se domestican
paypaj qayllanpi	cerca de él.
sunqoypas kikin	Así también mi corazón
sapa paqarin	en cada amanecer

anayniskuni   te rinde su alabanza,
yayay kamaqey   Padre mío y creador[12]

Dentro del Cuarto Mundo, la enorme importancia del modelo pastoral, tan absolutamente desarrollado por los incas, puede juzgarse viendo hasta qué punto entró no sólo en el discurso político, sino también en la cosmogonía. Dotada de una solidaridad al parecer humana, la llama advierte del diluvio, que pone fin a la primera edad, y es la otra parte del contrato doméstico, que falla en la segunda, en el eclipse. En la epopeya rival de Huarochirí, la tiranía queda tipificada en los grupos de llamas a que se oponen las pocas vicuñas salvajes que se muestran favorables al pobre héroe local Huatyacuri (*Runa yndio*, capítulos 4-5). De hecho, modificando en forma patente ciertas imágenes del poder junto con su extensión en lo divino, cambia por completo los códigos de interacción entre seres humanos y animales, compartidos generalmente por las sociedades cuartomundistas, sobre todo en los cultos de propiciación que se remontan al cazador paleolítico, y en el concepto del *nahual*, o *alter ego* animal.

El modo en que la llama domesticada se considera como el aliado ritual y hasta el compañero social del inca queda bien ilustrado en el informe que nos da Guamán Poma de las ceremonias propias del mes Uma Raymi (octubre) (p. 254), cuando quienes imploraban por lluvia incluían no sólo niños y perros, cuyas lágrimas y aullidos eran provocados como magia favorable, por ejemplo en México, sino también una llama negra. De hecho, como regla general en el sacrificio, la llama llegó a ser sustituto de los seres humanos: desplazamiento clave anunciado en el relato del *Runa yndio* del fundamento mismo de Tahuantinsuyu. Allí, en la versión andina de Abraham e Isaac, el ogro Huallallo, con su hambre de víctimas humanas, es remplazado por Pariacaca, quien apetece más las llamas.

Los incas continuaron compartiendo indudablemente el reconocimiento indígena americano del problema moral planteado por el uso y la explotación de animales y la necesidad de regularlo y ritualizarlo; en la práctica, dejaron de comer carne de llama en ciertos periodos, por ese respeto contractual que en México se extendió hasta el maíz, que doctrinalmente era la fuente de la carne humana. Sin embargo, como objetos de la economía pastoral de Tahuantinsuyu, las llamas tenían que ser tratadas en formas que no se podían contener dentro de estos tradicionales límites contractuales, pues eran obligadas a funcionar como simples unidades de valor, unidades de cambio desprovistas de todo *status* o derecho particular, y se hacían transacciones con ellas, en la gran escala decimal del *quipu*, como el indispensable

FIGURA VIII.2. *La vida en Cuzco:* a) *llama cantando con el emperador;* b) *piedra que llora lágrimas de sangre arrastrada fuera de la capital.* (Guamán Poma, Nueva corónica, pp. 159, 318.)

capital más el interés del Estado. Éste es, sin duda, el papel que se les asigna en el relato que hace Guamán Poma sobre las edades del mundo, el cual se encuentra más cerca del pensamiento oficial de los incas que el más chamánico *Runa yndio* de Huarochirí; Guamán Poma subraya el valor material y estadístico de las llamas y de su lana como el factor que distinguió la época del Purun y los comienzos del poder del Estado.

Una respuesta a esta discrepancia o dilema moral parece haber sido la selección de ejemplares a los cuales otorgar, en una lógica de compensación (de "vaca sagrada", por así decirlo), el respeto que no se podía tener en la práctica a la especie en general. A este respecto, la única llama negra que cantó en Uma Raymi, mientras centenares de sus hermanas menores iban al matadero y eran consumidas por orden estatal, se asemeja al *napa,* elegido por orden real y ataviado señorialmente, de las ceremonias colla, o la llama roja, que el propio emperador tomaba como compañera de canto y como guía musical en las representaciones de la corte del *yaravi* quechua (figura VIII.2). En realidad, sólo en función de tales privilegios pudieron ciertas llamas llegar a servir a los seres humanos como sus representantes en sus más profundas necesidades espirituales, que es lo que sin duda hicieron como portadoras de la culpa, privilegio paradójico y definitivo. En la ceremonia de Zithuwa, los pecados y las fallas de los seres humanos eran transferidos a llamas destripadas, que se iban por los ríos, purificando así la capital. Una vez más, ninguna otra religión americana ofrece algo similar a este paralelo de las conocidas prácticas del chivo expiatorio y el cordero sacrificial, desarrolladas en el Viejo Mundo por los pastores semíticos.

EL PROSCRITO DE OLLANTAYTAMBO

Además de modificar los paradigmas cosmogónicos y rituales comunes a la América indígena, el pastoreo inca condujo a un pastoralismo literario en modo y género que no se encuentra en el resto del continente. Aunque las cortes de Tenochtitlan y de Cuzco cultivaron por igual la poesía, en modos derivados de la práctica social —cantos de cultivo del campesino, cantos de batalla del guerrero, cantos funerales del doliente, etc.—, sólo en el caso inca se oyeron también las canciones pastorales del pastor, por razones que, a estas alturas, ya deben ser obvias. Los temas característicos del modo pastoral incluían el anhelo inefable inspirado a los guardianes de los rebaños por el paisaje de la alta *puna,* solitaria y sublime (los hijos rebeldes de las familias reales eran habitualmente exiliados a la vida pastoral de la *puna);* el amor entre pastoras y pastores, en que el deseado se compara con la elusiva e indómita vicuña o se revela como la princesa inaccesible de la *aclla,* quien guardaba los rebaños de la Iglesia; y las flautas de los pastores, cuyo sonido plañidero presagia el suicidio de una o las dos víctimas de un amor imposible. Pituciray y Sauaciray, las rocas gemelas *huaca* de Antisuyu, cerca de Ollantaytambo, son esos amantes pastoriles convertidos en piedra, la princesa y el amante local.[13]

Tan fuertes son esas convenciones pastoriles andinas que aún hoy sobreviven en la poesía quechua, pese a la influencia de sus análogos europeos más sexistas. Asimismo, imbuyen toda una serie de leyendas (*Hirtenmärchen,* como las llama Kelm), y hasta de obras de teatro; sin embargo, éstas tienden a aludir de manera más directa a las condiciones sociales y limitaciones en que trabajan en realidad los pastores. Un cuento de amor pastoril renarrado así por Murúa revela los pastos que están más allá de los límites del pueblo, y la agricultura, como lugar de transformación y de fantasía: aquí se hace que la metamorfosis del chamanismo sirva a las necesidades particulares del individuo solitario o enajenado, quien se convierte en un cayado, una serpiente, un oso, todo ello en interés de la satisfacción sexual.[14]

El drama *Apu Ollantay*, en que el rebelde héroe de Antisuyu se desvía del camino recto, como una llama desobediente, presenta en primer término el *aclla* y la política inca de formación de castas. A Ollantay, ilustre *auqui* o noble guerrero de Antisuyu, se le niega la mano de Cusi Coyllor, hija de Pachacuti, aunque ella esperaba un hijo suyo y él había servido bien al Inca.[15] Una vez rechazado, se rebela y se proclama Inca en sus dominios ancestrales. Al principio prospera; pero luego es superado por el leal *auqui* Rumi Naui, su ex camarada de armas, procedente de Collasuyu. A la postre, Ollantay es perdonado por el sucesor de Pachacuti, Túpac Yupanqui, quien también libera de la prisión a Cusi y la devuelve a Ollantay, junto con su hija Sumac (figura VIII.3).

Habitualmente considerada como historia de amor, *Apu Ollantay* sin duda es eso; al mismo tiempo, es una poderosa pieza de propaganda política que corresponde en general al ciclo de los dramas de la monarquía inca. Estas obras, representadas en Cuzco por cortesanas e invitados del Inca para su propio entretenimiento en fiestas públicas, celebraban las batallas de los incas contra paganos y rebeldes, y se extendían desde el legendario Manco Cápac y Mama Ocllo, pasando por Viracocha, Pachacuti, Túpac Yupanqui y Huayna Cápac (del octavo al undécimo Inca), hasta el último, Atahualpa. Su perdurabilidad queda indicada por el hecho de que, en 1781, después del gran levantamiento de Túpac Amaru II (un descendiente directo del homónimo asesinado en 1572), la representación de *Apu Ollantay* y de otros dramas reales fue específicamente prohibida por la corona española; aún hoy, en la obra dedicada a Atahualpa, se conmemora anualmente en Collasuyu el trágico fin de éste a manos de Pizarro. La historia inca, más que la de Mesoamérica, llegó a ser dominada por su linaje de monarcas, las vidas y hazañas de los "pastores", lo cual se reflejó de manera elocuente en la *Nueva corónica* de Guamán Poma (con su juego de palabras sobre su *corona)* y en los *Comentarios reales* de Garcilaso, así como en las pinturas dinásticas de la escuela de Cuzco. Hasta las obras escritas en quechua, o adaptadas a esta lengua para difundir supuestamente la religión cristiana, continuaron con esta tendencia real, como lo muestran los epónimos héroes fáusticos de *Yauri Titu Inca* y de *Usca Paucar,* quienes vendieron sus almas para recuperar aquel enorme poder perdido, y han sobrevivido al desmembramiento de Túpac Amaru II en la moderna doctrina del Inkarri.[16]

En el *Apu Ollantay*, ya se manifieste en la severidad de Pachacuti o en la clemencia de su hijo Túpac Yupanqui, el poder del Inca es el pivote del que todo depende y por el cual se ubican y definen los personajes. Aun en el colmo de su insubordinación, Ollantay parece tan sólo un minúsculo y contrahecho inca; se dice que los muros que construyó son insignificantes comparados con los de Cuzco, y su cuadro de ayudantes y administradores, militares y religiosos, aunque sigue exactamente el modelo del Inca, carece de eficiencia. (El sumo sacerdote que le aconseja —así como Villa Uma, o Jefe de los Parlantes, aconseja al Inca— es llamado Hanco Huayllo, lo que significa algo como horneado a medias y blando.) Se nos muestra que contra Cuzco y el poder del Inca, Ollantay nunca tuvo la menor oportunidad desde el principio, y este mensaje queda confirmado después por una ironía dramática, a expensas de Ollantay. Guamán Poma (p. 159) narra cómo, durante la labor de supervisión y construcción efectuada por órdenes de Pachacuti, un bloque de piedra gritó y lloró sangre ante la perspectiva de ser llevado desde Cuzco a las provincias. Por tanto, cuando en la escena 11, Rumi Naui llega de Cuzco y entra disfrazado en el campo de Ollantay, describiéndose como la piedra (*rumi*) que lloró sangre (*caymi yawarta hichany*), su alusión se le escapa a Ollantay como personaje en escena, pero tuvo que haber deleitado al público conocedor de Cuzco[17] (véase figura VIII.3). Como las calles y las plazas de la ciudad, que insinuaban la forma del imperio, también los lugares en que se desarrollan las escenas de la obra —su estructura misma— se hicieron de tal modo que correspondieran a los designios del poderío inca. En el centro, dominándolo todo, se yerguen los palacios reales de los incas, incluyendo los salones de Anahuarqui, la reina de Pachacuti; a uno y otro lado se encuentra la fortaleza de Ollantay en Antisuyu y la casa de Rumi Naui, en Collasuyu (la Aclla Huasi, o Casa de las Mujeres Elegidas, que pertenece al cuadrante de la ciudad equivalente al último). La obra, producto metropolitano, transmite también su mensaje por medio de su marco mismo, como cuando a Ollantay se le advierte que se mantenga apartado de Cusi mediante la canción "No comas ahora pajarillo, paloma, paloma mía, en el campo de la dama". Conocida canción quechua por derecho propio, esta advertencia tiene entonces un doble marco: cantada ante Pachacuti en su corte, constituye una pequeña obra dentro de la obra.[18]

Concentrándose en el poderío inca, la obra toca específicamente la gran expansión del territorio inca lograda por Pachacuti. En la obra se expresa el descontento popular por la escasez causada por sus campañas, no sólo contra Anti, sino también en los desiertos de la costa, y es explotado por Ollantay en su afán de poder; pero vanamente, porque Pachacuti tuvo cuidado de consolidar internamente el imperio por medio de una burocracia *quipu*, mediciones de tierras, trabajos de caminos, programas de *mitima*, censos y

Ubicaciones (4)

Antisuyu: Ollantaytambo	Cuzco: Palacio del Inca	Palacio de la coya	Aclla Huasi

Escenas (15)

6, 7	3, 4,* 5, 9,* 10, 14	1,* 2	8, 11,* 12, 13,* 15*

*Ocurre en el exterior.

Personajes nombrados (12-13)

Hombres			Mujeres
Ollantay	Pachacuti	Anahuarqui	
		↓	Mama Ccacca
	Túpac Yupanqui	Cusi Coyllur	
		↓	
		Ima Sumac	Pitu Salla
Hanco Huallu	Villca Uma		
Urco Huaranca	Rumi Naui		
	Piki Chaki		

FIGURA VIII.3. *Estructura del* Apu Ollantay.

el código de derecho. También estandarizó el año calendario, "atando" el tiempo en 12 meses de 30 días, nombrados de acuerdo con sus productos, con fiestas reales (raymi) en cinco meses especiales, que en Guamán Poma culminan en "la grande y solemne fiesta del sol" (p. 258) en el solsticio de verano, en diciembre, el Inti Cápac Raymi. En el *Apu Ollantay* se saca mucho partido a este nuevo año solsticial del "rey sol" Pachacuti (el *Inti huatana punchaupas)*, que es preparado y al que se refiere con la mayor solemnidad el sacerdote Villca Uma, en la primera escena. Dado que después Ollantay escoge precisamente esta fecha para proclamarse emperador, adquiere cierto aire herético: ¿quién, si no un falso "segundo sol" como él escogería contravenir una organización tan minuciosa del tiempo y del espacio? De acuerdo con la misma lógica duodecimal, las deidades a las que se rendía culto local en el *suyu* quedaron sometidas a Viracocha, formadas en un consejo de 12 representantes (ranti), mansos oráculos para ser consultados por el Inca a su solicitud (Guamán Poma, p. 261). Huayna Cápac, sucesor de Túpac Yupanqui, trató a este consejo de la manera más sangrienta, matando a los representantes que no le daban las respuestas que él deseaba oír.

A todas luces, la demostración más señalada de la hegemonía real en este periodo de la historia de Tahuantinsuyu fue la declaración de Pachacuti de que su familia era celestial, hasta tal grado que no procrearía con mortales ordinarias. En lo futuro, se permitiría al príncipe real casar sólo con su propia hermana, que fue precisamente lo que ocurrió en el caso de Túpac Yupanqui. Y aunque él y sus hermanos no mostrarían ninguna moderación sexual, las hijas reales solteras serían confinadas al Aclla o Casa de Mujeres Elegidas, institución formada en Cuzco por Pachacuti con este propósito expreso. Desde luego, esta declaración es la que desencadena la acción en *Apu Ollantay*. Dejando aparte la cuestión del servicio leal de Ollantay al emperador Pachacuti, ambos se relacionaron en otras formas, ya que Pachacuti tenía sangre anti. Hijo de una princesa anti, niega la mano de su hija a un príncipe anti, considerando su petición como algo escandaloso y hasta sacrílego. Este rechazo es la primera causa de la rebelión de Ollantay. Y después de la muerte de Pachacuti, la continua discordia del Estado queda como problema para su sucesor, Túpac Yupanqui, quien la resuelve enmendando la decisión de su padre, aunque sólo *de facto* y no *de jure*.

La obra, centrada en el rebelde Ollantay, pone a prueba la pretensión de divinidad del Inca, y la emplea como rasero para medir otros descontentos: el resentimiento de los pueblos en un tiempo independientes, formados en los *suyus*, y de los hombres reclutados para combatir en las guerras imperiales del Inca. Sin embargo, aunque Ollantay —aclamado como defensor de los oprimidos— llega a encarnar algo de grandes consecuencias políticas en Tahuantinsuyu, su preocupación no pasa de ser erótica: él combate para recuperar un amor que se le ha negado, la "radiante estrella" venusina Cusi Coyllur. Esto queda confirmado en el final feliz, cuando vemos al emperador Túpac Yupanqui eludir la cuestión de la inquietud política; lo arregla todo simplemente con devolver a Cusi (ahora, 10 años después, evidentemente un tanto ajada) a Ollantay y nombrarlo para un puesto que, históricamente, él había creado: el de *ranti,* con responsabilidad por Antisuyu. Así, se nos muestra que Túpac Yupanqui es mejor estadista que su padre, en una obra que, a su vez, muestra el arte de gobernar, por haber logrado evitar las cuestiones mismas que parecía explorar (aunque el hecho mismo de que se hayan planteado tales asuntos nos dice mucho acerca de la conciencia social de Tahuantinsuyu). Por muy clemente que pueda parecer Túpac Yupanqui comparado con su padre Pachacuti, en ninguna parte se pregunta qué concede en un principio a cualquiera de los dos el derecho y la autoridad de rechazar y meter en prisión, o de perdonar e instalar.[19] En ese sentido, el hecho de que se le nombre *ranti* compromete y empequeñece a Ollantay más que nunca. Queda obligado con el Inca por lo que había sido su sangre vital, su auténtico pueblo territorial. En esto difiere de manera radical del héroe quiché del *Rabinal Achi,* el otro gran ejemplo de drama cuartomundista, cuya trama entera brota de la bravura y el desafío del cautivo, quien aquí tiene un fin no de acomodo, sino de sacrificio ritual, despreciando activamente la idea misma de "perdón".[20]

Este concepto del personaje de Ollantay es realzado por el hecho de que viene de Anti, y no de otro *suyu,* el cuadrante de los "salvajes" amazónicos que desconcertaron a los ejércitos del Inca. Deleita precisamente porque es indómito y, sin embargo, contenido en la obra. Probablemente de origen no quechua, las sílabas mismas de su nombre en esa lengua (*ullu* = pene) lo confirman como personaje vigoroso y enérgico que no escucha la voz de su amo; sus discursos de desafío pertenecen al tipo de retórica, el *carbet,* empleado por el cautivo amazónico (representado para divertir a la corte francesa del siglo XVI) y clave en el *Rabinal Achi.* Después que Pizarro tomó Cuzco, el Inca fue a parar a Machu Picchu y a Vilcabamba; resistiendo desde el cuadrante Anti, Manco Inca y los leales de Tahuantinsuyu levantaron más los muros de la fortaleza que lleva el nombre del héroe, Ollantaytambo.[21]

Como parte del ciclo de las piezas reales, al término de las cuales los actores, en orden de importancia social, se sentaban ante su público en los escalones de Sacsahuaman, *Apu Ollantay* sólo pudo servir como propaganda de los incas y del sistema que controlaban. Enfoca un momento de su ascenso al poder, cuyas dificultades especiales pueden percibirse en otras obras de literatura de Tahuantinsuyu. En el Estado creado por Pachacuti y refinado por Túpac Yupanqui, viejas reciprocidades, como las que había entre las familias de Pachacuti y de Ollantay, fueron remplazadas por ideas de ley, definidas ante todo en las Diez Máximas de Pachacuti (señaladas por Garcilaso), y luego en el mucho más refinado Código de Derecho de Túpac Yupanqui (señalado por Guamán Poma). Para imponer esta ley y mantener la paz, se formó un vasto servicio civil y policiaco, que incluía 12 puestos principales, con el *ranti* en la cumbre y, abajo, los pastores o jueces (*michic*) y los notorios "atadores" (*uatacamayoc*), quienes llevaban los sujetos extraviados a la justicia y la prisión. Aquí, también el idioma pastoral se hace explícito en la obra, como cuando se dice que Ollantay es un "cordero extraviado", atado por el amor a Cusi Coyllur, como debiera estarlo por deber con el padre de ella. También estaban incluidos en este servicio civil quienes manipulaban el instrumento que hizo posible todo el ejercicio, el *quipu,* debidamente mencionado y mostrado en *Apu Ollantay.*

Hay dos ocasiones en la obra (escenas 5 y 14) en que se presenta y ma-

nipula un *quipu* como recurso. De acuerdo con la práctica de Tahuantinsuyu, estos *quipus* son llevados por un *chasqui* (mensajero; véase figura II.6),
y luego son leídos por un experto en el palacio real, el primero por Rumi Naui
a Pachacuti y el segundo por Villca Uma a Túpac Yupanqui. Ambos mensajes conciernen a Ollantay, su triunfo inicial y luego su caída como rebelde; y
ambos tienen el mismo formato. Aunque sólo fuera por motivos etnográfi-
cos, merecen atención estos pasajes de la obra, pues revelan cómo ciertos
elementos significativos del *quipu* —la posición de las cuerdas en el cordón
principal; los tipos y las posiciones de los nudos en las cuerdas; el color—
fueron traducidos al quechua. Los mensajes decían:

cayca llauta	como a la corona-cordón principal,
nam kahuahua cay umanpi huatascana	así los hilos se atan a su cabeza,
cay rurucanari	como nudos-granos
runam tucuy paymantinkiscana.	todos los hombres unidos con él.
	Escena 5
cay kipupim can killimsa	Como el *quipu* está negro,
nam Ollantay rupascana	así Ollantay se quema.
cay kipupakmi kimsa	Como el *quipu* con tres
piscucuna huatascana	nudos quíntuples se ata,
nam Antisuyu hapiscu	así Antisuyu se toma,
nam Inca makeykipina:	así está en manos del Inca.
chaymi huatacuncaypiscu	Aquí el nudo quíntuple,
kinsa piscu tucuypinas.	tres cincos en total.
	Escena 14

El *quipu*, verdadero telégrafo esencial para el propio mecanismo de la obra,
se muestra dos veces y es elogiado por su eficacia tecnológica, igual que las
cadenas de metal —otra especialidad del Inca— utilizadas para aprisionar a
Cusi Coyllur. Se dice apenas lo necesario para que el público comprenda
que el *quipu* trabaja de manera sistemática; sin embargo, se expresa en términos que dicho público sólo puede comprender parcialmente dada la dificultad técnica del medio. Un término como "nudo central" puede sugerir
usos anteriores más rudimentarios del *quipu*; pero también es sumamente
técnico, haciendo que la explicación suene, a su vez, como un acertijo. Nótese también las analogías intrigantes entre la cabeza del *quipu* y de Ollantay en la primera lectura, y entre los dedos del quíntuple nudo y los de la
mano del Inca en la segunda. El principal lector de *quipu* y consejero del
Inca, Villca Uma, es mencionado como aquél que sabe de acertijos, o "texto
quipu" (*cay kipusca caytucta*, escena 1). Se le reconoce el poder de desen-
redar los pensamientos de Ollantay y de conocer, de antemano, "el hilo de

su destino". No podría darse mejor ejemplo de cómo las antiguas técnicas chamánicas de persuasión fueron adaptadas para su uso por los funcionarios del Inca y por el sistema del *quipu.*

En la gratitud general que al final de la obra se muestra a Túpac Yupanqui, Cusi Coyllur espera que su hermano "contará" durante muchos años venideros. Como Guamán Poma, ella alude aquí la etimología de su nombre (*yupanqui* = contar), y a su refinamiento del *quipu* numérico como instrumento de poder. De hecho, colocado en décimo lugar en la línea de emperadores, Túpac Yupanqui afirma aritméticamente el valor del lugar decimal del *quipu,* así como históricamente extendió su uso como la cuenta de la riqueza de sus súbditos: rebaños y pueblo. En cuanto a "los años venideros", nos recuerdan que hemos atravesado el umbral hacia los anales del Inca propiamente dicho.

Por último, así como la crónica de Guamán Poma revela sus orígenes de *quipu* en su estructura misma, también lo hace el *Apu Ollantay,* marco oficial que contiene al proscrito, pues el número de diálogos (30) coincide con los días del mes inca, como lo hace el de las escenas con el de los medios meses (15); los centros de la acción están equilibrados entre "hombres" y "mujeres" (2:2), como el censo de la *Nueva corónica,* y dentro del mismo esquema podemos observar una preponderancia geográfica en la frecuencia del centro sobre los *suyus* (3:1) en las proporciones del consejo de Cuzco. Ante todo, el total de los personajes (12) se adecua precisamente al paradigma duodecimal encontrado en Guamán Poma, con el decimotercer personaje, Túpac Yupanqui, que sólo aparece tras la muerte del duodécimo, Pachacuti, su padre, a quien remplaza. Guamán Poma también puede ayudarnos a relacionar el total de las escenas (15) con el número que define la categoría de *auqui,* o señores, a la que pertenece Ollantay; y a interpretar los quíntuples nudos del segundo *quipu,* en términos de los cinco castigos y correcciones reales (véase capítulo II, "El caso del *quipu*").

Con asombrosa finura, la obra en realidad hace un comentario sobre esta lógica numérica en los versos añadidos a la lectura del segundo *quipu:* "Aquí, el nudo quíntuple, tres cincos en total." Expresado como 3×5, este total de 15 señala la cuenta sigma, ya notada en otra parte del Cuarto Mundo, por la cual, un número determinado es igual a todos los números hasta sí mismo inclusive (por ejemplo, $1 + 2 + 3 + 4 + 5 = 15$); aquí sugiere que, dado que el héroe rebelde está en la "mano", o sea en cinco dígitos, del Inca, la obra con sus 15 escenas es tan buena cuanto terminada. En otras palabras, leídos en voz alta en la penúltima escena, los conjuntos de nudos de *quipu* preparan al público para la resolución de la obra o, para emplear un término particularmente apropiado a esta forma literaria, el desenlace.

FIGURA VIII.4. *Las montañas* huaca *de Tahuantinsuyu dispuestas como quincunce:* a)
Cuzco y los suyus *de* b) *Chincha,* c) *Anti,* d) *Colla y* e) *Conde.* (Guamán Poma, Nueva
corónica, *pp. 264-272.*)

Estos textos incas y en quechua, formados por la "escritura" *quipu* y la
ideología pastoral, ofrecen una versión distinta de la historia e interpretan el
tiempo a su manera. Su hincapié fundamental es en la justicia y necesidad
del Estado en su actual orden, en territorio, jerarquía y ley. Como resultado,
mientras que la memoria política sigue varios hilos gráficos en la mitad
septentrional del Cuarto Mundo, en el sur, en el vasto dominio de Tahuantinsuyu, se ha concentrado o sólo ha sobrevivido en un relato principal: el de
los propios pastores incas, creadores del más reciente *tahuantinsuyu* antes

de Pizarro. Ante todo, se consideró que este *tahuantinsuyu,* que tuvo enormes consecuencias desde el punto de vista ideológico, funcionaba y representaba una sociedad cohesiva dentro de sus vastas fronteras, e indiscutiblemente más justo que el caos instalado por la codicia española. Aún hoy, conserva creencias acerca del destino de la *puka llacta* (gente roja), de cómo el ogro presocial que devora a sus propios hijos debe ser expulsado fuera de su ámbito y de cómo revivirá Inkarri. Amalgama de varios emperadores antiguos, Inkarri compite con el rey Colla en Vilcanota, como Manco Cápac, para establecer a Cuzco en primer lugar; en los baños de Caxamarca, como Atahualpa, es muerto por Pizarro, después de lo cual mandan a Cuzco su cabeza cortada; y en la plaza principal de Cuzco, como Túpac Amaru II, le arrancan los miembros, que luego llevan a las cuatro partes de Tahuantinsuyu. Al unirse la cabeza y el cuerpo, Tahuantinsuyu podrá volver a formarse debidamente, como lo estuvo en la geografía inca.

La tradición política inca, por distinta que sea,[22] surge empero de paradigmas del espacio-tiempo comunes al Cuarto Mundo. Privilegiando el eje este-oeste de Colla y Chincha y llenando de estrellas el espacio superior del norte, los cuatro *(tahua) suyu* recuerdan los cuadrantes de Anasazi y Mesoamérica, y, como ellos, hacen coincidir los totales de ciudades constituyentes con ritmos celestiales. Por medio del modelo del quincunce, la metropolitana Casa de la Aurora y *huaca* del surgimiento, Pacari Tampu, se apoya en las cuatro montañas o *huacas* de los *suyus,* Pariacaca, Pituciray, Vilcanota y Coropuna (figura VIII.4). Los anales políticos se integran de manera similar al relato del génesis que todo lo abarca y que, aunque modificado por el pastoralismo, sigue adhiriéndose significativamente a la pauta general de las edades del mundo. Aterrados por la noticia de la conducta de Pizarro en Caxamarca y por el trato que dio a Atahualpa, los sacerdotes de Huarochirí sugirieron que la sociedad estaba a punto de regresar a la edad del mundo anterior y más bárbara de Purun. Aquí, como en otras partes, se apela en última instancia a un modelo de evolución y posibilidad humanas, cuyas raíces son enteramente americanas.

TERCERA PARTE

GÉNESIS

x kizk etamah ronohel x ki muquh
kah tzuq   kah xukut

Lo comprendieron todo   lo vieron
las cuatro creaciones,
las cuatro destrucciones

Popol vuh

Nota: *Popol vuh*, versos 4939-4942.

IX. "POPOL VUH"

Todo relato competente del génesis americano tiene que centrarse en el *Popol vuh,* el texto maya-quiché al que bien se ha llamado la biblia de América. De esto hay varias razones, sumamente sencillas. El *Popol vuh,* narra la historia cuartomundista de la creación en forma amena y extensa, y de una manera que se basa ingeniosamente en la tradición de las escrituras indígenas de las que se dice haber sido transcrito. Habiendo surgido en el centro de Mesoamérica, sirve como punto de referencia sin rival para los textos cosmogónicos de culturas del este y el oeste y, más allá, desde América del Norte hasta América del Sur. Sus cualidades a la vez como registro y como artefacto hacen del *Popol vuh,* sin lugar a dudas, una obra seminal de la literatura no sólo del Nuevo Mundo, sino del mundo entero. Ofrecer una crítica del *Popol vuh* significa buscar el corazón de la América indígena, lo que a su vez significa plantear preguntas filosóficas que durante milenios han parecido fundamentales.

El manuscrito más antiguo que ha sobrevivido del *Popol vuh* es la copia de Rabinal del ejemplar de Chichicastenango del original quiché, del siglo XVI, escrito alfabéticamente en maya-quiché. Su título se justifica por referencias internas, que aparecen en el texto (versos 49 y 8149), a su fuente prehispánica, también llamado *Popol vuh.* En quiché y en las lenguas mayas en general el elemento. *pop* significa estera tejida, sede de la autoridad, y consejo; también es el nombre de una fiesta anual, representada en un jeroglífico de las tierras bajas mayas como un tejido (figura IX.1). *Vuh* significa sencillamente libro, tanto en el maya de tierras altas como en el de las tierras bajas. La historia de su traducción a lenguas europeas empieza con la temprana versión española del padre Ximénez y en este siglo nuestra capacidad de leer e interpretar bien el original ha sido muy influenciada por las versiones de Raynaud, Recinos, Schultze Jena y Burgess y Xec. La primera traducción directa al inglés fue hecha por Munro Edmonson en 1971; la siguió en 1985 una segunda, obra de Dennis Tedlock. Las grandes virtudes de la versión de Edmonson son las que reproduce el texto quiché (en una ortografía estandarizada), y analiza las once traducciones importantes hechas antes directamente del quiché al español, el francés, el alemán y el ruso. También presta seria atención a la estructura de los versos, factor generalmente pasado por alto hasta entonces. Siguiendo su idea de que la literatura indígena mesoamericana en general se caracteriza por el dístico, Edmonson dispone todo el texto en pares de versos numerados, lo que al menos constituye una gran ayuda para el comentario crítico y tiene, además, la ventaja de establecer proporciones exactas de extensión entre episodios y partes que antes habían permanecido ocultas u oscuros. Por su parte, la versión de Tedlock, aunque sin el original quiché, introduce un elemento nuevo, pues su versión está influida por el tiempo que pasó entre los quichés que hoy viven en Guatemala. En particular, Tedlock estuvo alerta a la lógica ritual del texto gracias al estudio y la conversación con chamanes quichés, quienes en muchos aspectos pueden considerarse, con justicia, los herederos intelectuales de quienes escribieron el *Popol vuh*. Anunciándose como definitiva (como lo observó Borges en "Las versiones homéricas", "el concepto de *texto definitivo* no corresponde sino a la religión o al cansancio"), la versión de Tedlock menosprecia repetidas veces la de Edmonson, aunque por lo general en pequeños detalles. También rechaza sus dísticos; sin embargo, los retiene en los que considera momentos intensificados de la narración.

En cuestión de género literario, así lo ha mostrado Edmonson, la mejor manera de interpretar el *Popol vuh* es, en primer término, como *título*. Es decir, igual que otra veintena de documentos indígenas de la Mesoamérica del siglo XVI, fue compuesto por una comunidad local, o tal vez por una parte de la comunidad, en este caso la facción kavek del poblado Santa Cruz Quiché, para defender, durante el gobierno colonial español, un interés o un privilegio que databa de antes de la invasión. El texto empieza y concluye reconociendo el actual poderío del cristianismo y de los invasores que llegaron al Quiché en 1524, encabezados por Pedro de Alvarado, lugarteniente de Cortés. Teniendo por límites estos dos momentos, el relato comienza por el principio mismo de los tiempos, da una versión de las cuatro edades del mundo y luego se concentra en la historia del Quiché como tal, y en los hechos particulares en que los kavek fundamentaban su reclamación legal. Por tanto, los volcanes que surgieron al comienzo de la creación son identificados más adelante como los guardianes del territorio Quiché. Lejos de disminuir el texto, el hecho de tener la función práctica del *título*, pronto lo eleva y nos alerta ante los diferentes niveles de tiempo y de propósito que se unen en la narración en general.

Con buena razón se ha dado gran importancia al hecho de que el *Popol vuh* se refiere a sí mismo como derivativo de un texto anterior, también lla-

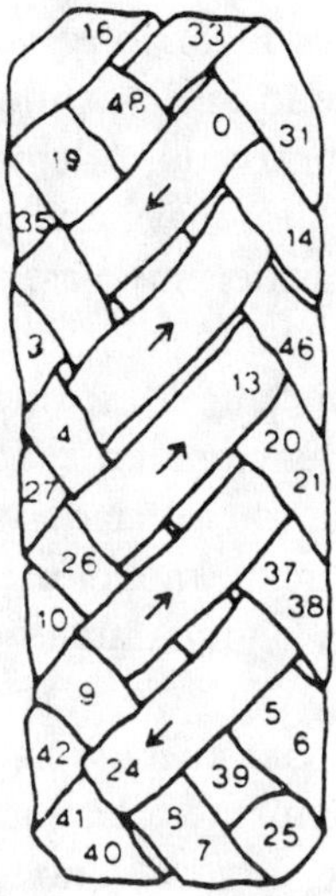

FIGURA IX.1. *Texto trenzado de jeroglíficos mayas. (Estela J, Copán).*

mado *Popol vuh,* cuyos lectores, se dice, hoy se "ocultan el rostro". No hay razón para no aceptar esta autodeterminación ya que está dicho con toda sobriedad y coincide con afirmaciones similares de muchos otros textos de lenguas maya y náhuatl, que se basan de una manera y otra en las tradiciones de escritura mesoamericanas. Cierto, algunos pasajes del texto tienen un marcado tono oral por ejemplo, el fin onomatopoético de la segunda edad del mundo y los diálogos ágiles e irónicos entre los Gemelos y sus adversarios animales. Y hasta ese punto, parece improbable que toda la versión alfabética maya hubiese sido compuesta como transcripción directa de un original no alfabético. Sin embargo, otros rasgos, como la estructuración general de los episodios de las edades del mundo y el detalle político de la ulterior historia quiché encuentran analogías significativas en la tradición de escritura indígena.

Ha habido un desacuerdo entre los académicos sobre cuál es la escritura indígena en cuestión; al respecto, el *Popol vuh* no se muestra explícito. Basándose tan sólo en el hecho de que el quiché pertenece al grupo de lenguas mayas, varios críticos, entre ellos Edmonson y Tedlock, supusieron que el escrito indígena en cuestión debía de ser un texto jeroglífico maya. Hay buenas razones para pensar de otra manera.

En primer lugar, la escritura jeroglífica maya está dedicada exclusivamente a la fonética del maya de las tierras bajas (chol-yucateco) y sus particulares formaciones de consonantes y vocales; aunque también sea maya, el quiché es una lengua de las tierras altas cuya fonética difiere considerablemente (por ejemplo, la *r* por *l*, la *a* por *i*). En segundo lugar, los quichés ocupan un área situada fuera de la zona jeroglífica, como se ha definido a ésta por los monumentos e inscripciones que se han conservado. Además, en todos los casos conocidos de su uso, la escritura jeroglífica maya está relacionada con el calendario *tun* de 360 días, preferido en las tierras bajas, en oposición a las tierras altas; por contraste, el calendario del año solar, relacionado históricamente con la escritura no jeroglífica o icónica de Mesoamérica, fue y sigue siendo empleado por los quichés y se le menciona en el *Popol vuh*. Fuentes y Guzmán incluso registra los signos icónicos empleados por ellos para indicar el año solar. En una ocasión donde el texto menciona la escritura —cuando los antepasados de los quichés van a la gran ciudad de Tula a recibir las insignias y los dones de Quetzalcóatl con la que regresan—, es definida como *u tzibal Tollan*, la de Tula, o la tolteca. Como el empleo del año calendario, esta definición corresponde menos fácilmente a la tradición jeroglífica maya (en que lo tolteca, característicamente, es algo ajeno e inferior) que la tradición icónica, en que Tula y Quetzalcóatl son celebrados repetidas veces como piedras de toque de la historia política mesoamericana. Además, en lugar de invocar la pluma fonética del jeroglífico maya, los textos icónicos juegan con el binario entre el lenguaje verbal y el visual, *tzih* y *tzib* en quiché, que es típico del *tlacuilolli*.

Además, queda en pie el hecho de que aunque el *Popol vuh* está en quiché, el texto incorpora gran número de palabras de origen náhuatl, lenguaje que históricamente ha estado unido a la escritura icónica y no a la jeroglífica. Asimismo, aunque en un tiempo estuviera de moda atribuir el elemento náhuatl en quiché a la influencia azteca o tlaxcalteca y por tanto, considerarlo como posterior y carente de importancia en términos literarios, hoy la opinión más culta empieza a reconocerle horizontes mucho más antiguos. Esta mayor perspectiva embona mejor con la función primaria que desempeña el náhuatl en el *Popol vuh*: aporta los nombres de los dioses fundadores, como la abuela Xmucane, que arroja los granos de maíz, y su consorte, Xpiacoc, pareja correspondiente al Oxomoco y al Cipactonal de los *teoamoxtli*. Desde el principio, el epíteto aplicado a la gran Serpiente Emplumada (*tepeu,* o "majestad") procede de la misma fuente náhuatl. No relegar todo el *Popol vuh* al rincón jeroglífico maya tiene consecuencias importantes para la lectura del texto, sobre todo cuando se trata de percibir cómo su estructura se relaciona con órdenes de lógica espacial, más típicos de la escritura icónica que de la jeroglífica. Dentro de su marco cristiano —es decir, entre el prólogo que sitúa el texto en la cristiandad y la intrusión de Pedro de Alvarado al término de la narrativa—, el *Popol vuh* se divide en dos partes claramente definidas, de extensión casi igual. La primera concierne a los orígenes del mundo, y al culminar, en la victoria de los Gemelos sobre los Señores del Infierno, nos prepara para la creación de la primera gente de nuestra edad, a partir del maíz. En realidad, este hecho constituye el paso a la segunda parte, ya que esta primera gente está, asimismo, más estrechamente definida como los primeros quichés y como el de los antepasados más remotos de la dinastía reinante en ese pueblo al llegar Alvarado. La creación del maíz al comienzo de la segunda parte constituye, pues, el momento pivotal de toda la narración, hacia el cual avanza o del cual se aleja todo lo demás.

Categóricas son las diferencias entre las dos partes, así interpretadas. La primera se desplaza entre dimensiones enteras de tiempo, tiene una estructura intrincada (figura IX.2), contiene cambios entre formas de trato y tiempos de los verbos, y se basa íntegramente en la compleja numeración de los sistemas de signos rituales mesoamericanos; la segunda avanza de manera progresiva a través de una dimensión de tiempo, tiene una estructura sencilla, es gramaticalmente uniforme, y se basa en la numeración ritual sólo al nivel calendárico. Aquí hay más palabras nahuas, está ausente la forma de trato cortés, y hay menos diálogo. Un comentador hasta ha llegado a proponer que hubo dos manuscritos originalmente independientes, uno de la región Carchah, y el otro de Quiché, que fueron unidos por un sacerdote español. De hecho, como lo ha mostrado Tedlock en su refutación de esta idea, precisamente en la oposición entre las dos partes muestra el texto una fuerte integridad como artefacto indígena que tiene su propio marco, y que gira en torno de su propio eje: el episodio de la gente del maíz.[1]

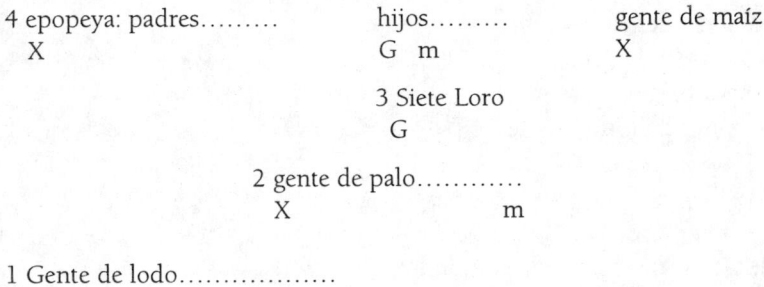

```
4 epopeya: padres.........      hijos.........        gente de maíz
         X                      G  m                  X

                                3 Siete Loro
                                G

                        2 gente de palo............
                        X                      m

   1 Gente de lodo.................
```

FIGURA IX.2. *Estructura del Popol vuh: 1-4, creaciones; X, Xmucane; G. Gemelos; m, metamorfosis en monos.*

Como ya lo hemos visto, la segunda parte nos narra cómo los quichés llegaron a establecerse en su dominio montañoso en el centro de Mesoamérica, visitaron la gran Tula en las tierras bajas y se esforzaron por lograr esa supremacía política que el texto mismo estaba destinado a encarnar y a defender. En otras palabras es, básicamente, una declaración histórica, no carente de su propia elegancia y estrategia literarias, pero comprometida formalmente con una empresa narrativa menos elaborada que la primera parte.

No tan directa en su procedimiento, la primera parte es mucho menos fácil de resumir. Como nos lo indica el prólogo, relata las cuatro creaciones inherentes al presente. Identificar y numerar estas creaciones no ha resultado cosa sencilla. Discerniendo en ellas las fases de formas particulares de vida dentro de una historia evolutiva, Edmonson habla de sus principios y fines como "nacimientos y humillaciones". En cambio, Tedlock sigue la habitual preferencia espacial y las presenta como "formadas y repartidas en cuatro partes, señaladas y medidas... en los cuatro ángulos, en los cuatro rincones". Dado el vasto alcance de la narración, parece probable que los términos maya clave en cuestión (*tzuq, xukut*) incluyan ambas posibilidades: la configuración americana del espacio y el impulso evolutivo del propio texto excluyen un modelo espacial del que estuviera ausente el tiempo.

Entonces, ¿cuáles son estas cuatro creaciones? En cierta medida, la respuesta es muy clara, gracias a algunas indicaciones explícitas del texto. No cabe duda, en estos términos, de la creación centrada en Siete Loro y su familia, ni de la epopeya ulterior del inframundo, Xibalbá, sucedida a la vez por la creación de la gente del maíz, el momento decisivo con que comienzan la historia quiché y la segunda parte. Sin embargo al principio, donde el texto trata de la creación de la gente de lodo y de la de palo, la clave para su apropiada división es más enigmática. Por su parte, Edmonson y Tedlock ofrecen el esquema siguiente:

[Primera parte]
  1. gente de lodo; gente de palo
  2. Siete Loro
  3. Xibalbá
[Segunda parte]
  4. Gente de maíz; historia de los quiché (4 y 5 en Tedlock)

Los motivos para pensar en una revisión de este esquema son dos. Externamente, las cuatro creaciones del *Popol vuh* en realidad se relacionan con la pauta cuádruple de la cosmogonía mesoamericana examinada en los capítulos siguientes; en lo interno el texto mismo, de estructura intrincada, nos da una instrucción precisa, si bien muy discreta, sobre cómo los distintos episodios de la primera parte deben desglosarse en cuatro; pues las cuatro creaciones del "cielo y de la tierra" pertenecen, definitivamente, a la cosmogonía y no a la historia; es decir, sólo a la primera parte del texto. Por lo demás, los episodios de la gente de lodo y de la gente de palo (1 *supra*) se ven netamente separables gracias a sus respectivos agentes de creación, y ante todo porque se dice que la creación de Siete Loro ocurrió en la edad de la gente de palo, convirtiendo a ésta en un concepto separado. (Mercedes de la Garza corrige sucintamente la unión de la primera creación con la segunda "donde se crean otros hombres".)[2] Luego, cuando se crea la primera gente de maíz (4 *supra*) y cuyos ojos e inteligencia aún no han sido cegados por los dioses, se dice explícitamente que recuerda las cuatro creaciones de las cuales esa gente surgió, en el umbral de la historia de la Era. En otras palabras, ellos mismos no pueden constituir razonablemente una de esas cuatro creaciones que, antes bien, debe suponerse que ocurrieron dentro del ámbito y periodo de la primera parte. Por estas razones sería preferible el siguiente esquema:

[Primera parte]
Preámbulo
    1. Gente de lodo
    2. Gente de palo
    3. Siete Loro
    4. Xibalbá
Gente del maíz/primeros quichés
[Segunda parte]
Historia de los quichés

Esta disposición es corroborada físicamente por la paginación proporcional de las creaciones en cuestión (factor puesto en relieve por la traducción en verso de Edmonson). Así la primera y la segunda creaciones juntas son de la misma extensión que la tercera, y las tres primeras creaciones unidas tienen la mitad de la extensión de la cuarta.

LA GENTE DE LODO Y LA GENTE DE PALO

En el umbral mismo de su tiempo, el mundo yace expectante, "todo en suspenso, en calma, en silencio; inmóvil, callado y vacía la extensión del cielo". En su rostro confuso, los fenómenos que lo poblarán se definen por su ausencia: "No había todavía un ser, ni animales, pájaros, peces, cangrejos, árboles, piedras, cuevas, barrancas, hierbas ni bosques". La primera conexión alterna la atmósfera con la esfera, lanza un nombre como un rayo o un pensamiento entre Uno Pierna Corazón del Cielo y Serpiente Quetzal, iridiscente en el agua nocturna de abajo.

Manifiesto como una trinidad de relámpagos llamadas rayo, recién nacido y verde, Uno Pierna es *huracan* en quiché, el hurakán del Caribe, dios de la tempestad cuyos torbellinos unen físicamente el cielo con el mar.[3] Además de indicar la forma (de hecho tallada en la efigie caribeña de una sola pierna, y de brazos que giran), el término "Uno Pierna" también se relaciona con el *tonalámatl* por vía del Hun Oc (pierna o pie) maya de las tierras bajas, contraparte de los nombres normales de quiché y náhuatl para el Signo X (perro: *tzi, itzcuintli*). En cuanto a la Serpiente Quetzal, Gucumatz o Quetzalcóatl, la encontramos en su forma primigenia, un brillante reptil-pájaro encargado de la fuerza evolucionaria ascendente que vendrá. Como Uno Pierna, también él pertenece al *tonalámatl,* ya que, como uno de los Quecholli, Quetzal corresponde al número 12 y Serpiente es Signo V. Por este hecho, conforme los dos piensan y conversan establecen por medio del *tonalámatl* un ritmo de gestación profunda en el tiempo, cuyas fases e intervalos, en principio, pueden medirse.

La intensa cogitación de Uno Pierna y Serpiente Quetzal tiene por consecuencia física la formación de la corteza terrestre. Surgen montañas para separar los ríos y ofrecer estribaciones a los bosques de cedro y de pino, que luego serán el hogar de las criaturas silvestres. Sin embargo, éstas resultan incapaces de articular el himno de culto que les pedían sus creadores, y por ello viene el primer intento de dar forma específica al ser humano.

La sustancia elegida para esta tentativa es el proverbial barro de Adán. Pero aquí la imagen resultante es insatisfactoria. No puede inclinar la cabeza, tiene el rostro hacia un lado y no puede mirar a su alrededor, hablar, engendrar ni caminar. Y como creación, es abandonada por los dioses y librada a las aguas encuentra su "diluvio". Las características de este primer antecedente de la humanidad —una cabeza que sólo puede moverse lateralmente y un rostro móvil sólo en una mitad vertical— encuentra un eco curioso en las máscaras asimétricas de los iroqueses denominados "gentes de barro". En la historia de las especies vertebradas corresponden a los peces, a cuyo elemento acuático vuelven estas criaturas.

Tras este fracaso, Uno Pierna y Serpiente Quetzal deciden llamar a la pareja de los abuelos, Xpiyacoc y Xmucane, conocidos en náhuatl como Cipactonal y Oxomoco, engendradores y portadores, capaces de cambiar de

sexo. Con el poder que se les ha legado, y como contadores de las noches y
los días del *tonalámatl*, ambos recurren al lenguaje de los géneros y de la
genética. Adivinan con granos de maíz y granos de *tzite*, diciendo: "juntaos
ahora y acoplaos"; éste es un acto ampliamente celebrado en la escritura
icónica, por ejemplo en el Borbónico (p. 21), donde los granos de maíz de
Oxomoco suman nueve, y en la Inscripción de Yauhtepec[4] (figura IX.3),
que subraya el papel de Cipactonal como tallador y marcador de días.

Las criaturas producidas por Xpiyacoc y Xmucane, talladas en madera,
tienen la apariencia de personas y hablan y se reproducen. Sin embargo, así
como sus predecesores eran demasiados húmedos, éstos son demasiados
secos. Similares a muñecos, se mueven espasmódicamente, y como olvidan
a sus creadores, también son rechazados y caen en desgracia, pues sólo
"fueron un ensayo, un intento de hacer hombres".

Mientras que los hombres de lodo fueron vencidos solitarios, los muñecos
de palo se vuelven grandes explotadores de otras vidas y objetos. En realidad, como son tan duros, rígidos y similares a peleles, no tienen reverencia
ni respeto a lo que dominan y controlan, por lo que deben ser molidos, a su
vez, por todo lo que antes explotaron, así como por unos monstruos que se
dejan caer del cielo a la tierra: los *tzitzimine* del eclipse solar, que matan y
sacan los ojos con el cuchillo de pedernal empleado para hacer sangrías:
"Por ese motivo se oscureció la faz de la tierra y comenzó una lluvia negra,
una lluvia de día, una lluvia de noche." Pues se habían burlado del concepto cuartomundista del contrato doméstico, maltratando a los perros, los
más viejos amigos de la humanidad y asociados con el eclipse, y a sus guajolotes, los únicos otros animales domésticos de Mesoamérica. Como resultado, estos seres recuperaron su estado salvaje y atacaron a sus amos, haciéndoles violentas recriminaciones. Hasta los metates y las ollas de la gente
de palo se quejan de que los utilizaron con gran insensibilidad, en un pasaje de vivos efectos fonéticos:

> Cada día, / cada día
> de noche, al amanecer, / todo el tiempo hacían
> *holi, / holi*
> *huqi, / huqi*
> nuestras caras / a causa de vosotros
> versos 737-746

Los pocos que sobreviven a esta revolución huyen a la selva, donde se
vuelven "los monos que existen ahora en los bosques".

FIGURA IX.3. *Imágenes correspondientes a episodios del Popol vuh:* a) *Cipactonal; Oxomo-co que adivina (Inscripción de Yauhtepec);* b) *loro que ha arrancado un brazo con el pico (Borgia p. 2);* c) *Portador de hacha y bebedor de pulque que subió al cielo, Tepoztécatl (Magliabechiano).*

Las creaciones primera y segunda, con las que empieza el relato, tienen en común el hecho de que tanto en la una como en la otra agentes celestiales necesitados de reconocimiento o anagnórisis, producen antecedentes de la humanidad y, no consiguiéndolo, los destruyen por medio de una catástrofe. La ruptura entre los dos esfuerzos de los dioses está, empero, claramente señalada, y en la segunda creación el enfoque del relato es mucho más cercano, y se nos dan detalles de agentes y procesos que en principio estaban ausentes de la primera. Esta tendencia se hace más marcada en la siguiente fase de la narración, la cual enfoca la familia de Siete Loro, su esposa, Chimalmat y sus dos hijos, Cipacná y Dos Pierna.

SIETE LORO Y FAMILIA

Al aproximarse la tercera creación, se dan al lector instrucciones precisas sobre cómo situarla en relación con las dos ya relatadas, pues se dice que la historia de cómo Siete Loro y su familia fueron derrotados por los Gemelos —un cuarteto perfectamente formado en sí mismo— ocurrió "durante la edad de la gente de palo"; es decir, después del fin de la primera creación y antes del fin de la segunda, lo que, como ya se observó, sin duda va en contra de la idea de unir las dos primeras creaciones. Sea como fuere, a estas alturas es evidente que el relato en general no está procediendo por una sencilla secuencia cronológica o siquiera lineal. Este tercer episodio, generado *ex abrupto* por la simple valentía de Loro y no por decisión de los dioses, termina con la nota de que pertenece a las incontables hazañas afectadas por los Gemelos cuando vivían sobre la faz de la tierra, antes de bajar a Xibalbá.

Esta tercera creación, cuyo relato es tan largo como el de las dos primeras creaciones juntas, debe imaginarse como una obra de cuatro actos, cuyos *dramatis personae* se dividen en dos bandos antagónicos. En un bando tenemos a Siete Loro y su familia; en el otro, a los Gemelos Cazador y Venado Jaguar, todavía niños, sus protectores y aliados. La obra y la lucha que traban no dejan ya espacio para deidades predominantes ni para sus delegados. Prestando gran atención a la apariencia y la conducta de los tipos individuales, la narración analiza las que habían sido cualidades y la situación indiferenciada de los muñecos; y mientras que ni la gente de lodo ni la de palo dijo una sola palabra, estos personajes conversan incesantemente, entre sí o en monólogos.

Observando su clara autodefinición como episodio, su formato dramático y su poderoso *lexis* náhuatl, Munro Edmonson llegó hasta a referirse a esta tercera creación como a una "inserción del siglo x",[5] un pasaje intercalado, por decirlo así, en un texto maya prexistente. Cualesquiera que sean las razones de esta afirmación, en términos literarios el episodio está brillantemente integrado al relato general. Alude de manera constante a las dos creaciones anteriores, en especial a la de la gente de palo en cuyo tiempo transcurre, estableciendo etimologías y una lógica evolutiva y completando el programa de las grandiosas metamorfosis en peces, monos, estrellas y montes. Al mismo tiempo, mediante los personajes de los Gemelos, se anticipa ya a la cuarta creación que constituye su epopeya. Además, en materia de argumento, un común sustrato mesoamericano de las versiones tanto maya como náhuatl de las edades del mundo y de la epopeya de los Gemelos existe en textos otomanguanos, como "Nai tzult, nai tza", concernientes a los Gemelos mazatecos solar-lunares.

La obra comienza cuando Siete Loro afirma su preeminencia como heredero de lo que va de la creación. Su gran tamaño, plumas brillantes y rasgos tan radiantes como joyas y metales preciosos lo equipan para ser considerado nada menos que como el sol y la luna. Su *hubris* se extiende a sus dos hijos, Cipacná y Dos Pierna, quienes, poseyendo enormes fuerzas, se divierten haciendo y deshaciendo montañas. Observando la familia e intuyendo la preferencia de Uno Pierna por otro orden de grandeza, los Gemelos deciden reducirles el tamaño, empezando por el padre, Loro.

Mientras Loro devora frutas en su enorme árbol, anunciando roncamente su amanecer, los Gemelos Cazador y Venado Jaguar lo derriban con su cerbatana. En la lucha que sigue, Cazador pierde el brazo que Loro lleva a su casa, a su esposa, Chimalmat, quejándose del insoportable dolor de muelas causado por el dardo envenenado de Cazador. Mientras tanto los Gemelos sin padre y ahora más abandonados que nunca, son adoptados por la anciana y canosa pareja Pecarí y Coatí, quienes, protegiéndolos como a sus propias crías, les permiten volverse los dentistas de Loro: "¿Qué venenos podéis hacer, qué venenos podéis curar?", les pregunta éste. Los Gemelos aprovechan la oportunidad para anestesiarlo y sacarle los dientes y la preciosa insignia que había hecho de Loro un señor, remplazándolos con una dentadura postiza de granos de maíz. Él muere entonces, seguido por su esposa Chimalmat. Habiendo recuperado el brazo, Cazador se lo injerta satisfactoriamente.

El segundo acto de la obra concierne a los Cuatrocientos hijos, al aparecer huérfanos como los Gemelos, a quienes vemos por primera vez derribando árboles con sus hachas, para construirse un hogar. Incapaces de levantar la viga del techo, aceptan la ayuda que les ofrece Cipacná, pero, temerosos al ver su terrible fuerza de caimán, deciden matarlo, y excavan un enorme foso para que caiga en él. Convencidos de que ha muerto al ver que las hormigas se llevan cabellos y uñas, lo celebran tomando grandes cantidades de pulque fermentado por ellos. Cuando más alegres estaban, Cipacná, que había yacido inmóvil todo el tiempo, se venga derribando la casa sobre ellos matando a todos. Su destino es entonces elevarse para convertirse en las Pléyades, la más inconfundible de las constelaciones a lo largo del camino del Zodiaco.

Al enterarse de esto, en el tercer acto los Gemelos vengan a los Cuatrocientos, matando a Cipacná. Lo logran atrayéndolo a una caverna con un falso cangrejo, cuya carne color de rosa le hace agua la boca. La entrada es tan estrecha que Cipacná tiene que deslizarse de espaldas para llegar al señuelo, y una vez dentro la montaña, llamada Meavan, lo aplasta. Tedlock observa la insinuación sexual que esta secuencia sigue teniendo hoy para los quichés, y observa, asimismo, la posición de Meavan en su geografía local.

Por último, completando el cuarteto, los Gemelos ponen en orden a Dos Pierna, el otro hijo de Loro. Monstruosa parodia de Uno Pierna y un saurio gigantesco. Como su hermano, este ser derriba montañas para dejar que pase la luz del Este. Su perdición llega porque no puede resistir a la tentación de un platillo preparado por los Gemelos, un ave asada en lodo. La ingestión del lodo (la sustancia más parecida a él) hace que Dos Pierna se enrolle de tal modo que los Gemelos pueden atarlo y enterrarlo.

Con esto queda completa la obra y perfeccionada su cuádruple lógica, que no admite adiciones ni sustracciones. Los Gemelos derrotan a Loro; el primer hijo de Loro derrota a los Cuatrocientos; los Gemelos derrotan al primer hijo de Loro; los Gemelos derrotan al segundo hijo de Loro. Satisfactoria por derecho propio, esta creación desarrolla el argumento evolutivo del *Popol vuh*, prestando la mayor atención a la anatomía, la piel y la conducta de sus personajes principales. En realidad, el *agon* de la pieza queda corroborado en términos anatómicos y de tipo de piel en la medida en que el bando de Siete Loro se viste de escamas y plumas, mientras que sus adversarios sólo tienen cabello, y estas tres posibilidades son las únicas de que pueden disponer los vertebrados americanos. Llamada Chimalmat, por la palabra náhuatl que significa "escudo", la mujer de la familia de Loro cubre y "empolla" a su camada, inicialmente un nido lleno de huevos, sean de sangre fría o de sangre caliente. Aunque nacidos del mismo saco amniótico, los mamíferos, por contraste, están indefensos, y tanto los Gemelos como los Cuatrocientos son presentados como hijos desvalidos sin padres conocidos. Precisamente por esta razón, la vieja y "humilde" pareja de Pecarí y Coatí, cuya avanzada vejez se muestra en su cabello y barba blancos, se ofrecen a proteger a los Gemelos como descendientes adoptivos. Lo hacen por el mismo orden de solidaridad que mueve a los Gemelos a vengar a los Cuatrocientos; y etológicamente esto contrasta con el parentesco menos tierno de los ovíparos pájaros-reptiles.

Aunque se le llama Loro (los cakchiqueles le llaman guacamaya), el personaje de este nombre debió de tener, sin duda, gran estatura y fuerza, pues fue capaz de arrancar desde las raíces el brazo de Cazador: el Borgia y otros códices muestran la imagen de ese loro monstruoso, llevando el brazo cortado en el pico (figura IX.3). Con los dientes que le hicieron amo y señor, y que ahora ha perdido, se le debe interpretar como un volador primigenio, que eleva del mar al cielo el resplandor del quetzal: tal vez un arqueopterix, o el más modesto *hoatzin* americano, cuya camada en la primera semana de vida aún muestra vestigios atávicos de los dientes y las garras del reptil. De todos modos, este episodio nos recuerda que una vez las aves tenían dientes y también que los granos de maíz —los dientes postizos— crecen igualmente en filas de dos. Ritualmente, Loro remata la serie de los Trece Quecholli y los números de su nombre completo sumados, sugieren la base vigesimal, es decir, 7 + 13 = 20. Multiplicado, el nombre produce el sigma de los Quecholli; es decir, todos ellos sumados dan 7 × 13, o 91, expresión matemática de potencial combinado, como lo hemos visto (cap. II). Este desciframiento numérico es confirmado por el episodio de Ah Muzen Cab en los Libros de Chilam Balam, donde la figura que pierde su orgullo y su insignia recibe el nombre de Oxlahun-ti-ku "dios-13" (Chumayel, p. 42). Lo malo de Loro es que lleva demasiado lejos y en dirección errónea el impulso anunciado al comienzo de la narración en las plumas de Serpiente Quetzal.

Los dos hijos saurios de Loro representan la otra mitad de Serpiente Quetzal, los vertebrados de sangre fría que adquirieron tan enormes proporciones durante el cretáceo. El nombre del primer hijo, Cipacná, significa caimán (Cipactli en náhuatl, raíz también visible en la consorte de Oxomoco, Cipac-tonal/Xpiayacoc), cuyos hábitos muestra permaneciendo inmóvil y fingiéndose muerto, y cuya anatomía comparte al ponerse de espaldas para atrapar el cangrejo. Pues los caimanes y sus antepasados se distinguen por abrir sus mandíbulas a la inversa, hacia arriba y no hacia abajo, lo que limita las dimensiones y la forma de su cráneo. Una vez atrapado bajo Meavan, Cipacná vuelve a ser la tierra misma: señal de su antigüedad, celebrada en las imágenes cuartomundistas del caimán como fundamento literal de los edificios, por ejemplo, la primera casa construida por los Cuatrocientos, y la base telúrica de la cosecha. En la Estela 25 de Izapa, no lejos de Quiché, así como en la lejana Chavín, el caimán sirve de este modo como raíz y fundamento del crecimiento vegetal y al mismo tiempo muestra las uñas invocadas en el *Popol vuh,* en manos bien manicuradas.

Como el primero de los Veinte Signos, Cipactli también es literalmente la base de este conjunto de signos del *tonalámatl.* Más aún: aunque constituye un peligro, con su fuerza telúrica y su capacidad de elevar hasta el cielo estratos enteros de tierra, como fueron elevados por los dioses al principio de la creación, se le acredita formar los mismos volcanes que mucho más adelante en la historia aparecen como mojoneras y guardianes del parteaguas quiché: hazaña que redime su aspecto de simple monstruo.

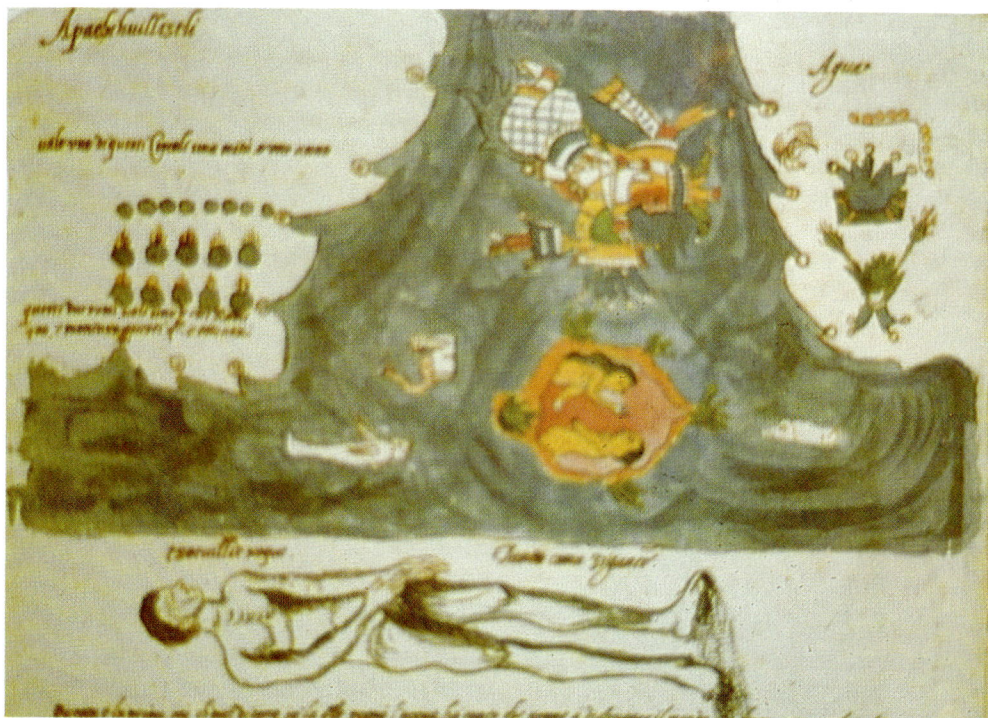

a

LÁMINA 17. *Edades del mundo:* a) *el Di-*
luvio y hombres-pez; el gigante que se
cayó (Ríos, p. 5); b) Tamoanchan, el árbol
cortado, con diversas frutas y flores (Te-
lleriano, f. 19).

b

El otro hijo, Dos Pierna, que derriba lo que Cipacná levanta, también termina en la tierra, fatalmente debilitado por haber comido lo que más se le asemeja, en una forma cocinada y por eso nocivo para su sistema gástrico. Anatómicamente, su nombre sugiere un saurio grande; los testimonios fósiles muestran que los dos cuartos traseros de estos animales siempre son más largos que los delanteros, mientras que la forma de su pelvis revela el nexo genético con las aves (por ejemplo, el familiar Siete Loro). En esta guisa, Dos Pierna da empleo máximo a la articulación de cadera y rodilla detallada como tal en el *Féjérváry* (véase figura XII.2a). Por medio de ella, se le presenta como una burla de Uno Pierna Corazón del Cielo, hasta tal punto que este último comenta el hecho ante los Gemelos cuando los apremia a dar espacio para respirar al mundo, amansando y reduciendo los tres machos de la familia de Loro.

Por su parte, los Gemelos, los Cuatrocientos a los que tanto se asemejan como huérfanos, y la pareja encanecida que los adopta, tienen en común la vulnerabilidad, más una propensión a atacar primero, al dolo y al subterfugio. Pecarí y Coatí mienten (y logran engañar) a Loro, los Cuatrocientos mienten (sin poder engañar) a Cipacná, y los Gemelos engañan a toda la familia y sobresalen en el arte del señuelo (el cangrejo) y la suplantación (los dientes falsos de Loro). Los Gemelos y los Cuatrocientos se distinguen además como usuarios de herramientas, en especial la cerbatana y los venenos fabricados (que tanto celebrara Lévi Strauss), el hacha y la olla para hacer pulque. Como pioneros en un paisaje silvestre, que derriban árboles para hacer la viga del techo de su casa, los Cuatrocientos establecen los paradigmas de capítulos de los *teoamoxtli*, como "Costumbres", "Techos" y ante todo "Bebedores", los que blanden hachas y que, siguiendo el ejemplo de las Pléyades (es decir, los Cuatrocientos en su forma celestial), marcan las estaciones del camino del Zodiaco. Una lectura atenta de este pasaje del *Popol vuh* pone en un foco común, en lo profundo de la historia protohumana, los rasgos aparentemente inconexos de los Once del Zodiaco, en fuentes como el Manuscrito de Tepoztlan, el "lugar del hacha" cerca de los centros montañosos del culto del pulque (figura IX.3), y el Cospi, el Laud, y el Borbónico, donde los periodos planetarios se cuentan por puntos de efervescencia alcohólica. Y, de mayor importancia, en la más extensa historia del *Popol vuh*, al ascender para convertirse en las Pléyades, preparan el camino celestial que después seguirán los Gemelos.

En el *corpus* de los códices, muchas imágenes al estilo del brazo humano sostenido por Loro y el árbol derribado por el hacha fundamentan la dialéctica evolutiva de esta pieza en cuatro actos, que imbuye la lógica misma del *tonalámatl.* Loro remata los Trece Quecholli, su hijo caimán aporta la base de los Veinte Signos (Cipactli), su otro hijo Dos Pierna, como Uno Pierna, invoca una versión arcaica del Signo X. De los Gemelos, Cazador es la forma quiché del Signo XX (flor en náhuatl, Señor en yucateco), y como Venado Jaguar (Signos XIV y VII), su hermano une el carnívoro y el herbívoro, el cazador y la presa (contrapuestos así también en el manto de Powhatan como en el nombre completo del héroe mixteco Ocho Venado Garra de Jaguar). En términos numéricos, esta carga semiótica del texto refina las fases y ritmos del *tonalá-matl,* fijados inicialmente por Uno Pierna (1 X) y por Serpiente Quetzal (12 V).

Como prueba de la antigüedad mesoamericana de la lógica desarrollada en estas tres creaciones, encontramos en Chalcatzingo una secuencia de inscripciones en roca del temprano horizonte olmeca. Allí, retratando al mismo *agon,* aunque con resolución más bárbara, la imagen es de un mamífero-humano desnudo e inerme, devorado por un dragón, cuya enorme cabeza y dientes son similares a los de saurios y de aves, y cuyo cuerpo, ondulante y serpentino y equipado con una aleta, está envuelto en una mezcla de escamas y plumas.[6]

HACIA XIBALBÁ

Acerca de la forma y el significado general de la cuarta creación casi no puede caber duda. Fieles al llamado de su linaje de coperos, los autores inician los procedimientos proponiendo un brindis en honor del nombre del padre de los Gemelos, Uno Cazador, y del engendramiento de los Gemelos. Y la secuencia termina cuando vemos por última vez a los Gemelos caminando por el cielo para unirse con las Pléyades, como Sol y Luna.

Si la tercera creación fue una obra de metamorfosis, en cuatro actos, con tonalidades épicas, la cuarta satisface todos los requisitos de la epopeya. Ve a los Gemelos confirmados en su papel de vengadores, esta vez desquitándose del asesinato de su padre por los Señores de Xibalbá, criaturas esqueléticas del inframundo. A este respecto, la trama puede resumirse en pocas frases. Convocados a Xibalbá a practicar el juego de pelota con sus gobernantes, Uno Cazador, padre de los Gemelos, y su hermano Siete Cazador, son humillados y muertos. Los Gemelos, milagrosamente concebidos por la saliva que brotó de la cabeza decapitada del padre, siguen sus huellas para triunfar donde él fracasó. Habiendo desplazado a sus hermanos mayores como herederos de Uno Cazador, los Gemelos se imponen a los Señores de Xibalbá y, triunfantes, revelan sus nombres y motivos. Luego, unen piadosamente el cuerpo y la cabeza de su padre y ascienden caminando al cielo.

Por motivos lingüísticos, esta secuencia de Xibalbá fue señalada por Edmonson como especialmente maya; y los mayólogos la han examinado repetidas veces en búsqueda de paralelos entre *Popol vuh* y lo que se ha llamado
su códice,[7] es decir, escenas pintadas en vasos y en otros artefactos mayas
de las tierras bajas, en particular de la zona Carchah-Chamá, vinculada de
manera tradicional con el camino a Xibalbá. Al mismo tiempo, el relato
sigue el paradigma de la caminata solar, característica de los héroes épicos
americanos en general; es decir, la ruta astronómica que pasa entre los horizontes occidental y oriental por el inframundo (conjunción inferior) y el
cenit (conjunción superior). El motivo particular del juego de pelota que los
Gemelos juegan contra los Señores de Xibalbá es común a los textos otomanguanos de Mesoamérica, y también se le conoce entre los sioux y los algonquinos de Isla Tortuga.

La cuarta creación, dos veces más extensa que la primera, la segunda y la
tercera juntas, entreteje toda una red de significación en torno de este paradigma y hace un excelente contrapunto entre parejas y conjuntos de personajes. La pareja principal, los Gemelos, se relaciona, primero, con sus predecesores, el padre, Uno Cazador, y el tío, Siete Cazador (Signo XX); luego con
sus hermanos mayores, Uno Mono Araña y Uno Mono Aullador (Signo XI),
hijos del primer matrimonio de su padre; y, por último, con sus enemigos
arquetípicos, Uno Muerte y Siete Muerte (Signo VI) y los otros Señores del
Infierno. A su vez, este reparto (enteramente masculino) se relaciona de modo
ingenioso con las mujeres: Xmucane, madre del padre; Cipacyalo, madre de
los Monos; e Ixquic (Mujer Sangre), madre de los Gemelos. Aunque sólo
sean tres, estas mujeres aportan el hilo de continuidad sin el cual la aventura de los varones no llegaría a ninguna parte.

Los Señores de Xibalbá o el inframundo deciden convocar primero a los
Padres y luego a los Gemelos, pues están irritados por el ruido de los juegos de
pelota que practican en la cancha de la familia por encima de sus cabezas;
desde su subterráneo punto de vista, el problema son las gentes de arriba.
En cada ocasión, la convocatoria es enviada por unos emisarios que son aves
carnívoras y que vuelan hasta la cancha, donde posan ominosamente. Los
Padres están jugando, así como juegan a los dados, por pasar el tiempo; y la
orden, llevada de manera directa por cuatro lechuzas de alto grado, no les
deja opción en su código de honor. Por contraste, los Gemelos están jugando con entusiasmo, habiendo recuperado el atuendo de juego de los Padres,
y luego reciben la orden indirectamente, del halcón, ave diurna. El mensaje
fue llevado primero a su abuela Xmucane en la casa de la familia, y ella se lo
comunicó a ellos en el juego de pelota por medio de una pulga atrapada en

la baba de un sapo, que es devorado por una serpiente, devorada a su vez por el halcón. Al recapitular una cadena alimentaria que alterna tipos de locomoción (saltar, volar), esta secuencia también indica que a la postre los propios Gemelos sienten la comezón (de ahí la pulga) de desafiar a los asesinos de sus Padres.

Al despedirse de Xmucane, los Padres sólo pueden dejar a sus primogénitos Monos para cuidar la casa y mantener caliente el hogar; luego, al descender a Xibalbá, ante unos caminos de colores rojo y negro, blanco y amarillo, escogen el fatídico negro. Por su parte los Gemelos, no teniendo descendencia que dejar con Xmucane, le confían una planta de maíz que deberá cuidar, la cual, enraizada dentro de la casa, prosperará conforme ellos avancen, insinuando así su triunfo final y la nueva especie de gente del maíz que de él resultará. De manera correspondiente, los colores de sus caminos forman pares, de blanco y negro, rojo y verde, y el verde variable denota un nuevo crecimiento en el registro del maíz.

Al llegar realmente a Xibalbá, los Padres habían recibido un trato ignominioso y sufrido el burdo sentido del humor de los Señores. Haciéndoles confundirlos con los propios Señores, saludaron cortésmente a una hilera de 12 efigies de madera, colocadas allí como broma, y que en realidad son causa de enorme hilaridad. Y cuando se les pide sentarse, lo hacen sobre una piedra caliente que les hace saltar, causando más risas. En una gran racha perdedora, luego reciben el problemático don del tabaco, que de manera tradicional es muestra de hospitalidad. Sin embargo, allí, por la noche en la Casa de las Tinieblas, tuvieron que decidir la imposible opción de no consumir el tabaco y parecer mal educados, o consumirlo y parecer entonces voraces. En otras palabras, desde el principio no tuvieron ninguna oportunidad, y los Señores, en lugar de pasar por la formalidad de jugar en realidad una serie de partidos de pelota con ellos, decidieron sacrificarlos, y decapitar allí mismo a Uno Cazador. Se hace una simple enumeración de las otras temibles habitaciones para huéspedes que ellos habrían ocupado por las noches: las casas de Hielo, Jaguar, Murciélago Asesino y Cuchillo.

En todos estos puntos, los Gemelos lo hacen mucho mejor. Anticipándose a sus enemigos, logran enrolar a un zancudo, sediento de sangre, para que pique a los Señores uno por uno y enterarse así cuáles son de madera, y de los nombres de los que no lo son:

—¡Ay! —dijo cada uno cuando lo picaron.
—¿Qué hay? —contestó cada uno.
—Ay —dijo Uno Muerte.

—¿Qué hay, Uno Muerte?
—Me han picado.

Versos 3497-3503

Rechazan luego los asientos calientes y en la serie de habitaciones para huéspedes encuentran maneras de superar en ingenio a sus anfitriones homicidas. Aceptando el cigarro, simulan su brillo en la oscuridad mediante la pulsación de una luciérnaga colocada sobre una pluma de loro. A los furiosos moradores de la Casa del Jaguar les dice Venado Jaguar: "Si me coméis, os comeréis a vosotros mismos", y así sucesivamente.

Los primeros en lanzarse por el épico viaje a través de la tierra y el cielo, Uno y Siete Cazador son superados cada vez; y no pasan las pruebas que caracterizan el viaje del chamán amerindio. Siguiendo sus pasos, y teniendo ahora por señaladores a los hijos que se transformaron en las Pléyades, los Gemelos se desempeñan mucho mejor, poseedores de una memoria instintiva o genética: la narración lo insinúa mediante paralelos directos de hecho con hecho, como lo ha señalado Edmonson. Sus diferentes fortunas corresponden a sus nombres: aritméticamente Uno y Siete Cazador implican todo el *tonalámatl,* construido de acuerdo con el Signo XX, que en la convención de la cuenta terminal de los mayas de las tierras bajas llevan los nombres de *tunes* y *katunes.* Los Signos de los Gemelos, sin números, continúan este regio precedente pero lo elevan con el doble nombre animal de Venado Jaguar (XIV y VII), que señala la capacidad de intuir y comunicarse con el mundo natural, la cual les salva la vida en muchas ocasiones, sobre todo en la Casa del Jaguar.

La relación de los Gemelos con sus hermanos mayores Monos, primogénitos de Uno Cazador, en gran parte es de animosidad a consecuencia, ante todo, del insólito nacimiento de los Gemelos, pues Mujer Sangre los concibió milagrosamente de la saliva que cayó sobre su mano derecha, del cráneo de Uno Cazador. Habiendo viajado desde Xibalbá de regreso hasta la casa de Xmucane, los presentó como sus verdaderos retoños, para gran irritación de sus hermanos Monos. Vistos desde el principio como una amenaza y usurpadores potenciales, los Gemelos son pésimamente tratados por los Monos, quienes les dan órdenes y los mantienen fuera de la casa privados de alimento. En el proceso, los Monos revelan toda una serie de imperfecciones —pereza, ira "de cara roja" (la imagen exacta de un mono aullador), envidia y jactancia—, que los lleva a la perdición. Con dolo, los Gemelos logran desplazarlos y convertirlos en monos propiamente dichos. Se van al bosque a unirse a los sobrevivientes de los muñecos que habían sufrido la misma metamorfosis, acontecimiento que, como la reaparición de Xmucane, une esta cuarta creación con la segunda. Meciéndose de manera extravagante al compás de la música de los Gemelos, habiéndose caído sus taparrabos parecen tener un pene-cola como los monos, y en realidad son desconocidos por su abuela Xmucane, quien no puede dejar de reírse de ellos, aunque sabe que hacerlo significa perderlos en el bosque. Todo este episodio cae bajo la rúbrica de partenogénesis,[8] la concepción milagrosa que caracteriza a los Gemelos y a otros héroes épicos cuartomundistas. La particular resolución quiché de las anomalías formales de parentesco que entraña es notable por su ingenio, y muestra cómo la música y la risa pueden confundir o exceder a la racionalidad y el autodominio humano.

Al entrar en posesión de la herencia de los Monos, sin embargo, los Gemelos no dejan de homenajear sus talentos de dibujantes, danzantes y pintores. En el *tonalámatl* su nombre figura como el Signo (XI) de estas artes, y tiene la distinción de inaugurar su segunda década o segunda mitad.

Antes de partir realmente rumbo a Xibalbá, los Gemelos se distinguen de nuevo de sus hermanos Monos por su vocación. Entre las muchas labores de los Monos como retoños de la casa de Uno Cazador estaba la de cuidar la milpa y alimentar a la familia. Al desvanecerse los Monos en la selva, los Gemelos heredaron de manera automática este deber, aunque de mala gana. Una vez más mediante dolo, simulan ante su abuela actuar como campesinos cuando en realidad están cazando, fieles al nombre de Cazador y a su jeroglífico equivalente, el Signo Ahau, cuya boca está redondeada, dispuesta para tirar con cerbatana. En esto son ayudados por sus herramientas, el hacha y el azadón, tan eficientes que trabajaron como por sí solos, dejándoles tiempo para irse con sus cerbatanas.

Como tal, esta oposición entre el campesino sedentario y el cazador errante corresponde a la oposición consagrada en los Coloquios y en la Trilogía de Palenque, que hemos examinado. Aquí la preferencia de los Gemelos por la caza y la relegación del agricultor al papel de simple herramienta provoca el desquite de la selva y de sus "guardianes": por la noche, encabezados por Jaguar (que tiene este mismo papel en el capítulo "Costumbres" de los *teoamoxtli*, defendiendo su bosque; figura II.13f), los animales deshacen el trabajo hecho de día en los campos. Disimuladamente observados por los Gemelos, el último y más bajo de ellos es atrapado: la Rata, quien por salvar la vida ofrece mostrar dónde está oculto el equipo de juego de su padre, en el techo de la casa. La recuperación y el renovado uso de su herencia lleva a los Gemelos al juego de pelota, donde, convocados por Xibalbá, se embarcan en su gran aventura épica como cazadores viajeros.

La divulgación hecha por la Rata deja sin resolver, por el momento, este particular conflicto entre el agricultor y el cazador, e incidentalmente priva a Xmucane y a Mujer Sangre de sus trabajadores del campo; y, en realidad, las cosas sólo se arreglan después, mediante la dialéctica de la planta de maíz que los Gemelos dejan con Xmucane como prenda de su ser de agricultor. Aquí, su arrogancia implícita, tanto hacia sus hermanos como hacia sus mujeres, nos hace prever su heroísmo en Xibalbá y, sin embargo, socava ese heroísmo, colocándolo domésticamente, de una manera que sería inconcebible en el modo épico "noble" preferido, por ejemplo, por Virgilio. Al fin y al cabo, toda la cuestión de la responsabilidad de los Gemelos es inseparable del hecho de que la revelación de su gran destino fue confiada a una pobre rata.

En esta cuarta creación, el trato de los Gemelos con los Monos es notable, ya que ofrece las claves y los medios por los cuales su epopeya puede embonar en la narración general de *Popol vuh*, pues, siguiendo atentamente la narración, vemos que sólo hay un momento de sus vidas en que habrían podido comprometerse con Loro, objeto de la tercera creación: después de su nacimiento, obviamente, y antes de su descenso a Xibalbá, de donde sólo resurgen como criaturas zodiacales. Más particularmente, debe venir antes de que desplacen a sus hermanos Monos, cuando ellos y su madre aún estaban siendo maltratados como intrusos y no se les daba pleno acceso a la casa de Xmucane. Es entonces cuando se nos dice que "florecieron en las montañas", que es en realidad el medio creado por Dos Pierna, segundo hijo de Siete Loro, que elevó la tierra. En otras palabras, dado que la tercera creación puede relacionarse en retrospectiva con la segunda, ocurriendo durante ella, se relaciona también hacia adelante con la cuarta, como fragmento de la experiencia particular de los Gemelos, un perdido mundo de monstruos de la niñez y enormes días nuevos. Esta última conjunción de la memoria externa con la interna, de cosmogonía con psicología, es prueba del alto refinamiento literario del *Popol vuh*.

Al descender a Xibalbá, los Gemelos llevan un motivo privado: vengar a su padre. Al mismo tiempo, actúan en nombre de Corazón del Cielo, como lo hicieron al suprimir a Loro. Ahora llevan el relato a la realidad social que se extiende más allá de la familia, al consejo de los 12 Señores de Xibalbá.

Similares a Lucifer y conocidos como Tzontémoc en náhuatl —"los que cayeron de cabeza"—, estos 12 muestran toda la compasión de sus conjuntos individuales de 12 costillas esqueléticas en sus tareas de derribar a la gente con un vómito sanguinolento, infartos y otros tipos de muerte súbita, según

la ética simbolizada en los nombres de sus jefes, Uno y Siete Muerte. Dentro
de su inframundo ejercen un riguroso poder por medio de sus conjuras y
ejércitos de policía secreta: fumando sus cigarros, lo desean todo para sí, y no
toleran ninguna rivalidad, dentro ni fuera. Como lo mostraron en el trato
dado a Uno y Siete Cazador, se burlan de las reglas básicas de toda relación
y hospitalidad humanas, y sólo practican juegos para humillar al otro equipo.
Hoy, en sus libros de papel amate, los otomíes de Pahuatlan siguen pintando
al "presidente del infierno" y a sus secuaces como un consejo de doce, obse-
sionados por el poder, que también "causan la muerte súbita en el camino".[9]

Habiendo eludido las trampas en que cayeron sus padres, los Gemelos
finalmente se encuentran cara a cara con los Señores en el juego de pelota.
Juegan una serie de partidos, permitiendo en realidad, sin que se note, que
los Señores ganen uno de ellos. El informe señala la importancia del juego
como tal, sus reglas, la línea que define la cancha, de quién es la pelota que
se usa, y el puntaje de sus ágiles movimientos. En la práctica tanto como en
los 90 metros de longitud de Chichén, el juego de pelota figura como uno
de los principales emblemas de arquitectura urbana y de conducta urbana
dentro de ella: por medio de sus mitades y cuartas partes fija típicamente las
condiciones de los partidos políticos opuestos, del tributo trimestral y de la
fortuna. En cuanto a la pelota, de hule en el español de México, el Signo Ollin
(XVII) también significa cambio y el terremoto que pondrá fin a esta Era
(Cuatro Ollin), y denomina a la "gente de hule" olmeca: su precisión elásti-
ca era absolutamente indispensable para el juego. Sin hule, producto que en
un tiempo fue exclusivo del Cuarto Mundo, nunca habría podido surgir el
tipo de juego de pelota mesoamericano, como tampoco la filosofía que a
partir de él evolucionó. A un nivel ritual, considerando los relieves encontrados en las canchas que se han conservado, como los de Chichén y de Tajín,
se deduce una base del juego en actos de decapitación que hacían de la
cabeza un sustituto de la pelota; y de la sangre del cuerpo, alimento para las
plantas. Estos motivos aparecen precisamente en la epopeya del *Popol vuh*
sólo con un giro que, una vez más, va en ventaja de los Gemelos. Habiendo
perdido la cabeza la noche anterior en la habitación para invitados del Murciélago Asesino, el Cazador va al juego de pelota con una cabeza falsa, hecha
de calabaza. Durante el partido logra recuperar su cabeza original; la calabaza, que los Señores aún creen que es la cabeza, vuelve rodando a la cancha.
Los Señores se apresuran a atacarla, sólo para recibir en la cara la salpicadu-
ra de sus semillas.

Todo esto recuerda la historia de la concepción de los Gemelos, cuando
su madre, la Mujer Sangre, desobedeciendo la orden paternal de los Señores

de Xibalbá, se aproximó al árbol del que colgaba la cabeza decapitada de Uno Cazador, como un calabazo para que sus semillas o su saliva pudieran preñarla. Y así como Corazón del Cielo había intervenido en aquel momento crítico para asegurar el valor genético de sus retoños, los Gemelos, así una vez más Corazón del Cielo interviene para asegurar el éxito de la cabeza de repuesto de Cazador. Estas cabezas análogas que agracian a Uno Cazador y su hijo, calabazo y calabaza, son tempranos productos de la ciencia americana de las plantas, y rasgos exquisitos de las tallas olmecas de Chalcatzingo.[10] Aquí, por decirlo así, se burlan del inframundo Xibalbá, para beneficio de la humanidad futura. Y más inmediatamente, para los Señores ambos acontecimientos representan una humillación sexual.

Asegurada ahora su victoria al más alto nivel político, los Gemelos planean entonces reducir a Xibalbá, decidiendo el curso de su propia muerte y su consecuencia; con ese fin, entran en colusión con otros personajes llamados Rico y Pobre. Saltan dentro de un horno y, molidos en polvo, son arrojados al río; al quinto día, volviendo por medio de la evolución a la época de las gentes de lodo, reaparecen como peces humanoides y, una vez más, como el par de los más pobres vagabundos, los más bajos entre los bajos. En esta guisa, toman por ataque Xibalbá mediante sus habilidades de danzarines y brujos: estimulan el incendio y el sacrificio del corazón, hasta tal punto que los propios Señores quieren ver estos fenómenos y ordenan una función real. Llenos de "desesperación y deseo" al ver la brillantez de los Gemelos, desean participar, y ellos mismos piden ser sacrificados:

—¡Haced lo mismo con nosotros! ¡Sacrificadnos! —dijeron.
—¡Despedazadnos uno por uno! —les dijeron Uno Muerte y Siete Muerte a Cazador y Jaguar-Venado.

Versos 4471-4473

Con esta victoria psíquica, de la que es testigo todo Xibalbá, los Gemelos por fin revelan quiénes son y por qué han llegado allí. Denunciando la mezquindad de los Señores como criaturas binarias de lo blanco y lo negro, los matan definitivamente, instituyen el citatorio judicial y prescriben los límites futuros de Xibalbá con su "bajo sol".[11] En esto nos devuelven a la fuente chamánica de la epopeya como terapia; hacen que el mundo sea un lugar más sano para vivir, conteniendo el poder corrosivo (aunque necesario) de Xibalbá. Con piedad, los Gemelos dan entonces a su padre un entierro apropiado, estableciendo ritos que aún hoy reconocen los quichés. Toda la secuencia termina cuando ellos van caminando por el horizonte te-

rrestre de la luz, y luego pasan al cielo para unirse a las Pléyades, el sol varón y la luna varón:

> Luego subieron
> en medio de la luz,
> y al instante
> se elevaron al cielo.
> Al uno le tocó el Sol
> y al otro la Luna.
> Entonces se iluminó el cielo
> y la tierra.
> Ellos moran en el cielo.
> Habían subido también
> los cuatrocientos muchachos
> a quienes mató Cipacná
> así se volvieron compañeros de aquéllos,
> se convirtieron en estrellas del cielo.

Versos 4695-4708

Hasta aquí, sólo se ha considerado el lado íntegramente varonil de esta
epopeya, es decir, los Gemelos, sus Padres, los Monos y los Señores. Frente
a ellos aparece el trío de mujeres que, aunque pocas y rara vez prominentes,
mantienen unido el relato. Siendo tres, se equiparan con las piedras del
hogar que defienden, siendo éste un emblema de las mujeres mesoamericanas.[12]

En primerísimo lugar está Xmucane, madre de los padres y presencia
continua, tanto dentro cuanto más allá de esta cuarta creación. En la segunda creación fue encontrada con Xpiacoc, como formadora de los muñecos y
luego sobrevive, viuda, para formar a los antepasados de los quichés tras el
fin de la cuarta. Ella da vida, y decide quién heredará. Cuando Mujer Sangre llega a su casa, preñada con los gemelos, Xmucane le encarga la tarea
de mostrar que es capaz de proveer, exigiéndole que llene una red con maíz de
un campo yermo. Sólo después de pasar esta prueba se permite a Mujer
Sangre entrar en la casa. Cuando han nacido los Gemelos, nadie los reconoce hasta el momento en que Xmucane aun contra sus deseos, delata a sus
hermanos mayores, los Monos, por reírse de ellos repetidas veces. Ella también atiende la casa en el sentido de preparar alimento y bebidas con tal
cuidado y economía literal que permite a los Gemelos engañarla cuando la
Rata les habla acerca de los instrumentos de juego de su padre, ocultos a
toda vista en el techo. En una breve escena de marcado enfoque doméstico,

primero vemos a la Rata "en" el cuenco de chile, es decir, reflejada verticalmente desde el techo, y luego vemos en la jarra de agua una filtración microscópica que por instrucciones de los Gemelos, fue hecha por su aliada, la avispa. Oculta a las miradas de Xmucane y de Mujer Sangre, la imagen de la rata en unos alimentos sanos no presagia nada bueno: cuando se le llama la atención a la mujer por la filtración de agua, ella se escandaliza por ese desperdicio y no se da cuenta de que mientras tanto se han llevado el equipo de juego. A este respecto, el cuidado de Xmucane le vale el papel de guardiana y de verdadera árbitro dentro del hogar del que se irán los Gemelos.

Ante todo, Xmucane expresa el *pathos* de la casa de Uno Cazador, llorando en silencio y a solas, cuando primero sus hijos y luego sus nietos se van al camino, y se sospecha que no retornarán. En ausencia de los Gemelos, centra sus cuidados en la planta de maíz que dejan con ella, ahora no arraigada en los campos sino en mitad de la casa. Al cuidar al maíz en el mundo de arriba, ella ayuda a sus nietos abajo, pues florece según el destino de ellos. Y por la misma razón, ella puede calcular la fortuna de los Gemelos. En el momento crítico de su victoria final sobre Xibalbá, la narración se interrumpe para mostrárnosla llorando, esta vez de alegría, porque el maíz florece por segunda vez, habiéndose marchitado antes como quemado por el horno en que saltaron los Gemelos. Como corolario de la epopeya de los Gemelos cazadores, la planta de Xmucane surge como el medio eficaz e indispensable por el cual el maíz, como ya indicaron sus granos adivinatorios en la segunda creación, llega a ser la sustancia apropiada para crear la especie humana, a la que ella da el ser al fin de la cuarta edad.

Cipacyalo y Mujer Sangre, las nueras de Xmucane, y únicas otras dos mujeres de la pieza, representan una antítesis. En su nombre náhuatl, Caimán Guacamaya, primera esposa de Uno Cazador, Cipacyalo reúne los elementos de reptiles y de aves propios de la familia de Siete Loro —su hijo Caimán, Cipacná y él mismo— y de esta manera entreteje el mensaje genético de la tercera creación. Silenciosa durante su breve tiempo al comienzo de la cuarta creación, Caimán Guacamaya se remite a un nivel anterior de tiempo, limitado por unos genes que no permiten a sus hijos alcanzar una forma superior a la de los monos. Por contraste, como retoño de Jefe Sangre, cuarto Señor de Xibalbá, Mujer Sangre anuncia nuevas posibilidades. Precisamente por la conexión percibida entre la sangre y el tuétano del hueso, los ritos y plegarias de las parteras invocan no sólo a la abuela Oxomoco/Xmucane, sino al esquelético Señor del Inframundo, uno de los Yoalitecutin, como lo hace el capítulo "Nacimiento" de los *teoamoxtli*, que muestra que en el tuétano amarillo del hueso se genera buena sangre roja (lámina 7). Para que este mundo se vuelva habitable y pueda comenzar la Era hay que amansar a los Señores, y esta tarea recae sobre los Gemelos; sin embargo, es aún más crítica la necesidad de exportar su fuerza. Tras la muerte de Uno Cazador, los Señores intentan mantener las cosas como eran, impidiendo que todo Xibalbá se aproxime al árbol en que la cabeza de aquél se ha vuelto un calabazo. Sólo Mujer Sangre desafía la prohibición, y como resultado queda embarazada, inyectando los fuertes genes de Xibalbá a la raza anunciada por los Gemelos. En vez de funcionar como algún principio negativo aborrecible, los Señores Uno y Siete Muerte quedan integrados de esta manera a la definición misma de vida.

Tachada de traidora por los Señores, Mujer Sangre huye del inframundo para salvarse con sus hijos, ayudada por el Búho policía renegado, quien no entrega a los Señores el corazón de ella, sino un sustituto hecho de cochinilla y savia, causándoles así su primera "derrota". El viaje de ella al mundo superior plantea una contrapartida de la epopeya varonil, revivida en su profesión de comadrona y que lógicamente ofrece la misma oportunidad de conocimiento previo a los Gemelos, en especial porque éstos, después de todo, nacieron por vía de ella desde Xibalbá.[13] Ella "surge" creciendo como la luna después de seis meses, respetando una división trimestral del embarazo característica de los *teoamoxtli* y correspondiente, por implicación, con los trimestres del año que empiezan con el equinoccio de septiembre y culminan con el solsticio de junio. Una vez más, al ser aceptada por Xmucane en el mundo superior, ella sienta otro precedente: toda la red de maíz que logra llenar sirve como emblema general de herencia en Mesoamérica. La historia de curiosidad y desobediencia y de valor de Mujer Sangre ante los Señores paternales de Xibalbá y de su suegra, Xmucane (quien la recibe como a una prostituta), constituye el tenue hilo del cual, durante nueve meses, dependerá toda continuidad de la epopeya. No hay aborto. "Sólo una doncella" inflige la primera derrota a los Señores. "Entra en el mundo" de Uno Pierna, tanto en el sentido genético como en el narrativo.

La gente de maíz

Con el ascenso de los Gemelos al cielo, el *Popol vuh* completa su relato de las cuatro creaciones e iniciaciones anunciadas desde el principio. Habiendo establecido el destino de la gente de lodo, de palo, de la familia de Siete Loro, y de los Señores de Xibalbá, nos lleva ahora al meollo de las cosas: la creación de la gente de maíz, específicamente los quichés que habitan esta

Era. A lo largo de las cuatro creaciones hemos pasado de la más grandiosa a la más sutil de las metamorfosis, del océano y el volcán a una jarra de la que escurre agua sobre la mesa, pasando por estratos y órdenes de tiempo, externos e internos. En lo sucesivo, las corrientes convergen en la historia.

La creación del maíz requiere los esfuerzos de varias partes. Primero, los animales han de recoger mazorcas amarillas y blancas de la montaña "partida" de Paxil, al norte del Quiché, donde estaban ocultas, junto con cacao, chocolate y una plétora de otros buenos alimentos. Retornando a la narración por primera vez desde los días de la gente de lodo y la de palo, Serpiente Quetzal y sus compañeros ven que el maíz sea molido y convertido en masa; luego, Xmucane hace su última aparición para darle nueve bendiciones de las parteras. Este acto, el definitivo, recuerda las lunas de la gestación de sus propios nietos y la establece como diosa de las parteras y los nueve Señores de la Noche, que abarcan la epopeya varonil de los días. Esta vez, la operación se logra tan bien que quienes de ahí surgen —los antepasados de los quichés— tienen una visión divina. Siendo "los que ven a lo lejos", gozan de una percepción sensoria intensificada y pueden ver y conocer toda la tierra y el cielo en un instante. Comprenden los cuatro grandes esquemas de los que ellos mismos son el resultado final, y observan el hecho cuando dan las debidas gracias a los dioses. Asombrados por su triunfo mismo, los dioses deciden reducir los ojos y la inteligencia de estas criaturas para que vean "como en un espejo oscuro". Les imponen límites mortales, obligándolos a una ontología sexual como progenitores de los quichés.

Como culminación de la cosmogonía y de todo el texto, la creación del maíz une muchos hilos de la narración. El supremo logro de la agricultura americana, desarrollado como producto de las tierras altas en el tercer milenio a.C., el maíz mismo afirma la filosofía de que se es lo que se come. Concluye el desarrollo de las hierbas-cereales, narrado en el Ríos (pp. 4-8), y corona toda la vasta historia insinuada en las referencias anteriores del *Popol vuh* a granos de *tzite,* calabazos y calabazas, tomates y los chiles colocados sobre la mesa de los Gemelos. Como producto conjunto del cuidado de Xmucane y de la audacia de los Gemelos, el maíz en esta forma exaltada resuelve el antagonismo entre el agricultor y el cazador, dando una razón a su reciprocidad social. Más aún, desde que surgió la corteza terrestre, por medio de intrincados cambios de enfoque y del nivel de tiempo, el texto afirma el contrato doméstico y la sensibilidad a toda vida que fueron pisoteados por los muñecos; asegura un lugar a los mamíferos en el mundo de las aves-reptiles, y fija las reglas de la hospitalidad y el juego social, todo lo cual constituye los requisitos para el triunfo del maíz.

Por último, al proponer un modo de vida defendido hoy por los quichés (por ejemplo, en las lúcidas palabras de Rigoberta Menchú), el *Popol vuh* sirve como carta magna de esa nación y, más en general, de la sociedad humana. Más aún, y viniendo muy al punto en esta etapa de la historia planetaria, argumenta esto no por lograr una mezquina ventaja humana, sino invocando y honrando las especies y las fuerzas vitales que han llenado su cosmogonía. Atando el último hilo al participar en la búsqueda del maíz en Paxil, los animales modifican su defensa unilateral de la selva, reservándose un lugar para sí mismos en un mundo cultivado.[14]

X. LAS EDADES DEL MUNDO Y LA METAMORFOSIS

Al plantear el esquema de las edades del mundo y al narrar la intrincada historia de cataclismos, metamorfosis y búsqueda épica, el *Popol vuh* no tiene rival como punto de referencia para las cosmogonías por todo el Cuarto Mundo. Para empezar, en Mesoamérica corrobora la historia de los "Soles" cósmicos, o edades del mundo, característica de esa zona, y conserva episodios que están ausentes u oscuros en textos alfabéticos comparables del siglo XVI en las lenguas maya y náhuatl. Como éstos, se basa en la rica iconografía de inscripciones antiguas y códices, anticipándose a las creencias que hoy defienden los sobrevivientes de tiempos precortesianos.

En primer lugar, el *Popol vuh* corre paralelo a los textos que brotan de la misma fuente de las tierras altas mayas —muy de cerca en el caso de otros títulos quichés, como el de Totonicapán, y textos de los vecinos kekchi y cakchiqueles—. Las referencias hechas por Las Casas a las catástrofes de los muñecos de palo y a la epopeya de los Gemelos se anticipan a versiones más completas de la cosmogonía kekchi escritas en este siglo, que siguen e iluminan la historia del *Popol vuh*.[1] Aunque en forma muy abreviada, los Anales de los cakchiqueles aluden a la misma narración fundadora, empezando por la fracasada creación de los primeros hombres "a partir del lodo"; y al hacerlo, confirman cómo el precedente cósmico convalida las reclamaciones territoriales, de acuerdo con el argumento que en el *Popol vuh* presenta a los volcanes levantados por Cipacná como guardianes de los quichés. Las aguas primordiales en que habita Serpiente Quetzal al principio mismo de la historia son definidas más estrechamente como el lago Atitlan; al mismo tiempo, como fuerza vital primigenia, Serpiente Quetzal adquiere el aspecto más amenazador de los monstruosos reptiles que, en otra parte, se dice que habitan en ciertos lagos de las tierras altas, como Guatavita y Lacar. De manera similar, el infierno de Xibalbá, cuyas muestras son aquí los metales preciosos, las piedras y la obsidiana del inframundo, es situado por los cakchiqueles en un esquema direccional de cuatro partes, que lo coloca no sólo debajo, sino también en la vertiente del Pacífico, donde en realidad abundan los testimonios arqueológicos, en sitios como Cozumalhuapa[2] e Izapa, del juego de pelota que obsesionó a los Señores Uno y Siete Muerte. (A lo largo de la historia, los cakchiqueles siempre han intervenido más que los quichés en esta parte meridional de Guatemala.) Paxil, en los Cuchumatanes, aparece una y otra vez como el lugar de donde se acarrea el maíz.

Los mayas de las tierras altas que viven en Chiapas al otro lado de la moderna frontera con México, los tzotziles y los tzeltales, conservan una cosmogonía que recientemente se ha vuelto centro de gran interés político y cultural, y que ofrece otro ángulo al esquema de las edades del mundo y de los cataclismos concomitantes en el *Popol vuh*. Muy sensibles a las cambiantes condiciones a lo largo de los cuatro siglos que hoy nos separan del *Popol vuh*, los textos de ambos grupos reconocen el impacto de la invasión europea y de la Revolución mexicana de 1910. Al mismo tiempo, insisten en Diluvio y Eclipse como la pareja primigenia de desastres, afirmando la distinción del *Popol vuh* entre la gente de lodo y la de palo. Y se adhieren con notable tenacidad a la lección moral sacada por el *Popol vuh* del desastre del Eclipse: aquí, en la revuelta interna que marca el fin de los muñecos de palo, los utensilios caseros, aburridos de ser explotados, contraatacan, mordiendo con sus propios dientes.[3] De manera similar, confirman el nexo que hay entre los Cuatrocientos constructores de casas y los Gemelos como desmontadores de la milpa, poniendo de relieve el instrumento que usan en común: el hacha que destruye la selva y sus moradores. Asimismo, haciendo que estos árboles derribados vuelvan a levantarse por la noche, esas criaturas ruegan que se salven los bosques: mensaje de pertinencia inmediata en el Chiapas de hoy. Desde el oeste, esos textos de Chiapas también señalan a Paxil como fuente del maíz.

En cuanto a los mayas de las tierras bajas de Yucatán, su tradición a pesar de diferencias calendáricas entre *tun* y año solar, ofrece una nueva contraparte al *Popol vuh* en otra historia de cuatro edades que terminan en cataclismos y que siguen siendo inherentes a la actualidad, dándole forma y sentido. El episodio de Ah Muzen Cab, en los Libros de Chilam Balam, ofrece una fiel correspondencia numérica con la historia de Siete Loro, y la epopeya de la caminata solar y el descenso a Xibalbá (Metnal), narrada en el códice cerámico del periodo Clásico y rehecho en el Chumayel (véase capítulo XI: "Cómo empieza el tiempo humano"), aún media entre el cosmos y la historia. Profundizando más en el tiempo, el *Ritual de los bacabes* relaciona la cosmogonía del *Popol vuh* con la formación y la salud del cuerpo humano, fundamentando la retórica del médico brujo en la lucha contra, por ejemplo, el contagio del inframundo, o el deseo sexual afásico. Las fuerzas que hay que aplacar o invocar pidiéndoles ayuda se remontan a la primera edad de la creación e incluyen las primeras razas de piedra y de madera, el gran Itzam-ná y otros saurios de huesos gigantescos, los portadores de hachas (*batab*) y las Pléyades, guacamaya, el pájaro de fuego, y Chuen el mono.[4] Como el relato del *Popol vuh* sobre el sueño de la niñez de los Gemelos y el Mu ikala de los cuna, el *Ritual de los bacabes* construye una realidad interna y externa, un proceso cósmico concentrado en el mero cuerpo del paciente: sus vértebras, entrañas y sentidos.

En el aspecto estructural, el *Popol vuh* encuentra su equivalente más significativo no tanto en la Mesoamérica de habla maya, sino en inscripciones, códices y textos alfabéticos de México, hacia el oeste. Puede encontrarse una importante analogía en la Piedra del Sol de Tenochtitlan, enorme disco de piedra cuyo quincunce conmemora los cuatro Soles o edades del mundo, inherentes a la actual quinta edad (figura X.2). Este texto, aunque producto de una comunidad náhuatl y no quiché, observa las mismas convenciones del *tonalámatl* que el *Popol vuh,* y construye una cosmogonía con los mismos medios. Los paralelos entre estos dos textos, rara vez notados, nos permiten establecer un firme término de referencia para Mesoamérica, contra el cual pueda evaluarse más sutilmente la variación local.

La gran Piedra del Sol, que en un tiempo fuera objeto de culto en el templo principal de Tenochtitlan, une en una sola declaración varios conjuntos bien definidos de datos descubiertos por separado en relieves aztecas menores; su riqueza de signos, compleja numeración e ingeniosa estructura de círculos concéntricos y de niveles sobrepuestos hacen que sea difícil describirla en prosa y, en todo caso, varios elementos siguen siendo enigmáticos.

Es evidente que esa cosmogonía aporta su enfoque literal. Del centro mismo del disco surge la faz de la tierra, el dios Tlaltecutli, cuyas manos con ojos y garras a cada lado recuerdan el implacable poderío telúrico[5] también mostrado en la obsesionante estatua de su equivalente hembra, Coatlicue, con su cabeza de reptiles gemelos. Físicamente, esta tierra que surge está enmarcada por el quincunce que representa el nombre de la actual Era, Cuatro Ollin, enmarcada a su vez por un anillo que comprende los Veinte signos; su primer año, 13 Caña, aparece directamente arriba, en el borde externo que consiste en dos serpientes-nubes, de las cuales surgen las cabezas de Xiuhtecutli y de Tonatiuh, el Fuego y el Sol, la misma pareja que en el mismo contexto cósmico se enfrenta entre sí en la pintura huichola *La matriz del mundo*. Situados dentro del Signo Ollin, de modo que en realidad constituyen sus cuatro brazos, están otros cuatro Signos: Agua (IX) Jaguar (XIV), Lluvia (XIX) y Viento (II). Cada uno de ellos, también calificados por el número 4, tienen símbolos acompañantes, los más notables de los cuales

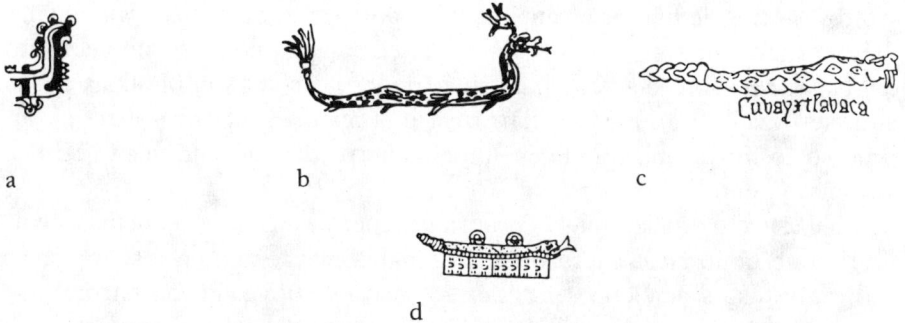

FIGURA X.I. *Coixtlahuaca* (coa-*serpiente*, ix-*estrella*, -tlahuaca- *llano*): a) *Mapa de Coixtlahuaca*; b) *Lienzo de Coixtlahuaca 1*; c) *Lienzo de Ihuitlan*; d) *Mendoza, f.43.*

son el cuchillo de Pedernal, con Cuatro Jaguar, y el ventarrón que brota de
la corona imperial al lado de Cuatro Viento (los otros dos Signos están
acompañados por los días de *tonalámatl* 7 Mono y 1 Lluvia).

Incrustado, como está, en el tiempo actual y en el preciso Signo Ollin,
este cuádruple conjunto de Números y Signos traza una historia cósmica,
que también puede leerse en prosa en los Anales de Cuauhtitlan, la fuente
náhuatl antes citada para establecer el nombre de la Era como Cuatro Ollin,
y su primer año como 13 Caña. Motivado por la fundación de la Tula del
Mezquital en el siglo VIII d.C., el relato de Cuauhtitlan se remonta al comienzo de la propia Era, colocándolo en la historia más general de cuatro Soles
definidos respectivamente por sus signos, que punto por punto corresponden
a los de la Piedra del Sol con sus catástrofes finales. Procedente de la cuenca
de México como la Piedra del Sol, este texto revela el mismo agudo sentido del pasado de esta tierra y de su precariedad (f. 2):

El primer sol que al principio hubo, signo del 4 *atl* (agua), se llama Atonatiuh
(sol de agua). En éste sucedió que todo se lo llevó el agua, todo desapareció; y
las gentes se volvieron peces.
    El segundo sol que hubo y era signo del 4 *ocelcil* (jaguar), se llama Oceloto-
natiuh (sol del jaguar). En él sucedió que se hundió el cielo; entonces el sol no
caminaba de donde es mediodía y luego se oscurecía; y cuando se oscureció, las
gentes eran comidas. En este sol vivían gigantes: dejaron dicho los viejos que su
salutación era "no se caiga usted", porque el que se caía, se caía para siempre.
    El tercer sol que hubo, signo del 4 *quiyahuitl* (lluvia), se dice Quiyauhtonatiuh
(sol de lluvia). En el cual sucedió que llovió fuego sobre los moradores, que por
eso ardieron. Y dicen que en él llovieron piedrezuelas, y que entonces se es-

parcieron las piedrezuelas que vemos; que hirvió el *teçontli* (piedra liviana, llena de agujeritos); y que entonces se enroscaron los peñascos que están enrojecidos.

El cuarto sol, signo del 4 *ecatl,* es Ecatonatiuh (sol del viento). En éste todo se lo llevó el viento; todos se volvieron monos; y fue a esparcir por los bosques a los moradores monos.

El quinto sol, signo del 4 *ollin* (movimiento), se dice Olintonatiuh (sol del movimiento), porque se movió, caminando. Según dejaron dicho los viejos, en éste habrá terremotos y hambre general, con que hemos de perecer.

Al transcribir la Piedra del Sol, este pasaje náhuatl, aunque sea breve, señala el significado y la interconexión de los cuatro Signos inherentes al actual quinto Sol, transcribiendo así los símbolos acompañantes del eclipse y del viento. Por ello, en los Soles primero y tercero, con su corriente (agua) y sus erupciones volcánicas (lluvia de fuego), puede leerse un mensaje geológico que conduce al terremoto de Ollin. Entrelazada con esto se encuentra la preocupación biológica por las especies y la metamorfosis en peces y monos en los Soles primero y cuarto; y el Jaguar del segundo Sol, con su cuchillo de pedernal al lado, evoca el bestial descuartizamiento de personas (*tecualoya*) ocurrido durante el eclipse solar y el reino de las tinieblas.

Sobre esta base, toda la doctrina mexicana de los Soles se puede comparar en forma sistemática con la presentada en el *Popol vuh*. Ante todo, encontramos la pauta de cuatro Soles o edades, como tales, que intrincadamente forma parte de la época actual y cuyos extremos coinciden con las humillaciones recordadas por los antepasados de maíz quichés. Las destrucciones, celestialmente causadas, de la gente de lodo y la de palo quedan codificadas de manera sucinta como Diluvio y Eclipse. La metamorfosis de la primera en peces, bajo el signo Agua, es aquí muy explícita; en la segunda encontramos idénticos detalles en los jaguares destrozadores de carne, que descienden del cielo ennegrecido. Y la rigidez de los muñecos de palo es similar a aquella que impide a los "gigantes" de esta época volver a levantarse una vez caídos.

Bajo el Signo de Lluvia, la lluvia de fuego que cayó sobre la tierra es, sin duda, de origen volcánico y terrestre y, por tanto, apela a la misma lógica sísmica que imbuye todo el episodio de Siete Loro en el *Popol vuh,* en las personas de sus dos hijos Cipacná y Dos Pierna que, de la noche a la mañana, crean montañas y las derriban de nuevo. Por último, en el cuarto Sol que termina por medio del poder del Viento, encontramos la analogía de los Gemelos, que triunfaron sobre el inframundo, cuyo equivalente náhuatl es el Quetzalcóatl llamado Nueve Viento y cuya persona o máscara es el Signo

Viento. La función política de esta deidad Viento como patrón y hacedor de reyes, de la que hay testimonio en los Anales de Tepexic y en la *Relación de Cholula,* es aludida en el símbolo que acompaña al Sol Viento en la Piedra del Sol, a saber, la corona imperial de la que surge una ráfaga de viento. Quienes se metamorfosearon en monos durante este Sol recuerdan desde luego, directamente, a los hermanos mayores de los Gemelos, quienes a su vez fueron a los bosques a unirse con los muñecos supervivientes.

Establecer estos paralelos entre la Piedra del Sol y el *Popol vuh,* es corroborar la interpretación hecha de este último en la cuestión de las cuatro creaciones recordadas por la gente de maíz al comienzo de esta Era. Transcrita en los Anales de Cuauhtitlan, esta versión mexicana de los cuatro Soles equivale a un resumen esquemático[6] de la extensa historia narrada en el *Popol vuh* de cómo, a instancias de las deidades, los Gemelos allanaron el camino a la humanidad moderna. Subrayando las catástrofes que identifican a los Soles, el relato náhuatl no dedica mucho espacio para seguir el relato del *Popol vuh* sobre el ingenio y la inteligencia humanos, ni para plantear, como un logro, el surgimiento de la humanidad. Tampoco encontramos la intrincada estructuración del *Popol vuh,* más allá del principio básico de plantear esta quinta edad como la consumación de las otras cuatro. Sin embargo, queda implícita una perspectiva evolucionaria similar, aunque sólo sea por la mención de la geología y la metamorfosis de las especies.

Como sucinta declaración visual glosada por el texto de Cuauhtitlan, la Piedra del Sol ofrece resolver las discrepancias que existen entre ella y otras transcripciones nahuas y españolas del siglo XVI, donde varía la secuencia de los Soles, aun cuando sus identidades particulares sigan siendo reconociblemente las mismas. Fuentes como la *Leyenda de los Soles,* el Manuscrito de las Pinturas y la Histoyre du Mechique pueden verse como interpretaciones variadas de un mapa cósmico o de un diseño similar a la Piedra del Sol (por ejemplo, la *Leyenda* puede leerse en sentido contrario a las manecillas del reloj partiendo de la derecha: Cuatro Jaguar, Cuatro Viento, Cuatro Lluvia, Cuatro Agua y Cuatro Ollin, y confirma en Cuatro Lluvia el nexo existente entre el volcán y las aves). Sea como fuere, como lo hemos visto en el *Popol vuh,* las cuatro edades no se siguen simplemente unas a otras en sucesión lineal. Sobre la base de la información dada, por ejemplo, acerca de la vida de los Gemelos, sería muy posible redisponer la secuencia si se deseara hacer un énfasis temático diferente. Por tanto, la recurrencia de la pauta de cuatro Soles mostrada en la Piedra del Sol apoya con claridad la idea de ella como paradigma; el detalle propio de cada época sigue siendo muy coherente. La Histoyre enfoca los muñecos gigantescos y los jaguares asesinos de la segunda época, la lluvia de fuego de la tercera, y la epopeya de la cuarta, en que participa Quetzalcóatl, equivalente náhuatl de los Gemelos.

En el aspecto visual, esta congruencia se refleja en el propio diseño del quincunce, compartido por mapas clásicos como el Mapa de Coixtlahuaca, cuyos topónimos, posición por posición pueden interpretarse al nivel más profundo como imágenes de las edades del mundo: Mictlantongo, con su diluvio y su pez-corazón, Teotlillan con su eclipse y navajas *tzitzimine*, Nexapa con su lluvia volcánica y su saurio vencido, Tepexic y su viento aullador, y la tierra central de Coixtlahuaca (figura X.1,2). Sobre esta base se puede hacer una interpretación similar de los mismos topónimos y semejantes de los otros *teoamoxtli* de Papaloapan, Cuicatlan y Laud, especialmente las dos páginas finales de este último, que muestran un icono de Tláloc uniendo las aguas de arriba y de abajo, y las divinas tinieblas de Teotlillan apareciendo en la lucha entre el Sol y la Muerte, que corresponde eminentemente al par de catástrofes, efectuadas por el cielo, de Diluvio y Eclipse (véase lámina 4a, cuadro III.3g). Estos ejemplos de topónimos de los *teoamoxtli* que pueden leerse en los niveles cósmico y político siguen la lógica establecida en el *Popol vuh* cuando Cipacná eleva las mojoneras del Quiché.

Dentro de la misma tradición icónica, otras páginas y capítulos exigen comparación con el esquema Piedra del Sol-*Popol vuh*, el más accesible de los cuales es el capítulo primero del Ríos, con sus prolijas glosas italianas. El capítulo del Ríos, copia ulterior hecha en papel europeo, ha sufrido una cierta dislocación formal; por ejemplo, es evidente que el orden de lectura de izquierda a derecha exigido por las glosas alfabéticas va en contra del texto original en escritura icónica. Además, su relato de los Soles está inserto en una discusión cuyo tema básico es el desarrollo de los cereales que culminó en el maíz, por lo cual el problema del orden de lectura se complica al haber más de un nivel de lectura, como en los *teoamoxtli*. No obstante, aún podemos ver imágenes sucesivas del Diluvio y de quienes se transformaron en peces (*tlacamichin*), los gigantes caídos (junto con una nota muy sugestiva del interés indígena en el testimonio fósil de tales criaturas)[7] (lámina 17a), la lluvia volcánica de fuego que cae sobre cuerpos de reptiles entre los cuales vuelan aves, brillantes como Siete Loro, y quienes se convirtieron en monos, impulsados por las ráfagas de Sol Viento (se ha invertido el orden de estos dos últimos). Finalmente, esta concordancia nos alienta a observar la secuencia comparable de cuatro o cinco Soles, inserta en el capítulo inicial de los *teoamoxtli* del grupo Borgia, especialmente porque el propio Borgia incluye la imagen de Loro llevando un brazo humano, arrancado como el de Jaguar Venado en el tercer Sol (figura IX.3).

FIGURA X.2 *Las edades del mundo: Cuatro Agua, diluvio, con peces-corazón (río de Mictlan); Cuatro Jaguar, eclipse, con sol en campo rojo de sangre y cuchillos de pedernal (Teotlillan); Cuatro Lluvia, lluvia de fuego, con ceniza volcánica (río de Nexapa); Cuatro Viento, huracán, con volutas de viento fuerte (Tepexic). Piedra del Sol (centro), con los momentos correspondientes del Mapa de Coixtlahuaca (alrededor).*

En todo esto, la Piedra del Sol de Tenochtitlan y el *Popol vuh* de los quichés se complementan mutuamente al afirmar la forma de la cosmogonía mesoamericana, la cual tiene sus raíces literarias en los libros precortesianos, abarca las principales lenguas de la región —náhuatl, maya, otomanguano—[8] y sigue siendo elemento político importante en las vidas de los pueblos indígenas de hoy. Aprovechando los recursos de su escritura para producir una ingeniosa declaración visual de cinco Soles en uno, la Piedra del Sol en realidad muestra cómo niveles más profundos de tiempo pueden ser inherentes a la actualidad (las cuatro humillaciones recordadas por la gente de maíz) y emplea números y signos del *tonalámatl* para sugerir no sólo su historia, sino también sus ritmos y fases en el tiempo: una vez más, como el *Popol vuh*.

SIPAPUNI

Sipapuni, "lugar de nacimiento" en hopi, ofrece un punto focal para los herederos de Anasazi; es decir, los propios hopi, los zuñi y los otros indios pueblo, así como los navajo y apaches atapascos.[9] Antes de sus actas de fundación, los antepasados de estos pueblos treparon por Sipapuni (o su equivalente lingüístico), dejando atrás un conjunto de inframundos. Característicamente, estos mundos corresponden a conjuntos de estratos y de minerales, pisos de un edificio, numerados de arriba abajo (rasgo de la arquitectura doméstica de Anasazi), árboles, aves y colores. También se les asigna a diferentes razas que luchan contra formas de vida rivales y que son abrumadas por cataclismos de agua, fuego y viento. Una vez más encontramos el terremoto como factor geológico en la lucha particular con monstruos gigantescos que, una vez muertos, dejan su sangre como lava y sus miembros como formaciones de roca volcánica.[10] Los dioses que presencian y los héroes que participan en esta historia incluyen el sol, los pájaros del trueno, el rayo, que deja el aire cortante con ozono, la abuela y los astutos Gemelos.

Las diversas versiones locales de esta historia se hacen eco una a otra constantemente, y sin embargo no puede elaborarse un solo esquema en que quepan los detalles más finos de todas ellas, ni siquiera en la cuestión aritmética de cuántos mundos preceden o son inherentes a la actualidad. El título mismo del relato de Courlander es *The Fourth World of the Hopis;* y el *Book of the Hopi,* de Waters, también habla del mundo actual como el cuarto, aprovechando su resonancia con el concepto geográfico cuartomundista; en los murales pintados en las *kivas* hopi, Sipapuni, adornado con terrazas de nubes, tiene cuatro lados. Por otra parte, en la minuciosa transcripción hecha por Tedlock del "Comienzo" zuñi, que en todos aspectos se adhiere absolutamente a la génesis de sus cercanos vecinos y aliados los hopis, leemos que tras el gran surgimiento "algunas de las gentes aún vivían en la cuarta habitación de abajo",[11] es decir, eran aritméticamente anteriores al actual —y quinto— mundo. Y cinco es también el total de los mundos navajo.

Dado que el surgimiento es una analogía explícita con el nacimiento humano, que invierte el descenso a partir de la matriz, Sipapuni recuerda fácilmente la epopeya femenina del *Popol vuh* y la llegada de Mujer Sangre ascendiendo de Xibalbá, "allá abajo". A su vez, sus retoños, los Gemelos, tienen unos equivalentes exactos quienes, siendo también jugadores compulsivos, abren un sendero hacia el mundo superior, proveyendo una escalera cuando sea necesario. En realidad, sobre el tema de los Gemelos, los paralelos son tan inevitables que exigen estudio por derecho propio dentro del paradigma general de la epopeya o viaje en trance.

En las extrañas criaturas velludas y palmeadas que existieron durante Tokpa, la "oscura medianoche" o segunda edad de los hopi, que también aparece en el lago de Musgo de los zuñi, detectamos un argumento familiar que, como lo ha dicho el autor zuñi Joseph Peynetsa, "suena como la evolución"; lo mismo puede decirse de la serpiente emplumada acuática que aparece en las pinturas zuñi. Una vez más, para que la gente de esta Era esté debidamente constituida, hay que descubrir el tipo apropiado de maíz para hacer que su carne sea pesada y buena.[12] Sin embargo, la fuente de este ingrediente vital no es una montaña local de alimento como Paxil. En cambio, conseguirla implica un largo viaje por el sur hasta el mar de Coral. En la versión hopi, este viaje por el sur hasta la ciudad roja de Palatkwapi[13] adquiere muchos rasgos de la epopeya de Xibalbá; por ejemplo, sacrificio y entierro en la plaza principal y la ulterior aparición de los héroes Gemelos. Asimismo, el don del maíz se hace aquí efectivamente a cambio de la vida de un niño, la víctima de un chamán ajeno al grupo hopi-zuñi, el cual robustece más aún el antiquísimo nexo entre Anasazi y Mesoamérica.

Complementando estos relatos de los pueblo, el de los navajo trata asimismo de conjuntos de minerales, plantas y colores pertinentes a los mundos anteriores y elabora ricamente la epopeya de los Gemelos: Poqangwhoyas en hopi, Nayenezgani en navajo. El surgimiento como tal es el interés principal del Hozhoni Hataal ("canto bendito"), así como la epopeya de los Gemelos enfoca el Naato bikaji Hataal ("canto del flechador"). En *Dine bahane,* un conjunto de cuatro mundos termina en un diluvio y en otros desastres, antes de que la gente vuelva a salir por el equivalente de Sipapuni; Klah, Gray Eyes y otros grandes escribanos que transmitieron las narraciones principales que acompañan a las pinturas del Surgimiento distinguen en general cuatro mundos anteriores, entre otras cosas porque nuestra actual época viene después de la cuarta: el tiempo de los "antiguos" pueblo o anasazi.[14]

Hajinei o surgimiento, la séptima y última gran pintura de polen utilizada en el Hozhoni Hataal, cabe definitivamente en la pauta del quincunce de la Piedra del Sol y del Mapa de Coixtlahuaca (lámina 12b, figura X.2). En el centro se encuentra el equivalente navajo de Sipapuni, un disco negro redondo de salida, desde el cual cuatro arenas ovales se extienden diagonalmente, coloreadas en memoria de las cuatro edades: blanco y negro arriba, turquesa y amarillo abajo. Casi tocando sus minerales respectivos, al este y al oeste se encuentran el Sol, con una máscara de turquesa, y la Luna, de blanco; completándolas se encuentran Castor y Coyote, quienes brotaron del contacto entre la tierra y el cielo en la cuarta edad. En torno de estos dibujos internos brota el diluvio que resume los cataclismos pasados, y a través de él está la escalera de caña por la cual la gente llegó a la actualidad, representada ahora en el extremo exterior por cuatro correspondientes montañas, dos de concha y dos de piedra.

Una montaña de abulón, Dokoslid, hogar de Mujer Cambiante, la madre de los Gemelos, se encuentra frente a la montaña de conchas blancas, hogar de su hermana, que aparece aquí literalmente como "la de la banda negra" (Tsisnadjini). En la otra diagonal, la montaña de turquesa del sol (Tsodzil) se empareja con la de azabache, o Montaña Negra (Dibentsah), que ha recibido el nombre de la oveja del monte, que ahí fue muerta por uno de los Gemelos (el otro se había ido a Tsodzil), lo que causó indignación entre los dioses del trueno negro y del cielo. En la gran apertura del Kledzhe Hataal ("canto nocturno, de nueve noches") se celebran las propiedades de estas cuatro montañas guardianas, en un espacio delineado por una versión más pequeña y más sencilla de esta pintura-mapa quincunce, y para la cura, llevan arena de cada una y la aplican al paciente, cuyo cuerpo ocupa aquí el centro.

Como conjunto correspondiente a las arenas de las cuatro eras pasadas, y con piedra roja como variante para el azabache, estas montañas tienen una función similar en otros cantos y pinturas de Anasazi. Por ejemplo, reaparecen en el notable conjunto de cuatro pinturas cuyo tema es el camino del Surgimiento. Basado arquitectónicamente en el diseño *kiva* de los pueblo (y no en el redondo *hogan* de los navajo), el primero del conjunto dispone las cuatro montañas de las edades concéntricamente en torno de Sipapuni; la segunda y la tercera muestran sus colores originales en cuatro pasos o grados a lo largo del camino de salida de polen, y en la cuarta son incorporadas a la borla, de cuatro colores, de la planta del maíz en que ahora se ha convertido el camino.

Al mismo tiempo, en el nivel político, las cuatro montañas del quincunce representan literalmente, como lo hemos visto, los cuatro grandes hitos del territorio navajo. Por tanto, como centro, que a su vez es un quincunce con cuatro montañas guardianas externas correspondientes, define de manera sucinta una estructura histórica así como cósmica para los navajo de Anasazi. Al hacerlo, desde luego repite exactamente medio milenio después y a una distancia de 1 500 kilómetros, el procedimiento de Mapa de Coixtlahuaca y de la Piedra del Sol de Tenochtitlan. Por esta razón, es aún más importante descubrir que en esta pintura del Hozhoni Hataal el quincunce central corresponde a Dzilinaxodili, el pico Huérfano en el parteaguas y en el centro del mundo, "la montaña de movimiento o que habitualmente gira":[15] exactamente el significado del Signo Ollin que hay en el centro de la Piedra del Sol y que identifica este quinto mundo como un mundo de terremoto o movimiento.

El *continuum* geológico de Soles anasazi y mesoamericanos queda definido de manera negativa por su atenuación o ausencia total más al norte. Cierto que en Isla Tortuga, los mundos anteriores son típicamente cuatro, y se les puede representar como estratos, como los niveles del cielo en los mapas de los menomini o de los osage, o como etapas en la excavación a través de la tierra, que aparece en los rollos de origen Mide.[16] Más aún, hay ciertos ecos de la doctrina del surgimiento, por ejemplo, en textos de Apalachia, y el ubicuo relato del Diluvio a veces es emparejado a otros cataclismos. Sin embargo, en general es este Diluvio el que por sí mismo aporta el paso al tiempo presente, la formación de esta isla de tierra resultante del motivo único del buceador que desde una gran profundidad hace subir o saca de las aguas el átomo irreductible de materia del que ahora podrá crecer la *terra firma*. El concepto geográfico de la propia Isla Tortuga surge de la función particular desempeñada por la tortuga en este proceso básicamente sedimentario, según fuentes algonquinas, iroquesas y siouanas.[17]

Más adelante, por la misma cordillera que comunica a Mesoamérica con Anasazi, las narraciones del noroeste se correlacionan con imágenes verticalmente alineadas de poste totémico, presentando así un caso especial. Pese a una "confusión" en esta cosmogonía, atribuida por los estudiosos a que los clanes locales adoptan los relatos extensos a sus intereses particulares, en el Ciclo del Cuervo tsimshiano y en otros textos pueden encontrarse claros ecos del esquema de las edades del mundo. Combinando la metamorfosis de los peces de la primera edad con el burlado contrato doméstico de la segunda, estos textos presentan a los salmones como héroes o como un pueblo que por voluntad propia se convirtió en peces, fortaleciendo así la capacidad de estos vertebrados para servir precisamente como la fuente alimentaria más importante de la región; el hecho de que los seres humanos no hayan respetado en forma continua esta transacción dio por resultado una catástrofe. Viejos relatos de los haida representan la creación de las islas de la Reina Carlota y la tierra firme como resultado de haber colocado dos guijarros en el agua del diluvio, en una etiología que corresponde al sedimentarismo general de América del Norte. Sin embargo, en el primer lugar se dice que los guijarros fueron tomados de la última de cinco cajas concéntricas, cada una de las cuales corresponde a una época o "aldea debajo de nosotros";[18] este eco, aunque tenue, nos llega desde Anasazi y México.

En la versión inglesa del *Dine bahane,* la sucesión de las cuatro edades del mundo, que es una sección completa, va seguida por dos ciclos más extensos acerca de Coyote y de los Gemelos, que median entre esos comienzos cósmicos y esta edad del mundo, con su culminación en los anales de los "clanes" navajo. Como "matadores de monstruos" y viajeros celestiales, Nayenezgani y su gemelo son indudablemente personajes épicos, como los Gemelos del *Popol vuh.* También Coyote ha sido considerado, a su manera, como personaje épico; sin embargo, su condición de animal lo implica de manera más radical con la historia genética del surgimiento, ejemplificada por Siete Loro. Esto también puede decirse de Coyote en relación con sus equivalentes de Isla Tortuga, como la Gran Liebre de los algonquinos. En la pintura Hajinei o Surgimiento, estos antecedentes de Coyote le dan derecho a aparecer en el quincunce: su nacimiento fue causado por el contacto mismo de las regiones superior e inferior, el Cielo y la Tierra, en la sucesión de las edades.

Pintado en otras partes rondando por el campo de estrellas que él mismo arrojó al azar en torno de sus 11 constantes, Coyote sigue hasta el olor más remoto, juega y ama apasionadamente. Su compañera es la Mujer Osa. El oso, que también aparece en las pinturas secas, es una criatura cósmica por derecho propio en toda América del Norte; es decir, en la parte donde habitan los grandes osos: el pardo y el negro. Omnipresente en el territorio atapasco y el antiguo navajo, en la costa noroeste, la Madre Osa aparece en postes totémicos, con sus dientes siempre en número impar; grupos de osos viven y bailan bajo las cuatro montañas guardianas de los cherokee, y traspasan los muros de tierra de los cuatro mundos anteriores en los rollos Mide. En el relato navajo, Coyote y Osa, mamíferos velludos, se destruyen mutuamente cuatro veces; sin embargo, sobreviven porque se necesitan uno al otro. Su experiencia corrige el conflicto de géneros de una época anterior,[19] el cual relegando a la hembra y al macho a la masturbación solitaria, habían engendrado los monstruos primigenios que fueron muertos por Nayenezgani. Y se relaciona temáticamente con un contrato doméstico que fue violado, no por una especie, como en el *Popol vuh,* sino por un género. También corresponde al motivo de cómo surgieron los seres humanos al deshacerse de su piel de coyote, que vemos en la pintura seca Montaña Roja, pasando por los cuatro aros de los sentidos y de la sensibilidad.

El ascenso andino

…unos quentos y fabulosas (cosas) notables, que desde la creación del mundo hasta este tiempo hauian pasado quatro soles sin este que al presente nos alumbra. El primero se perdió por agua, el segundo cayendo el cielo sobre la tierra y que entonces mató a los gigantes que había y que los huesos que los españoles an hallado cabando en diferentes partes son dellos… El terzer sol dizen que falló por fuego. El quarto que por ayre; desde quinto sol tenían gran cuenta y lo tenían pintado y señalado en el templo de Curicancha y puesto en sus quipos hasta el año de 1554.[20]

A falta de otra información no hay ninguna razón para que los que hablan aquí no deban ser mesoamericanos. En realidad, son incas, hablantes de quechua de Tahuantinsuyu. Dada la supuesta escasez de comunicación entre el México y el Perú prehispánicos, resulta asombrosa la coincidencia de sus cosmogonías imperiales. El número, la secuencia y el detalle de los Soles registrados en escritos icónicos y ejemplificados en la Piedra del Sol del principal templo de Tenochtitlan discurren idénticos, de acuerdo con este relato hecho en 1613 por Murúa, en la escritura de los *quipus* y en el enorme disco de oro que adornaba al Coricancha en Cuzco ("y lo tenían pintado y señalado en el templo de Curicancha y puesto en sus quipos hasta el año de 1554"). Los términos quechuas que corresponden a los soles enumerados por Murúa (en español) aparecen en varias fuentes y están inequívocamente descritos, aunque con una ligera variante, en el diccionario de González Holguín de 1608. Ahí, el sol o edad aparece como *pachacuti*, un giro o cambio del tiempo-espacio. Los cataclismos que provocan estas alteraciones son calificados sucesivamente como *lloqlla unu*, avalancha de agua o diluvio; *quilla ungo*, luna enferma o eclipse; *nina*, fuego; y *auca*, espíritu guerrero, que aquí es la contraparte del viento.

Un detallado relato quechua de estos Soles aparece en el manuscrito de *Runa yndio niscap Machoncunna* de Huarochirí, obra que en realidad fue motivada por los intentos coloniales españoles de extirpar los cultos "idólatras" fundados en la cosmogonía andina.[21] Siguiendo los orígenes de estos cultos, el texto de Huarochirí presta particular atención a Pariacaca y Pachacamac, entre cuyos santuarios se encuentra ese poblado; uno de ellos es una montaña cubierta de nieve, río arriba sobre el Lurin, y el otro es una pirámide situada corriente abajo, sobre la costa. Descritas por Guamán Poma como los principales santuarios de Chinchasuyu, estas fuerzas locales son contrastadas específicamente con Viracocha y con otros rasgos de la religión impuesta en la zona por Cuzco y el Inca. Por lo que abarca y por su elección de detalles, el texto de Huarochirí fue llamado el *Popol vuh* de los Andes por José María Arguedas y otros, en justa comparación que nos recuerda, empero, que carece de la extrema finura narrativa del texto quiché y que antes bien consiste en capítulos dedicados a *huacas* en particular y a las ofrendas y plegarias que se les hacen. En realidad, es este modo expositivo el que ha tendido a oscurecer el esquema de las cuatro edades que aparece en el texto.

Al comienzo mismo, en el capítulo 1, se nos lleva de vuelta a los primeros principios, a los tiempos de Yanamca Tutañamca, o "negra noche y antiguas tinieblas", y a Huallallo Carhuincho, cuyas tendencias antropófagas le convierten en el principal adversario del héroe que surge como punto focal de todo el texto: el dios relámpago Pariacaca. Luego, las pretensiones de Viracocha, dios fundador de los incas, son comparadas con las de Pariacaca, en ventaja de este último (capítulo 2). Con ello, dejando aparte a los héroes creadores, la narración adopta un modo cósmico cuya escala supera al parentesco y concuerda, antes bien, con la pauta de los Soles. Del conjunto de cuatro Soles, se nos dice en un principio que hay dos, cada uno de los cuales dura cinco días. Son la pareja celestialmente producida de Diluvio y Eclipse (capítulos 3 y 4). Esta pareja inicial de desastres americanos incluye aquí los motivos decididamente andinos de la inmensa montaña Huillcacoto —que en el diluvio sirve como refugio a una familia humana y a un puñado de animales domésticos y otros— y el mar que se retira al Pacífico; más particularmente, cada uno invoca la llama, el animal que transformó la economía andina.

Antes del Diluvio, una llama con un sexto sentido advierte a sus amos humanos de un desastre inminente, gesto de solidaridad que está en armonía con el pastoralismo de Tahuantinsuyu. Antes del Eclipse, volvemos a ver la implacable explotación de los objetos domésticos, tema visible en la cerámica moche,[22] y el desprecio al contrato que une a los seres humanos con las criaturas que salieron del monte para caer bajo su dominio. Mientras que en el *Popol vuh* esta rebelión es encabezada por los morteros y utensilios de cocina cansados de un uso insensible, y por el perro y el guajolote furiosos (las dos criaturas cuya larga alianza con los pueblos americanos es celebrada, asimismo, en el ritual anasazi), en Tahuantinsuyu la rebelión de los utensilios va acompañada por la de las llamas. Como nos informa el *Runa yndio* (capítulo 4), estos animales de rebaño se vuelven contra sus amos en hordas salvajes:

Cómo murió el sol.

En tiempos antiguos dicen que el sol murió. Se hizo noche durante cinco días. Las piedras, entonces, se golpearon entre ellas mismas, unas contra otras; los morteros, es decir las muchcas, y también los batanes empezaron a comer a los hombres; las llamas de los cerros comenzaron a perseguirles. Y esto, ahora nosotros *cristianos* lo explicamos diciendo: "Quizá anocheció el mundo por causa de la muerte de nuestro poderoso señor *Jesucristo.*" Y es posible que así haya sido.

En cuanto a los cataclismos tercero y cuarto, de fuego y viento, se les puede interpretar como acontecimientos que pertenecen al ulterior ciclo de las hazañas de Pariacaca: ambos desarrollan de manera explícita el motivo de la montaña anunciado con el Diluvio, y ambos ocurren precisamente después de unas advertencias de cinco días. Persiguiendo a Huallallo y a su compañero, Manañamca, Pariacaca intenta aniquilarlos con el rayo, el agua y un inmenso torrente de fuego rojo y amarillo enviado desde cinco direcciones, que se levanta hasta el cielo; cuando se retiran, uno de ellos a la selva y el otro al océano, Pariacaca coloca guardias en la forma de unos hijos que se petrifican en las montañas Sulluyallap y Chuquihuampo, a quienes en su calidad de *huacas* se otorga un tributo apropiado (capítulo 8). Huallallo es visto por última vez como un reptil gigantesco que llega a formar un estrato de roca andina: otra analogía (de la tercera edad) del aplastado Cipacná; y después de la definitiva victoria de Pariacaca sobre él, queda establecida por vez primera en el texto la noción de Tahuantinsuyu. La catástrofe final de las cuatro edades concierne al pueblo de Colli, quien, como los Señores de Xibalbá, pisotea las leyes de la hospitalidad. Castigándoles por su mezquindad, Pariacaca se los lleva a todos en un violento ventarrón, salvo a uno de su número a quien transforma en una *huaca* de piedra, pagándole, una vez más, lo que se le debe (capítulo 25).

Estos cuatro cataclismos, aunque dispersos por el texto, forman sin duda una pauta equivalente a la notada por Murúa y, por tanto, a la del *Popol vuh* y la Piedra del Sol. Cada acontecimiento principal es identificado con un periodo de cinco días, y los dos primeros, el Diluvio y el Eclipse, causados celestialmente, forman una pareja, así como los dos siguientes, la lluvia de fuego y el viento asociados a Pariacaca (quien, a este respecto, actúa como héroe épico comparable a los Gemelos); y todo el argumento es sostenido por paralelos tan claramente marcados como el contrato doméstico de la segunda edad del mundo y el motivo de la hospitalidad en el cuarto. Más aún, al asignar los cuatro cataclismos a rasgos del paisaje que rodea a Pariacaca, sobre todo a otras montañas *huaca,* el esquema adquiere la calidad del quincunce territorial ejemplificado en el Mapa de Coixtlahuaca. En otras palabras, al rellenar el tenue esquema inca del que ya habían informado Murúa y otros autores coloniales españoles, el *Runa yndio* confirma íntimamente su naturaleza americana.

Con su concentración en *huacas* resultantes de la petrificación de deidades y monstruos pasados, el texto de Huarochirí centra nuestro enfoque en el nexo implícito, establecido en el *Popol vuh* y en los textos mesoamericanos, entre la geología y la biología; el punto de referencia común son los fósiles de roca. El reptil de piedra Huallallo es uno de esos casos, así como la bestia reptil de que informa Bertonio y que, como Cipacná, amenaza la estabilidad de la corteza terrestre.[23] (En la arquitectura, esta ideología andina de piedra imbuye los cursos serpentinos de mampostería que durante siglos han resistido al *pachacuti* o terremoto.) Otro rasgo andino relativo a las *huacas* del esquema cuartomundista es su jerarquía y los homenajes que se les rinden. Siendo el agente directo de los que en otras partes son cataclismos fuera de todo control individual, Pariacaca recuerda a otros héroes andinos como Viracocha, quien destruyó personalmente a sus adversarios con fuego volcánico, y a Bachue de los chibchas del norte, quien pudo a la vez causar y contener el diluvio. Bajo los auspicios supremos de estas figuras omnipotentes, la cosmogonía sanciona los deberes de la vida cotidiana, como la limpieza de los canales de riego, los cuales son, a su vez, artefactos de piedra concebidos como *huacas*.

En la *Nueva corónica* de Guamán Poma, esta interpretación política de las edades del mundo en que se establece un contraste entre un gobernante todopoderoso y sus súbditos humanos se lleva mucho más allá, reflejando en forma más específica la ideología inca. Su capítulo sobre la cosmogonía reproduce estructuralmente el esquema de los Soles; sin embargo, a cada momento lo humaniza, aduciendo un mensaje político propio de los incas. Racionalizado por el *quipu,* el *tahuantinsuyu* gobernado por Cuzco no sólo es aquí estable como piedra, sino ejemplo de una ética de trabajo. En la *Nueva corónica,* esta pauta de cuatro Soles imbuye todo el informe sobre Tahuantinsuyu y su cuádruple división especial en *suyus;* y, lo que es más, retroactivamente da forma a los relatos bíblicos de la creación incluidos en la *Corónica.*

El capítulo de Guamán Poma sobre cosmogonía (pp. 48-78; figura X.3) reproduce un esquema de cuatro edades del mundo, definidas no tanto por sus fines catastróficos cuanto por los hábitos de la gente que vivió durante ellas, y que es calificada sucesivamente como Uariviracocha, Uari, Purun y Auca. La cuarta, idéntica a la descripción de Murúa, invoca el conflicto, y la tercera significa algo como "crudo" o "inconcluso"; *uari,* el elemento común

FIGURA X.3. *Las edades del mundo inca* (Guamán Poma, *Nueva corónica*, pp. 47-63).

a las dos primeras, significa "original", y la primera de ellas tiene un afijo de deidad. En las imágenes correspondientes, las dos primeras edades se distinguen de las siguientes como una pareja inicial por varias razones. Como el Diluvio y el Eclipse, se les muestra directamente sometidas a fuerzas celestiales, simbolizadas por el sol (primero a la derecha, luego a la izquierda), mientras que desde abajo se elevan sencillas plegarias al cielo. Además, estos dóciles seres humanos aún tienen que aprender a tejer y sólo están vestidos de hojas y pieles; la rueca de algodón no aparecerá antes de los purunes (estructuralmente, estas tres cubiertas de piel encuentran sus análogos presociales más radicales en la escama, la pluma y el pelo de la tercera edad del *Popol vuh*). No obstante, aun así la capacidad humana y, en realidad, el deber de trabajar se señalan por el arado de pie andino que aparece desde la primera edad, y por la aparición en el panorama de un *pucullo*, pequeña casa y morada fija, en la segunda. El tema del trabajo y el esfuerzo sigue marcadamente desarrollado en los grandes edificios con techo de paja de los purunes y en las macizas fortificaciones de piedra de los auca, que físicamente excluyen al cielo. Visualmente, este conjunto de imágenes afirma la ideología inca de trabajo y progreso, en que a la humanidad andina se le ofrece una oportunidad de ascender al precio de guardar obediencia al sistema. En capítulos sucesivos, Guamán explica cómo este imperativo humanista se convirtió en la religión del Estado inca. Situado en el centro del disco de Coricancha descrito por Murúa, Viracocha es exaltado como deidad suprema, personificación del poderío inca; por la misma lógica, el cataclismo Pachacuti resulta apropiado como nombre o título inca.

Complementada por crónicas españolas, la cosmogonía que aparece en el *Runa yndio* y en la *Nueva corónica* de Guamán Poma anuncia prioridades propias; sin embargo, se atiene al mismo esquema de los Soles que predomina en los textos mesoamericanos. Como esquema andino con su particular hincapié en la formación de la roca y en sus imperativos morales, sobrevive hoy en la ideología quechua y le hacen eco otras culturas a lo largo de los antiguos límites de Tahuantinsuyu: chibcha, amazónica, del Gran Chaco y mapuche. Un ejemplo citado muy a menudo de los hablantes de quechua en el poblado de Tacaná trata de la rebelión de los utensilios durante el Eclipse,[24] de la cual se repiten ciertas versiones entre los grupos cercanos a la antigua frontera de Antisuyu. El relato también puede oírse entre los desana de Colombia, los chiriguanos de Paraguay y hasta los ge de las mesetas del este de Brasil, junto con el concepto de unas herramientas automáticas del tipo empleado por los Gemelos en el *Popol vuh*. En textos recabados en este siglo en el Gran Chaco, al sudeste, toda una serie de catástrofes reconocibles como las de los Soles continúa tachonando la cosmogonía: una inundación, causada ahí por sumersión; una prolongada oscuridad o año sin sol, en que la gente devoraba a los perros, y no a la inversa; una lluvia de fuego vinculada con el relato de las Pléyades, y otro desastre identificado las más de las veces con el frío de la altitud. Como tal, el motivo de los gigantes caídos, y el testimonio fósil que dejaron, llega desde Mesoamérica y el Darién y corre a lo largo de toda la cadena andina.[25]

Hasta la pérdida de la autonomía, ocurrida hace un siglo, el mismo esquema de las edades prosperó en la entidad política mapuche, a su modo un *tahuantinsuyu,* incluso en la educación de los hijos. De labios de las personas nacidas antes de esa época, sobre todo el anónimo Huinkulche, entrevistado por Kössler-Ilg,[26] ha surgido una historia notable que adapta los Soles del Cuarto Mundo al panorama de la cordillera meridional, Pire Mahuida. El primero y más inconfundible de los cataclismos mapuches es el Diluvio. Surcando las aguas del océano o, en la versión del altiplano, el lago Lacar, la serpiente Cai Cai obliga a las criaturas de la tierra a buscar refugio en la montaña Threng-threng, dominio de otro reptil conocido con este nombre, que hace que sus estratos se curven hacia arriba para mantenerse por encima de las aguas del Diluvio. Las huellas de quienes experimentaron este desastre se encuentran en estratos ricos en fósiles en Trompul, cerca de Lacar, en la región de los lagos sagrados, principalmente en los peces en que volvieron a convertirse muchos de los protohumanos de la época. Estos fósiles, literalmente "piedras de hueso" en mapuche *(fora-lil),* también corresponden a otros vertebrados que por la noche salen a rondar como serpientes, aves o vampiros, con los mismos ojos agudos y alas-aletas que monstruosamente prefiguran la imagen humana definitiva. Los cráneos de caballos primigenios con sus dientes determinados por el sexo (cuatro más para los machos), algunos de los cuales muestran incisiones hechas por humanos, también reciben una interpretación.

Los textos mapuches, en lugar de presentar un borramiento directo del sol, interpretan el cataclismo del Eclipse como una prolongada oscuridad que dura "no diez días, no diez meses, ni siquiera diez años", un cambio del tiempo por vía de lo decimal que, a su vez, conduce a unos cálculos de los grandes ciclos del frío y de la línea de las nieves minuciosamente observados por todos los Andes en el mismo marco cósmico. A la vez, en lugar de una rebelión doméstica que incluya utensilios y animales, allí hombres y mujeres compiten por el poder: motivo muy difundido por América del Sur que presenta a amazonas y a esposas perdidas que, por remordimiento son buscadas en la tierra de los muertos.[27] Llega hasta América del Norte, como lo atestiguan el *Dine bahane* y ciertos textos de Isla Tortuga. Sin embargo, temáticamente la conexión es clara, pues la pugna en cuestión entre hombres y mujeres es provocada precisamente por la ruptura del tipo de contrato doméstico presentado en textos mesoamericanos y de Tahuantinsuyu.

En cuanto al origen volcánico de la lluvia de fuego que corresponde al tercer Sol, no cabe ninguna duda en el texto de Huinkulche, donde ofrece una secuela del Diluvio. En realidad, buscando refugio en Threng-threng, a los sobrevivientes de la gente anterior les llueven entonces, desde arriba, cenizas y piedras calientes. Para protegerse se hicieron unos sombreros (tejas de barro). Este precedente todavía se respeta hoy en los campos chilenos cuando la cordillera hace erupción. En cuanto al viento del cuarto Sol, también él amenazó a quienes trataban de salvarse en las montañas, en especial una pareja y su hijo que fueron transformados por sus ráfagas en piedras, que, según se dice, aún están visibles cerca de Quillen y los lagos sagrados. La tradición mapuche, publicada en diversas versiones, se extiende hasta el extremo sur, hasta los selknam, yamana y alacalufe, especialmente sobre los temas de la gran inundación, la metamorfosis humana y la lucha entre hombres y mujeres, característica de la época de las tinieblas que dejó como recuerdo el gran campo de hielo de los Andes del Sur.

Apareciendo cuatro siglos después de las versiones clásicas de los Soles, mesoamericana y de Tahuantinsuyu, estos textos mapuches muestran claramente su continuidad y su extensión en el Cuarto Mundo. Mediante el modelo del Melihuinkul, las cuatro montañas que se centran precisamente en el lugar de supervivencia, Threng-threng, el quincunce de las épocas es llevado esta vez a territorio mapuche, en la extremidad meridional de la cadena andina americana. Particularmente notable es el detalle del mensaje biogeológico leído en los *fora-lil* incrustados en aquellas montañas.

EL DILUVIO Y EL ÁRBOL DEL ALIMENTO

Watunna, de los soto-caribes, representa espléndidamente la cosmogonía del territorio que el texto mismo hace bajar del cielo. Al oeste, para aliviar su sed, llegó el canal de Casiquiare, el agua que une físicamente los dos grandes sistemas de drenaje del Orinoco y el Amazonas; al este, para calmar el hambre, llegó Roraima, el gran árbol del alimento, transformado después en el enorme centinela del altiplano de la Guyana, que separa los cursos inferiores de esos mismos ríos. En el centro se encuentra el corazón de las tierras de los soto, Marahuaka, que también en un tiempo fue un árbol y una planta llegados de Roraima, y que hoy son las montañas donde brotan las fuentes del Orinoco. Entre las cosmogonías publicadas de las selvas tropicales, se distingue como narración que afirma conscientemente su forma y su integridad, permitiéndonos deducir un argumento general. Una parte de este argumento se glosa en una breve pieza anexa conocida como Medatia, que incluye un raro diagrama del cosmos del chamán soto (véase capítulo XI, en especial figura XI.1).

Desde su centro, Marahuaka, *Watunna* encuentra una resonancia inmediata en las cosmogonías de otros caribes y de los arawakos, quienes unos tras otros, colonizaron gran parte de la selva tropical del norte, la Guyana y las islas del mar Caribe. Es particularmente afín a las narraciones de la Guyana, que presentan al héroe Makunaima, así como a los relatos y curas (*panton, taren*) de los pemon, los cuales, además, reconocen de manera explícita la autoridad de los soto. Como texto característico de la selva tropical, que en estas cosas se extiende desde Panamá hasta Paraguay, asimismo encuentra ecos, por ejemplo, en las narraciones de los tucano y los witoto en el alto Amazonas y de muchos grupos brasileños que hoy reconocen un foco común en Xingu.[28] Desde el principio, quedará claro que *Watunna* no ofrece otra versión más del quincunce geológico detectado en los textos mesoamericanos, de Anasazi y de Tahuantinsuyu. Tampoco nos permite, en toda la narración, separar tan fácilmente de la metamorfosis un relato específicamente épico de la clase ejemplificada por los Gemelos: como el relato guaraní, incluye a sus gemelos y héroes en los procesos más profundos de la creación. Al mismo tiempo, al presentar un argumento en gran escala, construido con mucho cuidado, divisible en episodios y en ciclos que tratan de manera abierta de las principales cuestiones de la formación de la tierra y de sus habitantes, no sólo nos ofrece una medida de la tradición de las selvas tropicales, sino que puede compararse con el propio *Popol vuh*.

Tal como se encuentra en la traducción inglesa de Guss y en la edición revisada en español (1992), *Watunna* nos lleva desde el comienzo mismo de los tiempos, cuando cielos y tierra eran uno solo, a la invasión de la selva tropical que continúa en nuestros días. En el proceso experimentamos dos tipos de narración, cosmogónica e histórica, que se separan en la creación de Wahnatu, antepasado de la nación soto. La parte histórica corre a través de un relato reconociblemente lineal de asentamiento y, después, de encuentro con invasores españoles, holandeses y otros; la cosmogonía obedece a esquemas más complejos y entrelaza la genealogía y el parentesco en repetidas metamorfosis en gran escala.

El relato cosmogónico comienza en el cielo con Wanadi, fuente de luz y poseedor de la electricidad que fulmina como el rayo, de lo cual son muestras los cristales de cuarzo del chamán; desde su privilegiada posición, Wanadi goza del panorama de la tierra, al que aspira el chamán en su trance, dramáticamente presentado más adelante en el relato. Desde arriba, Wanadi pone las cosas en marcha, haciendo dos intentos iniciales por poblar la tierra, primero en la persona de Seruhe Ianade y luego en la de Nadeiumadi. Bajo ninguno de estos aspectos lo logra, y sus delegados retornan al cielo. De la placenta de Seruhe Ianade surge el satánico Odosha, que esclaviza a las primeras gentes, obligándolas a obtener un excedente de pescado para lo cual deben matar a su dueño.

Habiendo aprendido a matar, ellos se enferman y se convierten en animales. Luego, en el segundo intento, Odosha se asegura de que los restantes aprendan a morir. Una muerte general resulta de que él haya superado a Nadeiumade, cuyo sobrino, además, causa un reino de las tinieblas, durante el cual el primer cadáver se agita bajo la tierra y él mismo se transforma en mono. Después de esto, Wanadi desciende a la tierra en un tercer aspecto, el "constructor de casas", Attawanadi, quien finalmente, después de cuatro ciclos de acontecimientos, crea al soto ancestral. El primero de estos ciclos concierne al propio Attawanadi; el segundo, a sus descendientes por procuración, los gemelos Iureke y su hermano. Los ciclos tercero y cuarto tratan de otros pares de héroes, adversos ambos a Mado el Jaguar, y ninguno de ellos nacido en forma natural.

Desde el principio, Attawanadi vive ejemplarmente, trayendo mandioca del cielo y ayudando a la gente a establecerse. Confirma la condición disminuida del mono, asignándole, por decirlo así, la cola que en los diseños *timehri* y en el discurso de la selva tropical lo distingue, generalmente, de los seres humanos (figura X.4), y prevé la condición de los humanos por medio de su visión, su capacidad de imaginar. Ayudado siempre por Wade, el abuelo de los perezosos y mamíferos peludos, y capaz de adoptar el aspecto más humilde, como el de un anciano sucio, se enfrenta a Odosha en un diálogo de poder, como el que sostienen Paï y Charia, los señores de la vida y la muerte entre los tupí. En su capacidad de soñar se asemeja particularmente a los héroes de los witoto, los tucano y otros grupos del oeste, y a los arawakos guyaneses en el este. Según Rigasedyue, Rafuema, el creador witoto, es un ejemplo máximo de esta facultad, y conoce las sustancias psicotrópicas y alucinógenas como la *ayahuasca* nombrada en *Watunna* y que se sabe son medios de recuperar el contacto con las deidades y las fuerzas de la vida.[29]

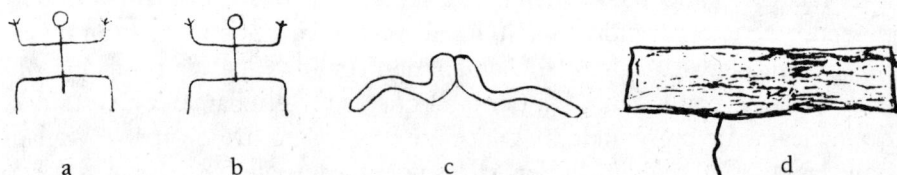

FIGURA X.4. *Timehri y otros diseños de la selva tropical:* a) *mono con cola;* b) *humano sin cola;* c) *primer nacimiento humano (Inscripción en Wainambi);* d) *Roraima, el acantilado "verde-azul", como mojonera y fuente del río Yuruani-Caroni (del mapa hecho por Emazi; Koch-Grünberg 1979-82, 3: 164).*

En la práctica, Attawanadi supera al mortífero Odosha mediante el amor a su novia-pez, Kaweshawa. Siendo un cazador con cerbatana que, en secreto, también se dedica a la agricultura, se gana el derecho de casarse con Kaweshawa al construir una casa y un huerto *(conuco)* para su futuro suegro, el señor de los peces. Cuando ella es raptada, él se dedica íntegramente a intentar recuperarla, pasando por una vertiginosa serie de transformaciones. También intenta encontrar un sustituto de ella: repitiendo los dos iniciales fracasos de Wanadi y siguiendo a Nadeiumade, quien en un sueño dio el ser a su propia madre, también mediante sueños da vida a dos mujeres, una de ellas de barro blanco, que se disuelve en el agua, y la otra de negra resina de árbol, que se quema al sol. Con el tiempo, después de disfrazarse intercambiando cabezas con Wade, encuentra a su esposa en el cielo y la rescata. Hundiéndola en las aguas intensamente azules del lago Akuena, de su cuerpo calcinado forma una nueva esposa, y de su brazo forma una segunda mujer para su amigo el lagarto. Por último, se establece.

A partir de esta pausa, el relato avanza hacia el siguiente ciclo, cuando Attawanadi decide regresar al cielo a pedir a Wanadi el huevo del que ha de nacer su pueblo y del que, en realidad, surgieron Iureke y su gemelo. Llamada Huehanna, esta fuente de vida zumba con la danza y el canto de generaciones futuras. Attawanadi se ve frustrado en su propósito porque Huehanna ha sido robado primero por Nuna, la luna caníbal, y luego por la hermana de Nuna, a quien él hace proposiciones incestuosas en un episodio que explica los oscuros defectos que hay en el rostro de Nuna, y que es reproducido en forma casi idéntica por toda la selva tropical. Al traer el huevo a la tierra y conservarlo como si fuera suyo, la hermana se convierte en la anaconda emplumada Huiio, la señora del Orinoco y de todos los ríos. Secándose sus plumas al sol, Huiio es perseguida y muerta por el grupo de cazadores prototípicos que, en la versión urubu-tupí, son el 11 del Zodiaco.

Ella libera al huevo Huehanna al aire, donde las aves están aguardando para apoderarse de él; pero se estrella en una roca, y quienes iban en él caen al agua, convirtiéndose en huevos; de estos huevos, a su vez, surgen peces, caimanes y otros habitantes de sangre fría de los ríos de Huiio. El cuerpo de la Gran Serpiente Huiio es devorado entonces en una orgía carnívora iniciada por el jaguar Manuwa y las lechuzas nocturnas. Un enorme diluvio cubre toda la tierra, dejando sólo secos y sin abrir dos huevos de pez; éstos se convierten en los gemelos Shikiemona e Iureke.[30]

Al principio, los gemelos son cuidados por el sapo-hembra, Wawao, que escupe fuego, y por su esposo el jaguar Manuwa, cuyas malas intenciones hacia ellos frustran repetidas veces con su ingenio enfrentando la fuerza bruta con astucia, y gracias a la capacidad del chamán/*huhai* para convertirse en grillo, cucaracha, pez, tortuga o pájaro. Así para descubrir el fuego secreto de Wawao, Iureke se oculta en el techo. Y aunque ella lo ve reflejado en una olla, él logra llevarse el fuego. En cuanto a Manuwa, con engaños le atraen indignamente a una caverna con un señuelo de carne, le roban los ojos y por último lo envían a mecerse por el espacio, colgado de una liana. Una vez más, este episodio tiene paralelos directos en toda la selva tropical, en relatos de unos gemelos literalmente arrancados del vientre de su madre por unos jaguares que luego serían sus padres adoptivos; de sapos cocineros con un fuego secreto, y del jaguar que se mece, cuyo primo tupí, de un color azul hipnótico, más adelante aguarda en el cielo para lanzarse a matar durante el Eclipse.

En aventuras ulteriores, los Gemelos siguen llevando una vida ejemplar, sentando precedentes. Por ejemplo, la celebración Wanwanno queda establecida cuando Iureke perdona a su hermano, soltero, por seducir a su mujer. Completan el ciclo vengando a su madre, Huiio, en fuego y otro diluvio que causan al dejar caer el aceite *caruto* de la calabaza de ella. Se salvan refugiándose en unas palmeras gemelas mariche[31] que se convierten en la montaña Ekuadi hidi, al nordeste de Marahuaka. Pero cuando el agua baja específicamente al límite del mar Caribe, descubren que no han eliminado a todos los que culpan del asesinato de Huiio, en especial a cuatro aves que, en realidad, ayudan en otra parte a los seres humanos. También descubren que los piaroa, vecinos de los soto corriente abajo, se han apropiado de los cristales de cuarzo que ellos mismos habían arrojado en la roca Madan tahu, sin comprender al principio su valor como piedras engendradas por el rayo. Y también estos Gemelos regresan al cielo.

En relación con el jaguar Mado, sagrado para Wanadi y nacido de la sangre de un cierto Sahatuma, los dos ciclos restantes tienen por héroes al pionero Wachamadi y a la estrella vespertina, Kuamachi. Como su hermano gemelo, Wachamadi es el segundo nacido de una mujer preñada por el veneno de serpiente y tienen hermanos mayores, también gemelos, las feroces águilas-arpías Dinoshi. Uno de sus tíos, Momiñaru, es el responsable de haber derramado la sangre de Sahatuna que produjo a Mado; pero es con el otro tío, Kasenadu, con el que tiene más tratos, como sobrino y potencial yerno.

Los brazos de pionero de Wachamadi tienen "la fuerza de cuatrocientos" (gracias a la poción mariche que toma [p. 56]), y su hacha corta como por sí sola. Así equipado, en el tiempo imposiblemente breve de que dispone, hace una casa y un *conuco* para Kasenadu, el amo del trueno y el rayo. Según el precedente sentado por Attawanadi y que hoy es costumbre general en las selvas tropicales, se gana el derecho de casar con la hija de Kasenadu; pero se ve frustrado porque este tío lo odia a él así como odió a su hermana (la madre de Wachamadi); y, en todo caso, como lo explica el comentario pemon, el hecho de que cortejara a una mujer de tanta categoría es un atrevimiento.[32] En la casa recién completada, Kasenadu trata de embriagar a Wachamadi con *iarake* y destruirlo, sólo para verse gravemente herido, a su vez, por su propio rayo. Después de esto, Kasenadu cambia su fuego por un hacha, pero ahora está demasiado débil para poder utilizarla. Habiéndosele mostrado métodos y herramientas superiores para el importantísimo arte del *conuco,* Wachamadi se vuelve el nuevo experto en desmontar los campos, y a su lado Kasenadu parece lamentable e ineficiente.

Con Kuamachi, el nexo con Mado es mucho más directo, ya que este ser, que conduce a otros animales y a la gente de las estrellas, destroza a su madre. Kuamachi venga este acto, primero matando a Mado y a su hermana. Luego, ataca a la gente de las estrellas, encabezada por su jefe, Wlaha, mientras estaban atiborrándose de frutas que, según decían, ayudarían a cosechar de un árbol gigantesco. Causa una inundación que, una vez más, brota de una calabaza: aguas infestadas de caimanes que cortan la retirada a la gente de las estrellas, y él y su abuelo logran salvarse en una canoa a la que dieron existencia en un sueño. Luego prende fuego al árbol y les arroja flechas, provocando una matanza que deja entrañas humanas flotando en el agua roja de sangre. En un deslumbrante y último conjunto de metamorfosis, este *Götterdämmerung* es llevado al cielo y la astronomía, a unas relaciones entre las estrellas fijas y los planetas. Como siete elementos de sí mismo, Wlaha asciende para convertirse en las Pléyades, la constelación que señala el camino del Zodiaco seguido por los planetas y las temporadas de plantar. Un compañero con una sola pierna se convierte en el adyacente Orión. El trupial anaranjado se convierte en el planeta Marte, y Kuamachi adopta su verdadera identidad como Vésper o la Venus de occidente. Uniéndose a Wlaha en el cielo, Kuamachi también termina su querella con él y le ofrece la "planta de la paz", el *akuaniye*. También forma parte de este registro astronómico la historia complementaria de Makusani, el cazador con cerbatana que viaja entre las casas de la luna y el sol.

Con todo esto, se ha allanado el camino a los hechos climáticos que siguen: la fundación de la agricultura comunal en Marahuaka y la creación del primer soto. Pero, primero, vamos hacia atrás para que se nos cuente cómo fueron prefigurados estos hechos por el pueblo del espíritu de Wanadi, los personajes de la trama hasta ahora, cuando del cielo fue traído un corte de un árbol de mandioca a Roraima, ese "El Dorado botánico"[33] y primera de las montañas-árbol, y otro trozo fue llevado a lo que se convierte en el corazón del territorio soto, la montaña-árbol Marahuaka. Extendiéndose entre la tierra y el cielo, con raíces que se alimentan de ambos, las ramas de Marahuaka dan todas las frutas conocidas, con tal profusión que caen sobre quienes rodean su base. Para resolver esta situación reaparece Attawanadi, siempre compañero del perezoso Wade, y convierte a las gentes-pájaros de Semania en recogedores y luego en instructores en la agricultura del conuco. De hecho, todas las aves y los animales colaboran; es decir, todos excepto Mado el jaguar y Wachedi el tapir, que sólo piensan en sí mismos y se niegan a trabajar o a compartir. Campeones de la selva, son suprimidos de la escena cuando llega el momento de derribar el gran árbol Marahuaka.

Desplomándose con estruendo, Marahuaka, el árbol del alimento, se convierte en la montaña soto de tal nombre, mientras que las lluvias que caen de sus raíces arrancadas llenan las cascadas y ríos del alto Orinoco. Este acontecimiento del derribo del árbol, difundido por toda la selva tropical, provoca típicamente una gran inundación, y aquí se dice que transforma de manera radical la faz de la tierra, confundiendo los caminos arcaicos; entre los tupí, explica el primer gran arranque del Amazonas. La tierra de los bordes pronto está plana y lisa para plantarla, por lo que se efectúa entonces el cambio a la agricultura: "Ahora había retoños por doquier, la Tierra se volvió verde. El bosque se llenó de árboles, nuestros conucos se llenaron de mandioca" (Civrieux, 1980: 135).

En el momento de la cosecha todos se reúnen a cantar y bailar, encabezados por Semenia y la gente-pájaro, Attawanadi y Wade; y recuerdan todo lo que ocurrió en el texto mismo: "Watunna, lo que llamamos el recuerdo de nuestro principio." El relato de la partida tiene especial brillantez (Civrieux, 1980: 136-137):

Mientras bailaban, bebían, se cambiaron en pájaros bonitos de todos colores, alzaron vuelo, llenaron el aire con plumas. Todo rojo, verde, amarillo, azul. Era bonito, bonito. Ahora la Madre de Agua, la Gran Culebra, Huiio, salió del río, brotó a la luz.

—Quiero mi corona —dijo, buscando plumas, pájaros para su corona. Huiio sacó en el aire su cuerpo grande; vinieron muchos pájaros. Huiio se cubrió con plumas.

Después de que todos estos primeros cosechadores se fueron al cielo, dejando aquí en la tierra sólo signos o formas de sí mismos, Wanadi se encuentra ante un problema fundamental: ¿Quién impedirá que se pierda el alimento, el conocimiento caramente pagado de cómo plantar y preparar las cosechas? De este dilema surge la decisión de crear a los soto, el verdadero pueblo de la tierra formado de barro, cuyos primeros actos son en realidad repetir a Marahuaka; es decir, derribar el árbol, desmontar el conuco, cosechar los alimentos y celebrar. Al ver esa danza humana, los antiguos retornan y participan en ella, invisibles a todos los ojos salvo a los del chamán.

En el relato, el acontecimiento original de Marahuaka concluye con los dos ciclos pareados que fueron iniciados por Attawanadi y Kaweshawa. Sin embargo, en realidad se dice que ocurrió mucho antes, al principio y no al final de la serie de acontecimientos del Diluvio que señalan los ciclos del héroe: el de Huiio, el de Iureke y el de Kuamachi. Trayendo a Huehanna al principio a la tierra, Huiio descubrió que Marahuaka "acababa de ser cortado", y que el Orinoco "acababa de nacer"; por ello, su ascensión después de ser destrozada técnicamente coincide con la de la danza de la cosecha al provocar la inundación de Kuamachi. Wlaha comió vorazmente, se dice, "como el Jaguar y el Tapir en Marahuaka". En la traducción española de 1970, en realidad se coloca a Marahuaka en esta temprana coyuntura de la narración. Pero se dice que los propios soto prefieren la disposición que nosotros hemos seguido, es decir, la de la traducción inglesa de 1980 y de la segunda edición española que como artefacto literario[34] hace resaltar rasgos claves de la cosmogonía en general.

Ante todo, el retrasar el episodio de Marahuaka logra, mediante yuxtaposición, un contraste categórico entre el mundo de los espíritus invisibles que, como *yvy tenonde* o el paraíso tupí de la primera tierra, prefigura nuestra experiencia humana y la historia lineal que comienza con los soto. Por tanto, a su vez añade mayor importancia al momento de la transición o verdadero gozne del texto, cuando salimos de toda la red de complejos procesos que, con el tiempo, hicieron posible la agricultura y la sociedad humana.

Nos pide que consideremos los respectivos niveles y cualidades de tiempo que caracterizan estas dos partes del texto, sobre todo respecto a Marahua-ka, tanto el primero (en teoría) como el último (en la práctica narrativa) en la serie de cuatro diluvios y en la danza cuyo ritmo extiende las fronteras normales del presente.

Brotando de un árbol que se convierte en piedra, el diluvio de Marahua-ka se anticipa a aquel en que Iureke y su gemelo, al vengar a su madre, Huiio, se salvan de morir ahogados gracias a dos palmeras gemelas que también se convierten en piedra. A su vez, el diluvio de Iureke complementa al de Kua-machi, ya que fue planeado para vengar a una madre asesinada, va acompañado por fuego y brota de una calabaza. De hecho, en otros textos de las selvas tropicales, estos distintos acontecimientos de diluvio son unidos o traspuestos. Aquí en *Watunna* se les coloca en un patrón que invita a un escrutinio y cuya lógica es conmensurable con la del *Popol vuh*.

El primero y el último de los diluvios, y el más complejo Marahuaka puede leerse en varios registros. El corte de su tronco y luego de sus raíces aerófitas, que llegaban a lo alto, fue como cortar el flujo umbilical entre el cielo y la tierra: un cambio cósmico que aún resuena por toda la selva tropical.[35] Siendo un corte definitivo, pone de relieve los modos de la participación de Wanadi en los asuntos terrenales: de la intervención directa y el fracaso en sus dos primeros aspectos pasamos a los ciclos del héroe iniciados por su tercer aspecto, Attawanadi, quien, bajando a la tierra antes de ese corte, aún se encuentra ahí cuando se trata de crear a los soto. Definido de esta manera, el par de fracasos iniciales encuentran un pronto eco en los desastres gemelos del Diluvio y el Eclipse que aparecen en las cosmogonías tupí, desana, witoto y otras de las tierras bajas.

Luego, como el árbol alimentario Marahuaka nutre al cazador-recolector, como su homólogo nahua Chichiualcuauhtli (Ríos, p. 4), se le asignan unas tetillas reales y el hule que corre como leche en la versión de los piaroa; y al ser derribado, provoca la necesidad de la agricultura. Identificado con la cosecha principal, la mandioca, produce una multitud de otros alimentos; sin embargo, los que se especifican realmente —mandioca, dos tipos de palmeras datileras y calabazas, aparte de los plátanos y el árbol del hule mencionados en otros textos—, representan claramente la reproducción vegetativa, en contraste con la reproducción por semillas. El correspondiente idioma de tubérculos, cortes e injertos, muy explícito en sí mismo, encuentra además un eco en la anatomía, en la cabeza intercambiada y la esposa dividida de Attawanadi, y en los siete retoños de sí mismo de Wlaha. De manera similar, el primo caribe de Attawanadi, Makunaima, también se

convierte en dos o cinco de sí mismo. En todo esto, la prioridad de la cosecha de la mandioca-"hueso", se refleja en el cuento (de una isla del Caribe)
de Louquou, apuntador de la mandioca (similar a Attawanadi), quien creó a
los seres humanos abriéndose una pierna; el relato waiwai del padre adoptivo chamuscado cuyos huesos se convierten en tubérculos de mandioca; la
versión barasana donde el cuerpo chamuscado es el de la gran anaconda y
la mandioca es explícitamente la primera cosecha del conuco, y el árbol
witoto de la abundancia, Moniya Amena, que fue a la vez un hombre y la
primera cosecha de mandioca.[36]

En la tradición de los taulipang, vecinos orientales de los soto, el primer
árbol de sustento Roraima se convierte en objeto de adoración por todas
estas razones. Según nos informa Schomburgk, y después Koch-Grünberg,
en sus canciones y con gran nostalgia, estos caribes sueñan con los tiempos en
que el gran árbol-montaña proveía de todo:

> Mientras duermo, ven acá, Roraima [quiero soñar con Roraima]
> a Roraima voy con deseos de comer plátanos.

Como árbol que se convierte en piedra, Marahuaka ejemplifica el proceso
de formación de rocas atribuido también a Roraima y a Ekuadi hidi, en las
extremidades oriental y occidental de la cordillera de Pacaraima. Congruente con el concepto de una flora carbonizada, el proceso se coloca en un
marco absolutamente sedimentario. De hecho, en una variante del diluvio
de Iureke, como en el relato shuar de Tsunki, el héroe es salvado por una
creciente pila de semillas de nuez arrojadas desde el árbol, básicamente el
motivo del cieno o *terra firma*; ni siquiera los ígneos cristales de cuarzo descubiertos en Madan tahu son lanzados por la erupción, sino que quedan allí
como residuo. Una vez más, hasta el punto en que tienen un mensaje geológico, las repetidas metamorfosis en peces convienen al mismo esquema
sedimentario.

Por último, como camino a la agricultura auténticamente comunal, en
que están dispuestos a participar todas las aves y los animales, salvo los últimos defensores del monte, Marahuaka confirma la intrincada red de con-
tratos y relaciones que mantienen al pueblo de *Watunna* en la naturaleza,
así como a Attawanadi con su sobrino el mono, su novia-pez y su aliado perezoso. La ulterior inundación de Huiio deja más abierta toda esta pregunta
de las formas de vida vertebradas y la definición particular de las tres cubiertas de piel. Adelantándose a los mamíferos velludos, Iureke y su gemelo
nacen de huevos que brotan de un huevo; se los disputan físicamente los

ponedores de huevos tanto de sangre fría como de sangre caliente, los peces con escamas, las serpientes y los caimanes, abajo, y las aves emplumadas, arriba; y luego son criados y amenazados por un sapo y un jaguar. En el otro extremo de la selva tropical, en el *Ayvu rapyta,* la misma lógica entreteje el hilo de la supervivencia para Kuaray después de que es arrancado, siendo embrión, del útero materno. Desde luego, el gran principio de todo este argumento sigue siendo la anaconda, capaz de abarcar el mundo, la gran serpiente emplumada, Huiio misma, de la cual brota toda la vida vertebrada, abajo. De colores brillantes, Huiio suele identificarse con el arco iris: ambigua o hasta peligrosa manifestación superior de sí misma; al mismo tiempo, representa el concepto de la evolución vertebrada, tan firmemente como Quetzalcóatl.

En este nivel de análisis, al que invita la estructura misma del texto, resulta más fácil ver cómo *Watunna* puede relacionarse con el esquema de las edades del mundo representado en el *Popol vuh*[37] y en otros textos examinados antes. Los textos caribe y maya dependen por igual, del paso a la historia señalado por la agricultura específicamente de los humanos (éstos en cada caso son nombrados como el total de sus dígitos: "soto" significa 20, como la raíz maya *uinaq/uinic,* "hombre"). Ambos empiezan narrando un par de intentos fracasados de crear a los seres humanos por intervención directa de arriba, que lógicamente coinciden entre sí, recurren más o menos de manera directa a los conceptos de Diluvio y Eclipse, y dan por resultado metamorfosis en peces (posiblemente) y en monos con rabo (ciertamente; véase figura X.4); y mediante todo ello establecen una dualidad vertical entre los poderes del rayo, arriba, y la serpiente emplumada, abajo. En el medio, en todo lo tocante a las hazañas de los Gemelos quichés en la tierra, son persistentes los paralelos en detalles y argumentos: las escamas-plumas de los ovíparos y la solidaridad de los mamíferos velludos que se extiende hasta el intercambio de cabezas; el cazador con cerbatana, versado en venenos, que simula ser un agricultor, y a la inversa; el cuenco de alimentos que refleja a alguien que se oculta en el techo; el hacha pionera de los Cuatrocientos y la embriaguez con alcohol preparado durante tres días; el hacha que corta como por sí sola y el jaguar que contra ella defiende la selva; y la gente de las estrellas amenazada por el caimán, quienes se convierten en las Pléyades y establecen un nexo con los viajeros planetarios.

En algunos de estos casos, en realidad es posible trazar verdaderas líneas de conexión entre los dos textos, que hasta hoy no se han relacionado entre sí. Por ejemplo, el episodio del derribo del árbol que produce, de manera característica, el diluvio en los textos sudamericanos pero no en los meso-

americanos, ocurre en el Tatkan ikala cuna, donde, gracias al hacha solar de
Ipelele, el agua brota de Paluhuala como el océano salado de la costa caribeña de Panamá. Al mismo tiempo, el jaguar cuna, defensor constante de la
selva, protege al árbol contra el hacha lamiendo por la noche las heridas
hechas de día en la corteza, igual que en la imagen de los *teoamoxtli* (figura
II.13g). Asimismo, para los desana, la construcción de la primera *maloca* en
Wainambi coincide con la primera embriaguez humana. Una vez más, los
vívidos detalles domésticos del cuenco de alimentos que refleja el tejado,
arriba, nos llevan a detectar en el cocinero-sapo sudamericano y en la rechazada madre adoptiva un antecedente remoto de Oxomoco, a quien, en
este punto, sus hijos adoptivos expresan su impaciencia y el deseo de descubrir a su padre perdido.

En realidad, la miríada de narraciones de la selva tropical representada
por *Watunna* encuentra eco por todo el continente: un sustrato en los Andes
y un equivalente en América del Norte. La incestuosa luna macho, la
búsqueda de la esposa robada y su repetida destrucción, el derribo del árbol
alimentario también conocido como Tamoanchan, el don del tabaco por el
colibrí, la novia-pez que vive bajo los rápidos, el suegro potencial que posee
el trueno y los gemelos buscadores protegidos por águilas, aunque ausentes
en el *Popol vuh*, estos y muchos otros motivos de la selva tropical aparecen
en textos mayas, nahuas y de Anasazi, así como en el sur de los Apalaches, y
su precisión en la cosmogonía cherokee[38] sugiere un paso paralelo hacia el
norte a través del Caribe. En realidad, esta extensión fue la que llevó a Lévi-
Strauss a convertir la selva tropical en base americana de sus síntesis "míticas", así como ha movido a otros a identificarla como fuente de "todos los
relatos".

Precisamente por esta razón, en el relato de las edades del mundo y la metamorfosis se deben notar ciertas ausencias clave en *Watunna* y en la tradición que representa. Geológicamente, no hay ahí más lugar para un idioma
.volcánico[39] —Cipacná el creador de montañas— que lo hay biológicamente
para los gigantescos saurios prehistóricos; y tampoco un inframundo estra-
tificado ofrece a Odosha un hogar. De manera similar, en el lenguaje de la
reproducción de las plantas se hace más hincapié en lo vegetativo que en la
participación sexual y genética propia de las semillas, que el *Popol vuh* atribuye ante todo a Oxomoco, partera y bendecidora de la gente de maíz.

XI. LA EPOPEYA

En el relato del génesis que aparece en el *Popol vuh,* la historia de los Gemelos alcanza una identidad épica propia. Estos héroes, concebidos milagrosamente, luchan por sobrevivir y se lanzan a una jornada de peligro supremo, penetrando en el propio infierno. Preternaturalmente conscientes del mundo natural, intérpretes de la selva y sus idiomas, establecen normas sociales y un *ethos* para la nación futura. En suma, sirven de intermediarios entre las fuerzas cósmicas de la creación y la historia cotidiana. Como ocupan este lugar especial en el esquema de las edades del mundo, su búsqueda exige una atención particular como epopeya del Cuarto Mundo, pues a la vez como parientes y buscadores, los Gemelos tienen equivalentes por todo el continente, los cuales desempeñan, en diversas maneras, el mismo papel de mediadores. Es cierto que la autonomía de la epopeya varía de un génesis a otro; aun en el propio *Popol vuh,* antes de su ejemplar jornada a Xibalbá, los Gemelos participan en un cuento de metamorfosis de la tercera edad. En la selva tropical, este compromiso es mucho más profundo e incluye a sucesiones de héroes, quienes encarnan el proceso de la creación. Los héroes de los caribes y los cuna, pioneros que derriban el primer árbol, luego cortan el cordón umbilical entre el cielo y la tierra, creando, por decirlo así, la necesidad de que ellos mismos sirvan de mediadores entre ambos. En el caso guaraní, junto con el gran padre Maíra, Kuaray y su gemelo llegan a constituir una trinidad creadora. Y, a la inversa, por todo México, Anasazi e Isla Tortuga, el viaje épico siempre queda bien definido como narrativa por derecho propio.[1]

Así como el héroe épico americano nunca se concibe en forma natural, sino que sus semillas se obtienen de saliva, rayos del sol, plumas, jade, el falo de una serpiente, así también su nacimiento será prematuro o habría que sacarlo del vientre. Su temprana vida, llena de difíciles pruebas, llevará consigo la mancha y el dilema de la partenogénesis. La anomalía de la concepción milagrosa, resuelta en el *Popol vuh* por medio de la risa involuntaria de Oxomoco (que da su derecho de nacimiento a los Gemelos), es a la vez inevitable en la lógica social e interpretada de acuerdo con las prioridades locales.

Al oír que su madre es insultada por sus hermanos, el imperial Huitzilopochtli salta de la matriz para matarlos allí mismo por mencionar su ilegi-
timidad, en un acto de violenta autoafirmación. Literalmente *éventrés,* los
propios héroes de los sioux y tupí, apenas se libran de la muerte continúan
siendo maltratados no sólo por su familia adoptiva, como los Gemelos quichés, sino activamente amenazados por sus padres adoptivos. Esta privación, similar en las tradiciones del norte y el sur de América, fomenta la
habilidad de buscadores y luego la capacidad de sobrevivir compartiendo
los nichos de la selva: este tema se encuentra por igual en *Watunna,* los *teoa-*
moxtli y en las pinturas secas de Yoiiji Hataal ("canto de los abalorios").[2] La
supervivencia también depende característicamente de su pluralidad misma,
no sólo como gemelos, sino como otros múltiples, como los Makunaima,
que son cinco, además de ser dos, y los siete Wlada de *Watunna,* obra en que,
además, siete parejas de gemelos se suceden unas a otras. Además de "serpiente emplumada", "Quetzalcóatl" es "gemelo precioso", y *coatl* ha sobrevivido en el habla cotidiana de México como *cuate,* "compañero".[3]

Ninguno de los Gemelos quichés se casa, o siquiera se le menciona como
aspirante a una mano. Su misión, como la de Quetzalcóatl, supera desde el
principio toda sexualidad. No sucede así en el caso típico de la selva tropical, donde el encuentro con una mujer amada o la recuperación de ésta
constituye un constante acicate: de aquí, a su vez, el hecho de que estos héroes sudamericanos logren o merezcan la mujer efectuando tareas para el
padre de ésta, desmontando mágicamente el conuco, así como los Gemelos
quichés limpian la milpa para su abuela. Este servicio prestado por el potencial yerno permite que un nuevo orden remplace al paternal *statu quo* sin
alterar por completo los nexos sociales. Pese a estar domiciliado en los
Andes, el héroe hijo de Pariacaca en *Runa yndio* (capítulos 10-11) se apega a
este modelo. Huatyacuri, cuya distinción consiste en que presenció el nacimiento de su propio padre Pariacaca a partir de cinco huevos, pertenece,
como ya lo han mostrado otros, a un argumento absolutamente identificable
con la selva tropical. Como su nombre lo indica, vivió pobremente a base
de tubérculos asados en la tierra misma (*huatya*). Desde el punto de vista
social se le contrasta con el gran Tamtañamca, poseedor de una gran casa de
Anchicocha en las tierras altas, y padre de las hijas que incluyen a Urpay-
huachi y a Chaupiñamca, la futura compañera de Huatyacuri. Tamtañamca,
aunque poderoso, padece una enfermedad secreta, resultado de la infideli-
dad de su mujer con una serpiente que va devorando las vigas del techo y
un sapo de dos cabezas, que vive bajo la piedra de moler. Habiendo oído a
dos zorros, uno de arriba y el otro de abajo, que comentaban y diagnostica-

ban el caso, Huatyacuri ofrece curar a Tamtañamca a cambio de ser adoptado como hijo y ganar a Chaupiñamca en matrimonio. Este acuerdo y su logro enfurecen al cuñado de Chaupiñamca, quien desafía a Huatyacuri a una serie de pruebas; éstas conducen en la práctica a otros triunfos, pues, a diferencia de su rico adversario, Huatyacuri puede apelar a las fuerzas de la selva. Cuando se trata de hacer música, toca las zampoñas de la selva; cuando se trata de hospitalidad, sirve la bebida más fuerte; y como constructor de casas, no necesita de ejércitos de obreros, sino de las serpientes y los pájaros, y emplea a los leones de la montaña para poner en fuga a las recuas de llamas de su adversario.

Siguiendo la misma lógica y haciendo eco a la tradición de la selva, esta narración quechua también pone de relieve la calidad del verdadero héroe épico como alguien que no ha recibido privilegios, que carece de la autoridad y el poder *a priori* atribuidos a las deidades en las religiones de Estado de los incas y los chibchas, sobre todo Viracocha y Bochica.[4] Huatyacuri, fértil en recursos, aparece merecedor de sus triunfos; y menos que el inca Viracocha, pese a su origen indudable en la misma tradición heroica de los magos y conjuradores. Por una parte, celebrado como mágicamente concebido en la liturgia Zithuwa, Viracocha simplemente impone la civilización al paisaje, a la manera imperial; por otra parte, actúa como un desagradable oportunista especializado en seducir a mujeres que sólo tienen a sus madres para protegerlas. La primera es Cavillaca, a quien embaraza mediante un subterfugio, en otra concepción milagrosa que combina el motivo de recoger frutas de la selva tropical con la planta de la calabaza y la saliva-semen del *Popol vuh*. Tan adversa es Cavillaca a la persona de Viracocha, que resiste los intentos por casarla cuando, más adelante, se supone que su hijo necesita los cuidados de un padre (la solución andina al dilema social de la partenogénesis): junto con su hijo, ella huye al océano, donde ambos se convierten en piedra. Luego Viracocha hace el amor a una de dos hijas, cuya madre se hallaba lejos por entonces, visitando a Cavillaca en el mar (*Runa yndio*, capítulo 2).[5]

En la búsqueda que trasciende el parentesco y la sexualidad, el héroe épico ofrece su habilidad y sus conocimientos como compensación por la pérdida de la matriz cósmica y el divorcio entre el cielo y la tierra: tabaco, maíz, canciones y sus imágenes, medicinas y secretos para la vida. El héroe puesto que es el del *Popol vuh*, "que ve a lo lejos", se convierte en el ejemplo del chamán que viaja a lo lejos en la mente y el espacio, previendo cada eventualidad y cada enfermedad, y que, como psicopompo, lleva a salvo el alma de su paciente más allá de la muerte. En el Medatia, narración que es

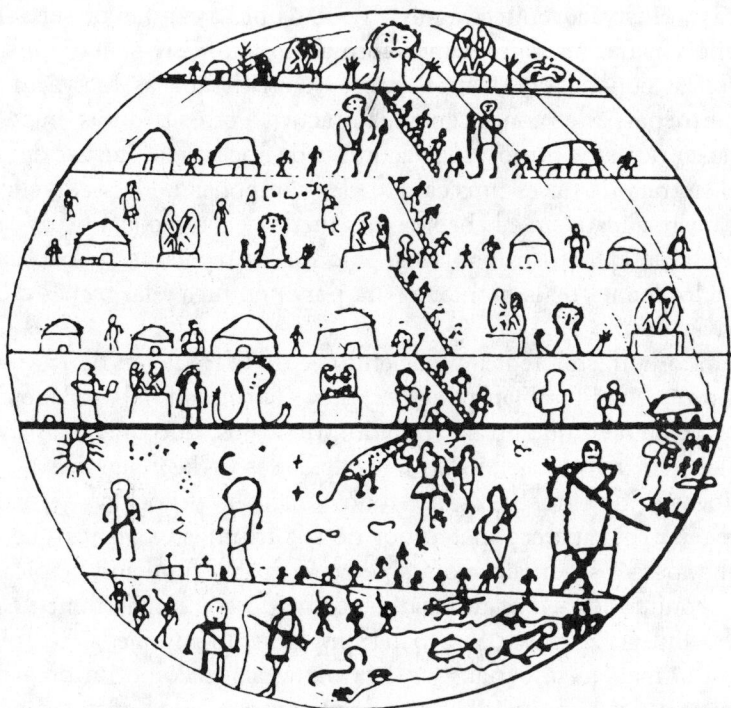

FIGURA XI.1. *Niveles de ascenso del chamán caribe. (Dibujo de Dawasehuwa, según Guss,
1985, 57.)*

secuela del *Watunna*, el chamán soto registra poderosamente este aprendizaje en términos de la selva tropical: el recurso a los sentidos, intensificados
por medios alucinógenos o de otra índole; el viento terrible y otras pruebas
que preceden al ascenso a través de cuatro niveles de conciencia —oír los
lenguajes de todas las criaturas, la vista, la *maraca* y el cristal de cuarzo (el
semen iluminador) que lo acompaña— para alcanzar finalmente el agua de
vida, el huevo del tinamou, y la visión completa del mundo que se puede
resucitar. Luego, descendiendo, vuelve a enseñar, liberar y restaurar la memoria de los hombres esclavizados en la oscura caverna de Odosha y a las
mujeres arrastradas bajo los rápidos por los monstruos acuáticos de Huiio[6]
(figura XI.1).

Siendo indiscutiblemente una clave del chamanismo del Cuarto Mundo,
la experiencia de Medatia ilumina en varios aspectos la de los Gemelos quichés. En particular, las pruebas y peligros que lo acechan conforme busca el
camino recto recuerdan directamente a las de aquéllos, como las colgantes

tijeras-murciélago, jaguares, ríos que atravesar y encrucijadas que oponen lo blanco a lo negro; éstos son motivos de prueba que encuentran nuevos ecos en las islas cuna, en Anasazi y en Isla Tortuga. Luego, el poder de comunicación interespecies de Jaguar Venado se prefigura cuando Medatia cambia primero sus oídos y su voz, de modo que puede hablar con otras criaturas, y a continuación sus ojos, para ver al mundo como lo ven ellos, intuyendo equivalencias radicales de imagen y energía. Así, Medatia puede recibir los dones que ellos llevan en respuesta a peticiones pensadas en lengua zuyua (véase p. 399): pez-mandioca, tela-hamaca, zancudo-halcón y lágrima de ojo-estrella.

En lo espacial, el camino de los soto hacia el conocimiento se extiende aquí entre los términos inferior y superior, entre la oscura caverna de Odosha y el dominio subacuático de Huiio, abajo, y el momento del conocimiento total, arriba. Estos momentos se relacionan técnicamente con la oposición inca entre el cenit (*ushnu*) y el anticenit; la analogía astronómica se confirma por el hecho de que figuras épicas afines a Medatia suben como el Sol y la Luna o la estrella gemela Venus, como en los casos tupí e inca. El mismo viaje está implícito en los motivos de Orfeo en la selva tropical, en las epopeyas mapuche y patagónica, y también en un viaje al inframundo apenas perceptible, en la cosmogonía ge.[7] Por toda América del Norte, desde los quichés hasta el Midewiwin, la analogía planetaria es absolutamente inconfundible en el "paseo solar" del viaje del chamán en trance, seguido por los Gemelos quichés conforme descienden a Xibalbá y luego ascienden caminando al cielo: el Sol y la Luna en el horizonte del este[8] (figura XI.2).

Identificada con el cazador-buscador en los textos Mide, esta movilidad complementa a su vez el modo de vida sedentario del agricultor, exactamente como en el caso de la planta de maíz dejada con Oxomoco por los Gemelos, que va creciendo según ellos van bien. Uniendo la astronomía a la agronomía, estos modos recíprocos están bien representados en la pintura anasazi "Yaahdiklith Nahastsan": el cuerpo del Cielo muestra el Sol, la Luna y Venus pasando por la falda de estrellas que también gira con el año; el de la Tierra, el lago umbilical del que crecen las cuatro plantas. De acuerdo con esta doctrina, que llegó hasta sociedades agrícolas tan distantes como la iroquesa, el héroe épico, viajando por el camino solar, allana el camino para que el maíz se convierta en sustancia y sustento de los seres humanos, en el acontecimiento culminante que sucede a los dos experimentos realizados con lodo y madera.

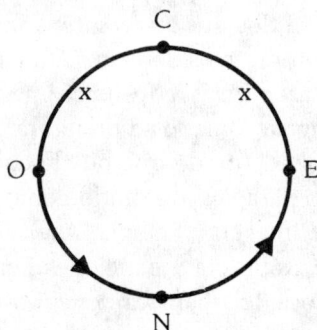

FIGURA XI.2. *El trayecto solar: estructura tetrádica, ascenso heliacal. E, este; O, oeste; C, cenit; N, nadir; X, momentos intermedios. Unidades de tiempo: Cuarto de día: viajando de E a O, el Sol descansa a medio camino en C, haciendo una pausa en X a medio camino hacia C y de regreso; el movimiento general en cuatro partes se complementa por la mitad nocturna del viaje, de O a E, abajo. Día: Venus, pasando de O a E —cambiando de la estrella vespertina a la estrella matutina, que se eleva heliacalmente (es decir, justo antes del Sol)—, al parecer viaja a través de N durante un periodo ritualmente calculado como 4 + 4 días por toda América del Norte (cf. lámina 17). 20 días: el uinal maya (20 días) hace su viaje primordial de E a C; su "paso" anterior era técnicamente de 40 días (es decir, O a E). Año: después de ocho años, el Sol y la Venus heliacal vuelven a coincidir en E, habiendo pasado por ocho y por cinco ciclos, respectivamente; conocido como octaeteris (aproximadamente 2 920 días), este periodo también sincroniza con 99 lunas.*

QUETZALCÓATL

Siendo honorífico su nombre para sacerdotes y reyes, Quetzalcóatl fue reverenciado como la más grande deidad de Mesoamérica. En sus sílabas lleva la carga evolutiva de la serpiente emplumada, ya sugerida por Huiio en *Watunna*: híbrido de ave y reptil, Quetzalcóatl, como Gucumatz (su homónimo) o Cipacyalo (guacamaya caimán) en el *Popol vuh*, ejemplifica la historia de los vertebrados que ponen huevos, los cuales precedieron a los mamíferos, y que, como ellos, podían adoptar formas y actitudes monstruosas. Al mismo tiempo, en la otra traducción de su nombre, como el gemelo precioso o *cuate*, aparece como héroe primigenio de la epopeya, como auténtica contraparte de los Gemelos quichés, quien venga a su padre, va al infierno, forma a los primeros hombres de esta Era e introduce la cultura del maíz y de la página pintada. Los dos se distinguen claramente como "culebra" y sacerdote-deidad, respectivamente, en los capítulos de trecenas del *tonalámatl*.[9]

El Quetzalcóatl épico predomina, en los *teoamoxtli*, en la *Leyenda de los Soles* y en otras narraciones importantes nahuas del génesis. A su vez, sirve de prototipo en la historia de Tula, así como de sus aportadores de la cultura y del prestigio político, en relatos que tienen la ventaja de establecer fuera de toda duda su naturaleza planetaria. Así como los Anales de Tepexic muestran a la deidad patrona Quetzalcóatl Nueve Viento naciendo del cielo, también los Anales de Cuauhtitlan, en un pasaje de asombrosa belleza (f. 7), narran cómo Quetzalcóatl Uno Caña se convirtió en Venus. En el momento culminante, ataviado con las plumas y la máscara también descritas en el texto de Tepexic, Quetzalcóatl, por su propia voluntad, se quemó a sí mismo; brillando, incandescente, su corazón aparece como el planeta:

Habiendo llegado adonde iba, otra vez ahí se entristeció y lloró.

Se dice que en este año Uno Caña, habiendo llegado a la orilla celeste del agua divina (a la costa del mar), se paró, lloró, cogió sus arreos, aderezó su insignia de plumas y su máscara verde, etcétera.

Luego que se atavió, él mismo se prendió fuego y se quemó: por eso se llama el quemadero ahí donde fue Quetzalcóatl a quemarse. Se dice que cuando ardió, al punto se encumbraron sus cenizas, y que aparecieron a verlas todas las aves preciosas que se remontan y visitan el cielo: el *tlauhquéchol,* el *xiuhtótol,* el *tzinizcan,* los papagayos *tozneneme, allome* y *cochome* y tantos otros pájaros lindos. Al acabarse sus cenizas, al momento vieron encumbrarse el corazón de Quetzalcóatl. Según sabían, fue al cielo y entró en el cielo. Decían los viejos que se convirtió en la estrella que al alba sale: así como dicen que apareció cuando murió Quetzalcóatl, a quien por eso nombraban el Señor del alba (*tlahuizcalpanteuctli*). Decían que, cuando él murió, sólo cuatro días no apareció, porque entonces fue a morar entre los muertos (*mictlan*); y que también en cuatro días se proveyó de flechas: por lo cual a los ocho días apareció la gran estrella (el lucero), que llamaban Quetzalcóatl. Y añadían que entonces se entronizó como Señor.

Sabían cuándo viene apareciendo, en qué signos y cada cuántos resplandece, les dispara sus rayos y les muestra enojo.

Siguen un catálogo de los cinco blancos particulares heridos por el planeta, según el Signo del día de su aparición heliacal como estrella matutina en el este a lo largo de ocho años (el *octaeteris*; véase figura XI.2). Éstos corresponden al conjunto de cinco blancos mostrado en el capítulo "Venus" de los *teoamoxtli* y en el *amoxtli* jeroglífico Dresde, donde aparecen cálculos astronómicos y donde los ocho años del ciclo corresponden a los ocho días de la conjunción inferior; es decir, el tiempo en que el planeta, viajando entre la tierra y el sol, desaparece de nuestra vista y en realidad pasa del horizonte

occidental como estrella vespertina para volver a surgir en el este heliacalmente, o delante del sol matutino. Precisando de manera explícita el mismo periodo de ocho días, los Anales de Cuauhtitlan describen este fenómeno como el paso por Mictlan, el inframundo nahua, o el lugar de los
muertos, equivalente a Xibalbá. En otras palabras, el viaje de Quetzalcóatl a
Mictlan debe identificarse inequívocamente con la conjunción inferior de
Venus.

Por su parte, el capítulo de la creación en el Códice Ríos, notado antes
por su representación de los Soles dentro de una secuencia dedicada a la
historia del maíz, antes de su descripción de Mictlan/Xibalbá, coloca un esquema de ocho pasajes, cuatro de ellos caracterizados por pedernales de
punta negra como especialmente peligrosos, y otros cuatro que lo son menos (p. 2). Estructuralmente, éstos corresponden a las dos mitades de la
conjunción inferior de Venus, como se las distingue en los Anales de Cuauhtitlan; es decir, enfrentando el peligro, Quetzalcóatl viajó durante cuatro
días, y durante los cuatro siguientes se preparó a la defensa propia.

En la *Leyenda de los Soles* (f. 2), Quetzalcóatl es intermediario entre el esquema de los cuatro Soles y el mundo actual, Cuatro Ollin, identificado ahí
con Tamoanchan y Teotihuacan. En el consejo de los dioses, él es el viajero
que resuelve el dilema de los sucesivos cataclismos: "¿Quienes vivirán ahora?", y su corolario: "¿Qué comerán?", preguntas que en la epopeya del *Popol
vuh* encuentran respuesta en el simple hecho del maíz. Empieza haciendo el
gran descenso a Mictlan para enfrentarse a sus señores, propietarios de los
huesos con los que formará a la humanidad futura.

Luego fue Quetzalcóhuatl al infierno (*mictlan,* entre los muertos): se llegó a
Mictlanteuctli y a Mictlancíhuatl y dijo: "He venido por los huesos preciosos que
tú guardas". Y dijo aquél: "¿Qué harás tú, Quetzalcóhuatl?" Otra vez dijo éste:
"Tratan los dioses de hacer con ellos quien habite sobre la tierra". De nuevo dijo
Mictlanteuctli: "Sea en buena hora. Toca mi caracol y tráele cuatro veces al de-
rredor de mi asiento de piedras preciosas". Pero su caracol no tiene agujeros de
mano. Llamó a los gusanos, que le hicieron agujeros, e inmediatamente entraron
allí las abejas grandes y las montesas, que lo tocaron; y lo oyó Mictlanteuctli.

Para obtener los huesos, tiene que realizar una tarea imposible, del tipo
exigido a los Gemelos quichés por los Señores de Xibalbá; y como ellos,
cuenta con la ayuda de un insecto, que aquí no es el zancudo sino la abeja.
Su triunfo, anunciado con una salva de ocarina, significa la victoria de su
persona, el segundo de los Veinte Signos que lo identifica como dios del

viento (de ahí, Quetzalcóatl Nueve Viento) y del aliento, que lucha por liberarse del poder de Mictlantecutli en el inframundo oscuro y sin viento. En los *teoamoxtli* se le representa simplemente como esta fuerza dadora de vida, amenazada siempre por la estasis y la sofocación de la muerte, y trataba en combate mortal con su esquelético adversario. De hecho, en el Borgia (p. 73), y en el Laud (p. 19), los dos adversarios simbolizan nada menos que la antítesis entre la vida y la muerte.

Después de otra prueba en que su *nahual* o yo acompañante le ayuda a mentir, Quetzalcóatl emprende el camino de regreso al mundo superior. Aferrando los huesos, varón por un lado y mujer por el otro, se enfrenta a nuevos obstáculos: un pozo excavado para él y un ataque de codornices. La inofensiva y comestible codorniz, que en realidad sólo se defiende por su zumbido al emprender el vuelo, es el cuarto de los Quecholli, y se convirtió en la típica ave sacrificial mesoamericana en recuerdo de esta ocasión, como lo muestra la página Era Cuatro Ollin en el Borgia (p. 71). Continúa la *Leyenda* (f. 2):

Otra vez dice Mictlanteuctli: "Está bien, tómalos". Y dijo Mictlanteuctli a sus mensajeros los mictecas: "Id a decirle, dioses que ha de venir a dejarlos". Pero Quetzalcóhuatl dijo hacia acá: "No, me los llevo para siempre". Y dijo a su *nahual*: "Anda a decirles que vendré a dejarlos". Y éste vino a decir a gritos: "Vendré a dejarlos". Subió pronto, luego que cogió los huesos preciosos: estaban juntos de un lado los huesos de varón y también juntos de otro lado los huesos de mujer. Así que los tomó, Quetzalcóhualt hizo de ellos un lío, que se trajo.

Otra vez les dijo Mictlanteuctli a sus mensajeros: "¡Dioses! De veras se llevó Quetzalcóhuatl los huesos preciosos. ¡Dioses! Id a hacer un hoyo". Fueron a hacerlo: y por eso se cayó en el hoyo, se golpeó y le espantaron las codornices: cayó muerto y esparció por el suelo los huesos preciosos, que luego mordieron y royeron las codornices. A poco resucitó Quetzalcóhuatl, lloró y dijo a su *nahual*: "¿Cómo será esto, *nahual* mío?" El cual dijo: "¡Cómo ha de ser! Que se echó a perder el negocio". Luego los juntó, los recogió e hizo un lío, que inmediatamente llevó a Tamoanchan.

Cuando por fin Quetzalcóatl logra entregar los huesos en Tamoanchan, son molidos por Mujer Serpiente Cihuacóatl, quien coloca el alimento en un cuenco de jade; perforándose el pene, Quetzalcóatl deja caer gotas de sangre en él. Estos actos penitenciales de los dioses —moler alimentos y sangrarse— corresponden tanto a los varones como a las mujeres, como los dos conjuntos de huesos; luego, se les presenta como la premisa sobre la cual nacerá esta especie actual: éstos serán los servidores de los dioses (*macehualli*), ya que los dioses hicieron penitencia para crearlos. En el Ríos (p. 9), este tema es desarrollado poderosamente mediante la figura de un Quetzalcóatl cuya prerrogativa señorial es someter los hombres a su control, como otros tantos venados ariscos (*maza-me*).

> Después que los hizo llegar, los molió la llamada Quilachtli: ésta es Cihuacóhuatl, que a continuación los echó en un lebrillo precioso. Sobre él se sangró Quetzalcóhuatl su miembro; y en seguida hicieron penitencia todos los dioses que se han mencionado: Apanteuctli, Huictlolinqui, Tepanquizqui, Tlallamánac, Tzontémoc, y el sexto de ellos, Quetzalcóhuatl. Luego dijeron: "Han nacido los vasallos de los dioses". Por cuanto hicieron penitencia sobre nosotros.
>
> *Leyenda, f. 2*

Mucho depende del nombre del lugar en que esto ocurre, Tamoanchan, representado visualmente como un árbol cuya parte superior ha sido cortada y va a caer (lámina 17b). Utilizado para confirmar momentos decisivos de la historia, por ejemplo el principio de la migración en los Anales de Aztlan, tiene su prototipo en la trecena del *tonalámatl*, que conmemora la hazaña de Quetzalcóatl; en una fuente se le glosa como "el árbol ensangrentado y quebrado [...] donde descendieron" (*cf. temoa*, "descender"). Una ubicación primaria de Tamoanchan es, apropiadamente, cerca de la sierra de Tepoztlan, los montes de los bebedores de pulque que derriban árboles (*tepuztli* = hacha) y que allanan el camino en el cielo a Quetzalcóatl,[10] así como lo hacen para los Gemelos quichés en el *Popol vuh*. Hasta aquí, todo se adapta al complejo zodiaco de Mesoamérica, que a su vez encuentra un eco en las pinturas huichol de la creación que muestran, blandiendo el hacha, a Watacame el talador de la milpa. Además, en un cuento que aún hoy se relata en náhuatl, el jefe de los portadores de hachas, el propio Tepoztécatl, se vuelve el héroe épico que desciende a Xochicalco para someter a su gobernante, así como los gemelos sometieron a los señores de Xibalbá.

Sin embargo, por medio del árbol "ensangrentado y quebrado" de Tamoanchan, ausente en el *Popol vuh*, encontramos otro paralelo más sugestivo con *Watunna* y la selva tropical, pues en el capítulo "Trecenas" de los libros rituales mesoamericanos (cuadro II.2), se le presenta como el portador de muchas distintas clases de frutos, que crecen en él como injertados, y su derribo cambia el mundo. En ambos relatos es directo el nexo con Marahuaka; en realidad, forma parte del conjunto mayor de conexiones entre las narrativas del Caribe y nahuas, visibles por otra parte en textos recabados en este siglo en el occidente de México.[11] Según la interpretación que se da en la selva tropical a la doctrina cuartomundista de qué es lo que se come, la mandioca, el producto típico que se reproduce vegetativamente en lugar de ser fertilizado, es el "hueso" de la sustancia humana, como en los ejemplos arawako y tupí citados antes. Además, los tubérculos, aunque mucho menos importantes en Mesoamérica, surgen ahí con una función similar, como en el acertijo maya que equipara la mandioca con los huesos enterrados del padre, o la variante nahua que, a la inversa, hace brotar el camote de los dedos de Quetzalcóatl.[12] En conjunto, indicarían un posible origen en las selvas tropicales de los huesos traídos por Quetzalcóatl para que se conviertan en sustancia humana, y con ello, en Tamoanchan, un recuerdo lejano de los frutos injertados de Marahuaka.

Vivos ahora, los seres humanos de Quetzalcóatl tienen que alimentarse; con este fin, contando con la ayuda de hormiga colorada, Quetzalcóatl hace un viaje subsidiario a la "montaña de nuestra carne", Tonacatépetl, una montaña de alimentos, como Roraima y Paxil.

> Otra vez dijeron: "¿Qué comerán, oh dioses? Ya todos buscan el alimento". Luego fue la hormiga a coger el maíz desgranado dentro del Tonacatépetl (cerro de las mieses). Encontró Quetzalcóhuatl a la hormiga y le dijo: "Dime adónde fuiste a cogerlo". Muchas veces le pregunta: pero no quiere decirlo. Luego le dice que allá (señalando el lugar): y la acompañó. Quetzalcóhuatl se volvió hormiga negra, la acompañó, y entraron y lo acarrearon ambos: esto es, Quetzalcóhuatl acompañó a la hormiga colorada hasta el depósito, arregló el maíz y en seguida lo llevó a Tamoanchan. Lo mascaron los dioses y lo pusieron en nuestra boca para robustecernos.
>
> *Leyenda, f.3*

Completando el episodio, los dioses se preguntan entonces qué hacer con la montaña de alimentos y una vez más el héroe solitario, Quetzalcóatl, intenta vanamente llevársela a cuestas. Por último, mediante la adivinación de Oxomoco, aquí varón y acompañado por Cipactonal, ahora mujer, por Nanahuatl y por los dioses de la lluvia de cuatro colores, sueltan el maíz de cuatro colores —blanco, negro, amarillo y rojo— junto con frijoles, amaranto (*huauhtli*), chía y todos los demás alimentos.

Este relato nahua corre paralelamente al *Popol vuh* en detalles como la montaña de alimentos, los animales que ayudan, la cualidad fortalecedora y el colorido del maíz, y la adivinación de Oxomoco. Y en las ceremonias de los tamales celebradas para "revivir al maíz de la muerte" cada ocho años, precisamente durante ocho días (la venusina *utas-octaeteris* de Quetzalcóatl), el rito nahua refuerza la doctrina quiché de maíz como sustancia humana.[13] Sin embargo, queda una diferencia instructiva, pues los relatos nahuas de la *Leyenda de los Soles* sobre la sustancia del hueso y luego del maíz corresponden a tipos y en realidad a fases de experimentos americanos en materia de genética de las plantas, injertos vegetales y fertilización de semillas: el *Popol vuh* los integra a éstos en el discurso del último. Estableciendo un argumento predominantemente genético, insiste en que los primeros quichés sólo fueron hechos de maíz, como para distinguirlos de las criaturas de Quetzalcóatl y hasta de sus vecinos los cakchiqueles, quienes fueron hechos de maíz, pero necesitaron el aditivo de la sangre (del pene) del tapir y la serpiente. Y convierte los huesos en la fuente anterior y heredada de la superior capacidad engendradora de la Mujer Sangre. La secuencia de tubérculos y cereales como tal es sumamente explícita en las versiones tuzantan y kekchi de la misma historia de la montaña de alimento: una de ellas declara su preferencia por el maíz recién descubierto, ya que, a diferencia de las cosechas anteriores de raíces, se le puede conservar de la cosecha de un año a la siguiente; la otra observa los nuevos efectos que el maíz tuvo, para empezar, sobre el sistema gástrico del coatí y de los mamíferos ayudantes que, de cinco dedos y "como nosotros", se anticiparon al cambio de la dieta humana.[14] Además, el texto kekchi compone de manera vívida el doble papel de Oxomoco, como comadrona y como bendecidora del maíz, equiparando el brote del maíz en la montaña de alimentos con su salida del cuerpo de una mujer embarazada.

En su aspecto astronómico, Quetzalcóatl tuvo otros compañeros de viaje en Mesoamérica, dos de los cuales corresponden precisamente a los cuerpos celestes en que se convirtieron los Gemelos quichés, el Sol y la Luna, y que, junto con Venus, son sin duda los cuerpos más brillantes del cielo. Planteado en el concepto mismo de los ascensos heliacales de Venus y la aritmética 5:8 de Venus, sol de los *teoamoxtli* que los registra, el Sol recibe un papel épico casi idéntico al de Quetzalcóatl a través de Xólotl, la vieja figura canina de la historia chichimeca cuyo prototipo lleva el Sol a través del inframundo por la noche, de oeste a este. (Nueve marcas dibujadas en el cuello de Xólotl conmemoran a los nueve Señores de la Noche, que contienen los ochos días de la conjunción inferior de Venus.) En las trecenas del *tonalámatl*, Xólotl encarna los tres niveles —la tierra, las alturas del dios de la lluvia y las profundidades del dios de la muerte— y su papel de mediador entre el cosmos y la historia queda indicado por la concomitante fecha Cuatro Ollin de la Era. Xólotl no crea la humanidad en Tamoanchan, sino en Chicomoztoc, las Siete Cuevas del útero chichimeca. Allí, la institución del servicio es cosa más ardua, y produce grupos de cuatro varones y de cuatro mujeres, que recuerdan los días del paso de Venus por Mictlan.[15]

En cuanto a la Luna, cuyas 99 noches también forman parte del *octae-teris*, nueva en el oeste donde crece amenazando el brillo del Venus vesperti-no, se la ha identificado con Tezcatlipoca, el espejo humeante, conciencia y atormentador de Quetzalcóatl. Compartiendo el sexo masculino con el se-gundo Gemelo quiché y con Nuna de *Watunna*, Tezcatlipoca no comete inces-to, como sí lo hace la figura de la selva tropical; pero provoca a su gran rival Quetzalcóatl a cometerlo y, así, a emprender su jornada cósmica hacia el este. Aparecen juntos en el Borbónico (p. 22), en el capítulo cuya otra mitad muestra a Oxomoco y a Cipactonal.[16]

Con sus numerosas analogías, pocas de las cuales examinaremos aquí, la historia de Quetzalcóatl corrobora la de los Gemelos quichés, como inter-mediario épico entre la metamorfosis cósmica y la historia. También confir-ma su común dependencia del paradigma astronómico del viaje heroico a través del infierno hasta llegar al horizonte del este, seguido asimismo por Xólotl y por otros viajeros planetarios. Decididamente más marcada en la América del Norte que en la del Sur, la supremacía del camino como tal queda registrada visualmente en la interpretación más profunda del mapa de cuadrantes, donde el norte y el sur se duplican como cenit y nadir, a cada lado del eje este-oeste.[17]

En el ejemplo del Féjérváry (lámina 13b), el conjunto de emblemas anató-micos colocados como fuentes de los chorros diagonales de sangre enfrenta lo femenino contra lo masculino, como los huesos llevados por Quetzalcóatl; apela al mismo tiempo a la historia del *Popol vuh,* cruzando literalmente a Uno Cazador, que aquí es una cabeza cortada y un pie de viajero, con la Mujer Sangre, que aquí es la mano derecha que atrapó la saliva de Uno Cazador y la caja torácica, productora de sangre, del paternal Xibalbá.

EL MAÍZ PROSPERA, EL VIAJERO AVANZA

Engendrados por el Sol, los Gemelos que dominan la epopeya de los navajo viven al principio con su madre Asdzaan Nadleehe, la Mujer Cambiante, en el Lugar de Surgimiento. Su gestión había durado nueve noches, en lugar de nueve meses, y una vez que nacen cada cuatro días de su vida son iguales a cuatro años. Como "matadores de bestias ajenas" (Nayenezghane) o a guisa del Hombre Santo y Niño Santo, pasan por una serie de cuatro expedicio-nes, la primera de las cuales es la búsqueda de su padre, el Sol. En su viaje a la casa del Sol en la Montaña Turquesa en el este, eluden una serie de peligros, y al llegar son sometidos por su padre y la esposa de éste a otra serie de pruebas. Habiendo demostrado que son sus dignos herederos, se les otorgan los capítulos de la sabiduría tradicional en forma de cantos y pinturas. También reciben insignias y armas con las cuales librar a la tierra de sus monstruos primigenios; se consagran a esta tarea con la ayuda de su padre, habiéndolo hecho bajar del cielo al mediodía, mediante el poder de una de sus propias pinturas. Al ser muertos, los monstruos se convierten en las montañas y rocas de Anasazi, y su sangre se petrifica como lava.

Así iniciados y equipados, los Gemelos se dedican entonces a otras tres búsquedas, entre unas gentes conocidas y como Tierra, Cielo-Agua y Búfalo, y cada una de estas búsquedas resulta en que conocen y adquieren nuevos grupos de pinturas. La busca de los Hombres de la Tierra, evocadora de los pueblos que ocuparon Anasazi antes que los navajo, los lleva a las Flechas y las Serpientes, con quienes tienen que valerse de la astucia siempre como yernos potenciales; al mismo tiempo, adquieren un conocimiento que los protege y luego los cura, devolviéndoles toda la gama de los sentidos humanos. La tercera búsqueda, de Cielo y Agua, opone las dos montañas fronterizas varoniles: desde la Montaña Negra (Dibentsah el noroeste), el Hombre Santo es arrastrado hacia arriba como cautivo de Trueno Negro. Desde la Montaña Turquesa (Tsodzil, el sudeste), el Niño Santo es devorado por un pez transparente que lo lleva hacia abajo, a las Aguas Giratorias. Por último, en la búsqueda de Búfalo, atraviesan el territorio navajo a lo largo de la otra diagonal; empezando en el sudoeste, recorren la zona central de Chinlee antes de pasar a un territorio ajeno, en un encuentro con los búfalo y con los moradores en *tipi* de los Llanos. Con todo el conocimiento obtenido de esas experiencias, los Gemelos instruyen a la gente en general sobre cómo vivir como seres humanos; llevándose consigo su acervo de "pinturas sol" (*ikaa jonahay*) hechas en piel de venado, finalmente suben al cielo.

En conjunto, estas cuatro visitas, al Sol y la Tierra, al Cielo-Agua y el pueblo búfalo, constituyen la narrativa del Naato bikaji Hataal ("canto del flechador"), reconocida como la primera y primordial del Hozhoni Hataal ("vía sagrada"). Este grupo consiste en secuencias espectaculares de pinturas, y sirve de punto de referencia común del Sotsoiji Hataal ("Venus, la 'gran estrella'") y de *hataal* (cantos) secundarios, como el del Granizo, el Agua, el Viento y la Hormiga Colorada (aquí oímos un eco de Quetzalcóatl). Además, como es extenso, nos ofrece una vara de medición para otras aventuras épicas conmemoradas en cantos, como el Yoiiji Hataal ("de abalorios"), donde, como buscadores, los Gemelos aprenden las artes básicas de la supervivencia, y el Atsosii Hataal ("de plumas") donde, como autodidactos, viajan corriente abajo en una canoa de tronco e intercambian conocimientos agrícolas con otra amenazante figura de suegro, el chamán Criador de Venados, en su morada subterránea.

Sin embargo, aunque el Naato bikaji Hataal ("del flechador") ocupe lugar tan central, no puede servir fácilmente como término de referencia de todas las hazañas de los Gemelos. Sus apariencias y nombres son muy variados, y en todo caso hoy algunos cantos y pinturas se han extinguido. Más aún, en el despliegue de las pinturas conocidas actúa una lógica muy intrincada de inversión y compensación, y de género y referencias cruzadas que desafía todo análisis breve. Aun así, no cabe duda de que, en el esquema cósmico general de las edades, los Gemelos actúan como mediadores que dan ser al mundo actual; y de que, al hacerlo, recorren el camino chamánico del sol y los planetas, el "paseo solar". Están claramente señaladas las estaciones del este y del oeste, de arriba y de abajo. Podrán llegar a un padre vivo en el cenit, y no a uno muerto en el nadir, invirtiendo la disposición mesoamericana; pero el paradigma como tal persiste. Asimismo, aunque no se nos dice que recorran 4 + 4 días por el inframundo, su gestación dura nueve noches, y su crecimiento es por periodos de cuatro días-años.

El paradigma se hace más claro mediante una comparación con la epopeya de los pima, a medio camino entre Anasazi y Mesoamérica. Allí, el héroe viaja por el inframundo para descubrir a su antepasado, y vuelve a surgir subiendo al cielo en el este; pero al mismo tiempo muestra rasgos de Anasazi, como haber conquistado la pluma de águila, que es símbolo de valor. Sin embargo, la mayor prueba de todas surge en los notables paralelos que, en este contexto, Anneliese Mönnich ha mostrado que existen, entre, por una parte, Anasazi (navajo, apaches, hopi, zuñi y otros indios pueblo) y, por la otra, Mesoamérica (nahuas, mayas-quichés, purépechas, popolocas).[18] Estos paralelos, nada menos que "asombrosos" (Mönnich), deben interpretarse dentro del *continuum* Mesoamérica-Anasazi mostrado por los *teoamoxtli* y las pinturas secas.

En camino para ver a su padre, los Gemelos encuentran primero los peligros del paisaje, que son enumerados en dos conjuntos. Son cuatro los peligros: un río que se ensancha traicioneramente; las simplegadas o montañas aplastantes; un campo de cañas cortantes, y una duna de arena que se desliza. Menos peligrosa, su secuela incluye cuatro montañas cuyos materiales y colores corresponden a los de los cuatro guardianes hechos de piedra roja, abulón, concha blanca y turquesa. Esta lista, que hace recordar claramente el paisaje recorrido por Uno Cazador y luego por los Gemelos (es decir, los rápidos, las cañas y los caminos de cuatro colores), corresponde muy de cerca a los ocho pasajes mostrados en el capítulo de la creación en el Ríos: el río, las simplegadas, las hojas cortantes y un viento helado, más otros cuatro que parecen menos peligrosos por la ausencia de marcadores de pedernal negro.

Al aproximarse a la casa de su padre, los Gemelos logran engañar entonces a los hostiles porteros, por haber aprendido antes sus nombres; habiéndoseles franqueado la entrada, en lugar de tener que esperar son ocultados por la esposa del Sol. Al retornar el Sol, se ven sometidos a diversas pruebas, cuatro planeadas por el padre y dos por su esposa. Las cuatro del padre consisten en fumar de una pipa que se les ofrece sin quedar envenenados; en pasar la noche, primero expuestos enteramente sin congelarse, y luego en un sobrecalentado sauna sin sofocarse; y por último, entrar en un salón de cuchillos sin ser molidos hasta morir. Aquí, los ecos de la experiencia de Uno Cazador y de los Gemelos en los salones para huéspedes de Xibalbá son tan claros que huelga todo comentario.

Los Gemelos quichés y navajo son similares no sólo por virtud de sus viajes y pruebas chamánicas, sino también por su red de parentesco; es decir, su relación con las dos esposas de su padre y con sus medios hermanos mayores. Coinciden, ante todo, en su función de viajeros-cazadores, cuyas hazañas se corresponden con el modo de vida sedentario del agricultor, las cuales nos preparan para la creación de los seres humanos a partir del maíz: el meollo de la narración en el *Dine bahane* como en el *Popol vuh*. Contrapunteando el nacimiento de los dioses al principio de las edades del mundo, este acontecimiento exige que se coloquen unas mazorcas, blancas y amarillas, entre dos pieles de venado, en una relación ceremonial que, una vez más, invoca el lenguaje genético de los cereales. La gente que así nace recuerda su origen en los cantos y pinturas del Hozhoni Hataal ("bendito"), que sin cesar interrelacionan la forma humana con la del maíz.

Como héroes de la epopeya, los Gemelos navajo tienen una notable serie de analogías en otros cantos y vías rituales. En el Yoiiji Hataal ("abalorios") se aparece como buscador quien, desesperadamente pobre y explotado, se gana la categoría y los derechos del cazador. Obligado por la hostil gente de los pueblo a atrapar unas águilas gemelas, las defiende utilizando unas plumas que, como las de Dinoshi, se convierten en armas, y termina viviendo con ellas en su nido como parte de la familia.[19] En realidad el héroe es socorrido por estos grandes depredadores de los bosques. Este abasto alimentario se complementa luego, por otro: unos envoltorios de maíz que los pumas y otros felinos salvajes aceptan llevar sobre sus lomos, una vez más en contra de su evidente vocación de cazadores. Ambos actos de socorro son tema de vívidas pinturas.[20] En Mesoamérica, esta experiencia se acredita precisamente a los chichimecas cuando, siendo aún "buscadores" en los desiertos del norte, fueron alimentados por águilas y jaguares: la pareja de depredadores que denota las órdenes de los caballeros aztecas. Los Anales de Cuauhtinchan los muestran posados en el nido del águila, como buscadores. Además, como lo ha mostrado Nowotny, la misma pauta de iniciación y las mismas imágenes del águila y el jaguar que prestan auxilio aparecen en los *teoamoxtli*, en la fiesta de ofrendas de maíz de Tozoztli, parte del capítulo "Fiestas" en el Borgia.

Implícita en gran parte de su actividad, la responsabilidad de los Gemelos para con la agricultura se muestra extensamente en la persona del Autodidacto, el héroe del Atsosii Hataal ("pluma"). A punto de morir de hambre, este personaje es salvado por su guajolote favorito, el cual de debajo de sus alas deja caer unas semillas de plantas ya domesticadas. Las pinturas del Atsosii Hataal celebran esta hazaña del guajolote, junto con las plantas que nos legó, que típicamente están dispuestas en conjuntos de cuatro —por ejemplo, maíz blanco, amarillo, azul y negro; o frijoles, calabaza, tabaco y maíz—, en pautas divididas en cuadrantes o diagonales que se encuentran en muchas otras pinturas, como "Yaahdiklith", donde irradian desde el Lugar de Surgimiento. Mostrando las mismas imágenes, también los *teoamoxtli* celebran el papel del guajolote, criatura que, domesticada inicialmente en México, figura como tal entre los Quecholli; el capítulo "Fiestas" en el Laud (p. 21) lo muestra otorgando su don de semillas —maíz, frijol, calabaza— al que viajará más allá de esta vida (lámina 6b).

Especificando su propia naturaleza de cazador, el héroe del Atsosii Hataal intercambia entonces este conocimiento agrícola por piezas de caza que eran conservadas en granjas subterráneas por el Criador de Venados, acontecimiento cuya lógica, a su vez, se conmemora en el marco de la pintura seca, que compara el venado con la planta de maíz. Desarrollando esta reciprocidad, las pinturas de los senderos del Surgimiento (figura XII.2c) establecen en realidad un juego visual entre el camino del cazador y el tallo de la planta de maíz, a lo largo o a lo alto del cual se engranan las huellas de pies. En una interpretación del muy elaborado lenguaje del Kledzhe Hataal ("nocturno"), el mismo juego se expresa verbalmente en el juego de palabras entre caminar lejos en el tiempo (*saa nagai*) y prosperar como planta (*sa'aa nagai*) en el camino de o según el ideal (*bike hozhon, bigke hozhon*). En la epopeya pima, se dice que el propio héroe "verdece" al surgir del inframundo.[21]

El viaje norteño en trance

El paradigma épico trazado hasta aquí, desde Mesoamérica hasta Anasazi, vuelve a aparecer en el norte, en las culturas de Isla Tortuga, que en un tiempo se centraron en Cahokia. En realidad, partiendo de un esquema generalmente menos intrincado de las edades del mundo, se lo define ahí con claridad aún mayor. La sociedad Midewiwin, no lejos del Ártico, presenta el paradigma más claro de todos: sus rollos de corteza identifican explícitamente al cazador-buscador algonquino —Michabo, Manabozho, Nanabush—[22] con el camino astronómico y con la aritmética que integran a Venus con la Luna y el Sol. En realidad, en estos textos las fases y los ritmos del paseo solar establecen los grados de la iniciación chamánica, los conjuntos de pruebas a que se somete el candidato en busca de la iluminación y el conocimiento, y la estructura misma del escrito que registra todo esto, el don del héroe épico, como en el caso de las epopeyas anasazi y nahua. Estas normas se sienten tan profundamente que, a su vez, llegan a estimular y a dar forma a relatos de experiencias de trance más individuales, a la vez más fácilmente traducibles al idioma de la política y la ideología.

Una introducción autorizada a todo lo concerniente al viaje norteño en trance nos la ofrece la narración del chamán Chusco, de los otawa-algonquinos, "Iosco, or a Visit to the Sun and Moon: A tale of Indian cosmogony, from the ottawa".[23] El inicio incorpora los cuentos narrados por los indios que, por un medio u otro, habían visitado el Viejo Mundo: viajando hacia el este, Iosco y cinco compañeros suyos cruzan primero el mar y terminan en una sobredorada capital europea. Aún resueltos a encontrar el sol y la verdadera fuente de la vida, los seis continúan su travesía; en este punto comienza la cosmogonía propiamente dicha. El paisaje, cambiando completamente, se vuelve subterráneo y después de tres días que "en realidad fueron tres años" los seis se encuentran con Manabozho, el cual empuña una sonaja. En conversación, les ofrece su consejo y observa que al llegar ellos ya habían recorrido tres cuartas partes de su camino y pasarían el tiempo restante con él, un día que también es en realidad un año, lo que da un total de cuatro días-años. Antes de emprender la marcha, por parejas, cada una de las tres parejas expresa un deseo sobre cuánto tiempo le gustaría vivir, con el resultado de que sólo la pareja más humilde, Iosco y su compañero, logran cruzar un abismo que se abre ante ellos. Por otra parte, estos dos se encuentran con la Luna, que aquí es una mujer vestida de blanco, "que se aproxima desde detrás de una colina". Ella les dice que ahora están a medio

camino de su hermano (el Sol), y que de la tierra a la morada de ella había
la mitad de esa distancia; y les promete que, llegado el momento, los con-
ducirá a su hermano, que por entonces está ausente en su "diario curso". En
esta posición intermedia se quedan con ella hasta que llegue el "momento
debido" de encontrarse con el Sol. Prosigue el relato:

> Cuando llegó el momento, ella les dijo: "Ahora mi hermano está subiendo desde
> abajo, y veremos su luz cuando suba desde el borde distante: venid", dijo ella,
> "yo os conduciré hacia arriba". Siguieron adelante, pero de alguna manera miste-
> riosa, casi no sabían cómo, ascendieron casi directamente, como si los pies su-
> bieran por unos escalones. [Schoolcraft, 1839, 2: 55.]

En un punto "a medio camino" entre el borde de la tierra y el "mediodía",
Iosco conversa de manera directa con el Sol, y en realidad éste le da su ben-
dición. Luego, habiendo llegado al punto de la plenitud, el "Corazón del
Cielo" o mediodía, vuelven a bajar, y la última parte del descenso es "como
si los hubieran bajado por unas cuerdas".

Con sus referencias a Europa y el Viejo Mundo, la búsqueda solar de
Iosco es, sin duda, la del propio Chusco y refleja la lucha que sintió en sí
mismo entre la enseñanza Mide y la cristiana.[24] Técnicamente, el cuento
está a la altura de su epíteto cosmogónico; superando el obstáculo del abismo, como en una prueba chamánica, el héroe nos conduce desde los caminos inferiores hasta las vías superiores del paseo solar, pues en el tiempo
y el espacio, Iosco sigue el curso aparente del Sol y la Luna; y los años-días
de 4 + 4, *utas* y *octaeteris,* que él pasa entre el oeste y el este, evocan el lapso
del año bisiesto, cada cuatro años, del Sol, cuando cada año adquiere el cuarto de día definido después entre este y oeste. En cuanto a Manabozho, tercera figura del cuento que hemos encontrado, con la Luna, en el inframundo,
se le tiene que equiparar con Venus, tercer factor de la fórmula de *octaeteris*.
Su imagen de conejo o liebre de nariz larga en Chillicothe recuerda activamente al jeroglifo maya que representa a Venus, que como Signo VIII se
equipara numéricamente con el Conejo de la escritura icónica.[25]

Las preocupaciones morales implícitas en la búsqueda de Iosco fueron
anticipadas en un célebre cuento narrado por Pontiac,[26] que también era un
chamán otawa y Mide, además de un gran adversario militar de los ingleses.
Ante la tarea de unir estrechamente sus distintas fuerzas, describió una
peregrinación similar a la de Iosco, emprendida por un miembro de la tribu
"abuelo" de las naciones algonquinas y de los hurones, un lenape del clan
Lobo. El día elegido por Pontiac para contar su narración, el 27 de abril de

1763, fue presentado como decimoquinto de la luna, es decir, la luna llena. Impaciente por conocer al "Amo de la Vida", el lenape emprende su viaje, haciendo casi los mismos preparativos que Iosco. En total, el viaje dura ocho "días" una vez más, y conduce a la elección de tres caminos que se vuelven extrañamente luminosos en el atardecer del octavo día. Este motivo une los dos grupos de tres senderos evocados en Iosco: los del trío brillante en el paseo solar (el Sol, la Luna y Venus) y los escogidos, respectivamente, por las tres parejas de viajeros, sólo uno de los cuales conduce al mediodía en el cielo (el camino del Sol). Esta interpretación se confirma por el hecho de que, una vez más, sólo un camino, el tercero, lleva al héroe lenape a través de todo el día. Los otros dos sólo llegan "a medio camino" y desembocan en una gran fogata "que viene de abajo", y es allí donde Iosco encuentra a Venus y la Luna, y donde las otras dos parejas de compañeros ya no llegan más allá. Habiendo recorrido el buen camino, la Luna le muestra al lenape el camino de su objetivo; la Luna aparece, asimismo, sobre una montaña, como una mujer blanca.

En su particularidad y énfasis, las narraciones de Chusco y de Pontiac pueden comprenderse mejor en relación con el Midewiwin, pues ambos invocan doctrinas básicas para ese organismo, a saber, las que se relacionan con la caza y con la iniciación de los novicios por grados, que presentan a Manabozho como guía, intermediario e instructor de los Mide, la Luna con sus fases y el Sol como fuente de vida al mediodía. Siguiendo en realidad los caminos buenos y malos, los mapas Mide trazados en la corteza del abedul, incluyendo un notable ejemplo tomado de los menomini, registran los grados que alcanza el novicio, que, como los "días" del paseo solar, están de acuerdo con un total ideal de 4 (+ 4), mientras que ciertos símbolos cronológicos especifican los días fastos y festivos, cada uno de cuatro días reales. De manera aún más gráfica, los símbolos que registran ciertos versos antifonales entonados durante la iniciación (que también caen normalmente en estrofas de cuatro) muestran al mismo tiempo la carrera física del paseo solar que el candidato aspira a hacer, y los viajeros celestiales que van por él: el Sol, la Luna y Venus.[27]

Por tanto, los textos pictográficos copiados e interpretados por Sikassige, Little Frenchman, Kweweziashish y otros chamanes Mide,[28] empiezan con el ingreso en la logia Mide, el cobro de cuotas y las actividades preparatorias, como tomar un baño de vapor y excavar la tierra en busca de "medicina" con la cual agudizar la percepción para el propio viaje. Éste puede empezar "abajo" y seguir el curso, por ejemplo, de la nutria sagrada hasta Manabozho, o del castor, célebre por su capacidad de recorrer grandes distancias antes de volver a salir a la superficie. O puede ser celestial: el candidato se eleva hasta el arco del cielo, por pasos o como un ave, y encuentra ahí al Gran Espíritu (Gitche Manito), descrito como el Sol. A una figura que sube al arco celestial desde el este, como "el sol siguiendo su curso diario hasta el mediodía" y como Iosco y el viajero lenape, corresponden las palabras "Camino hasta la mitad del cielo"[29] (figura XI.3); de manera similar, el momento de la plenitud al mediodía queda registrado por una figura en lo alto del arco, a la que Sikassige puso estas palabras: "El espíritu me ha dado la facultad de ver".

Los cursos inferior y superior del paseo solar quedan ejemplificados como tales en sus momentos de "mitad del camino" en símbolos pareados o con doble cabeza: brazos "que cobran vida abajo en la tierra o arriba en el cielo"; árboles con raíces y copas foliadas que caminan; cabezas rectas e invertidas que giran durante el paseo y a las que corresponden las palabras "Vengo de abajo, vengo de arriba: veo el espíritu, veo castores". En una canción de una sola estrofa "para la caza del castor y los Metai-mide" anotada por Tanner, la oposición de arriba y abajo aparece en los símbolos primero y último: una logia subterránea y un águila que vuela. Este texto también es notable por la cronología cifrada en su segundo símbolo, que describe los cuatro días-años tan conocidos por Chusco y Pontiac. Refiriéndose a marcas trazadas en una figura que ayuna, en el pecho (dos) y las piernas (cuatro), aparecen las palabras: "Dos días deberás estar sentado ayunando, amigo mío; cuatro días deberás estar sentado ayunando". Con una venda en torno a las piernas, las cuatro líneas en realidad significan permanecer sentado ayunando durante cuatro días; pero, en lo tocante a la devoción interna del candidato, simultáneamente se entiende que significan cuatro años.

Un nexo definitivo entre estos textos Mide y los extensos relatos alfabéticos de Chusco y Pontiac nos lo ofrece Catherine Wabose, una apóstata, como Chusco, quien describió su primer paseo solar tanto verbalmente como en una carta pictográfica Mide.[30] Preparada por un ayuno ritual de cuatro días, se lanza por un misterioso camino que se extiende hacia abajo entre el sol poniente y la luna nueva en el horizonte del oeste; habiendo pasado a unas figuras equivalentes a la Luna y a Venus, se eleva hasta el corazón del cielo, clímax de la visión, antes de descender sobre una serpiente. La importancia de las fases de la luna puede verse claramente por los símbolos de Wabose y por uno de Little Frenchman: la Luna y Venus en la postura del guía Manabozho se conjunta de manera similar en una sola estrofa de pictografías de cazadores, también registrada por Schoolcraft. El texto acompañante dice:

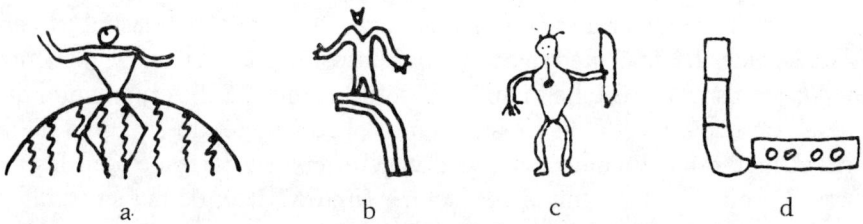

a   b   c   d

FIGURA XI.3. *Símbolos de trance:* a) *visión en lo alto del arco celeste;* b) *un viajero que asciende por el medio arco desde el este hasta el cenit;* c) *Venus/Manabozho como cazador;* d) *el camino de regreso a la logia Mide con su total de cuatro puntos. (Sikassige Song Scroll.)*

> Voy subiendo (como el sol)
> Tomo el cielo, tomo la tierra (en el horizonte)
> camino por el cielo (como la luna)
> Venus me guía.
>   [Schoolcraft, 1851-1857, 1: 402]

Los winnebago, hablantes de siouano que viven en la frontera meridional del territorio Mide, nos ofrecen ciertas visiones propias del significado y la función del paseo solar como ruta no sólo del héroe-chamán, sino también del alma después de la muerte. Instruida por una figura de bisabuela, el alma del winnebago se lanza por un camino que la lleva, pasando los fuegos del inframundo de Herecgunina (similar a Lucifer), paso a paso sobre el horizonte del este, y la conduce al círculo de parientes que hay en el corazón mismo del cielo. Y se le dice:

Nieto mío, el Creador de la tierra está esperándote con gran expectación. He aquí la puerta que da al sol poniente. En tu camino está la logia de Herecgunina y sus fuegos. Los que han venido [las almas de hombres valientes] de la tierra de las almas para llevarte de regreso te tocarán. Allí el camino se bifurcará hacia tu derecha y verás las huellas del día en el cielo azul ante ti. Estas huellas representan las huellas de quienes han vuelto a la vida. Pisa los lugares que ellos pisaron y coloca tus pies sobre sus huellas; pero ten cuidado de no saltarte ninguna. Antes que hayas avanzado mucho, llegarás a un bosque interrumpido aquí y allá por llanuras abiertas. Allí, en ese hermoso campo, te saldrán al encuentro aquellas almas cuyo deber es reunir a otras almas. Caminando a ambos lados de ti, te llevarán a salvo al hogar. Cuando entres en la logia del Creador de la tierra, deberás entregarle las ofrendas sacrificiales. Allí se repetirán las mismas preguntas en la primera logia, y se darán las mismas respuestas. Entonces, él te dirá:

"Todo lo que te dijo tu abuela es cierto. Tus parientes te esperan con gran expectación. Tu hogar te espera. Su puerta estará frente al sol del mediodía. Aquí encontrarás reunidos a tus parientes".[31]

El número de días de duelo entre los winnebago es de cuatro, periodo durante el cual los dolientes se concentran en ayudar al alma en su camino más allá de la muerte, hasta que haya pasado el crítico encuentro con Herecgunina a medio camino. En realidad, lo que hacen y dicen los dolientes, ya sea que exageren o mientan (o no) acerca de su propia capacidad de ayudar, afecta de manera directa el paso del alma. Por su parte, el viajero entra en otro tipo de tiempo, el tiempo antiguo de los espíritus y del chamanismo en que el periodo de luto dura a la vez cuatro días y cuatro años. El motivo particular de tener que pisar las huellas para pasar la prueba o la línea divisoria nos recuerda los pasos por los cuales Iosco ascendió al cielo; además, sugiere un nexo con las huellas menos y más sincronizadas del pie izquierdo y el pie derecho, medidas a lo largo de los senderos del Surgimiento, en las pinturas secas de los navajo.

En los ciclos épicos de la cosmogonía winnebago propiamente dicha,[32] el camino en trance señala una vez más el camino para varios héroes, especialmente los Gemelos, quienes alternan entre el Creador de la tierra, arriba, y Herecgunina, abajo. A su vez, los Gemelos son íntimos de Cuerno Rojo, cuyas experiencias épicas incluyen haber perdido una partida de pelota contra una comunidad de amenazadores gigantes. Lo derrotan, y cuelgan su cabeza de un árbol; sus dos hijos lo vengan derrotando a sus matadores y reconstruyendo su cuerpo. Estos paralelos con el *Popol vuh* son tanto más notables por estar situados en la misma coyuntura épica de la historia del mundo, y por tener un subtexto astronómico similar.

CÓMO EMPIEZA EL TIEMPO HUMANO

Bay tzolci yax ah miatz Merchise yax ah bovat Napuctun sacerdote yax ah kin	Fue explicado de este modo por el primer sabio Melquisedec, el primer profeta Napuctun, *sacerdote* el primer sacerdote.
Lay kay uchci u zihil uinal ti ma to ahac cab cuchie	Éste es el canto de cómo se realizó el uinal, antes de que el mundo existiera.
ca hoppi u ximbla tuba tu hunal	Empezó partiendo sólo de su movimiento inherente.

ca yalah u chich ca yalah u dzenaa
    ca yalah u min ca yalah u muu

5   bal bin c'alab ca bin c'ilab uninc ti be

ca thanob tamuk u ximbalob cuchie
    minan uinic cuchi

catun kuchiob te ti likine ca hoppi
    yalicob
mac ti mani uay le yocob lae Ppiz
    uoci

ci bin u than u colel cab
10   cabin u ppizah yoc ca yumil ti Ds
    citbil
lay u chun yalci xoc lah caboc lae
    lahca Oc

lay tzolan zihci tume oxlahun Oc

uchci u nup tanba yoc likciob te ti
    likine

ca yalah u kaba ti minan u kaba kin
    cuchie
15   ximbalnahci y u chiich y u dzenaa
    y un min y u muu

zi uinal zihci kin u kaba zihci caan y
    luum
eb haa luum tunich y che zihci u bal
    kabnab y luum

Hun Chuen u hokzici uba tu kuil u
    mentci caan y luum

Ca Eb u mentci yax eb. Emci likul
    tan yol caan

20   tan yol haa, minan luum y tunich y che

Ox Ben u mentci tulacal bal,

La madre de su madre y su
    madre, la hermana de su madre
    y su cuñada, dijeron todas:
¿Cómo diremos, cómo veremos
    que el hombre está en camino?
Éstas son las palabras que
    dijeron mientras avanzaban,
    donde no había hombre.
Cuando llegaron al oriente
    empezaron a decir:
¿Quién ha estado aquí? Éstas son
    huellas de pies. Sigamos el ritmo
    de sus pasos.
Así dijo la Señora del mundo,
    y nuestro Padre, Dios, moderó su
    paso.
Por eso la cuenta por pasos
    de todo el mundo *xoc lah cab oc,*
    fue llamada *lahca oc* "12 Oc".
Este fue el orden nacido mediante 13
    Oc,
cuando un pie se unió a su
    contraparte para hacer el
    momento del este en el
    horizonte.
Entonces pronunció su nombre
    cuando el día no tenía nombre
mientras avanzaba con la
    madre de su madre y la madre
    de ella, la hermana de su madre
    y su cuñada.
Nacido el *uinal,* el día
    así llamado, el cielo y la tierra,
la escalera de agua,
    tierra, piedra y madera,
    realizadas las cosas del mar y de
    la tierra.
1 Chuen, el día se levantó
    para ser una día-dad e hizo el
    cielo y la tierra.
2 Eb hizo la primera
    escalera. Baja del corazón del
    cielo, el corazón del agua,
antes de que hubiera tierra, piedra y
    madera.
3 Ben, el día para hacerlo todo, lo

y hibahun bal u bal caanob y u bal kaknab y u bal luum	que es, las cosas del aire, del mar, de la tierra.
Can Ix uchci u nixpahal caan y luum	4 Ix fijó la inclinación del cielo y de la tierra.
Ho Men uchci u meyah tulacal	5 Men lo trabajó todo.
25 Uac Cib uchci u mentici yax cib uchci u zazilhal ti minan kin y u.	6 Cib hizo la primera vela y hubo luz, en ausencia del Sol y de la Luna.
Uuc Caban yax zihci cab ti minan toon cuchi	7 Caban, se concibió la miel cuando no la teníamos.
Uaxac Etznab etzlahci u kab y yoc ca u chichaah yokol luum	8 Etznab, sus manos y pies quedaron fijos, él sacó pequeñeces sobre el suelo.
Bolon Cauac yax tumtabci metnal	9 Cauac, la primera deliberación del infierno.
30 Lahun Ahau uchci u binob u lobil uinicob ti metnal tumen Ds Citbil ma chicanac cuchie Buluc Imix uchci u patic tuni y che	10 Ahau, se asignaron hombres malos al infierno, por respeto a Ds para que no fueran notados. 11 Imix construyó la piedra y la madera;
lay u mentah ichil kin Lahcabil Ik uchci u zihzic ik 35 Lay u chun u kabatic Ik tumen minan cimil ichil lae Oxlahun Akbal uchci u chaic haa, ca yakzah luum Ca u patah ca uinic-hi	hizo esto dentro de la cara del día. 12 Ik, ocurrió el primer aliento; fue llamado Ik porque no había muerte en él. 13 Akbal derramó agua sobre la tierra; moldeó esto hasta hacerlo un hombre.
Hunnil Kan u vax mentci u leppel yol tumenal u lobil zihzah Ca Chicchan uchci u chictahal u lobil hibal yilaj ichil u uich cahe 40 Ox Cimil u tuzci cimil uchci u tuzci yax cimil ca yumil ti Ds	1 Kan, sucedió que se desanimó por el mal que había creado. 2 Chicchan descubrió el mal que vio dentro de la ciudad. 3 Cimil inventó la muerte; sucedió que el padre Ds. inventó la primera muerte.
[...] Ho Lamat lay u tuzci uuclam chac haal kaknab Uac Muluc uchci u mucchahal kopob tulacal ti mato ahac cabe. Lay uchci yocol u tuz thanil ca yumil ti Ds 45 tulacal ti minan tun than ti caan ti minan tunich y che cuchi	[4 Manik falta] 5 Lamat inventó los siete grandes mares. 6 Muluc, vino el diluvio y la inmersión de todo antes del alba. Entonces el padre Ds inventó la palabra cuando no había palabra en el cielo, cuando no había piedra ni madera.

Catun binob u tum tubaob ca yalah tun bayla	Luego las veinte deidades vinieron a considerarse en total y dijeron:
Oxlahun tuc: uuc tuc, hun	Trece unidades más siete unidades igual a uno.
Lay yalah ca hok u than ti minan than ti	Así dijo el *uinal* cuando la palabra llegó, cuando no había habido palabra,
Ca katab u chun tumen yax Ahau kin	y esto condujo a la pregunta del día Ahau, soberano,
50 ma ix hepahac u nucul than tiob	¿por qué el significado de la palabra no se abrió a ellos
uchebal u thanic ubaobe	para que pudieran declararse ellos mismos?
Ca binob tan yol caan ca u machaah u kab tuba tanbaobe	Entonces fueron al corazón del cielo y se dieron las manos.

Tomado del Libro de Chilam Balam de Chumayel, este pasaje resume una sección extensa y compleja de texto (pp. 42-63), cuyo interés general es la cosmogonía (en la edición de Roys, los capítulos intitulados "La creación del mundo", "El ritual de los ángeles", "Canción de los itzá" y "La creación del *uinal*"). La historia empieza con la formación del mundo mismo, narrada por alusiones a las Nueve Generaciones (Bolon Dzacab, fuerza primigenia de la luna y de la tierra, como los nueve Señores de la Noche, de la comadrona) y la deidad Trece del mundo superior (del augur), Oxlahun-ti-ku, cuyas insignias fueron robadas, como las de Loro en el *Popol vuh* (el episodio de Ah Muzen Cab). También hay referencias a catástrofes de agua, una caída del cielo y fuego llameante y a la liberación del inapreciable maíz de largo pelo, todo esto se narra en términos sumamente esotéricos y además se combina con versiones del génesis importadas por la Iglesia romana y el idioma del rito latino. Así, en conclusión, tenemos este relato acerca del *uinal*, el personaje de 20 días, en el cual convergen todas las operaciones del ritual y del calendario mayas de las tierras bajas. Completando el argumento de la creación por números, Nueve, Trece y Veinte, los pasos del *uinal* recapitulan aquí sus grandes momentos de metamorfosis y de surgimiento. Con este pasaje avanzamos al mundo actual, el tiempo y el espacio presididos por los cuatro "Quemadores", quienes incluyen a 4 Ahau, día que da nombre a la Era en maya.

Al registrar el nacimiento y la trayectoria del *uinal*, el texto apela al mismo paradigma del paseo solar que, como hemos visto, caracteriza la fase épica de la cosmogonía en otras tradiciones de América del Norte, pues, bajo el ingenioso juego de palabras mayas y el aparente rechazo de una simple secuencia narrativa, se encuentra el curso seguido por el *uinal* como viajero varón, el hombre del camino; así como en las "visitas al sol" de los navajo y de los pueblos, sus pasos, 20 en número y por tanto definitivos de su ser, lo llevan a él y a nosotros precisamente desde el horizonte del este hasta el cenit, Corazón del Cielo (*yol caan*), el medio arco de la pictografía Mide. Además, ejemplificando al héroe de epopeya, queda definido por el movimiento, el cual proviene de sus parientas femeninas; y en el horizonte del este pasa exactamente la prueba chamánica de ponerse en un ritmo que tan claramente se plantea en los viajes épicos de más al norte. De nuevo, mediante sus esfuerzos surge el actual orden de cosas, trasladado a través de él desde el cielo.

Como principio, el *uinal* empieza a moverse en ausencia de todo. La primera prueba de su existencia es un movimiento inherente y axiomático, que pone en movimiento el tiempo humano de este mundo. Vertical y lateralmente es sostenido por una red de seres femeninos que se anticipan a su existencia separada; sin embargo, su nacimiento, una vez consumado (verso 16), no es simplemente de un útero "mater-ial", sino de un lugar que podría ser tanto externo como interno, tanto el cosmos exterior como el interior. Al principio, no es más que las huellas de los pies en el camino predicho, y luego visto por las mujeres. Pero estas huellas revelan mucho acerca de él: su dirección a lo largo del paseo solar, su postura y su articulación como bípedo y el hecho de que, en realidad, es un ser humano, *Homo erectus*. Una etimología común relaciona *uinal* con *uinic* "humano";[33] y en la escritura jeroglífica, además de denotar el periodo calendárico de 20 días, el signo *uinal* también podría indicar la humanidad y, por tanto, un concepto maya de la racionalidad.

Cuando se llegan a medir en el este los pasos del *uinal*, sus intervalos y posiciones quedan registrados como específicamente humanos, como las huellas pintadas en los senderos del Surgimiento navajo (figura XII.2c). Al mismo tiempo, recurriendo a los Trece Números y los Veinte Signos utilizados para nombrar los días mesoamericanos, se allana el camino para una enumeración del mundo que correlaciona el viaje del *uinal* con niveles más profundos de tiempo. De hecho, la serie comienza (verso 11) con un juego de palabras, que es posible por este recurso, en la frase *xoc lah cab oc lae lahca Oc. Xoc* significa "cuenta"; *lahcab* significa "todo el mundo", y *lahca* es el número 12; *oc* es "pie" o "huella de pie"[34] y, como el arcaico término quiché que significa pierna, nombra al décimo de los Veinte Signos. En otras palabras, la semirrepetición de *lahca[b] oc* insinúa un Número más un Signo y, por tanto, una posición en el *tonalámatl* de 260 días, *tzolkin* en maya. Esta agilidad verbal nos lleva, sin darnos cuenta, a la poderosa lógica interna del *uinal* y supera de manera brillante esos problemas "paralógicos" (como los llamó Kant) de explicar el principio de un tiempo serialmente nombrado, pues de aquí pasamos de inmediato a 13 Oc, ahora inequívoca combinación de Número y Signo, cuando el otro pie avanza. Este recurso es subrayado más aún por el hecho de que semejante "paso" es anatómicamente imposible: los Signos condicionados por números consecutivos, como 12 Oc y 13 Oc, caen aquí separados por 40 días o dos *uinales*. Sin embargo, precisamente por esto, el movimiento o paso narrativo corresponde hábilmente al del momento de la estasis, que se muestra indefinible en las paradojas eleáticas, cuando un pie está exactamente a la altura del otro que va a pasarlo. Éste es el momento del horizonte del este, el borde del espacio-tiempo de la unidad del día, definida con tanta precisión como unidad aritmética en la cosmogonía maya. Es la posición del comienzo de lo derecho con lo izquierdo, o de par con impar (12, 13) no *ex nihilo* (0 a 1). Esta paridad en el horizonte, característica del dualismo maya y mesoamericano ejemplificado antes en la figura de tierra-cielo de los versos 9-10, coincide a su vez con aquella que equilibra las dos mitades de los Veinte Signos y de la cuenta de 260 días, cuando pasamos luego de 13 Oc (Signo X) a 1 Chuen (Signo XI). Así definida, esta paridad inicia la secuencia que enumera al mundo día por día.

Comenzando en 13 Oc y llegando a 6 Muluc, el *uinal* en su viaje por sus 20 días y trabajos invoca repetidas veces los procesos mayores de la creación. Sin embargo, lo hace en sus propios términos, de acuerdo con el paradigma que es reafirmado enérgicamente en los primeros pasos ascendentes: 1 Chuen, cuando se eleva; y 2 Eb, que representa los pasos del "diente" o escalera de la pirámide que se elevan o descienden desde el cenit. Precisamente porque el curso de la narración ha sido prefijado con tanta firmeza por este paradigma y la secuencia misma de nombres de días, hay espacio para jugar con conceptos y palabras, con la pauta de los hechos cósmicos, y para echar una mirada irreverente al génesis bíblico.

En conjunto, nos enteramos o se nos recuerdan los niveles de la creación que separan las aguas, abajo, del cielo, arriba (2 Eb); la inclinación de la tierra (4 Ix), que produce el caminar vacilante, como de ebrio, del zodiaco en el cielo; la formación de Adán o de la gente de lodo (13 Akbal); el gran Diluvio (6 Muluc); la épica lucha entre el Viento y la Muerte (12 Ik); la autoridad que sentencia a gente al inframundo Metnal o Xibalbá (9 Cauac, 10 Ahau), y los 20 dígitos articulados que llegaron a distinguir la humanidad (8 Etznab). Sin embargo, la secuencia respeta ante todo las particularidades de los Números y de los Signos en cuestión, como el aliento de Ik, la vela de Cib y la miel de Caban: significados respectivos de esos mismos signos. El Mono de 1 Chuen, el nombre de los hermanos del Mono en el *Popol vuh*, es honrado, como en ese texto, por un arte que podría rivalizar con el de los seres humanos, y hasta sustituirlo glíficamente; de ahí las imágenes de escribas monos en la alfarería clásica. Con sus asociaciones acuáticas, el último día, 6 Muluc, juega con el verbo *mucchahal* "ahogarse". Al mismo tiempo, como jeroglífico, puede significar también contar y, por tanto, hace eco claramente al otro glifo verbal de ese significado, *xoc,* con el que comienza ese pasaje.

A lo largo de todo esto, el texto merece atención por sus cualidades específicamente literarias; como las adivinanzas de los Libros de Chilam Balam, ofrece múltiples niveles de lectura que se derivan de manera directa de la práctica y el jeroglífico precedente, donde un Signo principal suele tener más de un significado. Por ejemplo, el hecho representado por 11 Imix podría interpretarse como "las rocas y los árboles fueron creados este día". No obstante, el verbo *patic* significa básicamente moldear, como lo señaló Gates al censurar a Roys por su empleo monótono de "crear" nada menos que para siete distintos verbos mayas en este pasaje; y el diccionario Motul añade los conceptos de *inventar* y *fingir.*[35] Al mismo tiempo, los materiales que en este sentido se están inventando, la piedra y la madera, pueden evocar convencionalmente el arte de la pintura y la talla y, por tanto, de la escritura; "en el día" tiene el sentido inherente de "frente al día", y así toda la frase podría referirse a la unidad del día de los escritos calendáricos y jeroglíficos mayas de las tierras bajas. Viajando del este al cenit, el *uinal* no sólo se define en el tiempo calendárico sino que, escribiéndose, se da la existencia.

Por último, al llegar al cenit, los Números y los Signos constitutivos del *uinal* nos recuerdan su naturaleza en la fórmula, "trece más siete igual a uno", y al vigésimo signo, Ahau, se le confía proponer el ascenso del *uinal* como alternativa a la "palabra", reclamada exclusivamente por el cristianismo importado. Revelando una fe notable en la idea de la inteligencia humana universal, este gesto nos recuerda también que el propósito del viaje en trance Mide al cenit es obtener conocimiento e ilustración. Una vez terminada su labor, los Veinte Signos unen las manos en el corazón del cielo, formando un anillo como el que se encuentra en torno de los cinco Soles en la Piedra del Sol azteca, que a su vez nos recuerda el anillo visto en el cielo en las visiones de los sioux y los algonquinos.

En términos puramente matemáticos, esta pausa en el cenit, a la mitad

entre el este y el oeste, apela además a la lógica del paseo solar que se encuentra en otros viajes épicos, en el sentido de que para completar todo el
circuito se necesitarían cuatro *uinales:* otro para llevarnos de regreso al horizonte del oeste, y luego otros dos para hacernos volver al punto de partida
en el horizonte del este. Una insinuación de este último cálculo aparece en
la distancia que al principio separaba a 12 Oc y 13 Oc; es decir, 40 días o
dos *uinales.* Además, el total de 80 días, que gobierna el capítulo "Nacimiento" en los *teoamoxtli* y que aparece con signos y huellas de pies en la Rueda del Calendario Boban,[36] coincide de manera admirable con la demostración de Tichy de que las divisiones principales del círculo mesoamericano
son 80. Por tanto, además de los cambios de tiempo ya detallados como rasgo del paseo solar en los 4 + 4 días de la conjunción inferior de Venus, los
correspondientes 4 + 4 años del *octaeteris,* y las divisiones internas del propio día entre la salida del sol, el mediodía, la puesta del sol y la medianoche,
tenemos otro cambio del tiempo, por lo cual la doble fórmula 4 + 4 se
refiere a mitades del *uinal;* es decir, a dos *uinales* completos abajo y dos arriba
(véase figura XI.2).

Este detalle técnico nos ayuda a apreciar mejor la formulación siguiente,
cuando los cuatro Ah Toc, llamados 4 Chicchan, 4 Oc, 4 Men y 4 Ahau,
quedan instalados como gobernantes en las tierras de abajo. En la cuenta
del día hasta aquí establecida por el *uinal,* el último de éstos, la fecha 4 Ahau
de la Era, ocupa la posición situada exactamente a la mitad entre el cenit y
el horizonte del oeste, insinuando unas posiciones diagonales o intermedias
para todo el conjunto. Este modelo coincide en forma excelente con los relatos que en general se han hecho de los Ah Toc, por lo demás enigmáticos,
quienes aparecen o son aludidos en otros Libros de Chilam Balam y en los
amoxtli jeroglíficos. Sobre esta base podemos identificarlos como equivalentes, en cierto modo, al conjunto de portadores de los años, presente en las
diagonales del mapa del Féjérváry, a los cuatro alumbradores dispuestos en
la misma pauta diagonal en el Borbónico (p. 34), y a los conjuntos cuádruples de lluvias y vientos. Y, lo de mayor importancia, el Libro de Chilam Balam
de Tizimín[37] describe de modo inequívoco el proceso por el cual el *uinal*
trae literalmente el cuádruple conjunto de Ah Toc a la tierra, trasladándolo
de las dimensiones de arriba-abajo del paseo solar a los cuatro campos "alla-
nados" de la superficie de la tierra. Precisamente este mismo cambio ocurre
en el caso clásico del Féjérváry, donde el cenit y el nadir del paseo solar, a
cada lado del eje este-oeste, se trasladan al norte y el sur del mapa de cuadrantes tributarios (lámina 13a).

Intrincadamente entrelazada con los complejos mecanismos del calendario maya de las tierras bajas, la historia del *uinal* de Chumayel apela básicamente al modelo del paseo solar que caracteriza a la epopeya en toda América del Norte. Nace al aproximarse al este, se define caminando del este al cenit en busca del conocimiento, y se resume a sí mismo como anillo en el cielo que luego es trasladado a la tierra, instalando un cuádruple orden político. Reconociendo este hecho percibimos mejor cómo su vida y en particular los hechos asignados a cada uno de sus pasos resuenan dentro de un marco cosmogónico más vasto, y comprendemos cómo la correspondiente pauta de los "días" invoca los cambios de tiempo que son típicos del viaje chamánico.

XII. EL COSMOS AMERICANO

A través de los episodios y las etapas de su cosmogonía, el *Popol vuh* entreteje varios hilos epistemológicos, identificable cada uno en materia de tradición literaria y hasta de geografía y biosfera. Tras los sucesivos argumentos o demostraciones del texto quiché podemos detectar convenciones y escuelas ue pensamiento que se distinguen por gamas particulares de evidencia y de fenómenos observables, así como por una cultura y una erudición heredadas. En esta perspectiva, como biblia americana transcrita de una escritura indígena, el *Popol vuh* puede interpretarse como producto de una privilegiada geografía de múltiples estratos, síntesis de varios modos de conocimiento americano.

Literalmente, el más fundamental de éstos es la geología. Según el *Popol vuh*, afirmar la superficie de la tierra y arrancar orden del caos son cuestiones de cataclismo, en la escala grandiosa tan dramáticamente celebrada en el relato azteca de los Soles y de sus terribles fines. Después de la pareja inicial de desastres, impuestos por los cielos, ciertos hitos de las tierras quichés se vuelven físicamente notables por la acción tectónica que ha levantado el borde occidental de todo el continente, las vértebras andinas que aparecen en textos desde Ftah Mapu hasta Anasazi, pues el hogar montañoso del *Popol vuh* no sólo nació a través de las capas sedimentarias de una inundación, sino también por violentas sacudidas de la corteza terrestre y erupciones volcánicas. Este factor geológico es tan poderoso que la Piedra del Sol enmarca la cara de la tierra misma en el Signo Ollin, el signo de la inestabilidad radical, que tan bien fue captada en el término quechua *pachacuti*.

En esta geología, los cambios de forma del paisaje pueden ser tan rápidos y espectaculares como los causados por Cipacná y por Dos Pierna en el *Popol vuh* cuando juegan a levantar montañas y volver a derribarlas. Como resultado, surgen en relieve estratos enteros enterrados, lanzando los peces de antiguos mares a las más altas cumbres, exponiendo los huesos de monstruos antiguos y especies extintas, y sugiriendo fronteras entre espacios blancos y rocas fósiles, y luego entre la vida prevertebrada y vertebrada. En el *Popol vuh*, estos dos discursos de lo que reconocemos como geología y biología se conjuntan perfectamente en las figuras de Cipacná y de Dos Pierna, al mismo tiempo saurios gigantescos y la roca que da testimonio de ellos. Esta misma conexión se establece en el primer capítulo del *Ríos*, que de manera explícita menciona los huesos fosilizados de gigantes desaparecidos, debidamente llevados y mostrados en el siglo XVI, a españoles que no los comprendieron, como prueba de la cosmogonía allí descrita. Este mismo relato puede oírse en los Andes sudamericanos, entre los chibchas, los quechuas y los mapuches: compartiendo una curiosidad general por esas conchas de mar descubiertas a 4 500 metros de altura, estos últimos también enfocan en su idioma los *fora lil* o "rocas de hueso", cuyos ojos miran fijamente a través del tiempo, prefigurando los de vertebrados ulteriores y de los propios seres humanos.

Cifrada en piedra, esta dimensión de la cosmogonía americana parece ser requisito para el esquema de las edades del mundo tipificado por el conjunto mesoamericano e inca de los Soles, el quincunce que lleva en sí mismo el recuerdo de los cuatro cataclismos de la tierra. Dicha dimensión cosmogónica constituye el grande y único marco de las que, sin él, quedarían como historias separadas de estratos geológicos, como las cajas encajadas del mundo tsimshiano o las múltiples inundaciones y petrificaciones de plantas en el ejemplo de la selva tropical. Unido así a una geología específicamente andina, el esquema de los cataclismos enmarca, a su vez, de manera más estrecha la doctrina del contrato doméstico, identificada con el Eclipse del segundo Sol, que lleva en sí mismo las huellas de una procedencia urbana y económicamente compleja, y que recibe tan poderoso énfasis onomatopoyético en el *Popol vuh*. Lo que los textos mapuches, amazónicos y anasazi presentan en esta situación como una pugna entre los sexos y dentro del matrimonio, un asunto de familia del cónyuge olvidado, lo convierten aztecas, incas y mayas en relaciones de uso y de trabajo, y en el léxico de los utensilios. En el caso inca, la noción contractual se extiende para incluir la explotación en masa representada por el pastoralismo; aquí, la revolución es encabezada por rebaños enteros de llamas que ya no están dispuestas a aceptar el sistema de control que les han impuesto.

Al elaborar esta narración de las edades del mundo, en que se ha intercalado con ingenio la catástrofe social del Eclipse, el *Popol vuh* no sólo recurre a la geología andina del límite occidental del continente; sino que también se basa, y mucho, en las enseñanzas zoológicas del cosmos amazónico, en cuya frontera septentrional se encuentra el territorio quiché. Por los testimonios literarios de que disponemos, este *continuum* con el habitat de la selva tropical parece haber sido decisivo para el mensaje evolutivo más general del texto quiché. Es cierto que el ambiente de la selva tropical se introduce en la literatura producida fuera de su extensión geográfica, como lo hemos visto en el caso del *Runa yndio* con su sustrato amazónico, la asombrosa referencia del iroqués Cusick al mono como predecesor de la humanidad (1823), y ciertas tradiciones nahuas que hoy sobreviven en el occidente de México. En realidad, varios de los Veinte Signos de Mesoamérica deben identificarse precisamente con esta fuente, como Caimán (I), Mono (XI) y Jaguar (XIV). Sin embargo, el *Popol vuh* exuda una intimidad palpablemente mayor con este mundo tropical de las tierras bajas, siendo en este sentido mucho más inteligible en los términos propuestos por el clásico caribe *Watunna*.

La selva tropical, dominio de una gama incomparable de biota —flora y fauna—, ni siquiera hoy ha sido plenamente reducida a la taxonomía latina. Es el territorio cálido y húmedo de las interminables serpientes, cuyos cuerpos desembocan en agua y en río y cuyas escamas aspiran a la condición de plumas; anguilas que captan la electricidad del cielo; caimanes que pueden arrancar una pierna; el más variado parlamento de aves; el gran cazador y aristócrata felino cuyo nombre guaraní es jaguar; y nuestros mediohermanos simios, especialmente los monos aulladores de cara roja, con su pelo despeinado y su expresión de perpetuo descontento, que pierden el rabo para volverse humanos.

Sólo en la selva tropical se relacionan estas criaturas, y sólo ahí es posible observar las curiosas intimidades que hay entre sus formas de vida: Por ejemplo, el ave hoatzin, cuyas crías con sus minúsculas garras se asemejan macabramente a las de los reptiles de sangre fría, ponedores de huevos. De hecho, en *Watunna* esta potencial miríada de vida está contenida en el gran huevo *huehanna*, motivo amazónico y sudamericano, como lo observó Krickeberg, que lógicamente subyace en la construcción de la familia de reptiles-aves de Siete Loro en el *Popol vuh*.

En cuanto a la selva misma, su riqueza vegetativa excede los axiomas recibidos de un solo crecimiento hacia arriba. En *Watunna,* el caso básico es presentado por el gran árbol Marahuaka; a través de él, tierra y cielo vuelan uno dentro del otro, y frutos de todas clases crecen de sus ramas como en una comunidad de savia injertada. Siendo un aerófito, sus raíces se extienden tanto hacia arriba como hacia abajo, y su multifacética capacidad de sostener vidas y ramas se anticipa al modo de trasplante por el cual se intercambian miembros humanos y resucitan cuerpos enteros, tanto en *Watunna* como en el *Popol vuh*. Mas aún, en este medio, ciertas plantas abren por reflejo los sentidos y la conciencia humanos a su funcionamiento interno, despejando oídos y ojos y enseñando los lenguajes del bosque. En los textos indígenas que emanan de la selva tropical sudamericana, este sistema ambiental se interpreta como una metamorfosis renovable, deslumbrante y real. Encarna la exuberancia del "gran circuito procreador de la biosfera", como lo dice Reichel-Dolmatoff en su *Amazonian Cosmos,*[1] y sugiere una teoría de la energía y la forma que une interminablemente al hombre y el animal, la sociedad y la naturaleza. En el *Popol vuh,* esta filosofía de la selva tropical da inmediatez de carácter y forma a la antiquísima historia evolutiva de los Soles.

Basándose de este modo en tradiciones andinas y de la selva tropical del sur al establecer su cosmogonía, el multivalente *Popol vuh* narra su secuencia épica de Xibalbá en términos identificables más bien con los de Isla Tortuga y la mitad superior del continente, pues al asignar una entidad lunar-solar a los Gemelos conforme suben caminando al cielo en el horizonte del este y siguen el camino del Zodiaco marcado por los Cuatrocientos, el texto apela al paradigma astronómico del paseo solar, desarrollado repetidas veces en textos de América del Norte en relación con el *octaeteris* que correlaciona los ciclos del Sol, la Luna y Venus. El viaje de los Padres y los Gemelos sigue al del chamán y del alma después de la muerte, particularmente en el paso hacia el inframundo y a través de él; y este hecho nos anima a considerar su intimidad con el modelo de *octaeteris*.

Tomando los nombres que da el *tonalámatl* a los Gemelos y a sus interlocutores como medio para calcular las unidades de días, varios estudiosos han ofrecido complejas interpretaciones aritméticas, sobre todo en relación con el periodo sinódico de Venus[2] (comparación que sin duda respeta el principio del *octaeteris*). Sin embargo, esto no debe hacernos pasar por alto el hecho de que, en primer lugar, el *octaeteris* correlaciona el Sol y la Luna, realmente citados en el texto quiché, y que tiene unas mitades características precisamente del tipo aludido en los respectivos viajes de los Padres y los Gemelos, el primero de los cuales termina en un fracaso en Xibalbá, y el segundo en el ascenso por el horizonte del este. De hecho, la Mujer Sangre, al vincular estas mitades y al "subir" ella desde muy abajo después de seis meses, intercala las lunas de su embarazo en el año solar, desde el equinoccio de otoño hasta el siguiente solsticio de verano. Esta interpretación puede encontrar claros paralelos estructurales por doquier en la epopeya mesoamericana, sobre todo en los 4 + 4 "pasajes" del Ríos con sus respectivos azares sombríos o menos sombríos, y con su correspondiente conjunto de 4 + 4 dioses esqueléticos del inframundo, los cuales corresponden formalmente a las experiencias de los Padres y los Gemelos en Xibalbá.

Correlacionando los días humanos con los años de espíritu, el *octaeteris* media de manera típica entre las dimensiones de tiempo; y esta posibilidad queda sugerida aquí: un cambio al tiempo cósmico de "Grandes Años", detallado más adelante, por medio de alusiones a las Fiestas anuales, legibles en los peligros a los que se enfrentaron los Padres y los Gemelos en su viaje (caminos de cuatro colores) y en sus lugares de reposo (casas para los invitados de Xibalbá) y en el *pop* del título mismo, identificado por Landa con el comienzo del año maya. En simples términos narrativos, este cambio de tiempo corresponde formalmente a la transición épica de gran cosmogonía a historia propiamente dicha, de acuerdo con el modelo fijado en el Ríos y en otros textos icónicos. No percibido generalmente como factor en los textos sudamericanos, y sin embargo fundamental en los del norte, el paradigma astronómico al que se recurre en la epopeya de Xibalbá del *Popol vuh* tiene consecuencias importantes cuando se trata de descifrar la escala de tiempo implícita en el relato en conjunto.

Por último, al celebrar el maíz como la sustancia de que fue formada la gente de esta Era, el texto quiché anuncia su compromiso con un diagnóstico doctrinal precisamente de aquellas partes del Cuarto Mundo en que este cereal tuvo mayor importancia económica y alimentaria. Como hemos visto antes, la equiparación de la carne vegetal y la humana como tal acompaña la domesticación de las plantas en América, la cual presenta numerosos ejemplos de mandioca y de los tubérculos de la selva tropical (figura XII.1). En esa perspectiva, la creación del maíz establece otro momento culminante, una suplantación y cambio de la dieta reconocidos de manera explícita en otras versiones mayas de las tierras altas. Además, apela al idioma claramente genético ejemplificado en la imagen kekchi de la mujer preñada que da nacimiento al maíz dentro de la montaña de alimentos. Ahora, el modo de producción no es el injerto ni el trasplante vegetal, sino la semilla y la fertilización cruzada. Por la misma razón, las etapas del crecimiento humano desde el embrión corresponden a las de la planta del maíz, como ambas a las de la luna (en realidad, el maíz crece por la noche). De ahí el papel de Oxomoco, a la vez partera y supervisora del crecimiento del maíz, la que adivina con nueve granos y deja caer nueve libaciones sobre la carne recién formada del maíz.

Esta doctrina del maíz, que ocupa lugar central en el rito mesoamericano, como lo vimos, por ejemplo, al analizar el tablero de la Cruz Foliada de Palenque, sigue imbuyendo la vida de los chibchas del Caribe occidental, parientes de los talamanqueños de Costa Rica y los kogi de Colombia, quienes llegan a convertir las nueve etapas de la gestación humana en el modelo de toda su cosmogonía.[3] La realización suprema de la inteligencia botánica del Cuarto Mundo, el maíz, coloca de esta manera otro isomorfo en la culminación misma de la cosmogonía quiché. El propio texto establece este punto subrayando que el maíz y sólo el maíz se convirtió en carne de los primeros seres humanos, distinguiéndose de doctrinas que apelan a ingredientes más mezclados (véanse las versiones cakchiquel y nahua).

Siguiendo este argumento genético, que en el *Popol vuh* acerca tanto los seres humanos al maíz, podemos incluso interpretarlo como sintomático de una teoría más general de la mutación o la transformación (figura XII.2). Aquí, el testimonio clave nos lo dan las páginas y las pinturas de los *amoxtli* correspondientes a la epopeya del nacimiento de los seres humanos. Los cuadrantes del Féjérváry detallan un conjunto de cuatro emblemas de crecimiento en sus diagonales: es ésta una declaración notablemente refinada que correlaciona con persistencia las formas de las plantas y otras formas de vida, pasando de lo menos a lo más complejo. Los dos primeros emblemas contrastan el crecimiento binario con el espiral, y el tercero, el capullo, ejemplifica la transformación a la manera de los insectos, haciendo aquí eco directo a los capullos que denotan una metamorfosis en textos y mapas análogos de Isla Tortuga.[4] El cuarto emblema representa los caminos del crecimiento vegetal y del movimiento animal trazados en el conjunto de pinturas navajo sobre los senderos del Surgimiento, e integra el maíz floreciente con la cadera articulada del mamífero (figura XI.2a,c). Se interpreten como se interpreten estos paralelos, no cabe duda acerca de la doctrina del *Popol vuh,* que en forma explícita define la invención de los seres humanos como genéticamente análoga a la del maíz, o acerca de la importancia de esta doctrina en la filosofía del Cuarto Mundo.

En resumen, el *Popol vuh* confirma de manera magistral su posición de biblia americana al incorporar tradiciones intelectuales identificables, respectivamente, con la cadena andina, la selva tropical, Isla Tortuga y América del Norte, así como las tierras del maíz en Mesoamérica y el Caribe, todas las cuales convergen en el Quiché como en ningún otro lugar. En virtud de su origen en el tiempo y el espacio, así como por su ingeniosidad como texto, el *Popol vuh* nos ofrece una síntesis de la cosmogonía americana sin rival.

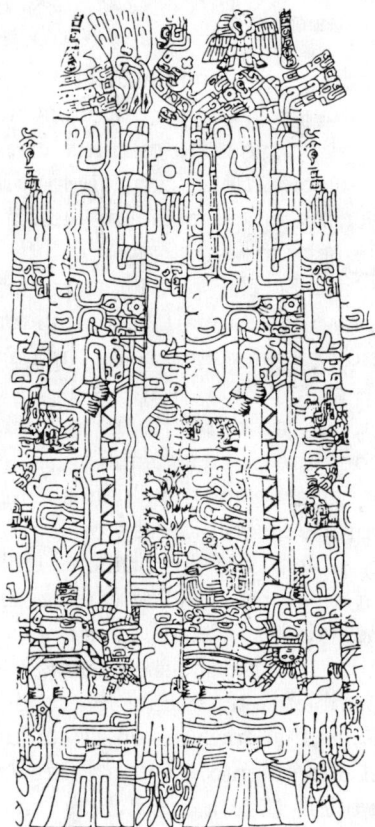

FIGURA XII.1. *Dones del caimán. Plantas cultivadas que crecen a partir del cuerpo del caimán, incluyendo la mandioca y la calabaza (centro), el chile (abajo, izquierda) y el cacahuate (abajo, derecha). (Estela Caimán, Chavín; según Willey, 1974: figura 60.)*

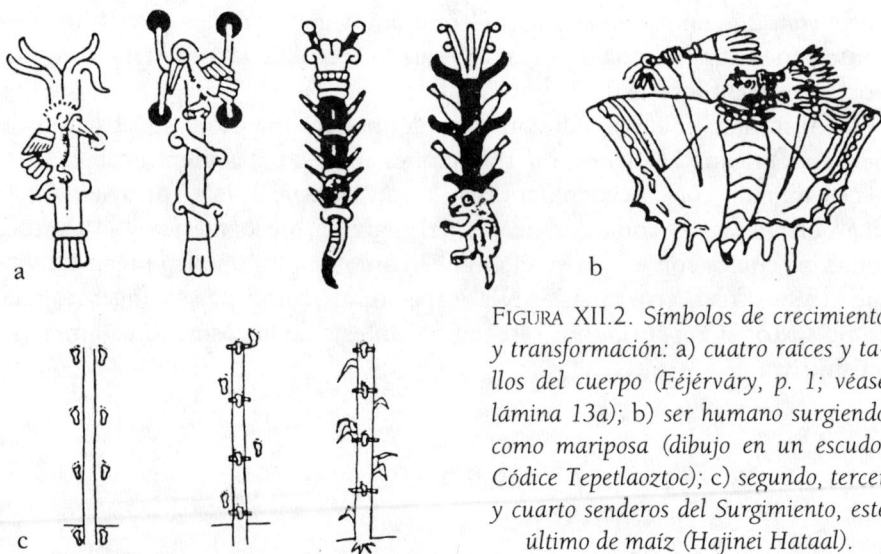

FIGURA XII.2. *Símbolos de crecimiento y transformación: a) cuatro raíces y tallos del cuerpo (Féjérváry, p. 1; véase lámina 13a); b) ser humano surgiendo como mariposa (dibujo en un escudo, Códice Tepetlaoztoc); c) segundo, tercer y cuarto senderos del Surgimiento, este último de maíz (Hajinei Hataal).*

Escala cronológica

La cosmogonía del Cuarto Mundo narrada en el *Popol vuh* se divide en fases reconocibles que, abarcando eones de geología y de evolución, empiezan con el primer tiempo de este mundo. Por su parte, otras fuentes indígenas se ofrecen a medir las fases de esta cosmogonía cuantificando su duración (*durée*). Por ello, el "milenio" que se atribuyen los mapuches como pueblo encuentra un eco en las altas cumbres del Pire Mahuida y el ciclo glacial de 60 000 años detallado en el Relato de Shaihueke; observando el mismo testimonio térmico en el extremo septentrional de los Andes, los kogi perciben a través de él la muerte del mundo como lo conocemos. Se dice que han transcurrido "millones de años" desde el Diluvio en el Relato de Canimani de los witoto; aproximando los 73 000 años de la Séptima Relación de Chimalpahin, los tzotziles aún cuentan periodos de 80 000 años en su aritmética vigesimal maya, y los comparan con la sucesión de las cuatro edades del mundo.[5] Desde el periodo Clásico, las inscripciones jeroglíficas cuentan periodos de centenares de millones de años (*tunes*). En otros casos, se logra la profundidad cronológica por medio de cifras chamánicas, sobre todo el 4 + 4 del *octaeteris,* que permite hacer cambios entre dimensiones de tiempo.

En todo esto, un concepto indispensable es el de la unidad del Gran Año de 26 000 años solares. Este Gran Año, desdeñado por los europeos que primero hablaron de la cosmogonía del Cuarto Mundo, corresponde a la precesión de los equinoccios, la cual, detectable sólo a lo largo de los siglos, confunde el tropo renacentista de una estrella polar fija y tiene el efecto de hacer que el sol equinoccial "regrese" gradualmente a través del Zodiaco. La idea de que astrónomos del Cuarto Mundo hubiesen calculado y utilizado este ciclo es rechazada casi siempre sin ningún análisis. En principio, parecería sorprendente, antes bien, que no lo hubiesen reconocido dada la larguísima historia urbana y agrícola del continente, el hecho de que exista un ininterrumpido registro calendárico que empieza al menos dos milenios y medio antes de Colón.

El principal testimonio del conocimiento de la precesión en el Cuarto Mundo procede de Mesoamérica, donde fechas de años están inscritas en piedra desde 600 a.C. o antes, y donde el año estandarizado, de 365 días, fue sutilmente medido contra el año sinódico de las estaciones (365.24 días) y el año sideral de las estrellas (365.56 días). Con el año de las estaciones, la diferencia de 0.24 días crece hasta ser un año al cabo de precisamente 1 508 años, o 29 Ruedas descritas en el Códice Mexicanus (véase figura IV.6); con el año sideral, la diferencia de 0.56 días hace lo mismo a lo largo de 1 427 años, periodo marcado en los Anales de Tepexic por una fecha específica (2 Caña, 1681 a.C.), identificado con el motivo de la estrella (figura XII.3). La diferencia de 0.14 días entre ambos, que fenomenológicamente corresponde a la precesión crece hasta ser un año en poco menos de 26 000 años, el Gran Año, y este periodo a su vez queda registrado como tal en varios textos, entre ellos la Piedra del Sol y el Códice Ríos en Tenochtitlan. En los textos jeroglíficos mayas, los estudiosos han descubierto testimonios similares, como fechas básicas que se relacionan con la Era en términos de Grandes Años, así como cálculos de orden más astronómico en el Códice París (pp. 23-24).[6]

La forma en que funcionaba este Gran Año en la cosmogonía queda bien ilustrada por una pareja de textos icónicos: la Piedra del Sol ("el reloj de Moctezuma", como se le ha llamado popularmente) y el Ríos, que con la mayor claridad define esta Era, la quinta en el relato de las edades del mundo, como la quinta del Gran Año; es decir, 5 200 años, 100 Ruedas (100 x 52), o 13 *tzontli* (13 x 400). En ninguno de los dos textos puede haber la menor duda de que la cosmogonía es el tema y el marco en que encaja la Era: la Piedra del Sol narra cómo el tiempo llamado Cuatro Ollin surgió de las catástrofes en que terminaron las edades de diluvio, eclipse, lluvia volcánica y huracán; el Ríos evoca estas catástrofes como subtemas del relato de los cereales que culmina en el maíz.

En la Piedra del Sol, así como en el centro del disco el signo Cuatro Ollin enmarca visualmente las cuatro anteriores edades del mundo así su duración está registrada en los bordes, como lo hemos visto, en 10 conjuntos de 10 Ruedas, presentadas como serpientes-nubes (*mixcoa*) que brotan de las escamas cuadradas de los dragones del cielo a la derecha y a la izquierda. Ahora, como lo hemos observado antes, las cabezas que asoman entre las fauces de los dos dragones, abajo, pertenecen respectivamente al Señor del Fuego (izquierda) y al Sol (derecha), que son Uno y Cuatro en el conjunto de los Trece Héroes. Por tanto, cada uno dota a su dragón y a las Ruedas que lleva en el dorso de un valor numérico, una capacidad que ellos y otros entre ellos muestran, por ejemplo, en la transcripción que ofrece el Manuscrito de las Pinturas de las edades del mundo.[7] Siendo Uno, el Señor del Fuego simplemente confirma el total de 5 200 años, de nuestra Era; siendo Cuatro, el Sol lo multiplica hasta ser 20 800, los cuatro quintos restantes del Gran Año. Por tanto:

$$1 \times 10 \times 10 \times 52 = 5\,200$$
$$4 \times 10 \times 10 \times 52 = \underline{20\,800}$$
$$26\,000$$

FIGURA XII.3. *Topónimo estrella.* (*Anales de Tepexic, p. 10 [acompaña a la fecha 2 Caña 2 Caña que aparece en la Rueda 27 y luego a intervalos de 9 Ruedas].*)

En la transcripción de este mismo esquema que aparece en los Anales de Cuauhtitlan, los cuatro quintos del Gran Año están anotados como "CCCC mixcoa", es decir, 400 Ruedas codificadas como serpiente-nubes.

Tomando como unidad básica el *tzontli* de 400 años en lugar de la Rueda de 52 años e incorporando las catástrofes de los Soles, el capítulo del Ríos sobre los cereales subdivide la narración en cuatro momentos principales, que forman dos parejas. La primera pareja dura dos veces 10 *tzontli* (4 000 + 4 000 años); la segunda, 12 y 13 *tzontli* (4 800 + 5 200 años), siendo esta última la Era que comienza con el maíz y con la historia de Tula. Toda esta secuencia se inaugura con el árbol alimentario del que los seres humanos (sentados a su alrededor y todavía desconocedores de la agricultura) reciben sus alimentos como gotas del seno de la naturaleza. Éstas se muestran como círculos líquidos que se reúnen en un calabazo y les caen en la boca; su vuelo hacia abajo queda marcado por líneas como pelos. Teniendo en cuenta el ejemplo de los *amoxtli,* donde las frutas de un árbol pueden tener valor cronológico (gracias a las sutilezas de *tlacuilolli),* vemos que esta imagen del Ríos —un círculo coronado por unos pelos— prefigura exactamente el múltiplo de 400 años utilizado en los cálculos siguientes (figuras II.2, XII.4a). En realidad el término mismo *tzontli* significa "pelo o pluma", de modo que como primer acontecimiento de este capítulo sobre los alimentos, el árbol alimentario ofrece de manera incipiente un plazo de años. Numéricamente, cayendo a cada lado del árbol, este pago inicial se anticipa a la primera pareja de 4 000 + 4 000 años, aunque no llega a ser una medición completa (algunas gotas todavía se están formando; a otras las acaban de consumir): buena indicación, a la vez, de que el ciclo tiene poco menos de 26 000 años y de que es muy difícil calcularlo con exactitud. (Aun en los últimos 100 años, los astrónomos occidentales han tenido que revisar sus cálculos.) La declaración general es entonces (Códice Ríos, pp. 4-8):

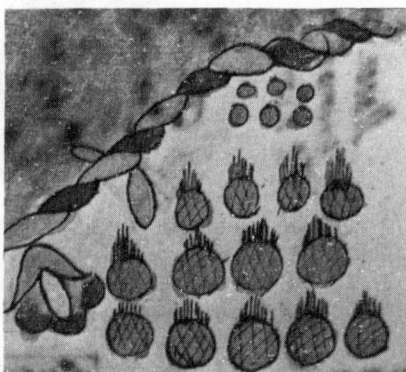

b

a

Figura XII.4. *Detalles del capítulo del Ríos sobre la edad del mundo:* a) *árbol alimentario (p. 4);* b) *los 5 200 años de esta Era (es decir, 13 x 400; p. 8).*

$$<20 \times 400 = <8\,000$$
$$10 \times 400 = \phantom{<}4\,000$$
$$10 \times 400 = \phantom{<}4\,000$$
$$12 \times 400 = \phantom{<}4\,800$$
$$13 \times 400 = \underline{\phantom{<}5\,200}$$
$$<26\,000$$

La claridad de estos dos ejemplos, la Piedra del Sol y el primer capítulo del Ríos, alienta a dar interpretaciones similares a otros, incrustados en el *corpus* de los textos icónicos; por ejemplo, la imagen del corazón flechado que aparece en el primer capítulo del Borgia, el cual también incluye un conjunto de cuatro Soles más una imagen del brazo humano arrancado, al que sostiene un gigantesco loro. Junto con el testimonio jeroglífico descifrado por otros, esta afirmación mesoamericana del Gran Año ofrece, a su vez, un punto de referencia cuando se trata de textos cosmológicos de otras áreas que mencionan periodos de tiempo que de otra manera parecerían opacos o fortuitos, como el modelo de cinco edades de 5 000 años de Tahuantinsuyu, o la historia oglala de Halcón Alto (lámina 18a).[8] Detallando la visión siouana en que el cuerpo de la Mujer Búfalo incorpora cuatro anteriores edades

a

b

LÁMINA 18. *Antecedentes culturales:*
a) artefactos tempranos (Halcón Alto,
Cuenta de inviernos); b) Boraro, los
espíritus selváticos (dibujo barasana he-
cho por Paulino).

del mundo como piernas cuyos vellos son sus años, Halcón Alto enumera una secuencia inicial de años en números arábigos. Fiel a una base duodeci- mal, esto produce poco menos de 24 000 años:

6 000
11 900
3 000
1 100
1 900
23 900

Identificados como unidades de búfalo, estos periodos corresponden a los principios mismos de la cultura humana —trineos tirados por perros, ollas de piel, taladros de fuego— como el capítulo equivalente en el Ríos; y, tam- bién como en este último, el texto allana el camino a los anales de la historia propiamente dicha.

El Gran Año, siendo marco de la Era, nos envuelve por esa misma razón en el relato de los Soles y en periodos de tiempo que llegan a cientos de mi- llones de años en las estelas de Quiriguá y en otros textos jeroglíficos. Entre ellos sobresale el capítulo inicial del Códice Madrid,[9] en el que, antes del mapa de cuadrantes aparece una serie de fechas, declaradas con toda pre- cisión en números de barras y puntos que tienen el valor del lugar vigesimal del calendario *tun* (figura XII.5). Incrustadas como estratos en las montañas, las dos primeras fechas apelan al discurso geológico de los primeros Soles, y se remontan muchos millones de años atrás. La tercera está inscrita en un rollo que brota de la boca de un hombre, morador de una caverna cuyas paredes está a punto de pintar (las pinturas rupestres abundan en las tierras bajas mayas). Equivale a 78 066 983 días, poco más de los 208 000 años de ocho Grandes Años; este total de ocho aparece en realidad como discos en las paredes de las cavernas, en forma de la cifra 4 + 4. El hecho de que este orden de tiempo corresponda a la epopeya del surgimiento de la especie humana, mediando entre eones geológicos y la historia de la Era, queda indicado tanto aquí como en el Ríos donde, precisamente en este contexto, la aparición de seres humanos se enumera en los ocho "pasajes", cuatro sombríos y oscuros, y cuatro que no lo son tanto. De acuerdo con el cambio chamánico cifrado entre dimensiones del tiempo,[10] cada pasaje correspon- dería al del Gran Año, definido de manera explícita en la ulterior secuencia agrícola (pp. 4-8). Una afirmación similar parece hallarse en la Piedra del Sol donde 4 + 4 marcadores sumamente alargados de años solares median entre el quincunce de las edades en el centro y el Gran Año y la Era en el borde; y bien podría aportar la clave cronológica a la epopeya del *Popol vuh*,

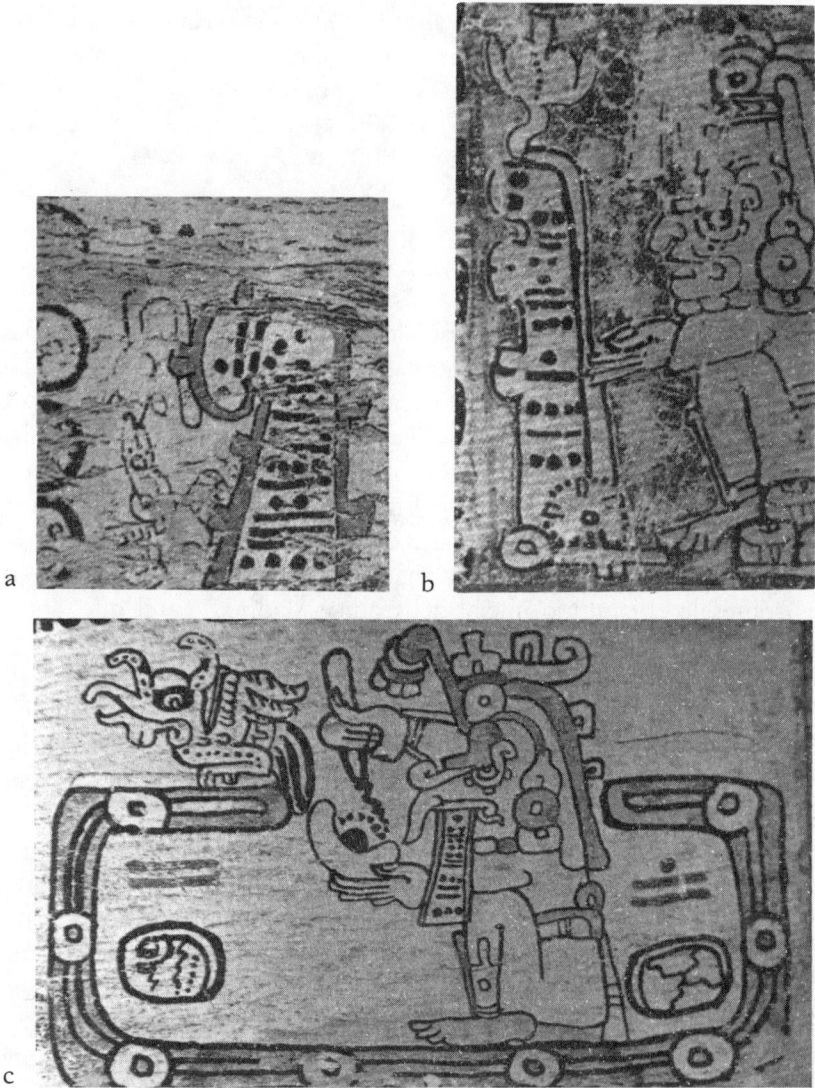

FIGURA XII.5. *Fechas en roca y en papel. (Códice Madrid, pp. 57, 69, 72.)*

dividida como está en mitades, una más sombría que la otra, puntuada cada una de ellas con los nombres de las Fiestas del año.

En las edades de metamorfosis que preceden a la epopeya, la escala cronológica baja a las fases de formación de las rocas, planteadas en el Madrid como 7 800 000 años, y cerca de 30 veces ese periodo. En esta fecha (la más antigua), las barras y los puntos que expresan los periodos de tiempo numerados se inclinan sobre un estrato en una antigua montaña equivalente a la imagen de Colhuacan (figura XII.5a; lámina 14a). Sobre su fila, otras fechas jeroglíficas respetan estos órdenes de millones y cientos de millones de años, así como las decenas de millones representadas por el *Ritual de los bacabes* (64 millones) y la Estela A de Quiriguá (90 millones). Al hacerlo, sugieren un posible modelo de tres niveles, congruente con las tres edades del mundo anteriores a la epopeya de la cuarta edad y el *octaeteris* de los Grandes Años.

Estas medidas cronológicas de la cosmogonía cuartomundista, incontrovertibles en los casos de los estratos de roca y la locución del hombre de las cavernas que aparece en el Madrid, y la periodización de los cereales y el maíz en el Ríos, exigen urgentemente ser estudiadas. Cualesquiera que hayan sido sus bases epistemológicas, en su simple alcance imaginativo nos muestran nuestro lugar. Contando el momento de nuestra especie como minutos del reloj planetario, engendran una conciencia de los eones que desembocan en el cuerpo y en la sociedad de la especie humana.

EL JARDÍN DEL PLANETA

Ya se ha notado, al menos desde los tiempos de Colón, que la cosmogonía del Nuevo Mundo tiene claros ecos en la del Viejo. La formación del hombre a partir de barro; la mujer que toma y come el fruto del árbol prohibido; el diluvio; los héroes que aparecen saliendo de un horno llameante: éstos y muchos otros motivos fueron interpretados por los primeros misioneros cristianos como tenues o deformados recuerdos del único relato de la creación que reconocían como válido, el de los libros semíticos, donde tienen una configuración muy distinta. Sin embargo, sobre esta base, por lo menos se pudo creer que los indígenas americanos pertenecían a la humanidad creada por Jehová, y a los irrisorios cinco milenios, poco más o menos, de la historia universal bíblica.

Con el tiempo, se llegó a desafiar esta ortodoxia de la Escritura, que llegó a ser inexorablemente modificada, hasta el punto en que la posición contraria se ha convertido en la ortodoxia científica de hoy: consecuente con esto último, el Vaticano se disculpó hace poco, tres siglos y medio después del hecho, por haber quemado al "hereje" Galileo.[11] Este cambio, que incluía el redescubrimiento de la cultura semítica (por medio de los musulmanes de España) y de los clásicos de Grecia y Roma, fue indiscutiblemente promovido por América. En las tabernas de Deptford, charlando con marinos que habían visitado la costa algonquina, Christopher Marlowe proclamó su gran herejía de que la "sagrada comunión habría sido mucho mejor administrada en una pipa de tabaco", y que los indígenas americanos eran más sabios que nadie al afirmar que la tierra era mucho más antigua de lo que decía la Biblia. Inspirada inicialmente su visión de América por los indios tupí llevados a la corte de Carlos IX en Ruán, Michel de Montaigne reprodujo todo el esquema de las edades del mundo en un pasaje basado, en última instancia, en los Soles y las catástrofes de los textos mesoamericanos, los cuales sugerían la "unidad cosmológica" del Nuevo Mundo y, por tanto, contravenían de manera implícita el único y magistral acto de Jehová y el desastre subsidiario del diluvio.[12] Las visiones de Marlowe y de Montaigne acabarían sumándose a la ciencia de la Ilustración secular: la recién nacida geología que llegó a detectar una actividad volcánica en las rocas puramente sedimentarias de la Biblia, y la historia de Vico, maestro de Boturini, quien empezó a construir las "edades" de la experiencia humana.

Provocando más debates sobre los orígenes del hombre en los primates, América continuó su subversión en el siglo XIX. Darwin y Wallace, basándose en su experiencia de los Andes y las selvas tropicales, formaron sus teorías a partir de la "observación fáctica"; sin embargo, según lo reconocieron, habían escuchado también el testimonio de unos "afables salvajes" y de otros viejos habitantes de aquel medio. Rescribiendo el génesis, acabaron por crear la historia evolutiva de la especie humana que respeta la secuencia vertebrada de pez, saurio, ave y mono; es decir, la que ya estaba escrita, tres siglos antes, en maya quiché. De este modo, por fin el término "dinosaurio" entró en las lenguas europeas a mediados del siglo XIX.

En fecha más reciente, gracias a las técnicas de la estratigrafía y a la aparente verdad de radio carbono 14, los periodos en que todo esto supuestamente ocurrió han adquirido vastas dimensiones, de lo cual no hay precedente registrado en la tradición occidental.[13] No obstante, de manera notable, tal precedente sí existe, como ya lo hemos visto, en las cosmogonías y los calendarios del Cuarto Mundo. Los estratos de roca en el Códice Madrid y las fechas que los acompañan caen, en conjunto, en la gama de tiempo hoy propuesta por la geología y la evolución después que las formas básicas de los animales modernos aparecieron hace unos 600 millones de años; hasta hay insinuaciones (matemáticas en el caso de las dos fechas de estratos jeroglíficos) de la pauta de 26 millones de años de unos cataclismos hoy notados por algunos investigadores, más el detalle asombroso de que la desaparición de Cipacná y de los dinosaurios en realidad pudo estar relacionada con la actividad volcánica.[14] Una vez más, de acuerdo con cálculos actuales, los

200 milenios, poco más o menos, del *octaeteris* del Gran Año embonan en el orden de tiempo que los seres humanos necesitaron para surgir, definiendo su cultura en el paleolítico y en el último Gran Año, e iniciando su agricultura a partir de la fecha 3000 a.C. de la era neolítica.

Conforme la historia oficial de la humanidad se revisó sucesivamente en estos términos, nuestra especie ya no pudo ser sancionada por la ciencia como predominante en el tiempo o en la jerarquía sobre la vida animal y de otras especies que habían vivido mucho mayor tiempo en la tierra: esta lección aún tiene que aprenderse bien. Hecho a la imagen de Dios en el sexto día, Adán recibió dominio sobre los animales y se le dijo que diera el uso que quisiese a estas criaturas "sin alma". Por contraste, los muñecos del *Popol vuh* fueron castigados porque explotaban a los animales y hasta porque se portaban insensiblemente con sus utensilios de cocina y piedras de moler. La fuerza de la lección americana fue captada por Las Casas (en su versión kekchi), y reaparece en el relato de Borges "La escritura del dios", donde, leyendo en los glifos de la piel del jaguar los "designios íntimos del universo", el sacerdote maya al que Alvarado encarceló recuerda el destino de los muñecos ("Vi a los utensilios volverse contra ellos, vi a los perros destruir su rostro") como el único apropiado para los insensibles explotadores españoles. En este siglo se le ha relacionado con la ciega dependencia humana de la tecnología. El cubano Alejo Carpentier celebró el *Popol vuh* como evidencia de "la única cosmogonía que haya presentido la amenaza de la máquina y la tragedia del Aprendiz de Brujo".[15]

La solidaridad americana con otras formas de vida, garantizada doctrinalmente, surge con notable vivacidad en todos los grandes textos cosmogónicos de América. Esto puede decirse sobre todo de las luminosas viñetas que registran conversaciones con animales o entre éstos; imbuidos con un humorismo y una penetración característicos, estos momentos del texto predican la doctrina de las edades del mundo de una manera opuesta a la didáctica. En *Watunna,* mucho depende de la habilidad para tratar con los jaguares, los grandes carnívoros que aterrorizan pero que no siempre piensan con rapidez. Cuando a Kuamachi le presentan a Mado, el jaguar, Mado dice a su hija que había llevado consigo a Kuamachi al hogar:

—Muy bien, ya me trajiste mi cena.
—No es tu cena —responde ella— es mi marido.

Antes, tendido de espaldas, indefenso, con las patas al aire, la tortuga Waiamo es obligado a ver cómo Manuwa, el otro jaguar, devora la danta que él, Waiamo, había cazado; logra distraer a Manuwa prometiéndole mejores alimentos, y consigue hacerle una seña vaga con una de las patas:

—Sabrosa la danta —dijo *Manuwa*, y siguió comiendo,
Waiamo pensaba, pensaba, callado, patas arriba. Luego habló.
—Con ají yo comería —dijo.
—¿Qué dices?
—Lástima comer así. Con ají se come sabroso. Carne sin ají no sirve.
—Cállate, no tengo ají —dijo *Manuwa*; siguió comiendo.
—Bonito conuco de ají tengo yo —dijo el otro.
—¿De verdad? ¿Dónde está?
—Por allá —contestó, moviendo las patas.
—Vete a buscarlo —dijo Jaguar, siguió comiendo.
—No puedo, estoy al revés.
Manuwa no comió más.
—Danta sin ají no sirve —dijo ahora.
Ahora dio su patada a *Waiamo,* ahora lo puso derecho.

En el *Popol vuh,* la familia de aves-reptiles intervienen en esta conversación, sobre todo en el intercambio doméstico, en el lenguaje de las aves, que ocurre cuando Siete Loro vuelve a casa con el brazo arrancado de Uno Cazador en el pico; su esposa, que nunca vuelve a abrir el suyo, le pregunta: "¿De dónde sacaste eso?", siendo éste el prototipo de brazo humano que en realidad se puede arrancar y luego volver a coser. Una vez más, en el *Dine bahane,* habiendo pasado sus apasionados amores con Coyote, la osa es expulsada de vuelta a la selva por su hermano humano; pero, haciendo una pausa, se vuelve con una súbita duda:

De pronto, aquella criatura se puso en pie y empezó a caminar. Pero después de dar varios pasos se detuvo, hizo visera a sus ojos con una pata, se volvió a mirar al joven e hizo esta pregunta:
    —Pero, ¿qué pasará si alguien me ataca antes? —preguntó—. ¿Qué pasaría si alguien me amenazara?
    —Entonces te defenderás de cualquier modo que puedas —replicó el hermano menor—. Y también podrás defender a tu familia. De otro modo no empieces una querella o una lucha.[16]

En los textos de la selva tropical, este diálogo enfoca principalmente la primera fiesta de la cosecha. Al ser cortado Marahuaka, las aves y los animales tienen oportunidad de participar en la gran empresa cultural de cultivar alimento y en realidad de mostrar a la gente cómo hacerlo, salvo los dos que "no querían trabajar" y "no querían compartir": el jaguar y la danta. Según esta misma lógica, en Mesoamérica los animales ayudan a llevar los alimentos desde la montaña de alimentos: el coatí, quien en el *Popol vuh* había sido el primero en hacerse amigo de los Gemelos, y que los protegió de Siete Loro, ayuda a preparar la primera milpa en el relato kekchi, y encarna una solidaridad que a los humanos se les dice que nunca olviden. Desafiando la odiosa binariedad hegeliana que separa hasta a los seres humanos en *Natur-* y *Kulturvölker,* esta disposición no excluye a los animales de la cultura terrestre ni del concepto de comunidad.

Según esta tradición, la comunicación entre especies llega a incluir no sólo aves, osos, jaguares y otros vertebrados semejantes, sino insectos, como las hormigas que ayudaron a Quetzalcóatl, y hasta plantas; pues así como el maíz plantado y observado por Xmucane se las arregla para informar acerca del bienestar de sus nietos distantes, también otras plantas mantienen trato y conversación con los curanderos en casi todas las tradiciones indígenas. Como la planta del maíz, reciben forma humana de varón y de mujer, y hay que dirigirse a ellas como a personas que poseen poderes y vidas propias, por ejemplo en los libros de medicina (de papel amate) de los otomíes, las curas escritas en el silabario cherokee y en los cantos del Nguillatun mapuche (donde se consideran sagrados el benéfico canelo y el maqui). El *capsicum* aparece como jefe en el Serkan Ikala de los cuna, el peyote es la "mujer verde" en las fórmulas curativas nahuas, y el senna, el vetch, el ginseng *(atali kuli)* y los otros agentes curativos de los cherokee sugieren ellos mismos curas al médico que no sabe cuál escoger.

Dado que es inextricable de los hechos históricos de la agricultura americana, toda esta cosmovisión puede remontarse a la Eva del *Popol vuh:* la mujer que corta el fruto prohibido del árbol del conocimiento, que concibe y que es arrojada al exilio. Y justamente porque el relato de la Mujer Sangre se asemeja tanto al de Eva y del edén bíblico, resulta más instructiva la diferencia. En el edén el fruto es propiedad de Dios, quien prohíbe probarlo; la desobediencia de Eva y su embarazo producen la miseria humana en el mundo exterior. En el *Popol vuh,* el árbol se encuentra en el inframundo, su fruto es inteligencia del mundo superior, y es prohibido por el Señor del Infierno; la desobediencia y el embarazo de la Mujer Sangre conducen, con el tiempo, por medio de los Gemelos, al gran logro de la agricultura y a la creación de la milpa, el santuario viviente. Y es esta capacidad humana de cosechar alimentos la que resulta más vilipendiada en la historia de Caín, hijo de Eva, el agricultor cuyas ofrendas son desdeñadas por el Dios del Antiguo Testamento, quien, al mismo tiempo, favorece y bendice los rebaños de su hermano Abel. Esta preferencia divina ejemplifica estupendamente la ideología pastoralista, la cual, omnipresente en Occidente, ciega hasta a Rousseau y Marx, y que en el Cuarto Mundo sólo se insinúa en el discurso de la llama de Tahuantinsuyu.

Inscritas en la cosmogonía, la habilidad y dedicación del Caín americano, su comprensión de la naturaleza que le dio vida a él y de sus lenguajes, hicieron de su continente el jardín del planeta.[17] Desde el otro lado del Pacífico, su brillo se atisbaba históricamente, una luz del Oriente.

CUARTA PARTE

EN EL LENGUAJE DE AMÉRICA

mac to ah bovatmac to ah kin ¿Quién es el sabio, quién el sacerdote del sol
  bin tohol cantic u than uuoh lae que leerá la palabra de este libro?

Libro de Chumayel

XIII. EL PROCESO DE TRADUCCIÓN

FUENTE Y PERSPECTIVA

El relato cuartomundista de los orígenes diversamente interpretados según la geografía y el tiempo, se basa en creencias comúnmente sostenidas. Éstas son las mismas en que se apoya la alianza política de la Declaración de Quito, las cuales van en contra de la aceptación acrítica de todo lo que se ha importado a América, siguiendo a Colón. Filosofía natural, el relato del Nuevo Mundo se ha sostenido y se sostiene como la más grande razón de la costumbre, la defensa de la tierra y el paisaje, y la terapia. La historia de la creación revivida cada día en los idiomas y gestos indígenas, continúa imbuyendo las cosmovisiones, dando forma a las interpretaciones de lo ajeno y de lo intruso. Esto ocurre así, explícitamente, en el caso de los textos de la creación publicados por los shuar, quienes en el curso de la narración subrayan repetidas veces la importancia de este hecho o de aquella acción para su federación. Reversiones de las primeras fases de la misma versión amazónica de la creación, con sus cuatro dedos, pies vueltos hacia atrás, penes colgantes y piel blancuzca —como lo sugiere su nombre, *boraro*—, indican que los mortíferos espíritus de la selva de los barasana también han absorbido rasgos de posteriores invasores blancos, como llameantes ojos rojos y pechos velludos (lámina 18b). Por su parte, Dzul Poot, repitiendo cuentos que oyó cuando era niño en Yucatán, apela a la presencia de antiguos asentamientos mayas conocidos de todos, de modo que Uxmal y Tihoo (Mérida) son los términos del relato de Hapai Kan, la monstruosa serpiente que aparecerá el día del juicio. Cetan Gi (Halcón Amarillo) y otros jóvenes pintores sioux se están informando sobre las creencias de sus antepasados, por ejemplo la visión de la Mujer Búfalo descrita y pintada en los *waniyetu yawapi*, para fortalecer su resistencia política. Teniendo en mente la forma de su paisaje y sus poblados en los Apalaches todavía después de ser trasladados a Oklahoma, los cherokee siguen atendiendo a la saga de Tsulkulla; y citando los cantos curativos de Ayunini y Gatigwanasti, con su esquema de colores cósmicos, diagnostican el azul del norte, dirección de la que llegaron los peores invasores, como causa de la pena, cantos que llegarían a ser (por vía de los africanos que hablaban cherokee) los *Mississippi blues*.[1]

Con mayor urgencia, estos relatos amerindios del mundo pueden servir activamente para defender a las sociedades que representan, justificando cuando sea necesario un curso de acción directa o militar. En *Watunna,* invasores de habla española (de años más recientes) se interpretan de manera expresa como emisarios de Odosha, quien "desea poseerlo todo" y esclavizar a la gente, privándola de su memoria, a lo que ellos se oponen precisamente por estos motivos. Los equivalentes de Odosha en el *Popol vuh,* los Señores de Xibalbá, se han equiparado con las dictaduras —apoyadas por los Estados Unidos— de Guatemala y con las fuerzas del genocidio que han asolado las tierras altas mayas; y una vez más, mostrando aquí su reverencia a la tierra y el maíz, la cosmogonía apoya la resistencia indígena en la prolongadísima guerrilla encabezada por Gaspar Ilom, y a través de testimonios como las pinturas de Juan Sisay o de Juan Gallo, la autobiografía de Rigoberta Menchú, o las cartas enviadas por los exiliados mayas a la prensa mexicana. Para Rigoberta Menchú, quien aprendió el castellano a los 20 años, saber que "nuestra cultura es el maíz" y que "estamos hechos de maíz blanco y amarillo" le permite encontrar fuerzas para resistir a la criminal invasión de las tierras comunales y, a la vez, para identificar la causa común indígena que trasciende los límites locales de lenguaje, atuendo y costumbre; esta cosmogonía también imbuye su concepto de la insensata tecnología de las máquinas. Esta herencia (maya) también trasciende en mucho del esfuerzo iniciado en Chiapas en enero de 1994 por los tzotziles-tzeltales a través del EZLN, quien además invoca —por medio del correo electrónico— el épico espíritu de Uotan-Quetzalcóatl, cuyos antiguos libros fueron quemados en esa región a finales del siglo XVII. Poniendo al día el *Runa yndio,* los narradores de cuentos quechuas repiten la necesidad de expulsar al presocial ogro caníbal *(achkay)* y de reencarnar a Inkarri, sosteniendo así la fe en la debida reconstrucción de Tahuantinsuyu.[2]

En estos casos y en muchos otros, la experiencia de los últimos cinco siglos se interpreta en términos que han evolucionado tal vez a lo largo de muchos milenios. Según esta interpretación, un factor importante ha sido el del propio lenguaje americano, verbal y visual. Al afirmar su identidad como acoma y el espacio entre ese idioma y el inglés, Simón Ortiz lo dice así: "A veces, en el pasado, fue lucha abiertamente armada, como la de los actuales indios en América Central y del Sur con quienes debemos identificarnos; hoy, es a menudo en el terreno legal, y en el campo de la literatura". Esto coincide con el compromiso literario al que Marcio Souza, en Brasil, ha llamado la "contramasacre". Aquí, las propias lenguas nativas y la historia sirven de recurso en la lucha contra la violencia física e intelectual del neocolonialismo.[3] En su lacónico poema "Keski nauamaseualme tiitstoke?", el profesor bilingüe Joel Martínez Hernández, propone el mismo argumento, remitiéndolo a cifras del censo oficial de los hablantes de náhuatl, y al deseo, no muy secreto, de los coyotes (blancos) por verlos reducirse:

ax moneki miak tiknemilisej	no es necesario pensar mucho
Se tsontlixiuitl in techmachte	cuatrocientos años nos han enseñado
tlen kineki koyotl	cuál es el deseo de coyote.

Periódicos en aimará, como *Jiwasan Arusawa* y *Yatina Sawa,* publicados en La Paz en años recientes, establecen el mismo argumento.

El haber decidido escribir en una lengua indígena permite adoptar una actitud hacia los idiomas oficiales importados, como el español, por medio de la afirmación o el juego dialéctico. Bien conocidas son las obras de algunos dramaturgos guaraníes, como *Sandia Yvyvy* (Julio Correa) y *Mita Reko Mara* (Tadeo Zarretea), que tienen una larga historia en el teatro de Paraguay, donde, además, comúnmente se traducen obras en español a ese idioma. En Chile ocupa una posición especial *Nepey ni gunin piuke* (Se ha despertado el ave de mi corazón; 1989), del poeta mapuche Leonel Lienlaf, buen ejemplo del reciente renacimiento literario mapuche, que incluye a Sebastián Queupul, Martín Alonqueo y Elicura Chihuailaf (además de Victorio Pranao y otros que han aparecido en la serie "Kume dungu" de textos publicados en colaboración con la Universidad de Temuco). Según Lienlaf, la montaña que salvó a la gente de la inundación, Threng-threng, aún sirve como promesa de refugio cuando se la ve desde un bote en el mar ("Canción del bote"); y en Temuco otra montaña, Nielol, recuerda los tiempos muy recientes en que todas las casas de allí eran mapuches. Sin embargo, en "Le arrancaron la piel de la espalda", las heridas infligidas por la bárbara invasión de finales del siglo XIX, en ambos lados de los Andes, amenazan el concepto mismo de coherencia indígena. Aquí, el vocabulario español que denota los medios de opresión —la *cruz* y la *espada*— se introduce dolorosamente en el texto en imágenes de considerable fuerza.[4]

Ante la actual amenaza de invasión en Perú, en una guerra civil causada por siglos de saña racista contra ellos, los quechuas también cuentan con un rico precedente, y sus poetas se vuelven en especial al *wayno;* la poesía de sus palabras va acompañada por su música andina. Lino Quintanilla, uno de los dirigentes del movimiento en cuestión, eligió el *wayno* para celebrar la recuperación de tierras que habían sido robadas a los campesinos en Andahuaylas en 1972; alentando a la resistencia en su poblado natal Huamanga (Ayacucho) en otro *wayno,* Eusebio Huamani fustiga a la policía *sinchi,* cuyos moteados uniformes verdes identifica con arrogantes loros que infestan hogares y campos. Un *wayno* que ha demostrado un poder devastador es "Viva la patria" de Carlos Falconi, en el cual, como en "Rupamum" de Lienlaf, emplea la técnica de incorporar palabras del español para descomponerlas y a la postre envilecerlas, hasta tal punto que la "patria" en cuestión es expuesta como una cínica hipocresía, a la vez incoherente e insultante para todos los que no son latinos o blancos. Al actual vigor del quechua han contribuido las obras del grupo teatral Yuyachkani y la poesía publicada desde los cincuenta por Kilku Waraka (Andrés Alencastre).

La cuestión del conflicto racial y de la identidad dentro de la nación-Estado resurge en México, donde muchos autores modernos continúan escribiendo en náhuatl (o ahora se vuelven hacia él), la lengua hablada en un tiempo en las cortes de Tenochtitlan y Texcoco. Esta recuperación acaso no sea más que un replanteamiento de la estética y la filosofía del "canto de la flor" *(xochi-cuicatl),* o sea la propia poesía náhuatl; por tanto, el poema de Natalio Hernández "Nuestros cantores ancestrales" (Nocolhua cuicate...) hace resurgir delicadamente el fraseo binario de los *Cantares mexicanos,* invocando la antigua capacidad de "decir y saber", de "decir y cantar". O, como en un poema de Fausto Hernández Hernández, un modo tradicional como la "canción del huérfano" *(icno-cuicatl)* puede utilizarse para expresar la actual situación de niños y familias en la parte de Veracruz en que se habla el náhuatl, que fueron abandonados cuando sus padres tuvieron que emigrar a las grandes ciudades: el título "Tototl" (ave migratoria) puede referirse a cualesquiera de los sexos; de hecho, las mujeres han tenido que soportar gran parte de la carga, ganando dinero como pueden, con la esperanza de ayudar después a los que dejaron atrás. En maya moderno, los cuentos de Dzul Poot se complementan con los textos incluidos en *An Epoch of Miracles* (1983) de Burns, que incorpora una saludable versión nueva, escrita por Paulino Yama, del relato del arqueólogo estadunidense Sylvanus Morley sobre sus tratos con los mayas en Chichén Itzá en 1934-1935. En el duro punto de contacto en Chiapas, Petu' Krus, quien escribe en maya tzotzil, es la primera indígena en recibir el premio de literatura de su estado. Luego, además del náhuatl y el maya, otros idiomas mesoamericanos están haciendo hoy su primera aparición literaria auténtica, sobre todo aquellos que, como el zapoteca y el otomí (ñahñu) pertenecen a la antigua familia otomanguana, hasta hoy apenas conocida por medio de textos alfabéticos. A este respecto, la publicación en 1992 de *Los escritores indígenas actuales,* de Carlos Montemayor, que reúne estos nuevos principios, constituye todo un acontecimiento.

Estos pasos evidentes hacia la restitución en otros medios informativos, como las películas y los videos hechos por artistas navajo, paez y kayapos, se han difundido hasta invadir la educación. Un cuerpo creciente de autoridades académicas, fomentando programas como el proyecto bilingüe en Puno, Perú (PEEB), ha hecho oír su voz en las disciplinas de historia, ciencias políticas, lingüística y crítica literaria, entre ellas Vine Deloria (sioux), Ward Churchill (muskogee), Russell Means (navajo), Luis Reyes (náhuatl), Víctor de la Cruz (zapoteca), Ramón Arzápalo (maya), Víctor Montejo (maya quiché), Abdón Yaranga y Salvador Palomino (quechuas) y Juan de Dios Yapita (aimará). Como lo ha señalado el escritor otomí Jesús Salinas Pedraza en la antología de Carlos Montemayor, el "informador" de ayer se ha convertido en el estudioso por derecho propio; el propio Salinas ha creado programas de computadora para utilizarlos en otomí (ñahñu), cuyo éxito ha producido colaboraciones con grupos indígenas de otras partes de México y del extranjero, entre ellos los quechuas de Ecuador y los aimarás de Bolivia.

En el medio literario, este proceso de interpretación indígena puede rastrearse con exactitud y ser calibrado mediante el estudio de la traducción; es decir, la traslación de textos del Viejo Mundo a idiomas indígenas. Una señal de que una lengua o una literatura está viva es que a ella se traducen cosas; esto puede decirse tanto del Cuarto Mundo como de cualquier otro lugar. En este sentido, lo que un antropólogo podría rechazar como simple "aculturación" (como si la única cultura fuese la occidental) puede presentar una faceta totalmente distinta en el discurso literario. Al fin y al cabo, algunas de las literaturas más importantes de Europa tienen sus principios en casos idénticos de "aculturación": ejemplo de ello son las traducciones de la Biblia al alemán y al inglés. Exponiendo el racismo inherente a la insistencia de algunos antropólogos en que las lenguas americanas son conceptualmente pobres o inadecuadas, Neville Stiles ha mostrado cómo pueden escribirse tesis académicas no sólo sobre el náhuatl, sino en náhuatl, y ha participado en la tarea importantísima de traducir la Constitución guatemalteca a los cuatro idiomas directamente interrelacionados de tierras altas mayas (quiché, kekchi, mam y cakchiquel).[5]

Evidentemente la traducción se practicaba en épocas precolombinas en las cortes de Mesoamérica y Tahuantinsuyu, y produjo muchas de las canciones cantadas e intercambiadas en la Danza del Espíritu. Con la misión cristiana se introdujo una nueva dialéctica entre el Viejo Mundo y el Nuevo. El primer libro impreso en América (o al menos el más antiguo que se conserva) (México, 1539) fue bilingüe, un catecismo en náhuatl y español, que fue seguido por otras muchas traducciones religiosas, estimuladas y en parte hechas por sacerdotes y clérigos enviados de Europa a la Nueva España y a Perú. En Brasil, durante el siglo XVI, José de Anchieta inventó dramas bailables en la *lingua geral,* el tupí, para suplantar los cultos paganos locales, cuya terminología y retórica reformó; en Isla Tortuga, John Eliot tradujo la Biblia a la "lengua de América" (algonquino o mohicano) en 1661.[6]

Dada la complejidad de los idiomas y tradiciones literarias del Cuarto Mundo, a veces los esfuerzos por penetrarlo de este modo han resultado contraproducentes. Las páginas más chispeantes de la *Nueva corónica* de Guamán Poma ridiculizan los solecismos típicos de los sermones cristianos pronunciados en quechua por los misioneros (pp. 610-612); de hecho, la Iglesia llegó a sospechar que esa lengua poseía una lógica propia pagana, y se prohibió que a él se tradujeran las Escrituras. Aun si el original cristiano lograba introducirse de alguna manera corría el riesgo de terminar en un contexto o marco que no transmitiera su mensaje. El relato quechua de Huarochirí, *Runa yndio,* aunque aparentemente sumiso al citar versiones bíblicas del diluvio y del eclipse, en realidad las incorpora al esquema americano de las edades del mundo. Lo mismo puede decirse de la versión de Mateo: 25 incorporada al Libro de Chilam Balam de Chumayel (p. 102), y de las traducciones directas del Génesis, incluidas hoy en textos de las tierras altas mayas, en la tradición del *Popol vuh.* Ciertos poemas del manuscrito de los *Cantares mexicanos* parodian la Epifanía (por otra parte traducida y representada piadosamente en náhuatl bajo la vigilancia de frailes españoles) al convertir a los Tres Reyes en guerreros aztecas,[7] incorporándola a su propia tradición con toda su riqueza de imágenes paganas.

Los textos dramatizados demostraron ser especialmente difíciles en este sentido, como resultado de la necesidad, al representarlos, de adaptar el original a personajes y ambientes locales. Por ejemplo, la lección de la caída de Adán y Eva parece haber sido muy modificada en una obra en náhuatl que se representó suntuosamente en Tlaxcala en 1538: se emplearon todos los recursos posibles para presentar el edén como el lugar en que fue posible la agricultura americana, en un testimonio del maíz y de otras plantas fruto del logro aborigen de este Sol, de modo que el simple mensaje verbal acerca de la miseria y la impotencia humanas pudiese adquirir una cierta ironía y acento político, por cierto. Giros similares son perceptibles en las numerosas adaptaciones en náhuatl y quechua de las obras doctrinales del Siglo de Oro conocidas como *autos,* las cuales, como resultado, se vuelven mucho menos persuasivas como propaganda de la Contrarreforma; un ejemplo es *El gran teatro del mundo* (1641) de Calderón, cuyo contenido doctrinal queda claramente reformulado en el náhuatl de Bartolomé de Alva Ixtlilxóchitl, descendiente de la casa de Texcoco. Esto coincide con lo que ha ocurrido a otros tipos de obras dramáticas: los llamados a la conversión, como el reto al Tepozteco o "Eecaliztli" que hoy escuchan hablantes de náhuatl, menos por su mensaje misionero que por su invocación de las antiguas moradas sagradas que siguen guardando los acantilados del lugar; o las Danzas de la Conquista, que desde Tlaxcala hasta Nicaragua pronto se burlan de los "vencedores" en lugar de celebrarlos, gracias al personaje del teatro precolombino conocido como *huehuentzin,* un "glorioso" fuertemente satirizado.[8]

Desde los primeros días del contacto, textos desprovistos de un mensaje cristiano han ocupado, por igual, a quienes traducen a las lenguas americanas. Para matizar el diálogo entre especies han sido recurso constante las fábulas de Esopo y el *corpus* de cuentos de hadas europeos *(Märchen)*. Virgilio y Racine fueron trasladados al quechua, lengua académicamente respetable en el Perú colonial, y muchos escritores imitaron modelos y formas de verso renacentistas en tupí-guaraní. Con el paso de los siglos, los mayas de las tierras bajas han traducido toda una variedad de materias y la han incorporado a sus Libros de Chilam Balam, desde tratados filosóficos y almanaques hasta obras literarias breves. En épocas recientes, hemos visto versiones zapotecas de poesía de Brecht, una versión en guaraní de *Martín Fierro* y una versión en quechua de *El principito* de Saint-Exupéry. En efecto, estas traducciones han enriquecido mucho a las lenguas en cuestión. El caso de la novela de Saint-Exupéry forma parte, en realidad, de un programa tendente a elevar la categoría del quechua en el Ecuador y su gama de textos amenos.[9] Neville Stiles (1987) ha escrito con gran sensibilidad acerca del "sueño de los hablantes indígenas [...] de traducir a su primer idioma todo tipo de literatura".

Lo que sigue es un conjunto de estudios de textos seculares del Viejo Mundo, que han sido adoptados al Cuarto Mundo. De origen griego, árabe y alemán, tres han pasado por la vía del español a lenguas que se escriben alfabéticamente desde el siglo XVI (náhuatl, maya y quechua); el cuarto, la "Cenicienta", uno de los cuentos más populares del mundo, existe en América tanto en sus versiones indígenas como en su versión importada; esta última se extiende desde Ftah Mapu hasta Anasazi.[10] Como ejemplo, desde luego, no pueden ser más que un gesto hacia el que ha sido un complejísmo proceso de adaptación durante los últimos cinco siglos. Sin embargo, cada uno nos da la oportunidad de presenciar, partiendo del testimonio de la página, una declaración categórica de la prioridad y las preferencias del Cuarto Mundo.

Esopo en azteca

Con el título de *In sasanilli in Esopo,* manos desconocidas tradujeron al náhuatl, en el siglo XVI, 47 de las fábulas de Esopo.[11] Aunque con frecuencia
se ha afirmado que el traductor fue el franciscano Sahagún, la evidencia interna hace que esto parezca improbable.

En primer lugar, los animales de las fábulas se naturalizan —el zorro se
convierte en coyote, el oso en *cuitlachtli* y el grajo en loro— no esquemáti-
camente, sino viendo si eran familiares —y cómo— a ojos mexicanos. En su
caso, el gallo europeo (vivamente presentado como "el macho con carne en
la cabeza", *oquichuanaca)* en el curso de la narración se convierte en un guajolote mexicano *(huexolotl)* (núm. 24, "El perro, el zorro y el gallo"). Luego,
en ciertos momentos, el traductor inserta una frase para explicar algo insólito; una de estas frases representa claramente un punto de vista mexicano, y
no español. En la fábula "El amo y su perro" (núm. 14), un campesino se ve
rodeado por la nieve y queda aislado durante semanas en sus campos. Este
concepto pareció tan extraño al traductor que presentó al hombre inmovi-
lizado y luego añadió, en primera persona, "No sé por qué razón" *(amo nic-
mati tle ipampa).* Un español habría podido decir, "No podríais comprender
la razón".

El texto que fue fuente del traductor pertenece, podemos estar seguros, al
grupo accursiana de fábulas de Esopo,[12] notable por su estilo lacónico y su
habla indirecta. Transformándolo y metiéndonos a nosotros en la conversación de las criaturas americanas, el náhuatl aprovecha todo pretexto de
habla directa y de diálogo, aun en momentos en que no los hay en ninguna
de las variantes de las fábulas. Esto pone de relieve los formidables recursos
retóricos de la lengua mexicana, utilizados con una finura que sólo podría
tener un hablante nativo, como el *ecamecoyotl,* o "habla larga", con sus voca-
tivos, reverencias y binarismo. En una verdadera arena de retórica aplicada,
se muestra que el náhuatl es inmensamente rico en su capacidad formal de
distinguir sutiles gradaciones de sentimiento y de actitud; a este respecto es
clásico el ejemplo de los Coloquios donde los aztecas, pasando de la autohu-
millación y la humildad aparente, lenta e inexorablemente construyen una
defensa apasionada de sus antiguas creencias ante los primeros misioneros
franciscanos. (En la traducción española, el discurso se reduce a cerca de la
mitad, perdiendo todo poder de persuasión.) En total, en frases de finura
clásica, estos hablantes de náhuatl se presentan a sí mismos con un término fa-
vorecido en retórica: *nican,* es decir, aquí, en su propio ambiente mexicano.[13]

Al sostener la identidad indígena del traductor o los traductores, estos factores y otros más detallan su cosmovisión. Cuanto más analizamos estas versiones, más dignas nos parecen del interés literario que les negó el gran estudioso del náhuatl Ángel María Garibay.[14] Fuesen o no fuesen los frailes enviados a México los que primero sugirieran o incluso ayudaran en la tarea de traducir el texto de Esopo, no cabe duda de quién fue sustancialmente el nuevo autor, pues en fábula tras fábula se hacen modificaciones, en mayor o menor escala, que sólo pueden atribuirse a las demandas y convenciones de la tradición literaria indígena. Las fábulas llegan a ocupar un lugar en una literatura ya rica en conversaciones entre animales y con animales, y que está llena de ese radiante lenguaje natural que imbuye la cosmogonía del Cuarto Mundo y su supervivencia en el náhuatl actual. A este respecto, *In sasanilli in Esopo* se asemeja menos a los catecismos e historias bíblicas publicadas en náhuatl por los frailes y sus ayudantes locales que a un manuscrito como los *Cantares mexicanos,* con el que en un momento estuvo encuadernado.

Consideremos estos dos relatos de una falsa alarma:

Un león habiendo cierta vez oido á una rana que gritaba fuertemente, creido de que era un grande animal, se volvió hácia la voz. Pero se detuvo un corto tiempo y habiéndola visto salir del agua, se adelantó hacia ella y la deshizo con el pie.

[Núm. 25, "El león y la rana".]

Un jaguar oyó una vez a una rana que chillaba y croaba mucho. El jaguar sintió miedo. Creyó que era un gran animal cuadrúpedo el que hacía tanto ruido.

Para aquietar su corazón, miró en todas direcciones. Se preparó a encontrarse con el que croaba de tal manera.

Pero cuando la rana lo vio al borde del agua, prontamente huyó.

Al llegar al borde del agua, el jaguar se irritó mucho y se sintió avergonzado porque tenía en menos a la que así lo había asustado. La aplastó y la mató.

En el texto original, cuando el león comprende que el ruidoso animal que había oído sólo era una rana, lo pisa, sin ningún comentario del narrador, quien entonces pasa directamente a la moraleja: es imprudente dejarse espantar por lo que no se puede ver. En el náhuatl, el león se ha convertido en el gran felino carnívoro (*tecuani miztli*) ejemplificado por el jaguar, y aquí el narrador necesita cierto tiempo para explicar, divirtiéndose socarronamente, que el jaguar pisó a la rana pues se enojó y se sintió avergonzado por haberse dejado sobresaltar por tan minúscula criatura. Hay interés en los motivos y en la sensibilidad del jaguar, poniéndose dentro de la piel del animal (literalmente repetido por los caballeros jaguares-aztecas cuando se ponían sus uniformes), evidente en otras partes y en muchos detalles que se nos dan del modo en que los animales cazan, matan, devoran y digieren, los cuales están ausentes y estarían fuera de tono en los originales.

Esta intimidad o participación en el sentimiento animal se revela claramente en la fábula de las liebres y las ranas (núm. 37), donde, dispuestas al suicidio, las primeras se contienen, consolándose con el hecho de que las últimas son aún más vulnerables y más timoratas que ellas. En la versión mexicana, el largo lamento de las liebres como criaturas amenazadas, perseguidas y vulnerables por todas partes, llega a las cumbres de la retórica náhuatl ejemplificadas en el *Totochtin icuic* (Lamento de los conejos)[15] (figura XIII.1), y nos hace recordar con claridad lamentos similares en la propia poesía azteca, especialmente canciones al modo del "huérfano" de los *Cantares mexicanos* (véase p. 206). El límite entre el mundo de los hombres y el de los animales, establecido con tanta firmeza por la urbanidad de Esopo, aquí se suprime, en parte, gracias a que el náhuatl se niega a distinguir necesaria y agudamente entre los grupos, incluidos ambos en la frase utilizada aquí para describir a los perseguidores de las liebres: *tlaltipac tlaca,* "seres vivientes en la tierra". En el relato de la locomoción narrado en el *Popol vuh* y cifrado en los Veinte Signos, la pareja de Rana y Liebre, de sangre fría y sangre caliente, respectivamente, corresponde en realidad a los "saltadores" (Signos IV y VIII) del linaje humano, p. 292, arriba. Más aún, al comienzo de su lamento, la identidad del "nosotros" que utilizan las liebres se atenúa de manera continua al expresarse en el verbo como sujeto pasivo y objeto constreñido; paradójica y dramáticamente, se libran de su inerme dependencia sólo al decidir suicidarse, utilizando entonces el categórico y libre pronombre *totech*.

En "El perro y el lobo" (núm. 23), este último se convierte en su semejante, el *cuitlachtli,* quien aparece con las fauces abiertas sobre el perro, dispuesto a devorarlo. Esto anima al perro a preparar con todo cuidado lo que va a decir, en un esfuerzo por salvarse. Empieza así un discurso que se dice "halagador", estableciendo su identidad simplemente como súbdito de la majestad del *cuitlachtli* (empieza diciendo "Notecuioe", "oh, mi señor") y como un posible alimento en el aparato digestivo del otro. Sólo después que ha insinuado lo muy pobre y enfermo que ha estado —esto está ausente en todas las versiones que se conservan del griego— y lo muy gordo que pronto se pondrá, se atreve a presentar la fuerte forma independiente *nixcoian* ("yo, muy personalmente") para asegurar al *cuitlachtli* que todo lo que ha dicho es verdad. Al traductor le gusta tanto este juego de habla que cuando la respuesta es breve llama la atención sobre este hecho, todo lo cual ocurre

FIGURA XIII.1. Totochtin icuic (*Lamento de los conejos*). (*Códice Florentino, libro 2, f. 143v.*)

al final cuando el perro, ya seguro dentro de su propia casa, se dirige por segunda vez al *cuitlachtli* diciéndole que se vaya: "En cuanto a mí [*Nehuatl,* inicio mucho más súbito que en su anterior discurso, tan suplicante], sólo te daré una palabra de mi discurso..."

Como muestra de los recursos, a la vez retóricos y gramaticales, con que el náhuatl permite hacer un interjuego entre la persona y la situación, todo esto corre paralelo en el habla del coyote, en otra fábula. Éste se encuentra solo ante el irritable jaguar, que acaba de devorar al tercer compañero, el desdichado y torpe asno. En la fábula original (núm. 26, "El león, el asno y el zorro") no hay, en este punto, ninguna palabra de discurso directo o indirecto. Dividiendo el alimento que el asno no había logrado asignar de manera satisfactoria (dio a cada quien una parte igual), el coyote empieza su discurso haciendo que el jaguar sea la presencia predominante; emplea dos formas reverenciales *-tzin* y *-tzinco,* y dice que todo el alimento le pertenece al jaguar dos veces en dos breves versos (*maxca, motech pohui*). Refiriéndose entonces a la minúscula porción que se reservaría para él, utiliza el humillante *-ton,* intensificado mediante la forma *izquich-,* y confirma directamente al jaguar su posición de ser —*tlaquah tehuatzin* (otra forma reverencial)— el que descubrió el alimento. También se obtiene un poderoso efecto oratorio en el equilibrado contraste entre el empequeñeciente *ca çan* (que se refiere al que habla) y el amplificante *ca nel* (dirigido al jaguar):

ca mochi maxcatzin	Todo es tuyo
motechtzinco pohui	a ti te pertenece
in nican catqui	lo que hay aquí
auh in nehuatl	en cuanto a mí
ca çan ixquichton i noconnocuilia	sólo tomaré este minúsculo pedazo
ca nel tlaquauh techuatzin	pues tú eres en verdad
in otimotlamalli	el que lo consiguió.

En el caso de la fábula "El pavo real y el grajo" (núm. 36), no sólo se hace que los personajes parezcan y hablen como criaturas de Mesoamérica, sino que en realidad son incorporados a la lógica de los ritos antiguos, pues entran en la compañía privilegiada de los Trece Quecholli del augur, los cuales ejemplifican el conocimiento obtenido de la conducta de las aves y forma parte del propio *tonalámatl* (cuadro II.1). El pavo real se convierte en el Quetzal (Número 12); el grajo se transforma en el Loro (Número 13), y el águila sigue siendo Águila (Número 5). Por tanto, en los diálogos entre ellos no sólo están presentes las pautas de la retórica náhuatl, sino también las del *tlacuilolli* y de los códices.

En el original, cuando las aves discuten sobre su futuro jefe y se deciden en contra del pavo real porque sería incapaz de defenderlos si los atacara un águila, esta última queda como algo esencial para la lección que va a sacarse ("las plumas bellas no lo son todo"), sólo como posibilidad hipotética. En el parlamento de los Quecholli, encabezado por el parlante/Loro, su dramático discurso desplaza literalmente al Quetzal, invocando al Águila, "nuestro rey" *(totlatocauh),* como otro miembro de la actual compañía de los Trece. Además, al dirigirse a todos como "nuestros señores, vosotros Quecholli", Loro incluye el epíteto reverencial *ipalnemoani,* que significa "aquellos a través de los cuales vivimos". Esto sólo podía significar un sacrilegio en términos cristianos; ese epíteto estaba reservado a los más altos principios de vida. Estos Quecholli, que pertenecían precisamente a las fuerzas diabólicas que Sahagún había jurado extirpar, se consagran en los *teoamoxtli* y en el *Popol vuh* y en nombres como Quetzalcóatl y Cuauhtémoc, el Águila que desciende, último emperador azteca que opuso resistencia a Cortés.

La lógica del *tonalámatl,* ahora junto con un subtexto político más claro, también puede detectarse en la fábula "El viejo y la muerte" (núm. 11). En Esopo, el avance del cuento es característicamente chispeante, y pronto pasa a la moraleja de que todos en realidad aman la vida por muy miserables que sean. En náhuatl, el movimiento se vuelve más lento por el hecho de que el anciano se explaya sobre su dolor y su seria súplica a la muerte; abrumado por la carga que tiene que llevar, pide que lo aniquile, buscando la destrucción como otra de las liebres:

Yio miquiztle	Oh, muerte,
cam mach yn tinemi	doquiera que estés
macuele xinechpopolo	ven a destruirme
xinechtlati	suprímeme
ma xiccotona yn ixquich aqualli	llévate todo el mal
yn niquihioni	que sufro.
	[Accursio dice: "Pidió
	que viniera la muerte".]

La retórica es poderosa: el verbo "destruir" se fortalece por una redoblada primera sílaba (*xinechpopolo*) y por la adición del cuasisinónimo *xinechtlati* en un agrupamiento binario típicamente náhuatl. Por último, alterando la fábula hasta hacerla casi irreconocible, la moraleja sigue insistiendo en el dolor de la muerte, que "nos quita nuestra cara vida". Lo mismo ocurre en "Los gallos y la perdiz" (núm. 5), donde la lección original que puede sacarse, cuando la perdiz descubre que los gallos la maltratan no sólo a ella sino también se maltratan entre sí, es una regla de vida de simple sentido común: la recomendación de que observemos cómo los demás tratan a sus prójimos antes de dejarnos herir por lo mal que nos traten a nosotros. El náhuatl remplaza el concepto de "prójimo" por el de condición, insistiendo en que el dolor y el pesar (*tecoco tetolini,* la misma frase que en la moraleja de "El viejo y la muerte"), afligen incluso a los principales seres y emperadores y que todo el mundo es presa del sufrimiento y la incertidumbre (*in netoliniztli cemanahuac*).

La insistencia en el dolor puede explicarse, en parte, por la perdurable majestad del Señor del Inframundo mesoamericano (Mictlan, Xibalbá): la esquelética figura de la Muerte, que como miembro central de los nueve Señores de la Noche (cuadro II.1) gobierna la vida y la muerte en nuestros huesos mismos desde antes del nacimiento. Aún se le puede ver por todas partes en el día de Muertos. Al mismo tiempo, ésta es la queja de una época y un lugar particulares: el México del siglo XVI, asolado por la invasión y por el nuevo orden mundial. Las quejas del modo fúnebre de la poesía náhuatl, las lamentaciones de Nezahualcóyotl, el rey poeta de Texcoco, fueron asimismo atribuidas por sus descendientes a las miserias de su propia época, los trabajos serviles y de *tameme* exigidos por igual a príncipes y plebeyos, así como la omnipresente amenaza de muerte.

TAWADDUD Y EL INGENIO MAYA

Desde que tuvieron en las manos libros impresos llegados de España a mediados del siglo XVI, los mayas de Yucatán los examinaron con un cierto profesionalismo literario y filosófico. No tenían gran variedad de textos importados, en parte por las restricciones impuestas por los españoles al material impreso en el Nuevo Mundo, y en parte por el poder de la Inquisición en la propia España. Pero las obras de devoción, los almanaques, los *repertorios* (forma antigua de periódico) y ocasionales obras literarias que llegaron hasta ellos fueron leídos, evaluados y en algunos casos traducidos al maya. Los resultados de esta curiosidad pueden verse con toda claridad en los Libros de Chilam Balam de Yucatán. Por ejemplo, los libros de Chumayel, Ixil y Kaua se distinguen por la atención que prestan al Génesis bíblico y a comentarios de escritores cristianos tan importantes como San Juan Damasceno y Alfonso X, que fueron integrados a la cosmogonía maya para producir relatos muy ingeniosos del "principio del tiempo". En el Libro de Tusik, con su selección de relatos hagiográficos y apócrifos, hay un interés más profundo en la narración como tal. En cuanto a Tawaddud, de las *Mil y una noches,* su historia aparece nada menos que en cuatro de la docena de libros existentes, los de Kaua, Chan Cah, Mani e Ixil.[16]

Aunque sea hipotética, la fuente bibliográfica de estas traducciones de Tawaddud al maya se puede identificar con toda precisión.[17] Además, las diferencias que hay entre ellas, sugieren que fueron hechas y rehechas a lo largo de dos siglos o más. Mucho nos revelan acerca del desarrollo lingüístico del maya yucateco durante este periodo. Su interés literario se encuentra sobre todo en la forma en que recortan y reorganizan el relato de Tawaddud para incorporarlo a su nuevo contexto, los Libros de Chilam Balam. Contemplando este proceso y especialmente los pocos y pequeños pero significativos cambios de detalle, comprendemos algo sobre por qué en un principio se favoreció este relato.

Como personaje de las *Mil y una noches* (noches 436-462). Tawaddud tiene cierta semejanza con la narradora de esa obra, Sherezada, quien se salva gracias a su lengua, recogiendo el desafío de llenar noches sucesivas con su ingenio e imaginación. La situación de Tawaddud es la de la única esclava que le queda a Abu al-Husn, el empobrecido hijo de un rico comerciante de Bagdad. Ella sugiere a su amo que la venda a Harun al-Rashid, el quinto califa (y contemporáneo de Carlomagno), por el mayor precio que pueda obtener, pues ella no sólo es hermosa sino docta en religión, filosofía y en todas las artes y ciencias y, por si fuera poco, es experta música y jugadora de ajedrez. El grueso de la narración consiste en las pruebas a las que, en la corte del califa, la somete toda una serie de sabios, uno de ellos Ibrahim bin Siyyar, llamado expresamente desde Basora. El cuento de Tawaddud, aunque se omitió en la traducción inglesa de Lane de las *Mil y una noches* por ser "extremadamente aburrido",[18] fue muy popular en su primer contacto con Europa durante el Renacimiento. Pasó por varias ediciones en España, una de las cuales se exportó al Nuevo Mundo, y ofreció así su versión original a los mayas.

En las versiones españolas del cuento, Abu al-Husn aparece como un mercader húngaro, Tawaddud recibe el nombre cristiano de Teodoro/Teodora, y queda cautiva en la corte de Almanzor en Túnez; el nombre de Ibrahim se convierte en su forma más familiar, Abraham. Estos cambios no alteran en nada la idea básica del cuento; pero sí introducen una complicación y un cierto potencial dramático, plenamente explotado por Lope de Vega en su comedia *La doncella Teodor* (alrededor de 1612),[19] la sustancia de cuya trama no es el interrogatorio mismo sino, en cambio, el cómo y el porqué fue interrogada la heroína. El primer y más obvio cambio hecho por los mayas a la traducción española consistió en contrarrestar esta tendencia. En su versión del cuento, los mayas suprimieron la primera parte de la narración, antes de que la heroína llegue a la corte real. Aquí no se toma en cuenta ningún motivo personal anterior y, en realidad, tampoco más adelante, cuanto Teodora hace un trato con el tercero y principal de los sabios de Almanzor, Abraham: que quien pierda el concurso de ingenio deberá desnudarse ante toda la corte. Para salvar a Abraham de esta indignidad, Almanzor accede a pagar al amo de Teodora y a dejarla irse con él. En los textos mayas, esta generosidad no queda explicada. En otras palabras, se hace menos hincapié en la motivación y la conducta de los personajes que en la prueba a que se somete Teodora, como experiencia intelectual por derecho propio.

En el original árabe, las preguntas hechas a Tawaddud ante el califa Harun al-Rashid están relacionadas con el Corán de manera directa en las dos primeras rondas, con los dos primeros sabios (noches 438-448), y en forma indirecta en los exámenes propiamente dichos de medicina, astronomía, filosofía, poesía y lógica (noches 449-460). En total, los diálogos entre Tawaddud y los sabios equivalen a un compendio de la religión y la ciencia de la época, tal como habrían de influir sobre la Europa medieval y renacentista. En la versión española del cuento, este *corpus* de conocimiento se cristianiza, condensa y dispone de acuerdo con el conocimiento de los sabios examinadores, cuyo número se reduce a tres: especialistas en cosmogonía y derecho divino, en medicina astrológica y ciencia natural, y por último, la filosofía propiamente dicha, la materia de Abraham. A su vez, mediante nuevos cortes y retoques a ciertos pequeños detalles, los mayas sugieren una nueva taxonomía propia, de acuerdo con las categorías de conocimiento que se encuentran en los Libros de Chilam Balam.

En las traducciones mayas, en la primera serie de preguntas —acerca del génesis y la creación del mundo—, las cuestiones del dogma teológico se suprimen en favor de problemas de una secuencia temporal, del tipo abordado por los calendarios mayas. En el segundo intercambio, se enfoca básicamente el tiempo de las curas mediante sangrías, purgas, etc., de acuerdo con el Zodiaco; por cierto que el término "flebotomista" encuentra un equivalente exacto en el antiguo término maya Ah Toc. En el Kaua, aunque no en el Mani, el detallado relato que mes tras mes hace Teodora de estas prácticas, adoptado en el español de un *repertorio* compilado por Andrés de Li (Zaragoza, 1495), es todo un capítulo aparte tras terminar el cuento. Este recurso está en armonía con la general descaracterización de Teodora y sus compañeros del cuento, y con la correspondiente importancia del conocimiento mismo como algo que se intercambia formalmente.

En cuanto a Abraham, tercer examinador de Teodora, llega a ser definido como supremo entre los sabios, como un profeta por causa de su conocimiento astronómico. Por medio de la modificada versión española del cuento de Tawaddud, los mayas se las arreglan así para recuperar una parte de su énfasis original. Al contestar una pregunta acerca de los planetas y del Zodiaco y de su lugar en los cómputos de tiempo, la Teodora maya en realidad introduce en el relato un término técnico del calendario maya: pequeño detalle que revela mucho acerca de las actitudes de los traductores mayas y de su participación en el cuento que escogieron. El término en cuestión, *pop*, es el nombre maya de la primera de las 18 Fiestas anuales, y denota la estera de autoridad en que se sentaba el gobernante de un periodo fijo de tiempo, estera aludida en el título mismo del *Popol vuh*.

El clímax del diálogo de Tawaddud/Teodora con el sabio entre los sabios, Abraham, adopta la forma de acertijos, forma literaria tradicional por toda Mesoamérica: en náhuatl y en zapoteco, así como en maya.[20] Conocidos en los Libros de Chilam Balam como "Zuyuathan", los acertijos mayas se empleaban en especial como pruebas para los candidatos al poder político en el sistema del *katún*.[21] Unos dibujos, entre los pocos incluidos en los Libros de Chilam Balam, sin duda sacan a luz esta conexión. Un grabado en madera, copiado a mano para embellecer la traducción del Libro de Kaua, muestra a Abraham sufriendo la indignidad de mostrarse desnudo en público, que habría sido el destino de Teodora si no hubiese sabido descifrar los acertijos: exactamente la misma indignidad que sufría el candidato maya reprobado en el sistema del *katún*, como lo confirma un dibujo que vemos en el Libro de Chumayel. Teniendo en mente a Zuyuathan, los mayas afirmaron sus prioridades más en ésta que en ninguna otra parte de su traducción, reduciendo en forma tajante el número de preguntas planteadas por Abraham y retocando sutilmente las que conservaron. La mejor manera de comprender cuáles son esas prioridades es considerar los acertijos mayas en su contexto inmediato: el chamanismo americano.

El hecho de que los acertijos formen parte de la transferencia del poder chamánico en el Cuarto Mundo se demuestra en textos como, por ejemplo, *Dine bahane* (los diálogos de los Gemelos con su padre el Sol), en las cosmogonías de los algonquinos y, ante todo, en el relato de cómo Medatia aprendió a oír y ver el mundo. En el caso de los arapaho, el futuro jefe se redime simbólicamente a sí mismo de haber asesinado a sus mayores y predecesores al responder de manera correcta a siete acertijos.[22] Poniendo a prueba la percepción sensorial, éstos afirman ciertas necesidades básicas como la humildad, la habitación y el vestido. Los dos primeros acertijos invocan al conejo, inocente o no acusado y a la mano izquierda, "alternativas" a la arrogancia; otro par de acertijos invoca los caminos sensorios del cuerpo, dobles en la nariz y distantes en el cerebro (este último viaja lejos y de prisa); los tres acertijos restantes tratan de la casa *tipi* con sus faldones que se mecen "de manera incitante", sus estaquillas "centinelas" y el mocasín "esencial para cualquier propósito". En el Chumayel, el capítulo de Zuyuathan comienza con un conjunto de siete acertijos (pp. 29-31), que muestran una correspondencia con el modelo algonquino no menos marcada que en el caso del viaje chamánico del *uinal*: también el candidato maya entra humildemente en el poder, como "la segunda infancia al mediodía", a gatas, proyectando la sombra más pequeña, con su esposa como perro fiel a su lado, y la dulce vela de miel entre los dientes. En cuanto a los caminos sensoriales, reconoce el cerebro del cielo en el incienso de copal; reconoce la necesidad del *tipi* y el mocasín al comprender que un sombrero puede ser una casa y que una sandalia de henequén puede ser "montable" como un caballo gigantesco.[23] Otros productos de primera necesidad quedan simbolizados por la tortilla, cuyas capas corresponden a las de los Trece Números; la iguana, cuyo rabo es una liana viva; y la calabaza o *xicama* que conserva bien el agua del cenote.

Como fórmula directamente aplicable a la transformación maya de los acertijos de Tawaddud, y por derecho propio, el primer acertijo de los siete del Chumayel (p. 29) merece citarse íntegro:

talez kin, mehene, cas a lathab tin plato;	Trae el sol, niño, tráelo a mi plato;
ti chican lansa caanil cruz tan chumuc u pucsikal;	la lanza de la cruz celeste ha entrado directo a su corazón;
tiix culac yax balam yokol kin ukic u 'kikele	un jaguar verde sentado sobre él bebe su sangre.

La solución a este acertijo es un huevo frito, redondo y amarillo, bendito con la señal de la cruz y acompañado de un chile verde que está volviéndose rojo. Su lección es múltiple. El ademán de la mano cristiana al bendecir, asociado a la sed de sangre, queda expuesto como amenaza a la integridad del calendario maya, basado en la unidad día/sol, denotada por el jeroglífico redondo *kin* (sol). Sin embargo, en este mismo sistema jeroglífico, el cambio del verde al rojo también es el cambio de la novedad a la plenitud, como en la astronomía y la agronomía, y por ello sugiere algún beneficio o "alimento" para el más maya de todos los sabios, el sacerdote-jaguar Chilam Balam. Además, a la manera del zen, toda la percepción se desplaza entre la grandeza y la humilde cocina cotidiana: recordatorio de las necesidades básicas de cualquier comunidad que quiera sobrevivir. Y, aquí, por su naturaleza misma, la equivalencia entre los componentes de la pregunta y la respuesta actúan políticamente en favor de una conciencia compartida (el "jeroglífico del sueño") y en contra de la rígida jerarquía implícita en algunas de las preguntas hechas a Tawaddud por Abraham, agente del todopoderoso califa. En lugar de afirmar la versión autorizada de habla enigmática o de explicar metáforas, los acertijos mayas identifican cualidades que pueden percibirse en cualesquiera de dos fenómenos, según el punto de vista; luciérnaga = cigarro en la oscuridad = luciérnaga, para citar un ejemplo que también se encuentra en el *Popol vuh* (verso 3 650). Por tanto, mientras que un acertijo puede pedir "un manojo de flores blancas parejamente espaciadas, con el sol de mañana en ellas", lo que significa maíz tostado con miel (la "luz nacida de la tierra"), en otro estas mismas flores aparecen en la respuesta, no en la pregunta, y significan una sonaja blanca o un hisopo.

La sutileza de estos acertijos zuyuas explica a la vez el interés de los mayas en el cuento de Tawaddud y en modo de tratar su diálogo final con el filósofo Abraham, pues de las varias docenas de acertijos que se le plantean en la versión española, los mayas acogieron sólo seis. Por pocos que sean, ilustran igualmente los dos principales tipos de adivinanza que se encuentran en la versión española: "¿Qué es *x*?" y "¿Qué es más o qué es lo más *x*?" Por sí solo, esto sugiere un interés teórico entre los mayas en las adivinanzas de Abraham, interés que queda confirmado por el hecho de que cada uno de los tres acertijos de la última categoría incluye un tipo diferente de entrada en el mundo maya. Las tres adivinanzas son:

Alten zuhuye macalmac hac chich
    xma azeroe
lay u cantabal hahe xmanan yocoh
    tuzie ichile
Ca u alten zuhuye macalmac chacuc
    xma cabe
lay hunppel u yutzil mehentzil lay mac
    cu dzaic utz
ti Cayumjil ti Dioz yetel ti u yume
Alten zuhuye macalmac hach zeb u pec
    ichil tulacal balobe
Yume lay u tucule uinice helae tac
    uayane
helae tac ti yan Spana xane uaix tac tu
    xul yokol cabe.

Dime, doncella, ¿qué es más fuerte
    que el acero?
—El que dice la verdad, el que nunca
    miente.
Dime, doncella, ¿qué es más dulce
    que la miel?
—Que alguien sea un buen hijo, que
    sirva bien
al padre en los cielos y en la tierra
Dime, doncella, ¿cuál es la más veloz de
    todas las cosas?
—Padre, el pensamiento del hombre;
    ora está aquí,
ora está también en España, es decir, en
    el cabo del mundo.
Libro de Mani (Solís Alcalá, 1949: 73)

En el texto español, estos acertijos están muy separados: son el noveno, el quinto y el vigesimoséptimo planteados por Abraham a Teodora; sin embargo, cuando los comparamos con sus prototipos en árabe (allí, el que dice la verdad es la lengua, y el pensamiento es el ojo del envidioso), vemos que originalmente aparecían juntos, como en el maya (con el orden de los dos primeros invertido), y que en realidad constituyen los tres primeros acertijos que Ibrahim plantea a Tawaddud. Dado que, como lenguaje intensificado, los acertijos incluyen tanto, y dado que la selección hecha por los mayas es aquí tan precisa, vale la pena examinar los tres, uno tras otro.

En el segundo acertijo, la proposición de que la miel es como un hijo bueno y amante (compárese con el capítulo "La abeja" del Corán) resulta perfectamente trasladable del antiguo Medio Oriente hasta Yucatán, y sobrevive inalterado, aun cuando los mayas especifican a los padres no como madre y padre, cual en la versión española, sino como el celestial y el humano.

Por su parte, al identificar la miel como "la luz nacida de la tierra, el sol de mañana", los acertijos zuyua se basan en todo un cuerpo de textos jeroglíficos acerca de la apicultura y el parentesco; y en su forma maya, el conjunto mismo de Veinte Signos honra al apiario, en cera de abejas (XVI) y en miel (XVII). En el tercero de los 20 acertijos del Chumayel que mencionan alimentos, la miel es la claridad que ilumina la ancha tierra de Petén.

El primer acertijo, acerca del hombre sincero, es ligeramente distinto, pues menciona algo desconocido para los mayas antes de la invasión llegada del Viejo Mundo: el acero. Sin embargo, a esta dificultad se le sacan dos ventajas: en lugar de buscar un sustituto local de "dureza", los mayas dan prominencia a la palabra española *acero;* insinúan así que las armas empleadas contra ellos por los que hablan español (*cf. lanza* en la cita anterior) resultarán a la postre más débiles que su propia verdad *(hahe)*. En otros capítulos del Chilam Balam se hace un uso similar, distanciado o irónico del vocabulario importado: por ejemplo, la palabra *justicia* (véase pp. 195-196 arriba).

La última de las tres adivinanzas, "¿Cuál es la más veloz de todas las cosas?" (compárese con el acertijo algonquino de "cerebro", *supra),* es aún más intencionada en su nuevo contexto maya por la sorprendente inclusión de la palabra "España" en la respuesta de Teodora, que en realidad habría confundido todo el sentido del original. Llamar a la remota España el "cabo del mundo" *(xul yokol cabe)* da, por contraste, un hogar definitivamente local al acertijo. También juega con el concepto de que la invasión llegada del Viejo Mundo a principios del siglo XVI podría equivaler al fin del mundo para los mayas en el sistema de edades del mundo, lo que se hace explícito en la versión de Chan Cah ("...pero no pienses que el fin del mundo sería tan rápido como un parpadeo de ojos"). Esto, a su vez, nos plantea un recurso literario muy utilizado por los mayas en su escritura, pues así como los autores del *Popol vuh* lamentan la "pérdida de conocimiento" del mundo y de sus épocas, mientras que en realidad registran y conservan ese mismo conocimiento en su obra, así el capítulo de los acertijos zuyuas en los Libros de Chilam Balam hace notar que estos textos fueron "copiados" para impedir justamente la catástrofe prevista por el "pensamiento" en el último de los acertijos mayas de Teodora: el fin violento de la edad del mundo y de la continuidad política. En otras palabras, mientras estos enigmas, muestras del "pensamiento humano", puedan ser comprendidos e interpretados por sí solos mantendrán viva la tradición que defienden.

Al preparar a Teodora para su nuevo hogar en estos libros comunitarios de Yucatán, los traductores mayas de su cuento pasaron por alto las circunstancias cotidianas de su narración en favor del intercambio intelectual, concepto que para ellos significa más que aportar hechos que eran correctos de acuerdo con las ortodoxias científicas de la época, o respuestas que eran correctas en términos de una autoridad predefinida. Incluyeron el propio proceso de pensamiento: la capacidad de oír una pregunta de más de una manera. Con este fin, recurrieron al chamanismo americano con su antigua tradición de textos y de iniciación, que en Yucatán se había adaptado a las necesidades particulares de su sistema de *katunes* y de gobierno federal.

UN INCA FÁUSTICO

Durante el periodo colonial español, en los Andes apareció una figura fáustica en el papel del héroe en dos obras teatrales quechuas interrelacionadas. En la primera se le conoce como Yauri Titu, y en la segunda como Usca Paucar, nombres que, para nuestros propósitos del momento, pueden servir como títulos.[24] Las obras pertenecen al considerable *corpus* del teatro quechua, que va desde lo abiertamente pagano hasta lo cristiano, y que tiene raíces profundas en tradiciones locales importadas. Examinarlas nos hará plantear preguntas importantes acerca de la traducción de teatro y, en este caso, de la definición cultural exacta del resultado.

Yauri Titu, conocido en español como *El pobre más rico,* se refiere a la milagrosa aparición de la Virgen en Cuzco como Nuestra Señora de Belén, en 1618. Un texto probablemente posterior, en su forma publicada, *Usca Paucar,* lleva el título castellano de *Auto sacramental: El patrocinio de Nuestra Señora Santícima en Copacabana,* que se refiere a la Virgen de Copacabana y a su santuario en las orillas del lago Titicaca, muy conocido en América y Europa, al menos desde 1600. En ambas obras, la aparición de la Virgen pone fin a una trama ya reconocible como la de la leyenda de Fausto, hecha arquetípica por Marlowe y por Goethe. Descontento del mundo que le rodea, el héroe —Yauri, Usca— es persuadido a firmar un contrato con el diablo, el "llameante" Nina, las letras de cuyo nombre se forman con su propia sangre. Al vender su alma, el héroe obtiene a cambio la habitual ventaja que incluye riquezas y el amor de una linajuda doncella, la "áurea" Cori. Cuando llega la hora de pagar con el alma e irse a los fuegos del infierno, en el último momento lo salva el principio femenino representado por la Santísima Virgen María y por las fuerzas del cristianismo en general. Las obras se asemejan también en su estructura, con la diferencia de que *Yauri* tiene una larga escena inicial que falta en *Usca,* donde, además, no hay un equivalente de Achira, la doncella de la amada de Yauri; las amadas son, respectivamente, una viuda de un tal Inquil Tuta Inca, y una pudorosa hija de un tal Choque Apu.

En el Siglo de Oro español, Fausto fue el protagonista de varias obras, entre ellas *El esclavo del dominio* (1612) de Mira de Amescua;[25] *Quien mal anda en mal acaba* del hispanomexicano Ruiz de Alarcón, también de 1612, y *El mágico prodigioso,* el auto sacramental compuesto por Calderón de la Barca para la semana de Corpus de 1637. Calderón también escribiría después *La aurora en Copacabana* (1651), su única obra situada en el Nuevo Mundo, que enfoca el mismo episodio de mariolatría presentado en *Usca Paucar.* La trama, aunque no estrictamente fáustica, trata de un gobernante inca que se deja persuadir por las artes diabólicas del personaje Idolatría para rebelarse; es decir, negar sumisión incondicional a los ejércitos de Pizarro y al dogma de sus sacerdotes. La victoria cristiana o "aurora" queda asegurada, a la postre, por la intervención milagrosa de la Virgen de Copacabana.

En sí mismas, ninguna de estas obras del Siglo de Oro es tan parecida a las de Yauri-Usca que hubiesen podido servir como fuente directa; pero no cabe ninguna duda de la influencia española. A los tres actos de cada obra se les llama jornada; hay un gracioso, Quespillo; las escenas de amor se desarrollan en los niveles "alto" y "bajo", especialmente en *Yauri Titu.* De hecho, *Usca Paucar* es llamado auto sacramental. Y, sobre todo, no hay precedente americano para rasgos tan importantes de las obras quechuas como el muy individual pacto de sangre del héroe con el demonio o el mecanismo por el cual le llega la salvación: la mariolatría típica del auto sacramental.[26] Hasta es posible que se combinaran elementos de diversas obras españolas para producir a un héroe que es el arquetipo del occidental descontento y, a la vez, el representante imperial de la cultura andina, suprimida por el Occidente.

Al mismo tiempo, Yauri y Usca distan mucho de ser simplemente personajes tomados de un escenario ajeno. Tan sólo por virtud de su título y posición, pertenecen al ciclo real del inca que incluye a *Apu Ollantay* y que desciende desde Manco Cápac, fundador de la dinastía de Cuzco, hasta el décimotercer gobernante, Atahualpa, muerto por Pizarro en 1534. Además, estas obras siguieron siendo factor importante en la cultura poshispánica. Los cronistas hispánicos anotaron vivamente una representación efectuada en Potosí, en 1555, de cuatro obras dedicadas respectivamente a Manco Cápac, Huayna Cápac, Huáscar y Atahualpa; y todavía en 1781, al condenar a muerte a Túpac Amaru II, José Antonio Areche estaba prohibiendo "poner en escena obras, así como otras representaciones que los indios celebran en memoria de sus incas".[27]

Por su parte, *Atahualpa* nos ofrece una versión muy distinta del encuentro con Pizarro de la que Calderón puso en escena. En la pieza quechua, el héroe inca muere de manera voluntaria para convertirse en emblema impoluto de la resistencia, que históricamente fue sostenida desde el reducto de Vilcabamba hasta la ejecución de Túpac Amaru I en 1572, y que entonces fue recogida por Túpac Amaru II; y pide a su hijo mantenerse leal al pasado, aunque lo condenen a la misma vida de miseria itinerante experimentada por Yauri y, en particular, por Usca. De hecho, en contraste con su similar europeo, quien desea probar el poder por vez primera, Usca y Yauri, como la nobleza andina, desean *recobrarlo*. Dicho de otra manera, y dado el precedente local, Usca y Yauri no son tanto Faustos incas —héroes exóticos en un teatro del Siglo de Oro— cuanto incas fáusticos, héroes del linaje real quechua, que luchan contra condiciones nuevas y desconocidas.

De manera similar, aunque desde luego también pertenece a la teología cristiana, el diablo que tienta a Fausto también tiene un equivalente en el *zupay,* mencionado en la liturgia Zithuwa de los incas.[28] Y hasta la Virgen muestra ciertos rasgos locales, así como la sede de sus santuarios en Cuzco, que literalmente es el ombligo del imperio inca, y en Copacabana, sobre el lago Titicaca. Venerado largo tiempo como madre de las aguas, este lago da testimonio de la fuerza de la devoción pagana. En el aspecto cristiano en general, ambas obras se permiten hasta cierta irreverencia: Usca llama hipocresía a la caridad cristiana, y el Quespillo de Yauri llega incluso a hacer un juego de palabras del *Kyrie* de la Virgen con el *quiriy* quechua, que significa "herir o dañar" (verso 423). En la misma vena, pero con sarcasmo mucho más burdo, en *Atahualpa* Pizarro pide fuerzas a Nuestra Señora cuando se prepara a cortar la cabeza del Inca.

Reforzando estas facetas indígenas de los principales personajes, viene una serie de canciones que en ambas obras ofrecen algo similar a un efecto de coro, subrayado por su métrica, más firme y elaborada dentro de la norma aproximadamente octosilábica de ambas obras. Aunque en las piadosas invocaciones a la Virgen, como en la retórica gongorina del amor secular, puede notarse con facilidad la influencia española, otros de tales elementos se derivan de manera indiscutible de los *haravek,* poetas de la corte inca. Como *Apu Ollantay,* ambas obras expresan el más tierno amor en las canciones de la paloma (*urpi*), de la flor y del típicamente americano colibrí (*huáscar,* que también es un nombre imperial); asimismo, ambas introducen el lamento de la viuda: el de la *Cori Tica* de *Usca* es métricamente intrincado, así como el *yaravi,* o lamento cortesano, cantado por el propio Usca. Como lo han puesto en claro el estudio ya clásico de los D'Harcourt, *La Musique des Incas et ses survivances* (1925), y la obra más reciente de Yaranga y otros, la tradición del verso quechua a la que pertenecen estas piezas (similares a coros) evidenció y sigue evidenciando una poderosa sociología indígena por derecho propio. Y no debe olvidarse que toda la acción transcurre en un paisaje palpablemente andino, con sus altas llanuras y valles (*puna, yunca*) y su fauna de llamas y conejillos de indias (*cuyes*): hecho que, por sí mismo, pesa en la balanza.[29] Como posible candidato al infierno, Usca es comparado —reveladoramente— con un conejillo de indias que gira en un asador, una imagen decididamente local; el Quespillo de *Yauri* declara que asar así, como abortar con coca, es parte de las habilidades de cualquier auténtica novia andina.

En suma, *Yauri Titu* y *Usca Paucar* abarcan dos tradiciones, la española y la quechua. Presente en ambas obras, la tensión entre ellas se resuelve de manera diferente en cada una.

En general se ha dicho que *Yauri Titu* es superior a *Usca Paucar,* tanto en estructura como en retórica. Una cosa es indudable: es mucho más calderoniano. La revelación de la Virgen esplendente, central en el concepto mismo del auto sacramental, se prepara con habilidad en *Yauri Titu* y se articula como parte de un detallado mensaje doctrinal pronunciado por el ángel al comienzo del tercer acto. En *Usca Paucar* parece casi incidental; en realidad, cerca del final, la escena en que Cori Tica, la amada de Usca, de pronto profesa su devoción a la Virgen, le pareció a Meneses una interpolación hecha por otra mano. Luego, descendiendo del amor divino al amor secular, vemos que *Usca Paucar,* al no tener un equivalente a la doncella Achira de *Yauri Titu* —la muy elocuente *chola* o mestiza—, no desarrolla este tema, ni contrasta los diálogos "bajos" con los "cultos" (Achira-Quespillo, Cori Umina-Yauri) ni los diálogos entre mujeres (Achira-Cori Umina); éstas son características del modelo del Siglo de Oro. Ante todo, *Usca Paucar* diverge del más calderoniano *Yauri Titu* en su presentación de los dos personajes principales del relato de Fausto: el héroe y su tentador. En primera instancia, y dentro del marco establecido hasta ahí, esta diferencia merece atención más por sí misma que como prueba de una posible inferioridad.

En *Yauri Titu,* el héroe epónimo no tiene memoria política. Siendo el heredero putativo de la gloria inca caído en la penuria, casi no se le atribuye un pasado propio. Además, como segundo esposo de Cori Umina, se le revela de manera específica como un inca de repuesto; sólo se reconocen el linaje y la posición política en el caso del primer esposo, Inquil Tupa, a quien en la primera escena se remite al linaje de Huayna Cápac y de Huáscar, señores de Tahuantinsuyu; asimismo, sólo Inquil (es decir, no Yauri) aparece como cuñado del protector de Cori, Túpac Amaru, nombre de tanta resonancia en la historia de la resistencia quechua. Pero, desde luego, es el sustituto y humillado Yauri el que sobrevive; el precio por la gloria recordada de Inquil Tupa es la muerte el mismo día de su boda, y la completa erradicación de la trama y la historia actual de su pueblo. Cualesquiera que hayan sido las ideas que el propio Yauri tuviese acerca de la pérdida de Cuzco y Tahuantinsuyu, en su larga tirada inicial sólo discurre en los términos más generales sobre la miseria de la vida. En Cuzco, es llevado por el hambre hasta los portales de la iglesia de la Virgen de Belén, y luego emprende un viaje no por iniciativa propia sino porque el demonio desea sacarlo de la esfera de influencia de la Virgen. Al lado de Quespillo, parece burdo y torpe, y firma el pacto diabólico, tan fácilmente como Quespillo lo rechaza. Además, la ventaja material que obtiene, de la que dice, desconcertado, que no sabe qué hacer con ella, es expuesta todo el tiempo como la simple vanidad del hombre, nacido de vil barro, etc., en una retórica que recuerda claramente la de la Contrarreforma y la de Calderón.

Por contraste, el inca fáustico de *Usca Paucar* se afirma desde el principio en el tiempo y el espacio como heredero de los emperadores cuya sede está en Cuzco, ombligo de Tahuantinsuyu. Une, así, los dos linajes de Inquil Tupa y de Yauri Titu y, por tanto, muestra más profundamente a Fausto como inca. Viéndose obligado a viajar muy lejos en busca de alimento y refugio, identifica de modo inequívoco la causa de su miseria en los crueles y viles españoles que han usurpado el poder de su patria.

Tahuantin suyu huyaichis
cai sonccoipa ccarasccanta
tucui pacha tanta tanta
ccasccoita cunan ccahuarei

. . .

Noccan cani Husca Pauccar
hinantinpa hulpuicunan
ccapac cunac lirpucunan
hatun Runa Auqui yahuar

. . .

maipachan hamun humaiman
machuicunac ccocha cusccan
chaipachan sonccoiman llusccan
tucui mio chaiman caiman

. . .

hatun Ccoscoita ricuni

Pueblos del Tahuantinsuyu enteráos
cómo es que se parte mi corazón:
todos en congregación
hacia mi pecho mirad.

. . .

Yo soy Usca Paucar
—a quien reverenciaban todos—
un vivo ejemplo para los poderosos,
un gran hombre, de sangre real.

. . .

Cuando recuerdo de pronto
los goces de mis antepasados,
entonces es cuando se filtran
en mi corazón todos los odios.

. . .

Veo a mi grandioso Cuzco

huc cunac maquin cunapi   en poder de otros;
sondor huaseita ninapi   vi a mi Sunturhuasi
ppuchu ccacta ccahuarini   bajo el fuego desaparecer.
chaipin ñocca minicuni.
                                     versos 46-79

Por ello, el oro que le ofrece el demonio tiene una inmediata pertinencia material y política, aunque en la práctica sirve principalmente para ganarle la mano de Cori Tica y el refugio paternal de su hogar. Teniendo la sensibilidad de sus predecesores, también él logra expresar su tormento en la forma cortesana del *yaravi*.

Estas notables diferencias en la construcción de los mundos social y político de los héroes, que unen *Usca* mucho más fuertemente que *Yauri* con la tradición del teatro inca, encuentran un eco en un nivel más profundo de tiempo y moral en los respectivos retratos del diablo, pues, como su víctima, también Nina Quiru, el tentador de Yauri Titu, tiene muy poco qué ofrecer que sea suyo. Sus dos ayudantes permanecen mudos, mientras que el Nina Yunca de *Usca* es ayudado por cuatro voces que lo apoyan. El minúsculo poder que tiene Nina Quiru se deriva casi por completo de la teología cristiana, no de la cosmogonía indígena, que permite y da derecho a Nina Yunca a entregar a Usca la riqueza de los metales andinos; y el concepto del valle infernal o *yunca,* importantísimo para el demonio de *Usca,* sólo se asocia una vez con Nina Quiru (verso 2445). En general, sus características siguen siendo más las del demonio calderoniano, quien, como nos lo recuerda A. A. Parker,[30] se ve tan constreñido por el plan de salvación de la Contrarreforma que ni siquiera puede imaginar el triunfo de sus propias maquinaciones. Fiel a esta fórmula, el propio Nina Quiru se descubre dudando de su poder para reclamar a Yauri desde antes de intentarlo (verso 2230). No es digno rival de la Virgen, ni siquiera nominalmente, pues la mención salvadora de su nombre tiene una importancia estructural mucho mayor en esta obra que en *Usca Paucar.*

Por contraste, desde el principio sentimos que Nina Yunca, tentador de Usca, habita su propio mundo. Aunque, como Nina Quiru, se asocia con Lucifer al hablar de su derrota a manos de San Miguel, más decisiva es su intimidad con los rasgos mismos del paisaje andino que aún hoy sirven para localizar allí al demonio. Éstos son el "valle" de su nombre (*yunca),* al que quisiera arrastrar a todos, un paraíso falso que aún simboliza la degeneración; y la mina en la caverna en que por primera vez aborda a Usca. Los mineros bolivianos siguen propiciándose al demonio, o *tío,* con antiguos ritos paganos para extraer los metales preciosos, que incluyen la plata y el oro.[31] Dado que Usca encuentra por vez primera a Nina Yunca en esa caverna, su "descubrimiento" ulterior de estos metales coincide con la pauta pagana, y no necesita ser sobrenatural.

Además de ser el amo del valle y de los metales del lugar que dieron riqueza y poder al Inca y sus predecesores, en *Usca Paucar* se celebra al demonio, como fuerza mayor de la cosmogonía. Aferrándose a una sabiduría antigua, se lo presenta como sabio o *amauta*, experto en los cuatro poderes manifiestos en los torbellinos y el temblor, en el eclipse solar y lunar, en bestias feroces de origen decididamente sudamericano, y en la erupción volcánica que revela los metales entregados a Usca, además del cobre y el hierro (ambos trabajados por los incas):

Chaipacmi callpaiqui can	Para eso tienes tu poder,
samai ñeique mana ateimi	y es tu aliento tan irresistible
hucta phucu riptillaiquin	que apenas soplas
chucucucum cai pachapas	toda la tierra tiembla;
millai hatun ccaccahuampas	y hasta el enorme peñón
ticsin mantan ticra camun	desde su cimiento se desploma.
...	...
Ccan ha mautta caiñeiquipe	Con tu sabiduría
intitan tuta yachinquin	al sol haces oscurecer,
quillata ccosñerichispa	ahúmas la luna,
ccoillorcunaat ttacanquin	esparces las estrellas.
...	...
nina raurac pichucllaiqui	Tus fauces son de fuego ardiente;
uturuncu puma ranra	el jaguar, el puma salteador,
hashuan phiña macchachuaipas	la bestia más furiosa,
quirun cama amarupas	la boa de los más grandes colmillos
miyo ccallo Urucunapas	y los bichos más venenosos
caillai quipi ccumucachan.	deponiendo su ferocidad
	ante ti se inclinan.
...	...
Ccomeryascca raurac ritti	La endurecida y relumbrante nieve
ccan ccahuarinqui chaicca	cuando tú le diriges la mirada
mancharispan rittititin	asustándose se deshace
poca llocllan aiqqueripun	y como un rojo torrente se escapa.
ashuan chiri ccacca cuna	Los más frígidos picachos
rittin huan ccataricuspa	que se cubren con las nieves
yana sacsanta quirpaspan	ocultando sus manchas negras,
	...
soncconpi ccorita huihuan	en sus entrañas guardan el oro,
rurunpi ccollquita pacan	en su misma veta atesoran la plata,

qquellaitapas antatapas	el hierro y el cobre;
ccampacca masttariscanmi	y todo para ti despliegan,
manan pacanchu imatapas.	pues nada esconden.

versos 455-494

Luego, cuando se trata de cobrar el alma de Usca, la escala de destrucción con que amenazan Nina Yunca y sus ayudantes recuerda la del *pachacuti* que hace temblar la tierra: un cambio de edad del mundo. Por razones como éstas, Rudolf Grossman dijo que *Usca Paucar* era un auto sacramental con un núcleo pagano (*heidnisches Kern*).[32]

Por muy inferior que se lo considere, *Usca Paucar,* el menos antiguo de los dos textos, ciertamente quedó mucho más integrado al mundo andino de los quechuas; y, en esta medida, fue apropiado que Sahuaraura Inca, también del linaje inca, decidiera en 1838 copiarlo y conservarlo. Un crítico ha elogiado de manera positiva el más robusto indigenismo de *Usca Paucar.* Señalando la mayor carga emocional de su protagonista, José Juan Arrom observa cómo, mucho más probablemente que *Yauri Titu,* produce una profunda resonancia en un público que, como el héroe, "ha sido vejado hasta quedarse con ningún otro recurso que la sumisión", y es invadido por una amargura que "podría haberse evitado si la ética cristiana realmente hubiera puesto un límite a la explotación humana" en los Andes.[33] También señala la ventaja que tiene la crítica del teatro, en contraste con otros géneros, al poder implicar a la sociedad como norma. Al retomar la antigua fábula de Fausto en términos accesibles a la condición de vida y de sentimiento de su público, como dice Arrom —y de no menor importancia, al poder hacerlo ayudado por la existencia de una poderosa tradición de teatro en quechua—, *Usca Paucar* traduce con tanta mayor eficacia el modelo y el desastre de lo español.

LA CENICIENTA ENTRE MAPUCHE Y ZUÑI

La Cenicienta del Viejo Mundo ha viajado por Asia, Europa y África, cambiando de familia, de ayudantes y de destino, pero no de sexo. En América, el hecho de ser mujer es lo que la distingue como importación poscolombina, ya que aquí su equivalente indígena suele ser varón, la figura del Ceniciento analizada por Lévi-Strauss en esta conexión,[34] o el maltratado hijo adoptivo menor, como el muchacho "expósito" de los sioux y los cherokee, o, para el caso, como los Gemelos del *Popol vuh* y de las epopeyas de Anasazi.

La Cenicienta viajó a América básicamente en traducciones españolas de "Cendrillon" de Charles Perrault (1679).[35] Ésta es la fuente de muchas versiones notables del cuento, como la de los nahuas del occidente de México, donde, siendo la menor de las tres hijas de Tonantzin, la Cenicienta se casa con un príncipe que ahora se manifiesta como Venus, preparador de las tierras agrícolas; la de los caribes, donde el pequeño conuco que se le había asignado florece mágicamente, para gran envidia de sus hermanas mayores.[36] Vuelve a transformarse, entre los mapuches y los zuñi, sociedades equidistantes del ecuador; la una al sur de Tahuantinsuyu, la otra, al norte de Mesoamérica, pero que mantuvieron su autonomía política hasta hace sólo un siglo. El cuento mapuche fue publicado por vez primera en 1956; tres versiones del cuento zuñi aparecieron entre 1901 y 1972.[37] En contraste con las versiones mapuches, las zuñi conservan el toque de queda a la medianoche. También incluyen al pájaro-ayudante, que falta en Perrault, pero que es conocido en otras fuentes europeas, como en la "Cenerentola" de Giambattista Basile, y en "Aschenbrödel" de los hermanos Grimm.

Encontramos a la Cenicienta mapuche viviendo en su casita o *ruka* con su madre (Ñuke) y sus hermanas mayores. Es el invierno, o sea la estación de los tres "meses de hambre", Inan Tror, Weshá y Pillel. Para paliar la escasez en estos tres meses, las hermanas salen por turnos a buscar trabajo en la casa de un señor y de su padre (Chau). Cada una se distingue por la postura que adopta al ponerse a descansar a un lado de la carretera y por el tipo de trabajo que realiza en casa. La Cenicienta yace de espaldas, pero pudorosamente cubierta, y responde con vivacidad cuando la encuentra el señor, que pasaba en su caballo. Y ella asea con minuciosidad su casa. Como paga, no acepta la plata codiciada por sus hermanas, sino una varita que mágicamente realiza sus deseos; en el primer ejemplo, que su madre tenga un *trarilonko* de plata y el mejor atuendo. A estas prendas, su madre les da uso inmediatamente en el baile y la fiesta del Nguillatun, al que también asisten sus hermanas, dejando en casa a Cenicienta. Gracias a la varita mágica, ella adquiere las ropas que necesitaba y un caballo para ir también al Nguillatun, y pronto es la esposa del señor, quien es el "sol" o gobernante del distrito. Bien provista de sirvientas, Cenicienta invita a su madre, pero no a sus hermanas, a su nueva casa.

Muy apegada a su madre, esta Cenicienta reconcilia el código matriarcal de su antiguo hogar con el patriarcado del nuevo, Ñuke y Chau; y colma la brecha que había entre el campesino (caminante) y el señor (jinete). Ella le debe su fortuna a su pudor, que se correlaciona con el hecho de que su turno de trabajo cae en el último de los tres meses (o lunas) de hambre. En el primer mes, la hermana mayor yace en posición boca abajo junto a la carretera; en el segundo, la otra hermana yace de costado; en el tercero, la Cenicienta ofrece su rostro al sol. En el tradicional calendario mapuche, estos meses corresponden al muy definido cuarto de año que es el invierno, temido por su crudeza, y al hecho de que anualmente trae el recuerdo de los grandes inviernos y ciclos glaciales de la cosmogonía, cuando la primavera nunca llegó y toda la tierra quedó hundida bajo la nieve.[38] Los nombres mismos de los meses señalan la escasez de alimentos y la enfermedad. Comenzando con el solsticio de invierno del hemisferio sur (junio), termina en el equinoccio de primavera (septiembre) con la fiesta Nguillatun de acción de gracias, que cambia la vida de esta Cenicienta.

Como periodos fijos de 30 días que median entre solsticio y equinoccio, estos tres meses de hambre tienen equivalentes incas exactos en un año calendario de 12 meses, cuya estructura fue influida sin duda por Tahuantinsuyu; además, los tres meses incas están igualmente asociados a la escasez y la enfermedad ("falta de yuyos", "pestilencia", como lo dice Guamán Poma [p. 251]). La comparación inca resulta especialmente instructiva en el caso del mes de Cenicienta, Pillel, que en Tahuantinsuyu es la época de la limpieza de la primavera —actividad de Cenicienta— y de salir de la enfermedad. Llamado Coya Raymi,[39] celebra la luna, y durante él las *coyas* y damas principales ofrecen hospitalidad, como lo hace también ella. En realidad, es la "pascua" de la reina del cielo y esposa del sol, la unión equinoccial de luna y sol que simboliza la Pascua. En su Nguillatun, como última de las lunas del invierno y fiel a su papel de mediadora,[40] Cenicienta se casa con el sol, garantizando un giro para bien, no sólo para ella y su familia, sino para toda la comunidad.

El cuento de la Cenicienta zuñi fue publicado por vez primera con ese título en 1901 por Frank Cushing; modificado, reapareció en 1972 como "La Doncella-Guajolote", uno de los "autorretratos" zuñi editados por Robert Coles, y nuevamente como "La muchacha que cuidaba los guajolotes", en *Finding the Center* de Dennis Tedlock (1972). En cada caso, la trama es básicamente la misma. Una niña zuñi vive humildemente, cuidando una bandada de guajolotes, a cierta distancia de la ciudad principal de Zuñi, donde se celebrará un baile. Ella quisiera asistir, pero no tiene ropa adecuada; sus aves comprenden esta necesidad y la ayudan, en el entendido de que ella volverá a cierta hora; asiste y deslumbra a todos en el baile, pero se olvida del trato, y retorna sólo para descubrir que sus guajolotes ya se han ido. Al recuperar la libertad, los guajolotes también recobran su propia voz y cantan su canto característico. En Coles, la Muchacha de los Guajolotes tiene hermanas mayores privilegiadas, quienes no pueden creer que ella pudiera brillar en un baile; en Tedlock, el papel del príncipe queda sugerido por el gran interés que en ella muestran los "directores de la danza". También el modo de la narración varía: Coles sólo intenta hacer un resumen; Tedlock opta por lo contrario y, al traducir del zuñi al inglés, intenta captar sutilezas del texto, registrando tipográficamente el tono y los ritmos que se le dieron en la representación de 1967 por Walter Sánchez (quien no habla inglés).

Lo primero que le ocurre a la Cenicienta en Anasazi es que el paisaje la absorbe; ella, como la acción, es atraída al "Lugar del Centro", la capital zuñi donde se celebra el baile. En Cushing, ella es habitante de Matsaki ("Lugar de la Sal"); en Tedlock, vive en el Lugar del Viento, uno de los primeros pueblos fundados por los zuñi cuando, acabando de salir de su Sipapuni, corriente abajo, viajaban en dirección del este, hacia Zuñi. Hacia el final de este relato, los guajolotes suben por el río Zuñi cantando los nombres de los lugares, hasta la división continental, donde dejan sus huellas impresas en la roca.

Como Muchacha de los Guajolotes que vive en el paisaje zuñi, la Cenicienta casi no trata a otros seres humanos, sino a los animales que cuida, compartiendo con ellos la necesidad recíproca de hablar, negociar y amar. El viejo macho con el que tiene más trato percibe sagazmente sus pensamientos no expresados, y ella podrá acudir al baile sólo con su autorización; y (en Cushing) cuando todos, contra su propia inclinación, acaban por darle las ropas, se pavonean ante ella y le rozan la piel, lo que claramente equivale a una excitación sexual:

Antes que la doncella se pusiese todos aquellos ropajes, los guajolotes la rodearon en círculo, cantando y cantando, y cloqueando, y rozándola con las alas hasta que su persona quedó tan limpia y su piel tan lisa y brillante, como la de la más bella muchacha de la casa más rica de Matsaki.[41]

De manera similar, cuando ella no vuelve del baile, con gran pena y contra su voluntad las aves deciden que deben irse, sienten lástima de ella y de ellas mismas.

El guajolote, al que se cría tanto por sus plumas como por su carne, fue llevado originalmente de México a Anasazi; y, como el perro, su compañía tiene toda una leyenda, como hemos visto, dentro del argumento más general del contrato doméstico y de las edades del mundo. Los guajolotes como compañeros del hombre, aparecen tanto en pinturas secas (figura XIII.2a) como en los *teoamoxtli,* llevando bajo sus plumas no sólo alimento para el

FIGURA XIII.2. *Guajolote:* a) *como ayudante (pintura seca, Atsosii Hataal);* b) *como gue-rrero (gorguera de concha del Misisipi).*

viaje después de la vida, sino también joyas y otros objetos preciosos. Un acto de aprovisionamiento aparece en la "Cenicienta" zuñi, cuando además de ropas, los guajolotes dan joyas a la muchacha:

> Por último, se adelantó un viejo guajolote y dijo: "Sólo te faltan los ricos adornos que llevan quienes tienen muchas posesiones, oh, madre doncella. Aguarda un momento. Tenemos ojos agudos, y hemos reunido muchas cosas valiosas [...] ya que tales cosas siendo pequeñas, aunque preciosas, suelen perderse de cuando en cuando a hombres y doncellas".
>
> Extendiendo las alas, caminó en redondo por el suelo, echando hacia atrás la cabeza y apoyando la barba en el cuello; y luego, empezando a toser, se sacó del pico un hermoso collar; otro guajolote ofreció cuatro aretes, y así hasta que aparecieron todos los adornos apropiados que corresponden a una doncella bien vestida de los viejos tiempos, y los dejaron a los pies de la pobre muchacha de los guajolotes.

Luego, prometiendo pagar sus ropas y volver a sus guajolotes antes de cierta hora, Cenicienta hace un trato individual y a la vez cierra un contrato antiguo. Se lo recuerdan los guajolotes: "Nuestras vidas dependen de que no lo olvides", y Andrew Peynetsa lo explica:

> El que haya un baile no te libera de tus responsabilidades. Si se te ha hecho el gusto, eso no significa que debas estar fuera todo el día. Es como quienes poseen ovejas: tal vez les gustaría ver muchas cosas que ocurren; pero, como dependen de ellas para ganarse la vida, no las pueden dejar en el corral pasando hambre (D. Tedlock, 1972: 73).

Cuando el contrato se ha roto y los guajolotes deciden irse de su corral, cobran rapidez y fuerza al recuperar su autonomía, y cantan su propia canción:

KYANA$_{AA}$$_{A}$$_{A}$$_{A}$ A TOK TOK KYANA$_{A}$$_{A}$$_{A}$$_{A}$$_{A}$A TOK TOK

YEE-E-E-E HU^{LI}HU^{LI}HU^{LI}TOK TOK TOK TOK

Ibid., p. 72

Reingresan en el mundo cantando los nombres de los lugares conforme van pasando y dejando sus huellas en las rocas. Etiológicamente dice que aún están visibles en un lugar llamado Turkey Tracks, 10 kilómetros al sudeste de Zuñi, y sirven de letra o de partitura de su canción:

Por tanto, donde veis las rocas que conducen a lo alto del Cañón Mesa, pueden verse las huellas de guajolote y otras figuras. Las últimas son la canción que cantaron los Guajolotes, grabadas en las rocas... [S. Thompson, 1966: 231.]

Como aquí, la canción es la identidad en la iconografía de América del Norte; es decir, la voz o la línea del "corazón" que el cazador desea ver en sus presas, pintada como tal en la cerámica zuñi, en pinturas secas y en rollos Mide. Y los guajolotes, una vez emancipados, adquieren las cualidades feroces tan admiradas, entre otros, por Benjamín Franklin y D. H. Lawrence:[42] se tornan en los seres que "se comerán de vuelta a la gente", como lo dice el *Popol vuh,* el Quecholli posiblemente satánico del Códice Ríos, un guerrero en la concha labrada misisipiana (figura XIII.2b), o Atahualpa.

Como Muchacha-Guajolote la Cenicienta zuñi se adaptó desde el principio mismo a su nuevo ambiente, y el motivo de sus ayudantes-aves pudo elaborarse ricamente gracias a los conceptos cuartomundistas de reciprocidad, muy desarrollados en las cosmogonías zuñi y anasazi. El proceso de adaptación como tal puede observarse más aún en las diferencias que separan el texto de Cushing del de Tedlock, sobre todo en lo tocante al baile. Con el tiempo, Cenicienta se ha establecido aún mejor en un hogar zuñi, hasta el punto de que en la edición de Tedlock, su cuento aparece junto con textos cosmogónicos indígenas no identificado como traducción y detectable como tal sólo mediante una comparación, en retrospectiva, con la versión de Cushing.

A la manera europea, Cushing todavía incluye algo como un preámbulo sobre cómo Cenicienta era muy pobre, pero "tenía un rostro simpático y ojos brillantes", y hace unas observaciones sobre su "carácter"; en el relato hecho por Sánchez, 70 años después, todo esto ha desaparecido. Aquí, nuestra idea de la protagonista se deriva, antes bien, de lo que se dice y no se dice en las conversaciones que sostiene con otros; los informes sobre su ser interno se limitan a los hechos del momento, como su indiferencia inicial al baile, y luego su deseo de asistir y su mala memoria durante él. La narración permite que los personajes, humanos y animales, hablen por sí mismos, y en sus intercambios verbales crea un agudo sentido de juego:

> Cuando ella habló de esto a sus guajolotes le dijeron "Si fueras
> no resultaría bien: ¿quién nos cuidaría?"
> eso es lo que le dijeron sus guajolotes.
> Ella los escuchó, y durmieron toda la noche.
> Luego era el segundo día
> del baile
> y llegó la noche.
> Aquella noche
> habiendo pasado la mitad de la danza Yaaya
> ella habló al gran guajolote macho:
> "Padre mío, hijo, si volverán a hacerlo mañana,
> ¿por qué no puedo ir?", dijo ella. "Bueno,
> si fueras, no resultaría bien."
> Eso fue lo que le dijo. "Bueno, entonces,
> no tengo que ir."
>
> [D. Tedlock, 1972: 69.]

Esta tendencia teatral corresponde a su vez al hecho de que en esta versión posterior toda la acción se centra en el baile. Mientras que, en Cushing, nos aproximamos lentamente al acontecimiento, pues en la primera mención sólo se nos dice que empezará "dentro de cuatro días", en Tedlock ya ha empezado cuando oímos hablar de él por vez primera, y el cambio de actitud de Cenicienta, de indiferencia a gran interés, ocurre durante los que ahora son los cuatro días del baile mismo. Al transcurrir los días, su creciente emoción encuentra un corolario en la del propio baile, con sus tambores insistentes y sus muchedumbres. De manera similar, cuando Cenicienta no regresa, los guajolotes envían a su jefe a la plaza del baile a advertirle, en lugar de irse a las colinas directamente desde su corral, como lo hacen en Cushing; los detalles dados acerca de que los guajolotes se acercan desde el oeste y de que se posan en una escalera, al norte de la plaza, intensifican nuestra sensación de que aquél es el escenario físico de la acción. El baile se convierte en un foco social y político explícito al que Cenicienta, que vive solitaria del otro lado del río, sin embargo pertenece tan enteramente como cualquiera de los zuñi.

La adopción de la Cenicienta por los zuñi puede considerarse más íntima por el hecho de que el baile al que ella asiste se convierte en un ritual importante, como el Nguillatun de los mapuches. Todo esto ya lo insinuó Cushing al darnos el comentario del narrador indígena acerca del "Baile del Ave Sagrada [...] fiesta bendita y bien recibida por nuestro pueblo, especialmente por los muchachos y las doncellas a quienes se permite participar en la danza" (S. Thompson, 1966: 225). Para Tedlock, el baile en cuestión es el Yaaya, el primero celebrado históricamente por los zuñi de acuerdo con su propia cosmogonía, el cual estaba siendo revivido justamente mientras Walter Sánchez y Andrew Peynetsa estaban registrando toda la gama de narraciones que integran *Finding the Center.* Además de afirmar políticamente a los zuñi como nación cuando aún iban en camino a la capital, el Lugar del Centro, el Yaaya también se anticipa a los riesgos a los que se enfrenta la Cenicienta al acudir al baile; pues en su primera representación, un participante enmascarado, al que se conocía como el Shumeekuli Blanco, se olvidó de sí mismo hasta el punto que salió corriendo de la plaza, como después lo haría Cenicienta, y murió al cabo de cuatro días, después de ser capturado nada menos que por un pastor de ovejas: un perfecto *alter ego* de Cenicienta.[43]

El mismo concepto cosmogónico que aparece a todo lo largo de *Finding the Center* explica no sólo el origen ritual, sino también el tiempo y el espacio del baile Yaaya, al que asistió Cenicienta. La posición del norte, utilizada para advertirle, corresponde a la primera de las cuatro direcciones visitadas por el Sacerdote del Sol en el inframundo en "El Comienzo", así como la puerta de entrada del oeste denota la puesta del sol cuando se castiga su olvido (en la disposición de las pinturas secas, el oeste por lo común se aparea con el este, como varón y mujer). Ante todo, el periodo de cuatro días del baile incluye un giro chamánico entre dimensiones de tiempo del tipo conocido por toda América del Norte y que se encuentra en la cosmogonía zuñi. Pues durante los dos primeros días, es decir, hasta la mitad del baile, Cenicienta sólo oye el tambor y otros sonidos rítmicos, y en realidad sólo lo ve al tercer día, al comienzo de la segunda mitad; y mientras que los días pasan indiferenciados internamente durante la primera mitad, en cambio durante la segunda cada uno se divide en cuatro partes, haciéndose gran hincapié, por ejemplo, en el momento de la renovada petición de la muchacha a los guajolotes, al tercer día: "Al llegar al medio día, ella volvió a pedir, justamente al mediodía". Acentúan esta intensificación del ritmo diurno el batir del tambor y la danza y la propia línea del cuento que, por decirlo así, captura a Cenicienta, como a otra Shumeekuli Blanca, impidiéndole cumplir su promesa.[44]

La Cenicienta europea suele ser una muchacha pobre e incomprendida, de bonito rostro y pie menudito, que logra casarse con el príncipe. Como existe en el tiempo y el espacio indiferenciados del cuento de hadas, se la define ante todo por la realización de un deseo privado; Perrault le añade el esnobismo y un cierto individualismo burgués. Transportada al Cuarto Mundo, Cenicienta entra de lleno en su cuerpo, en su especie natural y en su comunidad. Habita un paisaje histórico y conoce los ritmos del tiempo, según los cuales una luna o una mañana puede recapitular al mundo.

EPÍLOGO: EL PALIMPSESTO AMERICANO

Distintas en origen, idioma y forma de escritura, las literaturas del Cuarto Mundo piden ser interpretadas como capítulos de un solo libro, el cual además de pautas de mitos intemporales contiene diagramas físicos de la historia y la cosmogonía. A su vez, este libro adquiere una unidad funcional como el palimpsesto de las literaturas angloamericana y latinoamericana. Cosmogonía, historia, poema o manifiesto —la anotación previa en páginas que, a menudo, se suponía que estaban en blanco— ha imbuido las obras americanas que, al tratar de los indios, aprovechan su propio testimonio.

Este compromiso con los textos indígenas americanos, proceso largo e intrincado que revela lealtades mayores y menores, caracteriza toda una gama de la literatura occidental, sobre todo a partir de los románticos, y ha desempeñado un papel clave en movimientos del siglo XX como el expresionismo y el surrealismo. Se le puede identificar como factor que condujo al concepto occidental de literatura universal, específicamente la *Welt-literatur* de Goethe (1827). Una correspondiente evaluación crítica de todo este proceso ha escaseado,[1] en especial fuera de América, como lo insinúa Ángel Rama en su indispensable obra *Transculturación narrativa en América Latina* (1982).

El compromiso con este subtexto cuartomundista se ha intensificado, sobre todo en la prosa y la poesía latinoamericanas de este siglo. En general, se reconoce que un punto culminante fue la publicación de *Hombres de maíz* en 1949, novela de Miguel Ángel Asturias que le valió el Premio Nobel,[2] la cual se basa profundamente en el *Popol vuh,* obra de las primeras etapas de la literatura guatemalteca, que el propio Asturias ya había traducido. Son similares los casos de Mário de Andrade en Brasil, José María Arguedas en Perú y Augusto Roa Bastos en Paraguay. Un enfoque abiertamente continental es el de *Memoria del fuego* de Eduardo Galeano (vol. 1, 1992), testimonio que comienza recurriendo con asiduidad a textos indígenas; también tienen el mismo enfoque las novelas de Abel Posse *Daimón* (1978) y *Los perros del paraíso* (1987), partes de una trilogía que se nutre de continuo en la misma fuente, diagnosticando un criminal trauma psíquico en Colón, Aguirre y todos los que saquearon el Cuarto Mundo; y el *Homenaje a los indios americanos,* de Ernesto Cardenal, importante declaración poética elaborada durante todo el último cuarto de siglo.[3] Todas estas obras ponen de relieve los libros clásicos del náhuatl (Cantares mexicanos), del maya (los Libros de Chilam Balam, el Popol vuh), el quechua (el drama Atahualpa) y el guaraní (Ayvu rapyta), e invocan y hasta transcriben las páginas luminosas de los libros antiguos de Mesoamérica y el entrehilado quipu; al hacerlo, enriquecen nuestros conceptos de la intertextualidad.[4]

Tomando nuevas técnicas de collage aprendidas inicialmente de Ezra Pound y empleadas antes en versiones actualizadas de los Salmos, los actos de reconocimiento de Cardenal retocan y entretejen obras originales indígenas, de modo que a través de su español podamos apreciar las cadencias y etimologías, formas de escritura y hasta sustancia material de los textos anteriores, así como las tradiciones literaria y cultural a las que pertenecen. Por todo el mapa, éstas construyen el Cuarto Mundo por medio de su gramatología, irradiando desde el istmo por el norte hacia Mesoamérica e Isla Tortuga, por el sur hasta Tahuantinsuyu y la selva tropical. Basándose literalmente de este modo en subtextos de origen indio, el Homenaje aspira a ser una voz continental que hable, por decirlo así, desde abajo y pese a toda imposición latina e inglesa. Desde el punto de vista retórico, esto es parte de su mensaje inmediato: resistencia a la opresión (apoyada por los Estados Unidos) caracterizada por Somoza; justicia social del tipo practicado en la comunidad de Solentiname (fundada por Cardenal), y después promovido por la revolución nicaragüense (en la que Cardenal sirvió como ministro de Cultura). De esta manera, Cardenal sustenta su filosofía general, un marxismo que brota del "alma india" de América (como lo había dicho D. H. Lawrence y Antonin Artaud),[5] en lugar de asesinarla, y una teología cristiana que libera en vez de maniatar. (El papa Juan Pablo II lo censuró precisamente por ello.)

La importancia de los poemas del Homenaje fue bien captada por José Miguel Oviedo cuando dijo: "Estos poemas de Cardenal contienen una utopía que se cumple entre el tiempo de los mitos indígenas y el tiempo apocalíptico de Occidente, entre los orígenes y el desastre: esos mundos que consideramos muertos y lejanos, están aquí y la Historia puede, otra vez, comenzar".[6]

Por todas estas razones, el Homenaje, como Memoria del fuego y las novelas de Posse, puede guiarnos cuando se trata de considerar el palimpsesto más general y los muchos ejemplos de su capacidad de dar forma desde dentro a una América políticamente independiente de Europa, proponiendo una serie cada vez más vasta de perspectivas americanas, dentro del dominio de la lengua española que emplea y aún más allá. De hecho la obra recrea colectivamente nada menos que una geografía literaria del Cuarto Mundo, como se la ha analizado antes; por tanto, nos ofrece un punto de referencia común para muchas otras obras clave de la literatura americana escritas en lenguas occidentales que se basan en textos indígenas.

Ante todo, en el *Homenaje* se define para nosotros una base ístmica, por los poemas que se relacionan con los cuna de Panamá, como "Nele Kantule", "Los ovnis de oro" y "Entrevista con el cacique Yabilguiña". Citando los *ikala* —carácter de canto y escritura— los dos primeros forman la versión cuna de la historia, las brillantes "aguas amnióticas" del mar (Mu) y sus islas, y las vidas de sus Neles. Entre estos héroes-chamanes ejemplares se yergue la antigua cultura, traedora del plato de oro (de ahí los infortunados "ovnis de oro"), los espíritus de las plantas que curan al enfermo y el jefe político nombrado en el primer título, quien presidió la república indígena de 1925. Estos cuna descienden de los chibchas; tal es el legado que comparten los kogi de Colombia, quienes aparecen en el poema "Sierra Nevada", y los talamanqueños, cuya cosmogonía forjó el *Asalto al paraíso* de Tatiana Lobo (1992), relato de los conflictos de hace tres siglos en lo que hoy es Costa Rica. Estas tradiciones pertenecen al Caribe y al lado sudamericano de la patria de Cardenal, Nicaragua, en cuyo otro lado se halla Mesoamérica. Esta particular interpretación de Nicaragua como encrucijada del continente también se encontró en textos indígenas de Pablo Antonio Cuadra, compatriota y predecesor de Cardenal, cuya obra establece un punto de contacto entre el oro chibcha y las estatuas del "doble ego", por una parte, y las brillantes imágenes de los *teoamoxtli*, por otra.

Como Cuadra y, antes que él, Rubén Darío, el *huehuence* que fundó la poesía americana en español,[7] Cardenal se inclina más al lado mesoamericano, a los anales que hablan de Quetzalcóatl, de Tula y de las antiguas migraciones, y a la opulenta colección *Cantares mexicanos,* texto básico nada menos que de tres largas piezas en el *Homenaje.* Versos y estrofas completas de los *Cantares* fueron tomados de las traducciones hechas por Garibay (*Poesía náhuatl* [1965-1968]). Las versiones de Garibay, que han ejercido profunda influencia en la poesía mexicana desde Paz hasta Pacheco, ampliaron la comprensión de la poesía náhuatl ("canción de las flores", *in xochitl in cuicatl),* y la intensa alegría de la vida diversamente expresada en los modos del agricultor, del huérfano, y del guerrero (véase p. 206). En particular, hicieron la pregunta, también planteada por Cardenal, de hasta dónde los intérpretes anteriores, entre ellos el historiador estadunidense del siglo pasado W. H. Prescott, habían dado un giro ideológico a los "lamentos" del rey-poeta Nezahualcóyotl (1402-1472), viendo en ellos un anhelo encubierto de Cortés y de su religión.[8] Históricamente, como la arqueología que descubrió un paraíso terrenal en los murales de Teotihuacan, los revisados *Cantares* de Garibay forman parte de la gran revaluación de la cultura indígena provocada por la Revolución mexicana.[9]

Por medio de otro subgrupo apretadamente unido de poemas mesoamericanos, asimismo entrelazados con la arqueología actual —"Oráculos de Tikal", "Mayapán", "Ardilla de los *tunes* de un *katún*", "Katún 11 Ahau" y "8 Ahau"—, el *Homenaje* refleja la continuidad de la conciencia maya de las tierras bajas, desde las inscripciones clásicas hasta los Libros de Chilam Balam, sacando lecciones morales de la estructura calendárica y rescatando, para el poeta-escribano, el honor de intuir la verdadera causa del eclipse. Como resultado, atentos a las revoluciones de los *katunes* mayas, los poemas defienden implícitamente su causa política, como lo hace la novela yucateca *Canek* (1940) de Ermilo Abreu Gómez, que de manera similar sigue la lógica del *katún* y el lenguaje zuyua de los Libros de Chilam Balam. Además, al transcribir los jeroglíficos de Quiriguá y Copán, estos poemas establecen el eslabón decisivo entre sus millones de años y los comienzos del tiempo terrenal, narrados en el *Popol vuh* de las tierras altas siguiendo el vasto ámbito de su relato evolutivo. De este modo, el *Homenaje* revela otras dimensiones de las culturas maya y mesoamericana, y una razón más profunda para defenderlas y aprender de ellas. Habiendo recurrido al mismo *corpus* de clásicos mayas —los Libros de Chilam Balam, los Anales de los cakchiqueles y ante todo el *Popol vuh*—, el guatemalteco Miguel Ángel Asturias planteó un argumento similar en su novela *Hombres de maíz:* esta obra presenta la realidad de su héroe, el guerrillero Gaspar Ilom, en términos del *Popol vuh,* cuando encabeza un levantamiento en los Cuchumatanes, cuna y fuente del primer maíz en la cosmogonía maya de las tierras altas. Todo el episodio se basa en un levantamiento maya que tuvo lugar en 1900. En lo político, esto corresponde al hecho de que dedicarse a traducir el *Popol vuh* y otros clásicos mayas transformó en realidad la visión que Asturias tuvo de su propia patria y de aquellos que constituyen su mayoría, curándolo de un heredado racismo blanco.[10] "Gaspar Ilom" es el nombre que hoy ha adoptado su hijo, un comandante guerrillero que lucha por los derechos de los mayas en la necesaria revolución de Guatemala.

A estas alturas, como biblia de América, el *Popol vuh* encabeza por derecho propio una larga línea de citas textuales hechas por autores latinoamericanos, que en sus primeras etapas incluye la celebración hecha por Rubén Darío de los quichés y el corazón del cielo, Huracan ("Momotombo", 1907), y la fantasía atlántida de Salarrue (*O-Yarkandal,* San Salvador, 1929). En *Visión de América* (1948) y *Los pasos perdidos* (1953), Alejo Carpentier citó de la traducción del *Popol vuh* hecha por Asturias al desarrollar sus ideas de una cultura autóctona americana profundamente arraigada ("lo maravilloso americano"), y el antiquísimo esquema que nos advierte contra el uso irresponsable de la máquina (véase p. 381). Hasta el argentino Jorge Luis Borges, a quien difícilmente podría llamarse indigenista por vocación, se volvió hacia ese relato de las edades del mundo, citándolo en los momentos culminantes de la visión del Sacerdote-Jaguar en "La escritura del dios" (1948). La fuerza política del texto quiché se manifiesta en *Los dos brujitos mayas* (Guatemala, 1956), de Virgilio Rodríguez Beteta; en *Balún Canán* (México, 1957), de Rosario Castellanos, e inspira las obras de propaganda política producidas por el grupo La Fragua en Honduras durante los setenta y por el grupo Lo'il Maxil en Chiapas durante los noventa. Como novela de la resistencia específicamente campesina sostenida por la cosmogonía del *Popol vuh*, *Hombres de maíz*, de Asturias, se ha actualizado en *Cuzcatlán, donde bate la mar del sur* (1986), de Manlio Argueta, en El Salvador del siglo xx. Al mismo tiempo, las citas poéticas que aparecieron en el *Homenaje* de Cardenal han encontrado un eco en el extenso poema "El jícaro" (1978), de Pablo Antonio Cuadra, quien utiliza la historia de Ixquic, la madre de los Gemelos, para pronosticar el desplome de la sangrienta tiranía de los Somoza.

Desmembrado hoy y dividido entre los estados andinos de Ecuador, Bolivia y Perú, Tahuantinsuyu queda reconstruido en el primer caso por medio de esa anatomía, aún viva en quechua, que coloca el cerebro en Quito, el útero en Titicaca y el ombligo en Cuzco: en el *Homenaje*, una lógica anatómica similar hace que la cabeza inca vuelva a encontrar su cuerpo en la leyenda de Inkarri, citada aquí, con base en el ensayo publicado por José María Arguedas en 1956. En el primer *Homenaje* (1969), la "Economía de Tahuantinsuyu" se centra en Cuzco, nudo de los "caminos rotos" de Sudamérica, y en la ronda anual del calendario detallada por Guamán Poma, donde el propio emperador abre el primer surco. Oculto tras la invasión como el sol eclipsado al mediodía (*chuapi punchapi tutayaca*, como dice la cita en quechua), este orden o cosmos se mantiene como una esperanza, como el hilo del *quipu* o los granos de maíz aferrados en la mano de la abuela. Veinte años después, siguiendo la derrota de la revolución peruana de Velasco, "El secreto de Machu-Picchu" sigue de manera más estrecha la voz de la resistencia por medio de la "plegaria en la piedra", durante tanto tiempo secreta, de esa ciudad (cuya revelación había inspirado antes de Neruda su muy diferente epopeya de toda América, el *Canto general* [1950]). Las canciones quechuas que hablan de amor, *leitmotiv* del poema sobre Machu Picchu, también cifran los llamados a defender militarmente esa ciudad invocando las "montañas blancas" de Antisuyu (es decir, los reductos de Ollantaytambo, Vilcabamba y Paititi) y, por tanto, la resistencia que se extiende desde Túpac Amaru I, pasando por Túpac Amaru II, hasta los *tupamaros* de hoy.

> Después del gran desastre
> la consigna secreta fue: *Pusaj* ("Bajemos").
>   Bajemos a la selva.
>   Vamos a la noche, a lo oscuro, a la selva.
> También lo decían con canciones:
>   "Vete tras las montañas blancas."
> (Los españoles no entendían.)
> Estaban llamando al antiguo reino.
>   Ésas eran las canciones de amor
>   con tantas menciones a la paloma.
>   Paloma amada
>   ven donde tu amado
>   a tus agrestes breñas.

Cardenal, 1988: 161-162

Entre los incas, canciones similares habían servido para distinguir al jefe y al sabio que supiera interpretarlas, a la manera de los acertijos del *katún* maya. Esta discreta continuidad también caracteriza al teatro quechua entrelazado en el poema, como la tragedia de la muerte de Atahualpa.

Guamán Poma, el estudioso peregrino que lloró al saber de los ultrajes sufridos por los antiguos súbditos de Tahuantinsuyu, es objeto de un homenaje particular en *Memoria del fuego* y en las novelas de Posse, donde reaparece como Huamán, sabio y guía constante. El testimonio de Guamán Poma, publicado por vez primera apenas en 1936, interviene directamente en el ya secular debate sobre la naturaleza del poderío inca y, por tanto, sobre lo apropiado de fijarse Tahuantinsuyu como modelo político moderno. En este punto, Cardenal difiere en forma explícita de la doctrina marxista tradicional, expresada en la sección de Machu Picchu del *Canto general* de Pablo Neruda de que por motivos económicos debió de ser despótico y basado en la mano de obra esclava ("El Inca era dios, era Stalin"). Cardenal, como Galeano y Posse, se alinea, antes bien, con el anticolonialismo planetario de César Vallejo, cuyo poema "Telúrica y magnética" hace de los milenios de realizaciones andinas la base de la justicia social y, a la vez, de la identidad india. En otra parte del *Canto general,* el propio Neruda se acercó a esta lectura vallejiana de la revolución, citando los cantos antropofágicos de los mapuches, los discursos en quechua de Túpac Amaru y otras proclamas de la "dilatada guerra" americana contra la opresión colonial.

Presentado como el Guamán Poma de nuestro siglo en el *Homenaje,* así como por Galeano y Posse, el peruano José María Arguedas compiló y tradujo poemas del quechua, además de ser ensayista, novelista y poeta por derecho propio. Arguedas también escribió en quechua, sobre todo en correspondencia con el jefe guerrillero Hugo Blanco y en su homenaje a Túpac Amaru, el héroe recurrente de la revolución en el Perú *(Tupac Amaru Kamaq taytanchisman: Haylli-taki* [1962]). Como novelista hispanoamericano, es fácilmente comparable con Andrade y con Asturias, ya que estructura su mundo escrito con base en el texto indígena. Enfrentándose a las violentas dicotomías del Perú moderno, se volvió hacia el *Runa yndio* de Huarochirí, otro de los textos que tradujo; dicho texto aporta el marco de su última obra, y sus dos principios de autoridad, *El zorro de arriba y el zorro de abajo* (1969).[11] Esta línea de la obra de Arguedas fue llevada adelante en *Garabombo el invisible* (1972), de Manuel Scorza, parte del quinteto dedicado a honrar a los quechuas masacrados durante el levantamiento de Pasco de 1962, que también se basa en *Runa yndio* y en la leyenda de Inkarri.

Más allá de Mesoamérica y de Tahuantinsuyu y de la vértebra andina del Cuarto Mundo, el español cede el lugar o convive con otros idiomas importados, como el inglés, el portugués, el francés o el holandés, mas el palimpsesto literario sigue siendo el mismo. En el *Homenaje,* dentro de la idea general de América del Norte, cuyas aves vuelan desde "Nicaragua hasta Ohio", Isla Tortuga se establece por medio de sus declaraciones de principio, que en muchos puntos recuerdan las de México. Incluyen las cuerdas de *wampum* y el libro de ritos que garantizaron la *Pax Iroquoia* ("Kayanerenhkowa"), los majestuosos encuentros cantados o "marchas" de los pawneee y los discursos y canciones de la Danza del Espíritu que unió a sioux, algonquinos, caddo y comanches en el lema común "Volveremos a vivir". Mientras camina por las riberas de los Grandes Lagos en "Kayanerenhkowa", Hiawatha recupera el original mensaje de vida de la "escritura de concha *wampum*" (necesariamente pervertida, dice Cardenal, en el poema mecanuscrito); luego, en "Marchas pawnees", el símbolo del jefe Tahirassawichi —el arco del cielo del paseo solar, con energía que se precipita desde el cenit (idéntico en la escritura Mide; véase figura XI.3a) es incluido en el texto alfabético para avivarlo visualmente—. Una vez más, mediante citas de discursos del shawnee Tecumseh (Estrella Fugaz) y otros, se coloca a la Danza del Espíritu (1890) en la perspectiva más general de la resistencia india a los Estados Unidos:

Estas tierras son nuestras
nadie tiene derecho de sacarnos
nosotros fuimos los primeros dueños
[Estrella Fugaz a Wells, 1807]
Y el Presidente podría estar tranquilo en su gran aldea
bebiendo su vino en paz
mientras él y Harrison tendrían que pelear
[Estrella Fugaz a Harrison, 1810]
"El Gran Espíritu dio esta gran isla a sus hijos pieles rojas...
[La danza del espíritu]

                                              Cardenal, 1978: 178

Según su propia narración, Cardenal se preparó para entrar a este territorio, sobre todo mediante su vieja amistad con el poeta norteamericano Thomas Merton, uno de los pocos que ponderaron seriamente la expropiación efectuada en nombre de la "American Revolution". De manera irónica, el poema angloamericano que en la práctica ha desviado más la atención de la propia catástrofe, explotó hábilmente textos originales indios: el *Hiawatha* de Longfellow (1856). Retocando el relato original ojibwa publicado por Henry Rowe Schoolcraft en *Algic Researches* (1839), los 22 cantos de *La canción de Hiawatha* se ponen en boca del bardo Nawadaha "de la tierra de los ojibways, de la tierra de los dacotahs", y se concentran en la epopeya de Manabozho, en la figura del Venus algonquino que, como Quetzalcóatl, hace posible la agricultura del maíz y da a su pueblo las primeras lecciones de escritura. (El que se le diera un nombre iroqués refleja la moda de la *League of the Hodenosaunee or Iroquois* de Henry Morgan [1851].) El poema de Longfellow lleva un glosario de más de 100 términos indígenas, en su mayor parte algonquinos, relativos al parentesco del héroe y a los tótems y espíritus animales "Meda" (mide); y sus mejores efectos aparecen en los cantos dedicados al maíz, que incluyen palabras algonquinas, y los dedicados a la escritura Mide, cuyas imágenes se transcriben con gran destreza. Sin embargo, toda esta amorosa atención puesta en el texto original tiene un precio categórico: Manabozho/Hiawatha sólo se celebra a condición de que desaparezca. Terminalmente épico, el héroe sigue el paseo solar no por su circuito sino sólo hacia el oeste, hacia su aniquilación en la "llameante puesta del sol"; y al irse, ordena a su pueblo que conceda todo a los nuevos representantes del "Amo de la vida". Por tanto, simplemente se autodestruyen, asegurándose de que todo territorio quede vacío en principio, desde antes de que lo invadan los blancos.[12] Por definición, pertenecen a la "prehistoria", como los constructores de la cultura Urbana y todos aquellos que de alguna otra manera hubieran amenazado políticamente la pretensión de los blancos de ser los civilizadores. Según esta disposición, los pocos indios "históricos" que se quedan, borradas sin remedio sus memorias, se vuelven el último mohicano (lenape) o el malvado mohawk, el trágico pawnee o el salvaje sioux de las novelas de James Fenimore Cooper, las que constituyen una versión temprana de la historia blanca oficial, tan llena de mortíferos silencios.

Intrigado por los efectos psíquicos de esta erradicación, Jung produjo un "hito" (su propio término) en la psicología occidental, a saber, *Wandlungen und Symbole der Libido*, en que informa que el *animus* de los norteamericanos blancos difiere del de los europeos ya que, típicamente, toma la forma de un indio de piel oscura. En el caso de la señorita Miller, neoyorquina a cuya "fantasía" esquizofrénica dedica Jung la mayor parte de su análisis, el indio aparece de manera explícita como Hiawatha, *revenant* continental del poema de Longfellow, quien exuda al mismo tiempo una presencia mexicana e inca.[13] Independientemente de Jung, este nexo fue el que llevó a Gary Snyder a querer "matar al americano blanco que hay en mí", citando canciones de la Danza del Espíritu en su "Maldición a los hombres de Washington" (citada en Fiedler, 1968: 86-87), y el que alentó a Ed Dorn a hacer su radical interpretación de la fe shoshone y apache. Según las "Coplas *in memoriam*", también eso fue principalmente lo que Thomas Merton le enseñó a Cardenal "acerca de los indios" de Angloamérica.

Aún asediada hoy día, la selva tropical amazónica sigue aportando cultura en sus formas más elevadas, como aire, alimentos vegetales y visión. Los textos indígenas que registran esa visión desempeñan un papel importante en las obras continentales de Galeano, Posse y Cardenal. En la trilogía de Galeano, la memoria empieza con la creación caribe narrada en *Watunna*, principal entre los textos que brotaron de la frontera Pacaraima compartida por el Amazonas y el Orinoco. Éste es el territorio literario privilegiado que buscara el héroe de *Los pasos perdidos* de Alejo Carpentier, donde, además, la referencia cosmogónica se extiende al *Popol vuh* y al *Chilam Balam*.[14] Compartiendo la misma fuente caribe, el relato del río Caroni narrado en *Canaima* (1935) por el venezolano Rómulo Gallegos, también sigue un curso aborigen. El término caribe que da título a la novela, definido en *Watunna* como la locura que provocan los invasores blancos, también identifica a un breve cuento del guyanés Wilson Harris,[15] cuya novela *Palace of the Peacock* (1960) sigue a su vez un ascenso a Roraima, pasando por las etapas de la visión del Medatia. Considerado "carente de carácter" (*sem nenhum caracter),* el héroe de la novela *Macunaíma* (1928) de Mário de Andrade en realidad nació y recibió su nombre en dominio de *Watunna,* y fue formado

precisamente por ese sistema caribe de creencias: descendiendo por el Ura-
ricoera y atravesando el Amazonas, llega a São Paulo, recorriendo todo el
espacio y el tiempo de Brasil, sólo para retornar a un paisaje de fantasmas y
de estrellas, en lo que él mismo se convierte. Con agilidad y buen humor, la
narración pone en claro que su vida es la de su palimpsesto, o fuente vital,
en este caso el relato del héroe caribe Makunaima, publicado por Koch-
Grünberg; y al hacerlo, se anticipa al argumento de las otras novelas que
han surgido de la misma biosfera.

Junto con los poemas de Raul Bopp en *Cobra Norato* (1928), *Macunaíma*
es la obra que mejor ejemplifica la tendencia "antropofagista" de los *modernistas* brasileños y su Manifiesto que expresó su interés en la revolución
"caraíbe", es decir, caníbal. Estas obras de Andrade y de Bopp, filosóficamen-
te forjadas por sus fuentes indígenas, exponen la falacia de describir la "antropofagia" brasileña como un brote fantástico de la línea del pensamiento
puramente occidental iniciada por las reflexiones de Jean de Léry y de Montaigne sobre el canibalismo.

En Brasil, los *modernistas* tuvieron notables predecesores en Alencar y los
americanistas del siglo XIX, comprometidos principalmente con las tradiciones del tupí-guaraní, que por entonces aún se hablaba mucho como *lingua franca (lingua geral)* de las tierras bajas de América del Sur. Un tema tupí
ya abordado entonces y todavía presente en el *Daimón* de Posse es el del
paraíso terrenal, el *Yvy mara ey*. Estas creencias y otras similares son constantemente opuestas a la cosmogonía bíblica en la novela de Posse y en novelas del paraguayo Augusto Roa Bastos y el brasileño Darcy Ribeiro. En el
caso de Roa Bastos, su creciente familiaridad con los clásicos guaraníes le
permitió mostrar la resistencia de ese pueblo, y la razón de ella, en los diálogos y la dialéctica de *Yo el supremo* (1974). Esta obra también explora conceptos locales como la doble autogénesis y los jaguares azules del eclipse
solar,[16] conceptos que reaparecen en *Maíra* (1976) de Darcy Ribeiro; al mismo tiempo, *Maíra* reflexiona sobre el destino de Brasilia, ominosamente
situada, como lo está, en el paisaje cósmico tupí. Ciertas tradiciones tupí-
guaraníes se hallan incorporadas en el *Homenaje* de Cardenal, que en "Los
hijos del bosque de las palabras almas" llega a los conceptos fundamentales
del *Ayvu rapyta,* el "origen del habla humana". En otro poema, "La Arcadia
perdida", se remonta por la historia de la "República guaraní" de Paraguay,
no sólo hasta las misiones de los jesuitas sino hasta los ideales de Tahuantinsuyu, traídos desde lo alto de los Andes y trasladados a las leyendas
guaraníes. El mismo vínculo de las tierras altas es reconocido por los grupos
arawakos, como los campa y los machiguenga, cierta distancia al noroeste,

en el alto Amazonas, y por ello reaparece, aunque con distinto efecto, en *El hablador* (1987), novela del peruano Mario Vargas Llosa, la cual sugiere que la supervivencia misma de los machiguenga depende de que hablen de su propia historia y de su propio lugar en el universo.

En su "Epístola a monseñor Casaldáliga" (también en el *Homenaje*) y más recientemente en el *Canto cósmico* (1989), Cardenal pone de relieve la importancia que la cosmogonía de la selva tropical tiene para la teología de la liberación, los revisados conceptos de génesis creados por teólogos como Casaldáliga y Boff (quien ha publicado su propia selección de "voces de víctimas" de 1492 a 1992). El poema-epístola de Cardenal enfoca sobre todo el modo en que creencias compartidas entre las diferentes lenguas y grupos de Xingu han ayudado a formar la base de una resistencia más generalizada, de una manera que encuentra eco en la notable novela *Quarup* (1966) de Antonio Callado (la cual se ha llevado a la pantalla).

Apreciando esta riqueza de imaginación, de la cual no es sino simple indicio la lista anterior, Italo Calvino ha sugerido por medio de su legendario indio viejo, narrador de todos los cuentos, que el cosmos amazónico podría ser el "magma primigenio": fuente última de todas las grandes narraciones del mundo, entre las cuales incluye el *Popol vuh*.[17] Tal vez lo sea, aumentando así la suma creciente de grandes dones que han fluido de la munificente selva tropical. Sea como fuere y teniendo cuidado de no universalizar demasiado fácilmente, no debemos olvidar que la imaginación literaria en cuestión no fue generada por alguna cabeza cartesiana cortada, abstracta y alejada del tiempo. Ha recibido su savia y su humor de personas bien vivas en su medio y por su medio, cuyos recursos y energía son específicos; y por su brillantez y magia, nos advierte constantemente contra las amenazas a esa energía que vienen desde fuera y desde dentro.

Con ingenio aunque con fe inescrutable, la misma advertencia aparece en el *Daimón* de Posse, cuando unos indígenas americanos llegados de todo el continente se reúnen en Chachapoyas, la asombrosa ciudad preincaica de los muros redondos en lo más alto del Amazonas, que a Guamán Poma le pareció "rebelde" y evalúan ahí su situación, analizando su historia común y planeando la política futura. En sí mismo, esto se anticipa misteriosamente a la Conferencia de Quito de julio de 1990, la cual hizo época; en dicha conferencia representantes de 120 naciones indias en realidad se reunieron para analizar precisamente esas cuestiones (figura 1). En la novela, a la conferencia de Chachapoyas también asisten los animales y las plantas, los cuales presentan sus propios informes, comunicándose como en el lenguaje chamánico del Medatia o en un diálogo del *Popol vuh*, o como personajes de

**Indigenous Alliance of the Americas
on 500 Years of Resistance**

Declaration of Quito, Ecuador
July 1990

The Continental Gathering "500 Years of Indian Resistance," with representatives from 120 Indian Nations, International and Fraternal organizations, meeting in Quito, July 17-20, 1990, declare before the world the following:

FIGURA 1. *Principio de la Declaración de Quito.*

una cura cherokee o cuna. Como encarnan la filosofía natural de la Declaración de Quito, apelan a las delegaciones humanas del Cuarto Mundo como a aquellas que con más interés han escuchado y que menos han "ocultado el rostro" ante el ineludible texto presente.

MATERIAL DE REFERENCIA

ABREVIATURAS

AA	*American Antiquity*
ADV	Akademische Druck und Verlagsanstalt, Graz
AGN	Archivo General de la Nación, México
APS	American Philosophical Society, Filadelfia
BAE	Bureau of American Ethnology, Washington
BM	British Museum, Londres
CCAMA	Corpus Codicum Americanorum Medii Aevi, E. Menguin (ed.), Copenhague, E. Munksgaard
Censo	de textos mesoamericanos, pictográficos (Glass, 1975, núms. 1-) y alfabéticos (Gibson y Glass, 1975, núm. 1000-), en *HMAI*
Cham.	"A summary of possible astronomical information in Plains Indian calendars", V. D. Chamberlain, 1984: 4-11
Dewd.	"Inventory of Birchbark scrolls and charts", Dewdney, 1975: 183-191
ECM	*Estudios de Cultura Maya*, México, UNAM
ECN	*Estudios de Cultura Náhuatl*, México, UNAM
FCE	Fondo de Cultura Económica, México
HMAI	*Handbook of Middle American Indians*, R. Wauchope (ed. general), Austin, University of Texas Press, 16 vols., 1964-1976. Suplementos, 1981-
HNAI	*Handbook of North American Indians*, W. C. Sturtevant (ed. general), Washington, D. C., Smithsonian Institution, 1978-
HSAI	*Handbook of South American Indians*, Julian H. Steward (ed. general), Washington, D. C., BAE Bul, 143, 7 vols., 1946-1950 (reimpreso en 1963)
ICA	International Congress of Americanists/Congrès International des Américanistes/Congreso Internacional de Americanistas.
III	Instituto Indigenista Interamericano/Interamerican Indigenist Institute, México
ITC	Instituto Tlaxcalteca de Cultura
Kram.	"Systematic catalogue of selected works of Cuna literature", Kramer, 1970: 143-154

NG   *National Geographic Magazine* (Washington, D. C.)
QGA   Quellenwerke zur alten Geschichte Amerikas aufgezeichnet in
            den Sprachen der Eingeborenen, Berlín, Ibero-Amerikanisches
            Institut
UNAM   Universidad Nacional Autónoma de México, México

GLOSARIO

algonquino: término compuesto que denota a quienes hablan una lengua algonquina y lo que pertenece a los pueblos algonquinos (ojibwa, otawa, lenape, miami, etcétera).

amauta (quechua): "sabio, erudito", especialmente aquel cuyo conocimiento se basó en los archivos de *quipus*.

amoxtli (náhuatl): "libro", término reservado a los antiguos libros de Mesoamérica, hechos en piel o papel *amate* y plegados como biombos extensibles. Según la manera en que se leen, pertenecen a uno u otro de dos géneros, anales (*xiuhtlapoualli, q. v.*) y rituales (*teoamoxtli, q. v.*).

Asdzaan Nadheele (navajo): Mujer cambiante, madre de los Gemelos Nayenezgani y Tobahishchini.

buscador: traducción (no muy adecuada) del epíteto inglés *scavenger,* que se aplica a ciertos héroes de ambas partes del continente.

bustrófedon: modo de leer que requiere un cambio de dirección de 180 grados al pasar de una línea o columna a otra: véase cuadro IV.4.

carbet: en América del Sur, el discurso de desafío de un cautivo frente a la muerte.

catlinita: tipo de piedra rojiza, fácil de labrar, que desde hace por lo menos dos milenios ha servido en Isla Tortuga para hacer pipas cuyos diseños ofrecen toda una galería viva de animales y tipos humanos y, por tanto, una ventana sobre la cultura Urbana ohio y misisipi. Minas de esta piedra todavía existen en Pipestone, Minnesota.

ceque (quechua): línea de divisiones políticas que irradiaba de Cuzco en el sistema tahuantinsuyu.

chunkey (del siouano *chenco): juego con un disco de piedra y unos palos curvos que practicaban los misisipianos y sus descendientes.

Danza del Espíritu: movimiento de resistencia cultural (*Ghost Dance* en inglés), que surgió en las Rocosas y el oeste de Isla Tortuga cerca de 1890; es decir, después de la masiva expropiación de territorio sufrida en aquellos años. Generó una serie de bailes y canciones verdaderamente internacional que sintetiza las lenguas y las costumbres de los principales participantes sioux, arapaho, cheyenne, comanche, ute, shoshone y otros.

Era: la actual época o edad del mundo; en las inscripciones olmecas

439

comienza en el año 3113 a.C. Concepto adoptado por los mayas y por otros pueblos dentro y posiblemente fuera de Mesoamérica; véase Serie Inicial.

escritura icónica: término de conveniencia para lo que a menudo se llama el sistema de escritura pictográfico o mixteco-azteca de Mesoamérica, sobre todo en contraste con la escritura jeroglífica maya (*cf. tlacuilolli*).

Fiesta: periodo de 20 días del calendario mesoamericano; 18 de ellos forman el año solar; *ilhuitl* en náhuatl; *uinal* en maya.

Gemelos: parentesco que frecuentemente tienen los héroes épicos de América del Sur y del Norte, a la vez que se presentan como el producto de una partenogénesis. Ejemplos: Kuaray y hermano (guaraní), Iureke y Shikiemona (caribe), Hunahpú y Xbalanqué (quiché), Nayenezgani y Tobajishchini (navajo).

guajolote (del náhuatl *huexólotl):* pavo doméstico de América.

haravek (quechua): poeta de la corte imperial; de ahí, *yaravi.*

hataal (navajo): "canto" o "vía"; cataloga tanto las ceremonias como los textos propios de ellas, cantos y pinturas secas (*q. v.*). Entre los más conocidos se encuentran Atsosii, Hozhoni, Kledzhe, Naato bikaji y Sotsoiji Hataal.

huaca (quechua): cosa sagrada; se refiere a las montañas, fuentes y otras características del paisaje andino, así como a ídolos y estructuras hechas por el hombre.

huehuence (del náhuatl *huehuentzin):* "persona grande o vieja"; tipo de drama, de origen prehispánico, en que el héroe es indigente y sin embargo afirma conocer y haber visto gran parte del mundo.

icónico: véase escritura.

ikala (cuna; también *igala, ikar):* "canto" o "vía" (compárese *hataal*). Cataloga textos cosmogónicos y épicos: Mu, Olopatte, Pap, Serkan y Tatkan ikala.

Isla Tortuga: nombre de origen cosmogónico dado por sus primeros habitantes —algonquinos, iroqueses y siouanos— a la parte de América que queda al este de las Rocosas.

Ixquic (maya-quiché): Mujer Sangre, en el *Popol vuh* hija de los dueños del inframundo Xibalbá y madre de los Gemelos Hunahpú (Cazador) y Xbalanqué (Jaguar Venado).

katún (maya): periodo de 20 *tunes* (de 360 días); calendáricamente, la unidad de la cuenta *katún* (*u kahlay katunob*), que consiste en 13 *katunes.*

lienzo: mapa sobre algodón que en un marco geográfico típicamente incluye conquistas, genealogías y otra información fechada; hoy sólo existen ejemplos poscortesianos.

mezquite (del náhuatl *mizquitl*): arbusto espinoso leguminoso, de muy larga vida, y originario de regiones áridas; sus frutas tienen una pulpa comestible.

Mide (algonquino; también Meeday, Metai): relativo al Midewiwin, sociedad chamánica organizada de acuerdo con grados de conocimiento, y centrada en territorio de los ojibwa, en el parteaguas entre el Misisipi, los Grandes Lagos y el océano Ártico.

nahual (náhuatl): familiar; el alma gemela o doble ego del chamán que existe más allá de la especie humana.

Nayenezgani (navajo): "matador de monstruos ajenos", uno de los hijos gemelos de Asdzaan Nadleehe (*q. v.*).

octaeteris: periodo de ocho años que une los ciclos sinódicos del Sol (8), la Luna (99) y Venus (5), comúnmente estandarizado como 2 920 días.

Paha Sapa (sioux): "Cerros Negros"; territorio sagrado de los sioux, bello, rico en oro y otros metales, que fue "vendido" a los Estados Unidos a fines del siglo pasado; queda entre los modernos estados de Wyoming y South Dakota.

partenogénesis: concebir sin copular, como en los casos de Asdzaan Nadleehe, Ixquic (*qq. v.*) y las madres de otros héroes épicos.

pintura seca: diseños rituales complejos de Anasazi y California hechos de arena, polen y otras sustancias secas que a veces muestran un fuerte parecido con las páginas de los *teoamoxtli* (*q. v.*) de Mesoamérica. Las de los navajo (*ikaah*) son las más conocidas e incluyen Ayane (Gente Búfalo), Hajinei (Surgimiento), Montaña Roja, Tsilolni (troncos en remolino), Yaahdiklith Nahastsan (Cielo y Tierra), y los nombrados por *hataal* particulares (Atsosii, Sotsoiji, etcétera).

pochteca (náhuatl): comerciante y agente oficial que recorría grandes distancias en los sistemas tributarios mesoamericanos.

Quecholli (náhuatl): voladores o aves, especialmente el conjunto de Trece que se integra al *tonalámatl*.

quipu (quechua): cordeles pendientes y con nudos, utilizados en los Andes para comunicar todo tipo de información; en Tahuantinsuyu para registrar textos literarios, como anales e himnos.

Rueda de 52 años: véase *xiuhmolpilli*.

Serie inicial: cálculo calendárico mesoamericano, según el cual se llega a una fecha contando periodos de tiempo desde el principio de la Era (*q. v.*).

suyu (quechua): distrito; véase *tahuantinsuyu*.

tahuantinsuyu (quechua): "cuatro distritos"; modelo político de cuadrantes desarrollado sobre todo en los Andes en Huamanga y Tiahuanaco y, después, por los incas en el imperio que centraron en Cuzco.

tameme (del náhuatl *tlamama*): porteador.

Tejedora: otro nombre de la séptima de los Señores de la Noche Tlazotéotl, adorada por las parteras, que tiene puesta en su tocado una rueca.

teoamoxtli (náhuatl): "libro divino"; género de libros precortesianos en escritura icónica, formados por capítulos cuyo orden de lectura queda determinado por los ciclos del año y del *tonalámatl* (cuadro II.2).

timehri (caribe): señal o petroglifo; utilizado aquí para denotar en general glifos y dibujos de la selva tropical.

tlacuilolli (náhuatl): "algo pintado o escrito"; escritura icónica, máximamente ejemplificada en los *amoxtli* precortesianos.

tonalámatl (náhuatl): "libro de días o hados"; periodo de tiempo y aritmograma mesoamericano correspondiente a las 260 noches y días de la gestación humana (cuadro II.1).

trarilonko (mapuche): "tocado de la cabeza"; adorno de la cabeza, a menudo el trabajado en plata.

trecena: periodo de 13 días; 20 de estos periodos constituyen el *tonalámatl*, cada uno con su regente o protector.

uinal (maya): veinte días en el calendario maya; relacionado con *uinic* (humano) y *u* (luna).

Urbana: término que define la cultura milenaria de los constructores de pirámides y montículos (*Mound Builders* en inglés) de Isla Tortuga en sus fases ohio y misisipi.

wampum (algonquino): pequeñas cuentas de concha, blancas y moradas, que enhebradas servían de moneda en el nordeste de Isla Tortuga. Al confirmar un tratado, un cinturón o tira de *wampum* de varios hilos podría mostrar complejos diseños de escenas de encuentro o de mapas rituales.

waniyetu yawapi (sioux): "cuenta de inviernos"; registro calendárico por años.

xiuhmolpilli (náhuatl): "atadura de años"; la Rueda o ciclo de 52 años del calendario mesamericano, producto aritmético de la combinación de los Trece Números con cuatro de los Veinte Signos.

xiuhtlapoualli (náhuatl): "cuenta de años"; género de libro precortesiano en escritura icónica, cuyo orden de lectura sigue una secuencia de años. Anales en general.

Xólotl (náhuatl): "perro"; antepasado de los chichimecas (ellos mismos "gente perro"), venerado por los tepanecas y por los de Texcoco.

NOTAS

Prólogo

[1] En la apertura del XII Congreso Interamericano de Filosofía, en Buenos Aires, en 1989, como anticipándose al escepticismo antindigenista, el muy respetado Leopoldo Zea aseguró que "la filosofía americana empezó con su historia bajo el signo de la dependencia, el 12 de octubre de 1492" (reportaje en *Excélsior,* México, 13 de agosto de 1989). Y esto a pesar de los estudios fundamentales de Mariátegui (1928), León-Portilla (1956) y muchos otros. Acerca de los cambios recientes, véase el "Epílogo". El mapamundi de los tres mundos se describe en Bagrow, 1964.

[2] Las estadísticas preparadas por Utta von Gleich (Conferencia sobre la Autenticidad Textual, Iberoamerikanisches Institut, Berlín, diciembre de 1988) revelan una estrecha relación en Latinoamérica entre la política indigenista y la ley, por un lado, y la ideología en sentido más amplio, por el otro. El socialismo en Perú bajo Velasco condujo a la declaración del quechua como segunda lengua oficial en 1975, y en Nicaragua ha promovido el misquito y otras lenguas indígenas; por contraste, el dictador Pinochet, por el decreto 4002 (1980) prohibió todo uso del idioma mapuche en la educación chilena de la escuela primaria en adelante. Aunque en la práctica el guaraní sea la lengua principal de Paraguay, todavía espera reconocimiento oficial. En los Estados Unidos, Ward Churchill hace una excelente crítica de la hostilidad de la Nueva Derecha hacia los indígenas y los estudios sobre indígenas en una reseña de la ofensiva obra de James Clifton *The Invented Indian: Cultural fictions and government policies,* Nueva York, 1990: "The New Racism", *Wicazo Sa* (Eastern Washington University, Cheney, 7 [1991]: 51-59). Véase también Churchill, 1994; Vizenor, 1991.

[3] Notoriamente en el caso de las momias de Atacama, fechadas hacia el 6000 a.C. de acuerdo con reportajes periodísticos (por ejemplo, *Guardian,* 22 de junio de 1985). La cita de Lévi-Strauss fue tomada de "Race and History" (1978: 338-339), originalmente "Race et histoire" en una publicación de la UNESCO de 1952. Un estudio reciente de Greenberg (1987), corroborado al parecer por pruebas genéticas (*Scientific American,* noviembre de 1991: 72-79), reafirma la coherencia de las lenguas americanas; Greenberg distingue 11 subgrupos principales en el sur, centro y norte de América y analiza por separado el caso especial de los na-dene o atapascos.

[4] Brody, 1966: x; George Manuel, *The Fourth World: An Indian Reality,* Nueva York, Free Press, 1974. Acerca de las políticas para el Cuarto Mundo en Canadá, véase Noel Dyck, *Indigenous Peoples and the Nation-State,* St. Johns, Institute of Social and Economic Research, Memorial University of Newfoundland, 1985; en mi escrito sobre la gramatología (1986a, publicado originalmente en Colchester en 1984) se hace referencia al concepto de Cuarto Mundo en la cartografía del Renacimiento. Entre las colecciones del continente e inventarios de literatura del Cuarto Mundo podemos citar los de la Brinton Library of Aboriginal American Literature (1882-1890, 7 vols. recopilados, entre otros, por Brinton, Hale [1883] y Gatschet [1884]); Borsari, 1888; Alcina Franch, 1957; Péret, 1960; Montoya y Cardenal, 1966; Arias Larreta, 1968; Bierhorst, 1974; Brotherston, 1979, y Muñoz, 1983. Cuando no se

especifican de otro modo, los detalles de textos indígenas se pueden encontrar en la Bibliografía A.

5 El resultado acumulativo de décadas de paciente labor de grupos regionales como Americans before Columbus y el Parlamento Indoamericano del Cono Sur, y dentro de organizaciones mundiales como la UNESCO y la Organización Mundial del Trabajo. Mi ejemplar de la declaración se lo debo a Peter Hulme, quien a su vez recibió su copia de Gesa Mackentun.

6 Los dirigentes indígenas fomentaron la voluntad de sublevarse colocando efigies mutiladas de españoles en los canales de riego y ocultando las reservas de maíz, que habían escaseado debido a una enfermedad que atacó al grano, inmediatamente después del eclipse. Sigüenza y Góngora, *Alboroto y motín...* (1984: 95-144). Los manifiestos en náhuatl de Emiliano Zapata los ha editado M. León Portilla (1978) y están dibujados como *graffiti* en las paredes de Tepoztlan *(tocepan tiaquiz ihuan temoc)*. Jacinto Canek, el protagonista de la famosa novela de Abreu Gómez, tomó los nombres tanto de Moctezuma como de Uc Canek, último gobernante itzá de Petén (Bricker, 1981; Schele y Freidel, 1990); sobre el significado de la guerra de castas del siglo XIX en Yucatán, véase Reed, 1964; Roldán Peniche Barrera, *La sublevación del brujo Jacinto Canek,* Mérida, Maldonado, 1986, y Paul R. Sullivan, *Unfinished Conversations: Maya and foreigners between two wars,* Nueva York, Knopf, 1989. Sobre los Andes véase Rappaport, 1990; J. L. Phelan, *The People and the King: The Comunero rebellion in Colombia in 1761,* Madison, University of Wisconsin Press; Valcárcel, 1971 (Túpac Amaru). El último incluye la gama de los discursos y proclamas del dirigente andino, desde el llamado temprano a "desamparar" o negar los servicios a los españoles hasta el edicto de coronación (que llamó la atención de la Foreign Office de Londres). Tecun Uman aparece en los títulos quichés del siglo XVI de Huitzitzil Tzunun e Ixcuin Nehaib *(HMAI,* Censo, 1175, 1176); *cf.* Carmack, 1973.

7 Sobre el desposeimiento en la perspectiva neocolonialista, véase Tifflin y Lawson, 1994; Jaimes, 1992; Wright, 1992.

8 Una revisión detallada de la cambiante situación se da en *América Indígena,* 50 (1991), la revista del Instituto Interamericano Indigenista, especialmente en "Indigenismo: Recuento y perspectiva" (pp. 63-91) y "La nueva política y estrategia de acción: Lengua, educación y cultura" (pp. 93-116). Modificando el decreto 107 (1957) con el decreto 169 (1989), la Organización Internacional del Trabajo habla ahora de pueblos en vez de poblaciones de América y les reconoce tanto sus "territorios" como sus tierras (p. 82). Para mayores detalles de los nuevos planes y prácticas en educación, véase Rodríguez, 1983, y Zúñiga, 1987.

I. PROCEDENCIA

1 Mamani, citado por E. Carrasco (1983: 5); Ortiz, 1992. En Coe, Snow y Benson, l986, se ofrece un excelente mapa de esta América latente.

2 Véase el informe sobre el "Primer encuentro del Caribe amerindio", celebrado en septiembre de 1988, en *Pueblos y políticas en el Caribe amerindio* (1990), editado por el Instituto Indigenista Interamericano. El límite fronterizo actual entre Haití y la República Dominicana coincide con una antigua división entre los arawakos y los caribes en Haití, que era el nombre con que se designaba a toda la isla Hispaniola. Sobre este asunto y acerca de la distribución de las lenguas en general, véase el excelente estudio *América Latina en sus lenguas indígenas,* compilado por Bernard Pottier (1983: mapa p. 197). Centrándose principalmente en los taí-

nos y los arawakos, José Juan Arrom reúne la historia de las islas con base en artefactos que han sobrevivido y en relecturas de Colón, Las Casas, Anglería y Pané (*Mitología y artes prehispánicas de las Antillas,* 1989); véase también Arrom, 1988; Rouse, 1992; Fouchard, 1972, y el homenaje que hace Antonio Benítez Rojo a la diosa arawaka Atabey en Pérez Firmat, 1990: 85-106. Las lecturas prejuiciadas de la historia caribe son analizadas con agudeza por Peter Hulme en su *Colonial Encounters: Europe and the Native Caribbean 1492-1797* (1986). Koch-Grünberg (1924), Armellada (1972), Civrieux (1980, 1992) y Guss (1985) han editado textos pertenecientes al conjunto de relatos caribes de Sudamérica.

³ En los Anales de los cakchiqueles de las tierras altas, cuya antigua capital Chichicastenango se encuentra en la cabecera del río Motagua, el inicio de la era moderna coincide con la llegada de los europeos al Caribe en 1493, "Uno Ah", en su calendario de años de 400 días (Recinos, 1950). El manuscrito del *Popol vuh* de sus vecinos quichés fue hallado en Chichicastenango. El modelo del este presentado en los libros de Chilam Balam se vio afectado por las infructuosas exhortaciones que hizo Cortés a los mayas en Cozumel para que se convirtieran al cristianismo, en 1519, antes de que desembarcara en Veracruz (Roys, 1967: 119).

⁴ Las principales fuentes aquí son Nordenskiöld (1928, 1930, 1938) y Wassén (1937, 1938, etc.), las cuales incluyen textos escritos por el presidente cuna Nele Kantule (en especial el Tatkan ikala [Nordenskiöld, 1938: 125-244]) y su secretario Rubén Pérez Kantule, quien llegó a Suecia a instancias de Nordenskiöld. Véase también Kramer, 1970: 93-100; Howe, 1986: 51-56; Leander, 1970, y los análisis de C. Severi sobre las "deux représentations du Blanc dans la tradition chamanique cuna", en *L'Homme,* 28 (1968): 174-183. C. O. Sauer analiza la cuestión de los cuna, de sus antecedentes cueva y de Panamá en su monumental obra *The Early Spanish Main,* en la que también se cita a Trimborn a propósito de sus "reinos olvidados" (1966: 226-229, 255). Montoya Sánchez incluye historias escritas por los actuales cuna de Colombia, así como una visión caribe-catio sobre ellos (1973: 35-40, 70-71). En cuanto a los kogi, véase K. T. Preuss, 1919-1927, y Reichel-Dolmatoff, 1950-1951. Sobre los artefactos panameños encontrados en el Gran Cenote, véase M. D. Coe, 1966: 127-128.

⁵ Alexander von Humboldt (1810) fue uno de los primeros en explorar la numeración vigesimal en América. Sobre los 13 pájaros o Quecholli, de Mesoamérica, véase el cuadro II.1; respecto a los pájaros entre los caribes y chibchas, véase Koch-Grünberg, 1907, y Brotherston, 1979a. Apenas recientemente se ha podido establecer la etimología maya caribe de "huracán"; acerca de esto y de la figura del Hombre Pájaro de un solo pie, *cf.* capítulo IX, n. 3. En otras partes "un (o uno) pie" es Orión o la Osa Mayor, y su pluralidad de referencias se convierte en tema de un chiste, a costa de la pedantería alemana, en la novela "caribe" de Mário de Andrade *Macunaíma.* Las estelas del doble ego o "alter ego" se han publicado en Squier, 1852 (Nicaragua); Hay, Linton, Lothrop, Shapiro y Vaillant, 1977 (1940): 213; Cuadra, 1971, y K. T. Preuss, 1929. Squier comenta que en su tiempo todavía se veneraban como objetos de culto en el área de Subtiava. Los cristales de cuarzo caribes aparecen en Medatia (Guss, 1985), los de los mayas en el *Popol vuh,* línea 8 147 y los de los kogi en Reichel-Dolmatoff, 1971: 48. En cuanto a la mandioca, la frontera oriental de los chibchas coincide aproximadamente con el límite occidental de la mandioca amarga. Sobre este tema y el del juego de pelota en Haití, véase Sauer, 1966: 53-54, 241; 1975: 197.

⁶ Véanse los cuadros II.2 y IV.2. Un inteligente análisis sobre Mesoamérica y sus continuidades se encuentra en Monjarás Ruiz (1987), quien compiló textos antiguos y modernos de esta región, y en López Austin, 1990: 24-41.

⁷ Brinton, 1883; Cid Pérez y Martí, 1964; González Casanova, 1977.

8 La importancia de este texto (Censo, 350) ha aumentado recientemente por la recuperación del manuscrito de Glasgow (1580, editado por Acuña en 1984), que extiende el alcance geográfico de las versiones conocidas anteriormente; véase Brotherston y Gallegos, 1990.

9 Véase el capítulo X, n. 4, el artículo de Schele y Freidel, 1990, toma en cuenta los recientes desciframientos de textos del periodo Clásico, de los cuales Ian Graham ha venido haciendo un registro fotográfico completo desde mediados de los setenta para el Peabody Museum de la Universidad de Harvard (Corpus of Maya Hieroglyphic Inscriptions, 1978). Los libros de jeroglíficos se nombran usualmente de acuerdo con las ciudades europeas que hoy en día los albergan: Dresde, París y Madrid; un cuarto libro que ahora se encuentra en México se ha designado como Códice Grolier. Todos ellos se han recopilado en Lee, 1985; el artículo de Barrera Vásquez y Rendón, 1963, ofrece el texto estándar en español de los Libros de Chilam Balam.

10 Cid Pérez y Martí, 1964; Acuña, 1975; Edmonson, 1985; Padial Guerchoux y Vásquez-Bigi, 1991. Siguiendo a Las Casas, Edmonson advierte un paralelismo kekchi con el Popol vuh (1971: 142). El culto a Maximón al que nos referimos antes es examinado por E. M. Mendelsohn, Los escándalos de Maximón (Ciudad de Guatemala, 1965).

11 Acerca de la frontera oriental de Mesoamérica, véase Hay et al., 1977; Newson, 1987: 25, y John W. Fox, "The Late Post-Classic Eastern Frontier of Mesoamerica", en Current Anthropology, 22 (1981): 321-346.

12 Barlow (1949) fue el pionero en la geografía de estos textos, cuya estructura ritual de cuadrantes se analiza en el capítulo III (véase n. 15). Al presentar un imperio modelo, como el de la Corónica de Guamán Poma (véase infra), Mendoza propone implícitamente que la Corona tenía especial interés en respetar el viejo sistema centralizado y defenderlo de la destrucción y la avaricia de los encomenderos.

13 En la edición de Aguilera y León-Portilla (1986), el Mapa de Tlatelolco se identifica con la propia Tenochtitlan, no con Tlatelolco, y está fechado en 1550; sobre los Mapas Xólotl, véase Dibble, 1980.

14 Entre los libros-biombo o amoxtli se incluyen el Borbónico y los Anales de Aztlan; entre las transcripciones al náhuatl figuran las célebres Leyenda de los soles e Inin cuic (Los veinte himnos sagrados). Las palabras inin cuic ("los himnos") están tomadas de la frase introductoria del manuscrito, la cual viene después de la fórmula nican mitoa ("aquí está dicho"), que Garibay tradujo como "los himnos con que honraban a sus dioses"; sin embargo, esta frase se omite misteriosamente en las ediciones estándar en alemán (Seler), español (Garibay) e inglés (Brinton), aunque Garibay sí la incluye, sin traducirla, en su edición del texto del Florentino (México, Porrúa, 1956).

15 Galarza, 1972; M. Oettinger y F. Horcasitas, The Lienzo of Petlacala, APS Transactions, 72, parte 7. Filadelfia, 1982; C. Vega, "Los códices de Tlachinollan", en Martínez Marín, 1989: 130-148; y Vega, 1991.

16 M. León-Portilla, 1985; en el capítulo III ("Cuadrantes") se dan otras razones que argumentan en favor de esta procedencia.

17 Un gesto de enorme importancia política, como lo ha señalado Jaecklein (1978: 33-35; véase también Brotherston, 1985). Los grabados de Dupaix de Tepexic, omitidos de la selección que hizo Humboldt en Vues des cordillères, se reprodujeron en Antiquités mexicaines: Relation des trois expéditions de Dupaix, de H. Baraderè (París, 1834), en donde la ciudad se cuenta "au nombre des plus grands ouvrages qui soient au sol mexicain", y en el vol. 4 de las Antiquities de Kingsborough, toscamente vueltos a dibujar. Ahora bien, el reclamo de Alcina

Franch (Guillermo Dupaix, *Expedición acerca de los antiguos monumentos de la Nueva España 1805-1808*, Madrid, 1969, vol. 2, lám. 1) sobre la primacía de la copia sevillana de los grabados de Dupaix fecha de manera errónea la edición de Baradère en 1844, ignorando la calidad evidentemente superior de sus impresos. Iniciada por Gorenstein, Merlo, Castillo y otros, la arqueología en ese sitio ahora admite fechas para la cerámica que se remontan hasta el periodo Clásico (Alfredo Dumaine, transmitido por Druzo Maldonado, comunicación personal). Respecto a la reiteración del topónimo Tepexic en los *amoxtli*, sobre todo en sus propios anales (Vindobonensis, anverso), véase el cuadro III.1. Las velas que actualmente se encienden en esos lugares son pistas de la devoción indígena. La zona lingüística donde se habla popoloca, que subraya la definición de Papaloapan, se explora en Veerman-Leichsenring, 1984: 15.

[18] Los Anales de Coatlan, inscritos en piedra, y una copia del Mapa se encuentran en el Museo de Cuernavaca; el Mapa, cuyas fronteras se traslapan con las del Mendoza (Cuauhnahuac, Malinalco, Tlachco), se reproduce en *Tiempo y asentamiento en Xochicalco*, de K. G. Hirth y Ann Cyphers Guillén, UNAM, 1988; y en R. M. Arana, *Proyecto Coatlan*, INAH, 1990.

[19] Tlaxcala, por tanto, fue para Cortés su cabeza de puente. Sobre las varias versiones de su entrada "pacífica" consignadas en el Lienzo de Tlaxcala y la más extensa en el Códice de Tlaxcala y en el Rollo de Huamantla (compilado y editado por primera vez por Aguilera [1984]), véase Brotherston y Gallegos, 1990.

[20] Marcus, 1980, y Flannery y Marcus, 1983, señalan en Monte Albán antecedentes remotos del imperio de Tenochtitlan hasta en detalles toponímicos. Sobre los topónimos mixtecos, véase Smith, 1973; "Shonda vee", una historia mazateca moderna narrada por Evaristo Venegas (Incháustegui, 1977: 100-104), menciona más de 60 lugares del territorio mazateco en Zongolica y el Papaloapan medio.

[21] Título del relato clásico de Lumholtz de la zona (1902). Acerca del nombre náhuatl del Templo Rojo Chichitlicalli, al norte de Pima en el camino que va de Culiacan a Cibola, véase Sauer, 1971: 134; entre los pueblos fundados por los tlaxcaltecas en Chimalhuacan (Nueva Galicia) y señalados en el Lienzo, se incluyen Colotla (1591) y Mezquitic (1592). En Benítez, 1967-1970, y a su vez en Zaid, 1973, se incluye una útil colección de textos indígenas del siglo XX procedentes de esta zona, algunos inéditos. De los mapas purépechas, el que mejor se conoce es el de Jucutacato (Censo, 177); partiendo de Veracruz, muestra la introducción del trabajo metalúrgico. Acerca de esta zona en general, véase Seler, 1902-1923, 3: 33-156. Atestiguado en el Manuscrito Plancarte de Pablo Cuiru (Censo, 1107) y otras fuentes, el interés purépecha en Cibola se señala en Monjarás Ruiz, 1987: 209, 217.

[22] Registrado en detalle en el mapa hecho por Karl Nebel a finales del siglo XIX, el extenso sitio-colina de La Quemada domina el ancho valle de Zacatecas y se sabe que incluye siete cuevas; su antigüedad se ha fechado ahora entre el siglo II y el VI d.C. (en la actualidad, constituye precisamente el límite septentrional de topónimos nahuas). Sobre la geografía histórica de los chichimecas, véase Powell, 1975, y acerca de los huicholes, "Huichol Natural Philosophy", de A. Shelton, en McCaskill, 1989: 339-354. Juan Negrín (1975, 1985) ha hecho excelentes informes de los materiales empleados en la pintura huichola, como los estambres coloridos, y de su estructura e importancia como mapas cósmicos. (Señala que las lenguas huichol y náhuatl eran la misma hacia el primer milenio a.C.) Los diseños tradicionales en forma de disco, que constituyen un claro antecedente de las pinturas de estambre, son mencionados por P. Furst (1968) y fueron publicados en Lumholtz, 1986: 51-93.

[23] T. R. McGuire hace notar cómo el mapa divino de Rahem fue recopiado de la publi-

cación que Edward Spicer hizo del mismo y cómo fue utilizado con fines políticos en la ceremonia de "cantar" los linderos. (*Politics and Ethnicity on the Rio Yaqui: Potam revisited*, Tucson, 1986, p. 54.) Los sermones tarahumaras se interpretan como un medio de cohesión social en *Rarámuri: Souls, knowledge and social process in northern Mexico*, Washington, D. C., Smithsonian Institution, 1986. En Underhill, 1938, y Russell, 1975, se publican registros pimapápago; el artículo de Margolin, 1981, reúne textos californianos.

[24] El término se utiliza en este caso para referirse en general a las culturas del suroeste de los Estados Unidos, incluyendo a las del sur, como mogollon y hohokan (que se precia de tener una cancha de pelota de México que data del 300 a.C.: *HNAI*, 9: 89); mapa en NG, 162 (1982): 566-567. Sobre Zuñi y Cibola, véase *HNAI*, 9: 178, 189 (mapa); acerca del insecto "patinador", véase D. Tedlock, 1972: 297. Sus siete ciudades se muestran en el Códice de Tlaxcala en un diseño que recuerda las siete cuevas, o Púpsövi, de los hopi (Waters, 1963: 76, 90) y las 4 + 3 montañas navajo dispuestas en forma de *kiva* (Reichard, 1963: 21). En el siglo XVI la zona coincidía con "Le gran Teguaio" (de Tewa) del Delisle Map (Sauer, 1971: 203). Las fechas tan tempranas en que se cultivaron la calabaza (3500 a.C., Bat Cave) y el frijol y el maíz (1500 a.C.), además de los métodos de riego, establecieron una marcada frontera al este, que da a Texas (*HNAI* 9: 47). Arqueológicamente, la zona tiene su centro en el asentamiento de 5 000 kilómetros cuadrados del cañón Chaco.

[25] Valdez y Steiner, 1972; sobre los tewa, véase Spinden, 1933; sobre Moctezuma entre ellos y los indios pueblo orientales del siglo XIX, véase Bierhorst, 1985: 106. Los "desvanecidos" hohokam de los antepasados pima se analizan en Russell (1975), quien también reproduce sus cuentas de años; además muestra cómo Phoenix fue ubicada cerca de donde el héroe épico pima fue quemado hasta convertirse en cenizas antes del nacimiento de su hijo.

[26] Los conocimientos impartidos por Gray Eyes, Miguelito, Klah y otros escribas-pintores se plasman en algunos estudios fundamentales realizados por Klah (1942), Reichard (1963, 1977), Newcomb y Reichard (1975), Wheelwright (1988); para profundizar en los antecedentes entre los hopi y conocer otras prácticas más amplias, véase Wyman, 1970, 1983, 1983a, y Parezo, 1983. Los océanos oriental y occidental y las cuatro montañas guardianas se ilustran en Wyman, 1983: 100, 174; en las pp. 112-113 hay un mapa del territorio navajo tanto antiguo como actual.

[27] Franz Boas, citado en Bierhorst, 1985: 8; sobre la imaginería de los postes totémicos y sus rostros de máscaras, véase Barbeau, 1950, 1951; Gunn, 1967; Lévi-Strauss, 1975-1979; *HNAI*, 15 (*The Northwest*); Jiménez, 1993. Dorn, 1966, ofrece una relación sumamente aguda de los shoshones, de la ceremonia y las canciones de la Danza del Sol, de la cuenca y la meseta, así como de los actuales apuros de los indios de los Estados Unidos.

[28] Peter Matthiesen dedicó a estas partes de los Estados Unidos sus obras *Indian Country* (1987) y *Killing Mr. Watson* (1990). El relato Chekilli de los muskogee se reconstruye en Gatschet, 1884; los textos cherokee se encuentran en Mooney, 1891, 1898, y se reeditaron en un solo volumen en 1982 (Cherokee, N. C., Museum of the Cherokee Indian). Véase también Swanton, 1979; Hudson, 1984, y G. E. Lankford, *Southeastern Legends*, Little Rock, Arkansas, August House, 1987. El Mapa Chickasaw (lámina 16b) se ilustra y analiza en Waselkov, 1989, y Brotherston, 1992; de los nombres escritos en el mapa de Waselkov, "Causau" (5) es probablemente Kansa, "Sauhau" (1) probablemente Sauk, y "Ussaule" (49) es Ussauce u Osage.

[29] Morgan, 1851; Wilson, 1959; Wallace, 1969. Los textos del rito principal de la liga, el de Condolencia, constituyen una de las "obras maestras" editadas por Bierhorst (1974).

30 Barbeau, 1960: 225-226; C. Taylor, 1990: lám 10. Agradezco a Colin Taylor por haber compartido conmigo su experiencia en esta materia. La glosa a "Cahokia" se analiza en el capítulo VII, n. 13. Sobre Oneota y Winnebago, véase Radin, 1970, y acerca de las pieles de Illinois, E.-T. Hamy, "Note sur d'anciennes peintures sur peaux des indiens illinois", en *Journal de la Société des Américanistes* (París) 2 (1897-1898): 183-193.

31 Los principales censos de las cuentas de inviernos aparecen en Howard, 1979; McCoy, 1983, y V. D. Chamberlain, 1984; véase también C. Taylor, 1990, y Wildhage, 1990. Acerca de la Danza del Sol como historia efectiva, véase Mooney, 1979: 153.

32 Título de la famosa guía de Roger Williams de 1643; véase Brotherston, "A Controversial Guide to the Language of America", en *1642; Literature and power in the seventeenth century,* compilado por F. Barker y P. Hulme, vol. 2, Colchester, Universidad de Essex, 1981, pp. 84-101.

33 Skinner y Satterlee, 1915: 240 (también S. Thompson, 1966 [1929]: 12; Schoolcraft, 1851-1857, 4: 379). Sobre los siksika, véase Grinnell, 1962. Los nombres algonquinos destacan entre los que analiza John P. Harrington, "The Origin of Our State-Names", en *Journal of the Washington Academy of Sciences,* 34, 8 (1944): 255-259.

34 Abordando principalmente los rollos de Eshkwaykeezhik (James Red Sky), Dewdney demuestra cómo el enfoque geográfico en los rollos da la clave para la identidad misma de los ojibwa como anishinabe (1975: 167). Como Nishnawbe-Aski, el mismo concepto define hoy también el territorio ojibwa-cree defendido por el Grand Council Treaty Nine en el norte de Ontario. Para la referencia que hace Everwind a México, véase Dewdney, 1975: 57. La vertiente Mide surge también en Lévi-Strauss, 1964-1971, 3: fig. 25. Una versión de la misma escritura algonquina, conocida localmente como *babebibo,* permanece muy bien resguardada por los kikapú, quienes huyeron hacia México (R. E. Ritzenthaler y Fred A. Peterson, *The Mexican Kickapoo Indians,* Milwaukee, Public Museum, 1956; reimpresión de Greenwood, 1970).

35 Mooney, 1896; sobre las matanzas anteriores, véase Brown, 1971. Para tener un punto de vista indígena véase el manifiesto Custer en Deloria (1969) y su *God is Red* (1973). Las partituras musicales de los dakota, pawnee, arapaho y otras canciones espirituales se publican en N. Curtis, 1923: 45-50.

36 Una edición facsimilar de la obra de Guamán Poma se publicó en París en 1936 y es la fuente de las citas que se hacen a lo largo de esta obra; una edición erudita se encuentra en Murra y Adorno (1980). Entre las ediciones del Manuscrito de Huarochirí se incluyen las de Trimborn (1939-1941), quien propuso como título la primera línea del texto, *Runa yndio;* véase Arguedas (1966), G. Taylor (1987) y Salomon y Urioste, 1991; *cf.* Hartmann, 1990.

37 Reproducida y descrita claramente en Willey, 1974: 316-317; *cf.* Benson, 1971.

38 Para una valoración de los entierros moche recientemente descubiertos en Sipan, véase "New Royal Tomb Unearthed", en *NG,* 177, 6 (1990): 2-17 y 17-33; acerca de Chimu/Chimor, véase Michael Moseley *et al., The Northern Dynasties: Kingship and statecraft in Chimor,* Washington D. C., Dumbarton Oaks, 1990. La cerámica y otros diseños se reproducen en Kutscher, 1954, y Larco Hoyle, 1965. Sobre las carreteras, véase John Hyslop, *The Inka Road System,* Nueva York, 1984. Las pinturas murales de toda esta zona se examinan en Bonavia, 1985.

39 Guamán Poma, p. 112, una de las campañas de Huayna Cápac; Wright, 1984: 37. La comunicación marítima con México se ha podido demostrar más claramente ahora en Dorothy Hosler *et al., Axe Monies and Their Relatives,* Studies in Pre-Columbian Art and Archaeology, 30, Washington, D. C., Dumbarton Oaks, 1990. La moneda-hacha en cuestión,

pequeña y de cobre, es tratada por el historiador texcocano Ixtlilxóchitl (1975-1977, 1: 283) en relación con las colonias toltecas de la costa del Pacífico, en Tututepec. El vigor de las tradiciones incas que hacia el norte se extiende hasta el valle de Sibundoy en Colombia, en donde todavía se habla la variante Cuzco del quechua, se evidencia en *Sayings of the Ancestors,* de McDowell (1989).

[40] Contada originalmente por los sacerdotes de Mama Ocllo, la versión de Murúa sobre esta historia se encuentra en Markham, 1873, y en Krickeberg, 1928: 262-266.

[41] Zuidema, 1989: 349-351.

[42] En Arguedas, 1975; Rama, 1982, y Howard-Malverde, 1986, se señalan muestras patentes de la ideología *tahuantinsuyu* que sobrevive en la actualidad, por ejemplo, en el notable culto geoanatómico de Inkarri.

[43] Contados por un anciano anónimo de las montañas altas *(huin kul)* y publicados en la extraordinariamente rica compilación de relatos de Kössler-Ilg (1956: 117-129), que también incluye "Cristo Colón", de Antülwen (pp. 237-242) y el relato de Shaihueke sobre los orígenes de los mapuches (pp. 159-167). Hugo Carrasco, maestro en esta materia, ha estudiado una versión de la historia de Shumpall (1989); *cf.* Iván Carrasco, 1988, para un útil recuento de la literatura de los mapuches chilenos. Sobre los nombres de lugares, véase Julio Figueroa, *Vocabulario etimológico de nombres chilenos,* Santiago, 1903, y E. W. Moesbach, *Voz de Arauco,* Santiago, Pehueñ, 1960, una obra preparada junto con el "maestro" mapuche Pascual Coña, que sugiere que Coquimbo es el límite norte absoluto de esa lengua y, además de la cumbre más alta, Threng-threng, menciona otras más cercanas a la costa del Pacífico, en Maullín, Angol, Arauco, etcétera (p. 250). Acerca de la historia *in extenso* de la resistencia mapuche, véase Sierra, 1992.

[44] Kössler-Ilg, 1956: 167-173; E. S. Zeballos, *La dinastía de los Piedra,* Buenos Aires, 1884. *El testimonio de un cacique mapuche,* de Pascual Coña (dictado a Moesbach y compilado por Rodolfo Lenz en 1930 [Santiago, Imprenta Cervantes]) ha sido reeditado (Santiago, Pehueñ, 1984).

[45] Véase Kössler-Ilg, 1956, para las referencias a las ballenas transportadoras (p. 224) y para los árboles, como abuelo (p. 48), de visión (p. 75), con corazón (p. 81). Acerca de la Patagonia, véase Gusinde, 1977, Lausic, 1994, y el sueño de Pueñ sobre la pampa, en Kössler-Ilg, 1956: 29-38.

[46] En tupí-guaraní el título significa "discurso fino" (el tupí mismo se conoce como Nheengatu; el subtítulo del libro alude al Decamerón Negro de Leo Frobenius). Roosevelt detalla los sambaquí, y Hemming (1987), la invasión. En Vázquez, 1978, y Bierhorst, 1988, se encuentran buenos estudios de textos provenientes de las selvas tropicales; respecto a los de Pacaraima y el Orinoco, véase Civrieux, 1970, 1980, 1992; Armellada, 1972, 1973; Overing, 1975; Guss, 1985, 1989, y Albert, 1988.

[47] *Bukura keti,* historias antiguas, tal como fueron transmitidas por Reichel-Dolmatoff (1971) (a su vez, de Antonio Guzmán); Montoya Sánchez, 1973: 104-108 (Narrativa de Wainambi, de José Arango, descendiente de Diakala Baraku); Hugh-Jones, 1979: 263-308; Juan Gallo, *Diccionario tucano-castellano,* Mitú, Vaupés, Prefectura Apostólica, 1972. El significado astronómico del pedrejón de Pira-parana se analiza en Reichel-Dolmatoff, "Astronomical Models of Social Behaviour among Some Indians of Colombia", en Aveni y Urton, 1982: 168. El relato de Umusin Panlon fue traducido al portugués por su hijo y por Bertha Ribeiro.

[48] César Bardales, *Quimisha inçabo ini yoia: Leyendas de los Shipibo-Conibo sobre los tres Incas,* Comunidades y Culturas indígenas, núm. 12, Yarinacocha, Pucallpa, 1979; Roe, 1982;

"Cumancaya myth" (en lengua indígena), E. Weisshaar y B. Illius, en Illius y Laubscher, 1990, 1: 578-585 (esp. p. 582, n. 22). Reichel-Dolmatoff (1971: 253) registra el relato desana de cómo llegaron hasta ellos las técnicas andinas de orfebrería; para el relato campa, véase Varese, 1968; Weiss, 1975; para el relato machiguenga, véase Baer, 1984; para el relato napo, véase Santos Ortiz, 1976. Antiguamente conocidos como jívaros, los shuar han comenzado a publicar su propia mitología en ediciones bilingües (Pellizaro, 1979), al igual que los aguaruna (Chumap, 1979). La cerámica del Amazonas superior se analiza en Lathrap, 1970.

⁴⁹ Huxley, 1956: 10; véase también Métraux, 1928; Wagley y Galvão, 1949; Pereira, 1951; Cadogan, 1959, 1965; D. Ribeiro, 1971, 1974; Roa Bastos, 1978; Riester, 1984; F. G. Sturm, "The concepts of History and Destiny Implicit in the Apapokuva-Guarani Myth of the Creation and Destruction of the Earth", en M. Preuss, 1989: 61-66. Las traducciones de Nimuendajú están incluidas en el magnífico estudio que hizo Bareiro Saguier sobre la literatura guaraní (1980).

⁵⁰ Villas Boas, 1972; Agostinho, 1974; Carmichael, 1983; Basso, 1985, 1987. En Hopper se encuentran fotografías de los flautistas de Quarup, 1967: láms. 9-12 (cf. la película brasileña *Quarup,* basada en la novela del mismo nombre de Antonio Callado, Rio, Civilizaçaõ Brasileira, 1967). La publicación de literatura de la selva tropical comienza con el ensayo de Montaigne de 1580 "De los caníbales" y constituyó uno de los objetivos explícitos de los americanistas del siglo XIX en Brasil (véase Brotherston, 1972). No obstante, estos textos, meticulosamente estudiados por J. A. Vázquez (1978) y resumidos por Roe (1982), sólo llegaron a ser accesibles gracias a los relatos caribes, witoto y guaraníes transmitidos por Koch-Grünberg (1924), K. T. Preuss (1921) y Cadogan, 1969 (que se refiere al raro estudio de 1944 de Onkel/Nimuendajú).

II. EL LENGUAJE Y SUS MODALIDADES

¹ Lévi-Strauss, 1972: 186-205; antes como "L'efficacité symbolique", en *Revue de l'Histoire de Religions,* 135 (1949): 5-27, que cita como a su fuente a N. M. Holmer y a S. H. Wassén, *Mu-Igala, or The Way of Muu* (Göteborg Etnografiska Museum, 1947); para el Mu ikala "completo", véase Holmer y Wassén, 1953. Una primera versión de este argumento aparece en mi artículo "Towards a Grammatology of America" (1986).

² Zuidema, 1982. Entre otros críticos se incluye a Kramer, 1970: 12; Weiss, 1975 (citado por Vázquez, 1978: 259); Derrida, 1976; W. Rowe, 1984. En los artículos sobre "leyendas históricas" con los que contribuyó Lévi-Strauss al *HSAI,* 3 (1948): 321-348, no se establece ninguna relación entre historia y lo que él define como mito; él analiza su sustitución de *primitivo* por *sans-écriture* en "Comparative Religions and Nonliterate Peoples" (1978: 60-69).

³ Sherzer sostiene que la "unidad básica de la narración kuna es el verso", "Poetic Structuring of Kuna Discourse", en Sherzer y Woodbury (1987: 103-139); Harriet Klein hace hallazgos similares en los textos toba (Sherzer y Urban, 1986: 213-236), y Laura Graham señala que la oratoria shavante involucra la "repetición paralela de líneas" (*ibid.,* pp. 83-118). Véase también D. Tedlock, 1972; Bahr, 1975; Hymes, 1977, 1981, y "Tonkawa Poetics", en Sherzer y Woodbury, 1987: 17-61; Sherzer, 1983.

⁴ Ejemplos de las tradiciones de los soto y guajiros se citan en P. Mason, 1990: 164.

⁵ Helbig, 1984: los *timehri* y otros diseños gráficos se ilustran en las obras de Reichel-Dol-

matoff (1971) y Hugh-Jones (1979). Entre los wayapi, Campbell registra cómo el término tupí *ekosiware* denota esos diseños, aplicados a la cerámica o a la piel de las personas o legibles en las marcas del jaguar y la anaconda (1985: 59).

⁶ Mallery, 1893: 328, donde sirve como glifo final; Negrín, 1975: 38. *HSAI*, 4: 262-263 ejemplifica las tablas cuna *(molas* y casa); véase también el capítulo I, n. 4.

⁷ Para la estela J de Copán y la lengua como pluma en Tikal, véanse las figuras II. 15 y IX. 1; la piel de venado Illinois núm. 7832131, está en Hamy, 1897-1898: 183 (capítulo I, n. 30). Un temprano estudio del manto de Powhatan, en el Ashmolean Museum de Oxford, se debe al "padre de la antropología inglesa", E. B. Tylor *(Internationales Archiv für Ethnologie, 1* [1888]: 215); Wood *et al.,* 1989. Sobre lo tejido del texto verbal, véase Guss, 1989.

⁸ Tal es la opinión de McCoy (1983) y DeMallie (comunicación personal). Chamberlain (1984) brinda una lista clara y actualizada, añadiendo la de J. Howard (1979). La obra de Umusin Panlon le proporciona a Ángel Rama lo esencial de su argumento en el capítulo 2 de su *Transculturación narrativa en América Latina* (1982: 71-93). Con respecto al canto cosmogónico de los shawnee, Brinton apuntó que ellos "dicen que repetirlo a un hombre blanco traería desastres a su pueblo" y agregó con sublime insensibilidad científica: "lo menciono como una de las piezas de composición aborigen que es más deseable apropiarse" (1884: 145). Zolbrod *(Dine bahane,* 1984) encontró una advertencia similar entre los navajo cuando reconstruyeron las partes de la historia de su creación, que fueron suprimidas por Washington Mathews en su obra *Navaho Legends* (1897); al hacer las versiones de sus pinturas, los escritores anasazi y huicholes generalmente cambian u omiten ciertos detalles (Matthews también hizo notar que una imagen permanente causaría "reyertas", citado en Wyman, 1983: 42). Políticamente las pinturas secas servían para purificar a Anasazi durante el levantamiento contra los españoles en 1680-1692. En la selva tropical es común la idea de que el contar y vender la última historia traerá el fin del mundo. De origen chamánico, esta apreciación del texto es el equivalente de la práctica mesoamericana y de Tahuantinsuyu consistente en considerar como tributo las canciones de una nación derrotada; y en última instancia se relaciona con la captura que hace el cazador no tanto del cuerpo de una presa sino de su imaginación y su voz; de allí, las "líneas de canción" que se dibujan del corazón a la boca de animales en algunos textos de Isla Tortuga y Anasazi (Brotherston, 1979: 263). Este fenómeno en su conjunto es analizado por Eliade (1964) y se aborda en un artículo de Santos Granero (1986).

⁹ Un concepto utilizado, por ejemplo, por H. Carrasco (1989: mapuche); T. Abler realiza enfoques similares en "Dendrogram and Celestial Tree: Numerical taxonomy and variants of the Iroquian creation myth", en McCaskill, 1989: 195-222; Bareiro Saguier (1980: guaraní); R. Howard (1990: quechua). Respecto a los siksika, véase Grinnell, 1892, 1962.

¹⁰ René Acuña merece reconocimiento por haber intentado, él solo, demoler estas tres obras; véanse los respectivos argumentos de sus publicaciones de 1984, objetados, entre otros, por Martínez Marín, "La fuente original del Lienzo de Tlaxcala" (en Martínez Marín, 1989: 147-158), y Brotherston y Gallegos (1990); de 1975, *Introducción al estudio del Rabinal Achi,* llamado "absurdo" por Edmonson (1985), y de 1983, "El Popol vuh, Vico y la theología indorum" (en Carmack y Morales, 1983: 1-16), considerado poco probable por D. Tedlock (1988) y Himmelblau, 1989: 66.

¹¹ Dewdney, "Inventory of Birchbark Scrolls and Charts" (1975: 183-192). Kramer, "Systematic Catalogue of Selected Works of Cuna Literature" (1970: 128-141), que incluye manuscritos inéditos en el Göteborg Museum of Ethnology.

[12] Radin, 1954-1956, estudio temprano que preparó el camino a la comparación de textos épicos, sobre todo los de América del Norte; véase el capítulo XI ("El viaje norteño en trance"). Himnos: J. H. Rowe, 1953; Garibay, 1958 (cf. n. 31 infra). Curas: mayas: véase el epígrafe a la primera parte (Arzápalo, 1987); nahuas: Andrews y Hassig, 1984: 154 (donde, por ejemplo, el chamán Cipactonal habla de inamox innotezcauh, "mi libro mi espejo", Tratado quinto, cap. 3, y se refiere al aparato del tonalámatl encontrado hoy en libros otomíes de papel amate); caribes: Armellada, 1972: 46 (donde Makunaima inventa y traza el camino de las fórmulas taren); cherokee: Mooney, 1898 (Kanaheta Ani-Tsalagi, antiguas fórmulas cherokee escritas por hechiceros en el silabario cherokee). Respecto a las adivinanzas, debido a un prejuicio europeizante, Franz Boas fomentó la idea, muy difundida y errónea, de que en América la literatura de adivinanzas (como la poesía épica) se importó tardíamente (después de Colón): "Literature, Music and Dance", en General Anthropology, Boston, Heath, 1938, pp. 598-599; en el capítulo de adivinanzas mapuches registradas por Kössler-Ilg (1956: 293-300), las de tipo y procedimiento europeos se contrastan de modo explícito con las indígenas (Gisela Beutler ha escrito con mucha agudeza sobre las adivinanzas en América: Adivinanzas españolas de la tradición popular actual de México, Wiesbaden, Steiner, 1979; véase también el capítulo XIII, nn. 20-22). Los críticos literarios que, como A. G. Day (1951), alumno de Ivor Winters, han deseado imponer simplemente la taxonomía occidental de "género" a los textos indígenas, han tenido menos éxito por esa misma razón; véanse los incisivos comentarios de Garibay en la introducción de su Historia de la literatura náhuatl (1953-1954).

[13] Brotherston, 1979: 63-69: "Totecuyoane", mi traducción del náhuatl, ayudada por la de Lehmann al alemán (1949), y de la de M. León-Portilla al español (1986). Respecto a la quema de quipus, véase Duviols, 1977. Acerca del guaraní, N. González, 1958: 23-32. Sobre las "bibliotecas paganas" Mide, Dewdney, 1975: 72; Brotherston, 1981 (cap. I, n. 32). Este acercamiento, a diferencia del de Malinowski, se interesa en la exégesis cósmica y la validación histórica. Respecto a los textos de la selva tropical, Weiss (1975) también se opone firmemente a Lévi-Strauss y su ahistoricismo.

[14] M. León-Portilla (1956) hace un cuidadoso recuento de la filosofía del escriba nahua y de la escritura icónica; el término tlacuilolli lo adoptó Nowotny como título de su estudio de 1961, el cual no ha sido superado en muchos aspectos. Al presentar sus láminas del Mendoza hechas con bloques de madera (1625: 1065-1107), el primer ejemplo extenso de un texto tlacuilolli impreso, Purchas elogió las capacidades de esta escritura, que "tan completamente expresa tantas cosas sin emplear letras". Véase también Marcus, 1992; Boone y Mignolo, 1994.

[15] Alfonso Caso, "Zapotec writing and calendar" y "Mixtec writing and calendar", en HMAI, 3 (1965); G. Whittaker, en Aveni y Brotherston, 1983: 101-134. Sobre Izapa, véase Norman, 1976; acerca de Chalcatzingo, véase Grove, 1984.

[16] Loo, 1987 (véase mi comentario en 1988: 183); Ursula Dyckerhoff, "La historia de curación antigua de San Pablito Pahuatlan", en Indiana, 9 (1984): 69-86, y Sandstrom, 1986.

[17] La calabaza y la cola serpentina se ven en la figurilla "Birger", analizada como artefacto del Misisipi en Galloway, 1989. El corredor chimú aparece en Kutscher, 1954: lám. 29. Las articulaciones con ojos y caras, características de la Piedra del Sol, Coatlicue (Fernández, 1954) y de la Estela Caimán de Chavín (Tello, 1952), se presentan también en las fachadas de casas en Alaska y en los tejidos de Tiahuanaco. El maíz antropomórfico puede verse en el capítulo "Siembra" de los teoamoxtli, en los murales de Cacaxtla (ca. 500 d.C.: México Desco-

nocido, noviembre de 1989), en las pinturas de estambre huicholas ("Squash-boy", Negrín, 1975: lám. 15), en las pinturas secas de Anasazi (Wyman, 1970), y en la alfarería chimu (Kutscher, 1954). Lévi-Strauss, 1972: 245-268 ("Split Representation in the Art of Asia and America") trata sobre los perfiles frente a frente.

[18] Subclasificado por el ángulo de 90 grados así como por el total de dedos del pie, el notable rastro de pisadas que corre por el capítulo inicial de los *amoxtli* Cospi y Borgia establece la fórmula $2(7^2 + 9^2)=260$, es decir, las noches del *tonalámatl;* véase el cuadro II.1.

[19] López Austin, 1984; como fuente de las bases de la numeración aritmética, Closs, 1985. Sobre los dientes impares, véase lámina 3; la Osa Madre también aparece en Bierhorst, 1985: 51; el rostro quitocara inca de Tolitas está considerado como el emblema nacional de Ecuador. Sobre la urna napo, véase Santos Ortiz, 1981. Acerca de la vasija maya, véase Robiscek y Hales, 1981: 220. Sobre las pinturas huicholas, véase Negrín, 1975: 27. Ésta es una de las muchas convenciones indígenas que han sido llevadas a los murales de Diego Rivera, por ejemplo el guerrero jaguar en el Palacio de Cortés, de Cuernavaca.

[20] Por ejemplo, en los años 1858 y 1859 de los calendarios kiowa, colocados dentro del símbolo de la choza medicinal que indica la Danza del Sol, encontramos calificativos que denotan al "Círculo de la Madera" (en una ensenada que se une al Salt Fork del río Arkansas) y al "Barranco del Cedro" (cerca de Fort Hays, Kansas): Mooney, 1979: 305-306. Las convenciones de la escritura pictográfica de los Llanos están sumamente desarrolladas en las cuentas de inviernos (véase capítulo IV), al igual que otros géneros como las listas compuestas por Big Road (1883) y Mapiya Duka (Nube Roja) (1892), la historia oglala de Bad Bull Heart (1967), las biografías de Hehaka Sapa (1932), Running Antelope (1873), y los prisioneros de Fort Marion (véase Petersen, 1971, que incluye un diccionario pictográfico), y batallas como la versión de Red Horse sobre Little Bighorn (véase en general Mallery, 1893; Ewers, 1939).

[21] Negrín, 1975: 17, 71: "Aquí él está coleccionando 'memorias', o ideas acerca del mundo de Watetuapa (las ideas simbolizadas por el corazón atravesado por una flecha)".

[22] Wyman, 1970: 65, 1983: 52; como observó Nowotny en relación con el Féjérváry, p. 1, "Die Aehnlichkeit mit den Sandgemälden des Pueblo-Gebietes ist keine zufallige" (1961: 43 ["El parecido con las pinturas secas del área Pueblo no es casual"]). Recíprocamente, la pintura seca se conoce en Mesoamérica y aún se practica. Los ejemplos de la época precortesiana a los que se alude en los Anales de Tilatongo y en los *Cantares mexicanos* se analizan en mi artículo "Sacred Sand in Mexican Picture-Writing and Later Literature", *ECN,* 9 (1975): 303-309; en Tonantzintla, cerca de Cholula, se hace anualmente una extensa pintura seca, de arena, harina y otros materiales, en la iglesia de la Ascensión.

[23] En un excelente estudio que, sin embargo, no se relaciona con el antecedente clásico Glass (1975) define estos documentos poscortesianos como un subgrupo "económico", aunque todavía está pobremente editado, este subgrupo sirve como fuente valiosa de información histórica acerca de la Nueva España y el entrecruzamiento que tuvo lugar en el siglo XVI entre dos sistemas muy distintos de finanzas, derecho y literatura: uno indígena y el otro importado e impuesto. Acerca de las capacidades de estos textos consúltense Galarza (1988) y los ensayos editados por Martínez Marín (1989). El Códice de Tepotzotlan se analiza en detalle en Brotherston y Gallegos, 1988: se distingue por constatar el gran refinamiento literario que existía a nivel local en Mesoamérica, concepto desarrollado por Gruzinski, 1989, y que es pertinente para el género de libros Techialoyan, o de tierras (Censo en *HMAI,* vol. 14).

[24] Estudios realizados por Harvey y Williams (1986) y Williams (1980) analizan el registro de superficies de terreno y tipo de suelos en el Tepetlaoztoc ("Kingsborough") y otros

códices relacionados, que utilizan matemáticas mucho más complicadas que las que entonces conocían los españoles, basadas en "convenciones y principios difundidos a lo largo y ancho de Mesoamérica durante dos milenios o más" (Harvey y Williams, 1986: 256). En particular, el juego aritmético con el 5 se anticipa, por ejemplo, en el capítulo "Fiestas" del Féjérváry, donde el 5 no solamente se eleva al cuadrado sino a la cuarta potencia ($5 \times 5 \times 5 \times 5$: p. 15). A diferencia de los otros nombres de los *tlaxilacalli* de Tepotzotlan, Coamilco está ausente del expediente del Archivo.

25 Comparando la copia con el original, podemos estimar las catastróficas pérdidas que se producen al transcribir los textos a los modos importados de historia (glosas alfabéticas) y de cálculos aritméticos que sólo se leen de izquierda a derecha, quedando totalmente eliminada la dimensión geográfica. Sólo se conservan los tres topónimos "principales"; pero éstos abstraídos completamente de su paisaje (Xoloc pierde además su montaña), están meramente insertados en la tabla aritmética. El copista de la Real Audiencia no tenía interés ni capacidad para aumentar la impresión de una comunidad unida diez veces y enlazada a lo largo de su horizonte este, ni para avanzar la precedencia implícita en el glifo inaugural de Xólotl.

26 Ixtlilxóchitl, 1985, 1: 270; los *Huehuehtlatolli* se refieren a estos libros como el más elevado objeto de estudio literario (*ECN*, 18: 174). Entre las copias poscortesianas de la Cuenca se distingue el Telleriano, como nos hace ver la excelente edición facsimilar de Quiñones Keber (1995). El término *teoamoxtli* fue utilizado posteriormente para indicar las escrituras cristianas.

27 Nowotny, 1961; esto se debió principalmente a su interés más bien moderado en el año solar y en la astronomía, que en su opinión había llevado a su predecesor Eduard Seler (1902-1923) al "exceso". Su catálogo de los capítulos propios del *tonalámatl* es formalmente impecable; no así los capítulos que se refieren al año solar. Aunque él detectó elementos de las 18 Fiestas anuales en el capítulo de 18 páginas del Borgia (pp. 29-46), no logró concretar la relación ("Das Verhältnis dieser Rituale zu denen der achtzehn Jahresabschnitte ist jedoch nicht feststellbar" [1961: 246]), y tampoco la concretó en los casos más esotéricos del Féjérváry (pp. 15-22) y Laud (Fiestas Miccailhuitl y Atemoztli, pp. 21-22), que él lee en orden inverso; además ve en estas Fiestas las ceremonias funerarias descritas en el Códice Florentino. Tampoco vio que, sin excepción, la otra cifra anual, 11, gobierna todos los capítulos restantes de los *teoamoxtli* (Cospi, reverso pp. 1-11; Féjérváry, pp. 5-14; Laud, pp. 39-44), que son agrupados por él bajo encabezados tan diversos como "Tempelkult" y "Rituale mit Bündeln abgezählter Gegenstände". El uso que hace del trabajo de campo de Schultze Jena para mostrar la importancia de estos capítulos como "Jagdsühneriten" es, sin embargo, brillante; y en general *Tlacuilolli* ha sido indispensable para las interpretaciones ofrecidas aquí; de hecho, la mayoría de ellas fueron estimuladas por su misma minuciosidad y múltiples referencias cruzadas.

28 A. Cyphers, "Thematic and Contextual Analyses of Chalcatzingo Figurines", en *Mexikon*, 5 (1988): 98-101. Aunque mayistas como Eric Thompson se han manifestado en contra de la relación entre las noches del *tonalámatl* y las lunas de la gestación, ésta es fundamental en el ritual indígena y en el capítulo de los *teoamoxtli* "Señores de la Noche" (Cospi, pp. 1-8, véase n. 18 *supra*; Borbónico, pp. 21-22 cuadro II. 2B), que también muestra cómo el total de 260 se logra aritméticamente descontando una noche ($29 \times 9 = 261$; véase Brotherston, 1982: 11). Esto lo estableció claramente el investigador Schultze Jena en 1934 (P. Furst, 1986); véase también Tibón (1981) y Earle y Snow (1985), quienes hablan de las "nueve sangres" que tomó de una mujer embarazada la Luna para alimentar a su hijo. El primero de

los nueve Señores, Xiuhtecutli, aparece como un bebé en la Fiesta de Izcalli del ciclo anual. En México, la idea de reconfortar al niño que va a nacer, que forma parte del antiguo arte de las parteras que aún subsiste en la costumbre de *arrullar al niño,* dio como resultado un permiso especial para celebrar una serie de nueve misas durante las nueve noches previas a la Navidad para conmemorar las nueve lunas de gestación que estaban entonces cerca de completarse.

²⁹ El mosaico de pirita procedente de Las Bocas, Puebla, se remonta al primer milenio antes de Cristo; véase la nota al pie de Marshack en Hammond, 1974: 279. Fundamental en los calendarios antiguos de los zapotecas (Caso, 1965) y de los mixes (Lipp, 1991, comunicación personal), la cuenta de noches como tal aparece también en la obra quiché *Rabinal Achi.* En Anasazi, la cuenta de las nueve noches corresponde a la ceremonia completa de la pintura seca; entre los mapuches sirve para medir el velorio y el viaje al mundo de los muertos (Kössler-Ilg, 1956: 224).

³⁰ Dewdney, 1975: 112 (Eshkwaykeezhik Scroll); Hocquenghem, 1987; Reichel-Dolmatoff, 1971: 275; Hunt, 1977. Sobre la taxonomía y la lógica que se basan en el comportamiento de las aves de la selva tropical, véase Roe, 1962; y acerca de la sucesión de las lunas sidéreas entre los tucano, 8 + 5, véase Montoya Sánchez, 1973: 192-193. Un augurio arquetípico traído en 1507 por un zanate con un espejo en su cabeza *(cua-tezcatl),* que se nota más de una vez en el Códice Florentino y es el tema de todo un manuscrito en papel amate (el núm. 12 en la colección de Boturini), predijo el encuentro de Cortés con Moctezuma. Sobre el pronóstico del destino de las parejas constituidas por hombre y mujer sumando sus respectivos Números de nacimiento, desde dos veces uno hasta dos veces 13, véase Nowotny, 1961: 218; este capítulo "Números con parejas" parece ser el prototipo de los principios de compañerismo elaborados por derecho propio en otros capítulos de los *teoamoxtli* ("Matrimonio"; "Compañeros"). En Histoyre du Mechique, los Héroes se leen como cielos; en Cholula, homologaban las series de cuartos numerados de los Principales (Rojas, 1985).

³¹ Seler, 1902-1923: vol. 2; Garibay, 1958, himno 3; Brotherston, 1979: Los *Inin cuic* aparecieron en el Manuscrito de Tepepulco (Censo, 1098), antecedente del Códice Florentino, donde se reproducen en el apéndice del libro 2, que no tradujo Sahagún por miedo a su poder demoniaco. Brinton los traduce como el *Rig Veda* americano (1890); K. T. Preuss estableció analogías con los textos en griego y en sánscrito en su "Dialoglieder des Rigveda im Lichte der religiösen Gesänge mexikanischer Indianer", en *Globus,* 95 (1909): núm. 3. Los Veinte Signos son también el tema de un ingenioso juego en estuco en Palenque (Museo de sitio): un perro (Signo X) tiene una huella de pisada (Signo jeroglífico X) sobrepuesta en su ojo, tal vez para representar su función más antigua: la de guía y compañero en el viaje más allá de la muerte que aparece también en la iconografía olmeca.

³² Los Once también portan hachas en el Magliabechiano, el cual, por ello, también podría asociarse razonablemente con Tepoztlan, el "lugar del hacha", nombrado en el texto. Tamoanchan fue denominado como un pueblo indio en 1538 en el Arco del Humilladero, Cuernavaca; eso y los bebedores olmecas en Chichinauhtzin se analizan en el Códice Florentino (libro 10: 193) e inspiraron el notable estudio de Francisco Plancarte y Navarrete, *Tamoanchan: El estado de Morelos y el principio de la civilización en México,* México, 1911; *cf.* Brotherston, 1995a. Como serie con importancia astronómica, los Once se identificaron inicialmente en mis artículos de 1982 ("Astronomical Norms in Mesoamerican Ritual and Time-Reckoning", en Aveni, 1982. 109-142) y 1988; Thomas Barthel me hizo saber cordialmente que él había sido el primero en plantear estas mismas ideas en la reseña que hizo en

1969 de la edición facsimilar del Cospi (*Tribus*, 18: 207-209). Los murales de Cempoala están en el templo oriental "Pimiento", que mira hacia oriente (véase figura III.4b). Entre las referencias posteriores se incluye Zolbrod, 1984: 93 (coyote y las estrellas navajo 1 + 7 + 3: lám. 5a); Radin, 1970: 382-390, 477 (winnebago); Negrín, 1975: 52 y lám. 11 (huicholes); Kössler-Ilg, 1956: 18 (notas de Kolü Pan sobre los ciclos mapuche de lluvias y manchas solares); S. M. Fabian, "Ethnoastronomy of the Eastern Bororo Indians of Mato Grosso, Brazil", en Aveni y Urton, 1982: 293-294 (once criaturas que "se ponen" en el horizonte occidental). S. Hugh-Jones ("The Pleiades and Scorpius in Barasana Cosmology", en Aveni y Urton, 1982: 183-201) distingue sugestivamente entre caminos venenosos y no venenosos de constelaciones en la selva tropical (del mismo tipo que propuse para Mesoamérica en mi artículo de 1988) con base en la imaginería del capítulo sobre los Once en el Cospi y el Féjérváry. A su vez esta división del año ayuda a explicar el cambio en Miccailhuitl del cielo-nocturno a las Fiestas de 20 días en el Féjérváry (p. 15; compárese también Laud, p. 21). Los 11 pueblos conquistados por Tizoc se listan en un *cuauhxicalli* gigante recuperado en 1988 de la residencia del arzobispo en la ciudad de México y que ahora se encuentra en el Museo Nacional de Antropología; las guarniciones de Tenochtitlan, 11 + 11, están en la Matrícula de Tributos y en el Mendoza (ff. 17-18); las conquistas de Texcoco se listan en 11 columnas en Ixtlilxóchitl (1975: 1, 383-384, que se dice fueron transcritas de una "pintura de México"). Kelley (1976: 35-38) detalla las enigmáticas series lunares mayas. Para el caso mixe, véase Lipp, 1991: 101.

[33] Marcus, 1980, identifica temas como el matrimonio y el viaje (trazado mediante huellas de pisadas). Es una vieja costumbre negar la unidad del Mendoza alegando la "diferencia" de estilo de la última sección. Sin embargo, en su totalidad este texto abarca formalmente los dos tipos de tributo, en especie y en trabajo, que son característicos de los *teoamoxtli*. Bajo el dominio colonial español la distinción entre estos dos tipos de tributo llegó a ser tan poderosa que logró reconocimiento en la legislación real de 1549, pese a la oposición y los abusos de los encomenderos (Gibson, 1966: 60). Para mayores detalles, véase el cuadro II.2. Las ceremonias propias a los capítulos sobre los viajes de los *pochteca* en el Féjérváry fueron identificadas por Nowotny (1961: 208) y M. León-Portilla (1985). Los vestidos "harlequin" en las cuatro casas del capítulo "Jueces", en el mismo Féjérváry, recuerdan a los de los templos o "casas divinas" de las pinturas huicholas (Negrín, 1975: lám. 41). En el poema "El mundo es un redondo plato de barro", de Pablo Antonio Cuadra, encontramos una transcripción asombrosamente precisa del capítulo "Peligros":

> La suspicaz adversidad rodea nuestro manjar.
> En cada extremo un animal devora:
> El Murciélago en el Oriente desea extraer tu sombra.
> El Caimán en el Poniente acecha tu secreto.
> En el Sur las Águilas aniquilan tu historia
> y en el Norte el Jaguar persigue tu estrella futura.
> ¡Ah! ¡Decidme!
> ¿Quién podrá defender mi intimidad?

El tlacuache del capítulo "Artes Marciales" del Féjérváry corresponde a la orden guerrera mencionada en el Libro de Chilam Balam de Tizimín (López Austin, 1990: 19-20).

[34] Ann Fink ("Shadow and Substance: A Mopan Maya view of human experience", en McCaskill, 1989: 399-414) analiza cómo en Belice aún se observan las costumbres descritas en el capítulo "Nacimiento" del Laud respecto a las sillas de mimbre para mantener a las

mujeres lejos del suelo y de la comida caliente o fría que comen. Este estudio también se despoja claramente de la idea imperialista —plasmada, por ejemplo, en la obra de G. M. Foster, *Culture and Conquest: America's Spanish heritage*, Viking Fund Publication, núm. 27, Nueva York, 1960— de que estas prácticas tienen en parte un origen europeo. Aunque no aparezca dibujada, la placenta se menciona en el comentario del Mendoza; sobre el ave gris de mal agüero en Anasazi, véase Reichard, 1963: 423. El lenguaje cifrado de las curas en el *Ritual de los bacabes* (Roys, 1965: xiv, 58; Arzápalo, 1987) equipara imágenes de la concepción —como el "tallado de la cara"—, y de la placenta enterrada en las fauces del caimán. La jaula *cuauhcalli* que aparece en el Laud (p. 1) fue ilustrada y explicada por Durán (1967, 2: 200, 222). La idea de que los señores huesudos del inframundo son mortíferos pero estimulantes de la vida —los opresores pero al mismo tiempo los abuelos de los Gemelos en el *Popol vuh*— se amplía en Brotherston, 1994a. Elizabeth Baquedano, en una ponencia sobre el Laud leída en el II Simposio Códices y Documentos sobre México (Taxco, 1994), se refiere a la importancia del colibrí y de los cordones umbilicales no torcidos. Los detalles de este código de nacimiento, claramente expuestos en el Códice Florentino y en otras fuentes del siglo XVI, continúan manifestándose por toda Mesoamérica, no solamente en estudios antropológicos sino también en otros testimonios como el de Rigoberta Menchú, y en novelas como *Cuscatlán* de Manlio Argueta (véase el "Epílogo"). Una interpretación muy distinta y más dura de este capítulo es la que hace Cecelia Klein ("Snares and entrails. Mesoamerican symbols of sin and punishment", *RES*, 19-20 [1991]: 81-104), interpretación que no va de acuerdo con esas fuentes indígenas. En general, respecto al inventario que hace el Florentino sobre el embarazo, véase Launey (1979), y sobre todo Tibón (1981), quien pese a no identificar el capítulo "Nacimiento" como tal, hace comparaciones pertinentes entre éste y la imaginería del nacimiento en varios lugares del Cuarto Mundo.

35 Sobre el ombligo del nacimiento del gobernante que desciende del cenit, o *xaman*, véase Coggins, 1980 y "The Manikin Scepter: Emblem of lineage", *ECM*, 17 (1988): 123-158. Los "dioses que se zambullen" en Tulum descienden de un ombligo (Tibón, 1981: 22), como lo hace Nueve Viento en los Anales de Tepexic (p. 4); en náhuatl, *temo* significa tanto descender como nacer.

36 Códice Florentino, libro 8 (esp. caps. 10, 14, 17); M. León-Portilla, 1988; Burkhart, 1989. Respecto a la cita de Purchas, véase Purchas, 1625: 1066.

37 "A ver las milpas, a leñar", de la biografía náhuatl de Librado Silva Galeana, en *ECN*, 18: 18. La herramienta cortante y el bastón para sembrar se muestran como emblemas pares de Watacame en la creación huichola (Negrín 1975: 40). Dibujado en el capítulo "Amazonas" del Laud, el *petlacalli* se menciona en "Totecuyoane"; la serpiente-pene identifica claramente al adúltero en el capítulo "Números con parejas" del Borgia (figura II.11). El "venado sediento" es uno de los nueve grandes bebedores que terminan mal en los Anales de Tepexic (p. 28); las astas del venado, recientemente encontradas con artefactos para el pulque en los entierros de Metepec ("colina del maguey"), cerca de Toluca (Raúl y Guizzela Aranda, comunicación personal), dan mayor fuerza a esa asociación. El *maquizcoatl*, chisme ponzoñoso y de doble cabeza, se define extensamente en el Diccionario de Molina (*maquizcoatl chiquimoli*), en el bestiario del Códice Florentino ("así también se llama al que entre la gente, al que en medio de la gente anda metiendo discordias, al que acarrea habladurías de la gente [...] porque es como si para los dos lados hablara, por los dos lados tuviera labios"; libro 11, capítulo 5), y los textos de los informantes de Sahagún (citados por Reyes, 1992, con referencia al *maquizcoatl* en el Borbónico, p. 14).

[38] Éste es también un motivo en el bien conocido "himno" inca a los poderes del trueno y el relámpago más adelante citados en "El caso del *quipu*".

[39] Knorozov, 1967; Houston, 1989; Schele y Freidel, 1990; *cf.* capítulo i, n. 9. Sobre lo que parecen ser bases ideológicas, Thompson se resistió al fonetismo de Knorozov (1960, 1962, 1967). La escritura prejeroglífica distribuida en columnas, aunque no en cuadrícula, se encuentra en Kaminaljuyú y El Baúl en Guatemala, en Huitzo en México, y en Belice, y generalmente se describe como "fuerte en lo pictórico, débil en lo lingüístico" (Houston, 1989: 29).

[40] Stuart, 1989.

[41] Respecto a las diferentes ortografías de la misma frase o palabra —en este caso, *yilah* "ver o atestiguar"—, véase Houston, 1989: 39.

[42] Sobre este punto, Houston definitivamente malinterpreta: "A veces se oye decir que esos cálculos fueron más 'exactos' que otros sistemas. Tonterías: el calendario se calculó por días completos y como tal no podía manejar fácilmente las sumas fraccionarias" (1989: 50). La exactitud se define y logra simplemente por otros medios; esto es, acumulando múltiplos de un periodo dado hasta que la fracción llega a la unidad, como en las tablas de Venus y el Eclipse de Dresde (las cuales son en verdad más exactas que cualquiera de la que pudieran ufanarse los europeos en aquel entonces), o en la Rueda del Mexicanus que se analizará más adelante.

[43] Ceren: "Land of the Maya", en *NG*, 176 (1989), núm. 4. Lee (1985) reúne los *amoxtli* sobrevivientes y añade una excelente bibliografía; sobre el *amoxtli* descubierto más recientemente de los cuatro véase también J. Carlson, "The Grolier Codex, A preliminary report on the content and authenticity of a 13th century Maya Venus almanac", en Aveni y Brotherston, 1983: 27-58.

[44] Algunos textos jeroglíficos, como la celebrada Estela D de Copán, parecen querer recuperar las posibilidades holísticas de la escritura icónica, por ejemplo en las espléndidas figuras barrocas, mezcla de Quecholli y de Héroes, que se utilizan con valores numéricos en las inscripciones (Brotherston, 1979: 90-91). Sin embargo ese intento podría no realizarse por completo debido precisamente al factor fonético.

[45] Goody, 1968: 6. Las multicitadas categorizaciones de Ong (1982) dejan también muy poco espacio para América.

[46] Ascher y Ascher, 1981: 158; Murra, 1980. Hartmann (1990) cita referencias a Tahuantinsuyu como una sociedad *schriftfern* aparentando ignorar (a juzgar por su bibliografía) la indispensable investigación que sobre el tema hicieron los Ascher. Ejemplos de *quipus* que datan aproximadamente del 700 d.C. se analizan en "The Information System of Middle Horizon Quipus", de W. J. Conklin, en Aveni y Urton, 1982: 261-282. Val Fraser me proporcionó amablemente varias referencias que confirman las múltiples utilizaciones del *quipu* durante la Colonia, entre ellas a Garci Diez de San Miguel, *Visita hecha por la provincia de Chucuito* (1567), ed. por Waldemar Espinosa Soriano, Lima, 1964, p. 232; Juan de Matienzo, *Gobierno del Perú* (1567), ed. por G. Lohmann Villena, París y Lima, 1967, p. 51; Murúa (1590) 1962-1964, 2: 12, 58-60. Continuando la homologación que hace *Runa yndio* entre "pecado" y la falta al trabajo, y por tanto en la lista de los *quipus,* las mujeres sacerdotes idearon socavar el sistema de confesión instituido como medio de control social por los españoles: correlacionando una amplia gama de información, sus *quipus* defendieron el antiguo orden social; véase Silverblatt, 1987: 156. El detalle puntual de los temas listados por Guamán Poma en relación con el escriba (*Nueva Crónica,* p. 814) refuerza su afirmación de haber utilizado las fuentes en *quipu* y modifica la perspectiva estructuralista de la "oralidad" de su texto: R. Adorno, "On the Pictorial Language and the Typology of Culture in a New World Chroni-

cle", *Semiotica*, 36 (1981): 51-106, y "Visual Mediation in the Transition from Oral to Written Expression", en Brotherston, 1986: 181-195. Garcilaso copió el himno pagano a Viracocha que, según dice, fue transcrito de un *quipu* por Blas Valera (1966: 88).

[47] Sobre el uso de los *quipus* más allá de Tahuantinsuyu, véanse los casos de los caribes (Armellada, 1972: 139; C. D. Dance, *Chapters from a Guianese Log Book*, Georgetown, 1881, p. 302; J. Rodway, "Timehri or Pictured Rocks", en *Timehri*, 6 [1919]: 1-11; Koch Grünberg, 1979-1982, 3: 139) y los mapuches (Kössler-Ilg, 1956: 66; Medina, 1952: 411, donde se mencionan los colores rojo, azul y blanco, como también el hecho de que los datos que se ofrecen en los nudos incluyen el lugar de origen).

[48] Nordenskiöld, 1925.

[49] Registrados y analizados por Wiener (1880); reproducidos en Mallery, 1893: 706-707, y Brotherston, 1979: 78.

[50] Duviols, 1977: 305-306; un incendio siguió al tercer Concilio de Lima, agosto-octubre de 1583. La persistencia de su uso la evidencian los cronistas mencionados en la n. 46 *supra*. El himno de Valera, citado en Garcilaso, 1966: 88, se analiza en mi artículo de 1973.

[51] Pietschmann hace notar el *schéma fixe* de los diseños de las páginas de Guamán Poma, así como los *portraits en pied* y su importancia relativa en los textos alfabéticos que se le equiparan (prefacio a la edición facsimilar: 1936: xix); véase también Mendizábal Losack, 1961, y Kaufmann Doig, 1978. El viejo modelo demostró ser tan fuerte que influyó sobre el prólogo cristiano, donde la historia bíblica se adapta al esquema andino de las edades del mundo y el total de marcos dedicados a él y la historia papal se suman a los 12 del calendario.

III. CONFIGURACIONES DEL ESPACIO

[1] Bagrow, 1964.

[2] Hasta seis tipos de techos se reúnen en el Libro de Tierras de Calacoayan y el Códice Cuauhtepoztlan (Santa María Asunción) de Tepetlaoztoc, cerca de Texcoco. En el Relato de la Migración de Chekilli, una ciudad roja en vez de blanca denota hostilidad. En el Mapa Catawba, las ciudades indias tienen la acostumbrada forma redonda, mientras que las zonas invadidas por los europeos, por ejemplo Virginia, tienen bordes cuadrados. (*Cf.* Harley, 1991; Gruzinski, 1992.)

[3] Broda, 1991; Broda *et al.*, 1987.

[4] Códice Florentino, libro 8, f. 33v; Mallery, 1893.

[5] Uno de los grandes aportes del *Tlacuilolli* de Nowotny consistió en plantear el vínculo entre estos textos y, al hacerlo, en mostrar que la geopolítica que compartían sustentaba ideológicamente a una clase gobernante. Como en Cholula, dice: "die Aemter dieser Priesterschaft mögen in universistischer Weise auf ein Weltbild bezogen gewesen sein" (1961: 263-265). También ayuda a mostrar en detalle cómo en el *teoamoxtli* de Cuicatlan un mapa anterior insertado en el capítulo "Señores de la Noche" (pp. 1-2) se relaciona estrechamente con el mismo capítulo en el Laud (pp. 33-38), posiblemente de la cercana Teotlillan (las mismas figuras aparecen sentadas bajo los mismos tipos de árboles y toldos). Sobre esto y el lazo entre Cuicatlan y Papaloapan, véase n. 9 *infra*.

[6] Un modelo comparable común a Mesoamérica y Anasazi es la esvástica que figura en el Borgia, en la pintura seca Tsilolni "Troncos que remolinean", Atsosii Hataal o canto de la pluma y en algunas gorgueras grabadas del Misisipi. Esta lectura coincide con el hecho de

que en los Anales de Chiautla los años de la Rueda están dispuestos en esta forma como cuatro brazos de 13 que llegan a los cuatro horizontes. Estos textos también nos recuerdan la importancia de la coreografía como medio de recrear el cosmos dentro de un espacio enmarcado, el microcosmos de la página.

7 Este argumento se planteó por primera vez en Brotherston y Ades (1975) y Brotherston (1976), y llevó a la conclusión de que, sin importar cuál fuera la lectura correcta de los signos y palabras mesoamericanos para "norte" y "sur", "no pueden identificarse siempre o exclusivamente con nuestro norte y sur, pues, en tanto que momentos intermedios, a veces pueden significar arriba o abajo" (1976: 59). Esta opinión coincidía con la de varios estudiosos de esa época y fue ampliada por Franz Tichy ("Ordnung und Zuordnung von Raum and Zeit im Weltbild Altamerikas", en *Iberoamerikanisches Archiv,* 2 [1976]: 113-154), Clemency Coggins (1980, 1988 [véase capítulo 2, n. 35]), Tony Aveni (1980), Susan Milbrath ("Astronomical Imagery in the Serpent Sequence of the Madrid Codex", en Ray Williamson [comp.], *Archaeoastronomy in the Americas,* Los Altos, Ballena Press, 1981), Victoria Bricker ("Directional Glyphs in Maya Inscriptions and Codices", *AA,* 48 [1983]: 352), John M. Watanabe ("In the World of the Sun: A Cognitive Model of Mayan Cosmology", en *Man,* 18 [1983]: 713), John Sosa ("Astronomía sin telescopios: conceptos mayas del orden astronómico", en *ECM,* 15 [1984: 117-142, y 1986), Michael Closs ("A Phonetic Version of the Maya Glyph for North", *AA,* 53 [1988]: 386-393) y Evon Z. Vogt ("Cardinal Directions and Ceremonial Circuits in Mayan and Southwestern Cosmology", en *National Geographic Society Research Reports,* núm. 21 [1985]: 487), y "On the Application of the Phylogenetic Model to the Maya", en Ray DeMallie y Alfonso Ortiz (comps.), *Essays for F. Eggan* (en prensa); la posición general de los estudiosos del tema ha sido estupendamente resumida por Miguel León-Portilla, 1987: 185-205 (quien también proporciona referencias bibliográficas). Al mismo tiempo, ese argumento fue malinterpretado por otros, como la afirmación de que el sur y el norte no significaban en el espacio mesoamericano, ni siquiera en mapas de provincias tributarias, lo que obviamente es absurdo. Lo que sucede es que los textos indígenas, con su característico ingenio, pueden plantear ambas posibilidades como en el caso del mapa Féjérváry, de modo que la una no excluye a la otra: en términos generales el movimiento astronómico a través del cenit y el nadir, propio de la creación temprana, se abre hacia el mapa tributario de la geografía terrestre. Ray Pinxten (Gante) propuso algunas ideas afines acerca del paisaje animado de las pinturas secas navajo y su tracto corporal que une oriente a occidente (Conferencia Amerindia de Cosmología St. Andrews, septiembre de 1987); Bozzoli (1983) informa de un modelo similar entre los talamanqueños de habla chibcha; Tyler (1964: 169-179) analiza el modelo pueblo de las seis direcciones, que está perfectamente definido. Es posible que el arreglo norte-arriba sur-abajo se invirtiera en ciertas épocas en la cuenca de México.

8 Un testimonio moderno sobre Kinich Kakmo, la pirámide "cenital" en Izamal, bajo la cual duerme el sol por la noche en su camino de regreso al este, es el que da María Montoliu Villar, "Utilidad de la tradición oral maya contemporánea en la reconstrucción de las historias sagradas del sol y la luna según los sistemas de ideas religiosas y míticas de este pueblo", en Serra Puche, 1988: 177-188; para confirmar la lectura apuntada antes, el cenit se equipara explícitamente con *xaman,* o "norte", y el nadir con *nohol,* o "sur" (p. 183). Nótese también la imagen del Códice Ríos del "sol de la noche", Xólotl, la cual tiene encima a la tierra y a Tláloc. Sobre Copán, véase Schele y Miller, 1986: 122-123; el caso de Palenque se analiza más adelante.

9 La estrecha interrelación e incluso la combinación física de topónimos en el grupo del valle de Coixtlahuaca han sido analizadas por Nowotny (1961: 264), Caso (1961, 1979:

118-135), Parmenter (1982, a quien le ayudó decisivamente el descubrimiento del Lienzo de Tequixtepec 1, el cual muestra su propia versión de la serie de topónimos del Papaloapan superior encontrados en los Anales de Tepexic, el *teoamoxtli* de Cuicatlan, el Mapa de Coixtlahuaca y el Rollo Selden), König (1984) y Brotherston (1985; 1995). Estos análisis no dejan duda acerca de un núcleo común, y del hecho de que señalan más hacia el río Papaloapan, en cuya cuenca se sitúan Cuicatlan y Coixtlahuaca, que hacia la Mixteca y el sur, al otro lado del parteaguas continental. También muestran fuertes influencias chichimecas, por ejemplo, en la historia de los Dos Perros, común al Rollo Selden y a los Anales de Tepexic, que es bastante atípica entre la historias propiamente mixtecas. Una lectura meticulosa del Lienzo Coixtlahuaca (también conocido como Seler 2) y de sus varias glosas se ofrece en König (1984). De acuerdo con el ejemplar del siglo XIX del Mapa de Coixtlahuaca y con los detalles que aún son legibles en la zona central, la criatura serpiente que allí se muestra tiene el mismo ojo-estrella y los mismos rasgos de la tierra que el topónimo de "Coixtlahuaca" en el Mendoza (ff. 7, 43), mientras que su cuerpo emplumado y sus fauces de saurio se repiten en los lienzos de Coixtlahuaca. Sobresalientes en el noroeste, la montaña partida y el tablero de Tepexic también se muestran en los lienzos de Tequixtepec, Coixtlahuaca y Tlapiltepec, en el Rollo Selden y el fragmento Gómez de Orozco; esta montaña partida reaparece en los límites meridionales de Cuauhtinchan y otros textos de la Llanura de Cholula. En conjunto, todo ello argumenta sólidamente en favor de una identificación con esa ciudad —compare la "Yucunaa" del fragmento de Nochistlan (Becker II) preferida por Anders y Jansen (1988: 146)—. Sin embargo, Anders y Jansen coinciden al situar Nexapa al sudoeste en el Mapa de Coixtlahuaca; al sudeste, Mictlantongo se interpreta como Chalcatongo siendo inmaterial aquí la diferencia, pues ambas están situadas en esa dirección. El topónimo al nordeste, que se interpreta aquí como Teotlillan y se identifica con el dibujo de la portada en el Laud, también aparece en el Lienzo de Tequixtepec, como pareja del de Tepexic (Parmenter, 1982: 60). Véase también Brotherston, 1995; Geist, 1990; N. Johnson, "Las líneas rojas desvanecidas en el Lienzo de Tlapiltepec" (en Vega, 1992: 145-160). Respecto al quincunce navajo, véase la n. 12 *infra* y cuadro III.1.

[10] M. Closs, "Cognitive Aspects of Ancient Maya Eclipse Theory", en Aveni, 1989: 389-414 (Gabriel Espinosa llamó mi atención sobre esa relación). El glifo de Venus está presente de manera invariable, con su aspecto de muerte, en las tablas del Eclipse del Dresde y caracteriza a Teotlillan en el Mendoza. El marco rojo sangre en el que se sitúa al sol reaparece en el mismo conjunto de topónimos en el *teoamoxtli* de Cuicatlan (p. 10).

[11] Esta interpretación náhuatl fue sugerida por William Fellowes poco antes de su muerte en marzo de 1991.

[12] Kledzhe Hataal, Hozhoni Hataal ("vía nocturna", "vía bendita"): Dunn (1968: 116-119 ý fig. 43); una versión más pequeña del quincunce, hecha en piel de venado durante la Vía Nocturna aparece en Wyman (1983: 174; data alrededor de 1901; véase también p. 140). Sobre la pintura de Tutukila "Antes del Diluvio", véase Negrín (1975: 38-40); Hunt (1977: 97-98) detalla claramente la geografía y la importancia cósmica del quincunce cuicateca de Papaloapan. Sobre las "formas internas", véase Wyman (1970: 98). Matos Moctezuma (1979) incluye relatos estándar de la Piedra del Sol, los cuales se analizan junto con las edades del mundo en el capítulo X; sobre los cherokee véase capítulo VII, n. 5. Hay ecos del mismo modelo hasta en Sudamérica en los relatos tupí del Primer Mundo antes del diluvio, que encontraron su soporte en un quincunce de palmeras *pindo* (Bareiro Saguier, 1990: 166).

[13] C. Taylor, 1990: 86; la percepción de las diagonales como momentos solsticiales en los horizontes oriental y occidental (que refuerza el argumento al que nos referimos en la nota

7), con la que coinciden Franz Tichy, Villa Rojas y otros, también se expresa en Aveni, 1980: 156-157. Un ejemplo muy temprano de este dibujo como tal se presenta en el Monumento 46 del sitio olmeca de San Lorenzo (M. D. Coe y Diehl, 1980, 1: 355). La imaginería de árboles y del arco iris también está presente en la pirámide preclásica maya de Cerros, en el inicio del Libro de Chilam Balam de Chumayel, en rituales mixes (Lipp, 1991: 109), en pinturas de Anasazi y en la cuenta de inviernos de Halcón Alto.

[14] Reichard, 1977: 56 y lám. XVI.

[15] Véase el capítulo I, n. 13. El cambio de la metrópoli a los cuadrantes se señala en el mapa mediante la repetición única de un nombre de cabecera, Atotonilco (el Grande), en el f. 30, después de Atotonilco (de Pedraza) en el f. 28; el cambio entre los cuadrantes se señala por el formato, es decir, la colocación de más de un nombre de cabecera en una sola página (en otros casos la norma). Por ello, Malinalco y Xocotitlan se duplican al final del oeste en el f. 35 antes del inicio del sur en Tlachco (Taxco) y del paso del Estado de México al de Guerrero; Tlacouzauhtitlan, Quiauhteopan y Yoaltepec se combinan al final del sur en el f. 40 antes del inicio del este en Chalco. El final del este en el remoto Xoconochco se señala mediante signos calendáricos únicos que indican los equinoccios como fechas de pago (f. 47). Maldonado (1990) apunta cómo Cuauhnahuac y Huaxtepec, de Morelos pero incluidas en el área metropolitana, formaban parte de las ceremonias chichimecas centradas en la Cuenca.

[16] Estas dimensiones del texto se destacan brillantemente en la versión fílmica de esta portada, hecha por Enrique Escalona en *Tlacuilo*; véase su libro con ese título (UNAM, 1989).

[17] Tudela pertenece al grupo Magliabechiano de textos, los cuales se analizan meticulosamente en la edición de Boone (1983); véase también Riese, 1986.

[18] Brotherston, 1990: 321.

[19] Los cuatro sentidos marcados en la mejilla de Nayenezgani pueden verse en Newcomb y Reichard, 1975: 47 y lám. XV; sobre los cuatro aros que restauran los sentidos humanos, *cf.* Wyman, 1983: 32.

IV. CONFIGURACIONES DEL TIEMPO

[1] Sobre la elaboración práctica de la *huna* de 400 días, véase Brotherston, 1979: 43-44. En América del Sur es notable que ninguna cuenta de años acompañe la colonización histórica del territorio y el nombrar los ríos, montañas, caminos y poblados, en textos como la sección "Wahnatu" de *Watunna* o los relatos de Wainambi (tucano), Canimani (witoto) y Shaihueke (mapuche).

[2] Una descripción completa de las muchas versiones del año calendario mesoamericano nos la ofrece Edmonson en *Sistemas calendáricos mesoamericanos* (1995), que a este respecto tiene gran valor, independientemente de la tesis audaz y esquemática que propone el autor. Esta fuente respeta y asocia también con Cholula la correlación de Tepexic, presentada en Brotherston (1982) sobre la base de correlaciones internas y otros testimonios encontrados en el Lienzo de Tlapiltepec, el Rollo Miltepec, los Mapas de Nepopoalco (*HMAI*, Censo 46), el Códice Ríos y, de no menor importancia, los propios Anales de Tepexic. Ofrece un medio único de entrelazar la más firme de las correlaciones calendáricas hechas hasta hoy por otros en los estudios mesoamericanos: la de Tenochtitlan, fijada por la llegada de Cortés; la de Tilantongo, deducida por Caso (1965a); y la del calendario *tun* de los mayas de las tierras bajas, que comienza en 3113 a.C. según J. E. S. Thompson (1960) y sus predecesores. Sobre los zapotecas, véase Alcina, 1993.

³ Adrian Digby, "Crossed Trapezes: A pre-Columbian astronomical instrument", en Hammond, 1974: 271-284. En un caso (Códice Texupan: *HMAI,* Censo 289), el signo del rayo solar (figura IV.1h) coincide con una otoñal hoja que cae, y los correspondientes años indígenas están correlacionados con años cristianos. Pueden encontrarse antecedentes para el signo de las lluvias anuales (figura IV.1i) en los marcadores de la deidad de la lluvia utilizados en conjunción con el círculo dividido en cuadrantes, en Monte Albán (figura IV.1a).

⁴ Brotherston, 1979: 197-200. Los lugares que identifican los de la izquierda de las huellas de pies, huexotzinca, chalca, xochimilca y acolhuaca, tienen emblemas de agricultores y se encuentran al este de Tenochtitlan; los de la derecha, malinalca, tlahuica, tepaneca y matlazinca, todos tienen emblemas de cazadores y se encuentran al oeste. En laboriosa edición de los Anales Aubin, Vollmer (1981) revisa estas diversas historias aztecas. La biografía de Ocho Venado también se relata en los Anales de Tututepec (Códice Colombino-Becker), junto con la de Cuatro Viento, y aparece más brevemente en el Bodley y el reverso del Viena; véase Clark, 1912; Caso, 1977-1979; Stokes, 1995.

⁵ Las cuentas de inviernos, generalmente desdeñadas por los primeros viajeros o no reconocidas como lo que eran, fueron publicadas inicialmente por Mallery a finales del siglo XIX; y, de modo significativo, fue esta obra sobre cronología la que primero llevó a Mallery a la idea de todo un sistema pictográfico compartido por los indios de los Llanos y otros lugares de América del Norte. Para censos recientes, véase capítulo I, n. 31.

⁶ C. Feest, "Another French Account of Virginia Indians by John Lederer", en *Virginia Magazine of History and Biography,* 83 (1975): 150-159. En Carolina, a principios del siglo XVIII, Lawson pudo ver el uso de bastones o de cañas con incisiones para registrar los años o los inviernos, como entre los pima y los sioux; los registros de varias naciones señalaron un severo invierno 105 años antes de su visita (Swanton, 1979 [1946]: 257, 611).

⁷ Mooney, 1979 [1898]; Brotherston, 1990: 316-317.

⁸ Underhill, 1938; Russell, 1975: 34-66 (los términos "pima" y "pápago" son empleados aquí como equivalentes). La cita de Wapoctanxi se encuentra en Mallery, 1893: 291; sobre la vara de los Santee, véase Mooney, 1898: 142.

⁹ "Woodhenge" es una alusión a Stonehenge [T.]. Charles Bareis y James Porter, *American Bottom Archaeology,* Champaign, Illinois, 1984; Warren Wittry, "The American Woodhenge", en M. L. Fowler (comp.), *Explorations into Cahokian Archaeology,* Urbana, Illinois, 1969, pp. 43-48; Sofaer, R. M. Sinclair, y L. E. Doggett, "Lunar Markings on Fajada Butte, Chaco Canyon, New Mexico", en Aveni, 1982: 169-181. Algunos aún rechazan, de antemano, la idea de un año calendárico de las estaciones en Mesoamérica (por ejemplo, Bartl, Gobel y Prem, 1989); pero J. Stewart revisa una vasta gama de testimonios en "Structural Evidence of a Luni-solar Calendar in Ancient Mesoamerica", *ECN,* 17 (1984): 171-191.

¹⁰ J. E. Teeple, *Maya Astronomy,* Pub. 403, Washington, D. C., Carnegie Institute, 1930, vol. 1, pp. 29-115. Estas fechas recientemente se han conectado con hechos históricos; por tanto, para algunos han dejado de tener una significación astronómica. Toda la idea acerca de la datación en el calendario maya es que combina ambas posibilidades.

¹¹ Garibay, 1958: himno 3; Brotherston, 1979: 105; capítulo II, n. 31.

¹² Mallery, 1893: 265; según los Mapas de Xólotl, 70 años fue también el periodo de la vida ejemplar del rey poeta, Nezahualcóyotl (1402-1472). Para el ciclo chibcha véase Krickeberg, 1928: 192, 199.

¹³ La glosa del Lienzo de Tlapiltepec propuesta por el mixteco A. Castellanos (1912) es mencionada por Corona Núñez, 1964-1967, 3: 114; se leen símbolos de la Rueda en Geme-

lli, "De los caracteres y modo de escritura de que usaban estos indios..." (1700), p. 38; Fuentes y Guzmán, 1932-1933, 2: 107-112, y Martínez Gracida, 1897-1898: 448 ("el año camaa del siglo xuxiyiquinuu"). Los textos de Coetzala y de Tlacotepec se encuentran en *Códices indígenas,* 1933; véase también Barlow, 1949b sobre el primero. El último cuenta los años como postes alrededor de un campo, hecho indiscutible que a su vez hace menos improbable la lectura de las piedras que forman el límite del Mapa de Nepopoalco como periodos de cuatro años (Brotherston, 1983, 1992).

[14] Cuauhquechollan: 12 Caña (1259) y 13 Caña (1299); las águilas entre los Quecholli son los números 5 y 8, por tanto 5 × 8 = 40; Chalco, *chalcatl,* 11 Pedernal (1256) y 13 Pedernal (1336); aquí, la expresión náhuatl que denota la derrota, *inic yn poliuhque* también podría significar terminación, como de un periodo de tiempo. El jade de 80 años también aparece en los Anales de Aztlan (p. 13) y determinó los reinados de Zacatlan (Brotherston, 1983; véase n. 19, *infra).*

[15] Lafitau, 1983: 56. Véase también Squier, 1877: 39 (lenape); Skinner y Satterlee (el Rip van Winkle menomini); Schoolcraft, 1839, 2: 142 (el cuento de Chusco, "Wassamo"); Lévi-Strauss, 1964-1971, 3: 183.

[16] Véase capítulo I, n. 28.

[17] Edmonson, 1982: 197. Aunque esta fuente señala el interés de los mayas en reconciliar el *tun* con el año solar de otros mesoamericanos y de los cristianos, no observa explícitamente que 2088 d.C., que asimismo es una fecha "4 Ahau", señala la terminación de 5 200 años solares desde el primer año de la primera Rueda de la Era, 1 Pedernal (3112 a.C.).

[18] Las fechas de Chimalpahin son analizadas en Kelley, 1980: 14; los días del año 3113 a.C., en Brotherston, 1982: 31-33.

[19] Itztli es la segunda de los nueve Señores de la Noche; Papálotl, la séptima del Quecholli. Esta base, absolutamente explícita en los Anales de Cuauhtitlan, se observa en los anales de Aztlan, Azcatitlan, Tlatelolco y Cuauhtinchan, en los mapas de Quinatzin y Nepopoalco, y en varias inscripciones en piedra de Tula, Tenochtitlan y Tenayuca: véase Brotherston, 1983: 196 (quien también analiza otros casos, como la historia de Zacatlan registrada por Torquemada y analizada en la indispensable revisión de H. B. Nicholson [1978]). En la tradición jeroglífica coincide con la base secundaria empleada en el capítulo "Venus" del Dresde. En el área mixteca se presenta una posible base secundaria, que data de tiempos de Cristo; véase n. 24 *infra.* La fecha de esta Era a finales del cuarto milenio a.C., en combinación con estas bases secundarias de comienzos de la Era cristiana, forma una pauta que también se encuentra en el calendario hindú.

[20] Prem, 1978: 275. Estoy agradecido a Hanns Prem por corregir mi anterior interpretación sobre este detalle.

[21] Brotherston, 1983: 184. Siglos cristianos más extensos son analizados en J. D. North, "Chronology and the Age of the World", en Yourgrau y Breck, 1977: 307-334.

[22] A partir de este mismo año, que se encuentra en la Rueda 89 de la Era y que, como lo muestra el Borbónico (p. 38) señala el fin de la última Rueda azteca iniciada antes de Cortés, La *Leyenda de los soles* remite en retrospectiva a la base de la Era más de 40 Ruedas más "2 513 años" (49 Ruedas); en suma, el periodo registrado en el Mexicanus. El Manuscrito de las Pinturas, aunque deformado por transcripciones y traducciones al español, sigue la misma pauta de más de 39 Ruedas más "2 618 años"; es decir, un *medio sol* de 50 Ruedas (citadas en Monjarás Ruiz, 1987: 142-143). Las *Relaciones* de Chimalpahin calculan en retrospectiva las fechas que se agrupan cerca de 3000 a.C. (Kelley, 1980); su *Memorial breve* utiliza la base chichimeca de la Rueda 72.

[23] Sobre el Jade de 80 años, véase la n. 14; las ocho subdivisiones que rodean la Rueda de 52 años son básicamente cuatro grupos de seis más 5 + 7 + 7 + 9. En la Rueda del Calendario Boban, que dentro de un marco ritual narra la historia de Texcoco a partir de la época de Xólotl, contemporáneo chichimeca de Ocho Venado, la Rueda de 52 años está rodeada, de manera similar, por cuadrantes de 20 huellas de pies, designadas como días o años: Charles Dibble, "The Boban Calendar Wheel", en *ECN*, 20 (1990): 173-182. "Nauh ollin" es una de varias glosas que se encuentran en el texto de Tilantongo, al parecer obra de un hispanoparlante guiado por un nahuatlato experto: leyendo hacia atrás, de izquierda a derecha, contamos con ejemplos precisos y sugestivos de *tlacaxipehualiztli* para el "flechamiento" y *tlan tepuztli amatl* para un año malhadado. Tichy (1991: 109-111) analiza la división del círculo en 80 unidades de 4.5 grados, que encuentra presente en la portada del Mendoza.

[24] P. 1; seis ojos-estrella (Ruedas de 52 años) están situados encima de un total de barras y puntos de 66, formado por los números sigma 21 y 45, y a su vez un número sigma, es decir $\sum 6 + \sum 9 = \sum 11$ (Brotherston, 1982: 27; 1988; figura IV.4d). Los totales de Ruedas de ojos-estrella en otros códices mixtecas, como el Nuttall y Bodley, que también se calcularon partiendo de esta base de Rueda 60, se especifican en Brotherston, 1983: 196.

[25] Nowotny, 1961: 47, 256; Melgarejo, 1980; J. L. Furst, 1978; Jansen, 1982. Las fechas que se encuentran al principio de los Anales de Tepexic se han leído incluso fonéticamente en mixteco, por ejemplo, para producir verbos de acción; y se las considera "fechas de tiempo no duracional" de alguna manera dispersas "entre las fechas cronológicas", no habiendo en absoluto ninguna diferencia formal o visible entre las dos supuestas categorías: M. Jansen, "Rereading Mixtec Codices", en *Ancient Mesoamerica,* 1 (1990): 108. Cualquiera que sea la justificación de este procedimiento, si prescinde de la cronología, sería perverso en términos de género.

[26] Esta distinción acordada al bloque toponímico de Tepexic (p. 32) lo privilegia claramente en relación con los cuatro bloques sucesivos toponímicos (pp. 35, 39, 43, 48); los nombres individuales de lugares de estos últimos sin duda producen el total lunar de 29 que, según se ha mostrado, caracteriza a las cabeceras de los cuadrantes que rodean al área metropolitana en el Mendoza y otros textos. Junto con las consideraciones geográficas vistas en el capítulo III, n. 9, estos hechos son poderoso argumento en favor de Tepexic como lugar de proveniencia del texto.

[27] Entrega de libros: Núñez de la Vega, citado en Krickeberg, 1928: 176-177; el hecho ocurrió en Huehuetlan, lugar llamado así por los artefactos "antiguos" encontrados en la "casa lóbrega" de allí (estos y otros detalles omitidos por Krickeberg fueron tomados de la copia manuscrita, hecha por Walter Lehmann del Manuscrito Núñez, en el Iberoamerikanisches Institut de Berlín). Esta tradición tzeltal es la misma que la invocada en la Probanza de Uotan (Censo, 1187). Sobre el eclipse, véase Sigüenza y Góngora, 1984 ("no sólo total sino uno de los mayores que ha visto el mundo" [p. 108]). La fecha final en el *amoxtli* Dehesa (Censo, 112; Chavero, 1892) y los Anales de Tlaxcala (Censo, 1125, inédito) es 1692. Curiosamente, la última fecha que se encuentra en uno de los capítulos del Chumayel, que cataloga el hambre, el huracán, la sequía y la enfermedad, también es el año 1692 (p. 64). Sobre los otros cálculos hechos a partir de la base de la Era por múltiplos de años, véase Brotherston, 1983: 196. Una glosa del texto de Tlapiltepec por el erudito mixteco Abraham Castellanos, quien especifica el periodo del árbol milenario, no es considerada digna de confianza en *HMAI*, 15: 578; sobre el descenso a Chicomoztoc, explícitamente al comienzo de la Era y parte de la tradición chichimeca de Xólotl, véase Mendieta, citado en Monjarás Ruiz, 1987.

[28] Los ocho siglos que transcurren entre el nacimiento del árbol en Apoala y el segundo fuego nuevo en 805 d.C. correspondiente al periodo registrado en los Anales de Tilantongo cuando también se les lee en forma ortodoxa. Este nacimiento del árbol, aunque se asigna de manera habitual a un periodo ulterior, como acontecimiento inaugural de muchos anales mixtecos, coincide formalmente con la base secundaria de la Rueda 60 dentro de la Era. En detalle y estructura, ambas narraciones dejan pocas dudas de que deben estar refiriéndose a los mismos acontecimientos: el propio nacimiento del árbol con su aristocrático resultado; la unión política que culminó en el primer fuego nuevo (338 d.C.); los privilegios de la élite calva de Nueve Viento y el levantamiento contra ella, y la restauración marcada por los emblemas gemelos del "sol escindido" en la Rueda 72.

[29] En su Probanza, Moctezuma Mazatzin afirma que tiene antepasados "desde la muy antigua, que memoria de hombre no era bastante para recordar y dar razón" (Jaecklein, 1978: 7). En los Anales de Tepexic, la base secundaria chichimeca en la Rueda 72 de la Era está indicada en la p. 50 en labios de Tencaueyan, a 14 Ruedas de esa base y del fin de la Era. Una poderosa confirmación de la base calendárica de la Rueda 72 han sido unos textos recién descifrados, encontrados en Metlatoyuca e Itzcuintepec, que entre ambos colocan de manera explícita la salida de Chicomoztoc hasta 28 generaciones y "860" años antes del siglo XVI (Brotherston, 1992b; 1996).

[30] Mapa Xólotl 1: Dibble, 1980: 27.

[31] Peter Mason, "Lévi-Strauss in Tenochtitlan", en Boletín de Estudios Latinoamericanos y del Caribe (Amsterdam) 45 (diciembre de 1988): 101-111 (que revisa, entre otros, a Graulich, 1987, y Gossen, 1986). En forma significativa, Graulich excluye los textos jeroglíficos de sus generalizaciones acerca de la naturaleza del tiempo mesoamericano, tal vez porque muestran tan claramente cómo un momento dado puede pertenecer al tiempo cíclico y al tiempo lineal; un caso irrefutable de esto lo constituyen los levantamientos cíclicos de Venus en Dresde, que de manera simultánea quedan fijados en la Era por la cuenta de la Serie inicial. Utilizando a López Austin, Religión y política en el mundo náhuatl (UNAM, 1973), X. Noguez ("Códices históricos coloniales", en Serra Puche, 1988: 65-73) ha llevado más adelante la vital noción filosófica de la no repetibilidad, que indudablemente se vuelve más clara en textos poshispánicos. Sin embargo, sugerir que sólo allí y entonces empieza a aparecer es menospreciar la complejidad de los textos prehispánicos. W. Rowe (1984) ofrece una crítica de los efectos despolitizadores del estructuralismo de Lévi-Strauss.

[32] Por regla general, los textos teoamoxtli han sido considerados como literatura ritual y mántica, medios para predecir destinos y decidir momentos propicios en los ciclos interminablemente recurrentes de tiempo identificados con el tonalámatl y las estaciones del año. Y ésta era, sin duda, una de sus funciones. Sin embargo, como consecuencia, estos libros no se divorcian o separan de la historia material y la geografía. Por lo contrario, incluyen en su discurso arquetípico ciertas referencias a hechos y lugares específicos del tipo común encontrado en el género de los anales, como lo confirma el Mapa de Coixtlahuaca. Hoy, las noches y los días de los rituales curativos otomíes en Pahuatlan, se remiten en retrospectiva a las invasiones hechas en el pasado por Moctezuma II y sus sucesores cristianos (Historia de la curación). Una contrapartida lógica a la tendencia ritualizante de anales como los de Tepexic y Tilantongo, el latente historicismo del género teoamoxtli es más pronunciado en los capítulos "Fiestas" en el Borbónico, el Borgia (véase capítulo VI, n. 11), el Laud (el notorio nombre Ocho Venado aparece en la p. 21, en Miccailhuitl) y el Féjérváry (véase lámina 13). Como parte de la experiencia estacional de un año particular en una tradición determinada, las

Fiestas se prestan fácilmente a una definición o memoria como, por ejemplo, Quecholli 1 Caña (1519), el mes y el año de la llegada de Cortés a Tenochtitlan, que quedaron para siempre en la memoria mexica. Completando la simetría del texto de 40 páginas en total, el capítulo "Fiestas" en el Borbónico incluye una cuenta de los años en el estilo mexica. Comenzando en 1 Conejo, corre por lo que sólo se puede interpretar como la ceremonia del fuego nuevo, que presidió Moctezuma II en Panquetzaliztli, Fiesta del solsticio de 2 Caña (1507) en Huizachtepec (el nombre del lugar con su templo a Huitzilopochtli se muestran allí claramente), y culmina en la llegada de los españoles en 1 Caña, 1519 (ahora desprendido del texto, este último acontecimiento es deducible de las glosas españolas que se han conservado). Tan inequívoca es la historicidad de estos capítulos "cíclicos" que recuerdan de manera directa las versiones *xiuhtlapoualli* de los mismos hechos; por ejemplo, los anales de Huitzilopochtli, donde, además, los años van acompañados recíprocamente por una secuencia de fechas de Fiestas del tipo en que se basa el capítulo del Borbónico. En estos anales, la llegada de Cortés se subraya como Quecholli 1 Caña, y la rendición final de Tenochtitlan en 3 Casa, 1521, coincide con la Fiesta del finado Miccailhuitl. Por su claridad, este capítulo del Borbónico es decisivo para establecer la posible historicidad en el género *teoamoxtli,* sugiriendo que en realidad los *teoamoxtli* exigen una interpretación literaria más amplia, que vaya más allá de la insistente oposición binaria occidental entre el tiempo diacrónico y el tiempo sincrónico.

[33] Engels fue influido por Lewis Henry Morgan, quien supuso una minúscula profundidad de tiempo en sus "Indian Migrations" (en Beach, 1877: 158-257), así como en sus más conocidos estudios sobre la sociedad indígena americana (1901, 1909, 1967). Para una evaluación de estas cuestiones políticas y otras relacionadas con ellas, véanse los excelentes ensayos de Vine Deloria y otros en Ward Churchill, *Marxism and Native Americans,* Boston, South End, 1962.

V. PETÉN

[1] Stuart, 1989. El desciframiento de nombres de la nobleza y de lugares que realizaron Proskouriakoff, Berlin y Kelley, y que preparó el terreno para el actual alud de lecturas de Stuart, Mathews, Houston, Schele y otros, se encuentra resumido en Kelley, 1976; *cf.* asimismo George Stuart, "City of Kings and Commoners: Copan", en *NG,* 176 (1989): 496-497. El primero de los dinteles de Yaxchilán fue reproducido y analizado en *NG,* 168 (1985): 541, justo dos años después de su descubrimiento.

[2] Hammond trazó el camino al preparar un registro material e histórico que correspondiera con las fechas primeras de la Serie Inicial, haciendo notar, por ejemplo, que Cuello, Belice, estaba probablemente en "uso continuo [...] desde el año 2500 a.C. aproximadamente". (1982: 114). La megalópolis El Mirador floreció del año 150 a.C. al 150 d.C. *NG,* 172 (1987): 317-339; Schele y Freidel (1990) detectan un momento crítico de transición hacia el año 50 a.C. en Cerros, población cercana; se establece entonces el principio de nobleza y sucesión hereditaria.

[3] Maudslay, 1889-1902, 4: láms. 75, 81, 88 (*cf.* Kelley, 1976: 261-268).

[4] Mathews y Schele, "Lords of Palenque —The glyphic evidence", en M. G. Robertson, 1974: 41-62.

[5] Véase capítulo II, n. 13.

[6] La pirámide de Tenochtitlan: Broda, Carrasco y Matos Moctezuma, 1987. Los Anales de

Aztlan: capítulo 4, n. 4. Las estelas de Xochicalco: véase Pasztory, citado por M. Cahodas, "The Iconography of the Panels of the Sun, Cross and Foliated Cross", en M. G. Robertson, 1974: 95-108.

[7] F. Lounsbury, "A Palenque King and the Planet Jupiter", en Aveni, 1989: 246-259.

[8] Para el paradigma en sí, hay pruebas muy antiguas en la cultura olmeca y en América del Sur (véase el capítulo IX, n. 10); sin embargo, Schele y Freidel atribuyen hoy día todo el "cosmograma" sólo a la tierra baja maya y, más estrechamente, a su nobleza (según eso, se inició en Cerros en el año 50 a.C., un "nuevo orden mundial" de matices siniestros que dependía de "caciques carismáticos"). El tema ya fue abordado en mi obra "Sacerdotes, agricultores, guerreros: Un modelo tripartita de historia mesoamericana", en *ECN*, 19 (1989): 95-106.

[9] Clemency Coggins, "A New Order and the Role of the Calendar: Some characteristics of the middle Classic period at Tikal", en Hammond y Willey, 1979: 38-50, que sugiere incluso una práctica "burguesa".

[10] Thomas Gann, *Mounds in Northern Honduras*, BAE, informe núm. 19, Washington, D. C., 1900, pp. 655-692; Miller, 1982.

[11] Sobre el cambio en la economía del periodo Posclásico, cuando se volvió a separar el tributo en mercancías del tributo en trabajo, con lo que también se fragmentó el elaborado mecanismo de la Serie Inicial, véase Peniche Rivero, 1990. Se erigió una estela a la dinastía Kak u Pacal en Chichén Itzá en el año 880 d.C., según Kelley; véase Houston, 1989: 17.

[12] Citado por Roys, 1933: 184.

[13] En torno a las referencias que contiene el *Ritual de los bacabes* sobre la lengua zuyua del *katún*, véase Arzápalo, 1987: 413; *cf.* también el capítulo XIII del presente libro. Edmondson (1982: mapa, p. x) sitúa a Zuyua cerca de Motul, la cuna del famoso diccionario maya (*ca.* 1600; Martínez Hernández, 1930).

[14] Álvarez, 1974; Garza, 1975; Brotherston, 1977; Luxton, 1977.

[15] Detallados con gran minuciosidad en Barrera Vásquez y Rendón, 1963. Para mayores detalles acerca de los Libros de Chilam Balam, consúltese esta fuente y el Censo del *HMAI*.

[16] Pero la traducción de Roys no se esfuerza por hacer resaltar el ingenio: "Fueron tres veces las que llegaron, dicen, los extranjeros. Fue por eso que quedamos exentos de pagar tributo a los sesenta años". Resulta notable el hecho de que los mayas que decidieron colaborar con los españoles al renunciar a la comunidad de los "hombres mayas" hayan adoptado asimismo el calendario cristiano; véase *U belil...*, de Nakuk Pech.

[17] Éstas son las cualidades de longevidad y adaptabilidad culturales que no se resaltan en la versión de Mediz Bolio. Este autor suprime el nombre tolteca de Nacxit Xuchit (línea 28), por ejemplo, y traduce *oraob* ("hora-*ob*", línea 14), un vocablo de evidente origen español, como *oxaob*, "el Tres", una forma autóctona, traducción poco probable. (En la versión de Roys *oraob* se traduce como "sus plegarias".)

[18] Arzápalo, 1987; se invoca la fecha 4 Ahau de la Era, por ejemplo, en las pp. 269 y 329, y el glifo o libro maya (*uoh*) que "da la respuesta" en las curaciones núms. 5, 7, 9, 11, 14, 39 y 58.

[19] Los modelos tripartitos de los emblemas de linajes se encuentran en Uaxactún, Palenque y otras ciudades. En el Monumento 13 olmeca, el pájaro y la piedra plana resultan inequívocos; el tercer elemento consiste en el signo trifolio que surge en forma característica de la boca del jaguar, posiblemente como rugido, en Teotihuacan; en Atetelco, este mismo símbolo tiene insertas las garras de jaguar.

[20] Sobre esta cuestión en la historia posterior de las tierras mayas, véase Farriss, 1984, Clendinnen, 1987, y Wright, 1989.

VI. Tollan

[1] Rojas, 1985: 128.

[2] *Tratado* de Hernando Ruiz de Alarcón (1629), Andrew y Hassig (comps.) (1984: 96). El lenguaje de este conjuro recuerda la *nierika*, "trampa para venados", que denota el poder y el control entre los huicholes. La cita es del Códice Florentino, libro 3, capítulo 3.

[3] Véase el estudio clásico de Walter Lehmann, "Ein Tolteken Klagegesang", en *Festschrift E. Seler,* W. Lehmann (comp.), Stuttgart, Stecker und Schröder, 1922, pp. 281-319.

[4] Registrado en los folios 26v-27r del manuscrito de los *Cantares,* este poema fue incluido entre otros textos pertinentes a Tula y a Quetzalcóatl en Bierhorst, 1974: 17-97; Bierhorst también arguye en forma convincente su coherencia general. Sobre la cuestión de los diferentes modos y géneros, véase mi "Nezahualcoyotl's Laments and Their Nahuatl Origins: The Westernization of ephemerality", en *ECN,* 10 (1974): 383-408. Los comentarios a este poema se revisan en la soberbia transcripción y edición del manuscrito (1985) hecha por Bierhorst.

[5] Davies, 1980: 160.

[6] Situado precisamente al sur de la capital del estado, este sitio ha sido fechado hoy en 200-600 d.C.; su bien cimentada arquitectura embona bien con el relato de su importancia, presentado en la Histoyre du Mechique (Garibay, 1979).

[7] Estas afirmaciones fueron hechas por Jean Dubenard Chauveau, "¿Quetzalcóatl en Amatlan (Morelos)?", en *ECN,* 15 (1982): 209-217.

[8] Maldonado, 1990.

[9] Vollmer, 1981.

[10] Los Anales de Cuauhtitlan también mencionan a Atonal como tolteca (f. 51).

[11] Para la *Relación geográfica,* véase Rojas, 1985.

[12] Lo que Graulich (1987) llama el "espejismo de Tollan".

[13] Davies, 1980: 7. El Manuscrito de las Pinturas (Garibay, 1979) menciona a Honduras. Se habla de referencias por Ixtlilxóchitl y otros a antiguas migraciones desde Nonoualco; sin embargo, esto no lo cree Davies (1977, 140ss), por razones cronológicas, en un estudio especialmente valioso por su análisis de los textos en náhuatl (pp. 305ss).

[14] Paul Kirchhoff, "La ruta de los tolteca-chichimeca entre Tula y Cholula", en *Miscellanea Paul Rivet,* vol. 1, UNAM, 1958, pp. 485-494 (esto corrige su interpretación de 1940); idem. (comp.), *Historia tolteca-chichimeca,* México, 1947 (revisado por Lina Odena Güemes y Luis Reyes García, FCE, 1989). Hay un acuerdo completo acerca de la ubicación de las ciudades en el grupo más occidental (más oriental de Kirchhoff), y gracias a recientes desciframientos de los textos de Metlatoyuca y de Itzcuintepec, Tlemaco y el propio Itzcuintepec pueden añadirse a la lista de lugares reconocibles (Brotherston, 1995). Una ubicación general de la costa del golfo es la preferida por W. Krickeberg, *Los totonaca,* México, Secretaría de Educación Pública, 1933. Sobre la transferencia de estos nombres de las tierras bajas a las tierras altas, por la nostalgia de climas más cálidos, resulta sumamente informativo Melgarejo Vivanco (1970: 34).

[15] Kelley, 1976.

[16] La estrecha afinidad propuesta por Swadish para las lenguas del área olmeca ha sido recién confirmada por Greenberg (1987: 143): "The view presented here is that Huave, Maya, Mixe-Zoque and Totonac-Tepehua form a well-defined subgroup of Penutian". Sobre Chicomoztoc y los chichimecas, véase Brotherston, 1995: 62-97.

17 Sobre Tepexic y los reyes toltecas en general, véase Caso, 1960: 58; 1977-1979, 1: 118-136; Robert Chadwick, "Native Pre-Aztec History of Central Mexico", en *HMAI,* 11 (1971): 477; Davies, 1977: 167-170. Sobre la cuestión de Tulas más locales en el área de Coixtlahuaca, véase Caso, 1977-1979, 1: 132.

18 W. Robertson, 1778, 2: 474-478, donde hace comparaciones muy pertinentes entre la historia de Tepexic y la de Tenochtitlan, registrada en el Mendoza (que él conoció por medio de las impresiones, de grabados en madera, publicados por Samuel Purchas en *His Pilgrimes* [1625]), y detecta correctamente en una y otra un interés metropolitano en el tributo en especie.

19 Arqueológicamente, este registro correspondería a acontecimientos ocurridos en y alrededor del valle de Tehuacan, en Chilac y en la caverna de Cozcatlan (*ca.* 3000 a.C.); el asentamiento en edificios más complejos en la misma zona central desde cerca de 2500 a.C., indicaría entonces los poblados y las cerámicas de los antiguos chocho-popolocas (2500 a.C.; Piña Chan, 1969). De manera similar, la dramática intrusión en el relato de un guerrero de 1500 a.C., junto con nuevos emblemas de tributo y alianza política, podría reflejar el gran giro arqueológico de esa fecha en Cholula y otros lugares, que corresponde a la aparición de tipos de alfarería radicalmente nuevos, tal vez llegados de Sudamérica alrededor de 1700 a.C. La muy larga historia de la Mixteca y su relación con los anales indígenas de la región comentan, muy a su manera, Byland y Pohl (1995). Sobre la hidrografía en el Papaloapan superior y su representación en textos indígenas de la zona, véase Eva Hunt, "Irrigation and the Socio-political Organization of the Cuicatec Cacicazgos" (1972, en el volumen *Chronology and Irrigation,* de proyecto del valle de Tehuacan).

20 Dahlgren, 1966: 45; Nueve Viento, quien también aparece en Palenque (glifo inicial en la inscripción del Templo XIV; panel del Templo de la Cruz), en los murales de Cacaxtla y en otras partes, ya fue estudiado por Kelley (1976), H. B. Nicholson (1978) y otros. Veerman-Leichsenring (1984: 6) observa cómo la glotocronología del otomanguano y el popoloca en particular se correlaciona con la arqueología, lo cual sugiere una ocupación continua del Papaloapan durante seis milenios o más.

VII. Isla Tortuga

1 R. Clark Mallam, *Site of the Serpent: A prehistoric life-metaphor in South Central Kansas,* Occasional Publication of the Coronado-Quivira Museum (Lyons, KS), núm. 1, s. f. (referencia que amablemente me dio Raymond DeMallie); R. T. Coe, 1977: 53.

2 Gorgueras: Hudson (1984) ofrece lecturas de estos textos de concha y los relaciona inteligentemente con las narraciones de los cherokee y otros herederos de la cultura misisipiana. La pintura de Piasa es analizada en Mallery, 1893: 78-79.

3 Mooney, 1898: 330; los Nunnehi también se encuentran en picos y los ríos Tugaloo, Cheowa, Blood, pp. 336-337; como defensores, p. 447; como constructores urbanos, p. 396. La edición del Manuscrito Ayunini fue completada después de la muerte de Mooney por Frans Olbrechts, en 1932 (BAE, Bulletin, 99).

4 Haywood, 1823: 293, en que también se muestra que el Monte del Surgimiento es el origen ancestral de los chickasaw; sobre los muskogee, véase V. J. Knight, *Tukabatchee: Archaeological investigations at an historic Creek town. Elmore Country, Alabama,* Tuscaloosa, University of Alabama Press, 1984, y "The Institutional Organization of Mississippian Religion", *AA,* 51 (1986), 675-687; sobre los yuchi, véase Speck, 1909. Acerca de los relatos natchez

recabados por Dupratz y una fuente de inspiración para Chateaubriand, y en general, véase Swanton, 1979 [1946], y Lankford (capítulo I, n. 28).

[5] Mooney, 1891, quien aporta el texto silábico cherokee; éste es un ejemplo preciso de cómo la salud puede depender en última instancia de la lógica del paisaje y de la formación del mundo. Las versiones de Oklahoma de estas tradiciones fueron editadas y analizadas por los Kilpatrick, que a su vez eran cherokee, en *Friends of Thunder* (1984); sobre el silabario, véase su obra *Shadow of Sequoya* (1965). Aunque hoy es incierta la identidad exacta de una de las cuatro montañas guardianas (Uyaye), el lugar, centrado en el corazón del territorio cherokee, parece estar de acuerdo con el modelo de quincunce analizado en el capítulo III; Kuwahi (Clingman Dome) y Tsistuyi (Gregory Bald) se encuentran al norte y noroeste; Gatekwa (Fodderstack), al sudeste (*cf*. mapa I.5).

[6] Haywood, 1823: 226; Schoolcraft, 1845: 27; Brinton, 1884: 17. En una versión de finales del siglo XVIII, el relato de la migración fue publicado por Haywood (1823: 336), quien aporta muchos otros detalles locales de la cosmogonía meridional concerniente a Judkulla, el natchez Teshyan y el registro astronómico del juego de pelota (p. 285); también se refiere a los cherokee en la isla Hiwassee en 1580 (pp. 235-237).

[7] Una opinión muy bien informada y, en general, escéptica de sus nexos históricos más profundos es adoptada por William Fenton, "Cherokee-Iroquois Connections Revisited", en *Journal of Cherokee Studies*, 3 (1978): 239-249.

[8] *Cherokee Phoenix*, 1 de abril de 1829, en Kilpatrick (1968: 44), quien edita los números de 1828-1834. Feest, 1986, incluye la pintura *Tres hermanas* por Cornplanter (el pintor y escritor seneca-iroqués que participó en el movimiento revivalista inspirado por el sueño de Handsome Lake, Ganyadayu, en 1799; véase Wallace, 1969).

[9] Reminiscentes de la iconografía misisipiana en barro (Cahokia: Galloway, 1989: 197; Shepherd Mound: W. Wedel, *Archaeological Investigations in Missouri*, U. S. National Museum Bulletin, 183 [1943], p. 140), los glifos de nombres de antiguos jefes son analizados por Fenton (1950); una lista comparable aparece en la *History* (1861) de Kahkewaquonaby Jones (véase Donald B. Smith, 1987: 90). Sobre la estructura de la propia ceremonia, véase Bierhorst (1974), quien analiza relatos anteriores de la liga (empezando por Morgan, 1851) y publicaciones del Ritual de Condolencia (Hale, 1883, etc.); Thomas Abler (capítulo II, n. 9), correlaciona las naciones con variantes textuales. Una versión de esta ceremonia llamó la atención de Rabelais en el siglo XVI: véase M. Barbeau, *Pantegruel in Canada*, Ottawa, National Museum of Canada, 1981.

[10] Un experto sobre Cusick, W. C. Sturtevant, prefiere asignar una fecha mucho más tardía a este viaje hacia el oeste, identificándolo más bien con la participación de los iroqueses en el tráfico de pieles con los europeos a partir de 1680 (DeMallie, comunicación personal). Este último periodo ciertamente coincide con el relato de Dooyentate (1870) del viaje de los hurones o wyandot al "padre de las aguas" y a la "espina dorsal" de las Rocosas.

[11] Speck, 1942: 80-81.

[12] J. Howard, 1965: 16-22.

[13] En el Musée de l'Homme, París, núms. 34.33.4 (Sociedad del Búfalo), 34.33.6 (lunas rojas), 34.33.7 (Mapa Quapaw). La glosa "Cahokia" apenas era discernible cuando yo examiné el original en París en 1982; no es mencionada por Barbeau (1960) ni por C. Taylor (1990). Una clara idea de los quapaw y de su territorio entre los ríos Misisipi y Arkansas aparece en la *Rélation ou Journal du voyage du Père Gravier* (1700), *Les Rélations des Jésuites*,

65: 101-162. Copias de los mapas en piel de venado Catawba (siouano) y Chickasaw, *ca.*
1725, se encuentran en Londres (BM, Sloane, manuscrito 4723; PRO CO. 700, núm. 6 [2]).

[14] Los Wahpeton: J. Howard, 1984: 18, 36; ciertas ideas acerca de los orígenes orientales
de los mandan se nos ofrecen en Catlin, 1841, 2: 260, y J. O. Dorsey, "Migrations of the
Siouan Tribes", en *American Naturalist,* 20 (1886): 210-222. De Mallie (1985), revisa las siete
divisiones afirmadas por Howard (quien propone una unidad más, yankton, a expensas de
los teton [1976]). La resistencia a la "venta" de los Cerros Negros por Mapiya Duka (Nube
Roja) en 1876 condujo al notable censo sobre siete hojas, ilustrado por Mallery, 1893: 445.

[15] Ray DeMallie me hizo llegar una copia de las notas mecanografiadas de McKiel y una
copia de la historia inédita de Makula. Visiones: Hehaka Sapa: Neihardt, 1961 (1932): cap. 3;
Thick-headed Horse: en Hallam, 1877.

[16] Josephy, 1975: 111, 119. La "gran agua" de la confluencia Misisipi-Misuri *(mini tanka,*
término que también puede significar océano) aparece en el año 1817 de la Cuenta de
Trueno Azul, cuando se vieron ahí extrañas aves rojas y azules.

[17] Citado por Carr (1991: 173). Osage: Mallery, 1893: 252-253 (mapa tomado de Dorsey).

[18] Los años 1684 y 1720: John K. Bear (J. Howard, 1976); año 1833, Settan (Mooney,
1979: 255); los años restantes: Wapoctanxi ([Sombrero Marrón/Battiste Good]: Mallery,
1893: 290-328). Sobre los meteoros de 1833 y la astronomía de la cuenta de inviernos, véase
V. D. Chamberlain, 1984; el oglala Mapiya Duka (Cielo o Nube Roja) parece haberse nombrado por el meteoro de su invierno natal, 1821-1822. Sobre la tradición histórica en general,
véase J. Howard, 1960.

[19] Para referencias al maíz y a la ceremonia de la pipa en la Danza del Espíritu, véase
Mooney, 1896.

[20] En todo el libro se emplea "algonquino" para designar a quienes pertenecen a la familia
lingüística algonquina. "No nosotros": J. Howard, 1965.

[21] Una revisión general de las narraciones de la costa oriental aparece en Brinton (1884:
137-147), quien también revisa el relato de Heckewelder. Una tradición shawnee fue publicada por Schoolcraft, 1851-1857, 4: 255.

[22] La narración de Aupumut tiene una fragmentada historia de publicaciones: A. Skinner
(comp.), "A Note on the Mahikan Indians", en *Public Museum of Milwaukee Bulletin,* 2 (1925):
103-105; "Extract from an Indian History", en *Collections of the Massachusetts Historical Society,* 1ª serie, 9 (1857): 99-102; Jedidiah Morse, *A Report to the Secretary of War of the United
States,* New Haven, 1822, pp. 108-116; y "The Oneida, Stockbridge and Brotherton Indians", en *Heye Museum of the American Indian, New York,* 54 (1955): 8-9. Otra versión de las
divisiones lenape aparece en Weslager, 1972: 473-499, a partir de Trowbridge, cuya fuente
última fue el Capitán Pipa, cacique de Indiana en 1823.

[23] Véase el capítulo XI ("El viaje norteño en trance").

[24] Heckewelder, en Brinton, 1884: 141.

[25] Mallery, 1893, 77-79; R. L. Hall, "Cultural Background of Mississippian Symbolism", en
Galloway, 1989: 241; el término "Chillicothe" es utilizado para los sitios de Hopewell y Adena.

[26] D. B. Smith, 1987: 10; el mapa en la p. 2, indica precisamente la frontera entre los
anishinabe y los del sur, miami, menomini, shawnee y otros.

[27] Mooney, 1896: 225.

[28] Las migraciones de los ojibwa están claramente señaladas en el relato fundamental de
Dewdney sobre los rollos (1975); esta fuente (p. 57) también cita a Warren sobre el tema
de la historia de la placa de cobre de Tugwauganay.

[29] El relato de Everwind se encuentra en Dewdney, 1975: 57-58; sobre Roden Mound de Alabama, p. 71. Sobre los siksika, véase capítulo I, n. 33.

[30] A. Marshack, "A Lunar-Solar Calendar Stick from North America", en *AA*, 50 (1985): 27-51; W. B. Murray, "A Reexamination of the Winnebago Calendar Stick", en Aveni, 1989: 325-330; sobre los montículos-efigie, véase Radin, 1970.

[31] En favor de la autenticidad del Walum Olum están su procedencia declarada, el asentamiento antiguo (con pirámides) en White River (Indiana) en 1820 donde, como Aupumut, también los jefes lenape estaban promoviendo entonces su propia historia como medio de defensa legal; y su estructura de estrofas de cuatro unidades, autorreflejada en el glifo del escriba Olumapi y confirmada por el hecho de que el número total de glifos, 184, es igual a los días entre los equinoccios de primavera y de otoño, de modo que el fin y la llegada de los blancos significa implícitamente la caída al invierno (tropo indígena adoptado por Longfellow en *The Song of Hiawatha*). En su contra están el hecho de que el editor Rafinesque casi no presta atención al original, supuestamente pintado y grabado en tableros de madera (¿cuántos?, ¿de qué madera?, etc.); que menciona el texto por primera vez sólo en 1836, cuando lo publicó en *The American Nations* (vol. 1, cap. 5), en un esfuerzo por pagar sus deudas, aunque afirmando haber conseguido el original pictográfico en 1820 y la glosa en la lengua algonquina en 1822 (no lo menciona en varias publicaciones intermedias sobre antigüedad norteamericana, ni siquiera al escribir al *Cherokee Phoenix* en busca de tradiciones indígenas como "la de Cusick" [cartas del 30 de julio de 1828 y el 30 de abril de 1831, en Kilpatrick, 1968]); y que en su "copia" las pictografías están subordinadas al texto alfabético. Véase Brinton, 1884; Glenn A. Black y Eli Lilly, *Walam Olum, or Red Score,* Indianapolis, Indiana Historical Society, 1954, y mi "The Time Remembered in the Winter Counts and the Walam Olum", en *Circumpacifica: Festschrift für Thomas S. Barthel,* Bruno Illius y Matthias Laubscher (comps.), Frankfurt, Peter Lang, 1990, pp. 307-337.

VIII. TAHUANTINSUYU

[1] Basándose extensamente en estas fuentes informativas, varias de ellas publicadas sólo en este siglo, John Hemming (1970) rescribe la "conquista de los incas" y ofrece una buena revisión bibliográfica.

[2] Bien analizado en Zuidema, 1964, y J. M. Ossio, "Intento de aproximación a las categorías del pensamiento del mundo andino", en Ossio, 1973: 199-200.

[3] Una versión anterior de este argumento, con referencias especializadas más completas, apareció en mi obra "Andean Pastoralism and Inca Ideology", en Clutton-Brock, 1989: 240-255; se basa mucho en Murra, 1980, mientras apela a la autoridad indígena de la *Nueva corónica,* de Guamán Poma (edición facsimilar, 1936, Murra y Adorno, 1980), y el *Runa yndio* de Huarochirí (véase el capítulo I, n. 36).

[4] Antes se había creído que el uso de la llama por su lana y como cargador se había difundido al norte partiendo del Titicaca, en fecha tan tardía como el 500 d.C., junto con la cultura de Tiahuanaco en general; la cerámica Moche de Sipan (0-250 d.C.), ilustrada en *NG,* 177, núm. 6 (junio de 1990), muestra a una llama transportando unas jarras y, por tanto, corrige la fecha tardía ofrecida por M. Shimadu e I. Shimadu, "Prehistoric Llama Breeding and Herding on the North Coast of Peru", en *AA,* 50 (1985): 3-26.

[5] Matienzo, 1567, citado por Murra, 1980: 52. Una asombrosa indicación de lo poderosos

que habían llegado a ser los colla, con sus enormes rebaños de llamas, como predecesores de los incas, se encuentra en el hecho de que de los cuatro *suyus*, el suyo fue el que conservó más derechos de propiedad local de rebaños bajo el régimen inca; después de la conquista europea y el desplome de Cuzco, los colla llegaron a recuperar parte de la riqueza en llamas que había sido enajenada por los incas.

6 Éstos incluyen la figura de Kon Tiki, hecha célebre por Heyerdahl (quien también le añadió una barba); véase Gisbert, 1980.

7 Murra, 1980: 69, 94.

8 Murra, 1980: 52, 55, 156, 174, 178 (sobre los *mitima*).

9 Zuidema, 1983: *Runa yndio,* cap. 29.

10 Kössler-Ilg, 1956: 45 (tributo), 124 (sueño de riqueza), 64 (las llamas son como mujeres). Sobre los chibchas, véase Krickeberg, 1928: 194.

11 J. H. Rowe, 1953; Lara, 1969: 179-186. En mi artículo de 1973 se analiza cómo la Ilustración europea interpretó estos himnos y su presencia en la retórica de la independencia andina.

12 Lara, 1969: 192. En realidad, la vicuña nunca ha sido domesticada.

13 Véase capítulo 1, n. 40. Sobre la supervivencia de este pastoralismo literario en el siglo XX, véase Harcourt y Harcourt, 1925; Kelm, 1968, y Yaranga, 1986.

14 Basadre, 1938: 31-38; Arguedas, 1949.

15 Véase mi "The Royal Drama *Apu Ollantay*", en *Comparative Criticism,* 8 (1986): 189-212. El texto quechua fue publicado por vez primera por J. J. von Tschudi (1853, vol. 1), y fue seguido por traducciones al español (J. Barranca, Lima, 1868), el inglés (Markham, 1871), el alemán (Tschudi, 1876) y el francés (G. Pacheco Zegarra, París, 1878). En un comentario negativo de 1914 (*Romanic Review,* 5: 127-176), el hispanista E. C. Hills compartió su ignorancia de la literatura indígena americana al afirmar, por una parte, que *Ollantay* era "la obra literaria más importante que se ha compuesto en cualquier idioma indígena de América", y por otra, que llamarlo "antiguo drama inca" es tan absurdo como decir que el *Julio César* de Shakespeare, y el *Horacio* de Corneille, son "antiguos dramas romanos". (Si no fuera porque, después de todo, estos últimos no están en latín.) Se encuentra una excelente introducción a la obra y a los dramas andinos e indígenas americanos en general en Cid Pérez y Martí, 1964.

16 Meneses, 1983; Arguedas, 1975; Abraham Valencia Espinoza, "Inkarri Qollari dramatizado", en Ossio, 1973: 261-300, y otros estudios en ese volumen. La obra de Atahualpa: Lara, 1969: 56-62; Cid Pérez y Martí, 1964: 81, 105-108; Edmonson, 1971: 184-185. Basadre (1938: 135-262), observa otra obra cortesana, *Utqha Paucar,* que no debe confundirse con el *Usca Paucar* analizado en el capítulo XIII.

17 *Nueva corónica,* p. 159; *cf.* Wright, 1984: 156.

18 También adaptada en el drama "inca" de Peter Shaffer, *The Royal Hunt of the Sun* (presentado por vez primera en Chichester en 1964).

19 Punto pasado por alto por Bramlage (1952), pero ponderado por Higgins (1987: 13).

20 Cid Pérez y Martí, 1964; Cardoza y Aragón, 1975; suplemento del *HMAI* (1985), 115-116; Padial Guerchoux y Vásquez-Bigi, 1991.

21 Un *carbet* tupí, por Cettvy-ci, se encuentra en Brotherston, 1978: 49-50. Quienes heredan hoy el nombre de Anti en el más alto Amazonas son hablantes de arawako.

22 Véanse los recientes y sagaces estudios, ambos de 1987, de M. Burga y A. Flores Galindo. En Rowe y Schelling, 1991, y en Lienhard, 1992, se encuentra un relato sumamente bien informado de la "memoria" y la cultura popular indígenas en los Andes actuales.

IX. "POPOL VUH"

[1] D. Tedlock, 1988: 6, véase el capítulo II, n. 10. Las actas de la primera conferencia internacional sobre el *Popol vuh* (Guatemala, 1979) fueron publicadas en Carmack y Morales, 1983. Véase también M. Preuss (1988), quien observa la importancia, para una mejor comprensión del texto, de la transcripción y la traducción española de Burgess y Xec, publicada localmente en Quetzaltenango en 1955; una edición facsimilar fue publicada por Agustín Estrada Monroy, Guatemala, 1973. Sobre el *título,* véase Munro Edmonson, "Historia de las tierras altas mayas, según los documentos indígenas", en Vogt y Ruz, 1971: 273-302; Carmack, 1973; Carmack y Mondloch, 1989. Sobre la continuidad en la vida quiché, véase Robert M. Carmack, *The Quiché Mayas of Utatlan: The evolution of highland Guatemalan kingdom,* Norman, University of Oklahoma Press, 1981. Tedlock comparte su experiencia de traducir el *Popol vuh* en R. Warren, *The Art of Translation: Voices from the field,* Hanover, New Hampshire, New England University Press, 1979, pp. 73-82.

[2] En Monjarás Ruiz, 1987: 26. Como hilo que corre a través de este plan cósmico, y que culmina en la creación de la gente de maíz, el de las dos creaciones sucesivas de protohumanos (como aquí, de lodo y luego de palo) tienen claros ecos por toda Mesoamérica y el Cuarto Mundo; entre los iroqueses está ritualmente establecido en los dos distintos tipos de máscara, "cara falsa" (F. Speck, "Masking in Eastern North America", *University Museum Bulletin* [Filadelfia], 15 [1950]: 1-57; W. Fenton, "Masked Medicine Societies of Iroquois", en *Annual Report to the Smithsonian Institution,* Washington, D. C., The Institution, 1941, pp. 297-429; Fenton, 1987).

[3] Jerome Handler, "The Bird Man: A Jamaican Arawak wooden idol", *Jamaica Journal,* 11 (1978): 25-29. Discutida durante largo tiempo, esta etimología del huracán que pasó a Europa por vía de los Caribes, goza hoy de mayor aceptación (D. Tedlock, 1985: 343).

[4] Reproducido en Nowotny, 1961: 53; recientes trabajos arqueológicos sobre la pirámide (de buen tamaño) de Yauhtepec sugieren que la inscripción (conocida como "Los Reyes"), que se encuentra al oeste de ella, en Coatlantzinco o Las Tetillas forma parte de una más extensa descripción del paisaje.

[5] Edmonson, 1985: 111-112. Con su nunca discutida profundidad de tiempo en la cosmogonía mesoamericana, la versión otomanguana de este relato va claramente contra tal fragmentación: los Gemelos mazatecos, idénticos a los del Quiché como prototipos del sol y la luna (Nai tzult, Nai tza), van a cazar aves con cerbatana en las montañas y, habiendo engañado a su abuela, participan en un épico partido de pelota (Incháustegui, 1977: 27-34); por tanto, reafirman la conexión entre las creaciones tercera y cuarta en el *Popol vuh,* lo que en todo caso ya está implícito en que ambos tienen como principales actores a los Gemelos.

[6] De este "mítico saurio compuesto", el Monumento 5 de Chalcatzingo, dice blandamente Grove que aun cuando algunos arqueólogos han querido verlo como prototipo de la Serpiente Emplumada mesoamericana, no hay prueba visual de ello y que, sea como fuere, "es sumamente dudoso que puedan demostrarse correlaciones entre conceptos sostenidos durante el siglo XVI y los del periodo formativo, 2000 años antes" (1984: 112-113). Hasta una inspección sumaria del original revelará que aquellos a quienes Grove desecha tienen razón, pues las "escamas" son más bien como plumas, y la cabeza tiene definitivamente rasgos de ave; en cuanto a la continuidad de la cultura mesoamericana, queda plenamente asegurada, aunque sólo fuera por el uso ininterrumpido, durante este periodo, del *tonalámatl,*

cuyo primer Signo es, después de todo, el caimán *cipactli*. En términos más generales, como ave-saurio que encarna la familia de Siete Loro, esa poderosa figura olmeca temprana recuerda, a su vez, a los monstruos analizados por Lévi-Strauss en "The Serpent with Fish inside Its Body" (1972: 269-276, especialmente al devorador, en un vaso Nazca). *In situ* en Chalcatzingo, el monstruo comienza la secuencia "cazador" de los Monumentos 5, 4, 3, y 2, que incluye unos depredadores felinos y termina cuando un ser humano recibe un homenaje que le rinden guerreros armados con lanzas (Grove los llama remos, pese a su clara definición militar en Palenque y en Loltun).

⁷ M. D. Coe, 1978; Robiscek y Hales, 1981; Kerr, 1989. El último incluye el ensayo de Coe "Los héroes Gemelos: mito e imagen", donde, una vez más, Xibalbá es relacionada al *corpus* jeroglífico, pero no al contexto más grande de la epopeya mesoamericana (*cf.* n. 5). Asimismo, aquí Coe cambia de opinión sobre si los Gemelos o los Padres son los sujetos en cuestión.

⁸ Este aspecto de su naturaleza se vuelve mucho más claro por medio de comparaciones con los hábiles héroes de Mesoamérica, como los Gemelos sol y luna de los mazatecos (Incháustegui, 1977) y la selva tropical (Basso, 1987).

⁹ Alfonso García Téllez, *Historia de la curación de antigua,* San Pablito, Pahuatlan, 1978, libro plegadizo de papel *amate,* del tipo analizado por Dyckerhorff (1984) y Sandstrom (1986). El equipo de 12 del *presidente del infierno* (pp. 9-16) incluye el torbellino, el arco iris, Moctezuma, los judíos y animales de origen europeo. Sobre los cigarros del infierno, véase Francis Robiscek, *The Smoking Gods: Tobacco in Maya art, history and religion,* Norman: University of Oklahoma Press, 1978.

¹⁰ Los Monumentos 14 y 6 en la secuencia "agricultor" que culmina en la célebre imagen del hacedor de lluvia en su caverna (Monumento 1) y que complementa la secuencia del cazador-guerrero, mencionada en la n. 6.

¹¹ En el temprano panorama político de Tilantongo, equivalente a la triple división de Mesoamérica en el *Popol vuh,* y que identifica al oeste con los volcanes nevados de México, Uno y Siete Muerte aparecen en el este, precisamente con ese sol, bajo y sangrante; entre ellos están los Signos equivalentes a sus vencedores, Cazador (Flor), y Venado Jaguar (Anales de Tilantongo, pp. 11-13). En la biografía de Ocho Venado (en el anverso del mismo pliego) aparece la herencia futura el héroe, como una "red de maíz" (p. 3), que representa el cuarto de los Veinte Signos en quiché (*q'at*).

¹² Lugar común en los topónimos, el agrupamiento de las tres piedras del hogar aparece como la parte del equipo femenino, por ejemplo, en el Mendoza (f. 60).

¹³ Este eslabón genético es aludido en el conocimiento previo que los Gemelos tienen de Xibalbá (verso 3 470), y en su irónica observación ante los Señores: "Sois los gobernantes de vuestro hijo nacido, de vuestro hijo engendrado" (verso 4 482); el equivalente en la *Eneida* de Virgilio es el magnífico verso *omnia praecepi atque animo mecum ante peregi* (libro VI, verso 106). Sobre la epopeya femenina, véase el Códice Florentino, libro 6, capítulos 27-29, que sigue el viaje de las mujeres quienes, muriendo en el oeste, retornan a Mictlan.

¹⁴ Esta interpretación es confirmada por los modernos relatos mayas kekchi recabados en Purula por Otto Schumann; su versión de la creación del maíz incluye, como ayudantes, al pájaro carpintero, el coatí y otros mamíferos (quienes, por tener cinco dedos, son "como nosotros"): "Y dijo [Dios] a los animales que habían ayudado por eso cuando fueran a las milpas no los iban a molestar, pues ellos habían ayudado a encontrar el maíz" (en Serra Puche, 1988: 215).

X. Las edades del mundo y la metamorfosis

¹ El relato kekchi, anotado por Tiburcio Kaal, se encuentra en R. Burkitt, *The Hills and the Corn: A legend of the Kekchi Indians of Guatemala,* University of Pennsylvania Anthropological Publications, 8, núm. 2, Filadelfia, University of Pennsylvania Press, 1920. Para narraciones similares, véase C. Guiteras Holmes, 1961; artículos sobre tzotzil (Gossen), quiché (Edmonson) y chorti (Fought), en Edmonson, 1985; y Mercedes de la Garza, "Los mayas: Antiguas y nuevas palabras sobre el origen", en Monjarás Ruiz, 1987: 15-16.

² Un horripilante conjunto de estelas extraídas en el siglo XIX de esta antigua ciudad "del arco iris" (véase figura I.1) insistentemente relaciona el juego de pelota con el sacrificio humano; se encuentra hoy en el Museum für Völkerkunde, Dahlem (Berlín).

³ El impacto de la historia moderna: Gossen, en Edmonson, 1985: 83-84; Garza, en Monjarás Ruiz, 1987: 49-52, 57-59; Schumann, en Serra Puche, 1988: 215. Cómo el pintor chamula Juan Gallo pinta explícitamente para recuperar y defender la cosmogonía tzotzil (utensilios con dientes, eclipse, diluvio) es algo que se explica en *La Jornada* (México), 1 de abril de 1990; Juan Sisay, otro pintor maya y amigo de Miguel Ángel Asturias, también puso al día esta tradición del altiplano. (Poco antes de ser asesinado en 1988, apareció en una película de la BBC-2, *Made in Latin America.)*

⁴ Arzápalo, 1987, glosario; el "primer gran mundo" exterior se identifica con entrañas humanas en la cura de amibas (*Ritual de los bacabes,* p. 360), y por medio del Itzam cab, el Diluvio se asocia implícitamente con las aguas amnióticas. El Diluvio yucateco ha sido visto por muchos en el Dresde, p. 74; sobre el relato de Ah Muzen Cab, véase Barrera Vásquez y Rendón, 1963: 90-92. Sobre el *Popol vuh* y el Libro de Chan Kin lacandón, *cf.* Bruce, 1977; y la pertinencia de ambos para la destrucción actual de la selva es puesta de relieve en Víctor Perera y Robert D. Bruce, *The Last Lords of Palenque,* Boston y Toronto, Little Brown, 1982.

⁵ Las representaciones aztecas de Tlaltecutli, el terrible monstruo con miríada de ojos y bocas, hambriento de corazones, son analizadas por Elizabeth Baquedano, 1992; y en "Aztec Death Sculpture" (University of London, 1988); sobre los relatos náhuatl y españoles del siglo XVI, véase Castellón Huerta, en Monjarás Ruiz, 1987: 125-176. Al ofrecer una visión general del esquema mesoamericano, resulta inapreciable el volumen de Monjarás Ruiz. Selecciona pasajes claves de los clásicos (en el caso náhuatl, los Anales de Cuauhtitlan, la *Leyenda de los Soles* o Histoyre du Mechique, Manuscrito de las Pinturas) además de afirmar categóricamente la continuidad de estas creencias en narraciones recién recabadas.

⁶ Como conjunto y paradigma "inmutable", estas edades son analizadas, *inter alia,* por Caso (1954), Imbelloni (1956), Krickeberg (1968), Lahourcade (1970), Ossio (1973: 188), Brotherston (1979: 148-186) y Brundage (1979). Seler nos ayuda más a vincular la cuarta edad con la epopeya de Xibalbá, refiriéndose al Signo del Viento o del Aliento en la Piedra del Sol como indicación del guerrero muerto (1902-1923, 2: 799).

⁷ Se dice que al dominico Pedro de los Ríos se le mostró un gigantesco molar fósil (*tzocuilicxeque)* en Amecameca, en 1566 (Ríos, f. 5). La Histoyre observa que el hueso subido del inframundo por Quetzalcóatl (véase capítulo XI: "Quetzalcóatl") era de enormes dimensiones (mencionado por L. Burkhart, "Sahagún's Tlacuculcuicatl: A Nahuatl lament", en *ECN,* 18 (1986): 87. Impresionado por la escala y la gama de los huesos fósiles en México, Tylor (1861: 236) recuerda cómo los tlaxcaltecas, estableciendo el vínculo explícito con pasadas

generaciones de "gigantes", le habían dado muestras de ellas a Cortés (quien inmediatamente las envió a Europa).

8 Martínez Gracida (1897-1898: 424-429) y Vázquez (1981) informan sobre versiones mixtecas y similares (zapotecas, triques, mazatecas y mixes); éstas muestran motivos del *Popol vuh;* por ejemplo, el nacimiento del sol y la luna por vía de unos gemelos varones, que a su vez son llamados "cuates" por los chatinos (es decir, la serpiente gemela en Quetzalcóatl —Vázquez, 1981: 149), así como un interés en el nacimiento de los huevos más característicos de Sudamérica (como lo observó Krickeberg en 1928: 278). Todo esto se presenta de manera muy explícita en el relato de los Gemelos solar-lunares Nai tzult y Nai tza (véase capítulo IX, n. 5), nacidos de huevos. Esta tradición también reconoce cuatro tipos de monstruos que quedaron de creaciones anteriores y que incluyen unos gigantes demasiado rígidos para poder inclinarse (como la gente de palo y los gigantes en la *Leyenda de los Soles)* y que tienen los pies vueltos hacia atrás (como los de los textos de las selvas tropicales: Incháustegui, 1977: 27-34, 119-121).

9 Dejando aparte el *Dine bahane* (Zolbrod, 1984), los relatos más accesibles de la génesis anasazi son los que se encuentran en los relatos expresados por los pintores escribas coleccionados en Haile, 1938; Klah, 1924; Reichard, 1963, 1977; Wyman, 1970, 1983; Newcomb y Reichard, 1975; Wheelwright, 1988; los textos hopi en Waters, 1963, y Courlander, 1971; y la historia zuñi de la creación, actuada para D. Tedlock, y registrada por él (1972).

10 Reichard, 1963: 22.

11 D. Tedlock, 1972: 285; sobre los murales, véase *HNAI,* 9 (1979) y 10 (1983); Waters 1963: 76; W. Smith, *Kiva Mural Decorations at Awatowi and Kawaika,* Papers of the Peabody Museum of American Archaeology and Ethnology, 37, Cambridge, Harvard University Press, 1952.

12 D. Tedlock, 1972: 271 (sobre la carne pesada, p. 260). Sobre la serpiente emplumada zuñi, véase Wyman, 1983: 164.

13 Waters, 1963: 72; para el retorno desde el sur a la "boca de la flor", "Sichtilkwi" (*cf.* el náhuatl *xóchitl* "flor"), véase Courlander, 1971: 237.

14 Matthews, 1897; utilizado por Zolbrod como su matriz en *Dine bahane.*

15 Reichard, 1963: 240; en *Dine bahane* se le llama "Montaña circular del viajero" (Zolbrod, 1984: 195). Sobre ésta y otras pinturas de Hozhoni Hataal, véase Wyman, 1970, y sobre el conjunto de montañas, Wyman, 1983: 140, 174. Sobre el mapa quincunce, véase el capítulo III, n. 12.

16 Dewdney, 1975: 39-44 (rollos maestros de Eshkwaykeezhik); para los osage, véase el capítulo VII, n. 17.

17 En Brinton, 1884: 132-133, se cita un antiguo informe holandés sobre el relato lenape (1679) (la tortuga se convirtió en sello de su ganado en Oklahoma); el símbolo de la tortuga utilizado por el chamán mide Chusco (véase capítulo XI: "El viaje norteño en trance") queda ilustrado en Schoolcraft, 1851-1857, 1: 390; sobre el símbolo mostrado en camisas arapaho, véase Mooney, 1896: 149; como posible efigie entre los winnebago como creadora de la tercera tierra: Radin, 1970. La tortuga cherokee lleva lodo sobre el caparazón (Kilpatrick, 1968: 44), y vive en el centro de la tierra, causando los terremotos cuando cambia de posición (Mooney, 1898: 475); el relato iroqués sobre la mujer que monta sobre la tortuga aparece en Cusick, 1825.

18 Bierhorst, 1985a: 32. Para la descripción de estos hechos, que aparece en un tótem, véase Barbeau, 1950, y Gunn, 1965.

¹⁹ Este punto queda establecido con gran sensibilidad en Zolbrod, en su introducción a *Dine bahane;* un análisis excelente del culto al oso en el norte aparece en Murray, 1991 ("Grizzly Woman").

²⁰ Murúa, citado en Ossio, 1973: 188.

²¹ Véase Duviols, 1977, y su posdata a la edición de Arguedas de este texto: "Francisco de Ávila, extirpador de la idolatría: estudio bibliográfico". Sobre la geografía de la zona, véase Spalding, 1984.

²² Los dibujos y las reflexiones de Gerdt Kutscher al respecto son reproducidos por Bierhorst (1988: 222-224), quien observa la distribución del tema en América del Sur, sobre todo entre los tacaná, que hablan pano, en el este de Bolivia (tomado de Karin Hissink y Albert Hahn, *Die Tacana,* vol. 1: *Erzählungsgut,* Stuttgart, W. Kohlhammer, 1961). Fernando Silva Santiesteban ofrece su propia interpretación del periodo de cinco días en el texto Huarochirí: "El tiempo de cinco días en los mitos de Huarochirí", en F. Miró Quesada, F. Pease y D. Sobrevilla (comps.), *Historia, problema, promesa: homenaje a Jorge Basadre,* vol. 1, Lima, 1978, pp. 571-581 (citado en Hartmann, 1990: 560).

²³ Bertonio, analizado por W. Sullivan, *Precessional Time-Reckoning in Andean Myth,* tesis doctoral inédita, University of St. Andrews, 1987, capítulo 4.

²⁴ Véase n. 22; el volumen de Bierhorst compila muchos ecos sudamericanos del relato de los Soles, sobre todo en la zona del Chaco y, como toda su obra, está impecablemente documentado.

²⁵ Este tema, y el testimonio fósil de él, atrajo la atención de Alexander von Humboldt; Krickeberg sugiere allí los principios de una tradición intelectual que pasó a Occidente (1928: 328, 337).

²⁶ Kössler-Ilg, 1956: 117-129; *cf.* capítulo I, n. 43. Publicada después en traducción española en Buenos Aires, esta colección de narraciones mapuches es sin duda la más rica aparecida hasta hoy, y complementa bien la labor efectuada en este ámbito por los hermanos Carrasco, Hugo e Iván, y por otros eruditos chilenos. En su propia lengua, los kogi hablaron de su advertencia acerca de la línea de nieve en la película de Alan Ereira, *From the Heart of the World* (1990, también publicada en el libro de ese título, Londres, BBC, 1990). Hacia el lejano sur y la Tierra del Fuego, entre los selknam y los yamana, el conflicto doméstico dio por resultado unos cuerpos de narraciones separados para hombres y mujeres, como informan Gusinde y Chapman (Bierhorst, 1988: 168); véanse también Achacaz 1995 y Lausic 1994.

²⁷ Las amazonas del Amazonas aparecen en "Makunaima" (episodio 40).

²⁸ Aquí tiene particular importancia el paralelo establecido por Basso (1985: 41) entre *Watunna* y la cosmogonía de los kalapalo de Xingu, que hablan caribe. Para otras referencias a estos textos de la selva, véase el capítulo I, notas 46-48.

²⁹ Cola de Mono: Brotherston, 1979a; según los witoto, el rabo del embrión humano fue comido por unas avispas, que ya se habían cansado cuando le tocó el turno al mono (K. T. Preuss, 1921: 169; ese relato aún se cuenta hoy: Montoya Sánchez, 1973: 145). Rafuema: K. T. Preuss, 1921: 165. Païí y Charia son analizados en León Cadogan, "Takwa-Kama", en Roa Bastos, 1978: 53-55; el paralelo tupí incluye además al perezoso velludo que ayuda a Maíra, padre de los Gemelos (Wagley y Galvão, 1949: 137-140).

³⁰ Huiio: "Wi" en el relato caribe pemon, donde, asimismo, Odosha es Orodan, Mawadi es Maware, Enneku es Enek (Armellada, 1972). El relato del Diluvio Tsunki, publicado por los shuar, incluye un terrorífico relato de cómo este nombre, también "oído" en su lengua, resulta del ruido hecho por anacondas que empezaban a devorar (Pellizaro, 1979: 79). La

anaconda es avergonzada por un grupo de 11 hombres jóvenes en la novela tupí de Ribeiro, *Maíra* (1976: "Sucuridjureda").

[31] Un motivo muy difundido: como los Gemelos en este refugio, el Tsunki shuar y su hija dejan caer dátiles de una palmera que, en el discurso sedimentario, presagian la reaparición de la *terra firma* (Pellizaro, 1979: 50-51). La palmera salva a la equivalente pareja guaraní en el capítulo 7 del *Ayvu rapyta* (Bareiro Saguier, 1980: 27).

[32] "¿Quién se atrevería a casarse con una hija de los rayos igual que yo?", pregunta el padre en el *taren* del caribe pemon (Armellada, 1972: 293); sobre la práctica del yerno, véase Rivière, 1984.

[33] Este evocador término es de Schomburgk (*Travels...*, Leipzig, 1841), citado por Menezes (1977: 17), en su edición de los *Sketches of Amerindian Tribes*, de Goodall.

[34] Este punto es crítico porque afecta la cuestión más general de las edades del mundo; las comparaciones que establece el propio Civrieux entre *Watunna* y la cosmogonía maya en su edición de 1970 van en distinta dirección.

[35] Al relacionar la cosmogonía arawaka (publicada en parte en Brotherston, 1979: 202-203), Cuthbert Simon hace énfasis particular en este acontecimiento y en su naturaleza liminal. En el Tatkan ikala de los cuna, el árbol en cuestión, la primordial Paluhuala (o Palewalla), en algunas fuentes aparece en realidad con un cordón umbilical completo con membranas fetales enrolladas a sus ramas y raíces (Keeler, 1969: 63, cuya fuente es el jefe Ikwaniktipippi de Ailigandi). Éste es el mismo árbol que, al ser atacado con el hacha, es lamido por el jaguar (Nordenskiöld, 1938: 158-160), como en el modelo de los *teoamoxtli* (véase figura II. 13f). Los dibujos de los cuna también muestran a Paluhuala con el pez que ocupará las aguas del diluvio, motivo que encuentra visiblemente eco en el enigmático prólogo cosmogónico del *amoxtli* Dehesa (*HMAI*, Censo 112). Otro paralelo más: en los dibujos *mola* de los cuna, Paluhuala ("convirtiéndose en el agua de vida"), aparece precisamente en la forma de esvástica que caracteriza a las pinturas secas de los "troncos giratorios" de los navajo (Keeler, 1969: 35).

[36] Louquou: *HSAI*, 14: 561, lo que recuerda al hombre yanomami con una pierna "embarazada" (Jacques Lizot, *El hombre de la pantorrilla preñada y otros mitos yanomami*, Caracas, 1975). Barasana: Hugh-Jones, 1979: 293-294 (la lista ulterior de plantas evoca directamente la Estela Caimán en Chavín: Lathrap, 1973). Las canciones taulipang aparecen en Koch-Grünberg, 1979-1982, 3: 145-147.

[37] Las continuidades entre la cosmogonía de las dos áreas fueron descritas inicialmente a principios del siglo por estudiosos de la tradición alemana de K. T. Preuss, Koch-Grünberg y Krickeberg.

[38] Adelantándose mucho a todo lo publicado en inglés en su época, Mooney exploró todo un conjunto de paralelos entre Apalachia y la selva tropical (el incesto de la luna varón, el ayudante pájaro carpintero, el colibrí que recoge el tabaco consolador, el cortejo de la hija del Rayo, etcétera), cuyas implicaciones históricas aún no están establecidas plenamente (1898: 256 y notas, en general). Ballard (1978: 54) propone las Bahamas como hogar anterior de los yuchi en su lucha con el caimán monstruoso. En la escultura taína y en el relato de Deminan, Arrom encuentra unos paralelos con la tortuga primordial de Isla Tortuga (1989: 86-87 y lám. 57). El lago de *Watunna*, de un azul brillante, cuyas aguas curan, encuentra un equivalente exacto en el lago sagrado de los cherokee, Atagahi, cerca de la montaña guardiana Kuwahi.

[39] Resulta significativo que puedan oírse ecos del episodio volcánico precisamente en las cosmogonías de los pueblos que viven más cerca de los Andes. Por ejemplo, en el Relato de Canimani de los witoto, el pájaro que parte en busca del fuego devora y luego escupe car-

bones encendidos a la tierra (Montoya Sánchez, 1973: 117); la violenta aparición y destrucción de la roca y del poblado de Canchahuaya sobre el río Ucayali son rasgos importantes de la cosmogonía shipibo (E. Weisshaar y B. Illius, en Illius y Laubscher, 1990, 1: 578-581).

XI. LA EPOPEYA

[1] El informe fundamental de este viaje y sus orígenes en el trance chamánico sigue siendo el de Eliade (1964 [1951]), que afectó directamente los estudios del viaje épico en América del Norte elaborados por Radin (1954-1956), Hultkranz (1957) y otros. Sobre la similitud subyacente del curso astronómico implicado del viaje épico en América del Sur, véase los "modelos" de la tierra y el cielo publicados por Hugh-Jones (en Aveni, 1982: 195) y Reichel-Dolmatoff (1971: 44), así como M. S. Cipolletti, "El motivo de Orfeo y el viaje al reino de los muertos en América del Sur", en *Indiana*, 9 (1984): 421-432, y T. Zuidema, "A Visit to God", en Gross, 1973: 358-376. En el *Ayvu rapyta* guaraní, el cambio al modo épico en el capítulo 8 queda marcado formalmente por una prosa más discursiva que remplaza la invocación, semejante a un canto, de los desastres previos del Diluvio y el Eclipse (Bareiro Saguier, 1980: 30-39).

[2] Reichard, 1977: lám. 1; Nowotny, 1961: 34; Civrieux, 1980: 85-88. La versión bororo del buscador aparece como punto inaugural ("M1") en *Mythologiques*, de Lévi-Strauss. En el notable caso selknam, el héroe Kuanyir, hijo de Hais, nace de una unión que sólo aparentemente es incestuosa.

[3] Véase el capítulo x, n. 8. Como hemos visto antes, según el diccionario de Molina, la parte *coatl* de su nombre puede significar, además de "serpiente", "mellizo", como en el moderno término mexicano *cuate*: hecho lingüístico que ayuda más aún a identificarlo con los héroes Gemelos de la cosmogonía quiché y de otras cosmogonías americanas.

[4] Krickeberg, 1928: 193-197.

[5] Llamada Urpayhuachac, la madre queda identificada como esposa de Pachacamac y como hija del Tamtañamca de los altiplanos, que después fue honrado como *huaca* en el templo de Pachacamac: nada de lo cual confirma el concepto de prioridad de Viracocha. En su análisis de este cuento, Tom Zuidema (1982) ilustra las complejas relaciones entre parientes políticos que, de manera similar, se hacen evidentes aquí y en muchos textos de la selva tropical, entre ellos en el mito bororo en que Lévi-Strauss fundamentó el primer volumen de sus *Mythologiques*. Sobre la práctica del yerno, véase el capítulo x, n. 32.

[6] Guss, 1985: 55-75; esta fuente incluye un diagrama del ascenso, dibujado por un chamán apóstata. La experiencia correspondiente de los cuna aparece en Nele Kantule, "A Journey through the Next World", y en los concomitantes dibujos (Nordenskiöld, 1930: 36-47); asimismo, pasando por una serie de pruebas que incluyen atravesar ríos, usar unas tijeras que se comportan como murciélagos, entrar a una casa llena de jaguares feroces, etc., el peregrino llega a un punto tan alto que el mundo le parece tan pequeño como un coco. Esta búsqueda, como la de Medatia, conduce al descubrimiento del hermoso huevo azul, en que pueden oírse las voces de las generaciones futuras.

[7] J. Wilbert y K. Simoneau, 1978: 30, 104; Kössler-Ilg, 1956: 315 (sobre el periodo de nueve noches que sigue a la muerte); vol. 5, Zuidema, 1989; Yaranga, 1986 (sobre el Venus quechua); Cipolletti y Zuidema en n. 1, *supra*.

[8] Véase mi "'Far as the Solar Walk': The path of the North American shaman", en *Indiana*, 9 (1984): 15-29; figura XI.2.

[9] Nowotny, 1961: 224. El relato de Cuauhtitlan de su aparición heliacal como estrella matutina en el horizonte del este ya ha sido aludido y parafraseado por muchos escritores, incluyendo a D. H. Lawrence en *The Plumed Serpent.*

[10] Tal es la disposición en el Magliabechiano, donde el zodiaco (pp. 37-47) precede a la doble aparición de Quetzalcóatl (pp. 49-50); en el Telleriano, la glosa del árbol sangriento se refiere al "árbol ensangrentado y quebrado" en el "huerto donde bajaron" (día 1 Casa, decimoquinta trecena del *tonalámatl);* el verbo *bajar* podría ser transitivo y, por tanto, el pasaje podría significar "donde derribaron el árbol". Watacame: Negrín, 1975: lám. 2 (después del Diluvio).

[11] K. T. Preuss, 1912, 1968.

[12] Histoyre du Mechique, p. 110, en Monjarás Ruiz, 1987: 153. El acertijo de Zuyua, de los mayas, tercero del conjunto de 20 que se refieren a traer alimentos:

> "Hijo mío, tráeme los huesos de tu padre, aquellos que enterraste hace tres años; tengo muchos deseos de mirarlos." "Así ha de ser, ¡oh padre!" Lo que se le pide es la yuca cocida bajo tierra para comida del Halach Uinic. Jefe. Habla es de Zuyua.
>
> (Barrera Vásquez y Rendón, 1963: 140.)

En las lenguas otomanguana y náhuatl hay lugares que han recibido el nombre de este producto, por ejemplo, el Son-daye mazateco ("Shona-vee": Incháustegui, 1977: 103), y Camotlan, en el borde meridional del Papaloapan (Mendoza, f. 44; Lienzo de Coixtlahuaca).

[13] Códice Florentino, libro 2, apéndice (después de las 18 Fiestas del año).

[14] "Se presenta la necesidad del maíz como un elemento que les permitiera sustituir el cultivo de los tubérculos y raíces como la yuca, ya que no podían guardarlos todo el año" (Schumann, 1988: 217). Véase también el capítulo XII, n. 3.

[15] Mendieta, en Monjarás Ruiz, 1987: 149-150; como regente de la decimosexta de las *trecenas,* Xólotl es glosado en el Ríos y en el Telleriano.

[16] Stanislav Iwaniszewski, "Mitología y arqueoastronomía", en Marco Antonio Moreno Corral (comp.), *Historia de la astronomía en México,* FCE, 1986, pp. 112-121; Martínez Gracida (1897-1898: 424) observa que la luna-varón Tezcatlipoca es la misma que "el dios luna llamado Yyacaahuiyu o nuhu yooera" de la cosmogonía mixteca. Aunque identificada por otro nombre, la luna nahua es definitivamente macho en el Códice Florentino, libro 7. En general, sobre el sexo lunar en América, véase Lévi-Strauss, 1978: 211-221 ("The Sex of the Sun and Moon").

[17] Se ha comparado el circuito tzotzil con una rueda de la fortuna de feria (Monjarás Ruiz, 1987: 69).

[18] Mönnich, 1971; esta fuente, que fue pionera en su época, cita notas anteriores sobre las relaciones de Anasazi con Mesoamérica (por Parsons, Fewkes, Nowotny y otros). Mönnich habla en particular del contacto en el horizonte "chichimeca", que debe aparecer algo tardío dado el testimonio del paradigma del trance de Venus en las inscripciones clásicas y los nexos chamánicos más profundos con el Medatia de América del Sur. Sobre las fuentes de Anasazi, véase el capítulo X, nn. 9-11.

[19] En *Watunna,* los hermanos águilas gemelas Dinoshi dejan caer unas plumas que se convierten en cañas, el material empleado por los soto para hacer las cerbatanas con que comercian: en el Yoiiji Hataal, las águilas gemelas que albergan al héroe navajo dejan caer plumas que se convierten en armas al tocar el suelo. Otros paralelos incluyen al pez que devora al héroe y la visita a la gente de las aguas bajo los rápidos, temas de pinturas de arena.

[20] Reichard, 1977: láms. v y vii; Reichard, 1963: 23. Reichard, 1977, incluye el relato de Miguelito del Yoiiji Hataal (p. 26) y el Naato bikaji Hataal (visita al Sol, p. 37; gente de la Tierra, del Cielo y del Búfalo, pp. 50, 57, 68).

[21] El guajolote: Newcomb y Reichard, 1975: 37; el camino del maíz: Wyman, 1970: 92-93; el "verdecimiento": Bahr, 1975: 47, 106.

[22] Para diversas referencias a esta figura épica de los algonquinos, véanse Brinton, 1884: 167 (Nanabush); Spence, 1914: 119 (Michabo); Skinner y Satterlee, 1915: 255 (Manabus); S. Thompson, 1966: 8-13 (1929): 53-57. Bierhorst, 1985: 223, reproduce una pintura de Nanabush (1975), hecha por el pintor otawa Blake Debassige. El retrato que de él hace Gerald Vizenor (Naanabozho, en la novela *Griever* [1987]) se menciona en el "Epílogo", n. 13.

[23] Schoolcraft, 1839, 2: 40-60.

[24] Dewdney, 1975: 159; Schoolcraft, 1851-1857, 2: 163. A este respecto, cabe observar que en la tradición lenape la Luna no es hembra sino macho, hermano del Sol, según el cacique Capitán Pipa (mencionado por Trowbridge en Weslager, 1972: 491; esta fuente informativa también detalla con toda claridad cómo el Sol, siguiendo su camino, pasa de noche bajo la Tortuga).

[25] R. B. Hall, "The Cultural Background of Mississippian Symbolism", en Galloway, 1989: 241; Brotherston, 1979: 150.

[26] Navarre, 1913: 22-24.

[27] Hoffman, 1891; Densmore, 1910; Landes, 1968; Dewdney, 1975. Skinner, 1915: 103, y Dewdney, 1975: 168-169, reproducen unos rollos similares de los menomini; el primero muestra los niveles del cielo; el último, los "tres caminos" mencionados por Chusco. La estandarización Mide de la práctica chamánica se analiza en Eliade, 1964: 314.

[28] "The Ghost Lodge and Sky Degree Scrolls", en Dewdney, 1975: 103-114.

[29] Para símbolos correspondientes y textos de canciones por Kweweziashish y otros citados aquí, véanse Tanner, 1830: 341-344; Schoolcraft, 1851-1857, 1: 332-411; Mallery, 1893: 231-255; Brotherston, 1979: 256, 268 (conjunto de canciones antes inéditas, hoy en el Museo Británico).

[30] Schoolcraft, 1851-1857, 1: 390-397, 402. Sin embargo, otros ejemplos del viaje en trance de los algonquinos aparecen en textos siksika: éstos proponen un paseo solar que no sólo incluye los pasajes correlacionados de los tres grandes —el Sol, la Luna y Venus—, sino una prueba a la que se enfrenta el viajero al surgir del inframundo, eco directo de la que tuvo que enfrentar Quetzalcóatl; es decir, como Estrella Matutina, es atacado por aves (Spence, 1914: 199-200, 204).

[31] Radin, 1970: 104-105.

[32] Los ciclos épicos del "Tramposo" de los winnebago fueron anotados por Sam Blowsnake en el silabario winnebago: Radin, 1956: 111; sobre los nexos con la Liebre, y en especial los directamente relacionados Cuerno Rojo y Gemelos, véase *ibid.*, pp. 118ss; el ciclo es analizado por Robert L. Hall, estableciendo nexos similares con epopeyas mesoamericanas, sobre todo de los héroes Cuerno Rojo y Hun Hunahpu ("The Cultural Background of Mississippian Symbolism", en Galloway, 1989: 240-245). Spence, 1914: 304, cita otros ejemplos siouanos de Venus y el Sol como cazadores.

[33] Sin embargo, existe otro posible juego, ya observado por Mediz Bolio (1973 [1930]), con la palabra que denota la luna; *cf.* la expresión "uil uinal" en un pasaje del Tizimín que recuerda a éste, del Chumayel (Edmonson, 1982: 180; el glifo *uinal* indica típicamente la edad de la luna, es decir, 20 más 9 o 10, en los textos jeroglíficos). Aunque fragmentado en

capítulos separados por Roys y otros editores, el pasaje *uinal* completa la cosmogonía maya del Libro de Chumayel (pp. 42-63), narrada aquí en forma sumamente alusiva. En realidad, con detalles como la precipitación de las aguas, la caída del cielo y el fuego llameante, los débiles que cayeron al mar y los amarillos destruidos por los cuatro bacabes (p. 43, ¿la gente de lodo y la gente de palo?), el robo de la insignia de los Trece Oxlahun-ti-ku (p. 43, los emblemas del poder de Siete Loro), y la "gracia", con sus largas guedejas de cabello y la roca abierta por el dios de la lluvia (pp. 48, 51, el maíz y su liberación de la montaña de alimentos), el texto de Chumayel sólo es comprensible por referencia a otros relatos mesoamericanos (*cf.* Garza, en Monjarás Ruiz, 1987: 40-48).

³⁴ Anticipándose a este orden de juego entre número y palabra, un perro de estuco que se encuentra en Palenque (situado en el museo) muestra la huella del pie como el ojo: véase capítulo II, n. 31. En general, este marcado acento en la epopeya escrita —juego aritmético y verbal, típico de los textos jeroglíficos— coincide en las fases anteriores de la cosmogonía maya con la ausencia de un eclipse imprevisto, fenómeno calculado y predicho con toda precisión en el Dresde.

³⁵ Martínez Hernández, 1930; William E. Gates, crítica de J. E. S. Thompson, *Archaeology of the Cayo District,* en *Maya Society Quarterly* (Baltimore) 1 (1931), 37-44.

³⁶ En la Rueda de Boban (véase capítulo IV, n. 23), las huellas están marcadas como aquí, pares y nones, en conjuntos de 20 por cada cuadrante del círculo. Sobre ejemplos jeroglíficos similares del periodo de 80 días, véase n. 37.

³⁷ Edmonson, 1982: 48-49, 180, donde la geografía terrestre de este, sur, oeste y norte, queda claramente establecida; en el Libro de Mani (Solís Alcalá, 1949: 144) también participan las 18 Fiestas del año. El periodo de 80 días, declarado glíficamente como cuatro *uinales,* aparece con la fecha 4 Ahau en el Dresde, pp. 42-45 (y, una vez más, con capítulos que presentan a dioses de la lluvia con hacha, canoa y red de pescar, y montados). A este respecto, se considera a los Ah Toc como quemadores (J. E. S. Thompson, 1972: 106) y "exploradores" (Solís Alcalá, 1949: 110); véase también Sosa, 1986.

XII. EL COSMOS AMERICANO

¹ Reichel-Dolmatoff, 1971: 218, 250.

² Por ejemplo, D. Tedlock, 1988.

³ Reichel-Dolmatoff, 1950-1951; Enrique Margery Peña, "Algunos alcances en torno a la configuración de motifemas y temas en la narrativa oral talamanqueña", en M. Preuss, 1989; 53-58.

⁴ Un análisis soberbiamente lúcido de "las dos tradiciones divergentes" de la domesticación de plantas, por medio de cortes vegetativos o de semillas, aparece en Wolf, 1959: 51-52. Sobre las notaciones de transformación expresadas en las imágenes del capullo en Isla Tortuga, véase C. Taylor, 1990. El intrincado papel que desempeñan las tuberosas y las verduras con raíces en la cosmogonía de Isla Tortuga aparece, por ejemplo, en los cuentos del nabo de los siksika y en el héroe hombre-patata del chippewa (ojibwa) Pochiku, cuya vida inventiva ha sido recién narrada por Louise Erdrich en *Granta,* 1989.

⁵ Gossen, en Edmonson, 1985: 83-84; Kelley, 1980; Kössler-Ilg, 1956: 296, parte de la serie de acertijos (véase capítulo II, nota 12), pp. 41-43, "Ueber Schnee, Eisberge, Trockenheit, Weltende"; Schele y Miller, 1986: 272-273; Arzápalo, 1987: 380, 396.

⁶ Severin, 1981; como él dice, "El desplazamiento del equinoccio invernal a través de las

constelaciones zodiacales fue la base de una serie de edades del mundo" (p. 69); calcula 101 cuentas de *katunes,* aproximadamente 25 900 años. Brotherston, 1982: 42-44; el "periodo solar" de 29 Ruedas o 1 508 años, en el Mexicanus (véase figura IV.6), se menciona en Edmonson, 1988; en los Anales de Tepexic, el "periodo sideral", de 27.5 Ruedas o 1 427 años, se distingue por un motivo estelar (figura XII.3) y una fecha específica (2 Caña, día 2 Caña). La precesión fue relacionada con la cosmogonía griega por Giorgio de Santillana y Hertha von Dechend, en *Hamlet's Mill: An essay on myth and the frame of time* (Nueva York, Macmillan, 1969), una obra polémica que, sin embargo, expone los límites del enfoque filosófico lineal de, por ejemplo, S. Toulmin y J. Goodfield, *The Discovery of Time* (Londres, Hutchinson, 1965).

7 Aunque como resultado de haber sido transcritos se hayan distorsionado los valores numéricos, un total de 13 Ruedas (676 años) acompaña, por ejemplo, al "paseo" conjunto de Quetzalcóatl (Héroe 9) y el Sol (Héroe 4).

8 Brotherston, 1990: 326; Halcón Alto: E. Curtis, 1908.

9 Madrid, pp. 57, 69, 72; este último fue transcrito y analizado por David H. Kelley (1980), en un contexto de la edad del mundo, junto con las fechas milenarias de Chimalpahin.

10 La posibilidad de una resonancia temporal entre el pulso de la sangre y mayores unidades de tiempo, de un orden básico en el budismo, fue sugerida por la numeración del flujo de sangre en los mapas del tiempo de los *teoamoxtli* (Borgia, p. 72; Féjérváry, p. 1) y por la aparición de la palabra "pulso" en textos alfabéticos (por ejemplo, el Libro de Chumayel, p. 153, *supra,* y la lectura de *matsuara* en pinturas huicholas: Negrín, 1975: 30; los 26 000 años del Gran Año ocurren en realidad como pulsaciones, 72 por minuto, durante la mitad de la noche, de modo que cuatro de tales años corresponden a la unidad noche-día).

11 H. Butterfield, *The Origins of Modern Science,* Londres, G. Bell & Sons, 1957 (especialmente informativo sobre los debates geológicos entre vulcanistas y sedimentaristas a finales del siglo XVIII); Bieder, 1986.

12 Sobre Montaigne y sus fuentes, véase E. Núñez, 1972: 94-95; mientras que en la edición de 1580 de los *Essais,* el interés de Montaigne en América se basó principalmente en los encuentros directos con los tupí en Ruan, en la edición de 1588, sobre todo en "De las carrozas", donde aparecen las edades del mundo, Las Casas, Gómara, Benzoni y otros historiadores se vuelven importantes. Los cargos de herejía contra Marlowe aparecieron en lo que se conoce como la Nota de Baines, la cual muestra que fue influido por Raleigh y por *A Briefe and True Report of the Newfoundland of Virginia (1558)* de Heriot, y en parte por la opinión —deplorada en *Christ's Teares over Ierusalem*— de que "los indios recién descubiertos son capaces de mostrar antigüedades de miles antes de Adán" (Paul Kocher, *Christopher Marlowe,* Chapel Hill, University of North Carolina Press, 1960, p. 45; doy las gracias a Helen Carr por mostrarme esta referencia). Antes de los cristianos, la Roma pagana había ridiculizado la idea de la antigüedad del mundo; Cicerón se burló de los 400 000 años sugeridos por los babilonios *(ibid.,* p. 44).

13 Yourgrau y Breck, 1977. En verdad, no hay precedente en el caso romano-cristiano.

14 Una capa de cuarzo de dos a tres centímetros sugiere que la actividad volcánica coincidió con el fin de los gigantescos saurios al término del cretáceo. Las fechas de los estratos del Madrid se relacionan con el ciclo de 26 millones de años, en términos de x0.3. Para resúmenes y cartas recientes, véase Colin Trudge, "The Evolution of Evolution", en *Listener,* 19 (junio de 1986): 11-12; *Scientific American,* septiembre de 1989: 63-64.

15 "En este texto sagrado de los antiguos quichés se inscribe ya, con trágica adivinación, el

mito del robot, más aún, creo que es la única cosmogonía que haya presentado la amenaza de la máquina y la tragedia del Aprendiz de Brujo" (Los pasos perdidos, 1953: cap. 27); Jorge Luis Borges, "La escritura del dios", Ficciones, 1944.

16 Zolbrod, 1984: 166. Las citas de Watunna y del Popol vuh proceden, respectivamente, de Civrieux, 1992, y de Edmonson, 1971: 38-39. La separación del navajo y la osa "en el borde del bosque" encuentra un paralelo muy cercano en el relato cherokee narrado por Ayunini (Mooney, 1891: 310-311).

17 Sobre América como jardín del planeta, tema predominante en los murales de Diego Rivera, véase Lathrap, 1970, 1973; Sauer, 1975; Ramón Cruces Carvajal, Lo que México aportó al mundo, México, 1986; Weatherford, 1988. Algunos de los testimonios tempranos fueron aportados por Thor Heyerdahl en Kon-tiki (Oslo, 1948), aunque un tanto en nombre del interés vikingo. Éste no es el lugar para analizar los orígenes remotos de tradiciones compartidas por el Nuevo y el Viejo Mundo, como los ecos de las edades del mundo que se encuentran en el Libro de Daniel, en Hesíodo y en Ovidio; el viaje en trance chamánico en ritos asiáticos y en Gilgamesh; y, en Virgilio, la búsqueda de los huesos del padre, cuando Eneas reúne "piadosamente" los pedazos del padre en el inframundo; o los hilos para tejer con teñido natural en la Cuarta Égloga.

XIII. El proceso de traducción

1 Cherokee: Mooney, 1891: 342, 377-378; Kilpatrick y Gritts, 1964; Hudson, 1984 (también observa los antecedentes cherokee del bebé-alquitrán y de otros cuentos del tío Remus). Maya: Dzul Poot, 1985-1986; Burns, 1983. Shuar: Pellizaro, 1979.

2 Véase el "Epílogo", n. 10, para el origen literario del nombre de Gaspar Ilom, tomado de Hombres de maíz, la novela de Miguel Ángel Asturias basada en el Popol vuh y el caso de un guerrillero maya. Véase Cardoza y Aragón, 1955, y la nota sobre la equiparación de los Estados Unidos con Xibalbá, en S. Clissold, Latin America: A cultural outline, Londres, Hutchinson, 1965, p. 50. Sobre Gallo y Sisay, véase capítulo x, n. 3. (Reconocida en Noam Chomsky, Turning the Tide, la causa maya característicamente no es mencionada en F. Chalk y K. Jonassohn, The History and Sociology of Genocide, New Haven, Yale University Press, 1990, que, avanzando en dirección correcta, no hace plena justicia a toda América.) Sobre el achkay, véase Howard-Malverde, 1986, 1989. Para opiniones quechuas modernas sobre la inundación del valle de Sibundoy (Colombia), véase McDowell, 1989. Toda la cuestión de la continuidad se aborda en Preuss, 1989, 1991; Brotherston, 1995b; León-Portilla, 1994; Sullivan, 1988; I. Carrasco, 1988; Dover et al., 1992.

3 Ortiz: en Swann y Krupat, 1987: 193, quienes también citan al célebre erudito lenape Jack Forbes. Se cita a Souza (A expressão amazonense [1978]) en Rama, 1982: 80; Rama también nota la poesía quechua de Kilku Waraka (Taki Parwa) y la reacción a ella de José María Arguedas, quien en 1955 comparó el dominio de la lengua que mostraba Kilku Waraka con la del autor de Apu Ollantay, diciendo que había creído que eso estaba fuera del alcance de cualquier hablante actual. Véase también Bendezú, 1986, y Cornejo Polar, 1989. Montoya y Montoya, 1987, incluyen numerosos ejemplos de poesía y canciones políticas modernas en quechua.

4 mutrungreke trekan   Por el tronco caminé a través
chew ñi rupamum fúchake antikuyem   de cientos de generaciones

ngümanmew ayenmew
dakinmew ñi pewma
ina pen kine cruz katrünmaetew ñi lonko
ka kiñe espada bendecipeetew petu ñi lanon

sufriendo, riendo,
y vi una cruz que me cortaba la cabeza
y vi una espada que me bendecía antes
de mi muerte.

"Rupamum" [Pasos], en Lienlaf, 1989: 54.

Sobre Queupul, véase I. Carrasco, 1988. Acerca de textos modernos en aimará, véase Albó, 1985. El poema de Martínez Hernández está en *ECN*, 20: 358-363, parte de una notable antología de modernos textos en náhuatl, *Yancuic tlahtolli,* publicada en los números 18-20 de *ECN.* En la arena política, las lenguas indígenas desempeñaron un papel en lo que llegaría a ser la lucha de América Latina por su independencia: por ejemplo, quechua (los discursos de Túpac Amaru II), guaraní (las proclamas de Manuel Belgrano a Paraguay, en Roberto Romero, *Antecedentes de la independencia paraguaya,* Asunción, 1988), maya (actas de las Cortes españolas en dísticos tzotziles, en Bricker, 1981), y náhuatl (todo un conjunto de declaraciones y contradeclaraciones impresas, en Ascensión de León-Portilla, 1988).

5 Stiles, 1987.

6 Se encuentra información sobre traducción de la Biblia a lenguas americanas en E. M. North, *The Book of a Thousand Tongues* (Nueva York, Harper Bros., 1938), y Pottier, 1983: 338, siendo notables ejemplos el algonquino (mohicano, 1661), iroqués (mohawk, 1715), arawako (1799), otomí (1826), ojibwa (1828), cherokee (1829), aimará (1829: cf. Yapita, 1976), náhuatl (1833), muskogee (1835), sioux (santee, 1839), caribe (1847), maya (1862), quechua (1880), guaraní (1888), quiché (1898), mapuche (1901), cakchiquel (1902), navajo (1910), cuna (1916). Puede encontrarse una referencia a la traducción entre idiomas del Cuarto Mundo en la *Nueva corónica* (quechua, aimará) de Guamán Poma, en los *Cantares mexicanos* (náhuatl, otomí, huasteco) y en canciones de la Danza del Espíritu (Mooney, 1896).

7 Bierhorst, 1985: 87; Burkhart, 1986: 189 (sobre el distinto matiz de la versión náhuatl del Génesis). Guamán Poma se divierte por el ampuloso lenguaje quechua de Cristóbal de Molina, compilador de mitos, y por el escándalo de Murúa al verse mal comprendido por su grey.

8 Representación de Tlaxcala: Arrom, 1967: 27. Véase también Del Paso y Troncoso, 1902; Hunter, 1960; Frances Karttunen y Gilka Wara, "The Dialogue of El Tepozteco and his rivals", en *Tlalocan,* 9 (1982): 115-141. Sobre el *huehuentzin,* véanse referencias en el capítulo I, nota 7.

9 Brecht, en *Guchachireza* (Juchitán), diciembre de 1982; *Martín Fierro* (versión en guaraní) Buenos Aires, 1923; Saint-Exupéry, *Auquicu,* versión quechua por Teodoro Gallegos y León Coloma, Quito, Centro de Documentación e Información de los Movimientos Sociales del Ecuador, 1989. Estoy agradecido a Michael Dürr y a Ruth Moya por estas referencias. (Véase también Ruth Moya en Zúñiga, 1987, y Rodríguez, 1983, sobre la estandarización de la ortografía quechua.) A este respecto, los textos educativos en cree son notables por usar el silabario de esa lengua; un ejemplo reciente es *Waskahikaniwiyiniw acimowina: Stories of the House People,* Peter Vandall (comp.), Winnipeg, Manitoba University Press, 1987. Las versiones quechuas de Esopo publicadas por Luis Cordero en 1895 son comentadas por Roswith Hartmann, "Tradiciones narrativas quechuas y su documentación", en Beyersdorff y Dedenbach, 1994: 138.

10 Versiones anteriores de mis cuatro estudios son "How Aesop Fared in Nahuatl", en *Arcadia,* 7 (1972): 37-42; "Tawaddud and Maya Wit: A story from the *Arabian Nights* adapted to the Community Books of Yucatan", en *Indiana,* 7 (1982): 131-141; "Faustian Incas and Inca Fausts", en *Comparative Criticism,* 9 (1987): 97-110; y "The Zuni Cinderella", en *Latin American Indian Literatures Journal,* 2 (1986): 110-126.

11 En la Biblioteca Nacional de México y en la Bancroft Library, existen dos importantes copias del manuscrito de las 47 fábulas traducidas; se les compara críticamente en la edición del texto preparada por Gerdt Kutscher, Günter Vollmer y yo mismo (1987).

12 La bibliografía de las 600 fábulas originales, poco más o menos, es abundantísima. La primera edición española (1489) no pudo ser el texto originario del náhuatl, ya que varias de las 47 fábulas en cuestión están ausentes en esa colección, aunque sea muy grande. Por otra parte, hay un alto grado de correspondencia con el Accursiana, último de los tres grupos principales de fábulas enumeradas por August Hausrath en su monumental edición de 1940 (*Fabulae aesopicae soluta oratione conscriptae*, Munich). Mientras que cerca de una cuarta parte de las 47 fábulas están ausentes en uno u otro de los dos primeros de estos grupos (Augustana y Vindobonensis), las *Aesopi fabulae graece et latine* de Accursio (1479), contienen las 47 (núm. 26 "Leo et asinus et vulpes", por ejemplo, está presente sólo en Accursio). Accursio se encuentra tras los textos latinos incluidos en la copia del manuscrito mexicano que se encuentra en París (Bibliothèque Nationale); y ciertos rasgos narrativos peculiares tan sólo a estas últimas versiones concisas reaparecen a menudo, palabra por palabra, en el náhuatl. Todo esto fue señalado en mi artículo de 1972 (véase n. 10).

13 *Ecamecoyotl:* Zimmerman, 1955. *Coloquios* ("Totecuyoane"): capítulo II, n. 13.

14 Garibay, 1953-1954, 2: 183. Cuentos de animales del siglo XVI, en náhuatl, se encuentran incluidos en el Códice Florentino (libro 11; *cf.* Garibay, 1961: 172); sus equivalentes modernos han sido publicados en González Casanova, 1965; W. Jiménez Moreno, *Los cuentos de doña Luz Jiménez,* UNAM, 1979, y "Yancuic tlahtolli", en *ECN* (1986-1990): 18-20.

15 Códice Florentino, libro 2, p. 213; Garibay, 1958: himno 17.

16 Kaua (inédito), núms. 50-59 de las fotografías de T. Maler, en el Ibero-Amerikanisches Institut, Berlín, y pp. 99-117 de la transcripción de Roys, Tulane University; Chan Cah, pp. 73-96, visto brevemente en un ejemplar conservado en Mérida, por cortesía de Alfredo Barrera Vásquez, y publicado ahora en Calderón, 1982; Mani, en Solís Alcalá, 1949: 62-74, y Craine y Reindorp, 1979: 59-62 (quienes informan de otra versión en el Libro de Ixil, que no he examinado). Günter Zimmermann me informó que un maya actual aplicó el epíteto "elegante" a ese cuento.

17 En su "Zuhuy Teodora-Doncella Teodor-Tawaddud: Eine Geschichte aus 1001 Nacht in einer yukatekischen Mayahandschrift des 18. Jahrhunderts", Colonia, 1969 (Habilitationsvortrag, inédito), Peter Tschohl identifica su fuente como edición del grupo denominado "PT" por Walter Mettmann en su fundamental tratamiento del cuento: *La historia de la Donzella Teodor: Ein spanisches Volksbuch arabischen Ursprungs: Untersuchung und kritische Ausgabe des altesten bekannten Fassungen,* Wiesbaden, 1962 (Mettmann también detalla cómo el conocimiento transmitido en el cuento se relaciona con los repertorios de la Europa del siglo XV). Agradezco a Tschohl su extensa respuesta a preguntas que le hice al preparar mi estudio de 1982.

18 Richard Burton, *The Book of the Thousand Nights and a Night,* vol. 5, Londres, 1885, p. 189. Sobre esta traducción y la de Lane, véase Jorge Luis Borges, "Los traductores de las 1001 noches" (1935), en *Historia de la eternidad,* Buenos Aires, 1953, pp. 99-133.

19 Melveena McKendrick, *Woman and Society in the Spanish Drama of the Golden Age,* Cambridge, Cambridge University Press, 1974, pp. 222-223. Queda algún vestigio de este drama en los preliminares de la versión de Chan Cah.

20 Códice Florentino, libro 6, capítulo 43 (Johannson en *ECN,* 20: 297-300); Parsons, 1936 (zapoteca).

[21] Barrera Vásquez y Rendón, 1963: 131-143, basado en las secuencias de los libros de Chumayel (pp. 28-42, 67-71) y Tusik (inédito, pp. 32-54). Günter Lanczkowski detecta algunos elementos toltecas en estas adivinanzas, aunque tal vez subestime su función, políticamente protectora, contra toltecas y cristianos: "Die Sprache von Zuyua als Initiationsmittel", en *Studies in the History of Religions,* suplemento de *Numen,* 10 (1965): 27-39; R. S. Boggs simplemente describe su naturaleza "folclórica": "Las adivinanzas en el Libro de Chilam Balam de Chumayel", en *Actas y memorias del 35 Congreso Internacional de Americanistas,* vol. 3, UNAM, 1962, pp. 365-368.

[22] Bierhorst, 1976: 141; narrados por la Mujer Río y publicados por vez primera por Dorsey y Kroeber en 1903. Los deslumbrantes diálogos de Medatia ya fueron anotados en el capítulo XI; para adivinanzas mapuches, véase el capítulo II, nota 12.

[23] La imagen de señores montados en tronos que son jaguares u otras fieras es común en la iconografía mesoamericana, y puede verse en los murales de Tulum; la realeza en Tequiztepec (Lienzo de Tequixtepec 1) montaba jaguares. *Cf.* lámina 2b.

[24] Descubierto en Cuzco en 1922, el manuscrito de *Yauri Titu* fue publicado por Suárez y Farfán (Lima, 1938) con el título español *El pobre más rico,* versión aproximada del título quechua; el autor se identifica como un tal Gabriel Centeno de Osma, por lo demás desconocido en la literatura quechua. Ya Clements Markham, en *The Incas of Peru* (1911), había informado del que es sin duda otro manuscrito de *Yauri Titu* con otros nombres de los personajes. De *Usca Paucar,* que es anónimo, se conocen nada menos que siete ejemplares manuscritos; el que fue hecho en 1838 por el Dr. Sahuaraura Inca sirvió de base a la edición crítica de Teodoro Meneses (1951). Meneses incluye ambas obras, más el *Apu Ollantay,* la tragedia de Atahualpa y otras dos piezas europeizadas (acerca del Hijo Pródigo y Proserpina), en su antología, sumamente útil y bien preparada de 1983.

[25] Esta obra tiene la distinción de ser la primera que presenta al diablo en el escenario español: A. Valbuena Prat, *Mira de Amescua: Teatro,* vol. 1, Madrid, 1943, p. 63; después sirvió como modelo para obras de Lope de Vega y para *El mágico prodigioso* de Calderón (que mucho después llamó la atención de Shelley como traductor). Como ya lo observó E. B. Tylor (1871, 2: 230), "hasta el dios de la guerra azteca, Huitzilopochtli, puede encontrarse como el demonio Vitzliputzli en el drama popular del Dr. Fausto".

[26] Otras piezas del *corpus* quechua al que pertenecen *Yauri Titu* y *Usca Paucar* están explícitamente relacionadas con el Siglo de Oro español. Por ejemplo, el demonio de Yauri, Nina Quiru (Diente de Fuego; el de Usca es Nina Yunca), también aparecen con ese nombre en *El hijo pródigo,* un auto sacramental de Juan de Espinosa Medrano (1629-1688), sacerdote de Cuzco también célebre como dramaturgo quechua y por su profundo conocimiento de las figuras del Siglo de Oro español, como Góngora y Calderón; versos enteros de las tiradas del demonio en ambas piezas fáusticas encuentran ecos en otra de las obras de Espinosa Medrano, *El rapto de Proserpina,* y mencionan en particular a San Miguel, matador del demonio, quien de hecho aparece anacrónicamente en la escena en la misma obra; es decir, conforme con las normas del auto sacramental de la Contrarreforma. Al mismo tiempo, debe notarse que algunos rasgos clave del Fausto español brillan por su ausencia; por ejemplo, la transformación macabra y melodramática de la amada en un esqueleto, que desencadena el remordimiento del héroe en las obras de Mira y de Calderón.

[27] Lara, 1969: 61; Arrom, 1967: 20.

[28] Lara, 1969: 189; la mayor resonancia del "demonio" quechua, *zupay,* es bien analizada por Harrison (1989).

29 Estas canciones desempeñan una función importante hasta en las obras más europeizadas: en *El rapto de Proserpina,* las canciones de la paloma y la flor (T. Meneses, 1983: 1145, 1250); en *El hijo pródigo,* las canciones de la máscara pintada (pieza etérea y brillante) y del colibrí erótico *(ibid.,* pp. 506, 678), así como un *haylli* final para expresar el júbilo del padre. Luego, asimismo, al desarrollarse físicamente en los Andes, la versión quechua de *Proserpina* establece un contraste moral entre *puna* y *yunca* (el diablo es Nina Yunca en *Usca Paucar),* y da a Plutón una lechuza mensajera, Taparaco, la cual brota directamente del chamanismo local, así como la siniestra Lechuza mensajera en *Apu Ollantay.*

30 A. A. Parker, "The Devil in the Drama of Calderón", en Bruce Wardopper (comp.), *Critical Essays on the Theatre of Calderón,* Nueva York, New York University Press, 1965, pp. 3-23; véase también el entusiasta relato que hace Parker de la Contrarreforma en España: *The Allegorical Drama of Calderón,* Oxford, Oxford University Press, 1943. Debe notarse, de paso, que el parecer de Parker sobre las versiones americanas de estas obras del Siglo de Oro no fue menos deformado por la ignorancia hispanista que la opinión de E. C. Hill sobre *Apu Ollantay* (véase capítulo VIII, 15): "Desde luego, en general, el interés de la traducción se encuentra en el testimonio que ofrece de la muy notable calidad cultural de la colonización española y del concepto que los españoles tenían de su deber de portadores de la civilización. No podemos imaginar a los ingleses, en algún momento, traduciendo a una lengua de América del Norte una obra de Shakespeare o de alguien más" (citado en Hunter, 1960: 151). No comprendió Parker que estas traducciones no fueron hechas por españoles, sino por naturales americanos, y que fueron adaptadas a lenguas y tradiciones literarias y teatrales ya existentes.

31 Sobre el concepto del *tío* entre los mineros bolivianos de hoy, véase Tristan Platt, "Conciencia andina y conciencia proletaria: Qhuyaruna y ayllu en el norte del Potosí", en *Revista Latinoamericana de Historia Económica y Social* (Lima), 2 (1983): 47-73. Las *entumillahue,* o minas de metal, de los mapuches, son custodiadas por demonios sedientos de sangre (Kössler-Ilg, 1956: 147).

32 En *Geschichte und Probleme der lateinamerikanischen Literatur,* Munich, Hueber, 1969, p. 181.

33 Arrom, 1967: 128-129.

34 Lévi-Strauss, 1972: 206-231, que se basa en el "mito zuñi del origen y el surgimiento", así como en narraciones comparables de los hopi y los pueblos (p. 219). Refiriéndose a la Cenicienta y a su equivalente masculino, el ceniciento, de esta manera resume Lévi-Strauss su investigación: "Son imposibles de interpretar por medio de la reciente difusión, como se ha dicho, ya que el Ceniciento y la Cenicienta son simétricos, pero tienen cada detalle invertido (mientras que el cuento de la Cenicienta adaptado en América —la muchacha zuñi de los guajolotes— sí es paralelo al prototipo)" (p. 226).

35 A. B. Rooth, *The Cinderella Cycle,* Lund, 1951; M. R. Cox, *Cinderella: Three Hundred and Forty-five Variants,* Londres, 1893. E. Carilla, *El romanticismo en la América hispánica,* vol. 2, Madrid, Gredos, 1967, p. 77, confirma que la "Cenicienta", versión española de "Cendrillon" de Perrault (1697), fue muy leída en las Américas durante la colonia española. Al mismo tiempo, las versiones americanas incluyen elementos que están ausentes en Perrault pero presentes en otras fuentes europeas, como en la "Cenerentola" del *Pentamerone* de Giambattista Basile (primer texto publicado), la "Aschenbrödel" de Grimm, y las variantes eslavas que no se derivan de Perrault. Lo más notable es ese misterioso contrato entre ella y la familia de aves que caracteriza al relato zuñi: la Cenerentola es favorecida por "la paloma de las hadas

de Cerdeña"; Aschenbrödel actúa secretamente con toda una variedad de aves, y su hermana checa tiene una deuda particular con la lechuza. En el texto de Perrault, con su burguesa preocupación por el despliegue social y su esnobismo (muy a lo Luis XIV), la razón y el modo de la transformación de Cenicienta en una belleza espléndidamente vestida están muy alejados de esa empatía mágica con el mundo natural que puede remontarse, en última instancia, a los augurios y a otros códigos chamánicos arcaicos.

³⁶ K. T. Preuss, 1968: 173; Armellada, 1973: 235-238 ("de algún libro de los españoles").

³⁷ Mapuche: "Die arme Ñuke mit ihren drei Töchtern": Kössler-Ilg, 1956: 266-270. Las versiones zuñi fueron publicadas por F. V. Cushing, Zuni Folk Tales, Nueva York y Londres, 1901, pp. 54-59 (reproducidas en S. Thompson, 1966 [1929]: 225-231, junto con otros "Tales Borrowed from Europeans"); Robert Coles, The Zuni: Self Portrayals, Nueva York, 1972, y D. Tedlock, 1972: 65-73.

³⁸ "Ueber Schnee, Eisberge, Trockenheit, Weltende", en Kössler-Ilg, 1956; asimismo, "Vom Urwald Ñulnu", pp. 50-52.

³⁹ Existe también un intrigante eco inca en el cuento del "Origen del maíz" (Kössler-Ilg, 1956: 52-54), el cual presenta a un héroe que llega del norte (es decir, de Tahuantinsuyu): En los mismos "tres meses de hambre", el campo de su esposa más joven da una rica cosecha, para envidia de las esposas mayores. A su vez, este cuento hace eco al relato que puede encontrarse en el Chaco acerca de la novia Venus, que trae el maíz, una vez más, para gran envidia de otras mujeres (Bierhorst, 1988: 131).

⁴⁰ Según Lévi-Strauss, este es el rasgo clave del personaje Ceniciento-Cenicienta, como lo explica, remontándose al ensayo citado en la n. 34: "De este modo establecimos el carácter precolombino de un mediador, el cual generalmente se ha considerado como una importación reciente [...] Presenta, hasta en detalle (pese a una inversión sistemática de todos los términos, que excluye cualquier préstamo), una correspondencia regular con un personaje reducido a un papel secundario en el escenario europeo y asiático: la Cenicienta" (1978: 64).

⁴¹ S. Thompson, 1966: 28. Una provisión similar aparece en el Laud (véase lámina 6b). La traducción de Cushing se incluye en la colección de cuentos de S. Thompson, fuente utilizada aquí para todas las citas (1966: 225-231).

⁴² S. Thompson, 1966: 231. Notando estas cualidades en el guajolote, Benjamín Franklin lo propuso como emblema de los Estados Unidos independientes, y D. H. Lawrence celebró su afán revolucionario en su poema "The Turkey Cock":

> Tu aboriginalidad
> profunda, inexplicada,
> como un piel roja oscuramente inconcluso y altivo,
> parece las semillas negras y brillantes de siglos incontables.
>
> ...
>
> Guajolote, guajolote,
> ¿eres el ave de la próxima aurora?

Junto con los perros, en el Popol vuh gritan:

> "Dolor nos habéis causado.
> Nos habéis devorado,
> y ahora os vamos a devorar de vuelta",
> dijeron sus perros
> y sus guajolotes a ellos.

En el mismo contexto cosmogónico, el Códice Ríos (p. 3) revela esa lógica de la compensación por la cual el guajolote humilde y servicial, puede convertirse en un rebelde y en un peligro posiblemente satánico.

43 En el antiguo Anasazi, el carnero de grandes cuernos (que aparece en las pinturas secas) daba lana, pero no era estrictamente un animal de rebaño (Sauer, 1975: 245). La analogía entre los animales de rebaño, importados, y las bandadas de pavos aparece al principio del cuento de Cushing: "Hace mucho, mucho tiempo, nuestros antepasados no tenían ovejas ni caballos ni bovinos; sin embargo, tenían animales domésticos de varias clases, entre ellos los guajolotes".

44 D. Tedlock, 1972: 223-297.

EPÍLOGO: EL PALIMPSESTO AMERICANO

1 Un pionero fue G. Chinard, *L'Exotisme américain dans la littérature française au XVIe siècle*, París, 1911, y *L'Amérique et le rêve exotique dans la littérature française au XVIIe et XVIIIe siècles*, París 1913 (este último, junto con su edición de 1962, incluye un minucioso análisis de las fuentes de René de Chateaubriand en *Les Natchez*, tema abordado después por Michel Butor). Goethe fue muy influido por Alexander von Humboldt, primero al dar una vasta difusión a libros mesoamericanos y a la historia de las edades; véase Nuñez, 1972, quien también se refiere a expresionistas alemanes como Gerhard Hauptmann, Alfred Döblin y Eduard Stücken. Artaud, Breton y Péret (quien tradujo al francés el Libro de Chumayel) se destacan entre los surrealistas que se fijaron en la literatura del Cuarto Mundo (véase n. 5); LeClézio, quien también tradujo el Libro de Chumayel, pasa revista de estos eslabones (1988), observando en particular la exposición de 1909, en Veracruz, de pintura y escultura mexicanas, y la influencia que esta tradición indígena ejerció sobre figuras como los dadaístas y Henry Moore (hoy, las pinturas de Keith Hering retocan abiertamente las imágenes de los huicholes). Bareiro Saguier, 1990, y Castro-Klaren, 1989, también hacen una revisión general de este proceso.

2 Véase Ariel Dorfman, *Imaginación y violencia en América*, Santiago, Editorial Universidad, 1970, pp. 65-92, y mi "The Latin American Novel and Its Indigenous Sources", en John King (comp.), *Modern Latin American Fiction: A Survey*, Londres, Faber, 1987, pp. 60-77.

3 Diecisiete de esos "poemas indios" aparecen en una primera edición (León, Nicaragua, 1969), y otros dos en una segunda (Santiago de Chile, 1971); una edición posterior (*Los ovnis de oro: Poemas indios*, México, Siglo XXI, 1988) omite 10 poemas que ya habían sido incluidos en *Nueva antología poética* (México, Siglo XXI, 1978), y añade otros 12 (con ello, los dos poemas de *Cantares mexicanos* se vuelven uno solo, sumando 30 en total). Sobre el *Homenaje*, véase mi *Latin American Poetry: Origins and presence*, Cambridge, Cambridge University Press, 1975, pp. 193-197; Vicente Cicchitti, "Homenaje a los indios americanos", en Elisa Calabrese (comp.), *Ernesto Cardenal: poeta de la liberación latinoamericana*, Buenos Aires, F. García Cambeiro, 1975, pp. 133-158; Paul W. Borgeson, *Hacia el hombre nuevo: poesía y pensamiento de Ernesto Cardenal*, Londres, Támesis, 1984. Como Asturias (1960), también Montoya Toro, y Cardenal (1966) han aumentado las revisiones continentales y antologías enumeradas en la "Introducción" n. 4. Robert Pring-Mill ha sido extraordinariamente generoso al compartir un conocimiento derivado de su íntima relación con Cardenal a lo largo de los años y al facilitar copias del material manuscrito.

⁴ Reservados las más de las veces por los críticos sólo a textos occidentales. Diana Pala-
versich hace comentarios incisivos de las obtusas interpretaciones posmodernistas de *Memoria del fuego:* "Eduardo Galeano: entre el posmodernismo y el poscolonialismo" (en Brotherston, 1993: 11-24). Aunque basado en el cuna Olopatte ikala, el ovni del título de Cardenal
(Salmon, 1992) es inadecuado ya que, yendo contra el argumento de los propios poemas,
parece sugerir que la cultura americana se originó fuera de su propia tierra, siendo los
extraterrestres la más reciente y la más estrambótica de la línea de fantasías colonialistas
acerca del Cuarto Mundo.

En *Daimón* (1978) y en *Los perros del paraíso* (1987), novelas de su "trilogía del descubrimiento", Abel Posse yuxtapone sabiamente la vida al palimpsesto aborigen: escenas
enmarcadas por las páginas del Códice Vaticano C ("ese panteón de luz [...] perdido para
siempre en la quema de documentos aztecas ordenada por el brutal arzobispo Zumárraga")
(A y B sí existen); Huamán Collo, el embajador de Tahuantinsuyu que en México alude a
la organización del Estado inca comprobada por Guamán Poma; o la inscripción taína de
una fecha calendárica. En su enfoque del destino del indio americano Posse explota, por una
parte, la vena del *Aztec* de Gary Jennings (1980); por la otra, su radicalismo coincide a
menudo con el soberbio estudio "pionero" de su compatriota David Viñas, *Indios, ejército y
frontera* (1982). Viñas se dedica en particular a la reescritura de la historia de la frontera
argentina y su política sobre los mapuches, cuyos héroes ya habían recibido celebración literaria, desde *La araucana* de Ercilla (1569-1589) hasta el "Caupolicán", de Darío. A este
respecto, cita al presidente liberal Domingo Sarmiento, gran admirador de Cooper y los
Estados Unidos en general: "Para nosotros, Colocolo, Lautaro y Caupolicán, no obstante los
ropajes nobles y civilizados con que los revistiera Ercilla, no son más que unos indios
asquerosos, a quienes habríamos hecho colgar ahora" (Viñas, 1982: 53). La irritación de
Sarmiento nos hace volver a nuestro punto de partida, pues se queja de que el Estado arau-
cano-mapuche, que todavía en 1883 impidió el avance imperialista de Buenos Aires hacia el
sur, inicialmente hubiese sido fomentado por el reconocimiento *literario* por parte de Ercilla
y otros.

El *best-seller* de E. von Dänicken, *Chariot of the Gods* (1968), manifiestamente malinter-
preta textos aborígenes, detectando una nave espacial en el sarcófago de Pacal, y afirmando
que después de quemarse a sí mismo, Quetzalcóatl volvió a Venus, y no que se convirtió en
Venus. Esta obra fue precedida por las fantasías de Mu (Churchward) y la Atlántida (Le
Plongeon). Véase la cáustica obra de Robert Wauchope, *Lost Tribes and Sunken Continents:
Myth and method in the study of American Indians,* Chicago, University of Chicago Press, 1962.

⁵ Véase mi "Revolution and the Ancient Literature of Mexico, for D. H. Lawrence and
Antonin Artaud", en *Twentieth Century Literature,* 18 (1972): 393-408; también Walker,
1978.

⁶ Citado por Pablo Antonio Cuadra en su introducción a la segunda edición del *Homenaje.*

⁷ Aparece como tal en el "Mayo" de Cuadra y en el fundamental estudio de Darío realizado
por Octavio Paz, "El caracol y la sirena", en *Cuadrivio,* México, Joaquín Mortiz, 1967; véase
también J. J. Arrom, "El oro, la pluma y la piedra preciosa: Indagaciones sobre el trasfondo
indígena de la poesía de Darío", en *Hispania,* 51 (1967): 971-981 (incluido en Arrom, 1971),
que enfoca "Tutecotzimí", versión de la migración nahua de México a Nicaragua. Con Cuadra,
en poemas como "El dolor es un águila sobre tu nombre", sentimos un peso ancestral como
la enorme ave y las criaturas felinas sobreimpuestas a los seres humanos en las estatuas del
"doble ego", características de Nicaragua y de la América del Sur septentrional (*El jaguar y la*

luna, 1973); su brillante composición integra a Sandino y a Quetzalcóatl (que se inmola a sí mismo en el "Códice del año") o transcribe precisamente la lógica general de un capítulo de los *teoamoxtli* (véase capítulo II, n. 33). Véase Gloria Guardia de Alfaro, *Estudio sobre el pensamiento poético de Pablo Antonio Cuadra,* Madrid, Gredos, 1971.

[8] Estos lamentos reales son un tema completo en sí mismo, que se remonta, pasando por el historiador Ixtlilxóchitl, descendiente de la casa real, a los manuscritos de los *Cantares* de Tenochtitlan y los Mapas Xólotl de Texcoco; Ixtlilxóchitl lo relaciona con el dolor causado no por los "sanguinarios" aztecas (como lo hizo Prescott), sino por el tributo impuesto por los cristianos. La traducción de Garibay, primera versión completa del manuscrito de los *Cantares* que haya aparecido en español, retrocede ante los términos cristianos que se encuentran en ciertos poemas, como por temor de deformación y sacrilegio, lo que Cardenal, como cristiano, hasta cierto punto comparte. Estas posibilidades más subversivas del texto han sido bien señaladas en la excelente transcripción de John Bierhorst, *Cantares mexicanos: Songs of the Aztecs.* Sobre los poemas de Nezahualcóyotl y la larga historia de las traducciones e interpretaciones que se les han dado, véase V. M. Castillo, 1972; mi "Nezahualcoyotl's Laments and Their Nahuatl Origins: The Westernization of ephemerality", en *ECN,* 10 (1972): 393-408; y "An Indian Farewell in Prescott's *The Conquest of Mexico*", en *American Literature,* 45 (1973): 348-356, y Castro-Klaren, 1989.

[9] La figura clave para interpretar la Revolución en sus primeros años fue el arqueólogo Manuel Gamio, autor de *La población del valle de Teotihuacan* (1922), quien estimuló la *Llave del náhuatl* de Garibay (Otumba, 1940). Los murales de Teotihuacan son el tema de "El paraíso terrenal en Teotihuacan", en *Cuadernos Americanos,* 2, núm. 6 (noviembre-diciembre, 1942): 127-136, por Alfonso Caso, quien después transformaría el conocimiento del pasado mexicano gracias a su labor en Monte Albán, la Mixteca y Coixtlahuaca. Sobre esta "reconstrucción del pasado", véase en general Florescano, 1987.

[10] Una lectura de su obra de juventud *El problema social del indio* (Guatemala, 1923) no deja dudas a este respecto. Véase Brotherston, 1979: 25-44; Gerald Martin, *Journey through the Labyrinth,* Londres, Verso, 1989, pp. 296-297 y Martin, 1992. Por su parte, Amparo Dávila celebra el texto físico del drama quiché *Rabinal Achi* en su cuento "El patio cuadrado" (*Árboles petrificados,* México, 1977).

[11] Brotherston, 1975: 98-109; W. Rowe, 1979; Rama, 1982; Lienhard, 1990. Véase también Laura Lee Crumley, "El intertexto de Huarochirí en Manuel Scorza: una visión múltiple de la muerte en *Historia de Garabombo, el invisible"*, *AI,* 44 (1984): 747-755 (Scorza incorpora una parte del cap. 27 del *Runa yndio* en su novela, segunda de una serie de cinco, acerca de la violenta "guerra callada" contra los quechuas en 1962). Sobre la repercusión de la literatura quechua sobre la Europa de la Ilustración y los paladines de la independencia hispanoamericana, véase mi "Inca Hymns and the Epic-Makers", en *Indiana,* 1 (1973: 199-212). Paititi fue reclamado como parte de su dominio por Túpac Amaru II: Véase "Introducción", n. 6; Carpentier, *Tientos y diferencias,* UNAM, 1964; Nicole Cartagena, *Paititi: dernier réfuge des Incas* (1981). Sendero Luminoso es analizado por Gorriti Ellenbogen, 1990.

[12] Schoolcraft obtuvo acceso a los textos originales gracias a su esposa ojibwa, episodio detallado en Lewis, 1964. Leslie Fiedler describió *Hiawatha* como texto aborigen "revisado y sentimentalizado para un público lector burgués, el cual necesitaba urgentemente que lo tranquilizaran diciéndole que si no todos los indios, al menos algunos buenos indios habían recibido con alegría el fin de su mundo pagano, ¡ay!, aunque idílico" (1968: 77). La influencia del poema de Longfellow también fue considerable en América Latina, especialmente en

Brasil y Uruguay (la epopeya de Zorrilla, basada en el condenado héroe guaraní Tabaré); véase Brotherston, 1972. Sobre la retórica del siglo XIX y sus raíces, véase mi *"The Prairie* and Cooper's Invention of the West", en *James Fenimore Cooper: New critical essays,* R. Clark (comp.), Londres, Vision Press, 1985, pp. 162-186, y "A Controversial Guide to the Language of America", en *1642: Literature and power in the seventeenth century,* F. Barker y P. Hulme (comps.), Colchester, University of Essex, 1981, pp. 84-100.

13 *Wandlungen und Symbole der Libido,* publicado en Leipzig y Viena, 1912; se tradujo al inglés como *Psychology of the Unconscious,* Nueva York, 1916; se publicó una edición aumentada con el título *Symbole der Wandlungen,* 4a. ed. revisada, la cual se tradujo como *Symbols of Transformation: An analysis of the prelude to a case of schizophrenia,* Londres, 1956 (Collected Works, vol. 5). Esta edición (pp. 447-462) incluye el texto completo de Miss Frank Miller, "Some Instances of Subconscious Creative Imagination", publicado originalmente en francés en 1905 y que forma toda la base del análisis de Jung, especialmente la sec. IV, "Chiwantopel, a Hypnagogic Drama" (pp. 457-462), que constituyó el estímulo de su largo discurso sobre Hiawatha (pp. 312-357). Respecto a su ruptura con Freud y Adler, Jung dice que este estudio fue un "hito" (p. xxiv). El término *tótem,* importantísimo en psicología, es de origen algonquino (Dewdney, 1975: 30). Jung también comenta la epopeya americana en Radin, 1956; en su sondeo de la conciencia angloamericana se le anticipó William James, quien afectó profundamente la comprensión de la cultura indígena en Willa Cather (Lois Parkinson Zamora, en Pérez Firmat, 1990: 20-25). Estas preocupaciones salen a la superficie en antologías de principios del siglo XX, como la de Cronyn (1918), Austin (1923), N. Curtis (1923) y Spinden (1933), y se les analiza en Rexroth (1960), Zolla (1973) y Castro (1983), y en la "Poesía de los indios de Norteamérica" de Cardenal, en *América indígena,* 21 (1961): 355-362. Reciben una formulación "posmoderna" en la novela *Griever* de Gerald Vizenor (de ascendencia ojibwa y editor de textos ojibwa), donde la épica busca de rollos mide lleva a Manabozho (Naanabozho) hasta China.

14 Véase mi artículo "Pacaraima as Destination in Carpentier's", *Los pasos perdidos* (en Brotherston, 1993: 161-183).

15 Incluido en Walmsley y Caistor, 1986 (que también incluye un poema maya escrito por George Price, ex primer ministro de Belice). En su prólogo a la reciente reimpresión de *Palace of the Peacock* (Londres, Faber, 1988), Wilson Harris invoca el misticismo caribe analizado por Michael Swan en *The Marches of El Dorado* (1958), que fue esbozado inicialmente por William Henry Hudson en *Green Mansions* (1904).

16 *Yo el supremo,* p. 144. Habiendo inspirado el título de una novela expresionista anterior de Döblin *(Der blaue Tiger),* estos seres aparecen también en *Maíra* (p. 167) de Ribeiro, novela desarrollada a partir del ensayo previo del autor sobre los urubú *(Uirá vai ao encontro de Maira,* en Ribeiro, 1974). Sobre *Macunaíma* y la revolución "caraíba" de los *modernistas,* véase Franco, 1937, y Randal Johnson, "Tupy or Not Tupy: Cannibalism and nationalism in contemporary Brazilian literature and culture", en J. King (comp.), *Modern Latin America Fiction,* Faber, Londres, 1987, pp. 1-59. Pese a su intención americanista, la novela *O guaraní* (1857), de José de Alencar, interpreta la inundación de la selva tropical como la del Génesis del Viejo Mundo. La profunda y variada influencia del "Makunaima" de los taulipang y arekuna sobre el *Macunaíma* de Andrade está bien detallada en la soberbia edición de esa novela por Telê Porto Ancona López (São Paulo, 1988). Para Bopp, quien se basó en ediciones anteriores de textos tupí (Nheengatu) de Barbosa Rodríguez y Amorín, véase Averbuck, 1985.

17 *If on a Winter's Night a Traveller,* p. 94, citado por Gerald Martin en *Journeys through the*

Labyrinth, Londres, reverso, 1989, p. 306. El *Popol vuh* se encuentra entre los principales clásicos narrados ininterrumpidamente por este "indio viejo", quien es, "de acuerdo con algunos, la fuente universal del material narrativo". El poema-epístola de Cardenal a Casaldáliga informa de interpretaciones del *Homenaje* por Chico Méndez y otros defensores de la selva tropical; los comienzos de esta participación de Cardenal pueden notarse en su artículo "El retrato de la creación de los indios de Colombia", en *Revista de la* UNAM, 18, 63 (1963): 28-29. Sa (1997) trata en detalle los textos indígenas que han influido sobre varias de las narraciones hispanoamericanas y brasileñas comentadas aquí: *Memoria del fuego, Los pasos perdidos, Yo el supremo, Macunaíma, Quarup, Maíra;* y con la ayuda del estudio de Gerhard Baer (1984) identifica los originales machiguenga perversamente utilizados por Vargas Llosa en *El hablador.*

BIBLIOGRAFÍA

TEXTOS INDÍGENAS

Esta lista, que no es exhaustiva, sirve para facilitar la referencia a los textos citados. Los datos iniciales consisten en autor y título o sólo en título:

ANKO, *Cuenta de años y lunas.*

—*Apu Ollantay.*

Para mayor claridad, los nombres de autores se manejarán en versales y versalitas.

Sólo títulos publicados y generalmente aceptados aparecen en cursiva (*Dine bahane*). El asterisco (*) indica un texto escrito total o parcialmente en escritura o en lenguaje visual indígena.

Los datos subsiguientes incluyen, en cuanto sea apropiado, género y tipo de texto, lugar y fecha de origen, números asignados en los principales censos (Censo; Cham.; Dewd.; Kram.; véase "Abreviaturas"), títulos alternos y referencias a fuentes secundarias de la "Bibliografía". Véase el "Glosario" para más detalles sobre: *amoxtli, hataal, ikala,* lienzo, Mide, pintura seca, *teoamoxtli, wampum, waniyetu yawapi, xiuhtlapoualli.*

ACHACAZ WALAKIEL, ALBERTO, *Saman arkachoe,* 1995. Achacaz, 1995.

AH NAKUK PECH, *U belil u kahlil Chac-Xulub-Chen.*
Crónica, en maya. Chicxulub (Yucatán), s. XVI. Censo, 1166; Crónica de Chac-Xulub-Chen. Brinton, 1882; Yáñez, 1939.

ANKO, *Cuenta de años y lunas.
Anales kiowa, 1892, Cham., 60-61. Mooney, 1979.

—*Apu Ollantay* ["Señor Ollantay"].
Drama, en quechua. Cuzco. Tschudi, 1853; Markham, 1871; Cid Pérez y Martí, 1964.

—*Atahuallpa.*
Drama, en quechua. Tragedia del fin de Atawallpa. Lara, 1957.

—*Atsosii Hataal ["canto de las plumas"].
Epopeya, en navajo. Wyman, 1983: 180-188, láms. 16-21.

AUPAUMUT, *A Note on the Mahikan Indians.*
Morse *et al.,* 1822; véase la nota 22 del capítulo VII.

—*Ayane ["gente búfalo"].

Pintura seca navajo, pertenece al *hataal* Naato bikaji.

AYUNINI (EL NADADOR), *Kanaheta Ani Tsalagi ["curación cherokee"]. Conjuros, en cherokee. Apalachia, s. XIX. Mooney, 1891; Olbrechts y Mooney, 1932.

—*Ayvu rapyta* ["origen del lenguaje humano"].
Cosmogonía, en guaraní. Cadogan, 1959.

—*Aztlan, Anales de.
Amoxtli, xiuhtlapoualli. Tenochtitlan, s. XVI. Censo, 34; Boturini. Corona Núñez, 1964-1967, 2.

—*Aztlan, Mapa de.
Historia de migración. Censo, 290; Mapa de la peregrinación de los aztecas; Mapa Sigüenza. Glass, 1964: lám. 16.

—Baranda: véase Miltepec, Rollo de.

BOIDE (LA LLAMA), *Cuenta de inviernos. *Waniyetu yawapi* itazipco/oohenupa. Dakota, 1876. Cham., 12.
Mallery, 1893.

—Borbónico, Códice.
Teoamoxtli. Tenochtitlan/Colhuacan. Censo, 32. Nowotny, 1974 (Graz ADV); Reyes, 1992.

—*Borgia, Códice.
Teoamoxtli. Cholula. Censo, 33. Nowotny, 1976. [Hay edición del FCE.]

—Cakchiqueles, Anales de los: véase *Sololá, Memorial de*.

—*Calacoayan, Libro de Tierras de.
Calacoayan (Estado de México), 1802. Censo, 710. Noguez, 1993; Brotherston, 1995.

—*Canandaigua, cinturón wampum de.
Mapa ritual. Canandaigua (Nueva York), s. XIX. Original en el Museo de Canandaigua.

—Canimani, Relato de.
Cosmogonía witoto (versión del cacique J. O. García). Putumayo (Puerto Leguizamo), s. XX. Montoya Sánchez, 1973: 115-129

—*Cantares mexicanos*.
Poesía, en náhuatl. Tenochtitlan, s. XVI. Censo, 1019. Bierhorst, 1985; Garibay, 1964-1968; Brinton, 1887.

CASTILLO, CRISTÓBAL DE, *Historia de los mexicanos*.
Anales, en náhuatl. Tenochtitlan, 1600. Del Paso y Troncoso, 1908.

—*Catawba, Mapa.
Catawba (Carolina del Sur), 1721. Waselkov, 1989; Brotherston, 1992.

CETAN GLIHAYA (HALCÓN ALTO), *Cuenta de inviernos

Waniyetu yawapi sicangu. Dakota, 1907. Cham., 41. Curtis, 1908.

—*Chan Cah, Libro de.

Libro de Chilam Balam, en maya. Chan Cah, s. XX. Censo, 1145. Calderón, 1982.

CHEKILLI, Migración muskogee.

Alabama, 1735. Gatschet, 1884.

—*Chiautla, Anales de.

Amoxtli, xiuhtlapoualli. Chiautla-Texcoco-Tepetlaoztoc, *ca.* 1569. Censo, 84; Códice en Cruz. Boban, 1891, 1.

—*Chickasaw, Mapa.

Alabama, 1721. Waselkov, 1989; Brotherston, 1992.

—*Cholula, Mapas de.

Cholula, 1586. Censo, 57. Glass, 1964, láms. 12, 59-60; Bittman, 1968.

CHIMALPAHIN CUAUHTLEHUANITZIN, *Relaciones de Chalco Amecameca.*

Anales, en náhuatl. Chalco, *ca.* 1600. Censo, 1023-1027. Chimalpahin, 1869, 1958, 1963-1965, 1965.

—Chumayel, Libro de.

Libro de Chilam Balam, en maya. Chumayel, 1782. Censo, 1146. Gordon, 1913; Roys, 1933; Edmonson, 1986.

CHUSCO, "Iosco", "Wassamo".

Cuentos otawa. Schoolcraft, 1839, 2: 40-60; 132-152.

—*Coetzala, Mapa de.

Coetzala (Puebla), s. XVI. Censo, 69. *Códices indígenas,* 1933.

—*Coixtlahuaca, Lienzos de, 1-3.

Coixtlahuaca, s. XVI. Censo, 70, 71, 195; Seler, 2, Ixtlan, Meixueiro. Koenig, 1984; Glass, 1964: lám. 123; Glass, 1975: lám. 49.

—*Coixtlahuaca, Mapa de.

Teoamoxtli. Censo, 14; Manuscrito Aubin, 20. Nowotny, 1961: lám. 51.

—*Coloquios y doctrina cristiana:* véase "Totecuyoane".

COÑA, PASCUAL, *Kuifike mapuche yem chumnechi ni admonefel enn; Vida y costumbres de los antiguos araucanos.*

Autobiografía, en mapuche. Budi, 1927. Moesbach, 1984.

—*Cospi, Códice.

Teoamoxtli. Censo, 79. Nowotny, 1968 (Graz, ADV).

—Cuauhtitlan, Anales de.

Anales, en náhuatl. Cuauhtitlan, 1570. Censo, 1033; Historia de los reynos de Culhuacan y México. Velázquez, 1945; Lehmann, 1974; Bierhorst, 1992.

—*Cuauhtinchan, Anales de.

Xiuhtlapoualli. Cuauhtinchan, después de 1544. Censo, 359; Historia tolteca-chichimeca. Kirchhoff, Güemes y Reyes, 1989; Menguin, 1942 (CCAMA, 1)

—*Cuauhtinchan, Mapas de, 1-5.
Cuauhtinchan, s. XVI. Censo, 94-97. Yoneda, 1981.

—*Cuicatlan, Códice.
Teoamoxtli (anverso pp. 1-10); *xiuhtlapoualli.* Cuicatlan. Censo, 255; Porfirio Díaz. Chavero, 1892

CUSICK, *Sketches of Ancient History of the Six Nations.*
Tuscarora Village (Nueva York), 1825. Historia iroquesa. Cusick, 1825.

—*Dine bahane* ["origen del pueblo"].
Cosmogonía navajo. Matthews, 1897; Zolbrod, 1984.

DOOYENTATE, *Origin and traditional history of the Wyandotts.*
Toronto, 1870. Dooyentate, 1870.

—*Dresde, Códice.
Amoxtli maya. Censo, 113. Anders y Deckert, 1975 (Graz, ADV); Thompson, 1972; Lee, 1985. [Hay edición del FCE.]

DZUL POOT, *Cuentos mayas.*
Mérida, 1985-1986. Dzul Poot, 1985-1986.

—"Eecaliztli" ["discurso", "reto"].
Drama, en náhuatl. Tepoztlan, s. XX. Karttunen y Wara, 1982.

ESHKWAYKEEZHIK (Cielo Rojo), *Rollo del origen.
Cosmogonía Mide. Shoal Lake, s. XIX. Dewd. GAI-2. Dewdney, 1975: 24-25.

ESHKWAYKEEZHIK, *Rollo de la migración.
Historia Mide. Shoal Lake, s. XIX. Dewd. GAI-4. Dewdney, 1975: 62-63.

ESHKWAYKEEZHIK, *Rollo maestro.
Ritual Mide. Shoal Lake, s. XIX. Dewd. GAI-7. Dewdney, 1975: 95.

—*Féjérváry, Códice.
Teoamoxtli. Xiuhtecutitlan (?). Censo, 118. [Hay edición del FCE.]
Burland, 1971 (Graz, ADV); León-Portilla, 1985.

—*Florentino, Códice.
Historia, en náhuatl. Tlatelolco, *ca.* 1580. Censo, 274; Sahagún, *Historia general de las cosas de Nueva España,* México, Secretaría de Gobernación, 1987, 3 vols; Dibble y Anderson 1950-1969.

GARCÍA TÉLLEZ, A., *Historia de la curación de antigua.
Amoxtli moderno, conjuros. Pahuatlan (Puebla), 1978. Dyckerhoff, 1984; Sandstrom, 1986.

GATIGWANASTI, *Kanaheta Ani Tsalagi ["curación cherokee"].

Conjuros, en cherokee. Apalachia, s. XIX. Mooney, 1891; Olbrechts y Mooney, 1932.

GUAMÁN POMA DE AYALA, FELIPE, *Nueva córonica y buen gobierno.
Descripción de imperio. Cuzco, ca. 1613. Pietschmann, 1936; Murra y Adorno, 1981.

—*Hajinei ["surgimiento"].
Pintura seca navajo, pertenece a los *hataal* Kledzhe y Hozhoni.

HALCÓN ALTO: véase CETAN GLIHAYA.

HEHAKA SAPA (ALCE NEGRO), Autobiografía y los siete ritos oglala.
Hehaka Sapa, 1932, 1953.

—Histoyre du Mechique.
Cosmogonía. México, ca. 1543. Censo, 1049. Garibay, 1979.

—*Hozhoni Hataal ["canto bendito"].
Epopeya, en navajo. Wyman, 1970; Dunn, 1968: 116-119.

—*Huamantla, Rollo de.
Huamantla (Tlaxcala), s. XVI. Censo, 135. Aguilera, 1984.

—Huarochirí, Manuscrito de: véase *Runa yndio.*

—*Huehuehtlatolli* ["palabra de los ancianos"].
Consejos, en náhuatl. Tlatelolco, 1600. Censo, 1080. León-Portilla, 1988.

HUINKULCHE (HOMBRE DE LA MONTAÑA), Relato de.
Cosmogonía mapuche. San Martín de los Andes, s. XX. Kössler-Ilg, 1956: 117-129.

—*Inin cuic catca intlatlacuteculo inic quin mauiztiliaia inin teupa* ["himnos en los que honraron a los dioses"].
Himnos, en náhuatl. Tepepulco, 1547. Censo, 1098 y 1104 (Sahagún, Primeros Memoriales, y Códice Florentino); Veinte himnos sagrados. Garibay, 1958; Seler, 1902-1923, 2; Brinton, 1890.

—*Itzcuintepec, Mapa de.
Cuextlan, s. XVI. Censo, 161. Brotherston, 1995.

—*Itzcuintepec, Rollo de.
Migración chichimeca. Cuextlan, s. XVI. Censo, 161. Brotherston, 1995.

—Ixil, Libro de.
Libro de Chilam Balam, en maya. Ixil. Censo, 1147. Roys, 1946; Graz, ADV, 1990.

IXTLILXÓCHITL, *Historia chichimeca.*
Texcoco, ca. 1608. Ixtlilxóchitl, 1975-1977.

KAEMA A (CABEZA DE SERPIENTE), *Cuenta de años.
Anales pima. Kamatuk Wutca (Gila Crossing), 1902. Russell, 1975: 38-66.

Kahkewaquonaby, *History of the Ojebway Indians*, 1861. Kahkewaquonaby, 1861.

Kantule, Nele, y Rubén Pérez Kantule, Historia cuna.
    Nordenskiöld, 1928, 1930, 1938; Wassén, 1938.
—Kaua, Libro de.
    Libro de Chilam Balam, en maya. Kaua, *ca.* 1789. Censo, 1148. Barrera Vásquez y Rendón, 1963: 33-34.

Kilku Wara (Andrés Alencastre), *Yawar para.*
    Poesía, en quechua. Cuzco. Kilku Wara, 1972.
—*Kledzhe Hataal ["canto nocturno"].
    Cosmogonía, en navajo. Bierhorst, 1974: 281-352; Wyman, 1983: 174.

Kweweziashish (Niño Malo), *Mapa de la migración.
    Historia Mide. Dewd., bm-1. Dewdney, 1975: 75.

Kweweziashish, *Rollo de los cantos.
    Ritual Mide. *Brotherston, 1979: 268.
—*Laud, Códice.
    Teoamoxtli. Teotlillan. Censo, 185. Burland, 1966. [Hay edición del fce.]
—*Leyenda de los Soles.*
    Cosmogonía, en náhuatl. Tenochtitlan, 1558. Censo, 1111. Velázquez, 1945; Lehmann, 1974; Bierhorst, 1992.

Lienlaf, Leonel, *Nepey ni gunun piuke* ["Se ha despertado el ave de mi corazón"]. Poesía, en mapuche. Temuco. Lienlaf, 1989.
—*Libellus de medicinalibus indorum herbis.
    Tlatelolco, 1552. Censo, 85; Badiano, México, imss, 1964.
—*Madrid, Códice.
    Amoxtli maya. Censo 187. Anders, 1967 (Graz, adv); Lee, 1985. [Hay edición del fce.]
—*Magliabechiano, Códice.
    Libro ritual. *ca.* 1566. Censo, 188. Boone, 1983.
—Makunaima: véase Mayuluaipu.
—Mani, Libro de.
    Libro de Chilam Balam, en maya. Mani. Censo, 1149. Solís Alcalá, 1949; Craine y Reindorp, 1979 (del español de Solís).

Mariposa, *Cuenta de inviernos.
    Anales mandan, 1876. Cham., 51. Howard, 1960a.

Mato Opi (Oso Herido), *Cuenta de inviernos.
    Waniyetu yawapi oglala. Dakota, 1896. Cham., 35.

Mato Sapa (Oso Negro), *Cuenta de inviernos.
    Waniyetu yawapi miniconjou. Dakota, 1869. Cham., 15. Mallery, 1893.

—*Matrícula de tributos.
Registro de tributo. Tenochtitlan, s. XVI. Censo, 368. Berdan y Durand-Forest, 1980 (Graz, ADV).

MAYULUAIPU y MOSEUAIPU, "Makunaima".
Cosmogonía, en caribe (taulipang-arekuna). Pacaraima, s. XX. Koch-Grün-berg, 1924; 1979-1982.

—"Medatia".
Aprendizaje chamánico sotocaribe. Marahuaka, s. XX. Guss, 1985; Civrieux, 1992.

—*Mendoza, Códice.
Descripción de imperio. Tenochtitlan, ca. 1540. Censo, 196. Clark, 1938; Berdan y Anawalt, 1992.

—*Menomini, Rollo.
Ritual Mide. Leech Lake, s. XIX. Dewd. SC-4. Dewdney, 1975: 168.

—*Mexicanus, Códice.
Ritual y anales. Tenochtitlan, ca. 1590. Censo, 207. Menguin, 1952.

—*Miltepec, Rollo de.
Xiuhtlapoualli. Miltepec, s. XVI. Censo, 24; Baranda. Acuña, 1989.

—*Montaña Roja.
Pintura seca navajo, pertenece al hataal Naato bikaji.

—*Mu ikala ["ikala del parto"]. Épica curativa, en cuna. Ustupo, 1949. Kram., 1.1.5. Holmer y Wassén, 1953.

—*Naato bikaji Hataal ["canto del flechador"].
Epopeya, en navajo. Reichard, 1977: láms. X-XXIV.*

—Nah, Libro de.
Libro de Chilam Balam, en maya. Teabo. Censo, 1150. Calderón, 1981.

—"Nai tzult, nai tza" ["Sol, Luna"].
Cosmogonía mazateca. Incháustegui, 1977: 27-36.

—Ocho Venado, biografía de: reverso de los Anales de Tilantongo, q. v.

—Okayondongheera Yondennase ["ritos antiguos del consejo consolador"].
Canto iroqués. Hale, 1883; Bierhorst, 1974: 109-186.

—Olopatte ikala ["ikala del disco de oro"].
Epopeya funeraria, en cuna. Kram., 1.3.3. y 2.1.3.5. Holmer, 1951.

—Ollantay: véase Apu Ollantay.

OLOWITINAPPI, Informe.
Aprendizaje chamánico, en cuna. Mulatupo, 1970. Sherzer y Urban, 1986: 180-212.

—*Osuna, Códice.
Registro de tributo. Tenochtitlan, Texcoco, Tula, Azcapotzalco, 1565. Cen-

so, 243; Luis Chávez Orozco (comp.), *Pintura del Gobernador* (Madrid, 1973).

—Oxcutzcab, Libro de.

Libro de Chilam Balam, en maya. Oxcutzcab, 1689 (?). Censo, 1151. Solís Alcalá, 1949: 138-166.

—Pahuatlan, Libro de: véase García Téllez.

—*Palenque, Trilogía de la Fundación de. Historia maya. Palenque, *ca.* 692. Maudslay, 1889-1902, 4 (láms. 75, 81, 88).

—Pap ikala [*"ikala* del dios"].

Poesía política, en cuna. Kram., 2.2.1-2. Wassén, 1938; Leander, 1970.

—*París, Códice.

Amoxtli maya. Censo, 247. Anders, 1968 (Graz, ADV); Lee, 1985. [Hay edición del FCE.]

—*Pemonton taremuru* ["taren pemon para curar"].

Conjuros, en caribe-pemon. Armellada, 1972.

—Pinturas, Manuscrito de las.

Cosmogonía náhuatl. México, *ca.* 1535. Censo, 1060; Historia de los mexicanos por sus pinturas. Garibay, 1979.

—Pluma Búfalo, *Cuenta de inviernos.

Anales siksika, 1924. Cham., 56. Raczka, 1979.

—*Poolaw, Cuenta de años.

Anales kiowa, 1901. Cham., 64. Marriott, 1945.

—*Popol vuh* ["libro del consejo"].

Cosmogonía, en maya-quiché. Santa Cruz Quiché, *ca.* 1550. Censo, 1179. Recinos, 1953; Burgess y Xec, 1955; Edmonson, 1971; Nelson, 1976; Tedlock, 1985; Sáenz de Santa María, 1989.

—Porfirio Díaz: véase Cuicatlan.

—*Quapaw, Mapa.

Historia cartográfica, s. XVII. Original en el Musée de l'Homme, París (34.33.7).

—*Quiotepec, Anales de.

Rollo, *xiuhtlapoualli.* Santiago Quiotepec (Oaxaca). Censo, 119; *Códice Fernández Leal,* R. Acuña (comp.), UNAM, 1991.

—*Rabinal Achi* ["el hombre de Rabinal"].

Drama, en maya-quiché. Rabinal. Brasseur, 1862 (Quiché Vinak); Padial y Vázquez-Bigi, 1991.

RIGASEDYUE, "Rafuema".

Cosmogonía, en witoto. Preuss, 1921.

—*Ríos, Códice.

Cosmogonía y anales. Tenochtitlan, s. XVI. Censo, 270; Vaticano A. Anders, 1979.

—*Ritual de los bacabes*.
Conjuros, en maya. Censo 1142. Roys, 1965; Arzápalo, 1987.

—*Runa yndio niscap Machoncuna* ["antepasados del pueblo llamados indios"]. Cosmogonía, en quechua. Huarochirí, *ca*. 1608. Trimborn, 1939; Arguedas, 1966 *(Hombres y dioses de Huarochirí);* Urioste, 1983 *(Hijos de Pariya Qaqa);* G. Taylor, 1987; Salomón y Urioste, 1991.

SANTOS, *Cuenta de años.
Anales pima. San Xavier del Bac, 1932. Underhill, 1938.

—Selden, Códice: véase Xaltepec, Anales de.

—*Selden, Rollo.
Historia de migración. Tlahuixtlahuaca (?), s. XVI. Censo, 284. Burland, 1955.

—*Serkan ikala *["ikala* de los ancianos o muertos"].
Epopeya curativa, en cuna. Kram., 1.1.3. Holmer y Wassén, 1963.

SETTAN, *Cuenta de años.
Anales kiowa, 1892. Cham., 69. Mooney, 1979.

SHAIHUEKE, Relato de.
Historia mapuche. San Martín de los Andes, s. XX. Kössler-Ilg, 1956: 159-167.

SIKASSIGE, *Rollo de la migración.
Historia Mide. Mille Lacs, s. XIX. Dewd., Ho-1. Hoffman, 1891.

SIKASSIGE, *Rollo de los cantos.
Ritual Mide. Mille Lacs, s. XIX. Mallery, 1893: lám. 18.

SKWEKOMIK, *Rollo maestro.
Ritual Mide. La Pointe, s. XIX. Dewd., SI-2. Dewdney, 1975: 89.

—*Sol, Piedra del.
Cosmogonía náhuatl. Tenochtitlan, 1479. Zantwijk, 1985: 231.

—*Sololá, Memorial de*.
Anales (de años de 400 días), en maya-cakchiquel. Sololá, *ca*. 1605. Memorial de Tecpan Atitlan. Censo, 1172. E. Menguin, 1952 (CCAMA 4); Recinos, 1950.

—*Sotsoiji Hataal ["canto de la estrella grande o Venus"].
Epopeya, en navajo. Wheelwright, 1988.

SUNKA ISNALA (Perro Solitario), *Cuenta de inviernos.
Waniyetu yawapi miniconjou. Dakota, 1871. Cham., 14. Mallery, 1893.

SUNKA LAZAHAN (Perro Rápido), *Cuenta de inviernos.
Waniyetu yawapi hunkpapa. Dakota, 1912. Cham., 11. Howard, 1960.

—Tatkan ikala ["ikala de los antepasados"].

Cosmogonía, en cuna. Kram., 2.1.0-4. Holmer, 1951: 130-157; Wassén, 1937: 14-24; Nordenskiöld, 1938.

—*Tauron panton* ["así se cuenta"].

Cuentos, en caribe-pemon. Armellada, 1973.

TCOKUT NAK (Oreja de Tecolote), *Cuenta de años.

Anales pima. Amu Akimult (Salt River), 1901. Russell, 1975: 38-66.

—*Telleriano, Códice.

Cosmogonía y anales. Tenochtitlan, 1563. Censo, 308. Quiñones Keber, 1995.

—*Tepetlaoztoc, Códice de.

Registro de tributo. Tepetlaoztoc, 1555-1556. Censo, 181. Valle, 1992.

—*Tepexic, Anales de.

Amoxtli, xiuhtlapoualli. Tepexic (Puebla), s. XIII (?). Censo, 395; Codex Vindobonensis (anverso), Adelhofer, 1963; Jansen, 1992a.

—*Tepotzotlan, Códice de.

Registro de tributo. Tepotzotlan, 1556. Censo, 322 (copia del AGN). Brotherston, 1995.

—"Tepoztécatl".

Epopeya, en náhuatl. Tepoztlan, s. XX. Manuscrito Verazaluce. González Casanova, 1977.

—Tepoztlan, Manuscrito de: véase Magliabechiano.

—*Tequixtepec, Lienzos de, 1-2.

Tequixtepec, s. XVI. Censo 433-434. Parmenter, 1982.

TEZOZÓMOC, *Crónica Mexicáyotl.*

Historia, en náhuatl. Tenochtitlan, s. XVI. Tezozómoc, 1949.

—*Tilantongo-Teozacoalco, Anales de.

Amoxtli, xiuhtlapoualli. Mixteca. Censo 240; Zouche-Nuttall.

Miller, 1975; Anders y Troike, 1987 (Graz, ADV); Jansen, 1992.

—Tizimín, Libro de.

Libro de Chilam Balam, en maya. Tizimín. Censo, 1157. Ed. Graz (ADV), 1980; Edmonson, 1982; Makemson, 1951.

—*Tlapa, Anales de, 1-2.

Amoxtli, xiuhtlapoualli. Tlapa (Guerrero), 1565. Censo, 21-22; Códices Azoyú. Glass, 1964: 115-119; Vega, 1991.

—*Tlapiltepec, Lienzo de.

Tlapiltepec (Oaxaca). Censo, 8; Antonio de León. Caso, 1961; Parmenter, 1982.

—*Tlatelolco, Anales de.

Anales, en náhuatl. Tlatelolco, 1528. Censo, 230 y 1073; Unos Annales
[sic] Históricos de la Nación Mexicana. Menguin, 1945 (CCAMA, 2); R.
Barlow (ed.), *Anales de Tlatelolco*, México, Porrúa, 1948.
—*Tlaxcala, Lienzo y Códice de.
Tlaxcala, 1550 y 1580. Censo, 350. Chavero, 1892; Acuña, 1984.
—*Tochpan, Lienzos de, 1-3.
Tuxpan, ss. XVI-XVIII. Censo 373-378. Melgarejo Vivanco, 1970.
—*Tonalámatl Aubin.
Teoamoxtli. Tlaxcala. Censo, 15. Aguilera, 1981.
—"Totecuyoane" ["o señores nuestros"].
Discurso, en náhuatl. Tenochtitlan, 1524. León-Portilla, 1986: 50-55 (Co-
loquios...); Lehmann, 1949.
—Totonicapán, Título de.
Historia quiché. Totonicapán, *ca.* 1554. Censo, 1186. Recinos, 1950.
—Tratado de las supersticiones.
Conjuros, en náhuatl, publicados por H. Ruiz de Alarcón. Guerrero, 1629.
Andrews y Hassig, 1984; Hinz, 1970.
TRUENO AZUL, *Cuenta de inviernos.
Waniyetu yawapi yanktonai. Dakota, 1922. Cham., 45. Howard, 1960.
—Tsilolni ["troncos en remolino"]
Pintura seca navajo, pertenece al *hataal* Kledzhe. Horniman Museum,
Londres. Brotherston, 1979: 99.
—Tsunki.
Cosmogonía, en shuar. Pellizaro, 1979.
—*Tula, Anales de.
Rollo, *xiuhtlapoualli*. Tula (Hidalgo), s. XVI. Censo, 368. Zantwijk, 1979
(Graz, ADV).
—*Tulancingo, Lienzo de.
Tulancingo (Oaxaca). Parmenter, 1993.
—Tusik, Libro de.
Libro de Chilam Balam, en maya. Tusik. Censo, 1158. Barrera Vásquez y
Rendón, 1963: 204-219.
TUTUKILA (TIBURCIO CARRILLO SANDOVAL), *Creación.
Cosmogonía huichola. Negrín, 1975: láms. 1-12.
—*Tututepec, Anales de.
Amoxtli, xiuhtlapoualli. Censo, 72 y 27; Códices Colombino y Becker 1.
Caso y Smith, 1966; Nowotny, 1961a (Graz, ADV).
UMUSIN PANLON KUMU, *Antes o mundo ñao existia*.
Cosmogonía tucano. Umusin Panlon, 1980.

—Vaticano A, Códice: véase Ríos.
—*Vaticano B, Códice.
   Teoamoxtli. Censo, 384. Anders, 1972. [Hay edición del FCE.]
—Wainambi, Relato de.
   Cosmogonía desana. Montoya Sánchez, 1973: 104-108; Reichel-Dolmatoff, 1971: 56.
WAPOCTANXI (SOMBRERO MARRÓN), *Cuenta de inviernos.
   Waniyetu yawapi sicangu. Dakota. 1910. Cham., 36. Mallery, 1893.
—*Watunna* ["celebración"].
   Cosmogonía sotocaribe. Civrieux, 1992.
—*Xaltepec, Anales de.
   Amoxtli, xiuhtlapoualli. Xaltepec (Oaxaca), *ca.* 1560. Censo, 283; Códice Selden. Corona Núñez, 1964-1967, 3: 77-99.
—*Xicotepec, Anales de
   Amoxtli, xiuhtlapoualli. Xicotepec (Hidalgo), siglo XVI. Ed. G. Stresser-Paen, FCE, 1995.
—*Xólotl, Mapas 1-10.
   Historia. Texcoco, s. XVI. Censo, 412. Dibble, 1980.
—*Yaahdiklith Nahastsan ["cielo y tierra"].
   Pintura seca navajo, pertenece al *hataal* Atsosii. Newcomb y Reichard, 1975: 37.
—*Yoiiji Hataal ["canto de los abalorios"].
   Epopeya, en navajo. Reichard, 1977: láms. I-IX.
YUCAUYE CUCAME (JOSÉ BENÍTEZ SÁNCHEZ), *Creación.
   Cosmogonía huichola. Negrín, 1975: láms. 13-47.
—Zithuwa.
   Himnos, en quechua. Cuzco, s. XVI. Murúa, 1946; Rowe, 1953.

FUENTES SECUNDARIAS

Abreu Gómez, Ermilo, 1975, *Canek: historia y leyenda de un héroe maya,* 29ª. ed., México, Oasis.
Achacaz Walakiel, Alberto, 1995, *Saman arkachoe, Cuando el cielo se oscurece. Testimonio alacalufe,* Ed. Carlos Vega, Punta Arenas, Atelí.
Acuña, René, 1975, *Introducción al estudio del Rabinal Achi,* México, UNAM.
—— (comp.), 1982-1988, *Relaciones geográficas,* 10 vols., México, UNAM.
—— (comp.), 1984, Diego Muñoz Camargo, *Descripción de la ciudad y provincia de Tlaxcala,* México, UNAM.

Acuña, René, 1985, *Relaciones geográficas del siglo* XVI: *Tlaxcala,* México, UNAM.

———— (comp.), 1989, *Códice Baranda,* México, Toledo.

Adelhofer, Otto (comp.), 1963, *Codex Vindobonensis Mexicanus I.* ADV, reproducción de la edición de 1929 de W. Lehmann y O. Smital, Viena.

Adorno, Rolena, 1982, *From Oral to Written Expression: Native Andean chronicles of the early colonial period,* Syracuse, Nueva York, Syracuse University Press.

————, 1986, "Visual Mediation in the Transition from Oral to Written Expression", en Brotherston, 1986: 181-196.

Agostinho, Pedro, 1974, *Kwaryp: Mito e ritual no Alto Xingu,* São Paulo.

Aguilera, Carmen (comp.), 1981, *Tonalámatl Aubin,* Tlaxcala, ITC.

————, 1986, *El códice de Huamantla,* Tlaxcala, ITC.

————, y Miguel León-Portilla (comps.), 1986, *Mapa de México y sus contornos hacia 1550,* México, Celanese.

Albert B., 1988, "La fumée du métal: Histoire et représentations du contact chez les Yanomami", en *L'Homme,* 28: 87-119.

Albó, Xavier, 1985, *Desafíos de la solidaridad aymara,* La Paz, CIPLA.

Albores, Beatriz, 1996, *Cosmovisión y meteorología indígena de Mesoamérica,* Toluca, Colegio Mexiquense.

Alcina Franch, José, 1957, *Floresta literaria de la América indígena: antología de los pueblos indígenas de América,* Madrid, Aguilar.

————, 1992, *Códices mexicanos,* Madrid, Mapfre.

————, 1993, *Calendario y religión entre los zapotecos,* México, UNAM.

Álvarez, M. Cristina, 1974, *Textos coloniales del Libro de Chilam Balam de Chumayel y textos glíficos del Códice de Dresde,* México, UNAM.

Anders, Ferdinand (comp.), 1967, *Codex Tro-Cortesianus* (Códice Madrid), ADV.

————, 1972, *Codex Vaticanus 3773,* ADV.

————, 1979, *Codex Vaticanus 3738, Ríos,* ADV.

Anders, Ferdinand y Maarten Jansen, 1988, *Schrift und Buch in alten Mexiko,* ADV.

Andrews, J. Richard, y Ross Hassig (comps.), 1984, *Treatise of Ruiz de Alarcón* (1629), Norman, University of Oklahoma Press.

Antigüedades mexicanas. Véase Chavero, 1892.

Arguedas, José María, 1938, *Canto Quechwa,* Lima, Club del Libro Peruano.

————, 1949, *Canciones y cuentos quechuas,* Lima, Huascarán.

————, 1956, "Puquio, una cultura en proceso de cambio", en Arguedas, 1975: 34-79.

————, 1957, *The Singing Mountaineers: Song and tales of the Quechua,* Austin, University of Texas Press. Incluye la traducción al inglés del libro de Arguedas de 1938 por R. W. Stephen.

Arguedas, José María, 1962, *Tupac Amaru Kamaq taytanchisman: Haylli-taki*, Lima, Salqantay.

——, 1964, *Todas las sangres*, Buenos Aires, Losada.

——, (comp.), 1966, *Dioses y hombres de Huarochirí: Narración quechua*, Lima, Museo Nacional de Historia e Instituto de Estudios Peruanos.

——, 1975, *Formación de una cultura nacional indoamericana*, México, Siglo XXI.

Arias-Larreta, Abraham, 1968, *Literaturas aborígenes de América*, 2 vols., Buenos Aires, Indoamérica.

Aridjis, Homero, 1993, *La leyenda de los soles*, México, FCE.

Armellada, Cesáreo de, 1972, *Pemonton taremuru*, Caracas, Universidad Católica de Andrés Bello.

——, 1973, *Tauron panton*, Caracas, Universidad Católica de Andrés Bello.

——, y C. Bentivenga de Napolitano, 1974, *Literaturas indígenas venezolanas*, Caracas, Monte Ávila.

Arrom, José Juan, 1967, *Historia del teatro hispanoamericano (época colonial)*, México, Ediciones de Andrea.

——, 1971, *Certidumbre de América: estudios de letras, folklore y cultura*, Madrid, Gredos.

——, 1971a, "Mitos taínos en las letras de Cuba, Santo Domingo y México", *Cuadernos Americanos*, 29, núm. 1.

—— (comp.), 1988, *Ramón Pané: Relación de las antigüedades de las Indias: el primer tratado escrito en América*, 8ª ed. rev., México, Siglo XXI.

——, 1989, *Mitología y artes prehispánicas de las Antillas*, México, Siglo XXI.

Artaud, Antonin, 1971, *Oeuvres complètes*, vol. 8, *Les Tarahumaras*, París, Gallimard.

——, 1971a, *Oeuvres complètes*, vol. 9. *Lettres du Mexique*, París, Gallimard.

Arzápalo Marín, Ramón, 1987, *El ritual de los bacabes*, México, UNAM.

Ascher, Marcia y Robert Ascher, 1981, *Code of the Quipu: A study in media, mathematics, and culture*, Ann Arbor, University of Michigan Press.

Astrov, Margot, 1962, *American Indian Prose and Poetry*, Nueva York, Capricorn, 2a. ed. de *The Winged Serpent*, Nueva York, 1946.

Asturias, Miguel Ángel, 1949, *Hombres de maíz*, Buenos Aires, Losada. Véase Martin, 1992.

——, 1957, *Leyendas de Guatemala* (1930), Buenos Aires, Losada.

——, 1960, *Poesía precolombina*, Buenos Aires, Fabril.

——, 1971, *Trois des quatre soleils*, Ginebra, Editions d'Art Albert Skira.

——, (comp.), 1977, *Popol vuh, o libro del consejo*, Buenos Aires, Losada.

Austin, Mary, 1923, *The American Rhythm*, Nueva York, Harcourt Brace.

Aveni, Anthony F. (comp.), 1975, *Archaeoastronomy in Precolumbian America*, Austin, University of Texas Press.

——, 1980, *Skywatchers of Ancient Mexico*, Austin, University of Texas Press. [Hay edición del FCE.]

——, (comp.), 1982, *Archaeoastronomy in the New World*, Cambridge, Cambridge University Press.

——, (comp.), 1989, *World Archaeoastronomy*, Cambridge, Cambridge University Press.

——, y Gordon Brotherston (comps.), 1983, *Calendars in Mesoamerica and Peru*, Oxford, BAR.

——, y Gary Urton (comps.), 1982, *Ethnoastronomy and Archaeoastronomy in the American Tropics*, Nueva York, New York Academy of Sciences.

Averbuck, Ligia, 1985, *Cobra Norato e a revolução caraiba*, Rio de Janeiro, José Olympio.

Baer, Gerhard, 1984, *Die Religion der Matsigenka, Ost-Peru*, Basel, Wepf.

Bagrow, Leo, y R. H. Skelton, 1964, *History of Cartography*, Cambridge, Harvard University Press.

Bahr, Donald M., 1975, *Pima and Papago Ritual Oratory*, San Francisco, Indian Historian Press.

Ballard, W. L., 1978, *The Yuchi Green Corn Ceremonial: Form and Meaning*, Los Ángeles.

Bancroft, H. H. (comp.), 1883, *The Native Races of the Pacific States of North America*, 5 vols., San Francisco, A. L. Bancroft.

Bankes, George, 1977, *Peru before Pizarro*, Oxford, Phaidon.

Baquedano, Elizabeth, 1992, *Los aztecas*, México, Panorama.

Barbeau, Marius, 1950, *Totem Poles: According to crest and topics*, Serie Antropológica, núm. 30, Toronto, Department of Resources and Development.

——, 1951, *Totem Poles*, National Museum of Canada Bulletin, núm. 119, Ottawa, The Museum.

——, 1960, *Indian Days on the Western Prairies*, National Museum of Canada Bulletin, núm. 163, Ottawa, The Museum.

Bareiro Saguier, Rubén, 1980, *Literatura guaraní del Paraguay*, Caracas, Monte Ávila.

——, 1990, *De nuestras lenguas y otros discursos*, Asunción, Universidad Católica.

Barlow, Robert, 1949, *The Extent of the Empire of the Culhua Mexica*, Berkeley y Los Ángeles, University of California Press.

——, 1949a, "El Códice Azcatitlan", en *Journal de la Société des Américanistes*, 38: 101-135.

Barlow, Robert, 1949b, "El códice de Coetzala, Puebla", en *Tlalocan* 3: 91-92.

——, y H. Berlin (comps.), 1948, *Anales de Tlatelolco y El códice de Tlatelolco*, México, Porrúa.

Barreiro, Joel (comp.), 1990, "View from the Shore: American Indian perspectives on the quincentenary", en *Northeastern Indian Quarterly* (Ithaca) 7, núm. 3: 4-21.

Barrera Vásquez, Alfredo (comp.), 1965, *El libro de los cantares de Dzitbalche*, México, INAH.

——, y Silvia Rendón, 1963, *El libro de los libros de Chilam Balam*, México, FCE.

Bartl, Renate, Barbara Gobel y Hanns J. Prem, 1989, "Los calendarios aztecas de Sahagún", en *ECN*, 19: 13-82.

Basadre, Jorge, 1938, *Literatura inca*, París, Biblioteca de Cultura Peruana.

Basso, Ellen, 1985, *A Musical View of the Universe: Kalapalo myth and ritual performances*, Filadelfia, University of Pennsylvania Press.

——, 1987, *In Favor of Deceit: A study of tricksters in Amazonian society*, Tucson, University of Arizona Press, Textos Kalapalo.

——, 1990, *Native American Cultures through their discourse*, Bloomington, Indiana University Folklore Institute.

——, y Joel Sherzer, 1990, *Las culturas nativas latinoamericanas a través de su discurso*, Quito.

Baudin, Louis, 1961, *A Socialist Empire. The Incas of Peru,* trad. Katherine Woods, Nueva York, Van Nostrand.

Baudot, Georges, 1976, *Les Lettres précolumbiennes*, Toulouse, Privat.

——, y T. Todorov, 1983, *Récits aztèques de la conquête*, París.

Beach, W. W. (comp.), 1877, *The Indian Miscellany*, Albany, Nueva York, J. Munsell.

Bendezú, Edmundo, 1986, *La otra literatura peruana*, México, FCE.

Benedict, Ruth, 1935, *Zuni Mythology*, 2 vols, Nueva York, Columbia University Press.

Benítez, Fernando, 1967-1980, *Los indios de México,* 5 vols., México, Biblioteca Era.

Benson, Elizabeth (comp.), 1968, *The Dumbarton Oaks Conference on the Olmec 1967*, Washington, Dumbarton Oaks.

——, (comp.), 1971, *The Dumbarton Oaks Conference on Chavin*, Washington, Dumbarton Oaks.

——, 1972, *The Mochica: A culture of Peru*, Londres, Thames and Hudson.

——, (comp.), 1973, *Mesoamerican Writing Systems: A Conference at Dumbarton Oaks, Oct. 30th and 31st, 1971*, Washington, Dumbarton Oaks.

Berdan, Frances, y J. Durand-Forest (comps.), 1980, *Matrícula de tributos,* ADV.

Berdan, Frances, y Patricia Rieff Anawalt (comps.), 1992, *Codex Mendoza*, 4 vols., Berkeley, University of California Press.

Beyersdorff, Margot, y Sabine Dedenbach (comps.), 1994, *Andean Oral Traditions: Discourse and Literature*, Bonn, Holos.

Bieder, Robert E., 1986, *Science Encounters the Indian 1820-1880*, Norman, University of Oklahoma Press.

Biedermann, H., 1971, *Altmexikos heilige Bücher*, ADV.

Bierhorst, John, 1971, *In the Trail of the Wind: American Indian poems and ritual orations*, Nueva York, Noonday.

——, 1974, *Four Masterworks of American Indian Literature: Quetzalcoatl, The Ritual of Condolence, Cuceb, The Night Chant*, Nueva York, Farrar, Strauss and Giroux.

——, 1976, *The Red Swan: Myths and tales of the American Indians*, Nueva York, Farrar, Straus and Giroux.

——, 1985, *Cantares mexicanos: Songs of the Aztecs*, 2 vols., Stanford, Stanford University Press.

——, 1985a, *The Mythology of North America*, Nueva York, Morrow.

——, 1988, *The Mythology of South America*, Nueva York, Morrow.

——, 1992, *History and Mythology of Aztecs (Codex Chimalpopoca)*, Albuquerque, University of Arizona Press.

Bird, Junius (comp.), 1981, *Museums of the Andes*, Nueva York, Newsweek.

Bittmann Simons, Bente, 1968, *Los mapas de Cuauhtinchan y la Historia tolteca-chichimeca*, México, UNAM.

Boas, Franz, 1925, "Romance Folk-lore among American Indians", en *Romance Review*, 16: 199-207.

——, 1928, *Primitive Art*, Cambridge, Harvard University Press.

——, 1938 (comp.), *General Anthropology*, Boston, Heath.

Boban, Eugène, 1891, *Documents pour servir à l'histoire du Mexique*, 2 vols. y atlas, París, Ernest Leroux.

Bocabulario, 1972, *Bocabulario de Mayathan, or Vienna Dictionary*, E. Menguin (comp.), ADV.

Boff, Leonardo, 1990, *1492-1992, The Voice of the Victims*, Londres, SCM Press.

Bonavia, Duccio, 1985, *Mural Painting in Ancient Peru*, Bloomington, Indiana University Press.

Boone, Elizabeth Hill, 1983, *The Codex Magliabechiano*, Berkeley y Los Ángeles, University of California Press.

——, y Walter Mignolo, 1994, *Writing without Words. Alternative Literacies in Mesoamerica and the Andes*, Durham, Duke University Press.

Borsari, Ferdinando, 1888, *La letteratura degl'indigeni americani*, Nápoles.

Borunda, Ignacio, 1898, *Clave general de jeroglíficos americanos,* Roma.

Boturini Benaducci, Lorenzo, 1746, *Idea de una nueva historia general de la América septentrional,* Madrid.

Bowra, C. M., 1962, *Primitive Song,* Londres, Weidenfeld and Nicholson.

Bozzoli de Willie, María E., 1983, "De dónde nace el sol a dónde el sol se pone: mitología talamanqueña", en *América Indígena* (México), 43: 125-145.

Bramlage, Júlia, 1952, *Lo incaico del Apu Ollantay,* Lima, Universidad Nacional Mayor de San Marcos.

Brasseur de Bourbourg, Charles Etienne, 1861, *Popol vuh: Le livre sacré et les mythes de l'antiquité américaine,* París, Arthus Bertrand.

——, 1862, *Grammaire de la langue Quiché,* París, Arthus Bertrand.

——, 1871, *Bibliothèque México-Guatemalienne,* París, Maisonneuve.

Bray, Warwick, Ian Farrington y Earl H. Swanson, 1975, *The New World,* Londres, Elsevier Phaidon.

Bricker, Victoria Reiffler, 1981, *The Indian Christ, the Indian King: The historical substrate of Maya myth and ritual,* Austin, University of Texas Press. [*El Cristo indígena, el rey nativo,* FCE.]

——, 1992, *Epigraphy,* suplemento del HMAI.

Brinckmann, Barbel, 1970, *Quellenkritische Untersuchungen zum mexikanischen Missionsschauspiel 1533-1732,* Beiträge zur mittelamerikanischen Völkerkunde, Hamburgo, Museum für Völkerkunde.

Brinton, Daniel Garrison, 1882, *The Maya Chronicles,* Library of Aboriginal American Literature, vol. 1, Filadelfia, The Library.

——, 1883, *The Güegüence: A comedy ballet in the Nahuatl-Spanish dialect of Nicaragua,* Library of Aboriginal American Literature, vol. 3, Filadelfia, The Library.

——, 1884, *The Lenape and Their Legends.* Library of Aboriginal American Literature, vol. 5, Filadelfia, The Library.

——, 1887, *Ancient Nahuatl Poetry,* Library of Aboriginal American Literature, vol. 7, Filadelfia, The Library.

Brinton, Daniel Garrison, 1890, *Rig Veda Americanus: Sacred songs of the ancient Mexicans,* Library of Aboriginal American Literature, vol. 8, Filadelfia, The Library.

Broda, Johanna, 1991, "The Sacred Landscape of Aztec Calendar Festivals: Myth, nature and society", en *To Change Place,* D. Carrasco (comp.), Niwot, University Press of Colorado, pp. 74-120.

——, David Carrasco y Eduardo Matos Moctezuma, 1987, *The Great Temple of Tenochtitlan-Center and periphery in the Aztec world,* Berkeley y Los Ángeles, University of California Press.

Brody, Hugh, 1986, *Maps and Dreams,* 2ª ed., Londres, Faber.

Bronowsky, Jacob, 1973, *The Ascent of Man,* Londres, BBC.

Brotherston, Gordon, 1972, "Ubirijara, Hiawatha, Cumanda: National virtue from Indian literature", en *Comparative Literature Studies,* 9: 243-252.

——, 1973, "Inca Hymns and the Epic Makers", en *Indiana,* 1: 199-212

——, 1974, "Huitzilopochtli and What Was Made of Him", en Hammond, 1974: 155-166.

——, 1975, *Latin American Poetry: Origins and presence,* Cambridge, Cambridge University Press.

——, 1976, "Mesoamerican Description of Space: Signs for direction", en *Ibero-Amerikanisches Archiv* (Berlín), 2, 1: 39-62.

——, 1977, "Continuity in Maya Writing", en Hammond y Willey, 1979: 241-258.

——, 1979, *Image of the New World: The American continent portrayed in native texts,* Londres, Thames and Hudson.

——, 1979a, "What Is written in Timehri?", en *Journal of Archaeology and Anthropology* (Georgetown, Guyana), 2: 5-9.

——, 1982, *A Key to the Mesoamerican Reckoning of Time,* Occasional Paper 38, Londres, British Museum.

——, 1983, "The Year 3113 B.C. and the Fifth Sun of Mesoamerica", en Aveni y Brotherston, 1983: 167-221.

——, 1984, "'Far As the Solar Walk': The path of the North American shaman", en *Indiana,* 9: 15-30.

——, 1985, "The Sign Tepexic in Its Textual Landscape", en *Ibero-Amerikanisches Archiv,* 11: 209-251.

——, (comp.), 1986, *Voices of the First America: Text and context in the New World,* New Scholar (Santa Bárbara), vol. 10.

——, 1986a, "Towards a Grammatology of America: Lévi-Strauss, Derrida and the native New World", en *Literature, Politics and Theory,* F. Barker, P. Hulme, M. Iversen y D. Loxley (comps.), Londres, Methuen, pp. 190-209.

——, 1988, "Zodiac Signs, Number Sets, and Astronomical Cycles in Mesoamerica", en Aveni, 1989: 276-288.

——, 1990, "The Time Remembered in the Winter Counts and the Walam Olum", en Illius y Laubscher, 1990: 307-337.

—— (comp.), 1993, *Latin America: Literal Territories,* Bloomington, *Indiana Journal of Hispanic Literatures,* vol. 1, núm. 2.

——, 1994, "La visión americana de la Conquista", en *America Latina:*

Palavra, literatura e cultura, Ana Pizarro (comp.), São Paulo, UNESCO, vol. 1 (A situação colonial): 63-64.

Brotherston, Gordon, 1994a, "Huesos de muerte, huesos de vida", en *Cuicuilco,* 1 (México, nueva época): 85-98.

——, 1995, *Painted Books from Mexico. Codices in the United Kingdom collections and the world they represent,* Londres, British Museum Press.

——, 1995a, "Las cuatro vidas de Tepoztécatl", en *ECN,* 25: 185-205.

——, 1995b, "Indigenous literatures and cultures", en Leslie Bethell (comp.), *Cambridge History of Latin America,* vol. X: 425-455; vol. XI: 925-933.

——, y Dawn Ades, 1975, "Mesoamerican Description of Space, I", en *Ibero-Amerikanisches Archiv,* 1: 279-305.

——, y Ana Gallegos, 1988, "The Newly-Discovered Tepotzotlan Codex: A first account", en *Recent Studies in Pre-Columbian Archaeology,* N. Saunders y O. de Montmollin (comps.), Oxford, BAR, pp. 205-227.

——, 1990, "El Lienzo de Tlaxcala y el manuscrito de Glasgow", *ECN* 20: 117-140.

—— Peter Hulme *et al.,* (comps.) 1992, *Mapping the Americas,* Colchester, University of Essex.

Brown, Dee, 1971, *Bury My Heart at Wounded Knee: A history of the Sioux uprising of 1870,* Londres, Barrie and Jenkins.

Bruce, Robert D., 1977, "The Popol vuh and the Book of Chan Kin", en ECM, 10: 90-98.

Brundage, B. C., 1979, *The Fifth Sun: Aztec gods, Aztec world,* Austin, University of Texas Press.

Burga, Manuel, 1987, *Nacimiento de una utopía. Muerte y resurrección de los Incas,* Lima, Instituto de Apoyo Agrario.

Burga Freitas, Arturo, 1980, *Ayahuasca: Mitos, leyendas y relatos de la Amazonia peruana,* 3a. ed., Lima, Ediciones Tipo Offset.

Burgess, Dora, y Patricio Xec, 1955, *El Popol Wuj,* Quetzaltenango, Talleres gráficos "El Noticiero Evangélico".

Burgos-Debray, Elisabeth (comp.), 1985, *Me llamo Rigoberta Menchú, y así me nació la conciencia,* México, Siglo XXI.

Burkhart, Louise M., 1986, "Sahagún's *Tlauculcuicatl:* A Nahuatl lament", en *ECN,* 18: 181-229.

——, 1989, *The Slippery Earth: Nahua-Christian moral dialogue in sixteenth-century Mexico,* Tucson, University of Arizona Press.

Burkitt, R., 1920, *The Hills and Corn: A legend of the Kekchi Indians of Guatemala, put in writing by the late Tiburtius Kaal,* Filadelfia, University of Pennsylvania Museum.

Burland, Cottie, 1950, *The Four Directions of Time*, Santa Fe, Wheelwright Museum.

——, 1953, *Magic Books from Mexico*, Harmondsworth, Penguin.

—— (comp.), 1955, *The Selden Roll*, Berlín, Mann.

——, 1960, "The Map as a Vehicle for Mexican History", en *Imago Mundi*,15: 11-18.

——, 1965, *North American Indian Mythology*, Londres, Hamlyn.

—— (comp.), 1966, *Codex Laud*, ADV. [Hay edición del FCE.]

——, 1967, *The Gods of Mexico*, Londres, Eyre and Spottiswoode.

—— (comp.), 1971, *Codex Féjérváry-Mayer*, ADV. [Hay edición del FCE.]

Burns, Allan F., 1983, *An Epoch of Miracles: Oral Literature of the Yucatec Maya*, Austin, University of Texas Press.

Bushnell, G. H., 1968, *The First Americans*, Londres, Thames and Hudson.

Bustios Gálvez. L. (comp.), 1956-1966, Guamán Poma, *Nueva corónica y buen gobierno*, 3 vols., Lima.

Byland, Bruce, y John Pohl, 1995, *In the Realm of 8 Deer. The Archaeology of the Mixtec Codices*, Norman, University of Oklahoma Press.

Cadogan, León (comp), 1959, *Ayvu rapyta*, Boletim 227, Antropologia 5, São Paulo: Faculdade de Filosofia, Ciências e Letras, Universidade de São Paulo.

——, 1965, *La literatura de los guaraníes*, México, Joaquín Mortiz.

Calderón, Héctor M., y el Grupo Dzibil, 1981, *Manuscritos de Tekax y Nah*, México, CEID.

——, 1982, *Manuscrito de Chan Cah*, México, CEID.

Campbell, Alan Tormaid, 1989, *To Square with Genesis: Causal statements and shamanic ideas in Wayapi*, Edimburgo, Edinburgh University Press.

Campos, Rubén, M., 1936, *La producción literaria de los Aztecas*, México, Museo Nacional.

Canby, Peter, 1995, *The Heart of the Sky. Travels among the Maya*, Nueva York, Kodansha.

Cardenal, Ernesto, 1967, "In xochitl in cuicatl", en *La palabra y el hombre* (Xalapa) 44: 665-695

——, 1970, *Homenaje a los indios americanos*, prólogo de José María Oviedo, Santiago de Chile, Colección Cormorán.

——, 1978, *Nueva antología poética*, México, Siglo XXI.

——, 1988, *Los ovnis de oro: poemas indios*, México, Siglo XXI.

Cardoza y Aragón, Luis, 1985, *Guatemala: Las líneas de su mano*, Managua, Companic. [Hay edición del FCE.]

—— (comp.), 1975, *Rabinal Achi*, México, Porrúa.

Carkeek Cheney, Roberta, 1979, *The Big Missouri Winter Count*, Happy Camp, Ca., Naturegraph.

Carmack, Robert, 1973, *Quichean Civilization: The ethnohistorical, ethnographic and archeological sources*, Berkeley y Los Ángeles, University of California Press.

——, 1988, *Harvest of Violence*, Norman, University of Oklahoma Press.

——, y James Mondloch, 1989, *El título de Yax y otros documentos de Totonicapan*, México, UNAM.

—— y Francisco Morales (comps.), 1983, *Nuevas perspectivas sobre el Popol vuh*, Guatemala, Piedra Santa.

Carmichael, Elizabeth, 1983, *The Hidden People of the Amazon*, Londres, British Museum.

Carr, Helen, 1991, *The Poetics and Politics of Primitivism*, tesis de doctorado University of Essex.

Carrasco, David, 1982, *Quetzalcoatl and the Irony of Empire*, Chicago, University of Chicago Press.

——, 1991, *To Change Place. Aztec Ceremonial Landscapes*, Niwot, University Press of Colorado.

Carrasco, Eulalia, 1983, *El pueblo Chachi: El jeengume avanza*, Quito, Colección Ethnos.

Carrasco, Hugo, 1989, "La matriz funcional del mito mapuche", en M. Preuss, 1989: 67-75.

Carrasco, Iván, 1988, "Literatura mapuche", en *América Indígena* (México), 48: 695-730.

——, 1998a, *Küme dungu*, 12 vols., Temuco, Universidad de la Frontera.

Carrasco, Pedro, y Johanna Broda, 1978, *Economía política e ideología en el México prehispánico*, México, Nueva Imagen.

Carrasco Pizaña, P., 1950, *Los otomíes*, UNAM.

Casas, Bartolomé de las, 1909, *Apologética historia de las Indias*, Madrid, Bailly Baillière e Hijos.

——, 1988, *Brevísima relación de la destrucción de las Indias*, México, REI.

Caso, Alfonso, 1953, *El pueblo del Sol*, México, FCE.

——, 1960, *Interpretation of the Codex Bodley 2858*, México, Sociedad Mexicana de Antropología.

——, 1961, "Los lienzos mixtecos de Ihuitlan y Antonio de León", en *Homenaje a P. Martínez del Río*, México, pp. 237-274.

——, 1965, "Zapotec Writing and Calendar", en *HMAI*, 3: 931-947.

——, 1965a, "Mixtec Writing and Calendar", en *HMAI*, 3: 948-961.

——, 1968, *Los calendarios prehispánicos*, México, UNAM.

Caso, Alfonso, 1977-1979, *Reyes y reinos de la Mixteca*, 2 vols., México, FCE.

——, y Mary Elizabeth Smith, 1966, *Interpretación del Códice Colombino*, México, Sociedad Mexicana de Antropología.

Castaneda, Carlos, 1968, *The Teachings of Don Juan*, Nueva York, Simon and Schuster. [Hay edición del FCE.]

——, 1971, *A Separate Reality-Further conversations with Don Juan*, Nueva York, Simon and Schuster. [Hay edición del FCE.]

Castillo, Cristóbal de, 1966, *Fragmentos de la obra general sobre historia de los mexicanos... escrita en lengua Náhuatl (ca. 1600)*, F. del Paso y Troncoso (comp.); nueva ed., México, Erandi; 1ª. ed., Florencia, 1908.

Castillo, Víctor M., 1972, *Nezahualcóyotl: Crónica y pinturas de su tiempo: Texcoco*.

Castro, Michael, 1983, *Interpreting the Indian: Twentieth-century poets and the Native American*, Albuquerque, University of New Mexico Press.

Castro-Klaren, Sara, 1989, *Escritura, transgresión y sujeto en la literatura latinoamericana*, Puebla, Premiá.

Catlin, George, 1973, *Letters and Notes on the Manners, Customs and Condition of the North American Indians*, 2 vols., Nueva York, Dover, reimpresión de la edición de Londres de 1844.

Chamberlain, R. S., 1955, *The Conquest and Colonization of Yucatan 1517-1550*, Washington, Smithsonian Institution.

Chamberlain, V. D., 1984, "Astronomical Content of North American Plains Indian Calendars", en *Archaeoastronomy*, 6:S1-S54.

Chavero, Alfredo (comp.), 1892, *Antigüedades mexicanas publicadas por la Junta Colombina de México*, 2 vols. y atlas de las láminas, México, Secretaría de Fomento.

Chevigny, Bell Gale y Gari Laguardia, 1986, *Reinventing the Americas*, Cambridge, Cambridge University Press.

Chimalpahin Cuauhtlehuanitzin, Domingo Francisco de San Antón Muñón, 1869, *Annales: 6e et 7e Rélations*, R. Simeón (comp.), París, Maisonneuve.

——, 1958, *Das Memorial Breve*, W. Lehmann y G. Kutscher (comps.), QGA 7, Stuttgart y Berlín, Mann.

——, 1963-1965, *Die Relationen C.'s zur Geschichte Mexikos*, G. Zimmermann (comp.), 2 vols., Hamburgo, Museum für Völkerkunde.

——, 1965, *Relaciones originales de Chalco Amaquemecan*, S. Rendón (comp.), México, FCE.

Chinard, Gilbert, 1913, *L'Amérique et le rêve éxotique dans la littérature française au xvii et au xviii siècle*, París.

Christensen, B., y S. Martí, 1971, *Witchcraft and Pre-Columbian Paper,* México, Ediciones Euroamericanas.

Chronicles of American Indian Protest, 1971, *Chronicles of American Indian Protest,* Nueva York, Fawcett.

Chumap Lucía, Aurelio, y Manuel García Rendueles (comps.), 1979, *Duik Muun; Universo mítico de los aguaruna,* 2 vols., Lima, Centro Amazónico de Antropología.

Churchill, Ward (comp.), 1982, *Marxism and Native Americans,* Boston, South End Press.

——, 1994, *Indians are us? Culture and genocide in native North America,* Monroe, ME, Common Courage Press.

Churchward, J., 1931, *The Lost Continent of Mu,* Nueva York, Ives Washburn.

Cid Pérez, José, y Dolores Martí del Cid, 1964, *Teatro indio precolombino,* Madrid, Aguilar.

Cipoletti, María Susana, 1984, "El motivo de Orfeo y el viaje al reino de los muertos en América del Sur", en *Indiana,* 9: 421-432.

Civrieux, Marc de, 1970, *Watunna: Mitología makiritare,* Caracas, Monte Ávila.

——, 1980, *Watunna: An Orinoco creation cycle,* trad. David Guss, San Francisco, North Point Press.

——, 1992, *Watunna: Mitología makiritare,* 2a. ed., Caracas, Monte Ávila.

Clark, J. Cooper, 1912, *The Story of Eight Deer,* Londres, Taylor and Francis.

—— (comp.), 1938, *Codex Mendoza,* 3 vols., Londres, Waterlow and Sons.

Clendinnen, Inga, 1987, *Ambivalent Conquests: Maya and Spaniard in Yucatan, 1517-70,* Cambridge, Cambridge University Press.

——, 1991, *Aztecs: An interpretation,* Cambridge, Cambridge University Press.

Closs, Michael P. (comp.), 1985, *Native American Mathematics,* Austin, University of Texas Press.

Clutton-Brock, Juliet (comp.), 1989, *The Walking Larder: Patterns of domestication, pastoralism and predation,* Londres, Unwin Hyman.

Códices indígenas, 1933, *Códices indígenas de algunos pueblos del Marquesado del Valle,* AGN.

Coe, Michael D., 1966, *The Maya,* Londres, Thames and Hudson.

——, 1973, *The Maya Scribe and His World,* Nueva York, Grolier.

——, 1978, *Lords of the Underworld: Masterpieces of classic Maya ceramics,* Princeton, University Art Museum.

——, y Richard Diehl, 1980, *In the Land of the Olmec,* 2 vols., Austin, University of Texas Press.

——, Dean Snow y Elizabeth Benson, 1986, *Atlas of Ancient America,* Nueva York, Facts on File.

Coe, R. T., 1977, *Sacred Circles: Two thousand years of North American Indian art*, Londres, Arts Council.

Coggins, Clemency, 1980, "The Shape of Time: Some implications of a four-part figure", en *AA*, 45: 727-729.

Copway, George (Kah-gegagah-bowh), 1847, *The Life, History and Travels of Kah-gegagah-bowh*, Albany.

Cordy Collins, Alana, 1982, *Pre-Columbian Art History: Selected readings*, Palo Alto.

Cornejo Polar, Antonio, 1989, *La formación de la tradición literaria en el Perú*, Lima, CEP.

Cornyn, J. H., 1930, *The Song of Quetzalcoatl*, Yellow Springs.

Corona Núñez, José, 1964-1967, *Antigüedades de México, basadas en la recopilación de Lord Kingsborough*, 4 vols., México, Secretaría de Hacienda y Crédito Público.

Cortés, Hernán, *Cartas de relación de la conquista de México*, México, Austral.

Coulthard, G. R., 1971, "Dos casos de literatura no-enajenada en la época colonial", en *Revista de la Universidad de Yucatán*, 78: 15-25.

Courlander, H., 1971, *The Fourth World of the Hopis*, Nueva York, Crown.

Covarrubias, Miguel, y R. Piña Chan, 1964, *El pueblo del jaguar*, México, Museo Nacional de Antropología.

Craine, Eugene, y Reginald Reindorp (comps), 1979, *The Codex Pérez and the Book of Chilam Balam of Maní*, Norman, University of Oklahoma Press.

Cranfill, T. M., 1959, *The Muse in Mexico: A mid-century miscellany*, Austin, University of Texas Press.

Cristensen, Thomas y Carol, 1993, *The Discovery of America and Other Myths*, San Francisco, Chronicle Books.

Cronyn, G. W., 1918, *The Path on the Rainbow: An anthology of songs and chants from the Indians of North America*, Nueva York, Norton.

Cruikshank, Julie, 1990, *Life Lived like a Story*, Lincoln, University of Nebraska Press.

Cruz, Martín de la, 1939, *The de la Cruz-Badiano Aztec Herbal of 1552*, W. Gates, (comp.), 2 vols., Baltimore, Maya Society.

——, 1964, *Libellus de medicinalibus indorum herbis* (1552), México, Instituto Mexicano del Seguro Social.

Cuadra, Pablo Antonio, 1971, *El nicaragüense*, Managua.

——, 1984-1988, *Obra poética completa*, 8 vols., San José, Costa Rica, Libro Libre.

Curtis, Edward, 1908, *The American Indian*, vol. 3., Cambridge, Mass., University Press.

Curtis, Natalie, 1923, *The Indian's Book,* Nueva York, Harper.

Cushing, Frank Hamilton, 1901, *Zuni Folk-Tales,* Nueva York, Putnam.

Cusick, David, 1825, *Sketches of Ancient History of the Six Nations,* Tuscarora Village, New York.

Dahlgren de Jordan, Barbra, 1966, *La Mixteca: su cultura e historia prehispánicas,* UNAM.

Dänicken, E. von, 1968, *Erinnerung an die Zukunft,* Düsseldorf, Econ Verlag.

Dark, Philip, 1958, *Mixtec Ethnohistory: A method of analysis of the codical art,* Oxford, Oxford University Press.

Davies, Nigel, 1977, *The Toltecs until the Fall of Tula,* Norman, University of Oklahoma Press.

——, 1980, *The Toltec Heritage,* Norman, University of Oklahoma Press.

Day, A. Grove, 1951, *The Sky Clears: Poetry of the American Indians,* Nueva York, Macmillan.

Delanoë, Nelcya, 1982, *L'Entaille rouge: Terres indiennes et démocratie américaine 1776-1980,* París, Maspero.

Deloria, Vine, 1969, *Custer Died for Your Sins: An Indian manifiesto,* Nueva York, Macmillan.

——, 1973, *God Is Red,* Nueva York, Grosset and Dunlap.

DeMallie, Raymond, 1985, *The Sixth Grandfather: Black Elk's teachings given to John G. Neihardt,* Lincoln, University of Nebraska Press.

Densmore, Frances, 1910, *Chippewa Music,* BAE, Bulletin 45, Washington, D. C., Smithsonian Institution.

——, 1926, *The American Indians and Their Music,* Nueva York.

Derrida, Jacques, 1967, *De la grammatologie,* París, Minuit.

——, 1976, *Of Grammatology,* trad. Gayatri Spivak, Baltimore, Johns Hopkins University Press.

Dewdney, Selwyn, 1975, *The Sacred Scrolls of the Southern Ojibway,* Toronto, Toronto University Press.

Diamond, Stanley (comp.), 1960, *Culture and History: Essays in honor of Paul Radin,* Nueva York, Columbia University Press.

Díaz, Bernal, 1955, *Historia verdadera de la conquista de la Nueva España.* México, Porrúa.

Dibble, Charles E., 1963, *Historia de la nación mexicana: reproducción a todo color del Códice de 1576 (Códice Aubin),* Madrid, Ediciones José Porrúa Turanzas.

——, 1980 (comp.), *Códice Xólotl,* UNAM.

——, y A. J. O. Anderson, 1950-1969, *Florentine Codex* (Bernardino de

Sahagún): *General history of the things of New Spain,* trad. del azteca, 11 vols., Santa Fe, School of American Research; Salt Lake City, University of Utah Press.

Diehl, Richard, y Catherine Berlo, 1989, *Mesoamerica after the Decline of Teotihuacan A. D. 700-900,* Washington, D. C., Dumbarton Oaks.

Diringer, D., 1968, *The Alphabet,* 2 vols., Londres, Hutchinson.

Dockstader, Frederick J., 1967, *Indian Art in South America,* Greenwich, Connecticut.

Dooyentate Clarke, Peter, 1870, *Origin and Traditional History of the Wyandotts,* Toronto.

Dorn, Edward, 1966, *The Shoshoneans,* Nueva York, Morrow.

——, 1974, *Recollections of Gran Apacheria,* San Francisco, Turtle Island Foundation.

Dover Robert, Katharine Seibol y John McDowell, 1992, *Andean Cosmologies through Time. Persistence and emergence,* Bloomington, Indiana University Press.

Driver, H. E., 1961, *Indians of North America,* Chicago, University of Chicago Press.

Dundes, N., 1964, *Morphology of the North American Indian Folk-Tale,* FF. Communications, núm. 195, Helsinki.

Dunn, Dorothy, 1968, *American Indian Painting of the Southwest and Plains Areas,* Albuquerque, University of New Mexico Press.

Dupaix, Guillermo, 1969, *Expedición,* J. Alcina Franch (comp.), 2 vols., Madrid, Porrúa.

Durán, Diego, 1967, *Historia de las Indias de Nueva España,* Ángel María Garibay (comp.), 2 vols., México, Porrúa.

Duviols, Pierre, 1977, *La destrucción de las religiones andinas,* México, UNAM.

Dyckerhoff, Ursula, 1984, "La historia de curación antigua de San Pablito, Pahuatlan", en *Indiana* 9: 69-86.

Dzul Poot, Domingo, 1985-1986, *Cuentos mayas,* 2 vols., Mérida, Maldonado, ed. bilingüe.

Earle, Duncan, y D. Snow, 1985, "The Origin of the 260-Day Calendar: The gestation hypothesis reconsidered in the light of its use among the Quiché Maya", en *Fifth Palenque Round Table,* V. M. Fields (comp.), San Francisco, Pre-Columbian Art Research Institute, pp. 241-244.

Edmonson, Munro, 1971, *The Book of Counsel: The Popol vuh of the Quiché Maya of Guatemala,* Nueva Orleans, Tulane University Press.

—— (comp.), 1974, *Sixteenth-Century Mexico: The Work of Sahagún,* Albuquerque, University of New Mexico Press.

Edmonson, Munro, 1982, *The Ancient Future of the Itza*, Austin, University of Texas Press.

—— (comp.), 1985, *Literatures*, suplemento de *HMAI*, vol. 3, Austin, University of Texas Press.

——, 1986, *Heaven Born Merida and Its Destiny*, Austin, University of Texas Press.

——, 1995, *Sistemas calendáricos mesoamericanos. El libro del año solar*, México, UNAM.

Edwards, Emily, 1966, *The Painted Walls of Mexico from Prehistoric Times until Today*, Austin, University of Texas Press.

Eggan, Fred, 1967, "From History to Myth: A Hopi example", en Hymes, 1967: 33-53.

Eliade, Mircea, 1964, *Shamanism: Archaic techniques of ecstasy*, trad. W. R. Trask, Princeton, Princeton University Press. [Hay edición del FCE.]

Emberly, Julia, 1993, *Thresholds of Difference*, Toronto, University of Toronto Press.

Emmerich, André, 1977, *Sweat of the Sun, Tears of the Moon*, Seattle, University of Washington Press.

Escalona, Enrique, 1989, *Tlacuilo*, México, CIESAS/UNAM.

Ewers, J. C., 1939, *Plains Indians Painting*, Stanford, Stanford University Press.

Fagan, Brian M., 1987, *The Great Journey: The peopling of ancient America*, Londres, Thames and Hudson.

Farriss, Nancy, 1984, *Maya Society under Colonial Rule*, Princeton, Princeton University Press.

Feder, N., 1971, *American Indian Art*, Nueva York, Abrams.

Feest, Christian, 1986, *Indians of North East North America*, Iconography of Religions 10, 7, Leiden.

Fenton, William N., 1950, *The Roll-call of the Iroquois Chiefs: A study of a mnemonic cane from the Six Nations Reserve*, Smithsonian Miscellaneous Collections 3, 15, Washington, Smithsonian Institution.

——, 1978, "Cherokee-Iroquois Connections Revisited", en *Journal of Cherokee Studies* (Chattanooga), 3: 239-249.

——, 1987, *The False Faces of the Iroquois*, Norman, University of Oklahoma Press.

Fernández, Justino, 1954, *Coatlicue: estética del arte indígena antiguo*, México, Centro de Estudios Filosóficos.

Fernández de Piedrahita, L., 1973, *Noticia historial de las conquistas del Nuevo Reino de Granada*, Bogotá, Kelley.

Fiedler, Leslie A., 1968, *The Return of the Vanishing American*, Londres, Cape.

Fink, Ann E., 1989, "A Mopan Maya View of Human Existence", en McCaskill, 1989: 399-414.

Fitz, Earle E., 1991, *Rediscovering the Americas*, University of Iowa Press.

Flannery, Kent, y Joyce Marcus, 1983, *The Cloud People: Divergent evolution of the Mixtec and Zapotec civilizations*, Nueva York, Academic Press.

Fletcher, Alice C., 1900, *Indian Story and Song from North America*, Boston, Small Maynar.

Flor y Canto, 1964, *Flor y canto del arte prehispánico de México*, México, Fondo Editorial de la Plástica Mexicana.

Flores Galindo, Alberto, 1987, *Buscando al Inca: Identidad y utopía en los Andes*, Lima, Instituto de Apoyo Agrario.

Florescano, Enrique, 1987, *Memoria mexicana: Ensayo sobre la reconstrucción del pasado: época prehispánica-1821*, México, Contrapuntos.

Forbes, Jack D., 1988, *Black Africans and Native Americans*, Oxford y Nueva York, Blackwell Publisher.

Förstemann, Ernst (comp.), 1892, *Die Maya Handschrift der Königlichen Öffentlichen Bibliothek zu Dresden*, Leipzig, Verlag der A. Naummann'schen Lichtdrückerei.

Fouchard, Jean, 1972, *Langue et littérature des aborigènes d'Ayti*, París, Editions de l'Ecole.

Franco, Alfonso Arinos de Melo, 1937, *O indio brasileiro e a revolução francesa, as origens brasileiras da theoria da bondade natural*, Coleção Documentos Brasileiros, núm. 7, Rio de Janeiro.

Fraser, Valerie, 1990, *The Architecture of Conquest: Building in the viceroyalty of Peru, 1535-1635*, Cambridge, Cambridge University Press.

——, y Gordon Brotherston (comps.), 1982, *The Other America*, Londres, Museum of Mankind.

Fuentes y Guzmán, F. A. de, 1932-1933, *Recordación Florida... del reyno de Guatemala*, 3 vols., Guatemala, Biblioteca "Goathemala".

Furst, Jill Leslie, 1978, *Vindobonensis mexicanus I: A commentary*, Albany, Institute for Mesoamerican Studies, State University of New York.

Furst, Peter, 1968, *Myth in Art: A Huichol depicts his reality*, Los Ángeles.

——, 1986, "Human Biology and the Origin of the 260-Day Sacred Almanac: The contribution of Leonard Schultze Jena (1874-1955)", en Gossen, 1986: 69-76.

Galarza, Joaquín, 1972, *Lienzo de Chiepetlan (Guerrero)*, México, Mission Archéologique et Ethnologique Française au Méxique.

——, 1988, *Estudios de escritura indígena tradicional Azteca-Náhuatl*, AGN.

Galeano, Eduardo, 1982, *Memoria del fuego, I: Los nacimientos*, Madrid, Siglo XXI.

Galeano, Eduardo, 1987, *Génesis: Memory of fire*, trad. Cedric Belfrage, Londres, Methuen.

Galloway, Patricia (comp.), 1989, *The South-Eastern Ceremonial Complex: Artifacts and analysis*, Lincoln, University of Nebraska Press, Cottonlandia Conference ,1984.

Gamio, Manuel, 1972, *Arqueología e indigenismo*, México.

García Canclini, Néstor, 1990, *Culturas híbridas. Estrategias para entrar y salir de la modernidad*, México, Siglo XXI.

García Granados, Rafael, 1952, *Diccionario de historia antigua de Méjico*, 3 vols., México, Instituto de Historia.

Garcilaso de la Vega, "El Inca", 1991, *Comentarios reales de los incas*, México, FCE.

Garibay, Ángel María, 1940, *Poesía indígena de la Altiplanicie*, México, UNAM.

——, 1953-1954, *Historia de la literatura náhuatl*, 2 vols., México, Porrúa.

——, 1958, *Veinte himnos sacros de los nahuas*, México, UNAM.

——, 1961, *Llave del náhuatl* (1940), 2a. ed. aumentada, México, UNAM.

——, 1964-1968, *Poesía náhuatl*, 3 vols., México, UNAM.

——, 1979, *Teogonía e historia de los mexicanos: Tres opúsculos del siglo XVI*, México, Porrúa.

Garza, Mercedes de la, 1975, *La conciencia histórica de los antiguos mayas*, México, UNAM.

Gatschet, A. S., 1884, *A. Migration Legend of the Creek Indians*, Library of Aboriginal American Literature, vol. 4., Filadelfia, The Library.

Geist, Ingrid, 1990, *Reflexiones acerca de las prácticas rituales en San Andrés Teotilalpan estado de Oaxaca*, ensayo de antropología filosófica, México, INAH-ENAH, tesis profesional.

Gelb, Ignace J., 1952, *A Study of Writing: The Foundations of grammatology*, Londres, Routledge and Kegan Paul.

Gemelli Careri, Gio Francesco, 1700, *Giro del mondo*, vol. 6, Nápoles.

Genet, Jean, y P. Chelbatz, 1927, *Histoire des peuples Mayas-Quichés (Méxique, Guatemala, Honduras)*, París, Les Editions Genet.

Gerhard, Peter, 1972, *A Guide to the Historical Geography of New Spain*, Cambridge, Cambridge University Press.

Gibson, Charles, 1964, *Aztecs under Spanish Rule*, Stanford, Stanford University Press.

——, 1966, *Spain in America*, Nueva York, Harper and Row.

——, 1967, *Tlaxcala in the Sixteenth Century*, Stanford, Stanford University Press.

——, y John B. Glass, 1975, "A Census of Middle American Prose Manuscripts in the Native Historical Tradition", *HMAI*, 15: 322-400.

Gilmor, Frances, 1949, *Flute of the Smoking Mirror (A Portrait of Nezahualcoyotl)*, Albuquerque, University of New Mexico Press.

———, 1964, *The King Danced in the Market-place*, Tucson, University of Arizona Press.

Gisbert, Teresa, 1980, *Iconografía y mitos indígenas en el arte*, La Paz, Ediciones Gisbert.

Glantz, Margo, 1994, *La Malinche: sus padres y sus hijos*, México, UNAM.

Glass, John B., 1964, *Catálogo de la colección de códices*, México, Museo Nacional de Antropología.

———, 1975, "A Census of Native Middle American Pictorial Manuscripts", en *HMAI*, 14: 81-250.

Gonçalves Dias, A., 1858, *Dicionário da lingua tupi*, Leipzig, Brockhaus.

González, Nicolás, 1958, *Ideología guaraní*, México, III.

González Casanova, Pablo, 1965, *Cuentos indígenas*, México, UNAM.

———, 1977, *Estudios de lingüística y filología nahuas*, México, UNAM.

González Holguín, Diego, 1901, *Arte y diccionario quechua-español*, Lima.

Goody, Jack, 1968, *Literacy in Traditional Societies*, Cambridge, Cambridge University Press.

———, 1977, *The Domestication of the Savage Mind*, Cambridge, Cambridge University Press.

Gordon, G. B. (comp.), 1913, *The Book of Chilam Balam of Chumayel*, Filadelfia, University of Pennsylvania Press, facsímil.

Gorriti Ellenbogen, Gustavo, 1990, *Sendero: historia de la guerra milenaria en el Perú*, Lima, Apoyo.

Gossen, Gary H. (comp.), 1986. *Symbol and Meaning beyond the Closed Community*. Albany, Institute for Mesoamerican Studies, State University of New York.

Graham, Ian, 1978, *Corpus of Maya Hieroglyphic Inscriptions*, Cambridge, Peabody Museum, Harvard.

Granados y Gálvez, J. de, 1778, *Tardes americanas*, México, Zúñiga y Ontiveros.

Grant, Campbell, 1967, *Rock Art of the American Indian*, Nueva York, Promontory Press.

Graulich, Michel, 1987, *Mythes et rites du Mexique ancien préhispanique*, Bruselas, Académie Royale de Bélgique.

Greenberg, Joseph H., 1987, *Language in the Americas*, Stanford, Stanford University Press.

Greenblatt, Stephen, 1991, *Marvelous Possessions: The wonder of the New World*, Chicago, Chicago University Press.

Grinnell, George Bird, 1892, "Early Blackfoot History", en *American Anthropologist*, 5: 153-164.

Grinnell, George Bird, 1962, *Blackfoot Lodge Tales: The Story of a prairie people* (1923), Lincoln, University of Nebraska Press.

Gross, Daniel R., 1973, *Peoples and Cultures of Native South America,* Nueva York, Doubleday.

Grove, David C., 1984, *Chalcatzingo: Excavations on the Olmec Frontier,* Londres, Thames and Hudson.

Gruzinski, Serge, 1989, *Man-Gods in the Mexican Highlands,* Stanford, Stanford University Press.

——, 1992, *Painting the Conquest. The Mexican Indians and the European Renaissance,* París, Flammarion.

Guardia Mayorga, C., 1961, *Diccionario Kechwa-Castellano,* Lima.

Guiteras Holmes, Calixta, 1961, *Perils of the Soul: The World-view of a Tzotzil* [Maya] *Indian,* Nueva York, Free Press.

Gunn, S. W. A. (Kwe-Kwala-Gila), 1965, *Totem Poles of British Columbia,* Vancouver, Whiterocks Publications.

Gusinde, Martin, 1977, *Folk Literature of the Yamana Indians,* vol. 4 de Wilbert y Simoneau, 1970-1986.

Guss, David, 1985, *The Language of Birds: Tales, texts and poems of interspecies communication,* San Francisco, North Point Press.

——, 1989, *To Weave and to Sing: Art, symbol and narrative in the Upper Orinoco,* Berkeley y Los Ángeles, University of California Press.

Hagen, Victor Wolfgang von, 1944, *The Aztec and Maya Papermakers,* Nueva York, J. J. Augustin.

Haile, Bernard, 1938, *Origin Legend of the Navajo Enemy Way,* New Haven, Yale University Press.

Hale, Horatio, 1883, *The Iroquois Book of Rites,* Library of Aboriginal American Literature, vol. 2., Filadelfia, The Library; 2a. ed. aumentada, Toronto, 1963.

Hallam, John N., 1877, "Thick-headed Horse's Dream", en Beach, 1877: 127-144.

Hammond, Norman (comp.), 1974, *Mesoamerican Archaeology-New approaches,* Austin, University of Texas Press.

——, 1982, *Ancient Maya Civilization,* Londres, Duckworth.

——, y Gordon Willey (comps.), 1979, *Maya Archaeology and Ethnohistory,* Austin, University of Texas Press.

Harcourt, Raoul, y Marie d'Harcourt, 1925, *La musique des Incas et ses survivances,* 2 vols., París, P. Guenther.

Hariot, T., 1590, *A Briefe and True Report of the New Found Land of Virginia,* Francfort.

Harley, J. Brian, 1991, *Maps and the Columbian Encounter,* Milwaukee, Uni-‧ versity of Wisconsin y Golda Meir Library.

Harrison, Regina, 1989, *Signs, Songs and Memory in the Andes: Translating Quechua language and culture,* Austin, University of Texas Press.

Hartmann, Roswith, 1990, "Zur Ueberlieferung indianischer Oraltradition aus dem kolonialzeitlichen Peru: Das Huarochiri Manuscript", en Illius y Laubscher, 1990, 1: 137-160.

Harvey, Herbert R., 1986, "Household and Family Structure in Early Colonial Tepetlaoztoc", en *ECN,* 18: 275-294.

——, y Hanns Prem, 1984, *Explorations in Ethnohistory: Indians of central Mexico in the 16th century,* Albuquerque, University of New Mexico Press.

——, y Barbara J. Williams, 1986, "Decipherment and Some Implications of Aztec Numerical Glyphs", en Closs, 1986:237-260.

Hay, Clarence L., Ralph L. Linton, Samuel K. Lothrop, Harry L. Shapiro y George C. Vaillant, 1977, *The Maya and Their Neighbors* (1940), Nueva York, Dover.

Haywood, John, 1823, *The Natural and Aboriginal History of Tennessee up to the Settlements Therein by White People in 1768,* Nashville.

Hehaka Sapa (Alce Negro), 1932, *Black Elk Speaks: Being the life story of a holy man of the Oglala Sioux as told as to John Neihardt,* ilustraciones de Standing Bear, 2a. ed., Nueva York, Morrow, 1961, "As Told through John Neihardt", Lincoln, University of Nebraska Press.

——, 1953, *The Sacred Pipe: Black Elk's account of the seven rites of the Oglala Sioux recorded and edited by J. E. Brown,* Norman, University of Oklahoma Press.

Helbig, J. W., 1984, "Einige Bemerkungen zum *muu ikala,* einem Medizingesang der Cuna Panamas", en *Indiana* 10: 71-88.

Hemming, John, 1970, *The Conquest of the Incas,* Londres, Macmillan.

——, 1978, *The Search for El Dorado,* Londres, Michael Joseph.

——, 1987, *Amazon Frontier: The defeat of the Brazilian Indians,* Londres, Macmillan.

Heyerdahl, Thor, 1950, *The Kon-Tiki Expedition,* trad. F. H. Lyon, Londres, Allen and Unwin.

Higgins, James, 1987, *A History of Peruvian Literature,* Liverpool, Francis Cairns.

Himmelblau, Jack J., 1989, *Quiché Worlds in Creation: The Popol vuh as a narrative work of art,* Culver City, CA, Labyrinthos.

Hinz, Eike, 1970, *Die Magischen Texte im Tratado Ruiz de Alarcóns 1629: Antropologische Analyse altaztekischer Texte,* Beiträge zur mittelamerikanischen Völkerkunde, Hamburgo, Museum für Völkerkunde.

Hocquenghem, Anne Marie, 1987, *Iconografía mochica*, Lima, Pontificia Universidad Católica del Perú.

Hodge, F. W., (comp.), 1907, *Handbook of the American Indians North of Mexico*, Washington, Smithsonian Institution.

Hoffman, Walter James, 1891, *The Midewiwin of the Grand Medicine Society of the Ojibway*, BAE Report 7, Washington, Smithsonian Institution.

——, 1894, *The Beginnings of Writing*, Nueva York, Appleton

Holmer, Nils M., y S. Henry Wassén, 1951, *Cuna Chrestomathy*, Gotemburgo, Etnografiska Museum.

——, 1953, *The complete Mu-Igala in Picture-Writing: A native record of a Cuna Indian medicine song*, Gotemburgo, Etnografiska Museum.

——, 1963, *Dos cantos shamanísticos de los indios cunas*, Gotemburgo, Etnografiska Museum.

Hopper, Janice H., 1967, *Indians of Brazil in the 20th Century*, Washington, Institute for Cross-Cultural Research.

Horcasitas, Fernando, 1968, *De Porfirio Díaz a Zapata*, México, UNAM.

——, 1974, *El teatro náhuatl*, México, UNAM.

Houston, S. D., 1989, *Maya Glyphs*, Londres, British Museum

Howard, James, 1960, "Dakota Winter Counts as a Source of Plains History", en *Smithsonian Institution Bulletin*, 173: 335-416. BAE, Anthropological Papers.

——, 1960a, "Butterfly's Mandan Winter Count", en *Ethnohistory*, 7: 28-43.

——, 1965, *The Ponca Tribe*, BAE, Bulletin 195, Washington, Smithsonian Institution.

——, 1976, *Yanktonai Ethnohistory and the John K. Bear Winter Count*, Memoir 11, Lincoln, Nebraska, Plains Anthropologist.

——, 1979, *The British Museum Winter Count*, Occasional Paper 4, Londres, British Museum.

—, 1984, *The Canadian Sioux*, Lincoln, University of Nebraska Press.

Howard-Malverde, Rosaleen, 1986, "The Achkay, the Cacique and the Neighbour", en *Bulletin de l'Institut Français des Etudes Andines* (Lima), 15, 3-4: 1-34.

——, 1989, "Story-telling Strategies in Quechua Narrative Performance", en *Journal of Latin American Lore*, 15: 3-71.

——, 1990, *The Speaking of History: Willapaakushay, or Quechua ways of telling the past*, Londres, Institute for Latin American Studies.

Howe, J., 1986, *The Kuna Gathering: Village politics in contemporary Panama*, Austin, University of Texas Press.

Hudson, Charles M., 1984, *Elements of Southeastern Indian Religion*, Leiden, Brill.

Hugh-Jones, Stephen, 1979, *The Palm and the Pleiades: Initiation and cosmology in Northwest Amazonia*, Cambridge, Cambridge University Press.

Hulme, Peter, 1986, *Colonial Encounters: Europe and the native Caribbean 1492-1797*, Londres, Methuen.

Hultkranz, Åke, 1957, *The North American Indian Orpheus Tradition*, Estocolmo, Statens Etnografiska Museum.

Humboldt, Alexander von, 1810, *Vues des cordillères et monuments des peuples indigènes de l'Amérique*, París, F. Schoell.

Hunt, Eva, 1972, "Irrigation and the Socio-Political Organization of the Cuicatec Cacicazgos", en *The Prehistory of the Tehuacan Valley*, F. Johnson y R. Macneish (comps.), Austin, University of Texas Press, vol. 4 *(Irrigation and Chronology)*, pp. 162-261.

——, 1977, *The Transformation of the Hummingbird: Cultural roots of a Zinacantecan mythical poem*, Ithaca, Cornell University Press.

Hunter, William A., 1960, *The Calderonian Auto Sacramental: El gran teatro del mundo. An edition and translation of a Nahuatl version*, Nueva Orleáns, Middle American Research Institute, Tulane University.

Huxley, Francis, 1956, *Affable Savages: An anthropologist among the Urubu Indians of Brazil*, Londres, Travel Book Club.

Hyde, George E., 1951, *The Pawnee Indians*, Norman, University of Oklahoma Press.

——, 1956, *A Sioux Chronicle*, Norman, University of Oklahoma Press.

——, 1962, *Indians of the Woodlands from Prehistoric Times to 1725*, Norman, University of Oklahoma Press.

Hymes, Dell H. (comp.), 1967, *Studies in Southwestern Ethnolinguistics*, La Haya, Mouton.

——, 1977, "Discovering Oral Performance and Measured Verse in American Indian Narrative", en *New Literary History*, 8: 431-457.

——, 1981, "In Vain I Tried to Tell", *Essays in Native American ethnopoetics*, Filadelfia, University of Pennsylvania Press.

Ibarra Grasso, Dick Edgar, 1953, *La escritura indígena andina*, La Paz, Biblioteca Paceña, Alcaldía Municipal.

Illius, Bruno, y Matthias Laubscher (comps.), 1990, *Circumpacifica: Festschrift für Thomas S. Barthel*, 2 vols., Francfort, Lang.

Imbelloni, J., 1956, *La segunda esfinge indiana: Antiguos y nuevos aspectos del problema de los orígenes americanos*, Buenos Aires, Librería Hachette.

Incháustegui, Carlos, 1977, *Relatos del mundo mágico mazateco*, México, SEP.

Ixtlilxóchitl, Fernando de Alva, 1975-1977. *Obras históricas*, Edmundo O'Gorman (comp.), 2 vols., México, UNAM.

Jacklein, Klaus, 1978, *Los popolocas de Tepexi*, Wiesbaden.

Jaimes, M. Annette (comp.), 1992, *The State of Native America*, Boston, South End Press.

Jansen, Maarten E. R. G. N., 1982, *Huisi Tacu: estudio interpretativo de un libro mixteco antiguo Codex Vindobonensis Mexicanus I*, 2 vols., Amsterdam, Centro de Estudios Latinoamericanos y del Caribe.

——, 1992, *Crónica mixteca* [Zouche Nuttall], México, FCE.

——, 1992a, *Origen e historia de los reyes mixtecos* [Viena], FCE.

Jennings, Francis, 1976, *The Invasion of America: Indians, colonialism, and the cant of conquest*, Chapel Hill, University of North Carolina Press.

Jiménez, Irene, 1993, *Los Pueblos del Cedro*, México, INAH.

Johansson, Patrick, 1990, "La devinette: Parole-jeu des Aztèques", en *ECN*, 20: 297-310.

Jones, Julie, 1985, *Art of Pre-Columbian Gold*, Londres.

Joralemon, P. D., 1971, *A Study of Olmec Iconography*, Washington, Dumbarton Oaks.

Josephy, Alvin M., Jr., 1961, *The American Heritage Book of Indians*, Nueva York, American Heritage.

——, 1975, *The Indian Heritage of America*, Harmondsworth, Penguin.

Kahkewaquonaby Jones, Peter, 1861, *History of the Ojebway Indians*, Londres.

Kantule, Nele, y Rubén Pérez Kantule, véase Nordenskiöld, 1928, 1930, 1938; Wassén, 1938.

Karttunen, Frances, y Gilka Wara, 1982, "The Dialogue of El Tepozteco and his rivals", en *Tlalocan*, 9: 115-141.

——, y James Lockhart, 1986, "The Huehuetlahtolli Bancroft MS: The missing pages", en *ECN*, 18: 171-180.

Katz, Friedrich, 1972, *Ancient American Civilizations*, Nueva York, Praeger.

Kauffmann Doig, Federico, 1978, "Los retratos de la capaccuna de Guamán Poma y el problema de los tocapo", en *Amerikanistische Studien: Festschrift für Hermann Trimborn*, R. Hartmann y U. Oberem (comps.), St. Augustin, pp. 298-308.

Keeler, Clyde, 1969, *Cuna Indian Art*, Nueva York, Exposition Press.

Keen, Benjamin, 1971, *The Aztec Image in Western Thought*, New Brunswick, Rutgers University Press. [Hay edición del FCE.]

Keiser, Albert, 1933, *The Indian in American Literature*, Nueva York, Oxford University Press.

Kelley, David H., 1976, *Deciphering the Maya Script*, Austin, University of Texas Press.

Kelley, David H., 1980, *Astronomical Identities of Mesoamerican Gods*, Miami, Institute of Maya Studies, Inc.

Kelm, Antje, 1968, *Vom Kondor und vom Fuchs*, Berlín, Mann.

Kerr, Justin, 1989, *The Maya Vase Book: A corpus of rollout photographs of Maya vases*, Nueva York, Kerr Publications.

Kidd, K. E., y S. Dewdney, 1967, *Indian Rock Painting of the Great Lakes*, Toronto, University of Toronto Press.

Kilku Waraka (Andrés Alencastre), 1972, *Yawar para*, Cuzco, Editorial Garcilaso.

Kilpatrick, Jack Frederick, y Anna Gritts, 1964, *Friends of Thunder: Folktales of the Oklahoma Cherokees*, Dallas, Southern Methodist University Press.

———, 1965, *The Shadow of Sequoya: Social documents of the Cherokees, 1862-1964*, Norman, University of Oklahoma Press.

———, 1968 (comps.), *New Echota Letters ("Cherokee Phoenix" 1828-34)*, Dallas, Southern Methodist University Press.

Kingsborough, Lord (Edward King), 1831-1848, *Antiquities of Mexico, Comprising Facsimiles of Ancient Mexican Paintings and Hieroglyphs*, 9 vols., Londres.

Kirchhoff, Paul, Lina Odena Güemes y Luis Reyes García, 1989, *Historia tolteca-chichimeca*, ed. rev. FCE.

Klah, Hasteen, 1942, *Navajo Creation Myth: The story of the emergence*, M. Wheelwright (comp.), Santa Fe, Museum of Navajo Ceremonial Art.

Knorozov, Yuri V., 1967, *Selected Chapters from the Writing of the Maya Indians*, Cambridge, Massachusetts, Peabody Museum.

Koch-Grünberg, Theodor, 1979-1982, *Del Roraima al Orinoco*, 3 t., Caracas, Banco Central.

König, Viola, 1979, *Inhaltiche Analyse und Interpretation von Codex Egerton*, Beiträge zur mittelamerikanischen Völkerkunde, Hamburgo, Museum für Völkerkunde.

———, 1984, "Der Lienzo Seler II und seine Stellung innerhalb der Coixtlahuaca Gruppe", *Baessler Archiv*, 32: 229-320.

———, 1989, "Zwei Lienzos aus Oaxaca, Mexiko", *Mitteilungen aus den Museum für Völkerkunde* (Hamburgo), 19: 75-205.

Kössler-Ilg, Bertha, 1956, *Indianermärchen aus den Kordilleren*, Düsseldorf, Eugen Diederich.

———, 1962, *Tradiciones araucanas*, La Plata, Universidad Nacional.

Kramer, Fritz W., 1970, *Literature among the Cuna Indians*, Gotemburgo, Etnografiska Museum.

Krickeberg, Walter, 1928, *Märchen der Azteken und Inkaperuaner, Maya und Muisca,* Düsseldorf, Eugen Diederich.

——, 1968, *Pre-Columbian Mexican Religions,* Londres, Wiedenfeld and Nicholson.

Kubler, George, 1962, *The Art and Architecture of Ancient America: The Mexican, Maya and Andean peoples,* Baltimore, Penguin.

Kutscher, Gerdt, 1954, *Nordperuanische Keramik,* Berlín, Mann.

——, Günter Vollmer y Gordon Brotherston, 1987, *Aesop in Mexico,* Berlín, Mann.

La Barre, Weston, 1964, *The Peyote Cult,* Hamden, Connecticut, Shoestring Press.

Lafitau, Joseph-François, 1983, *Moeurs des sauvages américains comparées aux moeurs des premiers temps* (1724), Edna Hindie Lemay (comp.), 2 vols., París, Maspero.

Lahourcade, Alicia N., 1970, *La creación del hombre en las grandes religiones de América precolombina,* Madrid.

Lambert, Jean-Clarence, 1961, *Les poésies mexicaines: Anthologie des origines à nos jours,* París.

Lanczkowski, Gunter, 1962, *Quetzalcoatl: Mythos und Geschichte. Numen* (Leiden) 9, fasc. 1.

Landa, Diego de, 1975, *Relación de las cosas de Yucatán,* México, Dante.

Landes, Ruth, 1968, *Ojibwa Religion and the Midewiwin,* Madison, University of Wisconsin Press.

Lankford, George E., 1987, *Native American Legends: The Southeast. Tales from the Natchez, Caddo, Biloxi, Chickasaw and other Nations,* Little Rock, August House.

Lara, Jesús, 1947, *Poesía popular quechua,* La Paz, Editorial Canata.

——, 1956, *Notas sobre el teatro de los Incas,* La Paz, La Razón.

——, (comp.), 1957, *Tragedia del fin de Atawallpa,* Cochabamba, Imprenta Universitaria.

——, 1969, *La literatura de los quechuas,* La Paz, Editora Juventud.

Larco Hoyle, Rafael, 1965, *Checan: Essay on erotic elements in Peruvian art,* Ginebra, Nagel.

Lathrap, Donald, 1970, *The Upper Amazon,* Londres, Thames and Hudson.

——, 1973, "The Gifts of the Cayman: Some thoughts on the subsistence basis of Chavin", en *Variation in Anthropology,* D. Lathrap y Jody Douglas (comps.), Urbana: University of Illinois Press, pp. 91-105.

Launey, Michel, 1979-1980, *Introduction à la langue et à la littérature aztèques,* 2 vols., París, L'Harmattan.

Lausic Glasinovic, Sergio, 1994, *Rostros, mitos y figuras de las etnias patagóni- cas australes*, Punta Arenas, Horizonte.

Lawrence, David Herbert, 1983, *The Plumed Serpent* (1926), Ronald G. Walker (comp.), Harmondsworth, Penguin.

Leander, Birgitta, 1967, *El Códice de Otlaxpan*, México, Instituto Nacional de Antropología e Historia.

———, 1970, *Pab igala: Historias de la tradición kuna*, Panamá, Centro de In- vestigaciones Antropológicas.

LeClézio, J. M. G., 1976, *Les prophéties du Chilam Balam*, París, Gallimard.

———, 1988, *Le Rêve mexicain, ou la pensée interrompue*, París, Gallimard.

Lee, Thomas, 1985, *Los códices mayas*, Tuxtla Gutiérrez, Universidad Autó- noma de Chiapas.

Lehmann, Walter, 1949, *Sterbende Götter und christliche Heilsbotschaft*, QGA 3, Stuttgart, Mann.

———, 1974, *Die Geschichte der Königreiche von Colhuacan und Mexiko: Codex Chimalpopoca* (1938), QGA 1, Stuttgart y Berlín, Mann.

Lenz, Hans, 1961, *Mexican Indian Paper: Its history and survival*, México, Editorial Libros de México.

Lenz, Rodolfo, 1895-1897, *Estudios araucanos*, Santiago.

León-Portilla, Ascensión H. de, 1988, *Tepuztlahcuilolli: Impresos en náhuatl, historia y bibliografía*, México, UNAM.

León-Portilla, Miguel, 1956, *La filosofía náhuatl estudiada en sus fuentes*, Mé- xico, III.

———, 1959, *Visión de los vencidos: Relaciones indígenas de la conquista*, Méxi- co, UNAM.

———, 1964, *Las literaturas precolombinas de México*, México, Pomarca.

———, 1964a, *El reverso de la conquista: Relaciones aztecas, mayas e incas*, México, Joaquín Mortiz.

———, 1967, *Trece poetas del mundo azteca*, México, UNAM.

———, 1969, *Pre-Columbian Literatures of Mexico*, Norman, University of Oklahoma Press.

———, 1972, "Religión de los Nicaraos", en *ECN*, 10: 11-112.

———, 1978, *Los manifiestos en náhuatl de Emiliano Zapata*, México, UNAM.

———, 1985, *Tonalámatl de los pochteca (Códice Féjérváry)*, México, Celanese.

———, 1986, *Coloquios y doctrina cristiana: Los diálogos de 1524 según el texto de Fray Bernardino de Sahagún y sus colaboradores indígenas*, México, UNAM.

———, 1987, *Time and Reality in the Thought of the Maya*, Norman, University of Oklahoma Press, 2a. ed. aumentada de la traducción al inglés de *Tiem- po y realidad en el pensamiento maya* (1968).

León-Portilla, Miguel, 1988, *Huehuetlahtolli: testimonios de la antigua palabra*, México, Comisión Nacional Conmemorativa del V Centenario del Encuentro de Dos Mundos.

———, 1994, *Narrativa náhuatl contemporánea: Yancuic nahua sasanili*, México, Diana.

Le Page du Pratz, 1758, *Louisiane*, 3 vols., París.

Le Plongeon, Augustus, 1886, *Sacred Mysteries among the Mayas and the Quichés*, Nueva York, R. Macoy.

Léry, Jean de, 1957, *Journal de bord: Le Brésil en 1557*, París, Editions Mayeux.

Levine, Stuart, y Nancy O. Lurie, 1968, *The American Indian Today*, Baltimore, Penguin.

Lévi-Strauss, Claude, 1955, *Tristes tropiques*, París, Unión Générale d'Editions.

———, 1958, *Anthropologie structurelle*, París, Plon.

———, 1964-1971, *Mythologiques*, 4 vols., París, Plon.

———, 1972, *Structural Anthropology*, trad. Claire Jacobson y Brooke Grundfest Schoepf, Harmondsworth, Penguin.

———, 1973, *Anthropologie structurelle II*, París, Plon.

———, 1975-1979, *La Voie des masques*, 2 vols., París.

———, 1978, *Structural Anthropology*, vol. 2, trad. Monique Layton, Harmondsworth, Penguin.

Lewis, Janet, 1964, *The Invasion* (1932), Denver, Alan Swallow.

Lienlaf, Leonel, 1989, *Se ha despertado el ave de mi corazón*, Santiago, Editorial Universitaria.

Lienhard, Martin, 1990, *Cultura andina y forma novelesca: zorros y danzantes en la última novela de Arguedas*, Lima, Tarea.

———, 1992, *La voz y su huella. Escritura y conflicto étnico-cultural en América Latina, 1492-1988*, Lima, Horizonte.

Lipp, Frank, 1991, *The Mixe of Oaxaca: Religion, ritual and healing*, Austin, University of Texas Press.

Lom d'Arce (Baron de Lahontan), 1703, *Voyages du baron de Lahontan dans l'Amérique septentrionale*, Amsterdam.

Longfellow, Henry Wadsworth, 1855, *The Song of Hiawatha*, Boston y Londres.

Loo, Peter van der, 1987, *Códices, costumbres, comunidad: Un estudio de la religión mesoamericana*, Leiden, Centro de Estudios Latinoamericanos y del Caribe.

López Austin, Alfredo, 1984, *Cuerpo humano e ideología*, UNAM.

———, 1990, *Los mitos del tlacuache: caminos de la mitología mesoamericana*, México, Alianza.

———, 1994, *Tamoanchan y Tlalocan*, México, FCE

Lumholtz, Carl, 1902, *Unknown Mexico: Explorations in the Sierra Madre and other regions,* 2 vols., Nueva York.

——, 1986, *El arte simbólico y decorativo de los huicholes,* III.

Luxton, Richard, 1977, *The Hidden Continent of the Maya and the Quechua,* Essex University, tesis de doctorado.

McCaskill, Don (comp.), 1989, *Amerindian Cosmology,* Edimburgo, Cosmos, Brandon, Manitoba, Canadian Journal of Native Studies.

McCoy, Ron, 1983, *Winter Count: The Teton Chronicles to 1799,* University of Northern Arizona, tesis de doctorado.

McDowell, John, 1989, *Sayings of the Ancestors: The spiritual life of the Sibundoy Indians,* Lexington, Kentucky University Press.

——, 1992, *Andean Cosmogonies through time,* Bloomington, Indiana University Press.

McGee, W. J., 1897, *The Sioux,* BAE Annual Report 1893-1894, Washington, Smithsonian Institution.

Makemson, Maud, 1951, *The Book of the Jaguar Priest,* Nueva York, Henry Schumann.

Maldonado Jiménez, Druzo, 1990, *Cuauhnahuac y Huaxtepec: tlalhuicas y xochimilcas en el Morelos prehispánico,* Cuernavaca, México, UNAM.

Malinowski, Bronislaw, 1960, *A Scientific Theory of Culture and Other Essays,* Nueva York, Oxford University Press.

Mallery, Garrick, 1893, *Picture-Writing of the American Indians,* 2 vols., BAE 10° Annual Report, Washington, Smithsonian Institution.

Malotki, Ekkehart, 1978, *Hopitutuwutsi: Hopi tales,* Flagstaff, Museum of Northern Arizona Press.

Manuel, George, 1974, *The Fourth World: An Indian reality,* Nueva York, Free Press, Prólogo de Vine Deloria.

Marcus, Joyce, 1976, *Emblem and State in the Classic Maya Lowlands,* Washington, Dumbarton Oaks.

——, 1980, "Zapotec Writing", en *Scientific American,* febrero.

——, 1992, *Mesoamerican Writing Systems. Propaganda, Myth and History in four ancient civilizations,* Princeton, Princeton University Press.

Margolin, Malcolm, 1981, *The Way We Lived: California Indian reminiscences, stories and songs,* Berkeley, Heyday.

Mariátegui, J. C., 1955, *Siete ensayos en torno a la realidad peruana* (1928), Santiago de Chile, Colección América Nuestra.

Markham, Clements Robert, 1856, *Cuzco: A journey to the ancient capital of Peru, with an account of the history, language, literature and antiquities of the Incas,* Londres, Chapman and Hall.

Markham, Clements Robert, 1871, *Ollantay, an Ancient Inca Drama*, Londres, Trubner.

——, 1873, *Narratives of the Rites and Law of the Incas*, Londres, Hakluyt Society.

——, 1910, *The Incas of Peru*, Londres, Smith, Elder.

Markham, Robert H., y Peter T., 1992, *The Flayed God. The mythology of Mesoamerica*, Nueva York, Harper and Collins.

Marriott, Alice, 1945, *The Ten Grandmothers*, Norman, University of Oklahoma Press.

Martin, Gerald (comp.), 1992, *Miguel Ángel Asturias: Hombres de maíz*, Madrid, ALLCA.

Martínez, José Luis, 1972, *Nezahualcóyotl, vida y obra*, México, FCE.

Martínez Gracida, Manuel, 1897-1898, "Mitología mixteca", en *Memorias de la Sociedad Científica Antonio Alzate*, 11: 424-428.

Martínez Hernández, Juan, 1930, *Diccionario de Motul, Maya-Español*, Mérida, México.

Martínez Marín, M. (comp.), 1989, *Primer coloquio de documentos pictográficos de tradición náhuatl*, México, UNAM.

Mason, J. Alden, 1964, *The Ancient Civilisations of Peru*, Harmondsworth, Penguin.

Mason, Peter, 1986, "Lévi-Strauss in Tenochtitlan", en *Boletín de Estudios Latinoamericanos y del Caribe* (Amsterdam), 45: 101-111.

——, 1990, *Deconstructing America: Representations of the Other*, Londres, Routledge.

Matos Moctezuma, Eduardo, 1979, *Trabajos arqueológicos en el centro de la ciudad de México*, México, Instituto Nacional de Antropología e Historia.

Matthews, Washington, 1897, *Navaho Legends*, Boston, American Folklore Society.

Matthiesson, Peter, 1987, *Indian Country*, Nueva York, Fontana.

——, 1990, *Killing Mr. Watson*, Nueva York, Random House.

Maudslay, A. P., 1889-1902, *Archaeology: Biología centrali-americana*, 5 vols., Londres, Dulau.

Means, Philip Ainsworth, 1931, *Ancient Civilizations of the Andes*, Nueva York, Scribner.

Medina, José T., 1952, *Los aborígenes de Chile*, Santiago de Chile, Imprenta Universitaria.

Mediz Bolio, Antonio (comp.), 1973, *Libro de Chilam Balam de Chumayel* (1930), México, UNAM.

Melgarejo Vivanco, José Luis (comp.), 1970, *Códices de tierras: Los lienzos de Tuxpan*, México, Petróleos Mexicanos.

——, 1980, *El códice Vindobonensis*, Xalapa, Instituto de Antropología, Universidad Veracruzana.

Menchú. Véase Burgos-Debray.

Méndez Plancarte, Alfonso, 1944, *Poetas novohispanos: Primer siglo (1521-1621)*, México, UNAM.

Mendieta, Fr. Gerónimo de, 1971, *Historia eclesiástica indiana*, J. García Icazbalceta (comp.), México, Porrúa.

Mendizábal Losack, Emilio, 1961, "Don Felipe Guamán Poma de Ayala, señor y príncipe, último quellcakamayoc", en *Journal of Latin American Lore*, 5: 83-116.

Meneses, Teodoro (comp.), 1951, *Usca Paucar*, Lima.

——, 1983, *Teatro quechua colonial*, Lima, Edubanco.

Menezes, M. N. (comp.), 1977, Edward A. Goodall, *Sketches of Amerindian Tribes (1841-3)*, Londres, British Museum.

Menguin, Ernst, 1952, "Commentaire du Codex Mexicanus", en *Journal de la Société des Américanistes*, 41: 387-498, más álbum.

Mera, Juan León, 1868, *Ojeada histórico-crítica sobre la poesía ecuatoriana desde su época más remota hasta nuestros días*, Quito.

Métraux, Alfred, 1928, *La religion des Tupinamba et ses rapports avec celle des autres tribus tupi-guarani*, París, Ernest Leroux.

——, 1962, *Les Incas*, París, Seuil.

Meyer, William (Yonv'ut'sisla), 1971, *Native Americans: The new Indian resistance*, Nueva York, International Publishers.

Miller, Arthur G., 1973, *The Mural Painting of Teotihuacan*, Washington, Dumbarton Oaks.

——, 1975 (comp.), *The Codex Nuttall*, Nueva York, Dover.

——, 1982, *On the Edge of the Sea: Mural paintings at Tancah-Tulum*, Washington, Dumbarton Oaks.

Miller, Mary, y Karl Taube, 1993, *Mesoamerican Gods and Symbols. A Dictionary*, Londres, Thames and Hudson.

Miranda, José, 1952, *El tributo indígena en la Nueva España*, México, El Colegio de México.

Moesbach, E. W. (comp.), 1984, Pascual Coña, *Testimonio de un cacique mapuche*, 4.ª ed., Santiago, Pehuén.

Mohar Betancourt, Luz María, 1990, *La escritura en el México antiguo*, 2 vols, México, Plaza y Valdés.

Molina, Fr. Alonso de, 1977, *Vocabulario en lengua castellana y mexicana* (1571), México, Porrúa.

Monjarás Ruiz, Jesús (comp.), 1987, *Mitos cosmogónicos del México indígena,* México, Instituto Nacional de Antropología e Historia.

Mönnich, Anneliese, 1971, "The Test Theme: A possible Southwestern trait in Mesoamerican mythology", en *Berliner Gesellschaft für Antropologie Festschrift* 3: 310-319.

Montejo, Victor, 1991, *The bird who cleans the world: And other Maya fables,* Willimantic, Curbstone Press.

Montemayor, Carlos, 1992, *Los escritores indígenas actuales,* 2 vols., México, Tierradentro.

Montoya, Rodrigo, Edwin Montoya y Luis Montoya, 1987, *La sangre de los cerros: Urqukunapa yawarnin,* Lima, Cepes.

Montoya Sánchez, Fr. Javier, 1973, *Antología de creencias, mitos, teogonías, leyendas y tradiciones colombianos,* Bogotá, Concejo de Medellín.

Montoya Toro, J., y Ernesto Cardenal, 1966, *Literatura indígena americana,* Antioquia, Publicaciones de la Revista de la Universidad.

Mooney, James, 1891, *Sacred Formulas of the Cherokees,* BAE 7° Report, Washington, Smithsonian Institution.

——, 1896, *The Ghost-Dance Religion and the Sioux Outbreak of 1890,* BAE 14° Report, parte 2, Washington, Smithsonian Institution.

——, 1898, *Myths of the Cherokee,* BAE 19° Report, Washington, Smithsonian Institution.

——, 1979, *Calendar History of the Kiowa Indians* (1898, BAE 17° Report), Washington, Smithsonian Institution, introducción de John C. Ewers.

Morante López, Rubén Bernardo, 1993, *Evidencia del conocimiento astronómico en Xochicalco,* México, ENAH, tesis de maestría.

Morgan, Lewis Henry, 1901, *League of the Ho-de-no-sau-nee, or Iroquois* (1851), 2 vols., Nueva York, Dodd Mead.

——, 1909, *Ancient Society* (1877), 2ª ed. Chicago.

——, 1959, *The Indian Journals 1859-62,* Ann Arbor, University of Michigan Press.

——, 1967, *Montezuma's Dinner: An essay on the tribal society of North American Indians* (1876), Nueva York.

Morley, Sylvanus G., 1915, *An Introduction to the Study of the Maya Hieroglyphs,* Washington, Smithsonian Institution.

——, 1956, *The Ancient Maya,* Stanford, Stanford University Press.

Motolinía (Fray Toribio de Benavente), 1971, *Memoriales o Libro de las cosas de la Nueva España,* Edmundo O'Gorman (comp.), México, UNAM.

Muñoz, Braulio, 1983, *The Indian Literatures of Latin America,* New Brunswick, Rutgers University Press.

Murra, J. V., 1980, *The Economic Organization of the Inca State,* Greenwich, Connecticut, JAI Press.

——, y R. Adorno (comps.), 1980, Guamán Poma, *El primer nueva corónica y buen gobierno,* 3 vols., México, Siglo XXI.

Murray, David, 1991, *Forked Tongues: Speech, writing and representation in North American Indian texts,* Londres, Pinter.

Murúa, Martín de, 1946, *Historia del origen y genealogía real de los incas* (1590), Constantino Bayle (comp.), Madrid, Consejo Superior de Investigaciones Científicas.

Navarre, Robert, 1913, *Journal ou dictation d'une conspiration,* Detroit, texto francés con traducción al inglés por R. Clyde Ford, *Journal of Pontiac's Conspiracy.*

Needham, Joseph, 1958-1959, *Science and Civilisation in China,* vols. 2-3, Cambridge, Cambridge University Press.

Negrín, Juan, 1975, *The Huichol Creation of the World,* Sacramento, Crocker Art Gallery.

——, 1985, *Acercamiento histórico y subjetivo al huichol,* Guadalajara, Universidad de Guadalajara.

Neihardt, John G. Véase Hehaka Sapa.

Nelson, Ralph (comp.), 1976, *The Popol vuh: The great mythological book of the ancient Maya,* Boston, Houghton Mifflin.

Newcomb, Franc J., y Gladys A. Reichard, 1975, *Sandpaintings of the Navajo Shooting Chant,* Nueva York, Dover.

Newson, Linda, 1987, *Indian Survival in Colonial Nicaragua,* Norman, University of Oklahoma Press.

Nicholson, Henry B., 1978, "Western Mesoamerica: A. D. 900-1520", en *Chronologies in New World Archaeology,* Means y Taylor (comp.), Nueva York, pp. 285-325.

Nicholson Irene, 1959, *Firefly in the Night: A study of ancient Mexican poetry and symbolism,* Londres, Faber.

Nicolau d'Olwer, Luis, 1963, *Cronistas de las culturas precolombinas,* México, FCE.

Nimuendajú (Kurt Onkel), 1944, *Leyenda de la creación y juicio final del mundo como fundamento de la religión de los apapokura guaraní,* São Paulo.

Niño, Hugo, 1977, *Primitivos relatos contados otra vez: héroes y mitos amazónicos,* Bogotá, Instituto Colombiano de Cultura.

——, 1978, *Literatura de Colombia aborigen,* Bogotá, Instituto Colombiano de Cultura.

Noguez, Xavier (comp.), 1992, *Códice García Granados*, Toluca, El Colegio Mexiquense.

——, 1993, *Documentos guadalupanos*, México, FCE.

Nordenskiöld, Erland, 1925, *The Secret of the Peruvian Quipus*, 2 vols., Gotemburgo, Etnografiska Museum.

——, 1928, *Picture-Writings and Other Documents by Nele, Paramount Chief of the Cuna Indians, and Rubén Pérez Kantule, His Secretary*, Gotemburgo, Etnografiska Museum.

——, 1930, *Picture-Writings and other Documents by Nele, Charles Sister, Charlie Nelson and other Cuna Indians*, Gotemburgo, Etnografiska Museum.

——, 1938, *An Historical and Ethnographical Survey of the Cuna Indians, in Collaboration with the Cuna Indian Rubén Pérez Kantule*, Henry Wassén (comp.), Gotemburgo, Etnografiska Museum.

Noriega, R. (comp.), 1959, *Esplendor del México antiguo*, 2 vols., México, Centro de Investigaciones Antropológicas.

Norman, V. Garth, 1976, *Izapa Sculpture*, Papers of the New World Archeological Foundation, núm. 30, Provo, Brigham Young University.

Nowotny, Karl A., 1961, *Tlacuilolli: Die mexikanischen Bilderhandschriften, Stil und Inhalt*, Berlín, Mann.

—— (comp.), 1961a, *Códices Becker I/II*, ADV.

—— (comp.), 1968, *Codex Cospi*, ADV.

——, 1969, *Beiträge zur geschichte des Weltbildes*, Viena.

—— (comp.), 1974, *Codex Borbonicus*, ADV.

——, (comp.), 1976, *Codex Borgia*, ADV.

Núñez, Estuardo, 1972, "Lo latinoamericano en otras literaturas", en *América Latina en su literatura*, C. Fernández Moreno (comp.), México, Siglo XXI, pp. 93-120.

Nuttall, Zelia (comp.), 1902, *Codex Nuttall*, Cambridge, Massachusetts, Peabody Museum.

O'Gorman, E., 1986, *La invención de América*, Lecturas mexicanas, FCE.

Olbrechts, F., y James Mooney, 1932, *The Swimmer Manuscript: Cherokee sacred formulas and medicinal prescriptions*, Washington, Smithsonian Institution.

Olson, Charles, 1953, *Mayan Letters*, Mallorca, Divers Press.

Ong, Walter, 1977, *Interfaces of the Word*, Ithaca, Cornell University Press.

——, 1982, *Orality and Literacy: The technologizing of the word*, Nueva York, Methuen.

Ortiz, Simon, 1992, *Woven Stone*, Tucson, University of Arizona Press.

Ossio, J. M, (comp.), *Ideología mesiánica del mundo andino,* Lima, Colección Biblioteca de Antropología.

Overing, Joanna, 1975, *The Piaroa: A people of the Orinoco Basin,* Oxford, Clarendon Press.

Paddock, John, 1966, *Ancient Oaxaca,* Stanford, Stanford University Press.

Padial Guerchoux, Anita, y Manuel Vázquez-Bigi (comps.), 1991, *Quiché Vinak: Tragedia,* México, FCE.

Padilla Bendezú, Abraham, 1979, *Huaman Poma, el indio cronista dibujante,* México, FCE.

Pagden, A. R., 1972, *Mexican Pictorial Manuscripts,* Oxford, Bodleian Library.

Palomino, Salvador, 1988, *El sistema de oposiciones en la comunidad de Sarhua* [Ayacucho], Lima, Consejo Indio de Sud América.

Parezo, Nancy J., 1983, *Navajo Sandpainting: From religious act to commercial art,* Tucson, University of Arizona Press.

Parkman, Francis, 1902, *The Struggle for a Continent,* Pelham Edgar (comp.), Londres, Macmillan.

Parmenter, Ross, 1982, *Four Lienzos of the Coixtlahuaca Valley,* Washington, Dumbarton Oaks.

——, 1993, *The Lienzo of Tulancingo, Oaxaca,* Filadelfia, Trans. Am. Philos. Soc., vol. 83, parte 7.

Parsons, Elsie Clews, 1967, *American Indian Life* (1922), Lincoln, Nebraska, Bison.

——, 1936, *Mitla: Town of the Souls and other Zapoteco-speaking Pueblos of Oaxaca,* Chicago, University of Chicago Press.

——, 1939, *Pueblo Indian Religion,* 2 vols., Chicago, University of Chicago Press.

Paso y Troncoso, Francisco del, 1902, "Comédies en langue nahuatl", en *12th International Congress of Americanists,* París, pp. 309-316.

——, 1908 (comp.), "Fragmento de la obra general sobre Historia de los mexicanos escrita en náhuatl por Cristóbal del Castillo", en *Biblioteca Nauatl* (Florencia) 5, 2:41-107.

Pease, Franklin (comp.), 1980, Guamán Poma, *El primer nueva corónica y buen gobierno,* Caracas, Ayacucho.

Pellizaro, Siro (comp.), 1979, *Tsunki: El mundo del agua y de los poderes fecundantes,* mitología shuar, vol. 2, Sucua, Ecuador, Mundo Shuar.

Peniche Rivero, Piedad, 1990, *Sacerdotes y comerciantes: El poder de los Mayas e Itzaes de Yucatán en los siglos VII a XII,* México, FCE.

Pereira, Nunes, 1951, *Historias e vocabulario Uitoto,* Belem.

——, 1967, *Moronguetá: Um decameron indigena,* 2 vols., Rio.

Péret, Benjamin, 1956 (comp.), *Livre de Chilam Balam de Chumayel*, París, Denoël.

——, 1960, *Anthologie des mythes, légendes et contes populaires d'Amérique*, París, Albin Michel.

Pérez Firmat, Gustavo (comp.), 1990, *Do the Americas Have a Common Literature?*, Durham, Carolina del Norte, Duke University Press.

Perrin, Michel, 1980, *El camino de los indios muertos: Mitos y símbolos guajiros*, Caracas, Monte Ávila.

Petersen, Karen Daniels, 1971, *Plains Indian Art from Fort Marion: With a pictographic dictionary*, Norman, University of Oklahoma Press.

Pferdekamp, Wilhelm, 1963, *Die Indianer-Story*, Munich.

Pietschmann, Richard (comp.), 1936, Felipe Guamán Poma de Ayala, *Nueva corónica y buen gobierno*, París, Musée de l'Homme, ed. facsimilar.

Piña Chan, Román, 1977, *Quetzalcoatl, serpiente emplumada*, México, FCE.

——, 1989, *The Olmec: Mother culture of Mesoamerica*, Laura Laurencich Minelli (comp.), Nueva York, Rizzoli.

Platt, Tristan, 1985, *Pensamiento político aymara*, México.

Posse, Abel, 1989, *Daimón*, 2ª ed., Buenos Aires, Emecé.

Pottier, Bernard, 1983, *América Latina en sus lenguas indígenas*, Caracas, Monte Ávila.

Powell, Philip W., 1985, *La guerra chichimeca*, FCE.

Prem, Hanns J., 1978, "Comentario a las partes calendáricas del Codex Mexicanus 23-24", en *ECN*, 13: 267-288.

Prescott, William Hickling, 1843, *History of the Conquest of Mexico, with a preliminary view of the ancient Mexican civilization*, 3 vols., Londres, Richard Bentley.

Preuss, Konrad Theodor, 1912, *Die Nayarit Expedition*, Leipzig.

——, 1919-1927, "Forschungsreise zu den Kagaba-Indianer: Beobachtungen, Text-aufnahmen und linguistische Studien", en *Anthropos*, núms. 14-22.

——, 1921, *Die Religion und Mythologie der Uitoto*, Gotinga-Leipzig.

——, 1929, *Monumentale vorgeschichtliche Kunst: Ausgrabungen in Quellegebiet des Magdalenas in Columbien 1913-14*, Gotinga.

——, 1968, *Nahua Texte aus San Pedro Jícora in Durango*, QGA 9, Berlín, Mann.

Preuss, Mary, 1988, *Gods of the Popol vuh*, Culver City, California, Labyrinthos.

—— (comp.), 1989, *In Love and War, Hummingbird Lore*, Culver City, California, Labyrinthos.

——, 1991, *Past, Present and Future: Selected Studies on Latin American Indigenous Literatures*, Culver City, California, Labyrinthos.

Pring-Mill, Robert, 1977, *Ernesto Cardenal: "Apocalypse" and Other Poems*, Nueva York, New Directions.

Propp, Vladimir, 1968, *Morphology of the Folktale*, Austin, University of Texas Press.

Purchas, Samuel, 1625, *Purchas, His Pilgrimes*, vol. 3, Londres, William Stansby.

Quiñones Keber, Eloise, 1995, *Codex Telleriano*, Austin, University of Texas Press.

Raczka, Paul M., 1979, *Winter Count: a History of the Blackfoot people*, Brocket, Alberta, Oldman River Culture Center.

Radin, Paul, 1928, *The Story of the American Indian*, Londres.

——, 1954-1956, *The Evolution of an American Indian Prose Epic: A study in comparative literature*, Basilea, Ethnographical Museum.

——, 1956, *The Trickster: A study in American Indian mythology*, Nueva York, Schocken.

——, 1970, *The Winnebago Tribe* (1923; BAE 37° Report), Lincoln, University of Nebraska Press.

Rafinesque, Constantine Schmalz, 1836, *The American Nations*, 2 vols., Filadelfia.

Rama, Ángel, 1982, *Transculturación narrativa en América Latina*, México, Siglo XXI.

Rappaport, Joanne, 1990, *The Politics of Memory: Native historical interpretation in the Colombian Andes*, Cambridge, Cambridge University Press.

Raynaud, Georges, M. A. Asturias y J. M. González, 1927, *Los dioses, los héroes y los hombres de Guatemala antigua*, París, Editorial París-América

Recinos, Adrián, 1950, *Memorial de Sololá-Anales de los cakchiqueles. Título de los señores de Totonicapán*, México, FCE.

——, 1953, *Popol vuh*, México, FCE.

Reed, Nelson, 1964, *The Caste War of Yucatan*, Stanford, Stanford University Press.

Reichard, Gladys, 1963, *Navajo Religion: A study of symbolism*, Nueva York, Bollingen Foundation.

——, 1977, *Navajo Medicine Men Sandpaintings*, Nueva York, Dover.

Reichel-Dolmatoff, Gerardo, 1950-1951, *Los Kogi: Una tribu de la Sierra Nevada de Santa Marta, Colombia*, 2 vols., Bogotá, Instituto Etnológico Nacional y Editorial Iqueima.

——, 1971, *Amazonian Cosmos: The sexual and religious symbolism of the Tukano Indians*, Chicago, University of Chicago Press.

Rexroth, Kenneth, 1960, "American Indian Songs in the U.S. Bureau of Ethnology Collection", en Rexroth, *Assays*, Nueva York, New Directions, pp. 52-68.

Reyes, Alfonso, 1956, *Visión de Anahuac* (1915), México, FCE.

——, 1948, *Letras de la Nueva España*, México, FCE.

Reyes García, Luis (comp.), 1976, *Der Ring aus Tlalocan: Mythen und Gebete, Lieder und Erzählungen der heutigen Nahua in Veracruz und Puebla*, QGA 12, Berlín, Mann.

——, (comp.), 1992, *Libro del cihuacóatl* [Codex Borbonicus], México, FCE.

——, 1993, *La escritura pictográfica en Tlaxcala. Dos mil años de experiencia mesoamericana*, Tlaxcala, Universidad Autónoma de Tlaxcala.

Ribeiro, Bertha G., 1983, *O indio na historia do Brasil*, São Paulo, Global.

Ribeiro, Darcy, 1971, *Fronteras indígenas de la civilización*, México, Siglo XXI.

——, 1974, *Uirá sai a procura de Deus: Ensaios de etnologia e indigenismo*, Rio, Coleção Estudos Brasileiros.

——, 1976, *Maíra, romance*, Rio, Editora Civilizaçao Brasileira.

Ricard, Robert, 1933, *La "Conquête spirituelle" du Méxique*, París, Université de Paris.

Rickards, Constantine George, 1910, *The Ruins of Mexico*, Londres, H.E. Shrimpton.

Riese, Berthold, 1986, *Ethnographische Dokumente aus Neu-Spanien im Umfeld der Codex Magliabechiano Gruppe*, Stuttgart, Steiner.

Riester, Jürgen, 1984, *Textos sagrados de los Guaraníes en Bolivia*, La Paz, Los Amigos del Libro.

Rivière, Peter, 1984, *Individual and Society in Guiana*, Cambridge, Cambridge University Press.

Roa Bastos, Augusto, 1978, *Las culturas condenadas*, México, Siglo XXI.

Robertson, Donald, 1959, *Mexican Manuscript Painting of the Early Colonial Period*, New Haven, Yale University Press.

——, 1975, "Techialoyan Manuscripts and Paintings, with a Catalog", en *HMAI*, 14: 253-280.

Robertson, Merle Greene (comp.), 1974, *Primera mesa redonda de Palenque*, parte 1, Pebble Beach. California, Robert Louis Stevenson School.

Robertson, William, 1778, *A History of America*, ed. rev. 2 vols., Edimburgo.

Robiscek, Francis, y Donald Hales, 1981, *The Maya Book of the Dead: The Ceramic Codex*, New Haven, Yale University Press.

Rodríguez, Nemesio (comp.), 1983, *Educación, etnias y descolonización en América Latina*, 2 vols., México, III.

Roe, Peter G., 1982, *The Cosmic Zygote: Cosmology in the Amazon Basin*, New Brunswick, NJ, Rutgers University Press.

Rojas, Gabriel de, 1985, *Relación geográfica de Cholula* (1581), en Acuña, 1985: 125-145.

Rojas, Ricardo, 1937, *Himnos quechuas*, Buenos Aires, Instituto de Literatura Argentina de la Universidad.

Rojas Garcidueñas, José, 1973, *El teatro de Nueva España en el siglo XVI*, México, Secretaría de Educación Pública.

Roosevelt, Anna Cornelius, 1992, "Arqueologia amazónica", en Manuela Carneiro da Cunha, *Historia dos indios no Brasil*, São Paulo, Schwartz, pp. 53-86.

Rothenberg, Jerome, 1972, *Shaking the Pumpkin: Traditional poetry of the Indian North Americas*, Nueva York, Anchor.

——, 1985, *Technicians of the Sacred*, 2ª ed. aumentada Berkeley y Los Ángeles, University of California Press.

Rouse, Irving, 1992, *The Tainos. Rise and Decline of the People Who Greeted Columbus*, New Haven, Yale University Press.

Rowe, John Howland, 1946, "Inca Culture at the Time of the Spanish Conquest", en *HSAI*, 2: 183-330.

——, 1953, "Eleven Inca Prayers from the Zithuwa Ritual", en *Kroeber Anthropological Society Papers*, núm. 8-9:82-99.

——, 1962, *Chavin*, Nueva York, Museum of Primitive Art.

Rowe, William, 1979, *Mito e ideología en la obra de José María Arguedas*, Lima, Instituto Nacional de Cultura.

——, 1984, "Ethnocentric Orthodoxies versus Text as Cultural Action", en *Romance Studies*, 5: 75-87.

——, y Vivian von Schelling, 1991, *Memory and Modernity: Popular culture in Latin America*, Londres, Verso.

Roys, Ralph L. (comp.), 1933, *The Book of Chilam Balam of Chumayel*, Washington, Smithsonian Institution.

——, (comp.), 1946, "The Book of Chilam Balam of Ixil", *Carnegie Institution of Washington Publication*, 75: 90-103.

——, 1965, *Ritual of the Bacabs*, Norman, University of Oklahoma Press.

——, 1972, *The Indian Background of Colonial Yucatan*, Norman, University of Oklahoma Press.

Russell, Frank, 1975, *The Pima Indians* (1908; BAE 26º Report), Tucson, University of Arizona Press.

Sa, Lúcia, 1990, *A Literatura entre antropofagia e historia: Uma leitura de Maíra e Quarup*, São Paulo, Universidade de São Paulo, tesis de maestría.

——, 1997, *Reading the Rain Forest: A Comparison of Spanish American and Brazilian indigenist narratives*, Bloomington, Indiana University, tesis de doctorado.

Sáenz de Santa María, Carmelo (comp.), 1989, *Popol vuh*, Madrid.

Sahagún, Bernardino, 1956, *Historia general de las cosas de Nueva España*, 4 vols., México, Porrúa.

Salmon, Russell (comp.), 1992, *Ernesto Cardenal: los ovnis de oro*, Bloomington, Indiana University Press.

Salomon, Frank, y George Urioste, 1991, *The Huarochiri Manuscript: A testament of ancient and colonial Andean religion*, Austin, University of Texas Press.

Sandstrom, Alan E., y Pamela Effrein, 1986, *Traditional Papermaking and Paper Cult Figures of Mexico*, Norman, Universtiy of Oklahoma Press.

Santillana, Giorgio, y Hertha von Dechend, 1970, *Hamlet's Mill: An essay on myth and the frame of time*, Londres, Macmillan.

Santos Granero, Fernando, 1986, "Power, Ideology and the Ritual of Production in Lowland South America", en *Man* 21: 657-679.

Santos Ortiz, Juan, 1976, *Sacha pacha: el mundo de la selva*, Quito, CICAME, ed. bilingüe.

——, 1981, *Antiguas culturas amazónicas ecuatorianas*, Quito, CICAME.

Sauer, Carl Ortwin, 1984, *Descubrimiento y dominación española del Caribe*, México, FCE.

——, 1971, *Sixteenth-Century North America*, Berkeley y Los Ángeles, University of California Press.

——, 1975, *Man in Nature*, Berkeley, Turtle Island Foundation.

Schele, Linda, y David Freidel, 1990, *A Forest of Kings: The untold story of the ancient Maya*, Nueva York, Morrow.

——, y Mary Ellen Miller, 1986, *Blood of Kings: Dynasty and ritual in Maya art*, Nueva York, Braziller en asociación con el Kimball Art Museum, Fort Worth.

Schoolcraft, Henry Rowe, 1839, *Algic Researches*, 2 vols., Nueva York.

——, 1845, *Oneota*, Nueva York.

——, 1851-1857, *Historical and Statistical Information Respecting the History, Condition and Prospects of the Indian Tribes of the United States*, 5 vols., Filadelfia, Bureau of Indian Affairs.

Schultze Jena, Leonard (comp.), 1957, *Alt-aztekische Gesänge*, QGA 6, Stuttgart, Mann.

Schumann, Otto, 1988, "El origen del maíz, versión kekchi", en Serra Puche, 1988: 213-218.

Segala, Amós, 1990, *Literatura náhuatl. Fuentes, identidad, representaciones*, México, Grijalbo.

Seler, Eduard, 1902-1923, *Gesammelte Abhandlungen zur amerikanischen Sprach- und Alterthumskunde*, 5 vols., Berlín, reimpresión, 1960, ADV.

Serra Puche, Mari Carmen (comp.), 1988, *Etnología: Temas y tendencias. I Coloquio Paul Kirchhoff*, México, UNAM.

Severin, Gregory M., 1981, *The Paris Codex: Decoding an astronomical ephemeris*, Transactions of the APS 71, parte 5, Filadelfia, The Society.

Sherzer, Joel, 1983, *Kuna Ways of Speaking: An ethnographic perspective*, Austin, University of Texas Press.

——, y Greg Urban (comps.), 1986, *Native South American Discourse*, Berlín, Mouton de Gruyter.

——, y Anthony C. Woodbury (comps.), 1987, *Native American Discourse: Poetics and rhetoric*, Cambridge, Cambridge University Press.

Shohat, Ella, y Robert Stam, 1994, *Unthinking Eurocentrism*, Londres y Nueva York, Routledge.

Sierra, Malú, 1992, *Mapuche. Gente de la tierra*, Santiago, Persona.

Sigüenza y Góngora, Carlos de, 1984, *Seis obras*, William G. Bryant (comp.), Caracas, Ayacucho.

Silva Galeana, Librado, 1986, "Inoc imoztlayoc in miccailhuitl", en *ECN*, 18: 13-40.

Silverblatt, Irene, 1987, *Moon, Sun and Witches: Gender, ideology and class in Inca and colonial Peru*, Princeton, Princeton University Press.

Skinner, Alanson Buck, y John B. Satterlee, 1915, *Folklore of the Menomini Indians*, Anthropological Papers 13, parte 3, Nueva York, American Museum of Natural History.

Smailus, Ortwin, 1975, *El Maya-Chontal de Acallan*, México, UNAM.

Smith, Donald B., 1987, *Sacred Feathers: The Reverend Peter Jones (Kahkewaquonaby) and the Mississauga Indians*, Lincoln, University of Nebraska Press.

Smith, Mary Elizabeth, 1973, *Picture Writing from Ancient Southern Mexico: Mixtec place signs and maps*, Norman, University of Oklahoma Press.

Smith, V. G., 1988, *Izapa Relief Carving*, Washington. Dumbarton Oaks.

Sodi Morales, Demetrio, 1964, *La literatura de los mayas*, México, Joaquín Mortiz.

Solís Alcalá, E., 1949, *Códice Pérez*, Mérida de Yucatán, Ediciones de la Liga de Acción Social.

Sosa, John R., 1986, "Maya Concepts of Astronomical Order", en Gossen, 1986: 185-196.

Soustelle, Jacques, 1955, *La vie quotidienne des Aztèques à la veille de la conquête espagnole*, París, Hachette.

Souza, Marcio, 1978, *A expressão amazonense: Do colonialismo ao neocolonialismo*, São Paulo, Alfa-Omega.

Spalding, Karen, 1984, *Huarochirí: An Andean society under Inca and Spanish rule,* Stanford, Stanford University Press.

Speck, Frank, 1909, *Ethnology of the Yuchi Indians,* Filadelfia, University of Pennsylvania Museum.

———, 1942, *The Tutelo Spirit Adoption Ceremony: Reclothing the living in the name of the dead,* Harrisburg, Pensilvania.

Spence, Lewis, 1914, *The Myths of the North American Indians,* Londres, Harrap.

Spinden, Herbert Joseph, 1933, *Songs of the Tewa: Preceded by an essay on American Indian poetry,* Nueva York.

Squier, Ephraim George, 1877, "Historical and Mythological Tradition of the Algonquins", en Beach, 1877: 9-42.

———, 1852, *Nicaragua: Its people scenery, monuments and the proposed interoceanic canal,* Nueva York, Appleton.

Stiles, Neville, 1987, "Purist Tendencies among Native Mayan Speakers of Guatemala", en *Linguist,* 26: 187-191.

Stokes, Philip, 1994, *The Origins of the Mixtec Lords as Given in their own Histories,* Colchester, Essex University, tesis de doctorado.

Stuart, David, 1989, "Hieroglyphs on Maya Vases", en Kerr, 1989: 149-160.

Stuart, George, 1993, "New Light on the Olmec", en *National Geographic,* noviembre.

Suárez Álvarez, H., y J. M. B. Farfán (comp.), 1938, *El pobre más rico,* Lima, Lumen.

Sullivan, Lawrence E., 1988, *Incanchu's drum. An orientation to meaning in South American religions,* Nueva York, Macmillan.

Swan, Michael, 1958, *The Marches of El Dorado,* Londres, Cape.

Swann, Brian, y Arnold Krupat, 1987, *I Tell You Now: Autobiographical essays by Native American writers,* Lincoln, University of Nebraska Press.

Swanton, John R., 1979, *The Indians of the Southeastern United States* (1946), Washington, Smithsonian Institution.

Tanner, John, 1830, *Narrative of the Captivity and Adventures of John Tanner,* Nueva York.

Taylor, Colin, 1990, *Reading Plains Indian Artefacts,* Essex University, tesis de doctorado.

———, 1992, *The Native Americans,* Nueva York, Smithmark.

Taylor, Gerard, 1987, *Ritos y tradiciones de Huarochirí: Manuscrito quechua, versión paleográfica,* Lima, Instituto de Estudios Peruanos e Instituto Francés de Estudios Andinos.

Tedlock, Barbara, 1982, *Time and the Highland Maya,* Albuquerque, University of New Mexico Press.

Tedlock, Dennis, 1972, *Finding the Center: Narrative poetry of the Zuni Indians*, Lincoln, University of Nebraska Press.

——, 1985, *Popol vuh: The definitive edition of the Mayan book of the dawn of life and the glories of gods and kings*, Nueva York, Simon and Schuster.

——, 1988, *The Sowing and the Dawning of All the Sky-Earth*, Filadelfia, University of Pennsylvania Museum.

Tello, Julio C., 1952, "Mitología del norte andino peruano", en *América Indígena* (México), 12: 235-251.

Tezozómoc, Hernando Alvarado, 1949, *Crónica Mexicáyotl*, trad. del náhuatl de Adrián León, México, UNAM.

Thomas, Hugh, 1993, *The Conquest of Mexico*, Londres, Hutchinson.

Thompson, J. Eric S., 1960, *Maya Hieroglyphic Writing*, Norman, University of Oklahoma Press.

——, 1962, *A Catalog of Maya Hieroglyphs*, Norman, University of Oklahoma Press.

——, 1967, *The Rise and Fall of Maya Civilization*, Norman, University of Oklahoma Press.

——, 1972, *A Commentary on the Dresden Codex*, Filadelfia, APS.

Thompson, Stith, 1966, *Tales of the North American Indians* (1929), Bloomington, Indiana University Press.

Tiffin, Christopher, y Alan Lawson, 1994, *De-scribing empire. Post-colonialism and textuality*, Nueva York, Routledge.

Tibón, Gutierre, 1981, *La Triade Prenatal: cordón, placenta, amnios. Supervivencia de la magia paleolítica*, México, FCE.

——, 1984, *Los ritos mágicos y trágicos de la pubertad femenina*, México, Diana.

Tichy, Franz, 1991, *Die geordnete Welt indianischer Völker*, Stuttgart, Steiner.

Titu Cusi Yupanqui, Diego de Castro, 1973, *Relación de la conquista del Perú* (1570), Lima, Biblioteca Universitaria.

Todorov, Tzvetan, 1982, *La conquête de l'Amérique: La question de l'autre*, París, Seuil.

Tolstoy, Paul, 1974, "Utilitarian Artifacts of Central Mexico", en *HMAI*, 10: 270-292.

Toulmin, Stephen, y June Goodfield, 1965, *The Discovery of Time*, Londres, Hutchinson.

Tovar, Juan de, 1972, *Relación del origen de los yndios que havitan en esta Nueva España según sus historias*, J. Lafaye (comp.), ADV.

Tozzer, Alfred Marston, 1921, *A Maya Grammar*, Cambridge, Massachusetts, Peabody Museum.

Trimborn, Hermann (comp.), 1939, *Dämonen und Zauber in Inkareich: Fr. de Avila, Tratado de los errores,* Quellen und Forschungen zur Geschichte der Geographie und Völkerkunde, núm. 4, Leipzig.

Tschudi, J. J. von, 1853, *Die Kechua Sprache,* Viena.

———, 1876, *Ollanta, ein altperuanisches Drama aus der Kechuasprache,* Viena, Akademie der Wissenschaften.

Tyler, Hamilton A., 1964, *Pueblo Gods and Myths,* Norman, University of Oklahoma Press.

Tylor, Edward Burnett, 1861, *Anahuac; or, Mexico and the Mexicans, ancient and modern,* Londres, Longman Green Longman Roberts.

———, 1873, *Primitive Culture,* 2ª ed., 2 vols., Londres, John Murray.

Umusin Panlon Kumu, 1980, *Antes o mundo não existia,* trads. Tomalan Kenhiri y Berta Ribeiro, São Paulo.

Underhill, Ruth, 1938, *A Papago Calendar Record,* University of New Mexico, Bulletin 322, Albuquerque.

Urioste, George L., 1983, *Hijos de Pariya Qaqa: La tradición oral de Wara Chiri,* 2 vols., Syracuse, New York, Maxwell School of Citizenship, University of Syracuse.

Vaillant, George C., 1937, "History and Stratigraphy in the Valley of Mexico", en *Science Monthly,* 44: 307-324.

———, 1965 *The Aztecs of Mexico,* Harmondsworth, Penguin.

Valcárcel, Carlos Daniel (comp.), 1971, *La rebelión de Túpac Amaru,* Colección Documentos de la Independencia del Perú, vol. 2, Lima.

Valdez, Luis, y Stan Steiner, 1972, *Aztlan: An Anthology of Mexican American literature,* Nueva York, Random House.

Valle, Perla, 1988, "Registro gráfico y contexto pictográfico", en Serra Puche, 1988: 27-34.

———, 1992, *Memorial de los indios de Tepetlaoztoc,* México, INAH.

Varese, Stefano, 1968, *La sal de los Cerros: Una aproximación al mundo campa,* Lima.

Vázquez, Juan Adolfo, 1978, "The Present State of Research in South American Mythology", *Numen,* 25:240-276.

———, 1981, "El origen del sol y de la luna: ensayo de reconstrucción de un mito trique", en *Scripta Etnológica,* 6: 141-53.

Veerman-Leichsenring, Annette, 1984, *El popoloca de Los Reyes Metzontla,* París, Amerindia.

Vega, Constanza (comp.), 1991, *El códice de Azoyú,* México, FCE.

———, 1994, *Códices y documentos sobre México. Primer simposio,* México, INAH.

Velázquez, Primo Feliciano (comp.), 1945, *Códice Chimalpopoca: anales de Cuauhtitlan y Leyenda de los soles*, México, UNAM.

Villas Boas, Orlando, y Claudio Villas Boas, 1972, *Xingu: Os indios, seus mitos*, Rio, Zahar.

Villoro, Luis, 1950, *Los grandes momentos del indigenismo en México*, México, El Colegio de México.

Viñas, David, 1982, *Indios, ejército y frontera*, México, Siglo XXI.

Vizenor, Gerald, 1981, *Summer in the Spring: Ojibwa lyric poems and tribal stories*, Minneapolis, Nodin Press.

———, 1991, *The Heirs of Columbus*, Wesleyan University Press.

Vogt, Evon, 1969, *Zinacantan: A Maya community in the highlands of Chiapas*, Cambridge, Harvard University Press.

———, 1976, *Tortillas for the Gods*, Cambridge, Harvard University Press.

———, y A. Ruz Lhuillier (comps.), 1971, *Desarrollo cultural de los mayas*. 2ª ed., UNAM.

Vollmer, Günter, 1981, *Geschichte der Azteken: Der Codex Aubin*, QGA 13, Berlín, Mann.

Wachtel, Nathan, 1977, *The Vision of the Vanquished: The Spanish conquest of Peru through Indian eyes, 1530-70*, Londres, Harvester Press.

Wagley, Charles, y Eduardo Galvão, 1949, *The Tenetehara Indians of Brazil*, Nueva York, Columbia University Press.

Walker, Ronald G., 1978, *Infernal Paradise. Mexico and the Modern English Novel*, Berkeley, University of California Press.

Wallace, Anthony F. C., 1969, *The Death and Rebirth of Seneca*, Nueva York, Random House.

Walmsley, Anne, y Nick Caistor, 1986, *Facing the Sea: A new anthology for the Caribbean region*, Londres, Heinemann.

Warren, Rosanna, 1989, *The Art of Translation: Voices from the field*, Boston, Northeastern University Press.

Waselkov, Gregory A., 1989, "Indian Maps of the Colonial Southeast", en Wood *et al.*, 1989: 292-343.

Wassén, S. Henry, 1937, *Some Cuna Indian Animal Stories, with Original Texts*, Gotemburgo, Etnografiska Museum.

———, 1938 (con G. Haya y Rubén Pérez Kantule), *Original Documents from the Cuna Indians of San Blas*, Gotemburgo, Ethnografiska Museum.

Waters, Frank, 1963, *The Book of the Hopi*, Nueva York, Viking.

Weatherford, Jack, 1988, *Indian Givers. How the Indians of the Americas Transformed the World*, Nueva York, Crown.

Weiss, G., 1975, *Campa Cosmology: The World of a forest tribe in South Ameri-*

ca, American Museum of Natural History Anthropological Papers 52, Nueva York, The Museum.

Weslager, C. A., 1972, *The Delaware Indians: A history,* New Brunswick, Rutgers University Press.

Wheelwright, Mary O., 1988, *The Myth and Prayers of the Great Star Chant and the Myth of the Coyote Chant,* Tsaile, Navajo Community College Press.

Whitecotton, Joseph, W., 1977, *The Zapotecs: Princes, priests and peasants,* Norman, University of Oklahoma Press.

Whittaker, Gordon, 1983, "The Structure of the Zapotec Calendar", en Aveni y Brotherston, 1983: 101-134.

Wiener Charles, 1880, *Pérou et Bolivie,* París.

Wilbert, Johannes, y Karin Simoneau (comps.), 1970-1986, *The Folk Literature of South American Indians,* 12 vols, Los Ángeles, Latin American Center, UCLA.

Wildhage, Wilhelm, 1990, "Material on Short Bull", en *European Review of Native American Studies,* 4, 1: 35-42.

Willey, Gordon, 1974, *Das alte Amerika,* Munich, Propylaen.

Williams, Barbara J., 1980, "Pictorial Representation of Soils in the Valley of Mexico", en *Geoscience and Man,* 21:51-62.

Wilson, Edmund, 1959, *Apologies to the Iroquois,* Nueva York, American Book-Stratford Press.

Wilson, Richard, 1991, "Machine Guns and Mountain Spirits", en *Critique of Anthropology* (Londres), 11: 33-61.

Wolf, Eric, 1959, *Sons of the Shaking Earth,* Chicago, University of Chicago Press.

Wood, Peter, Gregory Waselkov y M. Thomas Hatley, 1989, *Powhatan's Mantle. Indians in the Colonial Southeast,* Lincoln, University of Nebraska Press.

Wright, Ronald, 1984, *Cut Stones and Crossroads: A Journey in Peru,* Harmondsworth, Penguin.

——, 1989, *Time among the Maya,* Londres, Bodley Head.

——, 1992, *Stolen Continents. The Indian Story,* Londres, John Murray.

Wyman, Leland C., 1970, *Blessingway,* Tucson, University of Arizona Press.

——, 1983, *Southwest Indian Dry Painting,* Albuquerque, University of New Mexico Press.

——, 1983a. "Dry Painting", *HNAI,* 10: 536-557.

Yáñez, Agustín, 1939, *Crónicas de la conquista de México,* México, UNAM.

Yapita, Juan de Dios, 1976, "Problemas de traducción de aymara al castellano", en *Actas del 3er Congreso de lenguas nacionales,* La Paz, INEL.

Yaranga Valderrama, A. 1986, "The Wayno in Andean Civilization", en Brotherston, 1986: 178-195.

Yoneda, Keiko, 1981, *Los mapas de Cuauhtinchan y la historia cartográfica prehispánica*, AGN.

Yourgrau, Wolfgang, y Allen O. Breck (comps.), 1977, *Cosmology, History and Theology*, Londres, Plenum.

Zaid, Gabriel (comp.), 1973, *Ómnibus de poesía mexicana*, México, Siglo XXI.

Zantwijk, Rudolph van (comp.), 1979, *Anales de Tula*, ADV.

——, 1985, *The Aztec Arrangement*, Norman, University of Oklahoma Press.

Zavala, Silvio, 1982, *Libros de Asientos de la gobernación de la Nueva España*, AGN.

Zimmermann, Gunter, 1955, "Ueber einige stereotype Wendungen und Metaphern im Redestil des Aztekischen", en *Baessler Archiv*, 3: 149-168.

Zolbrod, Paul G., 1984, *Diné Bahané: The Navajo creation story*, Albuquerque, University of New Mexico Press.

Zolla, Elemire, 1973, *The Writer and the Shaman: A morphology of the American Indian*, Nueva York.

Zuidema, R. T., 1964, *The Ceque System of Cuzco: The social organization of the capital of the Inca*, Leiden.

——, 1982, "Myth and History in Ancient Peru", *The Logic of Culture: Advances in structural theory and methods*, Rossi (comp.), South Hadley, MA, pp. 150-175.

——, 1983, "Towards a General Star Calendar in Ancient Peru", en Aveni y Brotherston, 1983: 235-261.

——, 1989, "A Quipu Calendar from Ica, Peru, with a Comparison to the Ceque Calendar from Cuzco", en Aveni, 1989:341-351.

Zúñiga, Madeleine (comp.), 1987, *Educación en poblaciones indígenas: Políticas y estrategias en América Latina*, Santiago, III.

CRÉDITOS

Citas originales y traducidas: Comparative Criticism, 9 "Inca Faust and Faustian Incas", de Gordon Brotherston y *Comparative Criticism,* 8 "The Royal Drama *Apu Ollantay",* de Gordon Brotherston; © Cambridge University Press, 1987. Marc de Civrieux, de *Watunna;* © Monte Ávila, Caracas, 1992. Pablo Antonio Cuadra, 1992 "El mundo es un redondo plato de barro", de *Obra poética completa;* © Libro Libre (San José, Costa Rica), 1984-1988. Jacques Derrida, de *De la grammatologie;* © Minuit, París, 1967. Munro Edmonson de *The Book of Counsel: The Popol vuh of the Quiché Maya of Guatemala;* © Tulane University Press, 1971. Gebr., Mann Verlag e Ibero-Amerika-nisches Institut, de *Aesop in Mexico,* Gerdt Kutscher, Gordon Brotherston y Günter Vollmer (comps.); © Gebr. Mann Verlag, 1987. Stith Thompson, de *Tales of the North American Indians;* © Indiana University Press, 1966. Alvin M. Josephy, de *The Indian Heritage of America;* © Penguin Books 1975. Claude Lévi-Strauss, de *Structural Anthropology,* vol. 2, trad. Monique Layton; © Penguin Books, 1978. Leonel Lienlaf "Rupamum", de *Se ha despertado el ave de mi corazón;* © Editorial Universitaria, S. A., 1989. Abel Posse, de *Dogs of Paradise,* trad. Dorothy Sayers Pedden; Macmillan, Londres, 1989. Dennis Tedlock, de *Finding the Center: Narrative Poetry of the Zuni Indians;* © University of Nebraska Press, 1972. Gordon Brotherston, de *Image of the New World;* © Thames and Hudson, 1979. Paul Radin, *The Winnebago Tribe;* © University of Nebraska Press, 1970. Paul G. Zolbrod, de *Diné bahané: The Navajo Creation Story;* © University of New Mexico Press, 1984.

Láminas en color: Madre Osa, poste totémico tlingit (lám. 3a), cortesía del Alaskan Tourist Board. Pintura seca Gran Estrella (lám. 5a), Vía del Mal de la Mano Trémula, manuscrito 33-2-3, Leland C. Wyman Collection, Cortesía del Museum of Northern Arizona. Espíritus Boraro, dibujo de Paulino (lám. 18b), cortesía de Stephen Hugh-Jones y el Museum of Mankind. Códice Borbónico, p. 21 (lám. 2a), E. T. Hamy (comp.) París, Leroux, 1899. Códice Borgia, pp. 17, 18-21, 53 (láms. 1a. 4b, 8), Franz Ehrle (comp.), *Il manoscrito messicano Borgiano,* Roma, Danesi, 1898. Mapa de Coixtlahuaca (lám. 11), manuscrito Fonds Mexicains, Aubin 20, cortesía de la Bibliothèque Nationale, París. Códice Dresde, pp. 24, 46 (lám. 9), y Códice Madrid, pp. 75-76 (lám. 13b), Thomas Lee (comp.), Universidad Autónoma de Chiapas, 1985. Pintura seca del Surgimiento (lám. 12b), cortesía del Wheelwright Museum of the American Indian, núm. P1A-8. Códice Féjérváry, pp. 1, 5, 33-34 (láms. 5b, 6a, 13a), cortesía de Trustees of the National Museum & Galleries on Merseyside, Liverpool. Cuenta de inviernos de Halcón Alto, p. 1 (lám. 18a), impresión coloreada a mano en E. Curtis, *The American Indian* (1908), cortesía de la Lilly Collection, Indiana University at Bloomington. Creación huichola (lám. 10), pintura de estambre de Yucauye Cucame, cortesía del Crocker Art Museum, Sacramento, CA. Códice Laud, pp. 1-8, 21, 33, 45 (láms. 2b, 4a, 6b, 7), cortesía de la Bodleian Library, Oxford, Códice Mendoza, p. 1 (lám. 14a), John Cooper Clark (comp.), Waterlow and Sons, Londres, 1938. Medallón mixteco de oro (lám. 3c), cortesía del Museo Nacional de Antropología, México. Orejera moche (lám. 1c), cortesía de *National Geographic. Mu ikala* (lám. 1d), cortesía del Etnologiska Museet, Gotemburgo. Piel quapaw (lám. 16b). piel de búfalo pintada, Etats-Unis 8898 M.H. 34.33.7, cortesía de la colección, Musée de l'Homme, París. Gente de la Serpiente Roja de la pintura seca "Montaña Roja" (lám. 14b), por Fred Geary, manuscrito 34-3-16, Katherine Harvey Collection, cortesía del Museum of Northern Arizona. Códice Ríos, p. 5 (lám. 17a) y Códice Telleriano, capítulo "Trecenas" (lám. 17b), José Corona Núñez (comp.), *Antigüedades de México,* basadas en la recopilación de Lord Kingsborough, Secretaría de Hacienda y Crédito Público, 1964-1967. Anales de Tepexic (Códice Viena anverso), pp. 5, 14, 32 (láms. 1b, 15), cortesía de ADV, Graz. Lienzo de Tlaxcala, sitio de Tenochtitlan (lám. 12a), Alfredo Chavero (comp.), *Antigüedades mexicanas publicadas por la Junta Colombina de México,* Secretaría de Fomento, 1892. Mapa Chickasaw, Public Record Office, Kew, PRO CO 700 núm. 6 [2] (lám. 16a).

ÍNDICE ANALÍTICO

tejido: 22-23, 61, 76-77, 150, 204; de lana,
252, 257; texto, 208, 275-278. *Véase también* algodón
Telleriano: 455, lám. 17b
Tellico: 51
Temuco: 63, 389
Tenayuca: 135
tenetehara: 67
Tennessee: 51, 230, 232
Tenoch: 134, 135, 137, lám. 14a
Tenochtitlan: 26, 40, 41-45, 55-56, 84,
100-101, 107, 109, 123, 131-132, 134-
137, 144-145, 165, 169, 187, 219, 262,
305, 316
Tentzon: 128, 165
teoamoxtli: 41, 44, 46, 76, 84, 93-109, 120,
138-139, 188-189, 278, 309, 334, 336,
341, 425, 455, 486
Teotenango: 99
Teotihuacan: 22, 40, 41, 44, 57, 99, 133,
144, 167-168, 177, 184, 211, 214-215,
222, 226, 342, 425-426, 469
Teotitlan: 44, 128, 220
Teotlillan: 44, 122, 127, 128-130, 165, 211,
219, 310, 460, 462
tepaneca: 184, 186, 213
Tepechpan, Anales de: 144
Tepepulco, Manuscritos: 456
Tepetlan, Códice: 135
Tepetlaoztoc, Códice de: 144, 222, 372,
454, 460
Tepexic: 44, 83, 122, 124, 127, 128-129,
132, 143, 165, 166, 213, 215, 309, 447,
458; Anales de, 41, 92, 106, 121-122,
124-125, 127, 135, 144, 156-157, 160,
161-169, 213, 223-227, 373-374, 462,
486, lám. 15
Tepotzotlan, Códice de: 90-92, 119, 120-
123, 454, 455
Tepoztécatl: 100, 284, 344, 393
Tepoztlan: 100-101, 211-212, 215, 289,
344, 444
Tequixtepec: 165; Lienzo de, 47, 121-122,
127, 164, 461-462
terapia, curación: 48, 69-70, 79, 89-90,
110, 125, 139, 200, 297, 383, 387
Teshyan: 472
teton: 147, 238, 242
tewa: 448
Texas: 46

Texcoco: 40, 41, 92, 101, 211, 214, 222,
392-393, 399
Texupan: 464
Tezcatepec: 220
Tezcatlipoca: 99, 107, 179, 204, 211, 212,
347, lám. 4b
Tezozómoc: 147
Thompson, Eric: 17, 180, 455, 459
Threng-threng: 62, 63, 322, 389
Tiahuanaco: 60-61, 251, 252-253, 453, 474
Tichy, Franz: 159, 364, 462-463
Tierra del Fuego: 64, 480
Tierradentro: 34, 35
Tihoo: 188, 190, 194, 196, 387
Tikal: 22, 38, 40, 167-168, 177, 178-179,
180, 188-190, 219, 426, 452
Tilantongo: 44, 143, 145, 165-166, 477;
Anales de, 41, 44, 135, 164-166, 226,
454, 477
timehri: 66, 74, 326, 451
tipi: 15, 49, 152, 238, 242, 348, 403
Titicaca, lago: 31, 55, 60, 67, 205, 252-253,
407, 409, 427, 474
Titu Cusi: 60, 250
título legal: 38, 276, 303, 444, 476
Tizimín: 34; Libro de, 34, 38, 155, 194,
195, 364, 457, 484-485
Tizoc: 457
Tlacotepec: 152
tlacuache: 102, 457
tlacuilolli: 10, 25, 81-92, 120-123, 152, 278,
398, 455
Tlachinollan: 42, 152, 464
Tlacho, Taxco: 41, 45, 135, 447, 463
tlahuica: 186, 212
Tlahuizcalpantecutli: 107
Tláloc: 99-100, 107, 108, 125, 183, 185,
186, 309, 461, lám. 4a
Tlalocan: 183, 208
Tlaltecutli: 132-133, 305, 478
Tlapa: 41, 84, 143; Anales de, 42, 150, 151-
152
Tlapallan: 206-207, 211-212, 215, 219
tlapaneca: 101
Tlapiltepec: 127, 215; Lienzo de, 41, 47,
120-122, 123, 127, 129, 152, 164, 462,
463, 464
Tlaquiltenango: 151
Tlatelolco: 446; Mapa de, 41, 42, 135, 446
Tlaxcala: 36, 40, 41, 42, 44, 50, 120, 164,

ÍNDICE GENERAL

Segunda Parte
LA MEMORIA POLÍTICA

Cuarta Parte
EN EL LENGUAJE DE AMÉRICA

MATERIAL DE REFERENCIA

Este libro se terminó de imprimir y encuadernar en el mes de mayo de 1997 en Impresora y Encuadernadora Progreso, S. A. de C. V. (IEPSA), Calz. de San Lorenzo, 244; 09830 México, D. F. En su composición, parada en el Taller de Composición del FCE, se utilizaron tipos Berkeley Book de 11:13 y 9:11 puntos. La edición, de 2 000 ejemplares, estuvo al cuidado de *Diana Luz Sánchez Flores.*